Jus Internationale et Europaeum

herausgegeben von
Thilo Marauhn und Christian Walter

10

Folko Bührle

Gründe und Grenzen des „EG-Beihilfenverbots"

Art. 87 Abs. 1 EG-Vertrag – Eine europäische Norm im Spannungsfeld von ökonomischer Rationalität und staatlichem Gestaltungsanspruch

Mohr Siebeck

Folko Bührle, geboren 1969; Studium der Geschichte, der Lateinischen Philologie und der Rechtswissenschaften in Tübingen und Erlangen; 2005 Promotion zum Dr. jur.; Regierungsrat am Landratsamt Kulmbach.

ISBN 3-16-149030-4
ISBN-13 978-3-16-149030-9
ISSN 1861-1893 (Jus Internationale et Europaeum)

Die Deutsche Nationalbibliothek verzeichnet diese Publikation in der Deutschen Nationalbibliographie; detaillierte bibliographische Daten sind im Internet über *http://dnb.d-nb.de* abrufbar.

© 2006 Mohr Siebeck Tübingen.

Das Werk einschließlich aller seiner Teile ist urheberrechtlich geschützt. Jede Verwertung außerhalb der engen Grenzen des Urheberrechtsgesetzes ist ohne Zustimmung des Verlags unzulässig und strafbar. Das gilt insbesondere für Vervielfältigungen, Übersetzungen, Mikroverfilmungen und die Einspeicherung und Verarbeitung in elektronischen Systemen.

Das Buch wurde von Gulde-Druck in Tübingen auf alterungsbeständiges Werkdruckpapier gedruckt und von der Buchbinderei Held in Rottenburg gebunden.

Meinen Eltern zum Andenken

Vorwort

Die vorliegende Monographie wurde im Wintersemester 2005 von der Juristischen Fakultät der Friedrich-Alexander-Universität Erlangen-Nürnberg als Dissertation angenommen.

Das Promotionsvorhaben hat mir zunächst eine schöne und lehrreiche Zeit als Mitarbeiter am Lehrstuhl Prof. Rohe beschert – danach, zwischen „fast fertig" und „fertig" und neben der post-akademischen Berufstätigkeit, ein Steckenpferd durchaus eigener Art. Man könnte auch so sagen: Zuerst viel Freiheit, dann wenig Freizeit. Mit dieser Erfahrung wundert es mich nicht, daß Dissertationsvorworte gerne um den Begriff *Dankbarkeit* kreisen. Ich verzichte in meinem Vorwort auf Originalität und widme es dem Dank an jene, die das Vorhaben auf vielfältige Weise unterstützt und begleitet haben:

Der erste Dank gilt meinem Doktorvater, Herrn Prof. Dr. Mathias Rohe M.A. Ihm verdanke ich die Anregung zum Thema dieser Arbeit – und manches mehr. Förderung und Aufmunterung erfahren wohl die meisten Doktoranden, dankenswerterweise gerade auch ich. Besonders hilfreich war mir aber die stete Gewißheit, daß ich trotz der Wahl eines Tendenzthemas (was das jedenfalls in der Grundeinschätzung doch einigermaßen vom weltanschaulich-politischen Standpunkt des Betrachters abhängige Beihilfenrecht zweifellos ist, und wovon in der Arbeit selbst zu reden sein wird) insoweit „risikolos" *meine* Arbeit schreiben konnte.

Herrn Prof. Dr. Matthias Jestaedt, dem Zweitgutachter, danke ich für seine wertvollen Hinweise, die größtenteils noch in der Druckfassung Berücksichtigung finden konnten.

Gedankt sei meinem Freund und ehemaligen Lehrstuhlkollegen, Herrn Rechtsanwalt Matthias Winter, für die Durchsicht meiner Arbeit in der Rohfassung und für viele anregende Gespräche. Meinem lieben Schwiegervater Heinrich Hille danke ich sehr für das engagierte Korrekturlesen.

Meiner Frau Smine mit unserer Tochter Ida bin ich neben vielem anderen auch dafür dankbar, daß sie mich bereitwillig so oft mit meiner Arbeit geteilt haben.

Daß die Arbeit mit dem Fakultätspreis der Erlanger Juristischen Fakultät sowie mit dem Förderpreis der Schmitz-Nüchterlein-Stiftung, letzterer verbunden mit einem großzügigen Druckkostenzuschuß, ausgezeichnet wurde, hat für manche Mühen entschädigt. Den Verantwortlichen mein herzlichster Dank!

Zu Dank verpflichtet bin ich schließlich den Herausgebern, Herrn Prof. Dr. Thilo Marauhn und Herrn Prof. Dr. Christian Walter, für die Aufnahme in die Reihe Jus Internationale et Europaeum.

Neues aus Literatur und Rechtsprechung wurde teilweise bis zum Frühsommer 2006 berücksichtigt.

Münchberg, im August 2006

Folko Bührle

Inhaltsverzeichnis

Vorwort VII
Abkürzungsverzeichnis XX

Einleitung 1
  I. Untersuchungsgegenstand und Erkenntnisinteresse 1
    1. Das Beihilfenrecht – eine „terra cognita" ohne abgeschlossene
       Kartographie 1
    2. Die Beihilfenproblematik – ein „weites Feld" im Widerstreit der
       Interessen 3
  II. Aufbau und Methodik der Untersuchung 5
  III. Terminologie: Subvention – Beihilfe – Subsidie 6

1. Teil
Das Subsidienwesen im Spannungsfeld von ökonomischer Rationalität und staatlichem Gestaltungsanspruch

Kapitel 1: Intervention und Subvention als erkanntes Problem 10
A. Das Subventionswesen in der Kritik 10
  I. Einzelne Kritikpunkte am Subventionswesen 11
    1. Subventionierung als Eingriff in den Marktprozeß 11
    2. Die ambivalente Haltung der Entscheidungsträger 12
    3. Das Subventionsdilemma – die Ausnahme als Regel 13
    4. Begegnung der Subventionskritik durch internationale
       Kontrollinstrumente 14
  II. Rückwirkungen auf den Untersuchungsgegenstand 15
    1. Die grundsätzliche Anerkennung der Subventionskritik als gerechtfertigt –
       ein „Vor-Urteil" als Ausgangspunkt der Untersuchung 15
    2. Die Scheidung von Problematischem und Unproblematischem 17
    3. Die Konzentration auf die problematischen Randbereiche 17
B. Intervention und Subvention als „unbekanntes" Faktum 18
  I. Der „intervenierende" Staat als volkswirtschaftliche Realität 18
  II. Die Erfassung staatlicher Interventionstätigkeit 19
    1. „Subventionen" in der Statistik 19
    2. Probleme der Quantifizierung und Qualifizierung staatlicher Intervention 21
  III. Rückwirkungen auf den Untersuchungsgegenstand 22

Kapitel 2: Grundtatsachen und Grundfragen des Subsidienwesens 23

A. Subsidien in der Wirtschafts- und Wirtschaftstheoriegeschichte 23
    I. Das historische Erkenntnisinteresse.. 23
    II. Die Entwicklung bis in die frühe Neuzeit 24
    III. Das 17. bis 19. Jahrhundert – Merkantilismus und Liberalismus....................... 27
        1. Der Merkantilismus... 27
        2. Der Liberalismus 28
    IV. Vom 19. Jahrhundert bis heute 31
        1. Wirtschaftlicher Fortschritt und die „soziale Frage".................................. 31
        2. Abkehr von der liberalen Wirtschaftspolitik... 32
        3. Die Zeit bis zum Zweiten Weltkrieg 33
        4. Die Nachkriegszeit.. 34
    V. Zusammenfassung und Bewertung.. 35
B. Subsidien unter staats- und rechtstheoretischen Gesichtspunkten 37
    I. Untersuchungsgegenstand und Erkenntnisinteresse... 37
    II. Subsidien als Legitimitätsproblem 38
        1. Der „richtige" Sollensmaßstab bzw. das „tertium comperationis".............. 38
        2. „Juristischer" und „ökonomischer" Ansatz 39
        3. Die Legitimation staatlichen Handelns in der offenen Gesellschaft 42
        4. Legitimationsprobleme des Subsidienwesens nach dem
           Referenzmodell der „offenen Gesellschaft" 46
    III. Subsidien als Gleichheitsproblem 49
        1. Gleichheit als Gesellschafts-, Rechts- und Wettbewerbsproblem 49
        2. Verteilung und Ausgleich.. 50
    IV. Subsidien als Freiheitsproblem 54
        1. Subsidien als Eingriff in die Freiheit des Einzelnen?.................................. 54
        2. Subsidien als Gefährdung der privaten Sphäre 55
    V. Der Einzelne und die Gemeinschaft – das Subsidiaritätsprinzip......................... 57
        1. Das Subsidiaritätsprinzip als vorrechtliches Strukturprinzip...................... 57
        2. Das Subsidiaritätsprinzip als Kompetenzverteilungs- und Beweislastregel 58
    VI. Zusammenfassung.. 59

Kapitel 3: Subsidien als Instrument staatlicher Gestaltung und wirtschaftlicher Lenkung.. 61

A. Subsidien in der „Mechanik" staatlicher Herrschaft... 61
    I. Untersuchungsgegenstand und Erkenntnisinteresse... 61
    II. Subsidien und staatliche Ziele 62
        1. Das Ziel als Legitimationsgrundlage staatlicher Herrschaft....................... 62
           a) Mittel und „Zweck" 62
           b) Ziele und Kompetenzen 63
        2. „Zielpluralismus".. 64
           a) Zielformulierung und Zielbindungen 64
           b) Ziel-Interdependenzen, „Zielpyramiden".. 64
           c) Das Erkenntnisproblem vorgeblicher und tatsächlicher Ziele 65
        3. Die strukturelle „Asymmetrie" mitgliedstaatlicher und
           europäischer Zielsysteme 66
    III. Subsidien und deren Wirkung... 66
        1. Ziel und Wirkung 66

2. „Wirkungspluralismus" 67
  IV. Die Verknüpfung von Ziel, Mittel und Wirkung – der Grundsatz der Verhältnismäßigkeit 68
   1. Die Mittelauswahl 68
   2. Die Bewertung des Mittels nach dem Grundsatz der Verhältnismäßigkeit 70
  V. Zusammenfassung 71
B. Subsidien zur Behebung von „Marktversagen" 72
  I. Untersuchungsgegenstand – der ökonomische Ansatz aus juristischer Sicht 72
  II. „Marktversagen" 72
   1. Die Rolle des Staates aus ökonomischer Sicht 72
   2. Wohlfahrtstheorien und Marktversagen 73
   3. Ansatzpunkte für Marktversagen 74
     a) Ermöglichung effizienter Allokation 74
     b) Reduktion der Marktmacht 75
     c) Bereitstellung von Kollektiv- bzw. öffentlichen Gütern 75
     d) Bereitstellung meritorischer Güter 76
     e) Verstetigung von Marktschwankungen 76
     f) Distributive Korrekturen 77
   4. Stellungnahme 77
  III. „Marktversagen" versus „Staatsversagen" 80
   1. „Staatversagen" 81
   2. Ansatzpunkte für „Staatsversagen" im Hinblick auf das Subventionswesen 81
     a) Der Eigennutz der Politiker 81
     b) Der Eigennutz der Bürokraten 82
     c) Der Eigennutz der Interessengruppen 82
   3. Stellungnahme 82
  IV. Zusammenfassung 84

Kapitel 4: Subsidien im Rahmen der verfassungsmäßigen Vorgaben 86

A. Das Verhältnis von Grundgesetz und Europarecht 86
  I. Untersuchungsgegenstand und Erkenntnisinteresse – der „Vorrang" des Europarechts 87
  II. Die Grenzen des Vorrangs 88
   1. „Grenzen" der Integration aus mitgliedstaatlicher und europäischer Sicht 89
   2. Die Grenze der Integration nach der Judikatur
     des Bundesverfassungsgerichtes 90
     a) Die Weite der „Öffnungsklausel" 91
     b) Die Bestimmtheit der Zustimmungsgesetze und der zu übertragenden
        Kompetenzen 91
     c) Die begrenzt zulässige Eigendynamik der Integration 92
  III. Die Kontrolle der Integrationsgrenzen 92
  IV. Zusammenfassung und Bewertung 93
B. Die grundgesetzlichen Vorgaben 94
  I. Untersuchungsgegenstand und Erkenntnisinteresse 94
  II. Spezifische Aussagen des GG zum Subsidienwesen? 96
  III. Subsidien vor dem Hintergrund einer grundgesetzlichen
     „Wirtschaftsverfassung" 98
   1. Der „Streit um die Wirtschaftsverfassung" 98
   2. Stellungnahme 101

IV. Ein im GG angelegtes Regel-Ausnahme-Prinzip? 103
  1. Ein Subsidiaritätsprinzip nach dem Grundgesetz? 103
  2. Der grundgesetzliche Verhältnismäßigkeitsgrundsatz 105
V. Subsidien vor dem Hintergrund einzelner grundgesetzlicher Vorgaben 107
  1. Freiheit, Sozialstaatlichkeit und staatlicher Gestaltungsanspruch –
     mögliche Konfliktlagen 107
  2. Freiheitsrechte als Subsidien-Abwehrrechte 110
  3. Grundgesetzlich verbürgte subjektive Leistungsansprüche 111
     a) Der Gleichheitssatz gemäß Art. 3 Abs. 1 GG 111
     b) Grundrechte als Teilhaberechte 112
  4. Das Sozialstaatsprinzip als objektivrechtlicher
     Gestaltungsauftrag an den Staat 113
     a) Die Konkretisierung des Gestaltungsauftrags 114
     b) Das Sozialstaatsprinzip als Integrationsschranke 114
     c) Abgestufte Sozialpflichtigkeit im Bereich der „Daseinsvorsorge" 115
        α) „Minimalversorgung" zur physischen Existenzsicherung 116
        β) „Grundversorgung" zur sozialen Existenzsicherung 116
        γ) Der politisch gestaltbare Bereich der „Daseinsvorsorge" 119
  5. Subsidien nach dem demokratisch vermittelten Gestaltungsspielraum und
     Gestaltungsauftrag des GG 120
     a) Das Demokratieprinzip als Legitimationsgrundlage staatlicher Gestaltung . 121
     b) Das Demokratieprinzip als Ausdruck der Volks- und
        Staatssouveränität und als Integrationsschranke 121
     c) Die Volks- und Staatssouveränität als Schranke der
        Kompetenzübertragung 123
     d) Die „absolute" Integrationsschranke – „Aufgaben und Befugnisse von
        substantiellem Gewicht" 124
     e) Das Verhältnis von Gestaltungskompetenz und
        Beihilfenkontrollintensität 126
        α) Abnehmende nationale und zunehmende europäische Legitimation ... 126
        β) Kompetenz und Kontrollintensität 128
VI. Zusammenfassung 129
C. Die europäische Rechts- und Wirtschaftsordnung 130
I. Untersuchungsgegenstand und Erkenntnisinteresse 130
II. Die wirtschaftspolitische Grundentscheidung des EG-Vertrages 132
  1. Der Grundsatz einer „offenen Marktwirtschaft mit freiem Wettbewerb" 132
  2. Die Relativierung des marktwirtschaftlichen Prinzips im EG-Vertrag 132
  3. Die Verschiebung der Gewichte im Fortgang der Integration 134
III. Die Zielvorgaben des EG-Vertrages und deren Umsetzung 136
  1. Marktfreiheit, -gleichheit und -einheit 136
  2. Die europäische Handels- und Wettbewerbsordnung 137
     a) Der „Gemeinsame Markt" 137
     b) Diskriminierungsverbot und Grundfreiheiten 137
     c) Freiheitliche Wettbewerbsordnung oder Freihandelszone? 138
  3. Die Stoßrichtung der Integration in der Gemeinschaftspraxis 139
     a) Kontrolle, Harmonisierung oder aktive Gestaltung 139
     b) Kontrolle („negative Integration") 140
     c) Koordination und Harmonisierung 140
     d) Europäische Sachpolitik 142
        α) Protektion und Freihandel 142

Inhaltsverzeichnis XIII

    β) Distribution und Intervention im Inneren...144
IV. Gestaltungs- und Kontrollinstrumente in EG-Vertrag und Praxis......................145
  1. Die Gestaltungsinstrumente der Gemeinschaft..146
    a) Rechtsetzung – Deregulierung, Regulierung und Überregulierung..............146
    b) Zölle...146
    c) Gemeinschaftsbeihilfen...147
  2. Die Instrumente zur Selbstkontrolle der Gemeinschaft......................................148
    a) Institutionalisierte Interventionsbarrieren 149
    b) Die Kontrolle in den allgemeinen Verfahren 150
        α) Die europäische Legislative..150
        β) Die Doppelrolle der Kommission 151
        γ) Die europäischen Gerichte..151
        δ) Der Europäische Rechnungshof..152
V. Zusammenfassung..153

2. Teil
Analyse des geltenden und praktizierten Beihilfenverbots

Kapitel 1: Für das Beihilfenverbot wesentliche Strukturen und Prinzipien..156

A. Die Konzeption des Beihilfenaufsichtsrechts..156
  I. Untersuchungsgegenstand und Erkenntnisinteresse 156
  II. Die Außenstruktur des Beihilfenaufsichtsrechts 157
    1. Die sachliche Anwendbarkeit 157
    2. Das Verhältnis von Beihilfenaufsichtsrecht und „konkurrierenden" Vertragskomplexen..157
        a) Das Verhältnis zu Diskriminierungsverbot und Grundfreiheiten 158
        b) Das Verhältnis zu den steuerlichen Vorschriften der Art. 90 und 91 EG.....162
    3. Das Beihilfenaufsichtsrecht als Teil des europäischen Wettbewerbsrechts......162
        a) Unternehmens- und mitgliedstaatenbezogenes Wettbewerbsrecht.............162
        b) Die Anwendbarkeit des Beihilfenaufsichtsrechts auf „öffentliche Unternehmen" gem. Art. 86 Abs. 2 EG 163
  III. Die Binnenstruktur des Beihilfenaufsichtsrechts 164
    1. Das im Beihilfenaufsichtsrecht normierte Regel-Ausnahme-Prinzip 164
        a) Art. 87 Abs. 1 EG – die Regel 165
        b) Art. 87 Abs. 2 EG – die Legalausnahmen 165
        c) Art. 87 Abs. 3 EG – die Ermessensausnahmen 166
    2. Die Struktur des „Beihilfenverbots" 167
        a) Der materielle Verbotscharakter..168
        b) Die Konkretisierungsstufen des Beihilfenverbots 170
        c) Die Berücksichtigung mitgliedstaatlicher Interessen im Gefüge des Beihilfenrechts...172
  IV. Zusammenfassung...174
B. Die Funktion des Beihilfenaufsichtsrechts..174
  I. Untersuchungsgegenstand und Erkenntnisinteresse 174
  II. Die grundsätzlichen funktionellen Alternativen 175

III. Das Beihilfenverbot im Zielsystem der europäischen Wirtschaftsordnung 177
  1. Beihilfenrecht und europäische Wirtschaftsordnung.................................... 177
  2. Die funktionellen Schwerpunkte des Beihilfenrechts.................................... 178
    a) Binnenausrichtung oder Freihandelskonzept?... 178
    b) Vereinheitlichung oder Systemwettbewerb?... 179
    c) Mehr Marktfreiheit oder „nur" Antidiskriminierung? 179
      α) Beihilfenaufsichtsrecht und Diskriminierungsverbot? 179
      β) Antidiskriminierung oder materielles Wettbewerbskonzept? 180
      γ) Das Wettbewerbskonzept nach Beihilfenaufsichtsrecht und EG-Vertrag . 181
    d) Desintervention oder europäische Sachpolitik?... 182
      α) Vollzug und Gestaltung.. 182
      β) Rechtsgestaltung und Sachpolitik 183
      γ) Das „gemeinsame Interesse" als Genehmigungs-
         oder Versagungsmaßstab 184
  3. Die Funktion des Beihilfenaufsichtsrechts und die Rolle der Kommission...... 185
IV. Zusammenfassung.. 186
C. Die Konkretisierung des Beihilfenverbots 187
I. Untersuchungsgegenstand und Erkenntnisinteresse... 187
II. Die für die Konkretisierung wesentlichen Prinzipien des Gemeinschaftsrechts .. 187
  1. Die Auslegungsgrundsätze des Gemeinschaftsrechts.................................... 188
    a) Grammatische Auslegung.. 188
    b) Historische Auslegung 188
    c) Systematische Auslegung 189
    d) Teleologische Auslegung 189
  2. Allgemeine Rechtsgrundsätze des Gemeinschaftsrechts 189
    a) Das Effizienzprinzip und die „implied-powers-Doktrin" 189
    b) Das Prinzip der begrenzten Einzelermächtigung 190
    c) Der Grundsatz gegenseitiger Rücksichtnahme 192
    d) Das Subsidiaritätsprinzip nach dem EG-Vertrag....................................... 192
    e) Das Verhältnismäßigkeitsprinzip.. 193
    f) Transparenz, Kontinuität und Kohärenz 195
III. Die Konkretisierung durch Kommission und Gerichtshof 197
  1. Auslegungs- und Konkretisierungskompetenz.. 197
    a) Konkretisierung im Rahmen des „institutionellen Gleichgewichts"
       zwischen Kommission und Gerichtshof 197
    b) Konkretisierungskompetenz und Konkretisierungspflicht 199
  2. Exekutivische Einschätzungsprärogative und richterliche Kontrolldichte 200
    a) Das pauschal weite „Ermessen" der Kommission..................................... 200
    b) Tatbestandsermessen und gerichtliche Kontrolldichte............................... 201
    c) Materielle Konkretisierung und formelle Begründung............................... 202
  3. Konkretisierung durch Standardisierung des Beurteilungsermessens 203
    a) „Standardisierung" des Beurteilungsermessens... 203
    b) Die Vorgehensweise der Kommission 204
    c) Standardisierung durch Verwaltungsvorschriften 205
      α) „Zweckdienliche Maßnahmen"... 205
      β) Autonom erlassene Verwaltungsvorschriften 206
    d) Kritik.. 207

IV. Zusammenfassung 209
D. Bewertungs- und Beweisprobleme im Beihilfenrecht............................ 210
  I. Die Bewertung mitgliedstaatlicher Maßnahmen................................. 210
    1. Untersuchungsgegenstand und Erkenntnisinteresse....................... 210
    2. Der Grundsatz einer wirkungsbezogenen Betrachtungsweise 210
    3. Die Wirkung als alleiniger Maßstab?.. 212
    4. Der Zweck bei der Bewertung mitgliedstaatlicher Maßnahmen 213
  II. Die materielle Beweislast und benachbarte Phänomene 215
    1. Untersuchungsgegenstand und Erkenntnisinteresse....................... 215
    2. Begründungs- bzw. Beweislast und benachbarte Phänomene 216
      a) Beweis- und Begründungslast 216
      b) Beweislast, Amtsermittlung und Prozeßmaxime...................... 217
      c) Begründungslast und vermutete Kausalzusammenhänge 218
    3. Kriterien der Beweis- bzw. Begründungslastverteilung................. 219
      a) In der Literatur diskutierte Kriterien 220
      b) Normative Kriterien der Beweislastverteilung im Beihilfenaufsichtsrecht . 221
  III. Zusammenfassung... 222

Kapitel 2: Die einzelnen Tatbestandsmerkmale des Art. 87 Abs. 1 EG 223

A. Der Begriff der „Beihilfe" („Beihilfen gleich welcher Art")................... 223
  I. Untersuchungsgegenstand und Erkenntnisinteresse............................ 223
    1. Zur Terminolgie – „Beihilfen" im engeren und im weiteren Sinne 224
    2. Die Relevanz der Bestimmung des Beihilfenbegriffs.................... 225
      a) Objektiv-verfassungsrechtliche Aspekte 225
      b) Das Interesse der Mitgliedstaaten 226
      c) Das Interesse der Marktbürger 227
    3. Bestimmbarkeit und Bestimmungsmöglichkeiten des Beihilfenbegriffs.......... 229
      a) Ansätze in der Literatur... 229
      b) Ansätze von Kommission und Gerichtshof.............................. 230
      c) Eigene Vorgehensweise 231
  II. Die Merkmale des Beihilfenbegriffs... 232
    1. Der Subventionsbegriff als Bezugspunkt 233
      a) Die strukturelle Ähnlichkeit von Subventions- und Beihilfenbegriff 233
      b) Unterschiede.. 233
      c) Der Subventionsbegriff als gedanklicher Kontrollmaßstab 234
    2. Gewährungsformen und deren Relevanz....................................... 234
      a) Typische Fälle mit Vermutungswirkung 235
      b) Typische Fälle mit bedingter Vermutungswirkung.................. 236
      c) Atypische Fälle ohne Vermutungswirkung.............................. 236
    3. Das Merkmal der Vorteilsgewährung.. 237
      a) Der „Vorteil" und dessen Rechtfertigung................................. 237
      b) Die Begünstigung – der Begriff des „Vorteils" 238
      c) Wettbewerbskonforme „Begünstigungen"............................... 239
      d) Der wirtschaftliche Charakter des Vorteils 240
      e) Die Spürbarkeit des Vorteils... 242
    4. Das Merkmal der „Freiwilligkeit" 243
      a) „Freiwilligkeit" und „allgemeine Rechtspflicht"..................... 243
      b) „Freiwilliges" und „unfreiwilliges" Staatshandeln.................. 243
      c) Europäische und nationale Rechtspflichten 244

5. Das Merkmal der „Einseitigkeit" bzw. des „Fehlens einer Gegenleistung" 246
   a) Die Gegenleistung bei „privaten" und „öffentlichen" Gütern 247
   b) Die fehlende Gegenseitigkeit als negatives Tatbestandsmerkmal 248
6. Das Merkmal fehlender „Marktadäquanz" 248
   a) „Marktadäquanz" als Ausdruck „normaler Marktbedingungen" 248
   b) Die Bestimmung der „Norm" 249
III. Die normative Feinsteuerung des Vorteilsbegriffs anhand des Merkmals „fehlende Marktadäquanz" 250
1. Marktadäquanz bei vorwiegend fiskalischem Staatshandeln 251
   a) Fiskalisches und hoheitliches Staatshandeln 251
   b) Der Staat als „normaler" Marktteilnehmer 252
   c) Aktive und passive Gleichbehandlung des Staates 252
   d) Möglichkeiten der Wirtschaftlichkeitsprüfung 253
      α) Wirtschaftlichkeitsnachweis durch Verfahren 253
      β) Wirtschaftlichkeitsnachweis durch materiellen Vergleich – das „Prinzip des marktwirtschaftlich handelnden Investors" 254
   e) Das „Ob" und das „Wie" fiskalischen Staatshandelns 256
2. Marktadäquanz bei vorwiegend hoheitlichem Staatshandeln 257
   a) Marktadäquanz und hoheitlich handelnder Staat 257
   b) Das „Ob" und das „Wie" – Marktversagen und der Grundsatz der Verhältnismäßigkeit 257
   c) Kompetenzzuordnung und Einschätzungsprärogative 258
   d) Einzelne Funktionsbereiche hoheitlichen Staatshandelns 260
      α) Setzung der rechtlichen Rahmenbedingungen 260
      β) Wirtschaftliche Koordination und Gestaltung 261
      γ) Gestaltung der außerökonomischen Bedingungen 261
      δ) Steuer- und Abgabenerhebung 262
3. Marktadäquanz im fiskalisch-hoheitlichen „Mischbereich" – insbes. im Sektor der „Daseinsvorsorge" 263
   a) „Gemischt" fiskalisch-hoheitliches Handeln 263
   b) Der Ausgleich gemeinwirtschaftlicher Leistungen in der Diskussion 264
      α) „Tatbestands-" und „Rechtfertigungslösung" 264
      β) Die „Altmark Trans"-Rechtsprechung des EuGH 265
      γ) Die Fortentwicklung der Rechtsprechung durch die Kommission 266
   c) Der marktadäquate „Kauf" gemeinwohlorientierter Leistungen 268
      α) Marktadäquanz durch Ausschreibung 268
      β) Marktadäquanz durch „Effizienztest" 269
      γ) Die Grenzen der „Kommerzialisierbarkeit" öffentlicher Aufgabenerfüllung 270
   d) Das Beihilfenrecht als normatives Regel-Ausnahme-Verhältnis 272
      α) „Ökonomischer" und „normativer" Ansatz 272
      β) Der Rechtsgedanke des Art. 86 Abs. 2 EG 273
      γ) Die Vorgewichtung nach Art. 86 Abs. 2 EG 274
   e) Das Verhältnis von Wirtschaftlichkeit und öffentlicher Aufgabenerfüllung 275
      α) Die grundsätzliche Anwendbarkeit der Beihilferegeln im „gemischten" Bereich 275
      β) Das „Ob" des Tätigwerdens 275
      γ) Das „Wie" des staatlichen Tätigwerdens 277

f) Gewichtung nach eher fiskalischer oder eher hoheitlicher Ausrichtung des Staatshandelns 278
IV. Zusammenfassung 279
B. Mittelherkunft und staatliche Zurechenbarkeit – „staatliche oder aus staatlichen Mitteln" gewährte Beihilfen 280
I. Untersuchungsgegenstand und Erkenntnisinteresse 280
II. „staatlich" und „nicht-staatlich" im Sinne des Art. 87 Abs. 1 EG 281
III. Das Merkmal der staatlichen Zurechenbarkeit 282
   1. Zurechenbarkeits- oder Finanzierungskriterium 282
      a) Zurechenbarkeit durch kausale Veranlassung 282
      b) Zurechenbarkeit durch Finanzierung 283
   2. Die Tatbestandsvoraussetzungen nach Kommission und Gerichtshof 283
   3. Kritische Ansätze zur Rechtsprechung des EuGH und eigene Stellungnahme 288
IV. Zusammenfassung 291
C. Das Tatbestandsmerkmal der „Selektivität" – „die Begünstigung bestimmter Unternehmen und Produktionszweige" 291
I. Untersuchungsgegenstand und Erkenntnisinteresse 291
II. Die einzelnen Aspekte des Selektivitätsmerkmals 292
   1. Der Kreis der potentiellen Beihilfeempfänger 292
      a) Begünstigter und Beihilfenempfänger 292
      b) „Unternehmen und Produktionszweige" 293
      c) Wirtschaftliche und nichtwirtschaftliche Ausrichtung des Begünstigten 295
   2. Allgemein und speziell begünstigende Wirkung 297
   3. Das Erfordernis des „Ausnahmecharakters" der Maßnahme 299
III. Zusammenfassung 301
D. Die Tatbestandsmerkmale der „Wettbewerbsverfälschung" und „Handelsbeeinträchtigung" 302
I. Untersuchungsgegenstand und Erkenntnisinteresse 302
II. Die Entwicklung in Kommissions- und Rechtsprechungspraxis 303
III. Kritik 307
   1. Die Verknüpfung von Beihilfen und deren Wirkung 307
      a) Formelles Begründungserfordernis und materielle Konkretisierung 307
      b) Die Kausalitäten von Beihilfe, wettbewerbsverfälschender und handelsbeeinträchtigender Wirkung 308
   2. Das Verhältnis der Tatbestandsmerkmale „Wettbewerbsverfälschung" und „Handelsbeeinträchtigung" zueinander 309
      a) Die Möglichkeit und Notwendigkeit tatbestandlicher Differenzierung 309
      b) Die jeweils unterschiedliche Abgrenzungswirkung 310
      c) Die jeweils unterschiedliche Funktion und europarechtliche „Wertigkeit" .. 310
IV. Das Tatbestandsmerkmal der „Wettbewerbsverfälschung" 311
   1. Relevanz, Schutz- und Regelungsbereich 311
      a) Der „unverfälschte Wettbewerb" als Schutzobjekt und Prüfungsmaßstab 311
      b) Prüfungsgegenstand und Prüfungsumfang 313
         α) Der kausale Konnex von Maßnahme und Wirkung 313
         β) „Wettbewerbsgefahr" und „Gefährdungswahrscheinlichkeit" 314
   2. Die Beurteilungskriterien einer Wettbewerbsverfälschung 315
      a) Das Bestehen von relevantem Wettbewerb 316
         α) Der sachlich relevante Markt (Produktmarkt) 317
         β) Der zeitlich relevante Markt (insbes. „potentieller Wettbewerb") 319

γ) Der räumlich relevante Markt ... 319
b) Der Nachweis der Wettbewerbsverfälschung – Anforderungen an die Kausalverknüpfung ... 320
α) Typische und atypische Konstellationen ... 320
β) Angebots- und Nachfragesituation als Wettbewerbsindikator ... 322
γ) Wettbewerbs-„neutrale" Maßnahmen ... 323
V. Das Tatbestandsmerkmal der „zwischenstaatlichen Handelsbeeinträchtigung" ... 325
1. Relevanz, Schutz- und Regelungsbereich ... 325
a) Handelsschutz im Europa „offener Grenzen" ... 325
b) Die „Zwischenstaatlichkeitsklausel" als Kompetenzeröffnungsnorm ... 326
c) Der „unbeeinträchtigte Handel" als Schutzobjekt und Prüfungsmaßstab 327
d) Der Regelungsbereich im Hinblick auf andere Tatbestandsmerkmale ... 328
e) Prüfungsgegenstand und Prüfungsumfang ... 330
2. Die Beurteilungskriterien der zwischenstaatlichen Handelsbeeinträchtigung . 332
a) Das Bestehen von Handel – Nachweiskriterien der Praxis ... 332
b) Die „Binnenmarktvermutung" für die Möglichkeit stattfindenden Handels . 333
c) Die Zwischenstaatlichkeit des Handels ... 334
d) Der Nachweis der Handelsbeeinträchtigung – typische und atypische Konstellationen ... 334
VI. Das Merkmal der „Spürbarkeit" von Wettbewerbsverfälschungen und Handelsbeeinträchtigungen ... 336
VII. Zusammenfassung ... 338
E. Begründungs- und Beweislast ... 340
I. Die Verteilung der Beweis- und Begründungslast in Art. 87 Abs. 1 EG ... 340
1. Die Beweislastverteilung bei den einzelnen Tatbestandsmerkmalen ... 340
2. Das Merkmal der „Beihilfe" i.e.S. ... 340
a) Der Vorteil ... 340
b) Die Rechtfertigungsgründe ... 341
c) Das Merkmal der „Marktadäquanz" ... 341
3. Die Merkmale der „Zurechenbarkeit" und der „Selektivität" ... 342
4. Die Merkmale der Wettbewerbsverfälschung und Handelsbeeinträchtigung ... 342
II. Beweiserleichterungen in standardisierten Modellen ... 343
1. Export- und Betriebsbeihilfen ... 343
2. Fiktion verbotener Beihilfen durch Rückschluß von der Ausnahme auf die Regel? ... 345
III. Zusammenfassung ... 346

Schlußbetrachtung ... 347

I. „Die Vernunft" – Grund genug für eine europäische Beihilfenaufsicht ... 347
II. Schlaglichter auf die Graubereiche des Beihilfenrechts – dessen Bestimmungsgründe und Grenzen sowie deren Bewertung ... 347
1. Das Beihilfenrecht als Normativentscheidung - Recht und Politik ... 347
2. Recht und Ökonomie – Ökonomie im Recht ... 348
3. Der Verhältnismäßigkeitsgrundsatz ... 351
4. Die Kompetenzfrage ... 352
5. Die Funktion der Beihilfenaufsicht ... 354

III. Die Sicherung der beihilfenrechtlichen Grenzen 355
   1. Konkretisierung des Beihilfenaufsichtsrechts.. 355
   2. Effektive Kontrolle der Beihilfenaufsicht 356

Literaturverzeichnis 359
Sachregister 381

Abkürzungsverzeichnis

a.A.	anderer Ansicht
a.F.	alte Fassung
aaO	am angegebenen Ort
ABl.	Amtsblatt der Europäischen Gemeinschaften
Abs.	Absatz
Abschn.	Abschnitt
AcP	Archiv für die civilistische Praxis (Zeitschrift)
allg.	allgemein
Anm.	Anmerkung
Aufl.	Auflage
AWD	Außenwirtschaftsdienst des Betriebs-Beraters (Zeitschrift)
Az.	Aktenzeichen
BayAGGVG	Bayerisches Ausführungsgesetz zum Gerichtsverfassungsgestz
BayGTzeitung	Bayerische Gemeindetagszeitung
BayHO	Bayerische Haushaltsordnung
BaySparkO	Bayerische Sparkassenordnung
BayVwBl.	Bayerische Verwaltungsblätter
BB	Betriebsberater (Zeitschrift)
Bd.	Band
Bde.	Bände
BFH	Bundesfinanzhof
BGB	Bürgerliches Gesetzbuch
BGBl.	Bundesgesetzblatt
BGH	Bundesgerichtshof
BIP	Bruttoinlandsprodukt
Bull.	Bulletin der EG
BVerfG	Bundesverfassungsgericht
BverfGE	Amtliche Sammlung der Entscheidungen des Bundesverfassungsgerichts
BVerwG	Bundesverwaltungsgericht
BW	Baden-Württemberg
bzw.	beziehungsweise
ca.	circa
CDU	Christlich-Demokratische Union
CMLR	Common Market Law Review
d.	des/der
DDR	Deutsche Demokratische Republik

dergl.	dergleichen
ders.	derselbe
dies.	dieselbe(n)
Diss.	Dissertation
DÖV	Die öffentliche Verwaltung (Zeitschrift)
DVBl.	Deutsches Verwaltungsblatt
DZWiR	Deutsche Zeitschrift für Wirtschaftsrecht
EAG	Europäische Atomgemeinschaft
EAGFL	Europäischer Ausrichtungs- und Garantiefonds für die Landwirtschaft
EALG	Entschädigungs- und Ausgleichsleistungsgesetz
EAV	Vertrag zur Gründung der Europäischen Atomgemeinschaft
ebd.	ebenda
ECLR	European Competition Law Review
EdK	Entscheidung der Kommission
EEA	Einheitliche Europäische Akte
EFRE	Europäischer Fonds für die regionale Entwicklung
EG	Europäische Gemeinschaft/EG-Vertrag (neue Fassung)
EGBGB	Einführungsgesetz zum Bürgerlichen Gesetzbuch
EGKS	(Vertrag zur Gründung der) Europäische(n) Gemeinschaft für Kohle und Stahl
EGV	Vertrag zur Gründung der Europäischen Gemeinschaft
ELR	European Law Review
EMRK	Europäische Menschenrechtskonvention
endg.	endgültig
engl.	englisch
erw.	erweitert(e)
ESF	Europäischer Sozialfonds
etc.	et cetera
EU	Europäische Union
EuG	Gericht erster Instanz der Europäischen Gemeinschaft
EuGH	Europäischer Gerichtshof
EuGRZ	Europäische Grundrechtezeitschrift
EuR	Europarecht
Europ VwR	Schwarze, Europäisches Verwaltungsrecht
europ.	europäisch/e/r
EUV	Vertrag über die Europäische Union
EUWR	Handbuch des EU-Wirtschaftsrechts
EuZW	Europäische Zeitschrift für Wirtschaftsrecht
EWGV	Vertrag zur Gründung der Europäischen Wirtschaftsgemeinschaft
EWS	Europäisches Wirtschafts- und Steuerrecht (Zeitschrift)
EZB	Europäische Zentralbank

f.	folgende
FAZ	Frankfurter Allgemeine Zeitung
ff.	fortfolgende
FG	Finanzgericht
Fn	Fußnote
frz.	französisch
FS	Festschrift
FuE	Forschung und Entwicklung
G/S	von der Groeben/Schwarze, Kommentar
G/T/E	von der Groeben/Thiesing/Ehlermann, Kommentar
GA	Generalanwalt
GASP	Gemeinsame Außen- und Sicherheitspolitik
GATS	General Agreement on Trade in Services
GATT	General Agreement on Tariffs and Trade
gem.	gemäß
GFVO	Gruppenfreistellungsverordnung
GG	Grundgesetz
ggf.	gegebenenfalls
GMO	Gemeinsame Marktordnung
grds.	grundsätzlich
GWB	Gesetz gegen Wettbewerbsbeschränkungen
h.M.	herrschende Meinung
Halbbd.	Halbband
Hrsg.	Herausgeber
hrsg.	herausgegeben
i.E.	im Ergebnis
i.S.d.	im Sinne des
i.ü.	im übrigen
i.V.m.	in Verbindung mit
insbes.	insbesondere
ital.	italienisch
JA	Juristische Arbeitsblätter
jew.	jeweils
Jh.	Jahrhundert
Jura	Juristische Ausbildung (Zeitschrift)
JuS	Juristische Schulung (Zeitschrift)
JZ	Juristenzeitung

Abkürzungsverzeichnis

Kap.	Kapitel
KMU	Kleine und mittlere Unternehmen
Komm.	Kommentar
krit.	kritisch
KSZE	Konferenz über Sicherheit und Zusammenarbeit in Europa
LG	Landgericht
lit.	litera
Lit.	Literatur
LKW	Lastkraftwagen
LL	Leitlinie (der EG)
M/D	Maunz/Dürig, Grundgesetzkommentar
M/K/S	Mangoldt/Klein/Starck, Grundgesetzkommentar
MdK	Mitteilung der Kommission
MinöStG	Mineralölsteuergesetz
Mio.	Million(en)
Mrd.	Milliarde(n)
mwN.	mit weiteren Nachweisen
NJW	Neue Juristische Wochenschrift
Nr.	Nummer
NS	National-Sozialismus
NVwZ	Neue Zeitschrift für Verwaltungsrecht
o.ä.	oder ähnliches
ÖJZ	Österreichische Juristenzeitung
ÖPNV	Öffentlicher Personennahverkehr
OSZE	Organisation für Sicherheit und Zusammenarbeit in Europa
OVG	Oberverwaltungsgericht
PJZS	Polizeiliche und justizielle Zusammenarbeit in Strafsachen
PKW	Personenkraftwagen
PostG	Postgesetz
PUDLV	Post-Universaldienstleistungsverordnung
RabelsZ	Zeitschrift für ausländisches und internationales Privatrecht, begründet von E. Rabel
RG	Reichsgericht
RGZ	Entscheidungen des Reichsgerichts in Zivilsachen
R.I.D.E.	Revue international de droit économique
RIW	Recht der internationalen Wirtschaft (Zeitschrift)
RL	Richtlinie (der EG)

Rn	Randnummer
Rs	Rechtssache
Rspr.	Rechtsprechung
Rz	Randziffer
S.	Seite
s.	siehe
SA	Schlußantrag
SdK	Schreiben der Kommission
SGB	Sozialgesetzbuch
Slg.	Sammlung
sog.	sogenannt/e/r
SPD	Sozialdemokratische Partei Deutschlands
st. Rspr.	ständige Rechtsprechnug
StabG	Stabilitätsgesetz
str.	strittig
u.	und
u.a.	unter anderem / und andere
u.ä.	und ähnliches
u.U.	unter Umständen
UAbs.	Unterabsatz
Urt. v.	Urteil vom
USA	Unites States of America
usf.	und so fort
usw.	und so weiter
UWG	Gesetz gegen unlauteren Wettbewerb
v.	von
v.a.	vor allem
Verf.	Verfasser
VerfE	Verfassungsentwurf der Konferenz der Vertreter der Regierungen der Mitgliedstaaten vom 25.6.2004 bzw. des Europäischen Konvents vom 18.7.2003
VerwArch	Verwaltungsarchiv (Zeitschrift)
VGH	Verwaltungsgerichtshof
vgl.	vergleiche
VGR	Volkswirtschaftliche Gesamtrechnung
VO	Verordnung (der EG)
VOB	Verdingungsordnung für Bauleistungen
VR	Verwaltungsrundschau (Zeitschrift)
VV	Verwaltungsvorschrift

VVDStRL	Veröffentlichungen der Vereinigung der Deutschen Staatsrechtslehrer
VVO	Verfahrensverordnung
VwGO	Verwaltungsgerichtsordnung
VwVfG	Verwaltungsverfahrensgesetz
WiB	Wirtschaftsrechtliche Beratung (Zeitschrift)
WiVerw	Wirtschaft und Verwaltung (Zeitschrift)
WM	Zeitschrift für Wirtschafts- und Bankrecht, Wertpapiermitteilungen
WRV	Weimarer Reichsverfassung
WTO	World Trade Organisation
WuW	Wirtschaft und Wettbewerb (Zeitschrift)
z.B.	zum Beispiel
z.T.	zum Teil
ZBB	Zeitschrift für Bankrecht und Bankwirtschaft
ZGR	Zeitschrift für Unternehmens und Gesellschaftsrecht
ZHR	Zeitschrift für das gesamte Handelsrecht und Wirtschaftsrecht
Ziff.	Ziffer
ZIP	Zeitschrift für Wirtschaftsrecht
zit.	zitiert
ZPO	Zivilprozeßordnung
ZRP	Zeitschrift für Rechtspolitik

Einleitung

„Soweit in diesem Vertrag nicht etwas anderes bestimmt ist, sind staatliche oder aus staatlichen Mitteln gewährte Beihilfen gleich welcher Art, die durch die Begünstigung bestimmter Unternehmen oder Produktionszweige den Wettbewerb verfälschen oder zu verfälschen drohen, mit dem Gemeinsamen Markt unvereinbar, soweit sie den Handel zwischen Mitgliedstaaten beeinträchtigen."
(Art. 87 Abs. 1 EG)[1]

I. Untersuchungsgegenstand und Erkenntnisinteresse

Art. 87 Abs. 1 EG erklärt staatliche „Beihilfen" bei Vorliegen bestimmter Voraussetzungen für „unvereinbar" mit dem „Gemeinsamen Markt". Was macht nun eine Betrachtung dieses „materiellen Beihilfenverbots"[2] für eine rechtswissenschaftliche Untersuchung interessant?

1. Das Beihilfenrecht – eine „terra cognita" ohne abgeschlossene Kartographie

Die „Väter der Verträge" haben mit der Kodifizierung einer „Beihilfenaufsicht" juristisches Neuland betreten und den europäischen Institutionen dennoch nur eine vage Marschroute mit auf den Weg gegeben. Es nimmt also nicht Wunder, daß die Beteiligten (die Rechtswissenschaft eingeschlossen) eine ganze Weile gebraucht haben, dieses neue Gebiet für sich zu entdecken.[3] Die Zeiten, da man vom Beihilfenrecht[4] als einer juristi-

---

[1] Die Europäische Verfassung hätte keine wesentlichen Änderungen gebracht. In Art. III-56 VerfE heißt es „der Mitgliedstaaten" statt „staatliche" und „mit dem Binnenmarkt" statt „mit dem Gemeinsamen Markt".

[2] Art. 87 Abs. 2 und 3 EG lassen Ausnahmen zu – daher nur ein „grundsätzliches" Verbot. Vollzogen wird das Beihilfenrecht von der Kommission, die nach den in Art. 88 EG festgelegten Verfahren (dem „formellen" Beihilfenrecht) tätig wird und ggf. das Beihilfenverbot dem betreffenden Mitgliedstaaten gegenüber ausspricht – daher gem. Art. 87 Abs. 1 EG „materielles" Beihilfenverbot. Zum Begriff des „Verbots" vgl. unten 2. Teil, Kap. 1, Abschn. A. III. 2.

[3] *Seidel*, Beihilfenrecht, S. 8. *Caspari* meinte noch 1985, das Beihilfenrecht sei im Vergleich zum „Anti-Trust-Recht" unerforscht (*Caspari*, Subventionspolitik, S. 49).

schen „terra incognita" sprechen konnte, sind freilich längst vorüber. Entscheidungen der Kommission, Urteile der europäischen Gerichte und Stellungnahmen der wissenschaftlichen Literatur sind mittlerweile Legion.[5] Ein „weißer Fleck"[6] auf der juristischen Landkarte ist das Beihilfenrecht also beileibe nicht mehr. Allerdings – auch wenn manche Pfade mittlerweile ausgetreten sein mögen, ist auch heute keineswegs immer klar, wohin die Reise geht.

Das praktizierte Beihilfenaufsichtsrecht ist jedenfalls von einiger Widersprüchlichkeit gekennzeichnet. Abgesehen davon, daß die Gemeinschaft selbst Beihilfen in gewaltigem Ausmaß verteilt, hat die Kommission auch milliardenschwere Beihilfen der Mitgliedstaaten etwa für die Automobilindustrie stets legalisiert.[7] In anderen Bereichen konnte man demgegenüber bis vor kurzem noch den Eindruck gewinnen, die Kommission dürfe mit Billigung des Gerichtshofs das Netz der Beihilfenaufsicht zusehends enger und enger knüpfen. Es erweckten ja nicht nur „typische Subventionen"[8] den Argwohn der Kommission. Auch konkursrechtliche,[9] internationalprivatrechtliche Vorschriften[10] oder arbeitsrechtliche Regelungen[11] waren Gegenstand beihilferechtlicher Verfahren. In jüngerer Zeit scheint auch hier das Pendel zurückzuschwingen. Den im allgemeinen Sprachgebrauch „hochsubventionierten" Ökostrom erachtete der Gerichtshof in der Sache „PreussenElektra"[12] nicht als beihilfenrelevant und während jüngst noch die althergebrachte deutsche Anstaltslast und Gewährträgerhaftung dem Bannstrahl der Kommission unterfielen,[13] scheint auf einmal – man denke an die heiß diskutierten Urteile „Ferring" und „Altmark Trans" – den Mitgliedstaaten ein großzügiger Spielraum zur Bewältigung

---

[4] Zur Unterscheidung Beihilfenrecht i.e.S. (Beihilfengewährungsrecht) und Beihilfenaufsichtsrecht der Art. 87 ff. EG bzw. Art. 92 ff. EGV vgl. *Seidel*, Beihilfenrecht, S. 7.

[5] Vgl. etwa die Zusammenstellungen von *Nowak*, EuZW 2003, 389 ff., sowie *Hakenberg/Erlbacher*, EWS 2003, 201 ff.

[6] *Obernolte*, Europäische Wirtschaft 1961, 338.

[7] Beihilfen für die Kfz-Industrie i.H.v. 276 Mio. Euro genehmigte die Kommission beispielsweise 1997 (XXVII. Bericht über die Wettbewerbspolitik, Rn 279). In den Jahren 1992 bis 1996 wurden in der Gemeinschaft Beihilfen von insgesamt über 5 Mrd. Euro für die Kfz-Industrie ausgezahlt (6. Beihilfenbericht, S. 17).

[8] Zum Begriff sogleich unter III.

[9] Vgl. EuGH, 1.12.1998, Rs C-200/97, Slg. 1998, I-7907, Rn 36.

[10] Vgl. das Vorbringen der Kommission im Falle „Sloman Neptun", EuGH, 17.3.1993, Rs C-72/91, Slg. 1993, I-887, Rn 17.

[11] Vgl. EuGH, 7.5.1998, Rs 52-54/97, Slg. 1998, I-2629, Rn 13.

[12] EuGH, 13.3.2001, Rs C-379/98, Slg. 2001, I-2099.

[13] Vgl. hierzu nur etwa *Quardt*, EuZW 2002, 424 ff.

der „Daseinsvorsorge" eingeräumt zu werden.[14] Ein Schritt vorwärts oder ein weiterer Umweg?

Es wird der Spruch kolportiert, für die Deutschen sei Recht Dogmatik, für die Engländer Verfahren, und für die Franzosen Politik.[15] Es mag durchaus eine deutsche Eigenheit sein, in rechtlichen Unsicherheiten zunächst einen Mangel an Dogmatik zu vermuten. Tatsächlich mögen sich manche Probleme (siehe Anstaltslast und Gewährträgerhaftung) auf politischem Wege leichter, womöglich auch sachgerechter lösen lassen. Nicht jeder Unternehmer, der unvermittelt mit einer Beihilfenrückforderung rechnen muß, kann aber auf einen politischen Kompromiß hoffen. Für eine „Rechtsgemeinschaft" wäre dies auch bedenklich. Es scheint jedenfalls nach wie vor nicht so zu sein, daß die Unionsbürger und die Mitgliedstaaten stets wissen könnten, was beihilfenrechtlich gerade erlaubt oder verboten ist. Von einer verläßlichen Kartographie, von einer abgeschlossenen dogmatischen Durchdringung dieser Rechtsmaterie kann nach wie vor nicht gesprochen werden. Die stürmische Gründerzeit der EG/EU scheint nach dem Scheitern der Europäischen Verfassung endgültig vorüber sein – Grund genug, die Zwangspause zu nutzen, Resümee zu ziehen und zu versuchen, Antworten auf alte Fragen zu finden, bevor zu den alten Fragen neue hinzukommen.

2. Die Beihilfenproblematik – ein „weites Feld" im Widerstreit der Interessen

Um Dogmatik um ihrer selbst Willen, um „l'art pour l'art" soll es hier freilich nicht gehen. „Dogmatik" heißt hier zuvorderst (und ganz praktisch): konsistente, vom Einzelfall losgelöste *rechtliche Konkretisierung*. Geht man davon aus, daß dem Recht insbesondere die Aufgabe zukommt, gegensätzliche Interessen auszugleichen, heißt Konkretisierung hier, den im Beihilfenrecht angelegten *Interessenausgleich* sichtbar, für die konkrete Rechtsanwendung handhabbar und für den Rechtsunterworfenen berechenbar zu machen. Im Beihilfenrecht treffen nun eine Reihe ganz unterschiedlich gelagerter Interessensphären und -ebenen aufeinander:

Gegenstand des Beihilfenrechts ist augenscheinlich der Wettbewerb, also der Wettstreit zwischen auf dem Markt auftretenden Konkurrenten. Das Beihilfenrecht regelt die Befugnis der Mitgliedstaaten, in solche privaten Wettbewerbsverhältnisse eingreifen zu dürfen. Die Frage, inwieweit es dem Staat gestattet sein soll, auf die „private Sphäre" Einfluß zu nehmen, ist freilich Gegenstand nicht nur der politischen Auseinandersetzung, sondern auch verschiedener ökonomischer und staatstheoretischer Lehren so-

---

[14] EuGH, 22.11.2001, Rs C-53/00, Slg. 2001, I-9067; 24.7.2003, Rs C-280/00, Slg. 2003, I-7747.
[15] *Jacques Buhart* nach *Bär-Bouyssière*, Neuere Entwicklungen, S. 79.

wie gesellschaftstheoretischer und weltanschaulicher Grundüberzeugungen, die alle insbesondere um die Frage kreisen: Wo ist die Grenze zwischen *ökonomischer und staatlicher*, zwischen *privater und hoheitlicher Sphäre* zu ziehen? Welche *Rolle spielt der Staat* bzw. welche Rolle *soll* er spielen?

Es geht heute freilich nicht mehr nur um „den Staat" i.S. des klassischen Nationalstaats. Die EU ist selbst auf dem Weg, ein „Staat" zu werden – jedenfalls, was ihre Regelungskompetenz betrifft. Das Beziehungsgefüge Staat – Einzelner erweitert sich also zum *triangulären Gebilde*. Dies wirft neue Fragen nach der Abgrenzung von privater und staatlicher – also hoheitlich-*nationaler* und hoheitlich-*europäischer* Ebene auf.

Zunächst treffen im Beihilfenrecht unterschiedliche *hoheitliche* Lösungsansätze (der Mitgliedstaaten und der Gemeinschaft) aufeinander, hinter denen unterschiedliche und doch auf das engste miteinander verflochtener Rechts- und Werteordnungen stehen. Es geht also um die Abgrenzungen und Entflechtung der jeweiligen *Kompetenzen*.[16] Soweit die Verhinderung von innergemeinschaftlichen Handelsbarrieren in Frage steht, kann die entsprechende Gemeinschaftskompetenz nicht ernstlich zweifelhaft sein. „Subventionen sind die brutalste Form des Protektionismus"[17] heißt es sogar. Es werden durch „Beihilfen" aber nicht nur fragwürdige protektionistische Ziele verfolgt, sondern einfach auch staatliche Aufgaben etwa im Bereich der Sozial-, Bildungs-, Umweltpolitik usw. erfüllt. Wo zwischen verbotener Protektion und erlaubter nationaler Gestaltung ist ein Schnitt zu machen?

Schließlich stellt sich die Frage nach dem Verhältnis von Einzelnem und „Europa": Ist Ziel der Gemeinschaft der Abbau zwischenstaatlicher Protektionismen und handelshemmender Dirigismen zugunsten des Bürgers oder sollen (mit Hilfe eben auch des Beihilfenrechts) selbst wieder Wirtschaft und Gesellschaft – diesmal nach den Vorstellungen „Brüssels" – umgebaut und womöglich doch wieder „staatlich" gestaltet werden? Handelt die Gemeinschaft selbst „marktrational" oder besteht die Gefahr, daß sie als europäischer „Superstaat" nur die Fehler der Nationalstaaten in großem Maßstab wiederholt?[18] Verzettelt sich die Gemeinschaft im Bestreben gleichzeitig zur Marktwirtschaft zu erziehen und *Sach*politik zu betreiben?[19]

---

[16] *Schwarze*, Wege zu einer europäischen Verfassung, S. 22 f.; *Wuermeling*, BayVBl. 2003, 193, 194.

[17] *Kriwet*, in: Strukturanpassung durch Wettbewerb oder Staatshilfen?, S. 40.

[18] *Soltwedel* et al., S. 54 f.

[19] Konkret etwa: Dürfen unter dem Zeichen des Wettbewerbsschutzes z.B. Beihilfen für die Tabakindustrie verboten werden, weil Rauchen der Gesundheit schadet? So die Kommission in der Rs 730/79, Slg. 1980, 2671. Befürwortend GA *Capotorti* in seinem SA v. 18.6.1980, Rs 730/79, Slg. 1980, 2671.

Die eher abstrakten Fragen nach der ökonomischen Sinnhaftigkeit des Beihilfewesens, nach der Abgrenzung von privater und staatlicher Sphäre, von nationalen und europäischen Kompetenzen verdichten sich im Beihilfenrecht konkret zur Frage der inneren Rechtfertigung und der Reichweite des Beihilfenverbots: Wie weit reicht es und warum muß/darf es so weit reichen? Kurz – zur Frage nach den *Gründen und Grenzen des Beihilfenverbots*.

II. Aufbau und Methodik der Untersuchung

Im Beihilfenrecht kulminieren eine Reihe von rechtlichen und außerrechtlichen Fragen, die letztlich beim Vollzug des Beihilfenrechts beantwortet werden müssen. Dieser Zuspitzung folgt auch der Aufbau der vorliegenden Arbeit. Die Analyse verjüngt sich von der theoretisch-außerrechtlichen, über die verfassungs- und allgemein europarechtliche Problematik bis hin zu den konkreten Problemen der einzelnen Tatbestandsmerkmale des Beihilfenverbots gem. Art. 87 Abs. 1 EG.

Im ersten Teil sollen die Grundlagen des Beihilfewesens behandelt und das Spannungsfeld ausgeleuchtet werden, in dem das Beihilfenrecht liegt: das Spannungsfeld von *„ökonomischer Rationalität"* einerseits und *staatlichem Gestaltungsanspruch* andererseits. Nach Darstellung der historischen (bzw. wirtschafts- und wirtschaftstheoriehistorischen) und rechtstheoretischen Grundlagen des „Subsidienwesens"[20] soll dessen Funktionsweise in der „Mechanik" staatlicher Herrschaft, dessen ökonomische Rechtfertigung („Marktversagen" und die Grenzen dieses Rechtfertigungsansatzes – „Staatsversagen") untersucht werden. Die verfassungsrechtlichen Grundlagen (sowohl der deutschen wie auch europäischen Rechtsordnung) schließen den 1. Teil ab.

Im 2. Teil sollen Gründe und Grenzen des geltenden und praktizierten Beihilfenverbots analysiert werden. Wie ist das Beihilfenrecht konzipiert, welche Funktion kommt ihm zu und welche europarechtlichen Bestimmungsgründe dienen seiner Konkretisierung? Schließlich: Wie weit reichen das materielle Beihilfenverbot und seine einzelnen Tatbestandsmerkmale im konkreten?

Natürlich können und sollen im folgenden nicht sämtliche offenen Fragen des Beihilfenrechts behandelt oder auch nur angerissen werden. Im Vordergrund steht daher auch nicht die Lösung einzelner Fragen der Beihilfenaufsicht. Eher ist dem Verfasser daran gelegen, im Überblick geeignete Lösungs*strukturen* darzustellen. Soweit auch zu Einzelproblemen Stellung genommen wird, ist dies eher exemplarisch und als durchaus erwünschter Nebeneffekt zu verstehen.

---

[20] Zum Begriff sogleich unter III.

Heikel und damit besonderer Beachtung bedürftig ist im Bereich des sozioökonomisch-politisch sensiblen Beihilfewesens die Problematik der präjudiziellen Einfärbung der Untersuchungsergebnisse durch weltanschauliche oder politische Voreingenommenheit. Zur Gänze ausschalten lassen sich derlei Faktoren freilich nie. Dennoch soll versucht werden, sich dem Untersuchungsgegenstand so weit als möglich „wertfrei"[21] zu nähern. Nur in einer Hinsicht erklärt sich der Verfasser durchaus für befangen – in der Bejahung des europäischen Gedankens an sich. Dies darf aber vielleicht auch als Voraussetzung für eine kritische Auseinandersetzung mit dem Europarecht gesehen werden.

III. Terminologie: Subvention – Beihilfe – Subsidie

Im Mittelpunkt der folgenden Untersuchung steht insbes. die Frage: Wie weit reicht das Beihilfenverbot bzw.: Was sind „verbotene Beihilfen"? Es geht also um die Herleitung des Rechtsbegriffs der „*Beihilfe*". Es erschiene systematisch unsauber oder jedenfalls verwirrend, für die Herleitung des Begriffsinhalts den Begriff selbst zu verwenden. Dies läßt die Verwendung eines *Arbeitsbegriffs* geraten erscheinen.

Hierfür böte sich zunächst der gebräuchliche Terminus der „*Subvention*" an. Mit diesem Begriff verbindet jeder etwas – womöglich aber jeder etwas anderes. Der Subventionsbegriff wird im allgemeinen Sprachgebrauch, aber auch in der Wissenschaft, unterschiedlich bzw. unterschiedlich weit verstanden. „Sozialsubventionen" (Sozialhilfe, Wohngeld etc.) sind wohl „Subventionen" – aber nicht gerade die, um die es im Beihilfenrecht in erster Linie geht. Mittlerweile werden – womöglich, weil sich deren Abschaffung leichter verkaufen läßt, wenn man diesen als „Subventionsabbau" tituliert – sogar Werbungskosten Privater (Pendlerpauschale) als „Subvention" bezeichnet.[22] Besonders beihilferelevant sind diese aber nicht. Ein so verstandener Subventionsbegriff erscheint folglich als zu weit. Andererseits wird in der wissenschaftlichen Literatur etwa die Definition, wonach als „Subventionen" alle „direkten Zuwendungen des Staates"[23], die regelmäßig als „Geldzahlungen und finanzielle Begünstigungen des Staates an Unternehmen ohne marktliche Gegenleistung" zu verstehen sind, bereits als „weite" Auslegung verstanden.[24] Um direkte Finanztransfers allein geht es im Beihilfenrecht wiederum auch nicht. Der Begriff der Wirtschaftssubvention als direkte Finanzzuweisung für ein Unternehmen

---

[21] *Weber*, Aufsätze, S. 489 ff.
[22] Hiergegen zu Recht *Hans*, ZRP 2003, 385, 386 f.
[23] Vgl. *Klingbeil*, S. 7.
[24] Vgl. *Klingbeil*, S. 13; ebenso *Andel*: „Begünstigungen, Sonderunterstützungen gleich welcher Art", „die bestimmten Unternehmungen oder Haushalten durch die öffentliche Hand gewährt werden" als „sehr weiter Subventionsbegriff" – *Andel*, S. 4.

erscheint also als zu eng. Allenfalls läßt sich daher sagen, daß bei einem Finanztransfer, bei dem für niemanden ernstlich zweifelhaft sein kann, daß es sich tatsächlich um eine „Subvention" handelt, gewissermaßen als kleinster gemeinsamer Nenner, von einer „*klassischen Subvention*" gesprochen werden kann. Eine Subvention als „klassischer Fall"[25] beinhaltet demgemäß regelmäßig eine „positive Leistung" für ein Unternehmen, die unmittelbar dessen Stärkung dient, auch wenn damit noch andere (öffentliche) Zwecke verfolgt werden.[26]

Für diese Arbeit wurde als Arbeitsbegriff der Begriff der „*Subsidie*"[27] gewählt. Auch hier besteht eine erheblich Deutungsweite vom ursprünglich eher militärisch gebrauchten „subsidium" (lat.)[28] bis hin zum Terminus der „subsidy" (engl.), der im angelsächsischen Rechtsraum auch als „Subvention" im technischen Sinne Verwendung findet.[29] Ein „Anklang" an das Subventions- bzw. Beihilfewesen ist damit gegeben, ohne daß damit eine bestimmte Assoziation verbunden wäre. Der Begriff ist offen – er soll hier auch nicht näher definiert werden. Nur soviel: er soll im groben das umfassen, was von der Kommission als potentiell beihilfenrelevant angesehen wurde oder doch werden könnte. Die verbleibende Unschärfe wird bewußt hingenommen. Es handelt sich wie gesagt allein um einen Arbeitsbegriff ohne jegliche normative Aussagekraft.

Wie weit das „Subsidien-" bzw. das Beihilfenphänomen reicht oder reichen kann, zeigen folgende beispielhaft zu verstehende Fälle bzw. Fragen, die – teils an reale Fälle angelehnt, teils fiktiv – gewissermaßen als „Merkposten" für die weitere Untersuchung dienen sollen. Handelt es sich also in folgenden Fällen um eine „verbotene Beihilfe" i.S.d. Art. 87 Abs. 1 EG?

– Die Änderung einer internationalprivatrechtlichen Vorschrift mit dem Ziel, die untertarifliche Bezahlung von (Nicht-EU-) Ausländern zu ermöglichen?
– Die bestimmte Wirtschaftssektoren ausnehmende Erhöhung (!) von Verbrauchssteuern?
– Die Einräumung rechtlicher Vorteile, die sich faktisch nicht bei den Produktionskosten des Begünstigten bemerkbar machen?
– Eine Ausnahme etwa von Umweltschutzstandards oder von baurechtlichen Vorschriften?
– Der pekuniäre Ausgleich von (im europäischen Vergleich) „überobligationsmäßigen" Erhöhung etwa ökologischer oder betriebssicherheitsrechtlicher Standards?
– Die finanzielle Ausstattung von auch auf dem privaten Forschungsmarkt auftretenden Universitäten?
– Die staatlich Festsetzung von Mindestpreisen?
– Die Vergabe von Lizenzen?

---

[25] SA v. GA *Darmon*, v. 17.3.1992, Rs C-72/91, Slg. 1993, I-887, Rn 54.
[26] *Müller-Graff*, ZHR 152 (1988), 403, 410.
[27] *Müller-Graff*, ZHR 152 (1988), 403, 408, 412.
[28] Vgl. auch die Klage des Schatzmeisters in *Goethes* Faust II: „Subsidien, die man uns versprochen, / Wie Röhrenwasser bleiben aus."
[29] Als Synonym zum französischen „subvention" – *Voillemot*, S. 24, 105.

– Die Gewährung von Entgelten für den Betrieb von Krankenhäusern oder die flächendeckende Versorgung der Bevölkerung mit Krankenhäusern?
– Die Ausstattung öffentlicher Anstalten (Anstaltslast) mit ausreichenden Mitteln (Banken, Kranken- oder Rentenversicherungen etc.)?

1. Teil

Das Subsidienwesen im Spannungsfeld von ökonomischer Rationalität und staatlichem Gestaltungsanspruch

Kapitel 1

Intervention und Subvention als erkanntes Problem

A. Das Subventionswesen in der Kritik

Der Staat ist ins Gerede gekommen. Jedenfalls was seine Rolle in der Wirtschaft betrifft: In Zeiten leerer Kassen, immenser Staatsausgaben und fehlender verteilungsfähiger Wirtschaftszuwächse muß die überbordende Staatstätigkeit neu überdacht werden.[1] In einer globalisierten Wettbewerbslandschaft sieht sich der intervenierende und subventionierende Staat zunehmend im Kreuzfeuer der Kritik. Die Beihilfen- bzw. Subventionsschelte ist dabei nur ein Aspekt eines sehr viel weitergehenden Ansatzes, der den staatlichen Einfluß auf die Wirtschaft im grundsätzlichen hinterfragt.

Die Hauptkritikpunkte am intervenierenden und subventionierenden Staatshandeln sind mittlerweile Allgemeingut: Im wesentlichen heißt es, das rechtliche Korsett für die Wirtschaft sei zu eng und dirigistisch (die Forderung: Liberalisierung und Deregulierung).[2] Als Unternehmer sei der Staat prinzipiell ungeeignet, da unwirtschaftlich agierend (die Forderung: Privatisierung).[3] Die Staatsquote sei zu hoch (die Forderung: Beschränkung des öffentlichen Sektors und Steuersenkung).[4] In diesem Kontext ist

---

[1] Das Wirtschaftswachstum (Veränderung des BIP in konstanten Preisen in % gegenüber dem Vorjahr) in der Bundesrepublik nimmt seit 1951 in der Tendenz kontinuierlich ab (vgl. Statistisches Bundesamt, VGR 2005, Schaubild 1; zur Definition des BIP ebd., S. 9.); im Jahr 2005 lag es bei 0.9 % (Statistisches Bundesamt, Bruttoinlandsprodukt 2005, Tabelle 3). Die Staatsausgaben beliefen sich im Jahre 2004 auf ca. 990 Mrd. Euro (bei Staatseinnahmen von nur ca. 925 Mrd. Euro) – vgl. Statistisches Bundesamt, Einnahmen und Ausgaben des Staates, http://www.destatis.de, aktualisiert am 30.1.2006, abgerufen am 4.4.2006. Die Schuldenlast der öffentlichen Hand beläuft sich auf über 1,39 Billionen Euro (= 1 390 000 000 000 Euro) – vgl. Statistisches Bundesamt, öffentliche Finanzen, Schuldenstand, http://www.destatis.de, aktualisiert am 3.5.2005, abgerufen am 4.4.2006. Zur Schuldenproblematik vgl. *Kirchhof*, DVBl. 2002, 1569 ff.

[2] Vgl. nur FAZ v. 23.5.2003, S. 14; *Paulweber/Weinand*, EuZW 2001, 232 ff.; *Möschel*, JZ 1988, 885, 888 ff.

[3] Vgl. zum Privatisierungsdruck der Kommission im Beihilfenrecht als Teil ihrer Liberalisierungspolitik *Kruse*, EWS 2005, 66 ff.

[4] In Deutschland geht fast jeder zweite Euro durch staatliche Hände, die Staatsquote lag im Jahr 2004 bei 47,5 % (Statistisches Bundesamt, Anteil der Gesamtausgaben des Staates am BIP, http://www.destatis.de, aktualisiert am 30.11.2005, abgerufen am

auch die Subventionskritik zu sehen mit der Forderung: *Subventionsabbau* und *Subventionsbeschränkung*.[5]

I. Einzelne Kritikpunkte am Subventionswesen

1. Subventionierung als Eingriff in den Marktprozeß

Alle soeben genannten Kritikpunkte hängen zusammen und sind letztlich Ausdruck – im weitesten Sinne – „liberal-marktwirtschaftlich" orientierten Gedankenguts.[6] Theoretisch fußt die Interventionskritik auf dem klassischen nationalökonomischen Prinzip eines „freien Marktes" mit dem Bild rational auf dem Markt agierender Individuen, dem freien Spiel der Marktkräfte sowie einer Preisbildung über Angebot und Nachfrage. Demnach bergen Subventionen als Eingriff in den Marktprozeß per se die *Gefahr von Wohlfahrtsverlusten* und *Ineffizienzen* in sich und *hindern die Selbstregulierungsfähigkeit* des Marktes.[7]

Weitere markante Kritikpunkte am Einsatz von Subventionen sind daneben – ohne Anspruch auf Vollständigkeit – etwa die folgenden:

– Mängel bei der Zielformulierung.[8]
– Mängel bei der Erfolgskontrolle.[9]
– Verstetigungs- und Gewöhnungseffekt, Folgesubventionen.[10]

4.4.2006). Ca. 80 % der Steuereinnahmen des Bundes werden dabei für Sozial- und Zinsausgaben verwendet – vgl. Mitteilung des Bundesrechnungshofes, abgerufen unter www.bundesrechnungshof.de/bem2003 am 24.2.2004. Hierzu die Empfehlungen führender Wirtschaftsforschungsinstitute (FAZ v. 15.4.2003, S. 15).

[5] Vgl. nur *Paqué*, „An Subventionskürzungen führt kein Weg vorbei", FAZ v. 31.5.2003, S. 13.

[6] Hierzu etwa *Hank*, FAZ v. 10.1.2004, S. 13; *Donges*, FAZ v. 28.6.2003, S. 15.

[7] Vgl. hierzu nur etwa *Harzem*, S. 35 f., 39 ff., 46; *Gröbner*, S. 127 ff.; *Hiemenz/Weiss*, S. 1 ff.; *Caspari*, Subventionspolitik, S. 50; *Deininger*, S. 1 ff., mwN.; Deutsche Bundesbank, Monatsbericht Dezember 2000, S. 19; zur Problematik aus italienischer Sicht *Pusceddu/Usai*, Gli aiuti di stato alle imprese: il caso italiano, S. 173 f.

[8] Subventionen werden grds. zur Erreichung öffentlicher Zwecke eingesetzt. Als schiere Mittelverschwendung muß es erscheinen, wenn Ziele vage (nicht „operationalisiert"), widersprüchlich oder bloß zur Verschleierung in Wahrheit ganz anderer Ziele formuliert werden oder auf eine Zielformulierung gleich gänzlich verzichtet wird. Im schlimmsten Falle werden solche Subventionen dann gleichsam „ins Blaue hinein" vergeben. Vgl. *Albrecht/Thormählen*, Subventionen, S. 101 ff.

[9] Ohne entsprechend klar formulierte Ziele ist eine Erfolgskontrolle von vorneherein ausgeschlossen. Aber auch wo eine solche Kontrolle an sich möglich wäre (zu den Schwierigkeiten etwa *Castan/Damkowski*, insbes. S. 50, 103), erfolgt sie in der Praxis oftmals nicht oder nur unzureichend (vgl. *Gröbner*, S. 133 f.; *Jasper*, S. 76 f.; *Wilk*, S. 177 ff.). Wo die Erreichung eines bestimmten Zwecks aber nicht geprüft wird, wird zweifelhaft, ob überhaupt ein legitimes Ziel verfolgt wird (vgl. *Albrecht/Thormählen*, Subventionen, S. 101 ff.).

– Mitnahme- und Trittbrettfahrereffekte.[11]
– Subventionswettlauf und Subventionsmentalität.[12]
– Belastung des Staatshaushalts.[13]
– Internationale Subventionsschraube.[14]

2. Die ambivalente Haltung der Entscheidungsträger

Angesichts des einigermaßen deutlichen Befundes der Subventionskritik sollte man meinen, die Entscheidungsträger aus Politik, Wirtschaft und Gesellschaft würden die entsprechenden Konsequenzen ziehen. Allein dies scheint empirisch betrachtet nicht der Fall zu sein.

Die Haltung der Politik gegenüber dem Subventionswesen ist über alle Parteigrenzen hinweg von eigenartiger Ambivalenz gekennzeichnet: Was die Subventionsproblematik im allgemeinen betrifft, wird das Hohelied des Subventionsabbaus angestimmt, das indes unversehens verstummt, wenn der Einzelfall oder das Einzelunternehmen auf der Agenda erscheint.[15]

---

[10] Das Fehlen eines konkreten Zwecks oder einer zeitlichen Befristung führt dazu, daß die Fördermaßnahme „zweckfrei" weiterläuft. Der Empfänger kalkuliert die Subvention allmählich ein und gerät so in Abhängigkeit von ihr. Der Gewährende ist praktisch gezwungen, die Maßnahme als „verbürgtes Recht" fortzuführen (vgl. *Caspari*, Subventionspolitik, S. 50; *Gröbner*, S. 129), um nicht die wirtschaftliche Existenz des Begünstigten zu gefährden. Folgesubventionen ad infinitum sind die Konsequenz (vgl. *Gröbner*, S. 130 f.).

[11] Subventionen, die zu einem bestimmten Verhalten anhalten sollen, sind sinnlos, wenn der Begünstigte sich ohne sie genauso verhalten würde; er streicht die Förderung dann als bloßen zusätzlichen Vorteil ein (so etwa bei Innovationen oder Investitionen, die schon aus wirtschaftlichem Kalkül durchgeführt würden – vgl. *Gröbner*, S. 134 f.).

[12] Bedenklich ist es, wenn Maßnahmen der Wirtschaftsförderung dazu führen, daß die potentiell Begünstigten ihre Energien vorwiegend darauf verwenden, neue Geldquellen anzuzapfen, Subventionsprogrammen hinterherzulaufen bzw. andere von den Geldtöpfen fernzuhalten (sog. „rent seeking"), statt ihr Engagement auf den eigenen Marktauftritt zu konzentrieren. Vgl. *Harzem*, S. 40 ff.; *Hiemenz/Weiss*, S. 15. Zum „Windhundverfahren" vgl. *Bösmeier*, S. 13.

[13] Die Folgen der Vergabe öffentlicher Mittel im großen Stil sind Steuererhöhungen, Staatsverschuldung und Einschränkung des finanziellen Handlungsspielraum des Staates. Über 14 % des Bundeshaushalts 2003 wurden allein für Zinsen aufgewendet. Vgl. Bericht des Bundesrechnungshofes unter www.bundesrechnungshof.de, abgerufen am 24.2.2004.

[14] Da Subventionen oftmals zur Protektion der nationalen Wirtschaft eingesetzt werden, ruft jede protektive Subvention Gegenreaktionen hervor. Vgl. *Hiemenz/Weiss*, S. 17 ff. Das internationale Subventionskarussell erweist sich als – allerdings volkswirtschaftlich äußerst teueres – Nullsummenspiel.

[15] Vgl. in der FAZ v. 19.5.2003, S. 3 („SPD, CDU und Grüne sind sich einig: Sie wollen die Windenergie mit Hilfe von Subventionen ausbauen"), oder FAZ v. 21.1.2003, S. 11 („Zusätzliche Millionen für den Metrorapid"). Zu diesem Phänomen auch *Schlesinger*, S. 20; *Deininger*, S. 1 f.

Dann wird zu jeder „Brüssel" abgetrotzten Subvention unverhohlene Triumphmusik intoniert – mit medial entsprechend wirksamer Orchestrierung.[16] Seit dem ersten Subventionsbericht ist demgegenüber in periodischen Abständen jedesmal aufs neue die Absicht der Bundesregierung – gleich welcher Couleur – nachzulesen, die Subventionen seien *abzubauen*.[17] Es fragt sich dann freilich, warum das Subventionsvolumen seit den Anfängen der Bundesrepublik stetig angestiegen ist.[18] Deutschland ist „Subventions-Europameister"[19]. Nicht umsonst spricht man von „Staats-" bzw. „Politikversagen".[20] Die Wirtschaft und ihre Interessenverbände verhalten sich im Grunde nicht anders als die Politik – nur vielleicht mit noch mehr Verbissenheit, wenn es um ihre eigenen (hier: handfesten finanziellen Partikular-) Interessen geht.[21] Oftmals, so scheint es, ist nicht die Politik, sondern die Wirtschaft selbst die treibende Kraft, die das Subventionskarussell in Schwung hält.

3. Das Subventionsdilemma – die Ausnahme als Regel

Auch von Kritikern wird der Einsatz von Subventionen zumindest in eng begrenzten Ausnahmefällen und bei Einhaltung gewisser Prämissen[22] für

---

[16] Vgl. etwa die Reaktion von Bündnis 90/Die Grünen zum EuGH-Urteil zum deutschen Stromeinspeisungsgesetz: „ein großer Tag" (FAZ v. 14.3.2001, S. 17); oder eine Pressemitteilung des Bayerischen Landwirtschaftsministeriums den Öko-Landbau betreffend vom 15.2.2002: „Auch bei der Förderung nimmt Bayern laut Miller die Spitzenstellung ein." Erinnert sei auch an den Fall Holzmann oder die sächsische VW-Beihilfe. Vgl. *Falkenkötter*, NJW 1996, S. 2689 ff. Zu den an offene Rechtsverweigerung grenzenden Auswüchsen im Fall VW vgl. *Rohe*, EuZW 1997, 491, 492.

[17] So zu lesen im 19. Subventionsbericht der Bundesregierung, S. 11 ff. In Regierungserklärungen fehlt nie ein Hinweis auf die Notwendigkeit eines Subventionsabbaus. Vgl. *Harzem*, S. 47 ff.; *Latz*, S. 137.

[18] Vgl. wiederum den 19. Subventionsbericht der Bundesregierung, S. 11 (Anstieg von 56,2 Mrd. Euro im Jahr 2001 auf 58,7 im Jahr 2003). Vgl. auch *Ehlers*, DZWir 1998, 491, 492.

[19] Nicht nur in absoluten Zahlen, sondern auch im Verhältnis zum BIP und pro Kopf der Bevölkerung. Vgl. FAZ v. 29.4.2003, S. 11.

[20] Vgl. unten Kap. 3., Abschn. B. 4.

[21] Oder wie *Möschel* ins Bild setzt: „Wenn der Gürtel enger zu schnallen ist, fummelt ein jeder nur am Gürtel seines Nachbarn herum." *Möschel*, Den Staat an die Kette, S. 67. Zur Instrumentalisierung der Mitgliedstaaten durch die Interessengruppen vgl. *Nicolaides/Bilal*, Journal of World Trade 1999, 97, 98; dies., State Aid Rules, S. 30 f.

[22] Voraussetzung für eine rationale Subventionierung soll aber sein, daß die Subventionsziele exakt formuliert und deren Erreichung peinlich genau kontrolliert werden und daß die Förderungen befristet und degressiv ausgestaltet sind. Vgl. *Harzem*, S. 190; Deutsche Bundesbank, Monatsbericht Dezember 2000, S. 19. *Boss/Rosenschon* sprechen insoweit allerdings von bloßen „Lehrbuch-Weisheiten", *Boss/Rosenschon*, Subventionen 2000, S. 32.

akzeptabel gehalten: Etwa Subventionen zur Starthilfe[23] oder Subventionen zur Strukturanpassung.[24] Gleiches gilt für offensichtliche Ausnahmefälle wie Naturkatastrophen oder die Überwindung der Folgen der deutschen Teilung (so Art. 87 Abs. 2 EG). Mittlerweile wird freilich auch die „Rasenmähermethode" propagiert, also der radikale Abbau aller Förderungen samt und sonders.[25]

Die Realität weist in eine andere Richtung. Sobald die ökonomischen Erkenntnisse von der modelltheoretischen Warte herab in die Niederungen der Empirie getragen werden, relativiert sich das Bild. Faute de mieux scheint es im konkreten Fall doch bei der Subventionierung bleiben zu müssen.[26] Die Regel scheint die Ausnahme und die Ausnahme die Regel zu sein. Jeder Fall stellt sich für sich genommen als Einzel- und damit potentieller „Ausnahmefall" dar. Die Grenzziehung von ausnahmsweise gerechtfertigten und prinzipiell untunlichen Subventionen unterliegt somit einer gewissen Beliebigkeit. Damit wird zugleich das ganze Subventionsdilemma offenbar: Nur bedingt scheinen die wirtschaftlichen Entscheidungsträger die Kraft oder den Willen zu besitzen, als richtig Erkanntes in die Tat umzusetzen (Subventions*abbau*) oder das Problem bereits dort anzupakken, wo es entsteht, nämlich bei der *Vermeidung neuer* Staatshilfen. Vor diesem Hintergrund erscheint eine *institutionalisierte* Lösung, die den Akteuren das freie Beurteilungsermessen entzieht und statt dessen eine Rechtfertigung anhand klarer Standards verlangt, als offensichtlich unumgänglich.

4. Begegnung der Subventionskritik durch internationale Kontrollinstrumente

In Deutschland existiert ein solches an objektiven Kriterien orientiertes Kontrollinstrument nach wie vor nicht. Vorschläge in diese Richtung wurden zwar gemacht, sei es etwa haushaltsrechtlich im Rahmen des Haus-

---

[23] Neuen Industrien und Produktionszweigen, die noch nicht auf dem Markt etabliert sind, können so kurzzeitige Handlungs- und Entwicklungsfreiräume geschaffen werden („infant industry-Argument"). Vgl. *Möschel*, Den Staat an die Kette, S. 43; *Rosenstock*, S. 20 ff.

[24] Die sich rasant entwickelnde Weltwirtschaft bedingt einen ständigen Strukturwandel. Da die einzelnen Wirtschaftsteilnehmer und regional benachteiligte Regionen damit oftmals überfordert sind, kann es gerechtfertigt sein, daß der Staat zumindest bei abrupt sich vollziehendem Strukturwandel durch Anpassungshilfen negative Wirkungen abfedert. Vgl. *Möschel*, Den Staat an die Kette, S. 42 f.; für „grundsätzlich unverzichtbar" gehalten etwa von *Castan/Damkowski*, S. 1.

[25] So etwa *Paqué*, FAZ v. 31.5.2003, S. 13; *Boss/Rosenschon*, Subventionen 2000, S. 33. Die Chancen eines radikalen Subventionsabbaus werden aber allgemein als gering eingeschätzt – vgl. etwa *Castan/Damkowski*, S. 1.

[26] Vgl. *Gerstenberger* et al., Subventionen in Europa, S. 47 ff., zum Stahlsektor.

haltsgrundsätzegesetzes (HGrG) oder in Form eines eigenständigen Subventionsbegrenzungsgesetzes.[27] Die partikularen Widerstände sind aber offenbar zu stark, der politische Durchsetzungswille ist offenbar zu schwach. Erfolgversprechender scheinen demgegenüber internationale Lösungen (WTO, OECD, EU) zu sein. Die oben als doppelzüngig apostrophierte Politik muß hier in milderem Licht erscheinen. Praktische Fortschritte sind unübersehbar.[28] Der Vorteil der internationalen Variante besteht neben der besseren Durchsetzungschance auch in der allgemeinen Geltung, die verhindert, daß die Subventionsschaukel von Aktion und Reaktion in Schwingung gerät. Staatshilfen können so im Sinne eines „Abrüstungsprozesses" zurückgefahren werden.

Diesem Vorteil steht aber zugleich ein gewichtiger Nachteil gegenüber: Hintergrund internationaler Abkommen ist regelmäßig nur der Abbau von bestimmten, den *internationalen* Handel beeinträchtigenden Protektionismen. Das Kernproblem, die Frage der inner-volkswirtschaftlichen Ineffizienz des Subventionswesens spielt demgegenüber naturgemäß eine untergeordnete Rolle. Inwieweit das EG-Beihilfenrecht (mit der Voraussetzung einer zwischenstaatlichen Handelsbeeinträchtigung) hiervon eine Ausnahme macht, wird zu überprüfen sein. Die EG versteht sich längst nicht mehr nur als „gewöhnliche" völkerrechtliche Vertragsgemeinschaft, die lediglich den grenzüberschreitenden Handel zwischen ihren Mitgliedern erleichtern, sondern als supranationale, quasi-staatliche Einheit, die ihre internen Marktbedingungen selbst *gestalten* will.

III. Rückwirkungen auf den Untersuchungsgegenstand

1. Die grundsätzliche Anerkennung der Subventionskritik als gerechtfertigt – ein „Vor-Urteil" als Ausgangspunkt der Untersuchung

Erste Voraussetzung dafür, daß man die Kritik am Subventionswesen für gerechtfertigt hält, ist die Anerkennung des marktwirtschaftlichen Prinzips als grundsätzlich erwünscht und funktionsfähig. Naturgemäß lassen sich

---

[27] Vgl. die Vorschläge von *Möschel*, Den Staat an die Kette, S. 81 ff., 85 ff.; *Harzem*, S. 188; *Ipsen*, in: *Isensee/Kirchhof*, Handbuch, Bd. 4 (2. Aufl.), § 92, Rn 88. Die deutsche Rechtswissenschaft hat dagegen statt einer Legitimitätsdebatte eher eine Legalitätsdebatte geführt (über das „Ob" und „Wie" der Subventionierung, Parlamentsvorbehalt und – unter sozialem Aspekt –, ob Grundrechte Teilhaberrechte beinhalten). Vgl. etwa *Bösmeier*, S. 16 ff.; *Grosser*, S. 46 ff.; 56 ff., *Sannwald*, S. 36 ff.; *Preußner*, S. 112 ff.; *Yong-Sup Kim*, S. 119 ff.; *Zacher*, VVDStRL 25 (1967), 309 ff.; *Stern*, JZ 1960, 518 ff.

[28] Zu nennen sind etwa die Bemühungen im Rahmen der OECD oder des GATT/GATS bzw. jetzt WTO (vgl. hierzu etwa *Ohlhoff*, EuZW 2000, 645 ff.; *Berrisch/Kamann*, EuZW 1999, 714, 719), vor allem aber der EG (zu den weitgehend gleichlautenden Regeln für den EWR vgl. *Martin*, R.I.D.E. 1993, 404 ff.), um die es hier im besonderen geht. Laut „EU-Beihilfenanzeiger" vom 30.4.2003 sind die Beihilfen in der Gemeinschaft von 1997 bis 2001 von 102 Mrd. Euro auf 86 Mrd. Euro zurückgegangen.

auf wirtschaftsdogmatischem und das heißt nicht zuletzt *weltanschaulichem* Feld zahllose widerstreitende Standpunkte ausmachen. Das Prinzip der „freien Marktwirtschaft" war und ist nicht unumstritten. Nicht immer funktioniert der reale Markt von sich aus so effizient wie in der Theorie.[29] Zudem werden die Ergebnisse des Marktprozesses nicht immer als erwünscht bzw. gerecht empfunden („Marktversagen").[30] Es liegt nun zwangsläufig außerhalb des Erkenntnisinteresses einer juristischen Untersuchung, über die Funktionsfähigkeit ökonomischer Konzepte zu urteilen. Gleichwohl gilt es sich auch im Rahmen dieser Arbeit zu entscheiden: Hält man die ökonomische Kritik für prinzipiell gerechtfertigt und das Marktmodell *im Grundsatz* für geeignet, effizient zu arbeiten oder tut man dies nicht. Für die vorliegende Arbeit sollen Effizienz und prinzipielle Erwünschtheit des Marktmodells als Prämisse zugrundegelegt werden. Hierbei handelt es sich zugegebenermaßen um ein „Vor-Urteil", das nicht wissenschaftlich fundierter Erkenntnis entspringt, für das aber immerhin eine gewisse Evidenz und Schlüssigkeit spricht.[31] Jenseits aller ökonomischen Richtungsdebatten werden *Subventionen* (im oben so bezeichneten „klassischen" Sinne) außerdem „fast unisono" als volkswirtschaftlich schädlich erachtet – zumindest im Grundsatz.[32]

---

[29] Die Idee des freien Marktes basiert tatsächlich auf modelltheoretischen Annahmen, die mit der Wirklichkeit nicht immer übereinstimmen. Die Akteure auf dem realen Markt verhalten sich zudem nicht immer so rational, wie es die ökonomische Theorie für die Funktionsfähigkeit des Marktes postuliert. Tatsächlich ist meist schon ungewiß, was im Einzelfall rational ist. Regelmäßig stehen die Marktteilnehmer vor einer Reihe von Alternativen, deren jeweilige Folgen sie nicht übersehen können. Unklar ist auch, welche Entscheidungen die anderen Marktteilnehmer treffen werden. In jüngerer Zeit wird daher etwa versucht, mit Hilfe der „Spieltheorie" oder dem Theorem der „Ungewißheit" (vgl. *Samuelson*, S. 227 ff., 236 ff.) entsprechenden Modelldefiziten beizukommen.

[30] Vgl. hierzu unten Kap. 3, Abschn. B.

[31] Dies bedeutet auch, daß zwei Prämissen akzeptiert werden: eine sozusagen anthropologische, daß als „Urkraft menschlichen Handelns" (*Hefermehl/Köhler/Bornkamm*, EinlUWG, Rn 1.1) die Menschen miteinander in Wettbewerb treten, soweit sie die Bedingungen hierfür vorfinden, und weiter eine normative, daß die Ergebnisse von Handel und Wettbewerb („Fortschritt" durch maximale Ausnutzung der Leistungsressourcen) grundsätzlich als positiv bewertet werden. Der dezentral organisierte Markt scheint nicht in Perfektion, aber doch eher als andere Ordnungsmodelle, in der Lage zu sein, die knappen volkswirtschaftlichen Ressourcen effektiv und rational zu nutzen. Eine diskutable Alternative ist insoweit nicht ersichtlich. Empirisch betrachtet haben mehr oder minder marktwirtschaftlich orientierte Systeme den Menschen mehr Wohlstand gebracht als andere. „Andere", das heißt hier Systeme, die eher vom Grundsatz der Staatswirtschaft ausgehen. Daraus läßt sich zumindest folgern, daß es offenbar in erster Linie der Markt ist, der den Wohlstand „erwirtschaftet", also das hervorbringt, was zu verteilen erst einmal vorhanden sein muß.

[32] *Boss/Rosenschon*, Subventionen 2000, S. 32. Vgl. auch *Müller-Graff*, ZHR 152 (1988), 403, 408.

2. Die Scheidung von Problematischem und Unproblematischem

Offensichtliches braucht nicht hinterfragt zu werden. Die oben aufgeführten augenfälligen Kritikpunkte *sind* evident und sprechen insoweit für sich. Sie sind auch nicht allein ökonomischer, sondern genauso logischer bzw. psychologischer Natur. Ein besonderes wirtschaftspolitisches Credo braucht hierfür nicht bemüht zu werden. Damit ist aber freilich *nicht* gesagt, *welches* noch *daß überhaupt* ein ökonomisches Konzept, eine letztlich außerrechtliche „Wahrheit" zur heuristischen Basis dieser Arbeit gemacht werden soll. Hier geht es zunächst allein darum, das Offensichtliche und daher Unproblematische vom Problematischen zu scheiden.[33] Auch im Hinblick auf die europäische Beihilfenaufsicht befindet man sich bei direkten Finanztransfers an Unternehmen weitgehend auf der sicheren Seite. Daß idealtypische Subventionen unter das Beihilfenverbot gem. 87 Abs. 1 EG fallen, ist im Grunde unstrittig. Im übrigen ist mit dem Bekenntnis zur grundsätzlichen Funktionsfähigkeit, Effizienz und „ökonomischen Rationalität" des Marktes noch nicht viel gewonnen. Weder ist damit beantwortet, welche Bedingungen der Markt selbst für sein Funktionieren voraussetzt, noch wann andere Parameter u.U. höher zu bewerten sind als vom Staat unbehelligtes Marktwirtschaften und – konkret auf das Beihilfenrecht bezogen – *wer* über derlei Fragen im Einzelfall zu befinden hat.

3. Die Konzentration auf die problematischen Randbereiche

Wenn sich eine institutionalisierte Subventionskontrolle als evidente Notwendigkeit erweist, ist damit der erste Grund für das grundsätzliche Beihilfenverbot bereits gefunden: Das EG-Beihilfenrecht ist seiner Konzeption nach schon deswegen als positiv zu bewerten, weil es ein evidentes Manko des nationalen Rechts ausfüllt und als Regel-Ausnahmeprinzip rechtlich verbindliche Form gefunden hat. Dies gilt jedenfalls für den Bereich „klassischer" Subventionen. Die im Rahmen dieser Arbeit durchzuführende Untersuchung wird sich daher weit mehr auf die problematischen *Randbereiche* des Beihilfenrechts zu konzentrieren haben: Je mehr Wertungsfaktoren ins Spiel kommen, desto unsicherer wird das Gelände, auf dem man sich bewegt. Zunächst soll daher gefragt werden, um was es im Bereich der „Intervention" und „Subvention" eigentlich geht.

---

[33] Ob man das marktwirtschaftliche Prinzip generell für den geeigneten Sollens-Maßstab hält, ist weitgehend eine Wertungsfrage. Hierzu ausführlicher unten Kap. 2, Abschn. B. II.

B. Intervention und Subvention als „unbekanntes" Faktum

Bislang war pauschal von „*Subventions*"-Kritik" die Rede. Vernachlässigt wurde dabei zunächst, was eigentlich genau Gegenstand der Kritik ist. Was umfaßt der Begriff „Subvention"? Im Hinblick auf den Untersuchungsgegenstand, das europäische Verbot gewisser „Beihilfen", wäre v.a. interessant zu wissen, welches Spektrum staatlichen Handelns das Beihilfenrecht im Visier hat. Zunächst gilt es also, den Untersuchungsgegenstand als real beobachtbares Phänomen einigermaßen zu umreißen und annähernd eine Vorstellung von der „Subventionierung" als volkswirtschaftlicher Größe zu geben.

I. Der „intervenierende" Staat als volkswirtschaftliche Realität

Staatliche Intervention ist ein alltäglich zu beobachtendes Faktum. Der ökonomische Realtyp der modernen Industriestaaten ist jener der „mixed economy" mit sowohl markt- wie auch staatswirtschaftlichen Elementen.[34] Auch in keiner „westlichen" Volkswirtschaft herrscht annähernd eine idealtypisch liberale „Markwirtschaft".[35] Der Staat ist eine ökonomische Realität und wird es bleiben. Er ist auf allen ökonomischen Sektoren und in allen wirtschaftlich relevanten Rollen mehr oder minder engagiert. Entsprechend vielschichtig und vielgestaltig sind die Erscheinungsformen staatlicher Wirtschaftintervention, also die Einflußnahme des Staates auf die Marktprozesse.

Die Einflußnahme kann sich der Form nach ganz unterschiedlich und unterschiedlich intensiv darstellen. Je nachdem, ob der Staat Finanztransfers zugunsten einzelner Wirtschaftssubjekte durchführt, ob er die Marktergebnisse mittels Sozialzuweisungen zu korrigieren sucht, ob er versucht, Korrekturen am konjunkturellen Verlauf und an volkswirtschaftlichen Kennzahlen (Handelsbilanz, Arbeitsmarktzahlen, Stabilität und Wirtschaftswachstum) vorzunehmen, ob er als Unternehmer, Nachfrager oder Anbieter auf dem Markt auftritt, ob er Steuern und Abgaben erhebt, ob er sachliche Infrastrukturen (Verkehrswege, Kommunikationsnetze) aufbaut oder ob er die Regeln für den Ablauf wirtschaftlicher Prozesse aufstellt (durch zivil- oder verwaltungsrechtliche Vorschriften). Jedes staatliche Handeln wird zwangsläufig ökonomische Auswirkungen haben. Und in all den genannten Bereichen kann, sobald irgendwo ein Vorteil für einen

---

[34] Vgl. *Stober*, Wirtschaftsverwaltungsrecht, § 4 IV 1.
[35] Auch die USA machen hier mit einer Staatsquote von ca. 34 % keine Ausnahme (vgl. Statistisches Bundesamt, Anteil der Gesamtausgaben des Staates am BIP, http://www.destatis.de, aktualisiert am 17.7.2003, abgerufen am 16.1.2004). Zum Subventionswesen in Amerika vgl. FAZ v. 29.3.2003, S. 13: „American Airlines steht vor dem Konkurs – Die Vereinigten Staaten planen Milliardenhilfen".

Marktteilnehmer auszumachen ist, staatliches Handeln potentiell auch *beihilfenrechtlich* relevant werden. Damit kann prinzipiell jede Form staatlicher Intervention in den Focus der Beihilfenaufsicht geraten.

II. Die Erfassung staatlicher Interventionstätigkeit

1. „Subventionen" in der Statistik

Auch bei Inkongruenz der Begriffe „Beihilfe" und „Subvention" wäre für das Beihilfenwesen am signifikantesten die Summe der vom Staat verteilten „Subventionen". Allerdings herrscht nicht nur in der Wissenschaft Uneinigkeit über die Bestimmung des Subventionsbegriffs,[36] auch die einschlägigen Statistiken legen unterschiedliche Definitionen zugrunde[37] – mit erstaunlich divergierenden Ergebnissen. Die Unterschiede erklären sich in erster Linie aus jeweils unterschiedlich weit gefaßten Kreisen der Subventionsgeber und -empfänger wie auch durch die Berücksichtigung unterschiedlicher Leistungsarten.[38]

– Nach der *volkswirtschaftlichen Gesamtrechung (VGR) des Statistischen Bundesamtes* bzw. des europäischen Pendants Eurostat werden auch Staatsausgaben berücksichtigt, die etwa der Subventionsbericht der Bundesregierung nicht erfaßt (Zuschüsse an Krankenhäuser oder bestimmte Ausgaben der Bundesanstalt für Arbeit). Indes bleiben Steuervergünstigungen sowie Leistungen an private Haushalte – gerade erstere sind ein ge-

---

[36] Vgl. *Müller-Graff*, ZHR 152 (1988), 403, 404. Nach den Veröffentlichungen des Kieler Instituts für Weltwirtschaft werden als Subventionen „selektive Vergünstigungen" bezeichnet, die „staatliche Finanzgeber zugunsten ausgewählter Produktionszweige gewähren" (*Boss/Rosenschon*, Subventionen 2000, S. 12). Vgl. auch die Ansätze von *Albrecht/Thormählen*, Subventionen, S. 18 ff.; *Andel*, S. 4 f.; *Berthold*, S. 11 ff.; *Blättner*, S. 8 ff.; *Boss/Rosenschon*, Subventionen 1997, S. 2 ff.; dies., Subventionen 2000, S. 5 ff.; *Bösmeier*, S. 5 ff.; *Färber*, S. 20 ff.; *Fuest*, S. 7 ff., *Grosser*, S. 31; *Harzem*, S. 10 ff.; *Hummel/Knörndel*, S. 33 ff.; *Jasper*, S. 7 ff.; *Klingbeil*, S. 13, mwN.; *Preußner*, S. 5 ff.; *Rosenstock*, S. 5; *Sannwald*, S. 76 f.; *Schlesinger*, S. 3 ff. Zum Subventionsbegriff der WTO vgl. *Ohlhoff*, S. 646. Typologisch gefaßt bei *Ipsen*, VVDStRL Bd. 25 (1967), 257, 276 ff.

[37] Vgl. die Übersicht in: Deutsche Bundesbank, Monatsbericht Dezember 2000, S. 16; *Boss/Rosenschon*, Subventionen 1997, S. 2 ff.; *Boss/Rosenschon*, Subventionen 2000, S. 5 ff.

[38] Nicht überall werden etwa Steuervergünstigungen, sozialpolitische Maßnahmen oder Geldströme, die „intra muros" – so die Formulierung der EG-Kommission –, die also aus staatlichen Kassen an staatliche Organisationen oder Unternehmen fließen, einbezogen. Nur teilweise finden staatliche Darlehen oder Garantien Berücksichtigung. Regelmäßig nicht erfaßt werden finanzielle Vorteile, die Unternehmen durch einen (im Marktvergleich) zu teuren Kauf oder zu billigen Verkauf seitens des Staates erhalten. Vgl. aber *Castan/Damkowski*, S. 1, die derlei „Realförderungen" in ihrer Studie zur Subventionspraxis berücksichtigen.

wichtiger Posten in den anderen Rechnungen – außer Ansatz.[39] Für das Jahr 2005 weist die VGR Subventionen in Höhe von ca. 27 Mrd. Euro aus.[40]
- Seit 1989 veröffentlicht die *EG-Kommission* periodisch einen Bericht über staatliche Beihilfen in der EU. Die Kommission konzentriert sich dabei auf die gewerbliche Wirtschaft bzw. das verarbeitende Gewerbe.[41] Im Bericht für die Jahre 1997 bis 1999 kam die Kommission auf ein durchschnittliches Beihilfevolumen in Deutschland von 26, 7 Mrd. Euro pro Jahr, in einem Zwischenbericht für 2001 sind es 23,27 Mrd. Euro.[42] Berücksichtigt man auch den auf Deutschland entfallenden Teil der Gemeinschaftsbeihilfen von durchschnittlich 8,2 Mrd. Euro pro Jahr,[43] ergibt sich für die Periode 1997 bis 1999 ein Gesamtvolumen von jährlich ca. 35 Mrd. Euro.
- In dem gem. § 12 Abs. 2 StWG seit 1967 regelmäßig zu veröffentlichenden *Subventionsbericht der Bundesregierung* werden Finanzhilfen und Steuermindereinnahmen infolge von Steuervergünstigungen des Bundes erfaßt.[44] Für 2003 wurde ein Gesamtsubventionsvolumen öffentlicher Haushalte von ca. 58 Mrd. Euro geschätzt, wovon 22 Mrd. dem Bund zugerechnet werden.[45]
- Den weitesten Subventionsbegriff legt das Kieler Institut für Weltwirtschaft zugrunde. Ausgenommen sind lediglich karitative Zahlungen sowie Aufwendungen für die Bereiche Ausbildung und Grundlagenforschung. Mangels verfügbarem Datenmaterial nicht erfaßt werden können aber auch hier einige Bereiche, die unstrittig unter den EG-

---

[39] Vgl. *Boss/Rosenschon*, Subventionen 2000, S. 6 f.
[40] Statistisches Bundesamt, VGR 2005, Tabelle 6.
[41] Kommission, 9. Beihilfenbericht, Rn 23. Geringfügige Beihilfen werden nicht berücksichtigt (Rn 20); ebensowenig Beihilfen für bestimmte Bereiche oder Sektoren (Rn 194).
[42] Kommission, 9. Beihilfenbericht, Tabelle 2; FAZ v. 29.4.2003, S. 11.
[43] Kommission, 9. Beihilfenbericht, S. 151. Die Gemeinschaftshilfen sind insgesamt von gut 59 Mrd. Euro im Jahresdurchschnitt 1995 bis 1997 auf 62 Mrd. Euro im Jahresdurchschnitt 1997 bis 1999 angestiegen. Den größten Posten stellen hierbei die Zahlungen an die Landwirtschaft dar (im Rahmen des EAGFL/Abteilung Garantie mit knapp 40 Mrd.). Hinzu kommen u.a. die Transfers aus dem Sozialfonds, dem Regionalfonds sowie dem Kohäsionsfonds. Vgl. hierzu auch unten Kap. 4, Abschn. C. IV.
[44] Vgl. 19. Subventionsbericht der Bundesregierung, S. 15. Keine Berücksichtigung finden insbesondere Finanzhilfen der Länder, der Gemeinden, der Bundesanstalt für Arbeit oder der Treuhand-Nachfolgeorganisation. Als Empfänger gelten nur „Stellen außerhalb der Bundesverwaltung". So wurden Transfers an die Bundesbahn früher nicht aufgeführt. Aber auch seit der Bahnprivatisierung tauchen die Fördergelder im Bericht nicht auf, sondern werden eigentümlicherweise zu den nicht unter den Subventionsbegriff fallenden „Verpflichtungen für den Infrastrukturbereich" gezählt. Vgl. *Boss/Rosenschon*, Subventionen 2000, S. 5. Nicht aufgeführt werden auch sozial motivierte Subventionen oder solche, die unter den (weit verstandenen) Begriff „allgemeine Staatsaufgaben" fallen (vgl. 19. Subventionsbericht der Bundesregierung, S. 15). Nicht erfaßt werden zudem (auch in Anspruch genommene) Bürgschaften und Kredite. Kritisch zu der Subventionsberichterstattung insbes. *Jüttemeier/Lammers*, S. 5 ff.
[45] Vgl. 19. Subventionsbericht der Bundesregierung, S. 27 und S. 18. Der 20. Subventionsbericht – bislang noch Kabinettvorlage – kommt mit partiell modifiziertem Subventionsbegriff (S. 4 ff.) auf 55,6 Mrd. Euro (Übersicht 7).

Beihilfebegriff zu subsumieren wären.[46] Im Gegensatz zum Subventionsbericht der Bundesregierung werden sowohl innerhalb der Bundesverwaltung gewährte Zuwendungen wie auch allgemein sozialpolitische Maßnahmen erfaßt.[47] Für 2003 ergibt sich hiernach ein Subventionsvolumen von ca. 150 Mrd. Euro.[48]

Die dokumentierten Zahlen – das Spektrum reicht von 27 bis 150 Mrd. Euro[49] – beweisen einerseits, welch gewichtigen volkswirtschaftlichen Faktor die Subventionierung unstrittig darstellt. Andererseits zeigen sie auch die Schwierigkeiten, einen gemeinsamen Nenner für das Subventionsphänomen schon bei dessen *Erfassung* zu finden.

2. Probleme der Quantifizierung und Qualifizierung staatlicher Intervention

Im Rahmen einer volkswirtschaftlichen Gesamtschau mögen die Staatsquote beziffert oder die direkten finanziellen Transfers und steuerliche Vergünstigungen zugunsten von Unternehmen errechnet werden können. In vielen Bereichen ist eine *Quantifizierung* des Staatsfaktors aber von vornherein nicht oder nur unter erheblichen Schwierigkeiten möglich. Jede bezifferbare Quantifizierung staatlicher Intervention scheint nur in Ansätzen die für das Beihilfenrecht relevanten *Begünstigungen* – hier: „Subsidien" genannt – widerspiegeln zu können.

Wer in den Genuß eines besonders günstigen staatlichen Darlehens kommt, erhält einen noch einigermaßen klar zu berechnenden Zinsvorteil als Differenz zwischen dem tatsächlichen und dem marktüblichen Zinssatz. Wie sieht es aber aus, wenn der Schuldner auf dem freien Markt ein Darlehen überhaupt nicht bekommen könnte? Das gleiche Problem stellt sich beispielsweise bei (insbes. nicht in Anspruch genommenen) staatlichen Garantien.[50] Welche Begünstigung liegt in der Tatsache, daß der Schuldner eines Wirtschaftssubjekts der Staat ist, also ein Debitor von quasi unbeschränkter Solvenz? Noch schwieriger wird die Bewertung bei staatlichen Maßnahmen, die wirtschaftliche Auswirkungen nur indirekt zeitigen: Eine

---

[46] Etwa Vorteile, die der Staat durch – im Marktvergleich – zu teures Einkaufen oder zu billiges Verkaufen gewährt, Subventionen durch staatlich beherrschte Sondervermögen, staatliche Bürgschaften oder Garantien. Vgl. *Boss/Rosenschon*, Subventionen 2000, S. 12 f.
[47] Eingeschlossen sind auch Leistungen der Länder und Gemeinden. Vgl. *Boss/Rosenschon*, Subventionen 2000, S. 14.
[48] *Boss/Rosenschon*, Finanzhilfen, S. 1.
[49] Daß nicht nach allen Berichten aktuelle Zahlen vorliegen, spielt hier keine Rolle, da es eher um die Relationen geht, die sich im wesentlichen nicht verändern.
[50] In solchen Fallkonstellationen verwendet die Kommission Pauschalwerte; so etwa setzt sie als Beihilfenquote bei Kapitalbeteiligungen und Darlehen 15 %, bei rückzahlbaren Zuschüssen 90 % und bei Bürgschaften 10 % des Kapitalwertes an (Kommission, 9. Beihilfenbericht, Rn 201).

Veränderung kündigungsrechtlicher Vorschriften, von Umweltschutz- oder Sicherheitsstandards wird ökonomische Auswirkungen haben. In Zahlen lassen sich hieraus ggf. resultierende Vorteile indes kaum ausdrücken.[51] Für das Beihilfenrecht können aber auch solche „Begünstigungen" durchaus relevant sein.

III. Rückwirkungen auf den Untersuchungsgegenstand

Das Subventionsphänomen ist, obgleich ein beobachtbares Faktum, eine letztlich unbekannte Größe. Die Probleme, die bei der Erfassung und Quantifizierung des staatlichen Faktors auftreten, sind im Grunde dieselben sind wie die bei der *Qualifizierung* staatlicher Beihilfen. Die ermittelten höchst unterschiedlichen Subventionsvolumina belegen, daß schon der gebräuchliche Subventionsbegriff tatbestandlich kaum zu fassen ist – für den Beihilfenbegriff gilt das um so mehr. Dabei handelt es sich beim Beihilfenbegriff nicht um eine bloß statistische oder methodische Frage,[52] welche Maßnahmen als „Subventionen" (oder „Beihilfen") erfaßt werden, sondern um eine *Rechtsfrage*. Nach ihr entscheidet sich, wo zwischen erlaubter „Nicht-Intervention" und nicht erlaubter „Intervention" ein Schnitt zu machen ist, wo also die Eingriffsschwelle für die Beihilfenaufsicht und damit die Grenzen mitgliedstaatlicher Souveränität liegen.

Auch die Subventionskritik verliert an zwingender Stringenz, je weiter man sich vom Kern „klassischer" Subventionierung entfernt. Die Abgrenzung zwischen erwünschter und nicht erwünschter staatlicher Intervention ist damit zum einen ein Wertungsproblem grundsätzlichster Natur, das sich nackten Statistiken verschließt. Zum anderen, da prinzipiell jede Interventionstätigkeit von der Beihilfenaufsicht betroffen sein kann, weitet sich auch die Beihilfenproblematik zur zentralen Frage des Verhältnisses Staat – Wirtschaft bzw. Staat – Gesellschaft allgemein und berührt damit die Grundfesten des modernen Staats- und Gesellschaftsverständnisses. Hierzu im folgenden.

---

[51] Vgl. hierzu die modelltheoretischen Ansätze der ökonomischen Analyse des Zivilrechts, *Schäfer/Ott*, S. 57 ff.
[52] Vgl. *Andel*, S. 4 f., wonach aus Analysegründen in der Finanzwissenschaft bewußt ein sehr enger Subventionsbegriff gewählt wird.

Kapitel 2

Grundtatsachen und Grundfragen des Subsidienwesens

Auch das ganz und gar in nüchtern-sachliches Gewand gekleidete Beihilfenrecht ist Ausdruck einer nicht wenig revolutionären Idee, dem hergebrachten nationalstaatlichen Allmachtsanspruch Zügel anzulegen. Insoweit sind die Römischen Verträge als friedenssichernde Institution gerade in ihrem historischen Kontext verständlich, angesichts der damals herrschenden Spannungslage zwischen den „Systemen" in ihrer ökonomischen Ausrichtung aber keineswegs *selbst*verständlich. Die seinerzeit ihrem Höhepunkt zustrebende, ideologische und bisweilen ganz reale Schlacht der Moderne zwischen „Kapitalismus" hie und „Sozialismus" da ist zwar geschlagen und der Pulverdampf lichtet sich. Auf anderer Ebene geht der theoretisch weit in die Ideengeschichte zurückreichende Kampf aber auch heute weiter. Auf eine Formel zugespitzt lautet die Streitfrage – auch und gerade mit Blick auf das Beihilfenrecht: Wieviel „Wohlfahrtsstaat" oder „Nachtwächterstaat", kurz: wieviel „Staat" wollen wir heute? Nach wie vor wird die Diskussion von historischen Erfahrungen und überkommenen Denkkonzepten geprägt. Es ist dies eine Frage von höchster politischer Sprengkraft, die Ideologien geboren und die Massen mobilisiert hat. Leicht gerät man hier auf vermintes Gelände. Hier gilt es, weiter auszuholen und einen theoretisch einigermaßen festen Boden zu bereiten.

A. Subsidien in der Wirtschafts- und Wirtschaftstheoriegeschichte

I. Das historische Erkenntnisinteresse

Die historische Betrachtungsweise scheint im „naturwissenschaftlichen Zeitalter" unserer Tage verstärkt der Rechtfertigung zu bedürfen, soll ein historischer Abriß nicht als deskriptives „Epitheton ornans" einer wissenschaftlichen Arbeit mißverstanden werden. Tatsächlich ist der „Subventionsstaat" ein modernes Phänomen, das aktuelle europäische Beihilfenaufsichtsrecht Ausdruck eines historisch wohl einmalig zu nennenden Einigungswerks. – Warum also ein geschichtlicher Rückblick? Für eine (soweit ersichtlich bislang fehlende)[1] umfassende Empirie des staatlichen Unterstützungswesens ist dies der Platz sicherlich nicht. Und verfehlt wäre es, dem Hergebrachten normativ eine Legitimationswirkung für das heutige staatliche Subsidienwesen zuerkennen zu wollen. Insbesondere die überkommenen Legitimations- und Bestimmungsgründe für staatliche Interventionen und Subsidien sowie die Frage nach deren heutigem Geltungsanspruch sind aber von aktuellem Interesse. Auch wäre die gegenwärtige Debatte, die nicht zuletzt mit begrifflicher und gedanklicher Munition aus dem Arsenal der Wirtschaftsgeschichte geführt wird („neomerkantilistisch!", „neoliberalistisch!")[2] ohne historischen Rekurs nicht recht begreiflich. Es geht jedenfalls nicht darum, durch einen Blick zurück Zukünftiges erkennen zu wollen,[3] sondern um eine Einordnung des Gegenwärtigen in seinen historischen Kontext – mithin auch um dessen wohlverstandene Relativierung.

II. Die Entwicklung bis in die frühe Neuzeit

Stellungnahmen aus der Antike, warum der Staat sich in Wirtschaftsdingen engagieren sollte oder warum nicht, sind eher singulär. Das Altertum war insoweit klar auf den Staat als gesellschaftliche und nicht als wirtschaftliche Größe fixiert.[4] Auch damals spielte aber etwa das Problem, inwieweit Nutzen und v.a. Risiken wirtschaftlicher Unternehmungen „vergesellschaftet" werden können, durchaus eine Rolle. Xenophon – wirtschaftlich offenbar recht pragmatisch – empfahl die „Sozialisierung" des Risikos bei Geschäften mit unsicherem Ausgang. Beim Silberbergbau etwa müsse der Staat zum Wohle des Gemeinwesens in die Rolle des Unternehmers schlüpfen. So sei das Risiko auf viele Schultern verteilt, der Gewinn aber komme jedem einzelnen zugute.[5] Aus heutiger Sicht eine verpönte, weil marktverzerrende, Sozialisierung v.a. der Verluste. Eine ganze Palette teilweise modern wirkender wirtschaftspolitischer Maßnahmen läßt sich im

---

[1] Einen kurzen Abriß enthalten etwa die Arbeiten von *Berthold*, S. 43 ff., und *Deininger*, S. 41 ff.

[2] Vgl. zum „Neomerkantilismus" *Blaich*, S. 200 ff.; als „merkantilistisch" bezeichnet etwa *Feldmann* die EG-Industriepolitik (*Feldmann*, S. 148); zur Charakterisierung der deutschen Wirtschaftspolitik ab 1890 als merkantilistisch vgl. *Treue*, S. 547. *Badura*, VVDStRL Bd. 23 (1966), S. 34, 78.

[3] Seit *Thukydides* ein an sich durchaus legitimes Anliegen der Geschichtswissenschaft. Vgl. *Zippelius*, Staatslehre, S. 14.

[4] Im Gesellschaftsbild *Platons* etwa nimmt der Staat – und man darf aus heutiger Sicht sagen: der totalitäre Staat – die alles beherrschende Stellung ein. (Nach *Plato* muß der Staat sich selbst versorgen können und nach ökonomischer Autarkie streben, ansonsten wäre er von der Macht der Händler abhängig oder müßte selbst Händler werden – vgl. *Popper*, Die offene Gesellschaft I, S. 104 ff.).

[5] Vgl. *Braeuer*, S. 44.

antiken Rom beobachten. Insbesondere die Reformbemühungen der Gracchen tragen deutlich „interventionistische" Züge.⁶ Bei der Übertragung moderner Begriffe auf antike Phänomene ist freilich Vorsicht geboten: Die Idee, die Wirtschaft seitens des Staates steuern zu können, war der antiken Vorstellungswelt noch vollkommen fremd, fehlte es doch schon an Begriffen für „die Wirtschaft" oder „den Markt".⁷ Im aristotelischen Wissenschaftssystem nahm die „δικονομία" als Teil der praktischen Philosophie nur einen bescheidenen Platz ein und wurde im weiteren Sinne als Ausdruck für jegliche Art von Ordnung und Verwaltung verstanden.⁸ Durchaus zeitlos scheint hingegen der Versuch zu sein, sich durch wirtschaftliche Unterstützungsleistungen die politische Gefolgschaft zu sichern. Einmal eingeführt, sind solche Leistungen dann kaum mehr abzuschaffen: Seit den Gracchen wurde es für römische Herrscher, Kaiser wie Päpste, zur politischen Notwendigkeit, die Bevölkerung mit sozialen Wohltaten zu beglücken und dem immerwährenden Ruf nach „panem et circenses" zu willfahren.⁹

Vom wirtschafts*theoretischen* Standpunkt aus war das Mittelalter zunächst kaum weiter gediehen als die Antike.¹⁰ An Beispielen praktisch betriebener Subsidienpolitik mangelt es indes auch hier nicht. Bestimmend waren dabei vor allem politische und fiskalische Motive.¹¹ Durchaus er-

---

⁶ Mittels Steuerbefreiungen sowie etwa durch Kolonisationen und Deduktionen wurde versucht, die durch die Hannibal-Kriege verursachte strukturelle Krise zu meistern (vgl. *De Martino*, S. 131 ff.). Geradezu „keynesianisch" mutet im kaiserlichen Rom die Vermehrung öffentlicher Ausgaben in Krisenzeiten an. Meist waren die Maßnahmen sozialpolitisch motiviert (Familienbeihilfen) und dienten der Bekämpfung von Arbeitslosigkeit (Verstaatlichung von Gewerbebetrieben – ebd. S. 137, 347). Zu nennen ist auch der bewußte Verzicht auf technischen Fortschritt, um eine möglichst große Zahl von Arbeitskräften in Lohn und Brot zu halten. *Sueton* berichtet, Kaiser *Vespasian* habe eine Erfindung, die den Transport von schweren Säulen auf das Kapitol hätte erleichtern können, mit dem Hinweis abgelehnt, er müsse der (dort arbeitenden) Bevölkerung zu essen geben; vgl. *Finley*, S. 83.
⁷ Fragwürdig erscheinen daher die Ansätze, der Spätantike einen „sozialistischen" und „etatistischen" Charakter, der klassischen Zeit hingegen „Liberalismus" zu unterstellen. Kritisch zu solchen Ansätzen *De Martino*, S. 137, 549; ebenso *Finley*, S. 12 ff., 196.
⁸ Vgl. *Finley*, S. 11; *Schäfer*, Wirtschaftsgeschichte, S. 41.
⁹ *Finley*, S. 83 f. Aus heutiger Sicht vgl. etwa *Caspari*, Subventionspolitik, S. 50.
¹⁰ Immerhin aber fand eine theoretische Auseinandersetzung mit ökonomischen Phänomenen unter praktischem (Chrematistik) und theologischem Blickwinkel statt: Die Scholastik befaßte sich etwa mit der Frage des iustum pretium, des gerechten Ausgleichs von Leistung und Gegenleistung. Die Gerechtigkeit als Preisbildungsfaktor – ein Gedanke, der auch der heutigen Zeit keineswegs fremd ist – man denke nur an die Marktordnungspreise der europäischen Agrarpolitik, Mietpreisbindungen usw. Vgl. auch *Stavenhagen*, S. 13 f.
¹¹ Planmäßige Wirtschaftsförderung seitens der Landesherren hatte allgemein weniger einen steuernden als vielmehr einen fiskalischen Hintergrund und diente dazu, etwa

folgreich gestaltete sich etwa die von Bischöfen und Markgrafen betriebene deutsche Ostsiedlung. Mittels selbständiger Unternehmer (sog. Lokatoren) betrieben die Grundherren – heute würde man sagen als „reasonable owners" – eine planvolle Kolonisationspolitik und sicherten sich so langfristig Pachtzinsen und Kirchenzehnte.[12] Die Siedler selbst kamen kurzfristig in den Genuß von „Verschonungssubventionen", indem ihnen neben anderen Privilegien eine Abgabenbefreiung von zwei bis zu dreizehn Jahren gewährt wurde.[13] Eine Hinwendung zu einer wirklichen zielgerichteten Wirtschafts- und Handelspolitik läßt sich zuerst in den Städten beobachten. Hier finden sich gleichermaßen protektionistische (etwa gestaffelte Zölle je nachdem, ob die Waren von ansässigen Handwerkern hergestellt oder von ansässigen Händlern oder Gästen exportiert wurden)[14] wie antiprotektionistische, geradezu kartellaufsichtlich zu nennende Maßnahmen (etwa die Öffnung des Marktes nach außen durch die Stadtverwaltung, wenn die ansässigen Zünfte in schlechten Zeiten die Erzeugung begrenzten, um den Preis hoch zu halten).[15]

Mögen auch zahlreiche ökonomische Gesetzmäßigkeiten bereits im Mittelalter quasi intuitiv bekannt gewesen sein und die Akteure diesen entsprechend gehandelt haben – eine erste theoretische Durchdringung gesamtwirtschaftlicher Zusammenhänge ist erst um die Wende zur Neuzeit mit der monetaristischen Lehre zu beobachten. Nicht zuletzt der (durch Geld- und Edelmetallvermehrung inflationsbedingte) Preisanstieg im 16. Jahrhundert, der von den Zeitgenossen teilweise noch als Gottesstrafe verstanden wurde, hat Theoretiker auf den Plan gerufen, die bemüht waren, wirtschaftliche Gesetzmäßigkeiten rational zu bewerten – und damit auch

---

durch die vermehrte Inanspruchnahme von Wegen, Furten und Brücken mittels Zöllen und Abgaben den Staatssäckel zu füllen. *Dirlmeier* (S. 38 f.) bemerkt hierzu, daß die Handelspolitik allgemein nicht handelsfeindlich gewesen sein könne, da die Höhe der Zolleinnahmen wesentlich von Dauer und Dichte des Durchgangsverkehrs bestimmt worden seien. Hierzu auch *Bechtel*, S. 281 f.

[12] *Higounet*, S. 92.

[13] Ebd., S. 259 ff. Erfolgreich zu nennen ist die deutsche Ostsiedlung insbesondere im Vergleich zur gleichzeitig stattfindenden Besiedlung des deutschen Kernlandes. Im Altsiedelland gestaltete sich die ohne entsprechende Privilegierungen und Vergünstigungen betriebene Binnenkolonisation gänzlich planlos und weitaus schleppender. Ebd., S. 42.

[14] *Bechtel*, S. 280.

[15] Ebd., S. 282 f. Auch Einfuhrrestriktionen, etwa gegenüber geringwertigen Importen mußten nicht, wie man vermuten könnte, stets rein protektionistische Ursachen haben, sondern konnten tatsächlich auch der Qualitätssicherung dienen. Auch einheimische Ware wurde teilweise bei schlechter Qualität (etwa durch Zerschneiden der Gewebe) verworfen, um sie auch vom Exporthandel auszuschließen. Ebd., S. 282.

das theoretische Fundament für bewußt protektionistische Praktiken zu legen.[16]

III. Das 17. bis 19. Jahrhundert – Merkantilismus und Liberalismus

1. Der Merkantilismus

Eine Weiterentwicklung fand der Monetarismus im sog. Merkantilismus – heute als Idealtyp interventionistischer Wirtschaftspolitik in Verruf.[17] Im Gegensatz zum Monetarismus ging es nicht mehr nur darum, „statisch" einen Geldschatz zu horten, sondern das Geldkapital profitabel im dynamischen Wirtschaftsprozeß zu nutzen.[18] In den Mittelpunkt rückte die positive Gestaltung der Handels- bzw. Zahlungsbilanz. Verschiedene Typus-Merkmale charakterisieren die Wirtschaftspolitik merkantilistischen Zuschnitts: etwa die planmäßige Entwicklung des Wachstums, Anreize für den Geldumlauf, eine aktive Handelsbilanz und eine Niedrigpreis-, insbesondere eine Niedriglohnpolitik.[19] Diese Maßnahmen dienten dabei zuvorderst dem Auf- und Ausbau der Staatsmacht und sollten sie befähigen, eine aktive Außen- und Militärpolitik zu betreiben. Untrennbar mit dem Merkantilismus verbunden ist das absolutistische Staatsverständnis des 17. und 18. Jahrhunderts. Die Instrumente des Merkantilismus lesen sich heute wie das EG-Schwarzbuch der Wettbewerbspolitik:[20] nach außen Protektion (durch diskriminierende Zölle und administrative Beschränkungen der Einfuhr sowie durch sonstige nicht-tarifäre Handelshemmnisse) sowie im Inneren Subventionen und bewußte Monopolbildung. In Deutschland hatten sich vor allem die Flächenstaaten, allen voran Preußen und Österreich, den Grundsätzen der hierzulande „Kameralistik" genannten Spielart des Mer-

---

[16] Vgl. *Blaich*, S. 11 f.; *Schäfer*, Wirtschaftsgeschichte, S. 41. Dadurch wurde auch die Grundlage für eine planvolle staatliche Subventionspolitik geschaffen: Grundvoraussetzung der sogenannten monetaristischen Lehre, einem Vorläufer des Merkantilismus, ist die Gleichsetzung von dem in einer Volkswirtschaft vorhandenen Geld (dem „Staatsschatz") und nationalem Reichtum. Ziel monetaristischer Politik mußte es also sein, möglichst viel Geld ins Land und möglichst wenig Geld aus dem Land fließen zu lassen. Praktisch angewandt hieß das, ausländische Importe zu verhindern und den heimischen Export zu fördern. Hierzu *Blaich*, S. 12.

[17] Vgl. etwa *Feldmann*, S. 138 f.; *Deininger*, S. 41.

[18] Vgl. *Blaich*, S. 85 ff. Vgl. allgemein zum Merkantilismus *Schäfer*, Wirtschaftsgeschichte, S. 43. ff.; *Blaich*, S. 12. Mag auch zweifelhaft sein, ob dem Merkantilismus ein geschlossenes gedankliches System zugrunde lag (*Stavenhagen*, S. 16 f.), ist die staatliche Wirtschaftspolitik des 17. und 18. Jahrhunderts ohne theoretisches Fundament nicht mehr vorstellbar.

[19] Hierzu etwa *Blaich*, S. 90 ff. Vgl. auch S. 80 ff. sowie *Treue*, S. 163 ff.; *Schäfer*, Wirtschaftsgeschichte, S. 50.

[20] Zu diesen „Todsünden" aus Sicht der Freihandelspolitik vgl. *Walter*, S. 84 ff.

kantilismus verschrieben.²¹ Neben Verschonungssubventionen (Befreiung von Steuern und Abgaben) und der Absatzförderung betätigte der Staat sich als Investor oder selbst als Unternehmer, besonders durch die Gründung von mehr oder minder erfolgreichen Manufakturbetrieben.²²

2. Der Liberalismus

Dem System dieses doktrinären Staatsinterventionismus und -absolutismus, das insbesondere seine ökonomischen Schwächen nicht verbergen konnte, setzten die sog. Physiokraten, der individualistischen Philosophie ihrer Zeit gehorchend, ihr Egoismusprinzip entgegen: Die Wirtschaft beruhe in Wahrheit auf dem Gewinnstreben des Einzelnen. Wenn jeder diesem Gewinnstreben ungehindert nachgehen könne, hätte auch die Allgemeinheit den größten Nutzen.²³ Voraussetzung dieser utilitaristischen Vorstellung des größten Glücks der größten Zahl sei freilich, daß der Staat sich jeder, insbesondere jeder fördernden und protektiven Wirtschaftstätigkeit zu enthalten habe. „Laissez faire et laissez passer, le monde va de lui-même" formulierte D' Argenson.²⁴

Als Hauptbegründer der „klassischen Nationalökonomie" ist natürlich der – teilweise als Urvater eines kalten „Manchester-Liberalismus" verkannte²⁵ – Adam Smith zu erwähnen. Der Fähigkeit des Staates, die Wirtschaft zu lenken, stand Smith angesichts der Erfahrungen mit der merkantilistischen Wirtschaftspolitik seiner Epoche skeptisch gegenüber. Die

---

²¹ *Stavenhagen*, S. 22; *Blaich*, S. 16 ff.; *Schäfer*, Wirtschaftsgeschichte, S. 50.
²² Vgl. *Treue*, S. 173. Größere Erfolge waren insbesondere den Manufakturen nicht beschieden (vgl. *Blümle*, S. 32; *Reuter*, S. 136 ff.). Als typisch kann etwa die unrühmliche Geschichte der Linzer Wollmanufaktur gelten: Diese wurde zwar als privates Unternehmen gegründet, genoß aber jede erdenkliche Form staatlicher Unterstützung. Nach der dennoch mißlungenen Selbständigkeit ging das Eigentum über an das Wiener Armenhaus und diente wirtschaftlich erfolglos der Arbeitsbeschaffung, bevor es endgültig vom Staat übernommen und schließlich liquidiert werden mußte (vgl. *Treue*, S. 219).
²³ Vgl. *Stavenhagen*, S. 39 f.
²⁴ *Stavenhagen*, S. 27; *Blümle* schreibt diese Sentenz, *Fusfeld* folgend, *Vincent de Gournay* zu – vgl. *Blümle*, S. 33, Fn. 160.
²⁵ Oft wird vergessen, daß dieser trotz seiner Kritik an der staatlichen Bevormundung in Wirtschaftsdingen nicht dem ökonomischen Anarchismus das Wort redete. Gerade *Adam Smith* erkannte sehr wohl die Gefahren des totalen Individualismus, meinte aber, die „sympathy", ein dem Menschen angeborenes, sittliches Beurteilungsprinzip, wirke als natürliches Regulativ beim Gewinnstreben auch des homo oeconomicus und lenke es in geordnete Bahnen. Vgl. hierzu *Recktenwald*, in: *Smith*, Der Wohlstand der Nationen, S. LXVI. *Smith* selbst, gerne als Urvater des ökonomischen Liberalismus gelobt wie getadelt, war in Wahrheit also kein in der Wolle gefärbter „Manchesterist" und Prediger für den Minimalstaat (vgl. *Fellmeth*, S. 57). Sein liberal-aufklärerisches Verdienst ist es aber zweifelsohne, die Vorteile der privaten Marktwirtschaft und die Gefahren der gelenkten Staatswirtschaft aufgezeigt und wissenschaftlich beschrieben zu haben.

Wirtschaft steuere sich mit Hilfe der „invisible hand" des Marktes am besten selbst. Der Einzelne werde von dieser unsichtbaren Hand geleitet, „um einen Zweck zu fördern, den zu erfüllen er in keiner Weise beabsichtigt hat" – gemeint ist: der allgemeine Wohlstand.[26] Früh wies er auf die Gefahren des heute so genannten „Staatsversagens" und der damit verbundenen Fehlallokation der Ressourcen hin: Ohne Prämien, die etwa den Kaufmann zum Export anhalten sollten, würde dieser seine Mittel anderweitig gewinnbringender und somit besser einsetzen.[27] Pointiert formulierte er, die Prämien für die Heringsfischerei führten dazu, daß Schiffe allzu oft nur noch ausgerüstet würden, „um die Prämien, nicht jedoch Fisch zu fangen".[28]

Eine unternehmerische Tätigkeit des Staates lehnte Smith i.ü. keineswegs völlig ab.[29] Es fehlt auch nicht an Belegen dafür, daß er dem Staat nicht nur als Ordnungsmacht nach innen und außen, sondern auch als Träger öffentlicher Einrichtungen, Anbieter öffentlicher Dienstleistungen und Betreiber von Anlagen zur Förderung einzelner Handelszweige positiv gegenüber stand.[30] Auch eine Subsidienvergabe hält er für sinnvoll – etwa bei besonders risikoreichen Außenhandelsgeschäften, zugunsten neugegründeter Unternehmen oder als Prämie für außergewöhnliche Innovationen.[31]

Die liberalökonomischen Wirtschaftstheorien boten nicht nur Stoff für akademische Zirkel, sie schlugen auch fulminant in der Praxis ein und führten, zusammen mit anderen aufklärerischen Ideen zu einem fundamentalen Umdenken der wirtschaftlichen und gerade auch der staatlichen Entscheidungsträger. Illustrativ für den Übergang vom Merkantilismus zu ei-

---

[26] *Smith*, S. 371.

[27] *Smith*, S. 417. Wie in einem modernen Lehrbuch zum Thema Staatsversagen ist etwa zu lesen: „Der einzelne vermag ganz offensichtlich aus seiner Kenntnis der örtlichen Verhältnisse weit besser zu beurteilen, als es irgendein Staatsmann oder Gesetzgeber für ihn tun kann, welcher Erwerbszweig im Lande für den Einsatz seines Kapitals geeignet ist und welcher einen Ertrag abwirft, der den höchsten Wertzuwachs verspricht.", ebd., S. 371.

[28] Ebd., S. 431.

[29] Vgl. *Smith*, S. 696: „Der Landesherr kann wie jeder andere Kapitalbesitzer sein Vermögen selbst einsetzen oder es verleihen, wenn er Einkünfte erzielen will." Als Wirtschaftsteilnehmer sei der Staat im Grunde zwar ungeeignet, da er mangels persönlichen Gewinnstrebens allzu gern dazu neige, fremde Mittel wirtschaftlich sinnlos zu verschwenden und zu verschleudern (ebd., S. 371, 697). Es könne aber versucht werden, Marktbedingungen wenigstens zu simulieren (vgl. *Recktenwald*, in: *Smith*, Der Wohlstand der Nationen, S. LXVIII) – ein Gedanke, der im Vergaberecht wie auch bei dem von der Kommission entwickelten Prinzip des marktwirtschaftlich handelnden Investors wieder auftaucht – vgl. unten 2. Teil, Kap. 2, Abschn. A. III.

[30] *Smith*, S. 612 ff.; vgl. auch *Recktenwald*, in: *Smith*, S. LXVIII.

[31] Vgl. *Trapp*, S. 281.

ner klassisch liberal-ökonomischen Politik ist das Manufakturwesen in der Markgrafschaft Ansbach-Bayreuth:[32]

Um 1680 hatte es in der gesamten Herrschaft mit Ausnahme von Bergbau und Hüttenwesen (hier waren größere Produktionseinheiten technisch bedingt) keinen einzigen Großbetrieb gegeben. Der markgräfliche Souverän als typischer Vertreter eines kleinstaatlichen Absolutismus war bestrebt, es seinen preußischen Verwandten gleichzutun und unterstützte in der Folgezeit tatkräftig die Gründung von zahlreichen Manufakturen: in Erlangen etwa eine Zeugmanufaktur, in Bayreuth einen Fayencenmanufakturbetrieb.[33] Zu den eingesetzten Instrumenten zur Unterstützung dieser Betriebe gehörten praktisch alle heute von der europäischen Wettbewerbsaufsicht beargwöhnten Maßnahmen: Monopolisierung, Prämien, zinsverbilligte Kredite, Zoll-, Steuer- und Abgabenbefreiung, Sachhilfen (Bauplätze, Bauholzschenkungen, Erleichterung des Rohstoffbezugs), Versorgung mit subventionierten Arbeitskräften usw.[34] Die Vermutung liegt nahe, daß manchen Unternehmer weniger risikoabwägendes Kalkül als vielmehr die Erwartung dieser Förderungsmaßnahmen und Staatsgarantien dazu bewog, eine Manufaktur aufzubauen.[35]

Mit dem Übergang der Markgrafschaft an Preußen im Jahre 1791 übernahm deren Verantwortung Karl August von Hardenberg, ein überzeugter Anhänger Smithscher Ideen. Ein Schwerpunkt seiner Bemühungen lag in einer, wenn man so will, frühbeihilfeaufsichtlichen Durchforstung gewährter Privilegien.[36] Er war der Meinung, daß „Manufakturetablissements, die auf landesherrliche Rechnung betrieben werden, selten gedeihen."[37] Regiebetriebe wurden verkauft und Monopolrechte einer Revision unterzogen. Der Handelskammer von Ansbach schrieb er hinsichtlich der weitverbreiteten Erhaltungssubventionen zugunsten nicht konkurrenzfähiger Unternehmer ins Stammbuch: „Das einzige, was sich thun lässt, ist Fabricationen, von welchen vorauszusehen ist, dass sie die Concurrenz (...) nicht werden aushalten können, nicht besonders zu begünstigen. Wird dieses befolgt, so werden sie nicht von selbst entstehen und die Kräfte nur auf solche Gegenstände verwendet werden, welche die Concurrenz aushalten können."[38] Das Rütteln an Besitzständen war freilich damals so schwierig wie heute und so konzentrierte sich Hardenbergs Engagement vorwiegend auf die Verhinderung neuer wahlloser Förderungsmaßnahmen und den behutsamen Abbau vorhandener Privilegien. Die globale Schutzpolitik verschob sich zugunsten einer gezielten und maßgeschneiderten Starthilfe.[39] Nachdem die Markgrafschaft bayerisch geworden war, kam es zum abrupten Abbruch aller Förderungsmaßnahmen. Manufakturen, die vor allem im Hinblick auf staatliche Subsidien gegründet wurden, verschwanden unter dem Druck privatwirtschaftlich geführter Betriebe.[40]

---

[32] Hierzu *Reuter*, Die Manufaktur im Fränkischen Raum.
[33] Ebd., S. 122 f., 127.
[34] Ebd., S. 128.
[35] Ebd., S. 135.
[36] Ebd., S. 131.
[37] Ebd., S. 129.
[38] Ebd., S. 130, Fn. 422.
[39] Ebd., S. 131.
[40] Ebd., S. 133 ff.

IV. Vom 19. Jahrhundert bis heute

1. Wirtschaftlicher Fortschritt und die „soziale Frage"

Ein Rückzug des Staates aus der Wirtschaft ist charakteristisch für die Wirtschaftsentwicklung zu Anfang des 19. Jahrhunderts. Zusammen mit der rasanten technischen Entwicklung und der schon im Merkantilismus angelegten Konzentration der Betriebsstätten war v.a. der praktizierte Liberalismus Träger der „Industriellen Revolution".[41] Der Abbau von Zöllen, die Einführung der Gewerbefreiheit, die Streichung von Privilegien und staatlichen Förderungsmaßnahmen, allesamt Rezepte der klassischen Nationalökonomie, führten cum grano salis zu einer bis heute einzigartig zu nennenden Ära des freien Wettbewerbs und des Freihandels (zumindest zwischen den traditionellen Wirtschaftsnationen).[42]

Der Beitrag dieses wirtschaftsliberalen Geistes für die Einigung Deutschlands ist aus der Perspektive des heutigen europäischen Einigungsprozesses interessant: dieser war wohl nicht minder wichtig als der politische und militärische.[43] Der Deutsche Zollverein von 1834 wurde bezeichnenderweise ohne Österreich gegründet und alle Bemühungen Wiens, seine zollpolitische Isolation innerhalb Deutschlands zu durchbrechen, scheiterten am Widerstand Preußens[44] – ein Vorbote der kleindeutschen Lösung. Der Norddeutsche Bund von 1867 und das weitgehend strukturgleiche, um die süddeutschen Staaten erweiterte Reich, waren zunächst vor allem Wirtschaftsgemeinschaften (mit erklärt binnenmarktorientierter und antiprotektionistischer Zielsetzung). Damals wie heute war die Angleichung der wirtschaftlichen Rahmenbedingungen Ziel und Mittel der Einigungspolitik gleichermaßen.

Aus klassisch nationalökonomischer Sicht unerklärlich waren freilich die periodischen Wirtschaftskrisen jener Zeit,[45] die regelmäßig auch zum Ruf nach staatlichen Hilfen führten. Oftmals – etwa in Preußen – blieben diese Rufe indes ungehört (etwa bei der schlesischen Hungersnot von 1844, die zum brutal niedergeschlagenen Aufstand der durch Gerhart Hauptmann berühmt gewordenen Leinenweber führte).[46] Die – in Deutschland eher be-

---

[41] Soweit man in Deutschland überhaupt von einer solchen sprechen kann. Vgl. *Schäfer*, Wirtschaftsgeschichte, S. 57 ff.

[42] *Gurland*, S. 319 ff., der aber einschränkend anmerkt, strikt genommen hätte diese Ära nur drei Jahrzehnte gewährt. Für Deutschland sind schon wegen der staatlichen Zersplitterung gewisse Abstriche zu machen. Auch ausgeprägt wirtschaftliberale Fürsten konnten sich nicht immer von der merkantilistisch-absolutistisch geprägten Vorstellungswelt ihrer Vorgänger lösen. – Als Beispiel sei etwa die Politik *Willhelms I. von Württemberg* genannt. Hierzu *Seybold*, S. 151, 172.

[43] Zur politischen und ökonomischen Parallelität des Zollvereins zur EG vgl. etwa *Kiesewetter*, S. 140, mwN.; *Preißer*, S. 29 ff.

[44] *Preißer*, S. 37 ff.

[45] *Schäfer*, Wirtschaftsgeschichte, S. 85 f.

[46] Man solle, so ließ sich vernehmen, die Bevölkerung nicht „verwöhnen" – vgl. *Tilly*, S. 24. Vgl. hierzu auch S. 11 ff., 22 ff.

dingt – katastrophalen Folgen einer ohne staatlichen Zügel enthemmt agierenden Privatwirtschaft waren unübersehbar.[47] Im sozialen Bereich hatten sich die Verheißungen der klassischen Nationalökonomie nicht erfüllt. Zu einem bestimmenden Thema wurde die „soziale Frage" zunehmend auch für die zeitgenössische ökonomische Wissenschaft, die sich von den Ideen des Liberalismus löste oder diese zumindest „social" modifizierte.[48]

2. Abkehr von der liberalen Wirtschaftspolitik

Auch die Wirtschaftspraxis wandte sich spätestens im letzten Viertel des 19. Jahrhunderts wieder von der Laisser-faire-Politik ab.[49] Ein wichtiger Grund ist sicherlich in den augenscheinlichen sozialen Mißständen zu suchen. Als ebenso bedeutsam erscheint der durch innereuropäische Spannungen und die Verschlechterung der internationalen Atmosphäre bedingte politische Stimmungswandel. Die im Grunde internationalistische „Nationalökonomie" wurde – in Deutschland gestützt etwa auf die Theorien von List[50] zur *nationalen* Ökonomie, geprägt durch einen offenen Konkurrenzkampf zwischen den Staaten mit protektionistischer Wirtschafts- und ag-

---

[47] Die Auswüchse in Deutschland sind wohl im Vergleich zum englischen „Manchester-Kapitalismus" noch harmlos zu nennen. Das lag aber weniger an dem von den Klassikern behaupten sittlichen Regulativ der angeborenen „sympathy". Ein Grund mag der noch zaghafte, aber im Vergleich zu anderen Staaten geradezu revolutionär zu nennende Ansatz zur Sozialgesetzgebung sein. Schon vor der Einführung der Sozial- (Kranken-, Unfall-, Alters- und Invaliden-) Versicherungen 1881–1890, die Deutschland zum „Pionierland" der Sozialversicherungsgesetzgebung gemacht haben (*Schäfer*, Wirtschaftsgeschichte, S. 67), wurde viel in diese Richtung unternommen (vgl. hierzu im einzelnen etwa *Treue*, S. 552 f.). Schon 1839 wurde in Preußen die Gewerbeaufsicht als Maßnahme des Arbeitsschutzes installiert. Die Kinderarbeit wurde für Kinder unter neun Jahren verboten und eine maximale tägliche Arbeitszeit von zehn Stunden festgelegt. Bereits im Jahre 1838 war es zum Preußischen Eisenbahngesetz mit sozial motivierter Statuierung einer Gefährdungshaftung gekommen. Der eigentliche Grund ist aber wohl außer im Wunsch nach gesunden Soldaten (vgl. Fundstelle 2004, S. 284) im noch der Tradition verhafteten paternalistischen Gesellschaftsverständnis jener Zeit zu suchen. Vgl. *Treue*, S. 551 f.; *Benöhr*, S. 15 ff.

[48] Vgl. *Hardach*, S. 280; *Schäfer*, Wirtschaftsgeschichte, S. 62 ff. Zu nennen sind etwa der Solidarismus mit seiner moralisch-organischen Auffassung des Wirtschaftslebens (vgl. hierzu *Stavenhagen*, S. 173 ff.), der ethisch-praktische Ansatz der „historischen Schule" (v.a. vertreten durch *Schmoller*) und der sog. „Kathedersozialisten" des „Vereins für Socialpolitik" (vgl. *Priddat*, S. 102 ff.) sowie die Theorien *Karl Marx'*. Dieser prognostizierte bekanntlich, der Liberalismus würde im zu erwartenden Monopolkapitalismus auf die Spitze getrieben und dann in sein historisch dialektisches Gegenteil, der Vergesellschaftung aller Produktionsmittel, verkehrt werden (*Stavenhagen*, S. 141 f.).

[49] Vgl. Hierzu *Hardach*, S. 275 ff.; *Gurland*, S. 324 ff., 327 ff.; *Barraclough*, S. 731 ff., 737 ff.

[50] Hierzu etwa *Haussherr*, S. 402 ff.

gressiver Außenpolitik.[51] Der Staat drängte nicht nur in Deutschland mit Macht in die Wirtschaft zurück: Zollbarrieren wurden wiedererrichtet, wichtige, zunächst vielfach privat betriebene Bereiche der Infrastruktur wurden verstaatlicht (Bahn, Post, Telegraph, Telephon)[52] und blieben es bis weit ins 20. Jahrhundert. Die Staatsausgaben vermehrten sich rasant, es kam zu einer Subventionierung in bisher ungeahntem Ausmaß insbesondere der Schwer- und Rüstungsindustrie.[53] In Deutschland zwang der Ehrgeiz, den Rückstand gegenüber anderen Industrienationen aufholen zu wollen, zum Zusammenschluß von Staat, Kartellen und Großbanken zu großangelegten Industrieförderbündnissen. Der zunächst noch punktuelle Interventionismus nahm immer mehr die Züge einer merkantilistischen Politik, im Ersten Weltkrieg nachgerade planwirtschaftliche Züge an.[54]

3. Die Zeit bis zum Zweiten Weltkrieg

Die Nachkriegszeit war – läßt man die in Entstehung begriffenen sozialistischen Systeme außer Betracht[55] – geprägt von Weltinflation und Weltwirtschaftskrise. Daß die Depression von 1929 einer prosperierenden Erholungsphase (den „Goldenen 20ern") folgte, beförderte noch den gesellschaftlichen Vertrauensverlust in den „Kapitalismus" und die Selbstregulierungskräfte des Marktes überhaupt.[56] Dem Ruf nach dem Staat antwortete im bis dahin wirtschaftsliberal unerschütterlich optimistischen Amerika F. D. Roosevelt mit seinem „New Deal" – durchaus um das freiheitlich-markt-wirtschaftliche System an sich zu retten.[57] Im Deutschland des

---

[51] *Gurland*, S. 327; *Barraclough*, S. 739.

[52] Vgl. *Treue*, S. 545.

[53] Der Ökonom *Adolph Wagner* glaubte in der Ausdehnung der Staatstätigkeit gar eine Naturgesetzlichkeit der Zivilisation entdecken zu können. Vgl. zum „Gesetz der wachsenden Ausdehnung der Staatsthätigkeiten" *Wagner*, S. 260 ff. Kritisch zu dieser Komprimierung *Wagners* Werk auf diesen Gedanken *Schefold*, S. 74.

[54] Vgl. *Meyer, H. C.*, S. 69; *Treue*, S. 547 f.; *Nöll von der Nahmer*, S. 357 ff. Die Auswirkungen sind teilweise bis in die heutige Zeit zu spüren: Mangels privatwirtschaftlichen Engagements als reichseigene Rüstungsbetriebe gegründet, blieben diese teilweise bis in die jüngere Gegenwart in öffentlicher Hand (etwa die Aluminiumwerke, die später zur VIAG zusammengefaßt wurden) – ebd., S. 358.

[55] Der in Rußland sich konstituierende und sich von dort aus verbreitende planwirtschaftliche Sozialismus soll hier nicht näher beleuchtet werden. Die Frage des staatlichen Wirtschaftsinterventionismus wird weitgehend sinnlos, wenn Staat und Wirtschaft in eins verschmelzen. Die Folgen dieser Mesalliance sind heute noch augenfällig.

[56] Vgl. *Treue*, S. 679 ff.

[57] Distribution zur gerechten Verteilung des Volkseinkommens, Regulierung durch zahlreiche Lenkungs- und Aufsichtsgesetze, eine – von *Keynes* geforderte – globalsteuernde Konjunkturpolitik mittels staatlicher Ausgaben – Interventionismus zur Rettung des freien Marktes (zum „New Deal" vgl. *Treue*, S. 660 ff.; *Nöll von der Nahmer*, S. 386 f.).

„Dritten Reiches" führte eine – von einem freilich ganz anderen Ansatz ausgehende – vom Prinzip her aber genauso vom „deficit spending" inspirierte Politik zu einem (damals schon von ausländischen Beobachtern so bezeichneten) kurzfristigen „Wirtschaftswunder"[58] mit einer politisch nicht zu unterschätzenden Bekämpfung der Arbeitslosigkeit.[59]

4. Die Nachkriegszeit

Nach dem Krieg schien gerade in Deutschland die unheilige Allianz zwischen „Kapital" und NS-Ideologie den „Kapitalismus" diskreditiert zu haben, während von Osten her die neuerliche, diesmal kommunistische Kommandowirtschaft drohte. Entsprechend suchte das westliche Deutschland in der ersten Nachkriegszeit prinzipielle Orientierung zwischen Markt und Plan – mit anfangs durchaus *nicht* durchgängig marktwirtschaftlichen Ansätzen.[60] Andererseits lagen bereits vor der Gründung der Bundesrepublik Entwürfe zu einem Mittelweg, einer planvoll „gesteuerten Marktwirtschaft" in den Schubladen; etwa von Eucken,[61] Erhard[62] oder Müller-Armack[63]. Für Müller-Armack stellte sich die Marktwirtschaft wie ein „Automobilmotor" dar, der zwar ein an sich funktionierender Mechanismus sei, der aber des Ingangbringens, der Bedienung, Wartung und Len-

---

[58] *Schäfer*, Wirtschaftsgeschichte, S. 160. Bezeichnend ist die terminologische Anlehnung an den amerikanischen „New Deal", dem *Hitlers* Reichsbankdirektor *Hjalmar Schacht* mit seinem „Neuen Plan" zu kopieren suchte.

[59] Das wirtschaftlich eigentlich konzeptionslose NS-Regime betrieb einen „staatlich gelenkten Kapitalismus", in dem es sich rigider planwirtschaftlicher Maßnahmen bediente, ohne doch eine sozialistische Vergesellschaftung durchzuführen. Vgl. *Treue*, S. 685 ff.

[60] In *Hessen* stimmten über 71 % der Wahlberechtigten für einen Verfassungsartikel, der die Überführung der Schlüsselindustrien in Gemeineigentum und die öffentliche Kontrolle über Großbanken und Versicherungen statuierte (die amerikanische Militärregierung setzte die Durchführung aus – vgl. *Schäfer*, Wirtschaftsgeschichte, S. 169). Das „Ahlener Programm" der rheinischen CDU von 1947 etwa sah die Sozialisierung von Betrieben mit Monopolstellung und Vergesellschaftung der Montanindustrie vor (vgl. *Schäfer*, Wirtschaftsgeschichte, S. 169). Im gleichen Jahr verabschiedete der nordrheinwestfälische Landtag die Sozialisierung des Bergbaus. Die amerikanische Militärregierung hat aber die Durchführung verhindert. Ebd., S. 170.

[61] *Walter Eucken* hatte bereits vor dem Krieg seine „Grundlagen der Nationalökonomie" beendet und den Grundstein für die „ordoliberale", also Wirtschaftspolitik als „Wirtschaftsordnungspolitik" begreifende Schule gelegt. Vgl. Vorwort zu *Euckens* Grundsätzen der Wirtschaftpolitik.

[62] Vgl. *Ludwig Erhard* in: Soziale Marktwirtschaft, S. 41 ff.

[63] *Müller-Armack* formulierte in seiner 1946 erschienen Schrift „Wirtschaftslenkung und Marktwirtschaft", die Marktwirtschaft sei ein „formales und neutrales Organisationsmittel, welches selbst noch keine bestimmte Lebensgesinnung zum Inhalt hat. Es war ein folgenschwerer Irrtum des vergangenen Jahrhunderts, das Marktgefüge für eine ausreichenden Gesamtordnung des Lebens zu halten." Vgl. *Müller-Armack*, S. 113.

kung bedürfe, um seinen Zweck zu erfüllen.[64] Der Austauschmechanismus des Marktes sei kein „Voll-" sondern ein „Halbautomat", ein „formaler Apparat, der wesensmäßig eine allseitig befriedigende soziale Lösung nicht automatisch erzielen könne, es sei denn daß seine Energien durch eine bewußte Steuerung nach dieser Richtung gelenkt werden."[65] Auch Ludwig Erhard plädierte für eine gesteuerte Marktwirtschaft. Angesichts der Alternativen, daß die Wirtschaft „entweder in freie marktwirtschaftliche Formen oder aber zum absoluten Totalitarismus übergeleitet werden muß," meinte er 1947 in einer Rede, „so ist die Richtung klar, die wir einzuschlagen haben – die Befreiung von der staatlichen Befehlswirtschaft, die alle Menschen in das entwürdigende Joch einer alles überwuchernden Bürokratie zwingt, die jedes Verantwortungs- und Pflichtgefühl, aber auch jeden Leistungswillen ertöten (...) muß."[66] Erhard und Müller-Armack hatten in der jungen Bundesrepublik Gelegenheit, ihr Konzept der gesteuerten Marktwirtschaft in die Tat umzusetzen. Auch dank der glänzenden Erfolgsgeschichte der Nachkriegswirtschaft ist das Bekenntnis zur Sozialen Marktwirtschaft heute annähernd Generalkonsens. Die Diskussionen um die Inhalte[67] einer solchen, ja sogar um deren Ursächlichkeit für die wirtschaftliche Prosperität in der Nachkriegszeit,[68] sind freilich nie abgeflaut.

V. Zusammenfassung und Bewertung

Der vorstehende historische Abriß gestattet keine umfassende Analyse der Geschichte der Wirtschaftssubsidien – einige Grundzüge lassen sich dennoch beobachten: Empirisch betrachtet wird die moderne Kritik am Subventionsstaat weitgehend bestätigt. Gewisse Verhaltensmuster und Effekte sind seit jeher gleich geblieben (Subventionierung zum Zweck des Stimmenfangs, Gewöhnungs- und Mitnahmeeffekte etc.).[69] Ein durchgängig zu

---

[64] Ebd., S. 102 f.
[65] Ebd., S. 118; vgl. auch S. 98, 101, 116.
[66] *Ludwig Erhard*, in: Soziale Marktwirtschaft (hrsg. v. *D. Gleitner* und *P. Pulte*), S. 60.
[67] Daß die Soziale Marktwirtschaft kein „fertiges System", kein „Rezept", sondern eine zeitbedingte „evolutive Ordnung" darstelle, betonte im übrigen auch ihr „Miterfinder" *Müller-Armack*. Vgl. *Bittner*, S. 101, Fn 35.
[68] Mittlerweile wird bezweifelt, ob das Konzept der Sozialen Marktwirtschaft für das wirtschaftliche Erblühen Deutschlands verantwortlich war. – Im Frankreich der 60er Jahre etwa hielt man parallel zu Deutschland aber mit umgekehrten Vorzeichen die „Planification", eine eher auf staatliche Lenkung gegründete Konzeption, für die Ursache der Nachkriegsprosperität. Da beide Systeme in der Praxis erfolgreich waren, liegt es nahe, diese Erfolge nicht auf ein konsistentes ökonomisches Konzept, sondern auf pragmatische Entscheidungen im Einzelfall zurückzuführen. Vgl. hierzu *Bittner*, S. 98 ff., 112, 114, 121.
[69] Aus ökonomischer Sicht am erfolgreichsten scheinen staatliche Engagements vor allem dann zu sein, wenn der Staat selbst als „Unternehmer" auftritt und sein Anliegen

beobachtendes Phänomen ist der Ruf nach dem Staat in Krisenzeiten. Kommt der Staat diesem Ruf nach, scheint es beinahe unmöglich zu sein, die Hilfen später wieder zurückzuschrauben (Gewöhnungseffekt).

Vielleicht bedenklicher noch als dessen ökonomische Auswirkungen ist das hinter dem Interventionswesen stehende *staats*politische Verständnis. Das staatliche Interventions- und Unterstützungswesen ist nicht selten Ausdruck eines egoistischen, oftmals aggressiven Auftretens nach außen und eines freiheitsgefährdenden Totalitarismus nach Innen. Die „Staatsräson" an sich kann aus heutiger Sicht freilich keine adäquate Legitimationsgrundlage mehr sein. Als Erfahrungswert zu berücksichtigen bleibt aber die tiefe Verwurzelung des Interventionismus im staatlichen Selbst- und Souveränitätsverständnis. Es fällt auf, daß die Vergabe von Subsidien zu fast allen Zeiten ganz selbstverständlich zum Repertoire des staatlichen Handlungsinstrumentariums gehörte. Die staatliche Intervention ist, so scheint es, der geschichtliche Normalfall, die rational-ökonomische Nichteinmischung eher die Ausnahme. Man könnte fast von einem natürlichen „Interventionstrieb" des Staates sprechen. Als dies etwa über weite Strecken des 19. Jahrhunderts anders war, lag dies weniger an einem selbstverständlichen Rückzug des Staates auf seine ureigenen Tätigkeitsfelder, sondern an einer bewußten, sozusagen sich selbst abgetrotzten Abstinenz.[70] Für den Interventionismus scheint die Faktizität staatlichen Handlungswillens, für die staatliche Zurückhaltung „nur" die Theorie ökonomischer Rationalität zu streiten. Insbesondere bei sich wandelndem politischen Klima ist es für den Staat ein Leichtes, sich aller selbst gesetzten Beschränkungen zu entledigen.[71] Dies bedeutet, daß ein Bauen auf die ökonomische Vernunft alleine nicht ausreicht, den staatlichen Dirigismus zu zügeln. Die staatliche Zurückhaltung bedarf vielmehr selbst der *staatlichen* Verankerung. Eine supranationale Konstituierung ist dabei auch insofern begrüßenswert, als sie den europäischen Nationalstaaten die Dispositionshoheit über den interventionistischen actus contrarius entzieht und damit nicht zuletzt eine friedenssichernde Wirkung entfaltet.

---

weniger Intervention als Investition ist (deutsche Ostsiedlung, fiskalisch motivierte Stärkung des Handels, steigende Staatseinnahmen zur Zeit des deutschen Zollvereins etc.).

[70] Ohne den bürgerlichen Beitrag geringschätzen zu wollen, war liberale Wirtschaftspolitik zumindest in Deutschland nicht selten das Werk des Staates (ökonomisch aufgeklärter Fürsten und Beamter) selbst. Vgl. zur Markgrafschaft Ansbach-Bayreuth oben Abschn. A. III; zur Lage im Königreich Württemberg etwa *Seybold*, S. 151 ff.; zum Wandel im Königreich Bayern unter *Ludwig I.* vgl. *Preißer*, S. 51.

[71] *Bismarck* etwa, der (wohl eher aus politischen Motiven heraus denn aus Überzeugung) zunächst durchaus eine liberale Wirtschaftspolitik verfolgte, steckte mit einmal den Kurs um und dies nicht, weil er es wirtschaftlich für geboten gehalten hätte, sondern weil seiner Meinung nach die staatlichen Interessen oder politische Opportunität es verlangten.

Die Geschichte zeigt freilich auch, daß der staatlichen Selbstbeschränkung Grenzen gesetzt sind. Gerade in wirtschaftlich schwierigen Zeiten kommt der Staat nicht unvermittelt als allgewaltiger Leviathan über die Menschheit – die Bürger selbst rufen ihn herbei. Die Skepsis gegenüber dem Marktapparat und der Nachtwächterrolle des Staates darf nicht als sozialromantische Schwärmerei abgetan werden – sie entspringt vielmehr ernstzunehmenden, durch historische Erfahrungen begründeten Ängsten.[72] Ein Außerachtlassen dieser Ängste birgt Gefahren nicht zuletzt für die europäische Integration selbst: Bedenklich wäre es etwa, wenn der Eindruck entstünde, die (im öffentlichen Bewußtsein ohnehin keineswegs nur positiv konnotierte) EG sei für den freien Markt und dessen Risiken, die Mitgliedstaaten hingegen seien für die wärmende Fürsorge, nach der sich der Bürger in rauhen Zeiten sehnt, zuständig.[73]

B. Subsidien unter staats- und rechtstheoretischen Gesichtspunkten

Was das Beihilfenrecht augenscheinlich als erstes legitimiert, ist schlicht dessen normative Existenz in den Art. 87 ff. EG. Das Beihilfenrecht „ist". Vom gesetzes-positivistischen Standpunkt aus genügt das. Was aber bestimmt und legitimiert das Beihilfenrecht jenseits dessen gesetzlicher Festschreibung? Anders ausgedrückt: Woraus leitet das Beihilfenrecht selbst seine Legitimation ab, worauf basiert es *normativ*?

I. Untersuchungsgegenstand und Erkenntnisinteresse

Im Rahmen dieser Arbeit können keine abschließenden Antworten auf die vielfältigen rechtstheoretischen Bezüge zum Subsidienwesen gegeben werden; es kann nur eine Annäherung an einige Probleme versucht werden. Diese Annäherung soll über vier Fragestellungen erfolgen: Subsidien als Problem staatlicher Legitimität: Was legitimiert hoheitliches (also nationales wie europäisches) Handeln?[74] Subsidien als *Gleichheits*problem:

---

[72] So lange liegen die den Optimismus bezüglich des Ordnungssystems Wirtschaft erschütternden Krisen mit allen politischen Implikationen nicht zurück. Die große Krise der 20er Jahre des letzten Jahrhunderts ist noch im aktuellen kollektiven Bewußtsein, die Sozialkatastrophe des 19. Jahrhunderts zumindest noch im allgemeinen historischen Gedächtnis.

[73] Vgl. *Rohe*, EuZW 1997, 491, 492; ders., RabelsZ 61 (1997), 1, 62.

[74] Nur ein hohes Maß an rechtlicher Legitimität schafft auch ein hohes Maß an Akzeptanz (vgl. *Zippelius*, Staatslehre, S. 24). Diese Akzeptanz ist aber unabdingbar notwendig, um einen Fortgang der europäischen Integration zu gewährleisten. Insofern handelt

Was sind die Kennzeichen der „Distribution"? (Subsidien zur Ausgleichung von Ungleichheit oder als Instrument zur Schaffung von „Vorteilen", also von Ungleichheit). Subsidien als *Freiheits*problem: Um welche und um wessen Freiheit geht es? Schließlich: Welche Instanz (der Nationalstaat, die EG) ist besser zur Wahrung der privaten Sphäre geeignet? (Subsidiaritätsprinzip). Immer schwingt der Oberton mit: *Wer* hat zu entscheiden und anhand *welcher Kriterien*?

Es geht bei der Untersuchung des Beihilfenrechts um die Legitimität hoheitlichen Handelns, also sowohl um das der gewährenden Mitgliedstaaten wie auch um das der kontrollierenden und damit nicht weniger *hoheitlich* handelnden EG. Dabei stellt sich die grundsätzliche Frage, welches Maß an staatlicher Einflußnahme auf die private Sphäre legitim, also normativ erwünscht ist. Denn klar dürfte sein, daß unerwünschte Subsidien*gewährung* ein Einschreiten der Gemeinschaft als erwünscht, umgekehrt ein unerwünschtes Einschreiten die Gewährung als erwünscht oder zumindest geduldet erscheinen lassen muß. Insoweit haben Subsidiengewährung und Subsidienverhinderung eine gemeinsame, wenn auch spiegelbildlich verkehrte Legitimationsbasis. Die Legitimität des einen schließt die Legitimität des andern grundsätzlich aus. Was verleiht nun dem einen hoheitlichen Handeln Legitimation vor dem anderen?

II. Subsidien als Legitimitätsproblem

1. Der „richtige" Sollensmaßstab bzw. das „tertium comperationis"

Zunächst gilt es „einen Schritt zurückzutreten" und einen geeigneten Betrachtungsstandpunkt möglichst außerhalb des zu untersuchenden Systems zu finden. Das besondere Problem hier liegt gerade darin, daß die Untersuchungsmaterie im Spannungsverhältnis von Politik, Ökonomie, unterschiedlichen Weltanschauungen oder wissenschaftlichen Lehren und dazu noch in der Schnittmenge verschiedener Rechtsordnungen liegt. Man läuft Gefahr, bereits durch die Wahl des Betrachtungsstandpunkts oder der Methode das Ergebnis zu präjudizieren. Bei der Entscheidung über den richtigen heuristischen Ansatz handelt es sich bekanntermaßen nicht nur um die Auswahl zwischen beliebigen methodologischen Konzepten, sondern selbst um eine „weltanschauliche", mithin um eine „Glaubensfrage". Denn: Hier bereits werden durch die zwangsläufige Festlegung bestimmter, der Fragestellung inhärenter Prämissen die Weichen gestellt, was als grundsätzlich richtig oder als grundsätzlich falsch zu gelten hat. Eine wirklich „neutrale" Position zur Beurteilung des Beihilfenrechts unter dem Aspekt

---

es sich bei der Beschäftigung mit den rechtstheoretischen Grundlagen keineswegs um eine „bloß" theoretische Frage, sondern um eine höchst bedeutsame praktische.

von „Sollen" und „Sein" ist nicht ersichtlich. Gleichwohl hat man sich zu entscheiden, was als Sollensmaßstab, als „gesollt" zu gelten hat.

Ist als Referenzmaßstab das (übrige) positive Recht oder eine „vorpositive" („naturrechtliche" oder eine außerrechtliche – z.B. ökonomische) „Wahrheit" heranzuziehen?[75] Konkret für das Beihilfenrecht: Sind dessen Gründe und Grenzen schlicht („positivistisch") im Normensystem von Mitgliedstaaten und Gemeinschaft zu suchen (wobei auch hier entweder eine nationalstaatliche oder eine gemeinschaftliche Sicht gewählt werden kann)? Oder hat in das Gemeinschafts- bzw. Beihilfenrecht ein außerrechtliches Konzept („der" Markt, „der" Wettbewerb) Eingang gefunden, an dem sich jedes mitgliedstaatliche Handeln messen lassen muß? Oder sind beide Rechtsordnungen, gleichsam von „höherer Warte" aus anhand dieses „außerrechtlichen" Maßstabs zu beurteilen? Mit der Frage des heuristischen Maßstabs ist letztlich auch die praktische Frage der „Deutungshoheit", wer also nach welchen Kriterien über „richtig" und „falsch" zu befinden hat, verknüpft.

2. „Juristischer" und „ökonomischer" Ansatz

Das hier zu behandelnde Beihilfenrecht liegt im Schnittbereich von Ökonomie und Recht. Von welcher Seite soll man sich nähern? Sowenig es „die" juristische Herangehensweise gibt, sowenig gibt es natürlich „die" ökonomische. Der gerade im Hinblick auf das Verhältnis Staat – Einzelner geführte Streit (etwa „Positivismus" versus „Naturrecht") hat Jurisprudenz wie Ökonomie gleichermaßen beschäftigt.[76] Dennoch sind markante Unterschiede nicht zu übersehen: Der Markt bzw. die Wirtschaft funktionieren nicht nach Gesetzen (i.S.v. Normen), sondern nach Gesetzmäßigkeiten (i.S.v. quasi-naturgesetzlichen Kausalketten). Die Funktion der ökonomi-

---

[75] Konkret im Falle des Beihilfenaufsichtsrechts: Sind Probleme auf „verfassungsrechtlicher Ebene" im Sinne einer Vorrangfrage von europäischem und nationalem Recht zu klären oder von einer „außerhalb" oder „über" den Rechtsordnungen stehenden Ebene (etwa das der ökonomischen Effizienz)? Insgesamt bieten sich drei Möglichkeiten an: Man geht (1.) von der normativen Ordnung eines Mitgliedstaates aus und untersucht von hier aus die europäische Rechtsordnung oder umgekehrt, man betrachtet (2.) die nationale(n) Rechtsordnung(en) im Lichte der europäischen. So wird es etwa regelmäßig bei der Vorrangfrage des Europarechts gehandhabt. Es gibt dann immer zwei Lösungen: Entweder die mitgliedstaatliche Auffassung (z.B. des BVerfG) oder die europäische (des EuGH), die sich idealerweise decken, sich aber nicht unbedingt decken müssen. Befriedigend ist diese Vorgehensweise nicht, da sie auf eine Teilung „des Rechts" hinausläuft. Man bräuchte also eine „über" beiden Ordnungen stehende, gemeinsame dritte Wertungsebene (3.), um jene anhand eines einheitlichen Maßstabes beurteilen zu können. An einem solchen Maßstab ist wiederum problematisch, daß er außerhalb des geltenden Rechts entwickelt wird und insoweit mehr oder minder außerpositiv ist.

[76] Vgl. etwa *Fikentscher*, S. 647 ff.; *Zippelius*, Rechtsphilosophie, S. 38 ff.; ders. Recht und Gerechtigkeit, S. 40 f.; *Stavenhagen*, S. 16, 26, 173; S. 40 ff.; *Priddat*, S. 51.

schen Wissenschaft ist es daher, Gesetzmäßigkeiten, letztlich also ökonomische „Wahrheiten" sichtbar zu machen. Die Funktion des Rechts ist es hingegen, einen vom Einzelfall losgelösten Interessenausgleich mit berechenbaren Ergebnissen herbeizuführen. Dementsprechend ist es Aufgabe der Jurisprudenz, diesen Interessenausgleich sichtbar und – durchaus wertend – für die Normanwendung griffig zu machen.

Es läge zwar durchaus nahe, für das Beihilfenrecht ökonomische (und damit zunächst außerrechtliche) Beurteilungsmaßstäbe, etwa den der ökonomischen Effizienz heranzuziehen: Tatsächlich ist ja im Beihilfenrecht von „Markt", von „Handel" und „Wettbewerb", also von primär *ökonomischen* Maßstäben die Rede. Macht man sich etwa die rein marktwirtschaftliche Sichtweise zueigen, ist staatliches Handeln grundsätzlich nur legitim, soweit es marktrational, also effizient ist.[77] Dann bliebe im Hinblick auf das Beihilfenrecht nur noch zu untersuchen, wo der Schnitt zur Erreichung maximaler Effizienz anzusetzen ist. Hierfür könnte man das Feld getrost den Ökonomen überlassen – Aber ohne daß dann noch die (ganz realen) normativen Bedingtheiten der nationalen und der europäischen Rechtsordnungen berücksichtigt werden könnten. Das Beihilfenrecht betrifft aber unmittelbar nur „staatliches" Handeln, nämlich mitgliedstaatliche Subsidiengewährung und die europäische Aufsicht darüber. Es ist nun ein Kennzeichen des Staates, jedenfalls des Rechtsstaates, daß dieser *norm*gebunden agiert. Betrachtet man das Beihilfenrecht als Rechtssatz – und dagegen spricht eigentlich nichts –, muß es auch nach normativen Kriterien beurteilt werden.

Die Beurteilung des Subsidienwesens anhand ökonomischer Kategorien soll und kann also nicht Gegenstand *dieser* Arbeit sein, so aufschlußreich eine Untersuchung unter diesem Aspekt auch sein mag. Der juridischen Erkenntnis ist die Frage maximaler ökonomischer Effizienz ohnehin nur in beschränktem Maße zugänglich (auch wenn gegenwärtig versucht wird, beides jedenfalls zu Analysezwecken zu vereinen – so zumindest die „ökonomische Analyse des Rechts").[78] Hier muß es um die Frage des „Rechts"

---

[77] Vgl. *Schäfer/Ott*, S. 6 f.

[78] Hierbei handelt es sich in erster Linie um eine ökonomische und nicht um eine eigentlich juristische Methode. Geht man etwa von der Position der ökonomischen Analyse des Rechts mit der ihr eigenen Herangehensweise des „methodologischen Individualismus" (*Schäfer/Ott*, S. 3) aus, lösen sich die Protagonisten, die Mitgliedstaaten und die supranationale EG als Untersuchungsgegenstände, praktisch auf: Da es keine irgendwie geartete organische oder überindividuelle Staatlichkeit gebe, könne es auch keinen „gewährenden Staat" geben. Es gebe nur handelnde Individuen in Institutionen, keinesfalls jedoch handelnde Institutionen selbst (ebd). Dieser unverhüllt neoutilitaristisch-individualistische Ansatz steht nun nicht nur im krassen Gegensatz zu traditionellen juristischen Herangehensweisen (vgl. zu klassischen Lösungsansätzen etwa *Zippelius*, Recht und Gerechtigkeit, S. 40 ff.), sondern auch zur juristischen „Wirklichkeit", die den Staat

gehen, die traditionell nicht nur eine der ökonomischen Effizienz ist. Für gewöhnlich werden juristische Sachverhalte nach rechtlich faßbaren (nicht notwendig kodifizierten) Kriterien beurteilt, ganz egal um welche *Sach*materie es sich handelt. Es ist kein Grund ersichtlich, warum man hier anders verfahren sollte.

Es stellt sich auch das ganz praktische Problem terminologischer und methodischer Verständnisschwierigkeiten. Gedacht sei etwa an das Merkmal des „Wettbewerbs" in Art. 87 Abs. 1 EG. Juristisch betrachtet handelt es sich zunächst um ein nach normativen Kriterien zu konkretisierendes Tatbestandsmerkmal, für Ökonomen mag es sich etwa um ein axiomatisches Postulat (Wettbewerb als Handlungsprinzip Privater im Wettbewerb um knappe Ressourcen), um ein anhand verschiedener Theorien zu erklärendes Phänomen (etwa Theorie der „vollkommenen Konkurrenz")[79] handeln. Insoweit haben sich Jurisprudenz als normative Sozialwissenschaft und Ökonomie als soziologische Naturwissenschaft durchaus deutlich auseinanderentwickelt. Trennscharfe, aber „ceteris paribus"-Prämissen unterliegende ökonomische Modellüberlegungen stehen den auf einer gewissen „Alltagslogik" basierenden juristischen Kausalketten gegenüber. Die juristische Rationalität strebt eher nach an sachlichen Argumenten orientierter *Schlüssigkeit* und nicht nach der Exaktheit ökonomisch-mathematischer Kurvenschnittpunkte.

Bei aller Verschiedenheit der Herangehensweisen lassen sich i.ü. durchaus Gemeinsamkeiten ökonomischer und juristischer Betrachtungsweise feststellen. Spitzt man die „klassische" und die auf ihr aufbauenden Theorien der Ökonomie zu, so steht im Mittelpunkt das ökonomisch *rationale Handeln*. Die Notwendigkeit für den Staat, rational zu handeln, ergibt sich freilich nicht nur aus einer ökonomischen, sondern bereits aus der rechtlich-normativen Betrachtungsweise: Was effizient, was also ökonomisch rational ist, muß nicht unbedingt gerecht sein. Was aber von vornherein irratio-

---

als handlungsfähige Person zumindest fingiert (so nach der klassischen Fiktionstheorie *von Savigny*s und *Windscheid*s im Zivilrecht – vgl. *Heinrichs*, in: *Palandt*, vor § 21, Rn. 1) und Staatsziele sowie staatliche Interessen zumindest als Rechtsbegriffe faßbar macht. Die ökonomisch-analytische Sichtweise vernachlässigt insbesondere (bewußt), daß zwischen beiden staatlichen Ordnungssystemen (Mitgliedstaaten und EG) *reale* auch *außerökonomische* Wertungswidersprüche bestehen können. Das ökonomisch Vernünftige ist nur ein Aspekt neben anderen, die im Rahmen staatlicher Wertung zu beachten sind. Das Abstellen auf den rein ökonomischen Aspekt verrät schließlich auch, welch überragender Eigenwert der Ökonomie im Vergleich zu anderen normativen Faktoren a priori beigemessen wird. Die hier beispielhaft angeführte ökonomische Analyse des Rechts apostrophiert ihren Ansatz bewußt methodologisch als analytisches Modell. Dieses Modell mag hilfreiche Erkenntnisse darüber zutage fördern, inwieweit das Recht zur effektiven Verwendung der knappen volkswirtschaftlichen Ressourcen beizutragen in der Lage ist – dies funktioniert indes nur mit vorab determinierten und meist nicht realistischen Prämissen. Hier etwa: das stets nur dem Einzelinteresse dienende Individuum (*Schäfer/Ott*, S. 58 f.) und die These, die vornehmste Aufgabe des Rechts sei die Herstellung von Allokationseffizienz (*Schäfer/Ott*, S. 1 f., 10).

[79] Zum Begriff der „vollständigen Konkurrenz" vgl. *Eucken*, S. 244 ff. oder etwa *Woll*, S. 289 ff.

nal ist – und insoweit ist insbesondere den ökonomischen Analysten des Rechts zu folgen -, kann auch nicht gerecht sein, da es zu nichts anderem als zu einer wahllosen Verschleuderung volkswirtschaftlicher Ressourcen (und damit zu Ungerechtigkeit) führen muß.[80] Unvernünftiges Staatshandeln fällt juristisch betrachtet freilich unter die Kategorie Willkür bzw. Unverhältnismäßigkeit. Theoretisch lassen sich „rationales Handeln" im Bereich der Ökonomie und rationales Handeln im allgemeinen also nicht auseinanderdividieren. Im Idealfall werden sich die „effiziente" und die „gerechte" Lösung sogar decken. Da der Idealfall hienieden auf Erden aber wohl nicht zu haben ist, bleibt nur zu versuchen, sich ihm zu nähern.

3. Die Legitimation staatlichen Handelns in der offenen Gesellschaft

Zurück also zur Frage des Sollensmaßstabs. Subsidienvergabe wie -aufsicht ist „staatliches" Handeln. Durch was wird es jeweils legitimiert? Den hierfür „geeigneten Referenzmaßstab" zu finden, hieße „das Recht" schlechthin finden. Nicht nur weil die Suche nach dem Recht eine wohl nie endende Menschheitsaufgabe ist,[81] wäre sie für diese Untersuchung ein vermessenes Ansinnen. Hier bleibt nur, sich mit einer gewissen Grobstruktur zu bescheiden. Abstrakt lassen sich zwei gegensätzliche Richtungen ausmachen, nach denen staatlichem Handeln der Nimbus des „Rechts" verliehen wird: Legitimation durch Wahrheit und Legitimation durch Verfahren.[82] Die Wissenschaft sucht die Wahrheit und glaubt nicht selten, sie gefunden zu haben, die Politik ist sich dessen meist sogar sicher. Wer die Wahrheit schon kennt, braucht freilich nicht mehr nach ihr zu suchen. Jeder trägt zwar in sich eine Vorstellung von dem, was „richtig" ist – allgemein taugliche Maßstäbe sind dies freilich nicht. Auch wenn die „Wahrheit" der ideale Maßstab wäre, bleibt doch das Erkenntnisproblem. Seit Plato wissen wir, daß wir nur „die Schatten" der Dinge erkennen können, nicht aber „das Ding an sich". Andererseits ist nach Kant überhaupt nur der Einzelne zur Erkenntnis fähig und als letzte Instanz maßgeblich.[83] Es bleibt also, für die vielen verschiedenen „Einzelwahrheiten" einen gemeinsamer Nenner zu finden.

---

[80] *Schäfer/Ott*, S. 6. Zur „Illusion", Gerechtigkeit könne durch bloße Redistribution erreicht werden, vgl. *Bartling/Luzius* S. 176.

[81] Vgl. zur Rechtssuche im andauernden Prozeß tentativen Denkens *Zippelius*, Rechtsphilosophie, S. 2.

[82] Vgl. *Luhmann*, Legitimation durch Verfahren, S. 9 ff. Wie oben ist auch hier der eine Beurteilungsmaßstab auf der Sollens-, der andere auf der Seins-Ebene angesiedelt, der eine also vorrechtlich, der andere positivrechtlich bestimmt. Zu dieser Problematik auch *Baumann*, S. 13 ff. und passim.

[83] Vgl. *Zippelius*, Recht und Gerechtigkeit, S. 89, 116.

B. Subsidien unter staats- und rechtstheoretischen Gesichtspunkten 43

Die unterschiedlichen Wertmaßstäbe generell und so auch die zum Subsidienwesen erklären sich in erster Linie durch unterschiedliche (politische oder theoretische) Weltanschauungen bzw. Gesellschaftsvorstellungen. Es handelt sich meist um Positionen, die mehr oder minder an historisch überkommenen Leitideen orientiert sind.[84] Die extremen Alternativen als fundamentale Richtungsentscheidungen dürfen (momentan) als überwunden gelten, wenn auch der Streit um Tendenzen und Nuancen weitergeht. Neben Trennendem in den Einzelfragen gibt es sehr viel mehr Verbindendes in den Grundsätzen. Dies gilt gewiß auch für die Rechtsauffassungen in Europa. Was die europäischen Völker (und die EG) eint, sind nicht in erster Linie eine Reihe von (positiven) Verträgen, sondern gemeinsame (letztlich vorrechtliche) Erfahrungen und Lehren. Ausdruck haben diese Erkenntnisse mit im einzelnen u.U. unterschiedlicher Akzentuierung in den Verfassungen der Mitgliedstaaten und der EG erfahren.[85] Diese von einem

---

[84] Allerdings sollte die geläufige Etikettierung mit „Neo-ismen" nicht darüber hinwegtäuschen, wie weit das Feld ist, um das eigentlich gestritten wird. „Liberalismus" oder „Totalitarismus", „Sozialismus" oder „Kapitalismus", „Individualismus" oder „Kommunitarismus" – die Liste ließe sich beliebig verlängern –, diese Antipoden mögen Schlagworte auch in der heutigen Diskussion sein, diskutable echte Alternativen sind sie nicht mehr (vgl. *Böhm*, S. 53). Die Kombattanten der aktuellen Diskussion scheinen gar nicht so sehr einer eigenen mit Pathos vorgetragenen weltanschaulichen Idee zur Durchsetzung verhelfen, als vielmehr dem Abtriften in die zur eigenen konträr verstandenen Richtung entgegensteuern zu wollen. Je nach Standpunkt warnt der eine etwa vor dem kalten Liberalismus, der andere vor dem totalitären Wohlfahrtsstaat (im Streit um die Dienste zur Daseinsvorsorge etwa hätten sich die Liberalisierer gegen die „*neokommunistischen* Tendenzen" im Beraterstab des Kommissionspräsidenten *Prodi* durchgesetzt – vgl. FAZ v. 21.5.2003, S. 12). Beides sind berechtigte Anliegen, die selbst historisch begründet sind und ernst zu nehmenden „Urängsten" der modernen Gesellschaft entspringen. Es ist aber gerade ein wesentlicher Zug moderner westlicher Gesellschaften, „in diese Antithetik verstrickt und durch sie strapaziert" zu sein (*Zippelius*, Staatslehre, S. 286. Vgl. auch *Mestmäcker*, Recht in der offenen Gesellschaft, S. 16).

[85] Vgl. hierzu allgemein *Kimmel*, S. IX ff. Sie sind aber nicht lediglich Ausdruck der Verfassungsordnungen, sondern umgekehrt basieren die Verfassungsordnungen auf diesen Erkenntnissen und werden von diesen durchdrungen. Teilweise sind die Grundsätze in den einzelnen Verfassungen nicht einmal kodifiziert und werden doch als geltendes Recht anerkannt. Weder die französische noch die österreichische Verfassung kennen einen echten Grundrechtskatalog, wobei sich die französische in ihrer Präambel auf die Erklärung der Menschen- und Bürgerrechte von 1789 bezieht (vgl. *Kimmel*, S. XI). Bei der Herausbildung allgemeiner Rechtsgrundsätze, also bei der Bestimmung dessen, was „Recht" ist (Art. 220 EG), zieht der EuGH dementsprechend auch nicht die Verfassungen als unmittelbare Rechtsquellen, sondern als Rechts*erkenntnis*quellen heran, weil sich in ihnen das Recht verkörpere (vgl. *Streinz*, Rn 761 f.). Diese vorrechtlichen Grundlagen finden sich auch etwa in Artikel 6 Absatz 1 EUV, wonach die Union „auf dem Grundsatz der Freiheit, der Demokratie, der Achtung der Menschenrechte und Grundfreiheiten sowie der Rechtsstaatlichkeit" beruht und klargestellt wird, daß diese Grundsätze allen

breiten Generalkonsens in Europa getragenen Rechtsgrundsätze als im historischen Prozeß gebündelte „Einzelwahrheiten" beinhalten neben Verfahrensgarantien (Demokratie, Rechtsstaatlichkeit etc.) auch materielle Garantien und Bürgerrechte. Idealtypischen Ausdruck findet diese Kombination von konsentierten verfahrens- und materiellrechtlichen Elementen im Modell der offenen Gesellschaft.[86] Damit läßt sich der Typus der offenen Gesellschaft als „gemeinsamer Nenner" und damit als Referenzmodell für das reale hoheitliche Handeln von Mitgliedstaaten und EG gleichermaßen fruchtbar machen.

Die offene Gesellschaft ist selbst Idealtyp und Modell und nicht Abbild der Wirklichkeit. Dieses Modell verfügt aber vor anderen immerhin über den Vorteil, an sich grundsätzlich *wertfrei* zu sein, indem es nicht vorwiegend auf absoluten Wahrheiten aufbaut, sondern auf ein an sich neutrales gesellschaftliches Verfahren setzt. Grundsätzlich zählt die „Wahrheit" eines jeden gleich viel. Eine Garantie für vernünftige Ergebnisse ist das nicht, aber wohl immer noch besser als der „vernünftige Herrscher", welcher Herrscher bleibt, auch wenn „die Vernunft ein Ende hat."[87] Das Ergebnis dieses Verfahrens ist also grundsätzlich *offen*.[88] Die Gesellschaft tastet sich in einem niemals endenden, stets mit ungewissem Ausgang sich vollziehenden Prozeß von „trial and error" voran.[89] Das Modell der offenen Gesellschaft ist aber auch in dem Sinne *normativ*, als es Lösungen ausschließt, welche die notwendigen Voraussetzungen für das Funktionieren des Systems selbst zerstören könnten. Die positive Legalität muß inso-

---

Mitgliedstaaten gemeinsam sind. Artikel 6 Absatz 1 EUV konstituiert diese Grundsätze freilich nicht, sondern stellt sie lediglich in deklaratorisch-positiver Form fest.

[86] *Popper*, der den Begriff der „open society" vornehmlich geprägt hat, hat ihn als Gegenstück zu den „geschlossenen Gesellschaften", insbes. der nationalsozialistischen und kommunistischen Diktatur seiner Zeit verstanden. Ein konsistentes gesellschaftliches Konzept oder gar ein staatsphilosophisch geschlossenes Gesellschaftsmodell hat *Popper* nicht entworfen. Zum Modell der offenen Gesellschaft als Ausdruck „experimentierenden Denkens" im Recht, *Zippelius*, Recht und Gerechtigkeit in der offenen Gesellschaft, S. 21 ff.; *Baumann*, S. 70 ff.

[87] *Rohe*, RabelsZ 61 (1997), 1, 17.

[88] *Zippelius*, Recht und Gerechtigkeit, S. 79 ff. Gibt es eine historische Erkenntnis, die heute als Generalkonsens bezeichnet werden kann, so ist es die, daß den „reinen Lehren" zu mißtrauen ist. Dies gilt für den Bereich der Politik, der Ökonomie, für die Auffassung von Staat und Gesellschaft und nicht zuletzt für die juristische Methode selbst. Wo das Sein bedingungslos unter das Sollen gebeugt wird, ist Vorsicht geboten – für den umgekehrten Fall gilt das Nämliche. Der geschichtlich zu erklärende „Verlust an Orientierungsgewißheit" (*Zippelius*, Recht und Gerechtigkeit, S. 68 f.) mag zu einem Mißtrauen gegenüber allen naturrechtlich hergeleiteten Heilslehren führen, ohne aber auf vorpositive Grundvoraussetzungen gänzlich verzichten zu können.

[89] Vgl. *Mestmäcker*, Recht der offenen Gesellschaft, S. 16 f.; *Zippelius*, Recht und Gerechtigkeit, S. 34, 106 ff.

fern ständig im Lichte normativer Legitimität ergänzt und kontrolliert werden.[90]

Staatliche Herrschaft legitimiert sich damit dynamisch in einem fortlaufenden Prozeß und in verschiedenen Stufen. Zum einen auf einer durchaus „vorrechtlichen" Ebene, der vom Generalkonsens aller (oder doch der allermeisten) bestimmt wird, was allgemein als richtig anzusehen ist.[91] Das Rechtssystem mittelt und verstetigt die Konkretisierung des allgemein als richtig Empfundenen und sichert es qua Verfahren ab. Namentlich gilt dies für die Verfassungen, die – obgleich veränderbar – einen „plébiscite de tous les jours" verhindern, ihrerseits aber in einem durch das Prisma des jeweiligen „Zeitgeistes" gebrochenen Licht erscheinen.[92] Gesetze, Verordnungen, Einzelentscheidungen usw. erhalten ihre Legitimation dadurch, daß sie sich im Rahmen der höherrangigen Legitimationsebenen bewegen und im übrigen durch ein rechtsförmiges Procedere zustande gekommen sind.[93]

Natürlich kommt ein solches System rationalerweise nicht ohne Berücksichtigung von „Wahrheitserkenntnissen" aus – im Gegenteil – gilt es ja, Irrtümer („pathologisches Lernen")[94] so weit als möglich von vornherein zu vermeiden. Im Laufe dieses Verfahrens schlägt sozusagen zweimal die Stunde der „Wahrheit" – dann allerdings eher als „Sachverständigenfrage" denn als normativer Maßstab: Einmal im Normsetzungsprozeß (im gesellschaftlichen und politischen Diskurs bzw. bei der Gesetzgebung) und schließlich bei der Rechtsanwendung bzw. im Rechtsstreit, wenn es um konkrete Tatsachenfragen geht. „Dazwischen" liegt der dem Normativen zugewiesene Bereich. Allein um diese Kategorien des Normativen muß es

---

[90] Vgl. *Zippelius*, Staatslehre, S. 115 f. Nichts anderes drückt etwa die auf pessimistischer Vorausschau beruhende, aber doch einen gewissen vorpositiven Optimismus verstrahlende Ewigkeitsgarantie gem. Art. 79 Abs. 3 GG aus. Zum Bekenntnis des GG zu vorrechtlichen Menschenrechten vgl. *Zippelius*, Recht und Gerechtigkeit, S. 233 f.

[91] Problematisch ist die Erkenntnismöglichkeit dieser allgemeinen bzw. zumindest mehrheitlich konsensfähigen Meinung (vgl. *Zippelius*, Rechtsphilosophie, S. 148 f.). Längerfristig drückt sich dieser im „Geist der Zeit", kurzfristig in der „öffentlichen Meinung" und institutionalisiert in demokratischen Wahlen aus. Dem Zeitgeist entsprechend wird auch die Rolle des Staates definiert. Es ist zumindest mißverständlich, zu sagen, die (von einer offenen Gesellschaft weit entfernten) absolutistischen Staaten hätten eine merkantilistische Politik „betrieben". Der Merkantilismus war vielmehr selbstverständlicher – und damals wohl auch konsentierter – Ausdruck seiner Zeit.

[92] *Zippelius*, Recht und Gerechtigkeit, S. 156.

[93] Je weiter man normhierarchisch hinabsteigt, um so weniger unmittelbare Bedeutung hat die vorrechtliche Legitimation im Vergleich zur Legitimation durch Verfahren, wenn auch das verfahrensmäßige Ergebnis sich stets im Rahmen der höherrangigen Wertungen bewegen muß. Legitimität heißt hier also auch „Nähe" zum gesellschaftlichen Entscheidungsprozeß. Dies gilt für die Nationalstaaten genauso wie für die EG.

[94] Vgl. *Möschel*, Den Staat an die Kette, S. 79 f.

sowohl bei der Anwendung wie auch bei der Analyse des Beihilfenrechts gehen. Das heißt für das Beihilfenverbot: Es existiert gewiß auch deswegen, weil Subsidien ggf. als ineffizient erkannt wurden – insoweit ist das Beihilfenrecht durchaus *das Ergebnis* einer außerrechtlichen Erkenntnis. Eine einzelne Beihilfe ist aber niemals allein schon deswegen verboten, weil sie ineffizient ist, sondern weil sie *normativen* Vorgaben, welche diese Erkenntnis in rechtliche Formen gebracht haben, widerspricht.

4. Legitimationsprobleme des Subsidienwesens nach dem Referenzmodell der „offenen Gesellschaft"

Soweit kein Generalkonsens besteht, müssen Konflikte in der offenen Gesellschaft auf dem Verfahrenswege ausgetragen werden. Und niemand kann sich auf „seine" Wahrheit, sei sie nun politisch oder wissenschaftlich begründet, als allein gültigen Maßstab berufen. „Verfahren" beinhaltet dabei natürlich nicht nur: „Förmlichkeit", sondern: formell wie materiell in rational-rechtsförmiger Weise. Es soll hier nicht etwa in Zweifel gezogen werden, daß das Beihilfenrecht formell korrekt zustande gekommen ist – das sind mutmaßlich auch die nationalen Subventionsbestimmungen. Es geht hier vielmehr um die Frage, nach welchen Maßstäben im Kollisionsfall (etwa von nationaler Sozialstaatlichkeit und europäischem Wettbewerbsschutz) zu entscheiden ist.

Wie das Bekenntnis zu einer offenen Gesellschaftsform selbst wird auch das Bekenntnis zu einer marktwirtschaftlichen Wirtschaftsordnung von einem breiten Konsens getragen und wurde auch für diese Arbeit als richtig und wünschenswert zugrundegelegt.[95] Allerdings besteht unterhalb dieses Konsenses eine erhebliche Bandbreite an Interpretationsmöglichkeiten und dementsprechend erhebliches – in einer offenen Gesellschaft aber auch ganz natürliches – Konfliktpotential.[96] Im Generalkonsens liegt sicher auch

---

[95] Vgl. oben Kap. 1, Abschn. A. III. 1. Entsprechend widersprächen hoheitliche Maßnahmen, die Markt und Wettbewerb unmöglich machten (totalitär-bürokratische Plan- oder Kommandowirtschaft) wohl nicht nur dem aktuellen Generalkonsens – was hier einmal unterstellt wird –, sondern auch wesentlichen Grundlagen der offenen Gesellschaft (den Grundrechten, insbesondere den Freiheitsrechten, Demokratieprinzip). Vgl. hierzu etwa *Möschel*, JZ 1988, 885, 890.

[96] Vgl. etwa *Caspari*, Subventionspolitik, S. 63. Mögen auch Markt und Wettbewerb dem Grunde nach allgemein akzeptiert werden, ist doch unsicher, welcher Grad an staatlicher Einflußnahme im Einzelnen noch toleriert wird. Auch ein Blick in den Verfassungsgrundbestand Europas, quasi als Mittler vorpositiven und positiven Rechts, führt zu keinem deutlicheren Ergebnis. Der EGV nennt mittlerweile mehrfach den „Grundsatz einer offenen Marktwirtschaft mit freiem Wettbewerb" (Art. 4 Abs. 1, Abs. 2; Art. 98 S. 2 EGV) – in den Verfassungen der europäischen Nationalstaaten fehlen vergleichbare ausdrückliche Bekenntnisse durchweg. Viele Verfassungen akzentuieren im Gegenteil gerade die (insbesondere sozial-) gestalterische Aufgabe des (National-) Staates. Vgl.

B. Subsidien unter staats- und rechtstheoretischen Gesichtspunkten 47

die Notwendigkeit eines Subventionsabbaus *im Grundsatz*.[97] Damit das Modell der offenen Gesellschaft in der Realität funktioniert, ist es aber notwendig, daß als richtig Erkanntes auch tatsächlich verwirklicht bzw. für fehlerhaft Befundenes auch wirklich korrigiert wird (Prinzip der Rückkopplung).[98] Im Bereich nationaler Subventionierung ist dies offenkundig nicht der Fall.[99] In diese Legitimationslücke scheint das Beihilfenaufsichtsrecht vortrefflich zu passen. Was wegen der Gravität nationaler Systeme nicht erreicht werden kann, kann also durchaus durch die EG kompensiert werden. Mancher Knoten mag mit dem europäischen Schwert problemloser durchzuhauen sein als mit der schwerfälligen nationalen Schneidemaschinerie. Vieles was die EG so ins Werk setzt, mag im Generalkonsens liegen und insoweit „unmittelbare" gesellschaftliche Legitimation genießen.[100]

Auf Dauer befriedigend ist diese Lösung über den vagen Konsens aller Gutmeinenden aber nicht. Nach wie vor fehlt es der EG an den Voraussetzungen dafür, im gesellschaftlichen Diskurs Lösungsansätze (etwa zum Ausgleich vom Wettbewerb und Sozialpflichtigkeit) zu entwickeln und

---

etwa Art. 106 Abs. 1 und 2 der Griechischen Verfassung. In Art 45 Abs. 2 b der Irischen Verfassung heißt es, die Politik des Staates soll insbes. darauf ausgerichtet sein, „daß das Eigentum und die Überwachung der materiellen Ressourcen der Gemeinschaft in der Weise auf die Individuen und die verschiedenen Klassen *verteilt werden* (Hervorhebung d. Verf.), wie es für das allgemeine Wohl am förderlichsten ist." (!), sowie in Abs. 4: „Der Staat gelobt, die wirtschaftlichen Interessen der wirtschaftlich schwächeren Gruppen der Gemeinschaft mit besonderer Sorgfalt zu schützen". In Art. 41 der Italienischen Verfassung ist zu lesen: „Sie (die privatwirtschaftliche Initiative) darf nicht im Gegensatz zum Gemeinwohl (...) ausgeübt werden". Die Portugiesische Verfassung stellt in Art. 61 einschränkend fest: „Innerhalb des in der Verfassung und im Gesetz festgelegten Rahmens und unter Berücksichtigung des Allgemeininteresses entfaltet sich die private Wirtschaftsinitiative frei." Weiter heißt es zu den Prinzipien der Wirtschafts- und Sozialordnung in Art. 80: „Unterordnung der wirtschaftlichen Macht unter die demokratische Staatsgewalt", „Überführung der Produktionsmittel und des Grund und Bodens in Gemeineigentum, nach Maßgabe des öffentlichen Interesses" und in Art. 81 zu den vorrangigen Staatsaufgaben: „das Anwachsen des sozialen und wirtschaftlichen Wohlergehens und der Lebensqualität des Volkes, insbesondere der am wenigsten begünstigten Schichten zu fördern" sowie „die notwendigen Korrekturen der Ungleichheiten bei der Vermögens- und Eigentumsverteilung vorzunehmen". Vgl. zu sozialen Grundrechten und Staatszielbestimmungen in Europa auch *Kimmel*, S. XI, XVIII ff.

[97] Vgl. zu den „Legitimationsbedenken" *Müller-Graff*, ZHR 152 (1988), 403, 408. Etwas anderes läßt sich praktisch nur vernehmen, wenn es um Verteilungskämpfe im Einzelfall geht (zu den politischen Bekenntnissen hierzu vgl. *Latz*, S. 137; *Harzem*, S. 61 ff.). Auf die Gegenmeinung des im Einzelfall Betroffenen kommt es hier genausowenig an wie etwa bei der Frage, ob Verbrecher ins Gefängnis gehören.

[98] *Zippelius*, Recht und Gerechtigkeit, S. 76 f.

[99] Vgl. oben Kap. 1, Abschn. A.

[100] Vgl. zur Durchsetzung eines Subventionsbegrenzungsgesetzes mit Hilfe des Umweges über Brüssel *Möschel*, Den Staat an die Kette, S. 89.

umzusetzen. Allgemein leidet Europa an einer gewissen Gesellschaftsferne. Das Schlagwort „Demokratiedefizit" greift fast zu kurz, fehlt es doch nach wie vor bereits an der Möglichkeit eines gesamteuropäischen Meinungsbildungsprozesses[101] und damit weitgehend an einer europäischen Gesellschaft selbst – zumindest was über den Konsens hinsichtlich allgemeinster Grundlagen hinausgeht. Vor allem stellt sich die Frage, was ist, wenn die europäische Lösung nicht ohne weiteres einen allgemeinen Konsens für sich beanspruchen kann. Fehlt es an konsentierten Lösungen, können Normativentscheidungen aufeinandertreffen, die nach Legitimationsmaßstäben augenscheinlich ein ganz unterschiedliches Gewicht mitbringen: etwa administrative Kommissionsentscheidungen einerseits und womöglich nationale Verfassungsgrundsätze andererseits.[102] Hier wäre es jedenfalls bedenklich, unter Berufung auf vorrechtliche Erleuchtung, sämtliche nationalstaatlichen Bedingtheiten hinwegzufegen. Genausowenig können sich freilich die Mitgliedstaaten hinter ihren „Wahrheiten" verschanzen und bestimmte Bereiche von vornherein für sakrosankt erklären oder sich gar für den Einzelfall vorbehalten, sich aus dem Verfahren auszuklinken. Die Lösung ist vielmehr strikt auf der rechtlichen Ebene zu suchen.

Ökonomische (etwa „Wettbewerb") oder politische (etwa „Sozialpflichtigkeit") Konzepte, die zunächst außerrechtliche „Wahrheiten" darstellen, können daher nur insoweit Beachtung finden, als sie rechtlich faßbar sind. Wenn sich z.B. die Kommission auf zunächst Außerrechtliches („Marktwirtschaft",„Wettbewerb" etc.) beruft, so kann sie dies mit Verbindlichkeit nicht etwa deshalb, weil sie die eine oder andere Lösung für „richtig" hält und am längeren Hebel sitzt, sondern nur, soweit diese Konzepte „verrechtlicht" worden sind und als solche auf die nationalen Rechtsordnungen durchschlagen. Die Entscheidung darüber, was im Hinblick auf das Subsidienwesen „Recht" ist, wird damit von der Ebene politischen Kräftemessens, metaphysischer „Wahrheitserkenntnis" oder eines Gelehrtenstreits auf den Boden schlichter Normanwendung zurückgeführt. Die Antworten sind dann tatsächlich auf der verfassungsrechtlichen Ebene und darunter, also schlicht auf der „verfahrensmäßigen" *Kompetenz*ebene und nicht auf der vorrechtlichen „*Wahrheits*ebene" zu suchen. Hierfür wird dann etwa zu prüfen sein, inwieweit in den Rechtsordnungen der Mitgliedstaaten und der EG solche Konzepte verankert worden sind und welchen im Einzelfall der Vorrang einzuräumen ist (vgl. unten Kap. 4).

---

[101] So auch das BVerfG im Maastricht-Urteil (BVerfGE 89, 155, 185 f.); vgl. auch *Rohe*, RabelsZ 61 (1997), 1, 16 f. Zur Stärkung des demokratischen Lebens in der Union nach dem Entwurf des Verfassungskonvents *Oppermann*, DVBl. 2003, 1234, 1240.

[102] Vgl. *Danwitz*, JZ 2000, 429, 431 f.

III. Subsidien als Gleichheitsproblem

Zum vorrechtlich-konsensualen Grundbestand Europas gehören ohne Zweifel die Grundsätze der Gleichheit und Freiheit.[103] Daß es sich bei den Prinzipien Gleichheit und Freiheit um widerstreitende Grundsätze handelt, ist eine juristische Binsenweisheit. Im folgenden soll es daher nicht um die – in abstracto auch gar nicht mögliche – Ausgleichung dieser beiden Fundamentalprinzipien gehen. Dieser Ausgleich muß im gesellschaftlichen Prozeß bzw. im konkreten Normanwendungsfall bewältigt werden. Hier kann es allenfalls darum gehen, gewisse Problempunkte anzusprechen, welche hoheitliches Handeln im Subsidienbereich einzuordnen und zu bewerten helfen.

1. Gleichheit als Gesellschafts-, Rechts- und Wettbewerbsproblem

Im Namen der Gleichheit zu handeln, können prinzipiell sowohl diejenigen für sich in Anspruch nehmen, die für weniger Staat eintreten (etwa für gleiche, also staatlich unbeeinflußte Wettbewerbsbedingungen) wie auch diejenigen, die sich für mehr Staat (etwa für sozialen Ausgleich) stark machen. Schon seit jeher ist Gegenstand der Diskussion, was „Gleichheit" bedeutet – eine bloß formale Gleichheit (etwa als Gleichheit vor dem Gesetz) oder materielle Gleichheit (als Schaffung faktisch gleicher Ausgangs- oder gar Endpositionen).[104] Die Belassung der „natürlichen" (Un-) Gleichheit bedeutet die Herrschaft der Stärkeren. Die Veränderung der „natürlichen" Bedingungen bestraft womöglich die Tüchtigen. Ganz offensichtlich steht das Subsidienwesen im Spannungsfeld unterschiedlicher Gleichheitsvorstellungen („gleiche" Wettbewerbsbedingungen, Erfolgschancen- „Gleichheit", Ergebnis-„Gleichheit").

Der Wettbewerb ist kein geborener Freund der Gleichheit – im Gegenteil: Als Handlungsprinzip verstanden ist Wettbewerb gerade die Triebfeder für die Schaffung von Ungleichheit (im Streben der Wettbewerber, sich Vorteile vor anderen zu verschaffen). Wer Wettbewerb will, muß also zunächst einmal das Ergebnis, nämlich Ungleichheit, bis zu einer gewissen „Schmerzgrenze" aushalten können. Da der wirtschaftliche Wettbewerb ein fortwährender dynamischer Prozeß ohne Startschuß und Zieleinlauf ist, gibt es keine gleichen Ausgangs- und Endpositionen. Als Ordnungsprinzip verstanden beruht der Wettbewerb fraglos insofern auf dem Gleichheitsgedanken, als alle Marktteilnehmer grundsätzlich die gleichen Zutritts- und

---

[103] Vgl. etwa die Grundrechtscharta, Kap. II und III oder die Erklärung der Menschenrechte unter dem Motto „liberté, égalité, fraternité".

[104] Vgl. *Herzog*, Staatslehre, S. 381; *Dürig*, in: M/D, Art. 3, Rn 7, sowie *Herzog*, ebd., Art. 20, VIII, Rn 37. Zu den unterschiedlichen Positionen vgl. *Möschel*, Rechtsordnung, S. 12, einerseits und *Püttner/Spannowsky*, S. 170 andererseits.

Erfolgschancen haben müssen, an diesem Wettbewerb teilzunehmen. Ein „Hase- und Igel"-Wettbewerb, bei dem einer von vornherein immer einen Vorsprung hat, untergräbt das System. Das gleiche gilt, wenn der erworbene Vorteil sogleich wieder abgeschöpft wird. Auch der Markt selbst kann freilich Ungleichgewichte hervorrufen, die sein Funktionieren beeinträchtigen können (etwa die Bildung von Kartellen oder Monopolen, die den Marktzutritt neuer Wettbewerber verhindern).[105] Problematisch ist regelmäßig, inwieweit der Staat eingreifen soll, solche Ungleichgewichte zu verhindern oder abzubauen, oder ob er nicht vielmehr stets neue Ungleichheiten hervorruft.

Wenn schon die Gleichheit in (national-)staatlicher Sicht Probleme aufwirft, so gilt das um so mehr im supranationalen Verhältnis. Die Staaten versuchen traditionsgemäß, „ihren" Unternehmen Startvorteile und damit ungleiche Ausgangsbedingungen zu sichern, also bewußt Ungleichheit zu erzeugen. Hier läßt sich von Diskriminierung oder Protektion, als ohne anerkennenswerten sachlichen Grund erfolgende Ungleichbehandlung, sprechen. Eine Ungleichbehandlung muß aber nicht immer auf den Wettbewerb bezogen sein oder gar mit diskriminierender Zielsetzung erfolgen. Etwa wenn der Staat versucht, aus Gründen der Herstellung gleicher Lebensverhältnisse einen Ausgleich herbeizuführen und deswegen benachteiligte Regionen oder sozial Schwache begünstigt. Was auf nationaler Ebene als erwünschter Ausgleich verstanden wird, kann auf europäischer oder internationaler Ebene durchaus als unerwünschte Ungleichbehandlung erscheinen und umgekehrt. Gerade im Verhältnis der Mitgliedstaaten zur Gemeinschaft prallen oftmals unterschiedliche, womöglich durchaus unter „redlichen" Gleichheitsaspekten vorgenommene Wertungen aufeinander.[106] Läßt sich ein sozusagen axiomatischer Ansatz zur Beurteilung dieser Gleichheitsprobleme finden?

2. Verteilung und Ausgleich

Subsidienvergabe im eingangs geschilderten, weit verstandenen Sinn bedeutet eine staatlich veranlaßte Zu- und Umverteilung. Auch dies bedeutet Ungleichbehandlung, ohne daß damit eine Diskriminierung verbunden sein müßte. Dem einen nimmt man, dem anderen gibt man. Hier spricht man von staatlicher „Distribution" im Gegensatz zu der sich im Marktprozeß quasi von selbst ergebende „Allokation". Distribution kann in der Zuweisung von Mitteln oder sonstigen Zuwendungen (bis hin zur Verteilung von Chancen und Rechten) bestehen. Mangels ureigener staatlicher Ressourcen setzt etwa der finanzielle Umverteilungsprozeß regelmäßig bereits bei der

---

[105] Was durch hoheitliche *Eingriffe* in den „natürlichen" Wettbewerb verhindert werden soll. Vgl. *Hefermehl/Köhler/Bornkamm*, EinlUWG, Rn 1.33.
[106] Vgl. EuGH, 17.9.1980, Rs. 730/79, Slg. 1980, 2671.

Mitteleinziehung, etwa durch Steuererhebung an. Nicht weniger distributiv ist der direkte Weg, wenn also die Mittel nicht den Umweg über staatliche Kassen machen; etwa wenn der Staat mittels „Anweisung" bestimmt, daß ein Wirtschaftssubjekt einem andern mittel- oder unmittelbar Zuwendungen zu machen hat (um nichts anderes ging es vor dem EuGH z.B. im Falle „Sloman Neptun").[107] Ein solches „Anweisungssystem" besteht im Grunde freilich auch bei zivilrechtlichen Vorschriften, die etwa einen Schadens- oder Bereicherungsausgleich anordnen. Sind diese letztendlich ebenso distributiv? Man wird einwenden, daß derlei Maßnahmen keine *Verteilung* bezwecken, sondern einen gerechten *Ausgleich* für vorhergegangene Eingriffe, letztlich also ein Gebot der Gerechtigkeit darstellen (so etwa die von der Kommission zu beurteilende Problematik im deutschen EALG).[108] Worin liegt aber der strukturelle Unterschied zwischen Verteilung einerseits und gerechtem Ausgleich andererseits?

Die Pflicht zum Schadensersatz wird man spontan als *gerecht* und nicht als *distributiv* empfinden. Schon Aristoteles hat dementsprechend zwei Formen der Gerechtigkeit unterschieden, die ausgleichende und die *austeilende* Gerechtigkeit.[109] Die ausgleichende Gerechtigkeit hat Aristoteles als im Verkehr und bei Austauschprozessen anzuwendende Gerechtigkeit erkannt.[110] Thomas von Aquin hat den aristotelischen Faden aufgegriffen,

---

[107] EuGH, 17.3.1993, Rs C-72/91, Slg. 1993, I-887. Vgl. hierzu unten 2. Teil, Kap. 2, Abschn. B. III.

[108] Vgl. unten 2. Teil, Kap. 2, Abschn. A. II.

[109] *Aristoteles*, Nikomachische Ethik, S. 211. Die latinisierte, sog. iustitia commutativa, also die ausgleichende Gerechtigkeit, entspricht am ehesten dem Sinnbild der Waage in der Hand der Justitia. Wie die Justitia ist auch dieses Prinzip „blind". Die ausgleichende Gerechtigkeit ist ein formales Prinzip, das urteilt ohne zu werten, also ohne Ansehen der Person: Gleiches soll gleich behandelt werden. Sie scheint eine tiefer in der Gerechtigkeit angelegte Rechtfertigung zu besitzen, da sie ein gestörtes Verhältnis *wieder* zum Ausgleich bringt, also Ausdruck der „aequitas" ist – ein Begriff für Billigkeit, in dem unübersetzbar die Gleichheit mitschwingt. Die sog. iustitia distributiva, die austeilende Gerechtigkeit, ist hingegen „sehend" und bewertend: Ungleiches soll ungleich behandelt werden: „suum cuique" bzw.: „suum cuique tribuere" – eines der drei römischen Haupt-Rechtsprinzipien (vgl. corpus iuris civilis I. 1, 1, 3, hrsg. v. *Krüger/Mommsen*). Sofort einleuchtend ist, daß die iustitia distributiva noch nicht den Wertmaßstab vorgibt, wie ungleiches konkret zu behandeln ist. Als Gleichheitsprinzip ist auch die iustitia distributiva zunächst nur ein formales: Die Forderung Ungleiches ungleich zu behandeln ist ein Minimalprogramm, das zunächst einmal nur die Willkür ausschließt, das aber noch nichts darüber besagt, wie die Ungleichbehandlung im einzelnen auszusehen hat.

[110] Vgl. *Aristoteles*, Nikomachische Ethik, S. 211: Daher auch der Name „kommutativ" von „commutatio" – „Austausch". Auch der Markt ist ein „blindes", bloß formales Prinzip, mittels dessen etwa der Preis bestimmt wird. Der Markt legt nicht fest, was der materiell „gerechte" Preis, sondern was der vom Ausgleich von Angebot und Nachfrage bestimmte „richtige" Preis ist. Damit das Marktprinzip funktioniert, ist der Staat zunächst

weitergesponnen und iustitia commutativa und distributiva als Ausdruck unterschiedlicher Beziehungsgefüge verstanden: Die iustitia commutativa bestimme das Verhältnis der Einzelnen zueinander. Damit ist die ausgleichende Gerechtigkeit das „natürliche" Gesetz auch des Marktes und auch der Staat unterliegt der Austauschgerechtigkeit, wenn er wie ein Individuum am gewöhnlichen Privatrechtsverkehr teilnimmt. Die iustitia distributiva hingegen kennzeichne das Verhältnis vom Einzelnen zur Gemeinschaft. Im einen Fall herrsche Gleichordnung, im anderen Fall Über- bzw. Unterordnung.[111] Der Staat steht in letzterem Fall an der Spitze eines Dreiecks, nimmt dem einen und gibt dem anderen.[112] Damit scheint zumindest eines erreicht zu sein: die Scheidung in distributives (und damit beihilfeverdächtiges) und nicht distributives Staatshandeln. Entweder geht es um die Beziehung der einzelnen Wirtschaftsteilnehmer zueinander, dann ist der Staat *Garant* für den zwischen ihnen stattfindenden Ausgleich, er *ist* quasi die Waage selbst. Die causa für das Geben und Nehmen ist der privatwirtschaftliche Kontakt, auch wenn der Staat als Garant zwangsweise dieser zur Durchsetzung verhilft. Oder es geht um das eher wertende, also „gewillkürte" Eingreifen in private Interessen. Greift der Staat also dieserart „von oben" in die Beziehungen der Einzelnen ein, handelt er notwendigerweise distributiv. Das Subsidienwesen ist regelmäßig ein Gegenstand der distributiven Gerechtigkeit und damit im höchsten Grade wertungsbedürftig. Diese Wertungsbedürftigkeit der austeilenden Gerechtigkeit ist freilich bereits Aristoteles aufgefallen, da die Bewertung wesentlich davon abhängt, wer sie nach welchen Kriterien gerade vornimmt.[113]

Bei genauerer Betrachtung des Subsidienwesens stellen sich darüber hinaus Zweifel an einer dichotomischen Betrachtungsweise ein. Von welchem modernen Gesetz könnte man sagen, es sei, auch wenn es Beziehungen zwischen den „Einzelnen" regelt, im oben angesprochenen Sinne „blind"?[114] Zu Zeiten des bürgerlichen Liberalismus im 19. Jahrhundert

---

zu nichts mehr aufgerufen, als den Austauschprozeß zu sichern. Vgl. hierzu und zu *Adam Smith*s insoweit „unvollkommenem" bzw. „unvollendetem" System *Recktenwald*, S. 27.

[111] Vgl. *Zippelius*, Rechtsphilosophie, S. 110.

[112] Das muß nicht bedeuten, daß der Staat stets von einer übergeordneten Position aus handelt. Steigt er herab und nimmt wie ein Einzelner am Wirtschaftsleben teil, gilt für ihn das Gleichordnungsverhältnis. Er ist dann den Marktgesetzen als Ausdruck ausgleichender Gerechtigkeit unterworfen.

[113] *Aristoteles*, Nikomachische Ethik, S. 209: Die gerechte Zuteilung beruhe nicht zuletzt auf der jeweiligen Würdigkeit, diese würde aber von verschiedenen Gruppen – Oligarchen, Demokraten, Aristokraten – unterschiedlich gewichtet, nach Freiheit, Reichtum, Adligkeit oder Tugend. Vgl. hierzu auch *Zippelius*, Recht und Gerechtigkeit, S. 44).

[114] Die modernen Arbeitsgesetze, genauso wie Verbraucher- oder Mietgesetzgebung bewerten nicht nur die Beziehungen der Einzelnen zueinander, sondern „die Einzelnen" selbst. Gemeint ist nicht die jeder Norm immanente Wertung, einen Interessenskonflikt zu lösen, sondern die Zugrundelegung struktureller Unterschiede der „Einzelnen", etwa

mag eine Abgrenzung von strikt kommutativem und bewußt distributivem Staatshandeln noch möglich gewesen sein.[115] Heute ist das gesamte Recht, wenn man so will, distributiv „geimpft".[116] Die Distribution wird also duch eine (z.B. sozial) modifizierte Ausgleichsgerechtigkeit ersetzt. Die bewußte Durchbrechung von Verkehrs- und Austauschgerechtigkeit war und ist im übrigen auch Anliegen ordoliberaler Theoretiker wie Walter Eucken, der sich mit Verve dafür ausgesprochen hat, „Sozialpolitik nicht als Anhängsel der übrigen Wirtschaftspolitik" zu begreifen: „Es gibt nichts", so Eucken, „was nicht sozial wichtig wäre."[117] Andersherum läßt sich auch fragen, ob es sich im eigentlichen Sinne um Distribution handelt, wenn der Staat für die Erfüllung öffentlicher Zwecke eine „Kompensation" leistet, also ein erwünschtes Verhalten „abkauft".

Will man nicht alles in eins mischen, läßt sich allenfalls eine Gewichtung vornehmen: Handelt der Staat vorwiegend zur Gewährleistung des Austauschprozesses, nimmt er selbst am Austauschprozeß teil oder benutzt er den Austauschprozeß bzw. setzt er sich über den Austauschprozeß, um andere Ziele zu verfolgen. Hier spielen dann ganz wesentlich die bewertbaren „Umstände" der Maßnahme, die von ihr ausgehenden Wirkungen und die damit verfolgten Ziele, kurz: der „sachliche Grund", der allein eine Ungleichbehandlung zu rechtfertigen vermag, eine Rolle. Und wieder ist die Frage, wer bestimmt, was als hinreichender sachlicher Grund anzuerkennen ist. Festzustellen ist jedenfalls: „Gleichheit" ist relativ. Das Gleichheitsprinzip ist zunächst nur ein formales und bedarf zu seiner praktischen Anwendbarkeit daher bestimmter Bezugspunkte – sei es, wieviel Ungleichheit der Gesellschaft oder dem Markt zugemutet werden kann,

---

als Arbeitnehmer oder Arbeitgeber, als Mieter oder Vermieter, als Produzent oder Verbraucher usw. Die vorab erfolgte Gewichtung der Interessen muß notwendigerweise dazu führen, daß eine Verschiebung der Gewichte auf der „Waage" erfolgt. Vom Grundmodell der Privatautonomie zwischen grundsätzlich Gleichen zum Modell der a priori Ungleichen (zu den erstaunlichen Unterschieden von deutschem und europäischem Verbraucherleitbild vor Einschwenken der deutschen Gerichte auf die „europäische" Linie s. *Rohe*, RabelsZ 61 (1997), 1, 21).

[115] Man denke an das ursprüngliche BGB mit sehr wenigen sozialen Anknüpfungspunkten einerseits und das bloßer Billigkeit gehorchende „polizeiliche" Sonderrecht andererseits. Das BGB ist insoweit ein Kind des 19. Jhs. (vgl. *Heinrichs*, in: *Palandt*, Einleitung, Rn 8). Soziale Aspekte als „sittliche Rücksichten" hätten im ius strictum, im „reinen Rechtsgebiet" des bürgerlichen Rechts nichts zu suchen, meinte etwa *Savigny* (System des heutigen römischen Rechtes, S. 56 f.). Zu einem „sozialen Privatrecht", wie es etwa *Otto von Gierke* forderte (Die soziale Aufgabe des Privatrechts, S. 12 f.) kam es nicht. Soziale Erfordernisse wurde daher in der Armenfürsorge oder in Sonderkodifikationen Rechnung getragen. So etwa bereits im preußischen Eisenbahngesetz von 1838 (vgl. *Larenz/Canaris*, S. 600).

[116] Kritisch zu dieser Vermischung *Schäfer/Ott*, S. 31 ff.

[117] *Eucken*, S. 313.

welcher Referenzmaßstab für „gerechten" Ausgleich gilt, sei es, wann die Ungleichbehandlung zur Diskriminierung wird, wo die Grenze von Austausch- und Verteilungsgerechtigkeit ist usf. Alle diese Bezugspunkte ergeben sich nicht aus dem Gleichheitsbegriff selbst. Sie sind vielmehr zu bestimmen und damit von irgend jemandem festzulegen. Auch hier ist man dann im Verhältnis Mitgliedstaat – EG freilich wieder bei der Frage der Wertungshoheit bzw. bei der Kompetenzfrage angelangt.

IV. Subsidien als Freiheitsproblem

1. Subsidien als Eingriff in die Freiheit des Einzelnen?

Zum vorpositiven Grundbestand Europas und der europäischen Staaten gehört die Wahrung der Freiheit des Einzelnen.[118] Die Vergabe von Subsidien gehört zum typischen interventionistischen Instrumentarium vor allem mehr oder minder totalitärer Systeme (in reiner Form beim Staatssozialismus, der schlichtweg alles verteilt).[119] Es erscheint daher naheliegend, in der Subsidienvergabe ein Einfallstor für unfreiheitliche Tendenzen zu vermuten. Allerdings: Den leer ausgegangenen Konkurrenten trifft die Subsidiengewährung eines anderen nur mittelbar bzw. nur bei einem „qualifizierten" Eingriff. Für die Financiers staatlicher Subventionierung stellt diese zwar möglicherweise eine Beschränkung ihrer wirtschaftlichen Handlungsfreiheit dar – bezogen auf die einzelne Subvention ist diese Einschränkung aber, so die Subventionskritik selbst, eher „unmerklich".[120] Für die Empfänger heißt staatliche Unterstützung zunächst ein Mehr und nicht ein Weniger an Gestaltungsmöglichkeiten.[121] Das pauschale Argument der Freiheitsgefährdung ist ein allzu gewaltiges Geschütz, als daß man, ist es erst einmal abgefeuert, noch Zwischentöne vernehmen könnte.

Pointiert hat Kirchhof formuliert: „Ein Staat handelt, indem er herrscht."[122] Versteht man „Herrschaft" im Weberschen Sinn als Chance, daß ein Befehl Gehorsam findet,[123] so fragt sich, inwieweit Subsidien tatsächlich als (potentiell freiheitsgefährdendes) Herrschaftsinstrument gelten können. Tritt doch der Staat hier nicht „befehlend" als Inhaber der staats-

---

[118] Vgl. Art. 6 Grundrechtscharta.

[119] Vgl. oben Abschn. A. Zum Problem der Freiheitsgefährdung *Haverkate*, S. 145 f.

[120] Vgl. *Gröbner*, S. 105 f.

[121] Vgl. etwa *Kötzle*, S. 110 f. für den Bereich der Umweltpolitik. Für Sozialsubventionen ist das im Grundsatz ohnehin anerkannt: Da eine bloß formale und abstrakte Freiheit dem Einzelnen alleine u.U. nichts nützt, muß er gegebenenfalls in die Lage versetzt werden, von seinem Freiheitsrecht überhaupt Gebrauch machen zu können. Frei von existentieller Not zu sein ist die erste Voraussetzung für jeden weiteren Freiheitsgebrauch. Vgl. *Dürig*, in: M/D, Art. 1, Rn 43.

[122] In: *Isensee/Kirchhof*, Handbuch, Bd. 3 (2.Aufl.), § 59, Rn 57.

[123] Vgl. *Weber*, WuG, S. 28.

konstituierenden Hoheitsgewalt oder des staatlichen Gewaltmonopols auf. Indes muß Herrschaft natürlich keineswegs bedeuten, den Befehl notfalls zwangsweise durchzusetzen. Der Bürger befolgt für gewöhnlich Ge- und Verbote keineswegs nur deshalb, weil ihm andernfalls sämtliche Formen des staatlichen Zwangs dräuten. Nicht einmal der totalitäre Gewaltstaat „kann immerfort auf Bajonetten sitzen."[124] Die normierte Ordnung wird vielmehr grundsätzlich freiwillig – einer sozusagen kantisch-rationalen Einsicht[125] folgend – antizipiert und akzeptiert. Der „beherrschte" Subventionsempfänger genießt dazu noch den Vorteil, für sein Verhalten belohnt zu werden.

Daß die Financiers, also vorwiegend die Steuerzahler dieses Lenkungsmittel wenig spüren, die Empfänger indes sehr deutlich (gemeinhin als besonders perfide Eigenschaft der Subventionen kritisiert),[126] scheint unbefangen betrachtet nicht gegen sie zu sprechen. Wieso sollte nicht die Gemeinschaft dem Einzelnen ein erwünschtes Verhalten „abkaufen" dürfen? Vom „kooperativen Staat" und der Subvention als „soft law" ist in diesem Zusammenhang die Rede.[127] Es zeichnet den modernen Staat geradezu aus, nicht ohne Not auf die ultima ratio des Zwangs zu setzen. Insoweit erscheint das Zuckerbrot der Peitsche also allemal vorzugswürdig. Auch wenn es sich bei der Subsidienvergabe fraglos um ein Herrschaftsinstrument handelt, zählt es insoweit gewiß nicht zu denjenigen, mit denen der Staat direkt auf die Freiheit des Bürgers zielt.

2. Subsidien als Gefährdung der privaten Sphäre

Unmittelbar berührt die Vergabe von Subsidien die wirtschaftlich bedeutsamen, „klassischen" Freiheitsrechte (Gewerbefreiheit, Privatautonomie, Eigentum etc.) nicht. Ob die „Wettbewerbsfreiheit" (auf Subsidien bezogen) selbst ein subjektiv-individuelles *Freiheits*recht ist,[128] erscheint schon deswegen problematisch, weil Wettbewerb begriffsnotwendig nur interaktiv und eben nicht individuell denkbar ist. Eher wird man von einem Recht auf gleichberechtigte Teilnahme am Wettbewerb, also von einer Wettbewerbs*teilnahme*freiheit sprechen können. Allenfalls ab einer relativ hohen Eingriffsschwelle wird durch Subsidien die subjektive Teilnahmemöglichkeit des Nichtbegünstigten am Wettbewerb berührt. Ein „Eingriff" ließe sich aber auch dann problemlos dadurch neutralisieren, daß alle Mitbewerber den gleichen Vorteil erhielten. Es ist aber kaum vorstellbar, daß ein Freiheitseingriff um so geringer wird, je umfassender er alle betrifft. Dies

---

[124] *Zippelius*, Recht und Gerechtigkeit, S. 114.
[125] Vgl. *Kant*, S. 66 f.
[126] Vgl. etwa *Gröbner*, S. 102 f., 105.
[127] So bereits *Zacher*, VVDStRL 25 (1967), 309, 319; *Schetting*, S. 4 ff.
[128] Vgl. unten Kap. 4, Abschn. B., V.

spricht aber eher dafür, daß die „Wettbewerbsfreiheit" in erster Linie ein „Gleichheitsrecht" darstellt.[129]

Zwar ist mittlerweile erkannt worden, daß Subsidien nicht nur für denjenigen grundrechtsrelevant sind, der nicht in ihren Genuß kommt, sondern auch für den, der sie gerade erhält (soll er doch regelmäßig mit ihrer Hilfe in seinem Verhalten gelenkt werden).[130] Der vermeintlich sanfte Führstrick, der „goldene Zügel", kann dabei nicht selten zum Gängelband geraten und der hilfreiche Tropf zum lebensnotwendigen Elixier. Dennoch kann man schwerlich eine Unterstützungsleistung einem direkten Eingriff gleichsetzen. Direkte Grundrechts*eingriffe* werden wegen übergeordneter Erwägungen (etwa in Polizei- und Sicherheitsrecht) ohne weiteres als gerechtfertigt angesehen. Bei klassischer Eingriffsverwaltung wird massenhaft vor Gericht um Schutz nachgesucht – daß jemand als Subventions*empfänger* vor den Kadi gezogen wäre, weil er sich durch die Finanzspritze in seinen Rechten verletzt sah – darüber ist bislang noch nichts bekannt geworden. Es geht in der aktuellen Diskussion also zunächst gar nicht unmittelbar um den Einzelnen in seinen konkret-individuellen wirtschaftlichen Freiheiten, sondern um die Frage: Wie frei ist die private Sphäre (der einzelnen Bürger im Kollektiv) von staatlichem Tätigwerden.

Wenn von Schutz der Freiheit die Rede ist, kann das also zweierlei heißen: Die *vom Staat* zu schützende Freiheit sowie die *vor dem Staat* zu schützende Freiheit.[131] Auch die Freiheit kann sowohl als Beziehungsproblem zwischen Einzelnen wie auch zwischen Einzelnem und der Gemeinschaft verstanden werden.[132] Das eine Mal (im Zivil-, Kartellrecht, UWG etc.) hat der Staat als Garant die Freiheit der Einzelnen im Sinne Kants „nach einem allgemeinen Gesetz der Freiheit" gegeneinander auszugleichen und zu schützen,[133] das andere Mal (öffentliches Recht, Beihilfen-

---

[129] So auch *Lindner*, DÖV 2003, 185, 189. Er sieht Subventionen daher auch nicht als Bedrohung der „Wettbewerbs(teilnahme)freiheit", sondern als Problem der wettbewerbsrelevanten „Erfolgschancengleichheit" – also vorwiegend als *Gleichheits*problem.

[130] Vgl. *Störi*, S. 67 f., *Henseler*, VerwArch 77 (1986), 249, 252 ff.; *Haverkate*, S. 145 f.

[131] Das „Wettbewerbsrecht" ist also strukturell zwiegespalten und je nachdem, ob der Staat die Einzelnen vor *den Einzelnen* oder vor *sich* (dem Staat) selbst schützen soll, gelten unterschiedliche Prinzipien. Will man beide Bereiche zueinander in Beziehung setzen, ist die Regelung der Beziehungen der Einzelnen zueinander eine Unterkategorie der Beziehung „Einzelne – Staat". Die Beziehung „Staat – Einzelne" ist logisch vorrangig zu beantworten. Erst danach geht es um die Frage, wie die Beziehungen der Einzelnern zueinander auszugestalten ist. Nicht zufällig wird das „klassische" Wettbewerbsrecht (Kartell-, Lauterkeitsrecht) zivilrechtlich, das Subventions- und Beihilfenrecht eher öffentlich-rechtlich bearbeitet.

[132] Zu diesem Gedanken *Mestmäcker*, Die Wirtschaftsverfassung in der europäischen Union, S. 4.

[133] *Kant*, Metaphysik der Sitten, S. 66 f.

recht) hat er die Bürger vor sich (dem Staat) selbst zu schützen. Für letzteres gibt es kein „allgemeines Gesetz" der Freiheit oder eine „goldene Regel", die einen Ausgleich der individuellen Freiheiten herbeiführen könnten. Das Paradoxe am Subsidienwesen ist, daß gerade der den Einzelnen durchaus „schützende" Staat selbst zur Bedrohung für die Sphäre der Einzelnen wird. So muß auch der „wohlmeinende" Staat die bürgerliche Freiheit, ohne sie im konkreten zu verletzen, am Ende doch erdrücken. Wann der Schutz der Freiheit in eine Gefahr für die Freiheit umschlägt, läßt sich aus dem Freiheitsbegriff selbst nicht ohne weiteres ableiten.

V. Der Einzelne und die Gemeinschaft – das Subsidiaritätsprinzip

1. Das Subsidiaritätsprinzip als vorrechtliches Strukturprinzip

Das Hauptproblem des staatlichen Interventionswesens unter Freiheitsaspekten ist die objektive Abgrenzung der (staatsfreien) Sphäre des Bürgers von der hoheitlichen Sphäre. Freiheit „vor dem Staat" heißt dabei nicht nur „vor dem Mitgliedstaat", sondern vor jeglichem hoheitlichen Eingriff, also womöglich auch vor dem der EG. Das Beihilfenrecht dient ja nicht nur der Begrenzung staatlichen Handelns, sondern ist selbst hoheitliches Handeln. Hier stellt sich die Frage, welche Ebene die „staatsfreie" Sphäre des Bürgers eher zu schützen imstande ist.

Als Strukturprinzip, das die Kompetenzen im Verhältnis Einzelner und Gemeinschaft(en) (gemeint ist hier also nicht nur die „Europäische Gemeinschaft") ordnen könnte, ist an prominenter Stelle das Subsidiaritätsprinzip zu nennen. Hier soll es nicht als Verfassungsprinzip, sondern als gesellschaftstheoretisches und insofern vorpositives Ordnungsprinzip verstanden werden,[134] als welches es wohl nicht zum konsentierten Grundbestand europäischen Rechtsdenkens gehört. Auch bei den Befürwortern sind i.ü. markante Unterschiede der einzelnen Ansätze auszumachen.[135] Unverkennbar nimmt das Stichwort „Subsidiarität" einen ganz unterschiedlichen Klang an, je nachdem wer es gerade im Munde führt.[136] Um einer

---

[134] Das Subsidiaritätsprinzip wird freilich auf die unterschiedlichste Art und Weise und in unterschiedlichem Zusammenhang interpretiert. Gesetzliche Fixierung hat es in Art. 5 Abs. 2 EGV und Art. 23 Abs.1 GG erfahren und soll hier das Verhältnis der europäischen zur nationalen Ebene regeln. – Inwieweit den nationalen und europäischen Rechtsordnungen ein solches kompetenz*zuordnendes* Prinzip zugrunde liegt, soll weiter unten behandelt werden. Vgl. hierzu Kap. 4.

[135] Das Subsidiaritätsprinzip wird als grundsätzliche Vorrangregelung der kleineren gegenüber der größeren Einheit verstanden. Teilweise wird es als Prinzip der Dezentralisierung oder gar des Föderalismus aufgefaßt bis hin zum Aufgabenverteilungsschlüssel zwischen Gebietskörperschaften. Vgl. hierzu *Baumgartner*, S. 13 f.

[136] Manche Autoren wollen es als Deregulierungsgrundsatz oder gleich als „Leitlinie für den Subventionsabbau" (so der Titel der Studie von *Hummel/Knörndel*; vgl. auch

gewissen interpretatorischen Beliebigkeit zu begegnen, soll im folgenden von den theoretischen Wurzeln des Subsidiaritätsprinzips (insbesondere den antiken und denen der katholischen Soziallehre) ausgegangen werden, wie sie auch der staatstheoretischen Debatte zugrunde liegen.[137]

2. Das Subsidiaritätsprinzip als Kompetenzverteilungs- und Beweislastregel

Der Kernsatz des Subsidiaritätsprinzips lautet: „Jegliche Gemeinschaftstätigkeit ist ihrem Wesen und Begriff nach subsidiär."[138] Im Zentrum des Subsidiaritätsprinzips steht der Einzelmensch („homo singularis").[139] Damit verrät es durchaus eine individualistische, nicht aber von vornherein liberale Prägung.[140] Eine darüber hinaus gehende materielle Aussage, sei es die Forderung nach einem „Minimalstaat" oder nach Dezentralisierung läßt sich nicht herauslesen.[141] Die Konsequenz der Subsidiarität kann sowohl Dezentralisierung wie auch Zentralisierung bedeuten, je nach dem was dem Einzelmenschen besser zu dienen geeignet ist.[142] Das Subsidiaritätsprinzip stellt sich nicht als ein Prinzip erster Ordnung wie etwa das Sozialstaatsprinzip dar, sondern als Metaprinzip,[143] also als ein an sich neutrales Prozeßprinzip.[144] Abgesehen davon ist aber *ein* freiheitlicher Aspekt unverkennbar – die Freiheit zur *Selbstorganisation*. Das Subsidiaritätsprinzip drückt dies überdeutlich aus: Ein Verstoß gegen das Prinzip der Subsidiarität ist ein am Einzelnen begangener Kompetenz*diebstahl*.[145] Daß mit dem Verlust von Organisationshoheit auch ein Freiheitsverlust verbunden

---

Schüller, S. 69 ff.), Sozialethiker als „Strukturgesetz der gesellschaftlichen Vielfalt" verstanden wissen – vgl. *Baumgartner*, S. 14.

[137] Vgl. *Herzog*, Der Staat 1963, 399; *Oppermann*, JuS 1996, 569, 570.

[138] Als gesellschaftsordnendes Prinzip hat der Grundsatz der Subsidiarität antike Vorläufer (vgl. *Herzog*, Der Staat 1963, 399), entstammt aber in fest umrissener Form der katholischen Soziallehre. In der Enzyklika Quadragesimo Anno von 1931 (partiell übersetzt etwa bei *Baumgartner*, S. 15) heißt es: „Wie dasjenige, was der Einzelmensch aus eigener Initiative und mit seinen Kräften leisten kann, ihm nicht entzogen und der Gesellschaftstätigkeit zugewiesen werden darf, so verstößt es gegen die Gerechtigkeit, dasjenige was die kleineren und untergeordneten Gemeinwesen leisten und zum guten Ende führen können, für die weitere und übergeordnete Gemeinschaft in Anspruch zu nehmen."

[139] Vgl. *Baumgartner*, S. 15.
[140] Vgl. *Höffe*, S. 53 f.
[141] Vgl. *Baumgartner*, S. 21 f.
[142] Vgl. *Koslowski*, S. 41.
[143] Vgl. *Koslowski*, S. 47.

[144] Die Frage, wie dem Menschen am besten gedient ist, beantwortet es nicht. Das Subsidiaritätsprinzip läßt sich grundsätzlich genauso gut unter dem Aspekt der wirtschaftlichen Freiheit wie unter dem der sozialen Sicherheit heranziehen.

[145] „eripere" im lateinischen Original – vgl. *Höffe*, S. 55.

ist, liegt auf der Hand. Darin liegt letztlich auch die Problematik des Subsidienwesens und ihr grundsätzlich freiheitsgefährdender Aspekt begründet, daß auch jede Wohltat, so sie nicht zwingend geboten ist, dem Einzelnen die Möglichkeit „raubt", seine Angelegenheiten zunächst selbst zu ordnen.

Eine weitere wichtige Aussage trifft das Subsidiaritätsprinzip in Bezug auf die Legitimation der Tätigkeit des Gemeinwesens: Jede Gemeinschaft hat den Nachweis darüber zu führen, daß ihre Tätigkeit derjenigen der Einzelmenschen überlegen ist. Dadurch wird das Subsidiaritätsprinzip zu einer „Beweislastregel". Jede Gemeinschaftstätigkeit bedarf der andauernden Rechtfertigung.[146] Da ausschlaggebender Maßstab der Einzelmensch bleibt, kann es auch bei mehreren übergeordneten Gemeinschaften, wie es die Mitgliedstaaten und die Europäische Gemeinschaft sind, keine Vermutung zugunsten einer oder gar der kleineren Einheit geben. Vielmehr gilt auch hier der Vorrang derjenigen Gemeinschaft, die im jeweiligen Fall die Interessen der Individuen *am besten* verwirklicht.[147]

VI. Zusammenfassung

Die rechtstheoretische Betrachtung dient zunächst dazu, geeignete Vergleichsmaßstäbe für die Analyse des Beihilfenaufsichtsrechts zu finden. Bereits die Wahl des Betrachtungsstandpunkts birgt die Gefahr weltanschaulicher oder politischer Präjudizierung. Es erscheint nicht selbstverständlich und ist daher zu betonen, daß nicht das wirtschaftlich oder politisch „Erwünschte", sondern allein das *normativ* Gesollte Bezugspunkt für die Anwendung und eine rechtliche Analyse des Beihilfenrechts sein kann. Jenseits der Kategorien Evidenz und Konsens lassen sich in einer offenen Gesellschaft normative Lösung nicht außerhalb (auf der „Wahrheitsebene"), sondern nur *innerhalb* des Normensystems von EG und Mitgliedstaaten suchen. Dieses Ergebnis mag einigermaßen „positivistisch" klingen, scheint aber allein die Gewähr dafür zu bieten, daß gerade in den hier interessierenden Randbereichen die Diskussion auf sachlicher Ebene geführt und die Lösung nicht bereits mit der Fragestellung vorweggenommen wird.

---

[146] Vgl. *Koslowski*, S. 40 f.; *Höffe*, S. 61.
[147] Vgl. *Höffe*, S. 56. Zu den zwei „Stoßrichtungen" des Subsidiaritätsprinzips unter europarechtlichem Aspekt *Rohe*, RabelsZ 61 (1997), 1, 32. Bei mehreren übergeordneten Gemeinschaften erscheint es durchaus legitim, die höhere Ebene anzurufen, wenn dies den Einzelinteressen besser zur Geltung verhilft. Pragmatisch hat das etwa *Möschel* in Bezug auf ein Subventionsbegrenzungsgesetz ausgedrückt: Wenn Deutschland aus politischen Gründen nicht in der Lage sei, selbst für einen normierten Subventionsabbau zu sorgen, solle man den in diesem Fall vielleicht mehr Erfolg versprechenden parakonstitutionellen Umweg über Brüssel gehen (*Möschel*, Den Staat an die Kette, S. 89). *Möschel* meint freilich selbst, dieser Weg sei zwar wirksam, klinge aber „nicht sehr demokratisch".

Anhand des Modells der offenen Gesellschaft lassen sich – ganz und gar unpositivistisch – auch Legitimationsprobleme des Subsidienwesens sichtbar machen. Die offene Gesellschaft als dynamischer und ergebnisoffener „Marktplatz" der Meinungen muß für richtig Erkanntes auch umsetzen. Insoweit sind Legitimationsdefizite jedenfalls bei der Subsidiengewährung der Mitgliedstaaten auszumachen. Andererseits mangelt es der europäischen Ordnung bislang an den legitimatorischen Voraussetzungen, eine entsprechende normative Basis für sich im Beihilfenrecht zuspitzende Grundsatzprobleme und deren Lösung bereitzustellen. Insoweit ist schon fraglich, ob das Beihilfenrecht das geeignete Instrument ist, bestimmte nationalstaatliche Modelle (etwa öffentlich finanzierte Universitäten, öffentliche Kranken- oder Rentenversicherungen)[148] zu ver- und bestimmte europäische Alternativen zu gebieten. Auch scheinen Bereiche „absoluten" Vorrangs bzw. eine scharfe Grenzziehung zwischen legitimer Subsidiengewährung und legitimer Subsidienverhinderung ausgeschlossen.

Die Subsidienproblematik berührt in besonderer Weise die Grundsätze der Freiheit und Gleichheit. Sie für konkrete Problemlösungen anzurufen, erscheint aber schon wegen ihrer Vieldeutigkeit, die eine ganze Bandbreite innerhalb des europäischen Wertekanons liegender Akzentuierungen zuläßt, nicht unbedenklich. Als „Strukturprinzipien" verstanden, lassen sie sich zwar durchaus für die Lokalisierung von Problemen des Subsidienwesens fruchtbar machen (etwa für die Unterscheidung von Ausgleich und Verteilung oder von individuellem Freiheitseingriff und kollektiver Freiheitsgefährdung). Für die Problemlösung bedürfen sie aber zuvor verstärkt der Wertung und Konkretisierung. Sowohl für das Gleichheits- wie auch für das Freiheitsprinzip sind bestimmte, normativ festzulegende Bezugspunkte erforderlich. Jeweils stellt sich die Frage, wer für diese Festlegungen dann „zuständig" ist. Im Verhältnis der Mitgliedstaaten zur Gemeinschaft werden auch die „großen" Rechtsprinzipien so zu einer Frage „schlichter" Kompetenzzuordnung. Für diese Frage der Kompetenz*verteilung* hilfreich könnte insbesondere das vorpositive „Subsidiaritätsprinzip" sein. Hierauf müßte man sich in Europa allerdings erst verständigen.

---

[148] Vgl. *Kemmler*, DVBl. 2003, 100, 107. Zu der Universitätsproblematik unten 2. Teil, Kap. 2, Abschn. C. II.

Kapitel 3

Subsidien als Instrument staatlicher Gestaltung und wirtschaftlicher Lenkung

Der Staat agiert grundsätzlich nicht „zweckfrei", sondern in bewußter Gestaltungs- oder Lenkungsabsicht. Auch Subsidien werden demgemäß zur Erreichung von im Einzelfall höchst unterschiedlichen – im Grundsatz beliebigen – Zielen eingesetzt. Im folgenden soll, zunächst möglichst wertfrei und ohne die Ziel*inhalte* selbst zu würdigen, untersucht werden, wie das Mittel der Subsidienvergabe mit den damit verfolgten *Zielen* und den hiervon ausgehenden *Wirkungen* in Zusammenhang steht. Diese „funktionelle" Herangehensweise scheint eine bessere Annäherung auch an ökonomische Konzepte zu ermöglichen als die über eine normativ bereits besetzte Werteordnung etwa von GG und EG-Vertrag. Anschließend soll vom *ökonomischen* Standpunkt aus gefragt werden: Welche Rechtfertigungsmöglichkeiten für Subsidien bestehen unter ökonomischen Gesichtspunkten („Marktversagen") und wie lassen sich diese Rechtfertigungsaspekte wiederum juristisch fassen? Fraglich ist in diesem Zusammenhang dann freilich, inwieweit gerade der Staat der richtige Part ist, Marktmängel *marktrational* auszugleichen („Staatsversagen").

A. Subsidien in der „Mechanik" staatlicher Herrschaft

I. Untersuchungsgegenstand und Erkenntnisinteresse

Vernachlässigt man zunächst vorab definierte, *normative* Wertungsmuster und betrachtet den Staat rein funktionell-mechanisch, so stellt sich staatliche Herrschaft vereinfacht etwa folgendermaßen dar: Will der Staat lenken oder gestalten, also mit Außen*wirkung* handeln, wird er (auf verfassungsrechtlicher, gesetzlicher oder exekutiver Ebene) *Ziele* formulieren und anschließend entsprechende *Mittel* zur Zielerreichung auswählen und einsetzen. Am Ende kann festgestellt werden, ob die Ziele erreicht und die entsprechenden Wirkungen eingetreten sind und der Prozeß beginnt ggf. von neuem. Wie jede andere Form staatlicher Herrschaft lassen sich auch Subsidien nach diesen drei Gesichtspunkten „Ziel", „Mittel" und „Wirkung" bewerten. Die Vergabe von Subsidien ist nach einer solchen „etatistischfunktionellen" Sicht zunächst nicht mehr als *ein* Handlungs*mittel* des Staates unter anderen.[1]

Wie bei jedem Mittel verbietet sich eine von den hiervon ausgehenden Wirkungen und damit verfolgten Zielen isolierte Betrachtung. Auch eine Diskussion etwa über das Instrument des „unmittelbaren Zwangs" ist nur dann sinnvoll zu führen, wenn der *sachliche Grund,* die verfolgten Ziele (z.B. Gefahrenprävention) und Wirkungen (Körperverletzungen usw.) einbezogen werden.[2] In ihrer Wechselbezüglichkeit miteinander verknüpft werden die einzelnen Aspekte rationaler Weise, indem man sie ins *Verhältnis* zueinander setzt. Eine insofern „wertfreie" Analyse der Subsidienvergabe (und deren Kontrolle – auch die Gemeinschaft selbst handelt ja nach diesem Muster) in der „Mechanik" staatlichen Handelns ermöglicht die Einordnung einer Einzelmaßnahme in ihren funktionellen Kontext, ohne daß man sich zunächst über Inhalte zu streiten bräuchte.

II. Subsidien und staatliche Ziele

1. Das Ziel als Legitimationsgrundlage staatlicher Herrschaft

a) Mittel und „Zweck"

In welchem Verhältnis stehen Subsidien und die damit verfolgten „Zwekke" oder „Ziele"?[3] Da dem Staat grundsätzlich untersagt ist, Geschenke zu machen, kann auch im Bereich der Leistungsverwaltung – für die Eingriffsverwaltung gilt dies ohnehin – allein der *Zweck* staatliches Handeln legitimieren.[4] Tatsächlich heiligt auch hier *nur* der Zweck die Mittel. Die Frage nach der Legitimität der Ziele ist der Frage nach der Legitimität der Mittel insofern logisch vorgeschaltet. Die Legitimität der Ziele ist somit notwendige, aber nicht hinreichende Bedingung für die Legitimität der Mittel. Für staatliche Ziele, die mittels Subsidien verfolgt werden, gilt im Grundsatz nichts anderes als für andere staatliche Ziele. Ob sie legitim oder vernünftig sind, richtet sich also zunächst *nicht* nach den dafür in Frage kommenden Instrumenten. Etwas anderes kann nur für die Ziele gelten, die das Mittel bereits implizieren oder die typischerweise nur durch ein bestimmtes Mittel erreicht werden können. Aber auch hier dürfen Ziel und Instrument nicht verwechselt werden.

Beispielhaft sei die EG-Landwirtschaftspolitik bzw. die Kritik hieran angeführt. Der von der EG formulierte, bunte Strauß an Zielen (neben der verbesserten Wettbewerbsfähig-

---

[1] Vgl. hierzu bereits *Köttgen,* DVBl. 1953, 485 ff.
[2] Vgl. *Berner/Köhler,* Art. 61, Rn 4.
[3] In der Literatur werden die Begriffe Ziel und Zweck meist synonym gebraucht. Hilfreich ist der Hinweis von *Rodi*: Personen verfolgen Ziele, Maßnahmen aber haben Zwecke (*Rodi,* S. 5). Dieser Differenzierung soll auch hier gefolgt werden.
[4] Vgl. etwa *Preußner,* S. 190 ff.; *Friauf,* DVBl. 1966, 729; *Haverkate,* S. 146 f.

keit auf dem Weltmarkt, dem Umweltschutz und der Nahrungserzeugung auch die Landschaftspflege und die Erhaltung der traditionellen bäuerlichen Struktur)[5] ist ohne *Förderung* in irgendeiner Form schlicht und einfach nicht erreichbar.[6] Hier mag es bessere und weniger gute Möglichkeiten der Zielerreichung geben.[7] Es wäre aber unredlich, das Mittel der Förderung an sich zu kritisieren, ohne offenzulegen, daß ohne dieses auch gewisse Ziele unerreichbar werden. Wer das Mittel als solches ablehnt, muß dann konsequenterweise von dem einen oder anderen *Ziel* ablassen.

b) Ziele und Kompetenzen

Nach einer weit verbreiteten Ansicht kommt es im Beihilfenaufsichtsrecht nur auf die Wirkungen, nicht aber auf Ziele und Gründe mitgliedstaatlichen Handelns an.[8] Allerdings: Das *Ziel* bestimmt die Kompetenz (also das „Ob" des staatlichen Tätigwerdens). Die Kompetenzeröffnung bestimmt sich nicht nach den *Mitteln* des Staates („die Polizei darf handeln, weil sie Schußwaffen trägt.") noch nach dessen *Wirkungen* („die Polizei darf handeln, weil Leute dann Schußverletzungen davontragen" – auch wenn es richtig ist, daß die Polizei handeln darf, *weil* – wirkungsbezogen – die öffentliche Sicherheit gefährdet wird, geht es dann nicht um die Wirkung *staatlichen* Handelns), sondern einzig nach den *Zielen* („die Polizei darf handeln, um für öffentliche Sicherheit zu sorgen"). Die Wirkung staatlichen Handelns ist schon deswegen kein taugliches Kriterium zur Kompetenzbegründung oder -abgrenzung, weil sie nur ex post festgestellt werden kann. Nur das Ziel, oder anders ausgedrückt: die Aufgabe (Tätigwerden, *„um* eine Wirkung *zu* erreichen"), läßt eine ex ante-Beurteilung zu (sonst wäre das Handeln der Polizei – „die Polizei darf handeln, weil dadurch die öffentliche Sicherheit hergestellt wird" – schon rechtswidrig, wenn die erstrebte Wirkung nicht erreicht würde). Auch zur Kompetenzabgrenzung zwischen EG und Mitgliedstaaten ist insoweit in erster Linie auf die „Ziele" abzustellen, auch wenn diese einmal eher nach Sachgebieten und das andere mal „funktionell" definiert werden.

---

[5] Vgl. *Priebe*, in: *Dauses*, EUWR, G, Rn 13; ders., EuZW 1992, 33.

[6] Auch aus Sicht der Ökonomie wird bezweifelt, ob die Nachfrager bereit sein werden, für ein „diffuses Gut" wie saubere Luft oder Abbau von Lärmquellen höhere Preise zu zahlen (vgl. *Bartling/Luzius*, S. 132). Für ein differenziertes Bild im Bereich der Landwirtschaft etwa *Westphal*, S. 45.

[7] Die EG hat mit verschiedenen Instrumenten experimentiert. Zunächst mittels eines Systems von Preisgarantien, seit der Agenda 2000 eher mit flächenbezogenen Einkommensbeihilfen (vgl. *Priebe*, EuZW 1992, 506 ff.). Beides hat zu berechtigter Kritik geführt (vgl. *Priebe*, in: *Dauses*, EUWR, G, Rn 5; zum EG-Milchmarkt vgl. *Blättner*, S. 73 ff., 125 ff.).

[8] Vgl. EuGH, 2.7.1974, Rs 173/73, Slg. 1974, 709, Rn 26/28; 24.2.1987, Rs 310/85, Slg. 1987, 901, Rn 8. I.ü. unten 2. Teil, Kap. 1, Abschn. D. I.

2. „Zielpluralismus"

a) Zielformulierung und Zielbindungen

Am deutlichsten sichtbar wird der staatliche Gestaltungswille bei der Formulierung bestimmter Ziele durch die politische Führung (Programme, politische „Offensiven"). Der realistisch handelnde Staat ist dabei weder „faktisch" (was die tatsächliche *Möglichkeit* der Zielerreichung anbelangt) noch normativ gänzlich frei in der Formulierung seiner Ziele. Dabei geht es nach dem an dieser Stelle verfolgten Erkenntnisinteresse noch nicht einmal um die unterschiedliche inhaltliche *Wertigkeit* oder *Wünschbarkeit* (zu Ziel*inhalten* im verfassungsrechtlichen Kontext vgl. unten Kapitel 4.). Nicht nur was die Inhalte anbelangt – auch *strukturell* ist zu differenzieren: Für den Staat sind (insbes. verfassungsrechtlich verankerte) Oberziele als staatskonstituierende Leitmotive und Grenzen zu beachten,[9] die normhierarchisch absteigend (Gesetz, Verordnung, Verwaltungsvorschrift, Einzelmaßnahme) immer deutlicher konkretisiert werden.

b) Ziel-Interdependenzen, „Zielpyramiden"

Ziele können sich nicht nur *normativ*, Ziele können sich auch *funktionell* gegenseitig ausschließen, gegenseitig beeinträchtigen, aufeinander aufbauen und einander bedingen.[10] Das Ziel „Bekämpfung der Arbeitslosigkeit" kann sowohl selbst einem höheren Ziel (etwa soziale Sicherheit, innere Sicherheit, wirtschaftliche Leistungsfähigkeit) dienen, wie auch Endzweck verschiedener Einzelmaßnahmen sein (z.B. Förderung einzelner Unternehmen, Verbesserung der Strukturen einzelner Regionen). Insoweit lassen sich Subsidien insbesondere danach beurteilen, ob sie eine oder mehrere „Zweckstufen" haben.[11] *Henseler* etwa hat ein mehrstufiges Zielsystem

---

[9] Wobei hierunter nicht nur die verfassungsmäßigen „Staatszielbestimmungen" im technischen Sinne der deutschen Staatslehre zu beachten sind. Ihrer kann sich auch der handelnde Staat, also Exekutive und Legislative, nicht ohne weiteres entledigen (vgl. hierzu etwa *Preußner*, S. 192 f.).

[10] Zu Zielkonflikten und Zielhierarchien aus ökonomischer Sicht vgl. etwa *Bartling/Luzius*, S. 98 f.

[11] Für das Subventionswesen wurden in der Literatur bereits verschiedene Zweckstufensysteme herausgearbeitet, wobei die Terminologie uneinheitlich ist (Primär-, Sekundärzweck; Primär-, Endzweck; Verhaltens-, Erfolgszweck; Verhaltens- und Endzweck; angestrebter und entfernter Zweck – vgl. *Rüfner*, S. 206 ff.; *Haverkate*, S. 176; *Schetting*, S. 8 ff.; *Nieder-Eichholz*, S. 195; *Henseler*, VerwArch 77 (1986), 249, 258 ff., jew. mwN.). Eine Schenkung etwa verfolgt zunächst keinen Zweck, zumindest keinen (für den Beschenkten) verbindlichen. Mit der Leistung selbst ist der Zweck bereits erfüllt. Ähnlich verhält es sich mit Einkommensbeihilfen. Auch hier ist der Zweck „präsumtiv mit der Leistung erfüllt." (*Zacher*, VVDStRL 25 (1967), 309, 321). Die Kommission differenziert in dieser Weise, wenn sie Fördermaßnahmen, die ohne regional- oder strukturpolitische Zielsetzung gewährt werden, als besonders marktschädigend qualifiziert. Auch

entworfen, das idealtypisch mit einer Zielpyramide (Primärziele als Basis, Oberziel als Spitze) verglichen werden kann.[12] Man könnte sagen, daß, *normativ* betrachtet, Oberziele auf die Unterziele „*herab*wirken", während *funktionell* die Unterziele auf das Oberziel „*hinauf*wirken". Angesichts der verschiedenen beobachtbaren Wechselwirkungen läßt sich insofern von einem gewiß schwer zu durchschauenden „*Zielpluralismus*" sprechen, in welchen die konkrete Maßnahme einzuordnen ist.[13] Stets ist problematisch: Was ist „Zweck" und was „Mittel zum Zweck"?[14] Gerade im Hinblick auf die Kompetenzabgrenzung Mitgliedstaaten – Gemeinschaft bleibt eine saubere Ziel- bzw. Aufgabenbeschreibung daher unumgänglich.

c) Das Erkenntnisproblem vorgeblicher und tatsächlicher Ziele

Um Ziele beurteilen zu können, muß man die Ziele erst einmal kennen. Problematisch ist naturgemäß, wie in der Realität die tatsächlichen Ziele erkannt werden können, ohne einer womöglich irreführende Etikettierung aufzusitzen. Dies gilt gerade für die Tätigkeit der Gemeinschaft im Graubereich nationaler und europäischer Kompetenzen.[15] In der Tat mag es im Einzelfall diffizil sein, zwischen tatsächlichen und nur vorgeschobenen Zielen zu unterscheiden. Das Herausfiltern von tatsächlichen Zielen ist insoweit fraglos ein juristisches Erkenntnisproblem ersten Ranges. Indes

---

hier scheint nämlich der Zweck der Förderung lediglich die Besserstellung des begünstigten Unternehmens zu sein. Vgl. zu „Betriebsbeihilfen" unten 2. Teil, Kap. 2, Abschn. E. II.

[12] *Henseler*, VerwArch 77 (1986), 249, 258 ff. Lautet das makroökonomische Endziel etwa, daß mehr Arbeitsplätze in einer Region geschaffen werden sollen, so steht dieses Ziel an der Spitze. Die Basis der Pyramide ist das Operations- oder Lenkungsziel. Der Unternehmer soll durch die Subvention veranlaßt werden, mehr Arbeitnehmer einzustellen. Im Mittelteil der Pyramide steht das mikroökonomische Erfolgsziel, daß der Arbeitgeber tatsächlich neue Arbeitsplätze in seinem und damit in weiteren Unternehmen schafft. Vgl. zu ähnlichen Ansätzen in der Ökonomie etwa *Gröbner*, S. 96 f.; *Berthold*, S. 31 ff., 121 ff.

[13] Vgl. zum gängigeren Begriff des Wirkungspluralismus unten III. 2. sowie *Ehlers*, DVBl 1993, 861, 863; *Andel*, S. 86 ff.

[14] Terminologisch ist klarzustellen, daß nicht jedes Unterziel (im obigen Beispiel: die Angleichung der regionalen Unterschiede) oder Zwischenziel (Bekämpfung der Arbeitslosigkeit) durch seine untergeordnete Stellung den Charakter eines „Mittels" annimmt. Ziele sind – auch wenn sie gleichzeitig „Mittel zum Zweck" sind – eher *normativ* als Sollenssätze formulierbar, Mittel dagegen eher technisch-funktionell (Subventionierung, Konzessionierung, Privatisierung mit anschließender Regulierung) zu bestimmen.

[15] Der Gerichtshof hat, wohl nicht zuletzt im Bestreben, mitgliedstaatlichen Umgehungsversuchen vorzubeugen, festgestellt, daß die Kommission die Ziele und Gründe der fraglichen Beihilfenmaßnahmen nicht zu beurteilen habe. Vgl. EuGH, 2.7.1974, Rs 173/73, Slg. 1974, 709, Rn 26/28; 24.2.1987, Rs 310/85, Slg. 1987, 901, Rn 8; 26.9.1996, Rs C-241/94, Slg. 1996, I-4551, Rn 20 f.; 12.12.2002, Rs C-5/01, Slg. 2002, I-11991, Rn 45.

(auch der Strafrichter vertraut nicht blind auf die Darstellung des Angeklagten, der Erstochene sei ihm währen seiner Maniküre ins Messer gelaufen) – ein Ding der Unmöglichkeit ist die Zielbeurteilung als „tatrichterliche" Aufgabe jedenfalls nicht, zieht man Typisierungen, Erfahrungssätze und die Argumentation im (hier: politischen) Prozeß der Zielformulierung heran.

3. Die strukturelle „Asymmetrie" mitgliedstaatlicher und europäischer Zielsysteme

Es ist nur logisch, daß zwischen mitgliedstaatlichen und europäischen Zielsystemen Konflikte angelegt sind, handelt es sich doch hier um zwei naturgemäß inkongruente Zielpyramiden bzw. -systeme. Gemeint ist hier nicht einmal der Konflikt einander sich *materiell* widersprechender Ziele (etwa Privatisierung contra Verstaatlichung), die noch im Wege des Normvorrangs gelöst werden können. V.a. *konzeptionell* sind die Zielsysteme voneinander verschieden und insoweit „asymmetrisch": Die Mitgliedstaaten haben *universale* (meist verfassungsmäßig festgelegte) Zielsysteme entwickelt und primär nichtökonomische Ziele an die Spitze gestellt (Menschenwürde, Wahrung der Grundrechte, Demokratie, soziale Sicherheit etc). Für die EG, ihrer originären Natur als Wirtschaftsgemeinschaft entsprechend, wurden primär ökonomische Oberziele formuliert (Gemeinsamer Markt, Marktfreiheiten etc.). *Strukturell* handelt es sich bei den europäischen Zielen aus mitgliedstaatlicher Sicht eher um „Teil"- oder „Zwischenziele", während sie nach gängiger Lehrmeinung *normhierarchisch* an der „Spitze" stehen.[16] Auch wenn man den europäischen Zielen generell Vorrang vor den mitgliedstaatlichen Zielen einräumen will, erscheint es höchst problematisch, sämtliche nationalen (tendenziell außerökonomischen) Oberziele europäischen (tendenziell ökonomischen) Oberzielen unterzuordnen – zumal wenn dieser Vorrang absolut verstanden wird. Dies muß zwangsläufig zu schwer aufzulösenden systematischen Spannungen und Verwerfungen führen.[17]

III. Subsidien und deren Wirkung

1. Ziel und Wirkung

Natürlich ist für die Bewertung staatlichen Handelns letztlich nicht maßgeblich, ob besonders hochtönende Ziele formuliert werden, sondern welche Wirkungen in der Realität zu beobachten sind. Nur im Idealfall entsprechen sich gesteckte Ziele und tatsächliche Wirkungen (für den rational

---

[16] Vgl. unten Kap. 4, Abschn. A.
[17] Näheres muß auch hier freilich einer verfassungsrechtlichen Untersuchung vorbehalten bleiben. (Vgl. hierzu unten Kap. 4).

handelnden Staat sollten die unerwünschten oder unerwarteten Wirkungen immerhin als Erfahrungstatsachen nach dem „trial and error-Prinzip" dienen).[18] Während der Zielformulierung immer ein gewisser Optimismus anhaftet, scheint ein Blick auf die Wirkung weit mehr auf das Negative ausgerichtet zu sein und ist nicht selten als „Bedenkenträgerei" verschrien. Anders als das normativ dekretierbare Ziel ist die Wirkung am Schluß freilich ein Faktum, das darum erst ex post wirklich erkennbar ist. Welche Wirkung eine Maßnahme, ist sie erst einmal ins Werk gesetzt, zeitigt, unterliegt einer normativ nicht mehr steuerbaren Eigengesetzlichkeit. Will man ex ante nicht nur spekulieren, ist der mögliche oder zu erwartende Kausalverlauf letztlich eine prognostische „Tatsachen"- und damit „Sachverständigenfrage".

Als problematisch werden Subsidien wegen ihrer negativen *Wirkungen* auf Handel und Wettbewerb angesehen.[19] Insoweit ist das Beihilfenaufsichtsrecht durchaus mit dem Polizeirecht verwandt. Für die Gemeinschaft geht es insofern nicht darum, ex post Zensuren zu verteilen, sondern Wirkungen zu neutralisieren oder besser noch ex ante zu verhindern. Dies setzt voraus, daß man die Wirkung einschätzen kann. Aus Sicht der Gemeinschaft als Subsidienaufsichtsbehörde ist die Wirkung daher überhaupt *das* zentrale Kriterium.[20]

2. „Wirkungspluralismus"

Ob im Bereich der Subsidien der Wirkungsaspekt stets von größerer Objektivität ist als der des Ziels, darf bezweifelt werden. Jedenfalls sind auch die (erwarteten) Wirkungen durchaus unterschiedlich bewertbar. Auch die Subventionskritik ist hier auf den ersten Blick nicht immer konsistent: Von Subventionen, die mit dem Ziel der Stärkung der Wettbewerbsfähigkeit gewährt werden, heißt es, sie würden der Wirtschaft im allgemeinen und den begünstigten Unternehmen im speziellen eher schaden als nutzen, weil – mit allen negativen Folgen – der Marktdruck von ihnen genommen würde (Subventionen seien also ineffizient).[21] Andererseits wird auf die tatsächlich wettbewerbsschädigende Wirkung von Subventionen abgestellt. Danach sollen diese durchaus für den Begünstigten positive und für die anderen dementsprechend negative Auswirkungen zeitigen (Subventionen sind dann also sehr wohl effizient bzw. jedenfalls „effektiv").[22] Beides ist

---

[18] Ausdrücklich für eine Suche des geeigneten Lenkungsinstruments (Subventionen oder Abgaben) nach trial and error in der Umweltpolitik *Kötzle*, S. 121.
[19] Vgl. nur *Götz*, in: *Dauses*, EUWR., H. III, Rn 21, 24.
[20] Vgl. unten 2. Teil, Kap. 1, Abschn. D. II.
[21] Vgl. *Caspari*, Subventionspolitik, S. 50; empirisch nachgewiesen etwa für Produktionssubventionen bei *Klingbeil*, S. 148 f.
[22] Vgl. eben die Regelung des Art. 87 Abs. 1 EG.

wohl richtig – eine allzu weitgehende Pauschalierung führt hier aber nicht weiter.[23]

Es ist jedenfalls zwischen *kurzfristigen* und *langfristigen, mittelbaren* und *unmittelbaren* Folgen staatlicher Eingriffe zu unterscheiden. Hier können im Prinzip die gleichen Kategorien angelegt werden wie bei den angestrebten Zielen: Hat die Maßnahme tatsächlich zu einem geänderten Verhalten geführt, sind Effekte kurz-, mittel- oder langfristig beobachtbar usw. Man könnte entsprechend dem oben genannten Zielpluralismus von einem „Wirkungspluralismus"[24] sprechen: Die Wirkungspyramide steht anders als die Zielpyramide quasi auf der Spitze. Hier, an der Spitze, setzt die primäre Wirkung ein und fächert sich immer mehr auf zu Wirkungen, deren Reichweite nur schwer abzuschätzen ist. Klar dürfte dabei sein: Jedes Staatshandeln hat wirtschaftliche Auswirkungen und damit unmittelbar, mittelbar oder in entferntester Weise Auswirkungen auf die ökonomischen Gegebenheiten. Maßgeblich für die Bewertung mitgliedstaatlicher Subsidiengewährung ist also, welche Wirkungen man als (noch) relevant betrachten kann.

Ein ganz praktisches Beispiel für eine entsprechende Wirkungsanalyse ist die Frage, wer „Begünstigter" bei staatlichen Garantien zugunsten öffentlicher Banken ist. Ist es die (direkt begünstigte) Bank? Oder sind es nicht vielmehr die (zu günstigen Konditionen bedienten) Kreditschuldner der Bank oder womöglich auch die (besser abgesicherten) Anleger?[25]

IV. Die Verknüpfung von Ziel, Mittel und Wirkung – der Grundsatz der Verhältnismäßigkeit

1. Die Mittelauswahl

Grundsätzlich ist der Staat in der Wahl der Mittel frei. Soweit das Mittel selbst nicht logisch oder normativ determiniert, also unbedingt *geboten* oder (was nur bei ganz wenigen der Fall ist) *verboten* ist,[26] hat der Staat

---

[23] Wenn ein Unternehmen durch öffentliche Gelder subventioniert wird, um Arbeitsplätze zu erhalten, ist dieses Ziel natürlich erreichbar. An den subventionierten Arbeitsplätzen mögen noch viele andere hängen und eine ganze Region kann somit wirtschaftlich gestützt werden. Auch diese Ziele sind somit erreichbar. Andererseits mögen anderswo oder in Zukunft Arbeitsplätze nicht geschaffen werden oder gar wegfallen. Der subventionierte Betrieb würde sich angesichts der staatlichen Zuwendungen nicht mehr um Innovationen bemühen, seine Tätigkeit auf die Erlangung weiterer staatlicher Hilfen ausrichten, die Region wird zusehends verarmen etc.

[24] Zum Begriff „Wirkungspluralismus" *Ehlers*, DVBl. 1993, 861, 863; *Andel*, S. 86 ff.

[25] Vgl. hierzu unten 2. Teil, Kap. 2, Abschn. C.

[26] Wie etwa das jüngst in die Diskussion geratene Folterverbot (vgl. *Düx* und *Schroeder*, ZRP 2003, 180) oder die Todesschuß-Debatte (*Lisken* und *Witzstrock*, ZRP 2004, 31). Die Diskussionen zeigen, welch hohe Maßstäbe an die normative Unerwünschtheit

nach Formulierung des Ziels das Mittel *auszuwählen*. Der Staat hat zunächst zu entscheiden, ob er selbst tätig wird oder ob das Ziel durch bloßes „Nichtstun" (laisser faire) zu erreichen ist. Erscheint ein Eingreifen erforderlich, bleibt die Frage, *wie*.[27] In vielen Fällen („Marktversagen") würde der völlige Rückzug des Staates offenkundig zu unerwünschten Ergebnissen führen. Hier ist nicht nur die Frage *ob*, sondern *durch welche* staatlichen Mittel die Zielerreichung gesichert wird. Entsprechend heißen die Alternativen etwa beim Ziel der Grundversorgung im Bankensektor nicht nur: Grundversorgung durch öffentlich-rechtliche Banken oder aber private Banken; sondern: staatliche Eingriffe durch staatliche *Garantien* bzw. *Unternehmen* oder staatlicher Eingriff durch Regulierung bzw. *Reglementierung*.[28]

Als Beispiel mag auch die Aufrechterhaltung gewisser im öffentlichen Interesse liegender Qualitäts- und Sicherheitsstandards oder einer flächendeckenden Grundversorgung dienen. Solange etwa die „graue" Post ein Staatsbetrieb war, konnte der Staat seine Ziele, etwa die Erschließung dünn besiedelter Gebiete durch unmittelbare Einwirkung auf den Preis erreichen (z.B. durch die Kosten nicht deckende Anschlußfixpreise). Als Folge der Privatisierung muß der Staat – will er nicht das Ziel (Universaldienstleistung) selbst aufgeben – auf die klassische Eingriffsverwaltung durch Ge- und Verbote zurückgreifen.[29]

---

des Mittels zu stellen sind, damit es als solches von vornherein, unbedingt und absolut auszuschließen ist.

[27] Für eine die Mittelauswahl betreffend unvoreingenommene Herangehensweise im Bereich der Umweltpolitik *Kötzle*, S. 91 ff. und passim.

[28] In Großbritannien, wo es kein System öffentlich-rechtlicher Banken gibt, sollen 3,5 Mio. Bürger kein Geldinstitut finden können, bei dem sie ein Girokonto eröffnen dürfen (FAZ v. 22.5.2003, S. 12). Daß eine flächendeckende Grundversorgung nicht schon allein durch das Gewährenlassen des privaten Bankensektors zu erreichen ist, zeigen die für ihr marktorientiertes Verhalten gerühmten USA. Auch dort hat der Staat wohlweislich das Ziel, eine Grundversorgung für die Bevölkerung zu sichern, nicht den freien Marktkräften überlassen. Gemäß dem Community Reinvestment Act, einem durch umfangreiche Ausführungsbestimmungen der verschiedenen Bankaufsichtsbehörden konkretisierten Gesetz, wird die Genehmigung für gewisse Geschäftsbereiche von bestimmten sozialen Ratings abhängig gemacht. Banken, die (auch) Einlagengeschäfte betreiben, werden so mittelbar verpflichtet, Kredite und Dienstleistungen gleichmäßig auf soziale und ethnische Gruppierungen sowie strukturschwache Gebiete zu verteilen, da ihnen sonst die erforderlichen Genehmigungen versagt bleiben. Vgl die Übersicht des Instituts für Finanzdienstleistungen, abgerufen am 15.5.2004 unter www.iff-hamburg.de/2/2_2.html, aktualisiert am 9.5.2004.

[29] So auch die Kommission in der Mitteilung v. 20.9.2000 KOM (2000) 58 endg., S. 9 ff.: Der Markt solle geöffnet, die Universaldienstleistungs*pflicht* im Sinne der Verbraucher aber aufrechterhalten bleiben. Den privaten Telekommunikationsdienstleister trifft etwa die „Universaldienstleistungsverpflichtung", nach der ein „erschwinglicher Zugang aller Nutzer unabhängig vom Wohn- bzw. Geschäftsort" anzubieten ist. Auf dem Briefpost-Sektor wird die „Sicherstellung einer flächendeckenden Grundversorgung mit Postdienstleistungen zu erschwinglichen Preisen" vorgeschrieben (§ 2 II, Nr. 1, Nr. 3

Welches staatliche Mittel jeweils besser ist, kann und soll hier nicht entschieden werden. Dabei ist schon nicht von vornherein klar, was „besser" bedeuten soll – auch hier geht es wieder um eine komplexe Wertungsfrage, welchen Zielen man höheres Gewicht beimessen und welche (potentiellen) Wirkungen man auf jeden Fall verhindern will usw. Marktferner mag tatsächlich der Weg über Regulierung bzw. Reglementierung sein. Mittels eigener Institutionen oder mittels Subventionen gegen eine bestimmte Leistung hingegen mag der Staat seine Ziele direkter umsetzen können. Weitere Aspekte wären etwa die entstehenden Verwaltungskosten, die Schnelligkeit der Durchsetzung, die rechtliche Verbindlichkeit usw.[30]

Daß unerwünschte Wirkungen auftreten können, heißt noch nicht, daß das Mittel a priori zu verwerfen wäre: Auch der „unmittelbare Zwang" hat im eigentlichen Wortsinne „spürbare" negative Auswirkungen – gleichwohl ist er u.U. durchaus das verhältnismäßige Mittel. Wenn sogar die Verletzung höchstrangier Rechtsgüter (der körperlichen Unversehrtheit, vielleicht sogar des Lebens)[31] gerechtfertigt sein kann, darf für die Wirkungen von Subsidien im Prinzip nichts anderes gelten; u.U. können auch Abstriche an einzelnen Zielen hinnehmbar sein, um entsprechend höherrangige Ziele zu erreichen.[32]

2. Die Bewertung des Mittels nach dem Grundsatz der Verhältnismäßigkeit

Daß bei der Mittelauswahl Mittel, Ziel und Wirkung in Beziehung zueinander zu setzen sind, versteht sich von selbst und bedarf nicht einmal einer normativen Grundlage. Es handelt sich eher um eine Zwangsläufigkeit, die jedem menschlichen Handeln inhärent ist, soweit es denn *rational* ist.[33] Umsomehr gilt das für den rationalen Staat, der diese Abwägung bzw.

PostG). Konkret heißt das, daß detaillierte Vorschriften über die Unterhaltung von Poststellen, die maximalen Entfernungen zwischen Kunde und Briefkasten und die erforderliche Zuverlässigkeit aufgestellt werden. Zur funktionellen Gleichheit von Subventions- und Eingriffsverwaltung vgl. auch *Störi*, S. 67 ff.

[30] Es macht ganz offensichtlich einen Unterschied, ob, wie zu verfolgen war, der Staat BSE-Testreihen selbst von staatlichen Behörden mit direkter Kontroll- und Eingriffsmöglichkeit vornehmen läßt oder diese Tätigkeit in die freie Wirtschaft auslagert („outsourced"). Im letzteren Fall muß die zu erzielende Qualität durch besondere Maßnahmen abgesichert und einer strikten Kontrolle unterworfen werden. Unsicher ist dabei bereits, ob die Privatisierung tatsächlich im Einzelfall wirtschaftlicher ist. Der wohl über jeden Verdacht erhabene Bundesrechnungshof hat empfohlen, gewisse Bereiche doch lieber wieder zu „insourcen" – wohlgemerkt: aus Gründen der Wirtschaftlichkeit (Pressemitteilung der Präsidentin des Bundesrechnungshofs v. 16.10.2001).

[31] Zu Pro und Contra polizeilicher Todesschuß vgl. ZRP 2004, S. 31.

[32] *Schäfer* und *Ott* führen zur Untermauerung ihrer ökonomischen Analyse des Rechts an: Einem Hungernden in Afrika könne es weitgehend gleich sein, ob man ihm erklärt, seine Not beruhe auf Ungleichverteilung oder auf einem ineffizienten institutionellen Arrangement (*Schäfer/Ott*, S. 6 f.). Dem ist zuzustimmen. Um ihn aber kurzfristig nicht verhungern zu lassen, wird man jenseits aller Effizienzüberlegungen doch um die Zuteilung des Lebensnotwendigen nicht herumkommen.

[33] So auch *Schäfer/Ott*, S. 59.

Gewichtung nach *Verhältnismäßigkeits*gesichtspunkten[34] vorzunehmen hat. Dies gilt zum einen für den Mitgliedstaat, der bei der Gewährung von Subsidien immer die Verhältnismäßigkeit (Maßnahme – Ziel – Wirkung auch auf die Gemeinschaft) im Auge haben muß. Dies gilt aber nicht minder für die Kontrolltätigkeit der Gemeinschaft (Maßnahme – Ziel – Wirkung auch auf die nationale Ordnung). Hier wie dort bewegt man sich so auf einer ganz und gar unideologischen Ebene. Die Frage ist dann nur, welche Ziele als höherrangig eingestuft werden, welche Anforderungen man an die Kausalitätsnachweise von Ursache und Wirkung, also an die Wirkungsprognose stellt und wer nach welchen Kriterien darüber zu entscheiden hat.

V. Zusammenfassung

Die Mitgliedstaaten in ihrem Gestaltungswillen sind auf die Formulierung von staatlichen bzw. politischen Zielen fixiert, wofür sich das variabel einsetzbare Mittel der Subsidiengewährung naturgemäß in besonderer Weise eignet. Die EG in ihrer Eigenschaft als „Wettbewerbs-Polizei-Behörde" blickt demgegenüber naturgemäß eher auf die Wirkungen. Da die einzelne Maßnahme dabei in einer komplexen Textur von Zielen („Zielpluralismus") und Wirkungen („Wirkungspluralismus") steht, erfordert sie aber eine den Gesamtzusammenhang berücksichtigende Beurteilung. Regelmäßig besteht bei der Betrachtung der Einzelmaßnahme einerseits (insbesondere die Mitgliedstaaten betreffend) die Gefahr, die weitreichenden (negativen) Wirkungen zu ignorieren, andererseits (eher die EG betreffend) die Maßnahme isoliert von dem damit verfolgten Ziel und damit unter Vernachlässigung der „hinter" der Maßnahme stehenden Ziele (und damit Kompetenzen) zu beurteilen. Verschärft wird letzteres noch durch die inkongruenten Zielsysteme von EG und Mitgliedstaaten („Zielasymmetrie"). Eine „ganzheitliche" Betrachtung hoheitlichen Handelns kann dabei rationaler Weise nur das Handeln unter Berücksichtigung der Ziel-Mittel-Wirkungs-Relation bedeuten (Verhältnismäßigkeit). Die gilt für den Mitgliedstaat und in zweifacher Weise für die EG. Diese hat nicht nur zu beurteilen, ob das mitgliedstaatliche Handeln (insgesamt betrachtet) verhältnismäßig ist; auch ihre Kontrolle als hoheitliches Handeln hat sie an Verhältnismäßigkeitsgesichtspunkten auszurichten. Von hier aus läßt sich problemlos die Brücke zu ökonomischen Konzepten schlagen, die gerade auf dem Gedanken der Rationalität aufbauen.

---

[34] Zum Verhältnismäßigkeitsgrundsatz als Wirtschaftsverfassungsnorm *Rohe*, RabelsZ 61 (1997), 1, 33; *Nieder-Eichholz*, S. 237; *Haverkate*, S. 1 f. und passim.

B. Subsidien zur Behebung von „Marktversagen"

I. Untersuchungsgegenstand – der ökonomische Ansatz aus juristischer Sicht

Im vorstehenden Abschnitt wurde eine bewußt staatszentrische bzw. „etatistische" Sichtweise gewählt. Die Gefahr eines solchen Ansatzes besteht freilich darin, daß die ökonomischen Zusammenhänge, um die es im Beihilfenrecht zuvorderst geht, ausgeblendet werden. Oder daß „der Wirtschaft" eine ausschließlich instrumentale Funktion, quasi als Erfüllungsgehilfe des Staates zur Erreichung hoheitlich formulierter Ziele, zugestanden wird. Im folgenden soll andersherum gefragt werden: Wann verlangt „die Ökonomie" selbst nach dem Staat? Wann also können Subsidien vom ökonomischen Standpunkt aus gerechtfertigt sein („Marktversagen")? Und ist dann der Staat in der Lage, Mängel des Marktes richtig zu erkennen und auszugleichen („Staatsversagen")?

II. „Marktversagen"

1. Die Rolle des Staates aus ökonomischer Sicht

Die prinzipielle Wünschbarkeit und Schlüssigkeit des marktwirtschaftlichen Konzepts wurde für diese Arbeit bereits oben zugrundegelegt. Eine Entscheidung „gegen" den Staat ist damit nicht verbunden. Dies verlangen auch ökonomische Lehren für gewöhnlich nicht, wenngleich durchaus unterschiedliche Akzentuierungen erkennbar sind.[35] Vom liberalistischen Standpunkt aus betrachtet, hat der Staat vorwiegend die Funktion eines Garanten für die reibungslose Abwicklung der Marktprozesse und die wirtschaftende Tätigkeit der einzelnen Wirtschaftssubjekte.[36] Daneben werden etwa diskutiert: der Staat als Ordnungsmacht gegen Hypertrophien des Marktes (unlauterer Wettbewerb, Monopolbildung)[37] oder die Ideen Keynes', die Entwicklung des Wettbewerbs durch antizyklische Wirtschaftspolitik zu verstetigen.[38] Zu nennen sind schließlich Konzepte, wonach die Unvollkommenheiten des Marktes im Hinblick auf eine effiziente Allokation und Distribution ausgeglichen werden sollen bis hin zu aktiver Han-

---

Daß die Wirtschaft der ordnenden Hand des Staates bedürfe, hatte bereits *Adam Smith* ausdrücklich hervorgehoben. Vgl. etwa *Smith*, S. 612.

[36] Vgl. oben Kap. 2, Abschn. A. III.

[37] Etwa „ordnungspolitische" Maßnahmen gegen Kartelle, Monopole, gegen Wettbewerbsbeschränkungen und Unlauterkeit im Wettbewerb (vgl. *Hefermehl/Köhler/Bornkamm*, EinlUWG, Rn 1.47 f.). Für die „Freiburger Schule" vgl. *Eucken*, S. 244 f. und passim.

[38] Eine globalsteuernde Konjunkturpolitik etwa mittels staatlicher Nachfragepolitik (vgl. *Bartling/Luzius*, S. 189 ff.).

dels- und Industriepolitik.[39] Für das Erkenntnisinteresse dieser Arbeit sind diese Konzepte vor allem insofern von Bedeutung, als nach ihnen Subsidien bzw. Subventionen[40] durchaus auch rational und damit ökonomisch gerechtfertigt sein können.[41]

2. Wohlfahrtstheorien und Marktversagen

Die bis in die Mitte des 19. Jahrhunderts zurückreichenden theoretischen Vordenker der heutigen „market failures"-Theorien gingen – Karl Marx eingeschlossen[42] – weniger von einem funktionellen, sondern eher von einem sozusagen „effektiven" Versagen des Marktes aus. Das Prinzip Markt funktioniert, führt aber nicht zu den gewünschten Ergebnissen (insbes. nicht zum Wohlstand aller). Da erkannt wurde, daß Produktionsmaximierung nicht mit Nutzenmaximierung gleichzusetzen ist (Gesetz vom abnehmenden Grenznutzen), müßte, so Marshall, eine am Nutzen ausgerichtete Verteilung der Produktion zu einer maximalen Erhöhung des volkswirtschaftlichen Gesamtnutzens und zu allgemeiner Wohlfahrt führen.[43] In der Nachfolge Marshalls erkannte Pigou als Ursache für eine Divergenz zwischen volkswirtschaftlichem Sozialprodukt und volkswirtschaftlichem privaten Nutzen die Bedeutung „externer Effekte", also Vor- oder Nachteile für den Produzenten, die zwar die allgemeine Wohlfahrt verändern, sich aber nicht im Preis der Produkte niederschlagen. Zur Aussteuerung solcher Effekte, die entweder einseitig den Produzenten oder einseitig die allge-

---

[39] Vgl. hierzu im folgenden unter 2.

[40] Der engere Begriff der „Subvention" ist hier bewußt gewählt, da sich ökonomische Untersuchungen bei aller Unentschiedenheit, was sich hinter diesem Begriff konkret verbirgt, grundsätzlich auf Subventionen beziehen – ohne daß freilich in der Ökonomie Klarheit hinsichtlich des Subventionsbegriffs selbst herrschen würde – vgl. oben Kap. 1, Abschn. B.

[41] Tendenziell ist in der wirtschaftswissenschaftlichen Literatur – darauf wurde bereits oben hingewiesen – freilich eine vorwiegend skeptische Grundhaltung gegenüber Subventionen auszumachen. Vorsichtig bejahend insbes. bei der Internalisierung externer Effekte, als Starthilfe zur Erosion von Monopolisten, bei meritorischen Gütern, die voraussichtlich gebilligt werden, sowie als Anpassungshilfen etwa *Nieder-Eichholz*, S. 95. Für eine differenzierende Betrachtungsweise etwa *Kötzle*, S. 116 ff., 120 ff., 131 ff.

[42] Auch er als fundamentalster Kritiker bezweifelte die Leistungs- und Funktionsfähigkeit des Marktprinzips an sich nicht (vgl. *Stavenhagen*, S. 139 ff.). Die Entwicklung hin zu einem Monopolkapitalismus würde nach Marx freilich zu einem sich schließlich in einer Revolution entladenden Totalversagen des Marktes führen (vgl. *Stavenhagen*, S. 154).

[43] Dieser meinte, durch Besteuerung einer Produktion mit abnehmendem Ertrag und durch Subventionierung einer Produktion mit zunehmendem Ertrag könne eine an der Konsumentenrente gemessene Steigerung des volkswirtschaftlichen Nutzens zu erreichen sein (vgl. *Marshall*, Principles of Economics). Hierzu etwa *Berthold*, S. 45 f.

meine Wohlfahrt belasten, empfahl Pigou *Steuern* (sog. „extraordinary restraints") und *Subventionen* („extraordinary encouragements").[44]

3. Ansatzpunkte für Marktversagen

In der Renaissance wohlfahrtstheoretischer Ansätze um die Mitte des 20. Jahrhunderts gewann gegenüber dem Maßstab der allgemeinen Wohlfahrt ein formaltheoretischer Ansatz die Oberhand.[45] Marktversagen liege demnach dann vor, wenn der Markt von einer bestimmten optimalen Situation (dem sog. „Pareto-Optimum")[46] abweicht. Diese optimale Situation ist dann erreicht, wenn kein Wirtschaftssubjekt seinen Nutzen erhöhen kann, ohne daß ein anderes Wirtschaftssubjekt eine Einbuße an Nutzen erleidet. Diese würde freilich einen idealen Markt ohne Reibungsverluste mit optimaler Allokation und Information sowie strikt marktrational handelnde Individuen voraussetzen und ist offenkundig nur theoretisch vorstellbar.[47] Mittels staatlicher Eingriffe soll es aber möglich sein, den Markt insbesondere mittels Subventionen in Richtung des Pareto-Optimums zu korrigieren.[48] I.ü. ist eine einheitliche Auffassung, was unter „Marktversagen" genau zu verstehen ist und wann gerade Subventionen ein probates Mittel sein sollen, um Marktschwächen auszugleichen, auch in der Wirtschaftslehre nicht auszumachen.[49] Im wesentlichen werden aber die folgenden Gesichtspunkte diskutiert.[50]

a) Ermöglichung effizienter Allokation

Zu Ineffizienzen kann es kommen, weil volkswirtschaftliche Ressourcen nicht effektiv „alloziert", also den Wirtschaftssubjekten nicht in der öko-

---

[44] *Pigou*, S. 172. Hierzu *Gröbner*, S. 28 ff. Die analoge Wirkung von Steuern und Subventionen (mit jeweils anderem Vorzeichen) hatte bereits *Ricardo* beschrieben. Vgl. *Berthold*, S. 45.

[45] Vgl. *Stavenhagen*, S. 346 ff.

[46] Bezeichnet nach dem Ökonomen *Valfrede Pareto*. Vgl. hierzu etwa *Gröbner*, S. 25 ff. Den gleichen Ansatz legt die ökonomische Analyse des Rechts zugrunde; vgl. *Schäfer/Ott*, S. 26 ff.

[47] Vgl. *Gröbner*, S. 78 ff.

[48] Vgl. *Gröbner*, S. 27 f.

[49] Vgl. *Donges*: Selbst wo der Markt als Ausgleichsmechanismus versage, sei längst nicht geklärt, daß mit staatlichem Interventionismus effizientere und größeren Nutzen stiftende Lösungen gefunden würden (FAZ v. 23.5.2003, S. 14). Hierzu weiter unter III. („Staatsversagen").

[50] Die Darstellung orientiert sich vorwiegend an *Musgraves* Einteilung der Staatsaufgaben in Allokation, Stabilität, Distribution. Vgl. *Musgrave* et al., S. 5 ff., 68 ff., und *Nieder-Eichholz*, S. 75 ff.

nomisch effizienten Weise zugewiesen werden.[51] Als möglicher Grund hierfür werden neben Informations-, Infrastruktur oder Rationalitätsmängeln insbes. die bereits oben angesprochenen *externen Effekte* genannt.[52] Bei positiven externen Effekten (z.b. jemand betreibt – ohne dafür entschädigt zu werden – Grundlagenforschung, die andere wirtschaftlich nutzen können) sollen Subventionen durchaus angebracht sein können.[53]

b) Reduktion der Marktmacht

Wegen zu hoher Markteintrittsbarrieren findet unter Umständen keine Erosion von Monopolstellungen statt. Subventionen könnten sich zur Forcierung der wettbewerbsnotwendigen Gegenmacht anbieten, um somit insbesondere die Wettbewerbsstruktur zu verbessern.[54]

c) Bereitstellung von Kollektiv- bzw. öffentlichen Gütern[55]

Unter „öffentlichen Gütern" werden solche verstanden, von denen aus tatsächlichen Gründen niemand ausgeschlossen werden kann (z.B. die Luft zum Atmen oder die Schönheit der Landschaft) oder von denen niemand ausgeschlossen zu werden braucht, weil der Konsum des einen nicht mit

---

[51] Ursächlich hierfür können zum einen Informationsdefizite oder (gegen die Prämisse des Marktteilnehmers als homo oeconomicus verstoßendes) nicht-marktrationales Verhalten sein. Vgl. *Nieder-Eichholz*, S. 75.

[52] Bei positiven Externalitäten erzeugt ein Wirtschaftssubjekt einen für alle anderen verwertbaren Vorteil, ohne dafür entschädigt zu werden. Diese haben wohlfahrtsverändernde Wirkungen der Aktivitäten eines Wirtschaftssubjekts, die nicht durch den Preis abgegolten (internalisiert) werden. *Musgrave* et al., S. 68; *Schlesinger*, S. 8 ff., 15 f.; *Nieder-Eichholz*, S. 75; *Gröbner*, S. 28 f.; *Rosenstock*, S. 8 ff. Unter negativen externen Effekten versteht man die Schädigung eines Wirtschaftssubjekts durch einen Marktteilnehmer zum Nachteil aller, ohne daß jener für den Schaden aufkommen muß (jemand schädigt sanktionslos die Umwelt, die andere dann nicht mehr nutzen können). Vgl. Bartling/Luzius S. 127; *Nieder-Eichholz*, S. 75. Die Folge ist jeweils, daß ein zu niedriger Preis und ein zu hohes Aktionsniveau zu beobachten ist oder ein zu hoher Preis und ein zu niedriges Aktivitätsniveau. Auch aus ökonomischer Sicht ist es sinnlos, Subventionen (bei negativen Externalitäten) einzusetzen und den Schädiger damit quasi zu belohnen. Hier sollen grundsätzlich Ge- und Verbote eingesetzt werden. Die wirtschaftliche Realität kennt Subventionen freilich auch in diesem Fall, etwa als Stillegungsprämien. Vgl. *Berthold*, S. 37.

[53] So etwa *Kötzle*, S. 120 f.

[54] Als Empfänger der Subventionen kommen natürlich nicht die Monopolisten, denen die Reduzierung der Marktmacht abgekauft werden müßte, in Betracht, sondern die Neueinsteiger, die eine entsprechende Starthilfe erhielten. Vgl. *Nieder-Eichholz*, S. 78 ff.; *Hummel/Knörndel*, S. 68 ff.

[55] Eine aus volkswirtschaftlicher Sicht u.U. gebotene Differenzierung von Kollektivgütern und öffentlichen Gütern soll hier nicht vorgenommen werden. I.ü. scheint auch in der ökonomischen Theorie eine solche Abgrenzung nicht immer üblich zu sein. Vgl. *Nieder-Eichholz*, S. 82. Zum Begriff auch aus juristischer Sicht Gramm, S. 196 ff.

dem Konsum des anderen rivalisiert (z.B. Landesverteidigung, Demokratie etc.).[56] Vereinfacht gesagt handelt es sich um Güter, die jeder nutzen (kann), die aber keiner bezahlen will. Da ein Marktaustausch öffentlicher Güter nicht stattfindet, weil es für den Einzelnen ökonomisch irrational wäre, sie anzubieten, müsse der Staat einspringen, um die von allen gewünschten, aber von niemand angebotenen Güter zu produzieren oder zu erhalten – ggf. mittels Subventionen.[57]

d) Bereitstellung meritorischer Güter

„Meritorisch" werden Güter genannt, für die zwar momentan mangels aktueller Nachfrage noch kein Markt besteht, für die aber in Zukunft eine Nachfrage zu erwarten ist.[58] Als Beispiel: Gängiges Argument für den hochsubventionierten, da international nicht konkurrenzfähigen, heimischen Kohlebergbau ist die autarke Versorgung im Falle von Energiekrisen (Argument der Versorgungssicherheit). Ein Angebot wird also künstlich aufrechterhalten, um in Krisenzeiten darauf zurückgreifen zu können. Für dieses Angebot müsse einstweilen der Staat sorgen.[59]

e) Verstetigung von Marktschwankungen

Wegen makroökonomischer Schwierigkeiten, etwa bei extremen Ausschlägen des Konjunkturzyklus, könne der Staat zur Erreichung der Ziele des „magischen Vierecks"[60] angebots- oder nachfrageerhöhende Subventionen einsetzen.[61] Nicht selten führt das in der Realität freilich zur über-

---

[56] Man spricht insoweit von einer Ausnahme vom sonst auf dem Markt herrschenden „Ausschlußprinzip". Vgl. *Musgrave* et al., S. 69 f. Über den „richtigen" Umfang des öffentlichen Sektors, S. 100 ff.; *Nieder-Eichholz*, S. 82 ff.
[57] Zur Vorzugswürdigkeit von Subventionen vor Auflagen und Abgaben im Umweltschutz bei „schwach öffentlichen Gütern" (z.B. Trinkwasser) etwa *Kötzle*, S. 116 ff.
[58] Z.B. Bildung oder Gesundheitsvorsorge – vgl. *Latz*, S. 21 f.; *Schlesinger*, S. 17 ff.; *Nieder-Eichholz*, S. 86.
[59] Vgl. hierzu *Neu*, S. 13, der im Ergebnis aber für eine Lagerhaltung plädiert. Ablehnend *Möschel*, Den Staat an die Kette, S. 44, mit dem Hinweis, auch während der beiden Ölkrisen sei es zu keinen Verknappungserscheinungen gekommen. Jüngstes Beispiel (aus der ex post-Perspektive) ist die momentane Nichtverfügbarkeit moderner Waffensysteme, die für Kriseneinsätze der Bundeswehr dringend gebraucht würden. Mangels staatlicher Nachfrage in der Vergangenheit wurden Kapazitäten abgebaut – die Industrie ist also aktuell nicht mehr in der Lage, der Nachfrage zu entsprechen.
[60] Stabilität des Preisniveaus, hoher Beschäftigungsstand, außenwirtschaftliches Gleichgewicht, stetiges und angemessenes Wirtschaftwachstum (vgl. § 1 StabG).
[61] Vgl. *Deininger*, S. 366; im Ergebnis ablehnend *Nieder-Eichholz*, S. 91 ff., *Schlesinger*, S. 13 ff.

schießenden sog. „beggar my neighbour-Politik", also zu Protektionismus durch Subventionierung.[62]

f) Distributive Korrekturen

Der Marktprozeß kann zu einer als ungerecht empfundenen Verteilung des Einkommens, des Vermögens, der Chancen etc. führen. Manchem Marktteilnehmer fehlt etwa wegen sozialer Probleme, Krankheit, Alter oder Behinderung die Möglichkeit, am Markt teilzunehmen und von ihm zu profitieren. Hier soll der Staat durch Direktsubventionen, durch Abgabenverschonung oder Belohnung sozialen Verhaltens o.ä. Nachteile kompensieren.[63]

4. Stellungnahme

Im Prinzip beinhalten alle Ansätze zum Marktversagen den Gedanken, daß der Markt nicht die gewünschten Ergebnisse zeitigt, in gewisser Weise also „versagt", wobei die einen dem Markt mehr, die anderen dem Markt weniger zuzutrauen scheinen (oder vice versa dem Staat). Je mehr man vom Markt erwartet, um so eher wird Marktversagen vorliegen. Kritisch bemerkte bereits Max Weber zu den wohlfahrtsökonomischen Distributionsschlüsseln: Schon der Ansatz sei problematisch, weil eine „materiale" Quantifizierung des Nutzens seiner Natur nach vieldeutig sei. Alle möglichen ethischen, politischen, utilitaristischen, hedonistischen, ständischen, egalitären – also „prinzipiell schrankenlos viele" – Maßstäbe könnten angelegt werden.[64] Damit verliert das Kriterium aber seine abgrenzende Wirkung. Auch wenn man etwa von einem hypothetischen Idealzustand[65] wie dem Pareto-Optimum als Sollensmaßstab ausgeht, wäre dieser Ansatz als Legitimationsgrundlage für den Subventioneinsatz fatal: Da der staatliche Ausgleichsmechanismus das Optimum nicht erreichen kann und doch gehalten ist, es zu erstreben, müßte sich die Subventionsschraube bis zum Kollaps immer schneller drehen. Das Pareto-Optimum etwa kann also nicht als Sollensmaßstab verstanden werden, sondern allenfalls als gedach-

---

[62] Man versucht also, die eigene Wirtschaft (vor „importierter" Arbeitslosigkeit, Handelsbilanzdefiziten, Importüberschüssen etc.) zu schützen oder von vornherein in eine bessere Position zu bringen. Wenn andere Staaten ihrer Wirtschaft Subventionen zukommen lassen und sich so einen Marktvorteil sichern, schießt man mit gleichem Kaliber zurück (vgl. *Latz*, S. 23 f.). Aggressiv oder defensiv – es handelt sich um klassisch merkantilistische Protektionspraktiken, um der eigenen Volkswirtschaft zum Nachteil anderer Vorteile auf dem Weltmarkt zu sichern.
[63] Kritisch *Schlesinger*, S. 12 f.; *Nieder-Eichholz*, S. 87 ff.
[64] Vgl. *Stavenhagen* S. 344 f.
[65] Zum sog. „Nirwana-approach" vgl. *Möschel*, Den Staat an die Kette, S. 21.

ter Fixstern, der, ohne selbst Ziel zu sein, auf dem Marsch Orientierung gibt.

Die Frage ist letztlich, was der Markt zu leisten imstande ist bzw. was vom Markt erwartet werden kann. Nur hierfür kann er auch „verantwortlich" gemacht werden. Um „Verantwortung" im juristischen Sinne geht es freilich genausowenig wie um ein personalisiertes und ins Moralische spielendes „Versagen" – vielmehr geht es um die Frage der *Fehlerlokalisierung*. Wo das Versagen verortet werden kann, dort ist es schließlich auch zu beseitigen. Wenn die Ursachen selbst politischer und nicht eigentlich wirtschaftlicher Natur sind, sind die Ursachen auch auf politischer und rechtlicher Ebene zu beseitigen. Nicht immer scheint der Rechtfertigungsgrund also auf ökonomischer Ebene zu suchen zu sein.

Der Markt hat die Aufgabe und grundsätzlich wohl auch die Fähigkeit, für eine effiziente Allokation der Ressourcen zu sorgen. Erfüllt er diese Aufgabe nicht (ohne daß dies auf einen staatlichen Eingriff zurückzuführen ist), scheint es tatsächlich angebracht, vom Versagen *des Marktes* zu sprechen. Hier ließen sich etwa nennen: informationelle bzw. infrastrukturelle Mängel (Allokationsineffizienz in Ermangelung hinreichender Information, rechtlicher oder tatsächlicher Infrastruktur oder Transparenz) sowie v.a. marktstrukturelle Mängel (etwa Monopolbildung, unlauterer Wettbewerb), die tatsächlich eine „angeborene" Schwäche des Marktes zu sein scheinen. Gemeinsam ist diesen Problemen, daß sie zu Ineffizienzen bzw. zu „hausgemachtem" Versagen des Marktmechanismus führen.

Versagt aber der Markt, wenn er nicht die gesellschaftlich formulierten Ziele erreicht, also z.B. nicht zu den gewünschten sozialen Effekten führt? Es mögen zwar die zu verteilenden Mittel auf dem Markt erwirtschaftet werden, indes verteilt dieser sie nicht automatisch an die „Bedürftigen".[66] Das kann bedeuten, daß trotz funktionierenden Marktes „die Katzen der Reichen genügend Milch haben, Kinder der Armen dabei aber verhungern".[67] Markteffizienz kann also normative Vorgaben konterkarieren. Es ist wohl, wie Müller-Armack gesagt hat, der große Irrtum des 19. Jh.s, daß man geglaubt hat, der Markt würde direkt und aus sich heraus für das Glück aller sorgen.[68]

„Distributives Marktversagen" ist in Wahrheit also nicht auf Markt*mängel*, sondern auf die (natürliche) Diskrepanz von *Markteffekten* und *gesellschaftlichen* Zielvorstellungen zurückzuführen. Die Ziele werden außerhalb des Marktes entworfen. Werden diese außerökonomischen Ziele höher bewertet als die Markteffizienz, kommt man nicht umhin, in den Markt-

---

[66] Kurz: Markteffizienz und Verteilungsgerechtigkeit schließen sich gegenseitig aus – vgl. *Samuelson*, S. 423).
[67] Vgl. *Möschel*, Den Staat an die Kette, S. 19.
[68] Vgl. *Müller-Armack*, S. 113.

prozeß einzugreifen.[69] Eine ökonomische Folgeanalyse braucht deshalb nicht ausgeschlossen zu sein.[70] Man kann Mechanismen entwickeln, die den Markt möglichst wenig tangieren (Selbstversorgung, Hilfe zur Selbsthilfe etc.), und versuchen, unter *Verhältnismäßigkeits*gesichtspunkten die „zweitbeste" Lösung zu wählen.[71] Im Prinzip nichts anderes gilt für Modelle, wonach bewußt der Marktmechanismus genutzt wird, um hoheitlich formulierte Ziele umzusetzen (etwa im Bereich des Umweltschutzes durch Schaffung künstlicher Märkte für Verschmutzungslizenzen).[72]

Versagt der Markt, wenn es für manche erwünschten Güter keinen Markt gibt, oder umgekehrt, wenn es einen Markt für unerwünschte Güter gibt? Es mag reizvoll sein, alle möglichen gesellschaftlichen Erscheinungsformen unter dem Aspekt „Markt" zu beleuchten. Das darf aber nicht zu dem Trugschluß führen (dem in ähnlicher Weise schon Marx erlegen ist), alles müsse letztendlich ein Produkt der Ökonomie sein.[73] Weder z.B. das öffentliche Gut der Landesverteidigung noch das der Rechtspflege[74] kann wahrscheinlich so vom Markt kreiert werden, wie es gesellschaftlich *erwünscht* ist. Im übrigen wäre es nicht einmal richtig zu sagen, daß es keinen Markt etwa für Landesverteidigung gäbe. Die Beschäftigung von Söldnerheeren war und ist keine Seltenheit und ein Markt existiert dafür mutmaßlich auch. Die Söldnerheere gibt es hierzulande aber deswegen nicht, weil sie mit gutem Grund nicht *gewollt* sind, und nicht weil der Markt sie nicht hervorbringen könnte; es *darf* schlicht keinen Markt geben. Der Markt kann auch für die effizientere Versorgung der Bevölkerung mit Heroin sorgen. Es ist kein Versagen, wenn er es schließlich auch tut. Hier versagen allenfalls Staat und Gesellschaft. Die Bereitstellung bestimmter,

---

[69] Für die Hinnahme solcher Ineffizienzen im Einzelfall *Kötzle*, S. 116 ff., 121 ff., 131 ff.

[70] *Möschel*, Den Staat an die Kette, S. 19.

[71] Vgl. zum ökonomischen Theorem der „zweitbesten Lösung" *Gröbner*, S. 62 ff.

[72] Daß heute moderne Theorien, z.B. sogenannte „Verhandlungslösungen" (nach *Coase*) diskutiert und teilweise schon umgesetzt werden (Handel mit Umweltlizenzen – vgl. *Reuter*/Busch, EuZW 2004, 39 ff. – etc.) zeigt, daß ein Markt hier auch durchaus möglich ist. Vgl. hierzu etwa *Rosenstock*, S. 9; *Kötzle*, S. 117 f.; *Gröbner*, S. 29, Fn 5, mwN. Zum Handel solcher „property rights" in der Praxis vgl. auch *Bartling/Luzius*, S. 130 f. Allerdings ist dieser Markt ein Geschöpf der Gesellschaft bzw. einer gesellschaftlichen Wertung, indem versucht wird, das öffentliche Gut Umwelt handelbar zu machen, obwohl es ohne staatlichen Zwang nicht gehandelt würde.

[73] Es ist daher kein „Versagen" des Marktes, wenn er etwa die Demokratie (als öffentliches Gut) nicht hervorbringt. Beide (Demokratie und Markt) mögen die gleichen theoretischen Wurzeln haben und beide mögen letzten Endes zueinander komplementär sein. Als ein Geschöpf des Marktes kann die Demokratie aber nicht bezeichnet werden. Zur Analyse der Demokratie nach ökonomischen Strukturerkenntnissen vgl. *Downs*, Ökonomische Theorie der Demokratie.

[74] Vgl. zum öffentlichen Gut „nationale Verteidigung", *Musgrave* et al., S. 71.

für die Gemeinschaft existentieller Güter oder die Verhinderung bestimmter unerwünschter Märkte bleibt eine gesellschaftliche, mithin staatliche Aufgabe. Was es geben *soll* und was nicht, ist also ausschließlich *normativ* zu bestimmen und ggf. auch ohne Rücksicht auf den Markt hoheitlich umzusetzen.

Ökonomisch gerechtfertigt scheint staatliches Handeln nur dann zu sein, wenn es sich tatsächlich um ein Versagen *des Marktes* handelt. In anderen Bereichen wurzelt der eigentliche Rechtfertigungsgrund nicht im ökonomischen Bereich, sondern im normativen. Als normgebundene Institution wird der Staat nicht wegen einer bestimmten Marktsituation tätig, sondern weil er bestimmte, normativ festgelegte Aufgaben erfüllen muß. Dabei sollte es – jedenfalls was die Formulierung staatlicher Aufgaben betrifft – nach hier vertretener Ansicht auch bleiben.[75] Gleichwohl muß sich der Staat schon aus Gründen der Verhältnismäßigkeit die Frage stellen, warum er tätig werden sollte, wenn sich die erwünschten Ergebnisse ohne sein Tätigwerden genauso oder besser erreichen lassen. Das heißt, daß der Staat nur dann tätig werden darf, wenn sich seine Aufgaben nicht gleichsam „von selbst" erfüllen. Auch wenn andere Ziele höher zu gewichten sind als die Unberührtheit der Marktprozesse, muß aus Verhältnismäßigkeitsgründen versucht werden, jene möglichst wenig zu beeinträchtigen.

III. „Marktversagen" versus „Staatsversagen"

Auch wenn man im Einzelfall staatliche Intervention befürwortet, bleibt das Problem, ob der Staat überhaupt in der Lage ist, die Marktmängel richtig zu erkennen und auf sie in marktrationaler Weise zu reagieren. Grundthese der ökonomischen Theorie vom Marktversagen ist nicht, daß der Markt als Mechanismus nicht funktionieren würde, sondern daß in der Realität gewisse Umstände zu nicht rationalem Verhalten der Marktteilnehmer führen. Hier müsse ggf. der Staat eingreifen.[76] Warum aber, so die „neue politische Ökonomie", sollte der Staat über mehr Informationen verfügen als die Marktteilnehmer und warum sollte er vor unrationalem Verhalten gefeit sein? Der imperfekte Markt bräuchte also einen – ebenso nur theoretisch vorstellbaren – perfekten Staat.[77] Die Theorie vom Staatsversagen begnügt sich aber nicht mit dieser zunächst durchaus einleuchtenden Kritik an den Theoremen zum Marktversagen, sondern geht einen Schritt weiter und wirft die Frage auf, ob der Staat überhaupt in der Lage ist, (markt-)rational zu handeln. Die Theorie vom Staatsversagen wächst sich dann zu einer Fundamentalkritik an der rationalen Handlungsfähigkeit gesellschaftlicher Institutionen generell aus. Auch wenn von einer geschlos-

---

[75] Vgl. auch oben Kap. 2, Abschn. B. II.
[76] Vgl. hierzu *Bäuerle*, S. 173 f.
[77] Vgl. *Harzem*, S. 69 ff.; *Hiemenz/Weiss*, S. 12.

senen „Theorie des Staatsversagens" wohl nicht gesprochen werden kann, lassen sich Gemeinsamkeiten der Argumentation ausmachen.[78]

1. „Staatversagen"

Der Theorie vom Staatsversagen liegt der Gedanke zugrunde, daß der politische Entscheidungsprozeß nach dem gleichen Konkurrenzprinzip funktioniert wie der ökonomische Markt.[79] Analog dem marktwirtschaftlichen Preismechanismus strebe auch der politische Wettbewerb im Idealfall auf ein Optimum zu. Der Politiker als Anbieter werde sich demnach auf die Konsumenten, also auf die Wähler einstellen, um keine Wählerstimmen zu verlieren.[80] Hinsichtlich des Subventionswesens sei ein wichtiger Gesichtspunkt die Unmerklichkeit der Subventionen für den Politikkonsumenten als Zahler, während für ihn als Empfänger die Vorteile sehr wohl deutlich zu spüren sind.[81] Er habe demnach auch keinen Anlaß, auf dem politischen Markt das Gut „Subventionsabbau" nachzufragen.[82]

2. Ansatzpunkte für „Staatsversagen" im Hinblick auf das Subventionswesen

a) Der Eigennutz der Politiker

Aus polit-ökonomischer Sicht wird gemutmaßt, Politiker würden, dem auch hier gültigen Prinzip des Eigennutzes folgend, besonders am Ende von Wahlperioden Subventionen als Köder auslegen, um sich die Gunst der Wähler zu sichern (Theorie der politischen Konjunkturzyklen).[83] Auch anderweitig soll der Einsatz von Subventionen ein probates Mittel sein, den politischen Eigennutz zur Geltung zu bringen.[84]

---

[78] Vgl. *Gröbner*, S. 88. Dieser auch allgemein zur Theorie des Staatsversagens, S. 87 ff.; vgl. auch *Schlesinger*, S. 20 ff.; *Downs*, S. 161 ff.

[79] Dieser beruht insbes. auf *Schumpeter*s Idee der demokratischen Interaktion. Vgl. *Schumpeter*, S. 397, 427 ff.; *Gröbner*, S. 95, 99 ff.; allgemein hierzu *Downs*, Ökonomische Theorie der Demokratie.

[80] In der Realität ist dies freilich nur bedingt möglich, weil auch hier Informationsdefizite auftreten. Der Politiker kann die Wünsche der Konsumenten nur in periodischen Wahlzeiten erfahren, der Konsument hat umgekehrt zwischen den Wahlen kaum Einfluß auf das Anbieterverhalten. Wie im politischen Markt kommt es auch hier zu Monopol- oder Oligopolbildungen und entsprechenden Wettbewerbsproblemen – vgl. *Downs*, S. 34, 93 ff.

[81] *Gröbner*, S. 102 f., 105.

[82] *Deininger*, S. 245 ff.

[83] Vgl. *Deininger*, S. 377, 385; so etwa auch *Caspari*, Subventionspolitik, S. 49.

[84] Die Politik kann schnell auf Unsicherheiten der Bevölkerung reagieren und braucht im Regelfall kein langwieriges Gesetzgebungsverfahren zu befürchten. Subventionen sind dazu variabel in allen Bereichen einsetzbar. Vgl. *Latz*, S. 124 ff.; *Gröbner*, S. 105.

b) Der Eigennutz der Bürokraten

Da auch der staatlich bestellte Amtswalter „rational", das heißt *eigen*nützig handele, wird auch er zur Triebfeder im Subventionsmechanismus. Er handelt dann freilich nicht objektiv rational, also „sine ira et studio" als Teil der „rationalen bürokratischen Herrschaft" im Sinne Max Webers,[85] sondern ist ebenfalls an seiner *persönlichen* Nutzenmaximierung interessiert (Budget-, Macht-, Prestigemaximierung etc.) und wird daher versuchen, möglichst viele Subventionsgelder zu verwalten.[86]

c) Der Eigennutz der Interessengruppen

Auch hier soll der Kompromißcharakter der Subventionen zum Tragen kommen nach dem Motto: „Läßt du mir meine Subvention, lasse ich dir deine." Die Verbände werden sich also bei der Subventionsnachfrage keineswegs gegenseitig in Schach halten. So komme es etwa zu seltsamen Allianzen zwischen Gewerkschaften und Arbeitgeberverbänden, wenn es um Subventionierung geht.[87]

3. Stellungnahme

Daß die Beharrungskräfte des Subventionswesens ihre Ursache in gesellschaftlichen Fehlsteuerungen haben, wurde bereits oben festgestellt.[88] Diese Beobachtungen verdichtet die „neue politische Ökonomie" zu zweifelsohne reizvoll pointierten Schlüssen – „reizvoll" freilich nur aus theoretischer Perspektive – in der Realität müßte man an einem offenbar von Natur aus korrupten Staat verzweifeln und resigniert einem Staatsnihilismus huldigen. Allerdings bestätigen empirische Untersuchungen den theoretischen Ansatz nicht unbedingt: Die vordergründig einleuchtende These etwa, im Vorwahljahr müßten die Subventionen auffällig anwachsen, bewahrheitet sich in der Realität offenbar nicht.[89] Dies wird dann insbesondere darauf zurückgeführt, daß jede Regierung vor einem Wahljahr wegen befürchteter Verteilungskämpfe vor verstärkter Subventionstätigkeit zurückschrecke[90] (was dann freilich nicht mehr ganz zum Gedanken der Einhelligkeit der Interessengruppen paßt).

---

[85] Vgl. *Weber*, Aufsätze, S. 475 ff.
[86] Vgl. *Harzem*, S. 133; *Gröbner*, S. 106 ff.; *Latz*, S. 142 ff.
[87] Vgl. hierzu *Latz*, S. 102 ff.; *Gröbner*, S. 104, Fn 1; S. 108 ff.
[88] Vgl. oben Kap. 1, Abschn. A. I.
[89] In der Bundesrepublik mußte in einer Untersuchung ein überproportionaler Anstieg der Zuwachsraten von Finanzhilfen (Beobachtungszeitraum 1966 bis 1984) vor Wahlen klar verneint werden. Vgl. *Harzem*, S. 150, 152; ähnlich *Deininger*, S. 465 (1951–1972).
[90] *Harzem*, S. 150; *Latz* sieht in der Zurückhaltung der Politiker immerhin das Bestreben „wenigstens einigermaßen" glaubwürdig zu bleiben – vgl. *Latz*, S. 136.

Geradezu etwas hemdsärmelig kommen Ansätze der neuen politischen Ökonomie daher, wenn sie den Wunsch nach „feudale(n) Büros und Dienstwagen"[91] (Eigennutz der Bürokraten) als Grund für die Verstetigung des Subventionswesens heranziehen.

Daß Prestigegedanken zu den Antriebskräften des Menschen gehören, soll nicht bestritten werden – indes fühlt man sich etwas an die mittelalterliche „Wirtschaftstheorie" erinnert, wonach allerlei menschliche Schwächen und Laster (Haß, Habgier, Neid etc.) ursächlich dafür sein sollen, daß sich der allgemeine Reichtum nicht einstellen will.[92] Sowenig Militär oder Polizei existieren, damit Generäle oder Innenminister sich damit schmücken können, sowenig darf auch der Bürokrat stets nach eigenem freiem Belieben über den Bestand von Subventionen entscheiden. Ethos mag ein knappes Gut sein und doch wird es gelegentlich angeboten. Es ist auch nicht einzusehen, warum der rationale Eigennutz im Bereich der Ökonomie grundsätzlich zum Nutzen aller tendieren, im Bereich der Politik und der Verwaltung im Regelfall aber gemeinschädlich sein soll. Und dies, obwohl in beiden Bereichen „rational" handelnde Individuen am Werk sein sollen.[93] Auch in der Wirtschaft ist unserer Tage oftmals eher der Manager, also der „Wirtschaftsbürokrat" am Werk und nicht mehr nur der für eigene Rechnung, aber auch auf eigenes Risiko handelnde Typus des freien Unternehmers.

Erkenntnisfördernd ist der Ansatz vom Staatsversagen sicherlich insoweit, als er den Blick auf die immer „mitzudenkenden" Schwierigkeiten lenkt, wenn der Saat bzw. seine Institutionen und handelnde Sachwalter sich anschicken, ökonomische Probleme von übergeordneter Warte aus zum Besten des Marktes zu lösen. I.ü. ist die Kategorie „Staatsversagen" (sozusagen als „untauglicher Versuch", Marktmängel *marktrational* auszugleichen) überhaupt nur dann brauchbar, wenn der Staat sich anschickt, *für* den Markt zu handeln (etwa bei infrastrukturellen oder marktstrukturellen Mängeln). Bei Diskrepanzen von Markteffekten und gesellschaftlichen Zielvorstellungen handelt der Staat in Wahrheit nicht „für" den Markt, sondern notwendigerweise „über" ihm oder bewußt „gegen" ihn. Allerdings: Hier kann im positiven wie im negativen überhaupt *nur* der Staat handeln.

Ein wichtiger Aspekt darf beim Thema Staatsversagen nicht vergessen werden: Das „Staatsversagen" macht nicht vor den Toren Brüssels halt, nur

---

[91] *Harzem*, S. 132; in diese Richtung auch *Roppel*, S. 86 ff. und passim.
[92] Vgl. oben Kap. 2, Abschn. A. II.
[93] *Gröbner* unterstellt, es sei „gänzlich unrealistisch, (...) der politische und bürokratische Entscheidungsapparat würde (...) rational und optimal nach vorgegebenen (ökonomischen) Zielen handeln" (*Gröbner*, S. 97).

weil auf den Türmen marktwirtschaftliche Wimpel wehen.[94] Es wäre jedenfalls fatal zu glauben, nur der Nationalstaat sei hierfür anfällig. Im Gegenteil: die „Brüsseler Bürokratie" bietet hier wohl noch mehr Angriffsfläche. Dem Kompromißcharakter des Subventionswesens entsprechend werden sich die Mitgliedstaaten um einzelne Unterstützungsmaßnahmen nicht streiten, wenn sie alle von einer großzügigen EG-Politik in diesem Bereich profitieren. Die Kommission hat – gerade im Beihilfeaufsichtsrecht – erhebliche Ermessensspielräume[95] – Spielräume, die nicht unbedingt marktrational genutzt werden müssen. Die Kommission tritt von Natur aus nicht lediglich als aufsichtsführende Behörde auf, sondern ist selbst Protagonist in einem politischen Spiel. Die zentralistische Struktur schließlich geht mit einer Ballung an Entscheidungskompetenz einher, die das Risiko von Fehlsteuerungen in weit gewaltigerem Ausmaß in sich birgt, als sie der einzelne Mitgliedstaat je verursachen könnte.[96]

IV. Zusammenfassung

Es wäre faktisch sinnlos und normativ unverhältnismäßig, die Marktkräfte zur Erreichung gesellschaftlicher Ziele ungenutzt zu lassen oder ihnen gar entgegenzuarbeiten. Ohne „Marktversagen", also ohne daß der Markt von selbst hervorbringt, was erwünscht ist, gibt es für den Staat keinen Grund, tätig zu werden. Die Kategorie des Marktversagens kann insoweit helfen, staatliches Engagement auf eine rationale und verhältnismäßige Grundlage zu stellen. Inwieweit das Vorliegen von Marktversagen staatliche Eingriffe ökonomisch rechtfertigt, hängt aber nicht zuletzt davon ab, wie weit man den Begriff faßt. Je weiter man den Begriff versteht, um so mehr wird jedes Auseinanderfallen von (vermeintlichen) Fähigkeiten des Marktes und tatsächlichen Marktergebnissen zum Freibrief für staatliches Eingreifen, und dies mit (scheinbarer) ökonomischer Rechtfertigung. Unter „Marktversagen" werden auch Phänomene gefaßt, die mit dem Markt direkt eigentlich nichts zu tun haben (Verteilungsgerechtigkeit oder das Problem erwünschter oder unerwünschter Güter bzw. Märkte). Hier ist der Rechtfertigungsgrund für staatliches Tätigwerden außerökonomischer Natur. Ein Tätigwerden des Staates kann gewiß gerade auch ökonomisch begründet sein. Die Ökonomie ist aber beileibe nicht der eigentliche oder gar einzige

---

[94] Vgl. das Vorwort von Kommissar *Monti*, in: Kommission (Hrsg.), Die Wettbewerbspolitik in Europa und der Bürger.

[95] Das heißt, daß die Kommission bestrebt sein wird, möglichst viele Maßnahmen für mit dem gemeinsamen Markt unvereinbar zu halten und damit unter ihre Kontrolle zu bringen. Vgl. zum Streit der Kommissare *Monti* und *de Palacio* über die Anwendbarkeit des Beihilfenrechts im Bereich des EAV *Pechstein*, EuZW 2001, 307.

[96] Nicht zuletzt deswegen wird die Dezentralisierung der Entscheidungsebenen gefordert. Vgl. *Möschel*, Den Staat an die Kette, S. 14.

Grund, der staatliche Tätigkeit rechtfertigt. Damit ist Marktversagen ein notwendiger, aber kein hinreichender Grund für die Subsidiengewährung. Zur Frage, *wie* der Staat tätig werden soll oder darf, sagt die Kategorie Marktversagen ohnehin nichts aus. Es bleibt dann nur, außerökonomische Ziele und die Unberührtheit der Marktprozesse gegeneinander abzuwägen. Für das Beihilfenaufsichtsrecht folgt aus der Notwendigkeit der Abwägung und Bewertung die Frage der Einschätzungsprärogative, welche Ebene (Mitgliedstaat oder Gemeinschaft) also zur Bewertung aufgerufen ist.

Kapitel 4

Subsidien im Rahmen der verfassungsmäßigen Vorgaben

Die oben in abstracto herausgearbeiteten Konfliktlagen sollen im folgenden im Hinblick auf die konkreten verfassungsmäßigen Vorgaben untersucht werden.[1] Welche Grundaussagen treffen deutsche und europäische Verfassungsrechtsordnung über Subsidienvergabe und -aufsicht? Die Blickrichtung wird freilich tendenziell jeweils eine andere sein müssen: Während der EG-Vertrag die Beihilfenaufsicht im wahrsten Sinne *begründet*, ist im Hinblick auf nationales Verfassungsrecht naturgemäß eher interessant, welche *Grenzen* dem Beihilfenrecht gesetzt werden.

A. Das Verhältnis von Grundgesetz und Europarecht

Theoretisch, da es nur ein „Recht" gibt (und damit noch eher auf der Sollensebene), bilden nationales und europäisches Recht *eine* einheitliche Rechtsordnung.[2] In praxi kann es freilich zu einer Reihe von Wertungskollisionen kommen, insbesondere wenn die Gemeinschaft nicht koordinierend oder konditionierend, sondern – wie im Beihilfenaufsichtsrecht – kontrollierend gegenüber den Mitgliedstaaten auftritt.[3] Gerade im Beihilfenrecht prallen nicht nur verschiedene Norminhalte, sondern wegen des vielfältigen Ziel- und Wirkungsgeflechts gleich zwei Rechtsordnungen aufein-

---

[1] Zu den verfassungsmäßigen Vorgaben gehören aus deutscher Sicht das GG und der EUV bzw. EGV als (noch) maßgebliche „Verfassung" der EG bzw. der EU.

[2] Anders als in der deutschen Rechtsordnung, die im Zweifelsfall der bundesrechtlichen Bestimmung den Vorzug gibt (Art. 31 GG), fehlt es im Hinblick auf das Europarecht an einer entsprechenden Kollisionsregel (zu einer solchen Vorrangregel im Verfassungsentwurf des Konvents *Oppermann*, DVBl. 2003, 1165, 1172).

[3] Gemeint sind hier Konflikte, die mittels diskutabler Argumente gelöst werden können; nicht hingegen Fälle bewußter Nichtachtung von Gemeinschaftsrecht (vgl. zu letzteren *Rohe*, EuZW 1997, 491 ff.).

ander.⁴ Das wirft zwangsläufig die Frage nach dem Verhältnis von europäischer und mitgliedstaatlicher (hier also deutscher)⁵ Rechtsordnung auf.

I. Untersuchungsgegenstand und Erkenntnisinteresse – der „Vorrang" des Europarechts

Der dem Europarecht grundsätzlich einzuräumende Vorrang vor nationalem Recht wird heute im Ergebnis nicht mehr ernstlich in Zweifel gezogen.⁶ Ein Vorrang der europäischen „*Verfassung*" (in erster Linie der EG-Vertrag) vor den nationalen Verfassungen ist im Hinblick auf die europäische Integration sicher auch ohne weiteres akzeptabel. Die These vom (Anwendungs-) Vorrang führt aber zur logischen Konsequenz, daß *auch Sekundärrechtsakte* der Gemeinschaftsorgane normhierarchisch grundsätzlich „über" dem nationalen Verfassungsrecht stehen.⁷ Dies berührt aus verfassungs-„ästhetischen" bzw. -systematischen Gründen zumindest dann unangenehm, wenn es, wie im Beihilfenaufsichtsrecht regelmäßig, um „Entscheidungen" (i.S.d. Art. 249 Abs. 4 i.V.m. Art. 211 Spiegelstrich 3 EG) der Kommission geht. Können – so fragt man sich unwillkürlich – tatsächlich zu Hunderten erlassene Ad-hoc-Entscheidungen der Kommission über dem mit äußerster rechtlicher Dignität ausgestatteten GG stehen? Da-

---

⁴ Zum „Ziel"- bzw. „Wirkungspluralismus" vgl. oben Kap. 3, Abschn. A.

⁵ Wenn hier die deutsche Perspektive gewählt wird, ist das für eine deutsche Arbeit zwar naheliegend – für den europarechtlichen Untersuchungsgegenstand indes keineswegs zwingend. Ein Abstellen auf die deutsche Sicht soll daher eher exemplarisch aufgefaßt werden, würde doch eine Gesamtschau auf sämtliche europäischen Verfassungsordnungen und die entsprechenden Wertungskollisionen mit der EG-Verfassung schlicht zu weit führen.

⁶ Jede andere Lösung müßte die Integration praktisch undurchführbar machen. Die h.M. geht von einem Anwendungsvorrang aus, wonach nationales Recht nur im Kollisionsfall verdrängt, dessen Geltung aber im übrigen nicht tangiert wird. Diese Ansicht hat sowohl den Vorteil weitgehender Durchsetzungskraft und einheitlicher Geltung des Europarechts wie auch den des möglichst behutsamen Eingriffs in die nationalen Rechtsordnungen für sich. Sie wird auch hier zugrundegelegt. Vgl. hierzu nur etwa *Streinz*, Rn 222; EuGH, 20.2.1964, Rs 6/64, Slg. 1964, 1141 („Costa ENEL"). Umstritten ist aber insbesondere die Herleitung dieses Vorrangs. Die Diskussion ist eng mit dem Streit um die Rechtsnatur der EG verbunden. Nach den „Traditionalisten" ist das Gemeinschaftsrecht dem Völkerrecht zuzuordnen, bestimmend ist der Vertragscharakter der Gemeinschaft, nach den „Autonomisten" handelt es sich bei der Gemeinschaft um ein weitgehend eigenständiges, autonomes Rechtsgebilde (vgl. *Schweizer/Hummer*, Rn. 74 ff.). Nach wohl h.M. bildet die Gemeinschaft eine „supranationale Organisation", die sich durch weit fortgeschrittene Integration insoweit von ihrer vertraglichen Grundlage bereits gelöst habe, als sie verbindliche Beschlüsse fassen und die ursprünglichen Vertragsstaaten auch gegen ihren Willen verpflichten könne. Andererseits bleibe die Kompetenz-Kompetenz weiterhin bei den Mitgliedstaaten. Vgl. hierzu nur *Streinz*, Rn. 126 ff., 190 ff.; *Zuleeg*, EuR 1990, 123, 127.

⁷ Vgl. *Zuleeg*, in: G/S, Art. 1, Rn 24.

zu handelt es sich bei solchen „Entscheidungen" nicht einmal um Rechtsakte mit Normqualität, sondern strukturell – nach deutscher Terminologie – um bloße „Verwaltungsakte".[8]

Die merkwürdig anmutende Vorstellung einer Normenpyramide auf der bildlich gesprochen eine zweite Normenpyramide steht, führt indes am Wesentlichen vorbei. In Wahrheit handelt es sich eher um zwei sich überlagernde rechtliche Systeme, die in verschiedenster Weise miteinander verknüpft und verflochten und voneinander durchdrungen sind.[9] Es muß hier also vielmehr um die Frage gehen, wie tief das Beihilfenrecht und das zu dessen Konkretisierung notwendigerweise zu erlassende Sekundärrecht in die deutsche Rechts- und Verfassungsordnung vordringen bzw. wie weit es diese überlagern darf. Jedenfalls zu Analysezwecken, also um Konfliktlagen aufzuzeigen, sollen beide Rechtsordnungen und Aussagen ihrer höchsten Gerichte aber zunächst isoliert betrachtet werden.

II. Die Grenzen des Vorrangs

Bei der Verhältnisfrage von nationalem und europäischem Recht geht es nicht zuletzt um die Originalität des Geltungsanspruchs.[10] In Ermangelung einer ausdrücklichen Kompetenz- und Vorrangregelung[11] kann daher tatsächlich wohl nur die eine Rechtsordnung im Licht der anderen untersucht werden, um das Verhältnis beider zueinander zu ergründen. Die wenig zufriedenstellende Folge ist, daß es immer zwei Lösungen gibt: die aus europäischer und die aus der jeweiligen mitgliedstaatlichen Sicht. Akzeptiert man diese „Doppeloptik" als rechtliche Realität, muß versucht werden, Lösungen zu finden, die beiden – rechtlich im Grunde miteinander unvereinbaren, weil das Recht teilenden – Sichtweisen gerecht werden.[12]

---

[8] Praktisch nicht minder wichtig ist diese Frage im Zusammenhang mit europäischen Verwaltungsvorschriften: Inwieweit nehmen auch diese Rechtsakte, die ebenfalls ohne echte Normqualität und grundsätzlich ohne Außenwirkung sind, an dem prinzipiellen Anwendungsvorgang teil? Diese Vorschriften können faktische Rechtswirkungen entfalten ohne zu den in Art. 249 EG aufgeführten verbindlichen Rechtsakten zu zählen. Vgl. hierzu unten 2. Teil, Kap. 1, Abschn. C. III.

[9] Vgl. *Streinz*, Rn 197 ff., sowie oben Kap. 3, Abschn. A. zum „Wirkungs"- bzw. „Zielpluralismus".

[10] Wie mit dem sprichwörtlichen Problem vom Ei und der Henne läßt sich eine allseits befriedigende Lösung nicht finden. Vorliegend landet man wieder beim Problem der Rechtsnatur der EG zwischen völkerrechtlich begründeter Vertragsgemeinschaft und Staatenbund.

[11] Vgl. *Streinz*, Rn. 147, unter Hinweis auf den Kompetenzverteilungskatalog nach Art. 73 ff. GG; *Zuleeg* (EuR 1990, 123, 126 f., 129) sieht in den Verträgen immerhin „Ansatzpunkte" für Kollisionsregeln. Deutlicher für die Notwendigkeit eines entsprechenden „Kollisionsrechts" plädierend ders. in G/S, Art. 1, Rn 23.

[12] Dieser unauflöslich scheinende Widerspruch zwischen nationaler und europäischer Sichtweise läßt sich in der Rechtsanwendungspraxis wohl nur durch ein gewisses Maß an

1. „Grenzen" der Integration aus mitgliedstaatlicher und europäischer Sicht

Aus verfassungsrechtlicher Sicht zumindest der Mitgliedstaaten ist der Vorrang des europäischen Rechts kein absoluter, sondern findet Grenzen in den jeweiligen Verfassungsordnungen.[13] Eine andere Sichtweise käme einer völligen Preisgabe der nationalen Verfassungsordnungen als originäre Manifestationen souveräner Staaten gleich.[14] Aus europäischer Perspektive insbesondere des EuGH stellt sich das Problem in dieser Form zunächst nicht: Der Gerichtshof geht von der Eigenständigkeit der europäischen Rechtsordnung aus.[15] Diese sei in das Recht der einzelnen Mitgliedstaaten „aufgenommen". Widersprechende einzelne Maßnahmen der Mitgliedstaaten seien wegen der Gefahr für die Vertragsziele auszuschließen.[16]

---

juristisch nicht zwingender, gegenseitiger Rücksichtnahme und schrittweise erfolgender Annäherung im Sinne eines „nobile officium" überwinden – auch wenn dies Abstriche an der eignen Position voraussetzt. So ist das BVerfG dem EuGH etwa in seiner Solange II-Rechtsprechung „entgegengekommen" und hat auf seine Prüfungskompetenz hinsichtlich europäisch veranlaßter Grundrechtseingriffe faktisch verzichtet (vgl. Solange II, BVerfGE 73, 339, 387). Der EuGH ist zum Beispiel in seiner „Cassis de Dijon"-Rechtsprechung (EuGH, 20.2.1979, Rs 120/78, Slg. 179, 649, Rn 8) und früher noch in der Sache „Van Binsbergen" (EuGH, 3.12.1974, Rs 33/74, Rn 12 f.) einer allzu ausufernden Interpretation der Grundfreiheiten entgegengetreten und hat sich in seiner „Keck"-Rechtsprechung. (EuGH, 24.11.1993, Rs C-267/91, Slg 1974, 1299, Rn 16) im Vergleich zur früheren „Dassonville-Formel" (EuGH, 11.7.1974, Rs 8/74, Slg. 1974, 837, Rn 5) deutlich zurückgenommen. Derartige Kompromisse – das BVerfG spricht distinguierter von „Kooperation" (vgl. Maastricht-Urteil, BVerfGE 89, 155, 175; präzisiert in BVerfGE 102, 147, 164 ff.) – können hier freilich nicht gemacht werden, gleichwohl sind beide Sichtweisen zu berücksichtigen.

[13] *Streinz*, Rn 201. Die Frage der Kompetenzverteilung zwischen Deutschland und Europa spielt allerdings in der wissenschaftlichen Auseinandersetzung um das Maastricht-Urteil eine eher untergeordnete Rolle gegenüber dem Grundrechtsschutzes beigemessenen Bedeutung (vgl. nur die Aufsätze von *Wittkowski*, BayVBl. 1994, 359 ff.; *Horn*, DVBl. 1995, 89 ff.; *Frenz*, Der Staat 1995 (34), 586 ff.; *Knauff*, VR 2001, 105 f.)

[14] Vgl. BVerfGE 89, 155, 182 ff. zum Problem der Volkssouveränität und dem Demokratieprinzip als staatskonstituierendem Element. Hierzu auch unten Abschn. B. V. 5.

[15] Seit der Rechtssache EuGH, 20.2.1964, Rs 6/64, Slg. 1964, 1141 („Costa ENEL"), st. Rspr. (vgl. *Streinz*, Rn 216 ff.). Diese Sichtweise des EuGH ist insoweit nachvollziehbar, als es aus seiner Warte darum gehen muß, dem Europarecht die notwendige Durchsetzungskraft und vor allem dessen einheitliche Geltung zu sichern. Gerade letzteres wäre gefährdet, wenn jede Rechtsordnung eigene und damit notwendigerweise unterschiedliche Grenzen ziehen würde. Dazu kommt noch, daß der EuGH – sicher zu Recht – die Auslegung nationalen Rechts ablehnt. Dies wäre aber notwendig, um durch nationales Verfassungsrecht gesetzte Grenzen zu bestimmen.

[16] EuGH, 20.2.1964, Rs 6/64, Slg. 1964, 1141 („Costa ENEL"). Keine wie immer geartete innerstaatliche Rechtsvorschrift könnte dem „aus einer autonomen Rechtsquelle fließenden" Gemeinschaftsrecht vorgehen, „wenn ihm nicht sein Charakter als Gemeinschaftsrecht aberkannt und wenn nicht die Rechtsgrundlage der Gemeinschaft selbst in

Die „Schranken", die dem Europarecht gesetzt sind, sind demnach allenfalls *autonome europarechtliche* Schranken. *Aus europäischer Sicht* geht es dann weniger um eine nationalverfassungsrechtlich begründete *Begrenzung* des Vorrangs des Gemeinschaftsrechts, sondern allenfalls um eine adäquate *Berücksichtigung* mitgliedstaatlicher Interessen *im Rahmen* des Gemeinschaftsrechts. Die mitgliedstaatlichen Vorgaben wirken dann nicht *unmittelbar* begrenzend, sondern allenfalls gemittelt durch europäische Rechtsinstitute (z.B. durch das Subsidiaritäts- oder das Verhältnismäßigkeitsprinzip).[17] Also allenfalls: Wie weit müssen die Befugnisse der EG *mindestens reichen*, um den im EG-Vertrag festgelegten Zielen gerecht zu werden und ohne legitime mitgliedstaatliche Rechte und Interessen „über Gebühr" zu tangieren?

Aus *deutschem* Blickwinkel können dagegen zumindest nach der Rechtsprechung des BVerfG die Wertungen des GG eine echte Schranke darstellen.[18] Hier ist die Frage, wie weit die Befugnisse der EG *höchstens reichen* dürfen, ohne daß elementare Wertungen des GG mißachtet werden.

2. Die Grenze der Integration nach der Judikatur des Bundesverfassungsgerichtes

Echte „Grenzen" des Vorrangs gibt es also nur nach der nationalstaatlichen Sichtweise (zu den europarechts*immanenten* Grenzen vgl. unten C.). Der Ansatz des BVerfG ist folgender: Auszugehen ist zunächst von der Integrationsermächtigung im GG selbst (Art. 23 Abs. 1 Satz 2 – früher Art. 24 Abs. 1 GG). In dessen Schranken können Zustimmungsgesetze, mittels derer Kompetenzen auf europäische Institutionen übertragen werden, erlassen werden. Im Rahmen dieser Kompetenzen können die europäischen Organe Hoheitsakte erlassen, die wiederum vom deutschen Hoheitsträger anzuerkennen sind.[19] Damit wird das europäische Recht nicht Bestandteil des deutschen Rechts, das deutsche Recht läßt dem europäischen Recht aber

---

Frage gestellt werden soll." Vgl. auch EuGH, 13.2.1969, Rs 14/68 („Walt Wilhelm/Bundeskartellamt"), Slg. 1969, 1, Rn 4 ff.

[17] Dies kann etwa durch eine die mitgliedstaatlichen Interessen entsprechend berücksichtigende Konkretisierung des Primärrechts bzw. durch genauere Bestimmung der Aufgaben und Befugnisse der europäischen Organe geschehen. Vgl. hierzu unten 2. Teil, Kap. 1, Abschn. C.

[18] Zumindest als Aussichtspunkt für die „deutsche Sichtweise" soll die Rechtsprechung des BVerfG herangezogen werden. Im wesentlichen ist dies seine Solange- und Maastricht-Judikatur (vgl. insbes. BVerfGE 37, 271; 73, 339; 89, 155). Ein sicherlich berechtigtes, zudem den Vorwurf des „Verfassungsgerichtspositivismus" (vgl. *Jestaedt, M.*, S. 38, Fn 5) vermeidendes, prinzipielles Hinterfragen dieser Rechtsprechung müßte den Rahmen jedenfalls dieser Arbeit sprengen und unterbleibt daher.

[19] *Streinz*, Rn 226.

entsprechenden „Raum".[20] Dieser von der „Öffnungsklausel" beschränkte und vom Zustimmungsgesetz definierte Raum ist idealer Weise kongruent mit dem, der von den europäischen Institutionen tatsächlich beansprucht wird. Danach bestimmt der deutsche Gesetzgeber – zumindest theoretisch – selbst die Grenzen des „Vorrangs" des Europarechts.[21]

a) Die Weite der „Öffnungsklausel"

Eine grundgesetzlich ausdrückliche verankerte Integrationsgrenze, welche die maximale Weite des gegebenenfalls offen zu lassenden „Raums" festlegt, ist zunächst Art. 23 Abs. 1 S. 3 GG. Die absolute *Mindest*schranke ist hiernach Art. 79 Abs. 3 GG und die darin perpetuierten Grundsätze.[22] Zu Art. 24 Abs. 1 GG a.F. hatte das BVerfG bemerkt, dieser ermächtige nicht, „die Identität der geltenden Verfassungsordnung der Bundesrepublik Deutschland durch Einbruch in ihr Grundgefüge, in sie konstituierende Strukturen, aufzugeben".[23]

b) Die Bestimmtheit der Zustimmungsgesetze und der zu übertragenden Kompetenzen

Angesichts der weitreichenden Konsequenzen muß das Zustimmungsgesetz (trotz gewisser Abstriche wegen des Vertragscharakters des Textes) hinreichend bestimmt sein. Unter anderem muß es die „übertragenen Rechte und das beabsichtigte Integrationsprogramm" hinreichend bestimmbar festlegen.[24] Die sich aus dem Vertrag ergebenden Rechte und Pflichten – „insbesondere auch das rechtsverbindliche unmittelbare Tätigwerden der Europäischen Gemeinschaften im innerstaatlichen Rechtsraum" muß für

---

[20] Vgl. BVerfGE 37, 271, 280.

[21] Eine Kollision jenseits der Fälle des bewußt eingeräumten Anwendungsvorrangs wäre demnach jedenfalls theoretisch ausgeschlossen (so i.E. *Uhrig*, S. 535 ff.) – praktisch kommt es freilich zu einer Reihe von Unstimmigkeiten, die die Frage nach der letztverbindlich entscheidenden Kontrollinstanz aufwerfen.

[22] Ob tatsächlich in jedem Fall eine Kompetenzübertragung und damit weitgehende Preisgabe grundgesetzlicher Wertungen bis zu diesem „Allerheiligsten" des Grundgesetzes statthaft ist, ist ebenso umstritten, wie die Reichweite der mit der „Ewigkeitsgarantie" geschützten Prinzipien selbst. Vgl. hierzu unten Abschn. B. V. 4. und 5.

[23] Ohne sich in diesem Zusammenhang konkret auf Art. 79 Abs. 3 GG zu beziehen (vgl. BVerfGE 73, 339, 375 f.). In seinem Maastricht-Urteil hat das BVerfG ausgeführt, die Mitgliedstaaten „bedürfen hinreichend bedeutsamer eigener Aufgabenfelder", namentlich dem Bundestag müßten „Aufgaben und Befugnisse von substantiellem (politischem) Gewicht" verbleiben (BVerfGE 89, 155, 186 und 207).

[24] BVerfGE 89, 155, 187.

den Gesetzgeber „voraussehbar im Vertrag umschrieben und durch ihn hinreichend bestimmbar normiert" werden.[25]

c) Die begrenzt zulässige Eigendynamik der Integration

Entgegen der sogenannten „Gesamtakttheorie", nach der die „Öffnungsklausel" als „Integrationshebel" das Gemeinschaftsrecht auf eine von der Ermächtigungsgrundlage losgelöste Ebene hievt,[26] bleibt nach Ansicht des BVerfG das Zustimmungsgesetz für die Reichweite der Kompetenzübertragung dauerhaft bestimmend. Demnach kann sich das Gemeinschaftsrecht nur innerhalb dieses vorgegebenen Rahmens entwickeln. „Wesentliche Änderungen" des Integrationsprogramms und seiner Handlungsermächtigungen sind damit nicht mehr vom Zustimmungsgesetz gedeckt.[27]

III. Die Kontrolle der Integrationsgrenzen

Die Frage, an welchen Maßstäben der Integrationsprozeß und die Rechtsakte der europäischen Organe im Verhältnis zu den nationalen Rechtsordnungen zu messen sind, ist nicht zuletzt eine Frage der sich für zuständig erklärenden Kontrollinstanz. Diese entscheidet dann natürlicherweise anhand *ihrer* Rechtsordnung. Da sich für den EuGH die Vorrangproblematik schon gar nicht als Frage stellt, welche Grenzen *mitgliedstaatliche* Rechtsordnungen der europäischen setzen könnten, ist auch hier zuvorderst auf die nationalen Kontrollinstanzen zu rekurrieren.

Für *Grundrechtsverletzungen (1.)*, die auf europäisches Sekundärrecht zurückzuführen sind, hat sich aus deutscher Sicht das BVerfG nach der berühmt gewordenen Sentenz für unzuständig erklärt, *solange* „die Europäischen Gemeinschaften, insbesondere die Rechtsprechung des Gerichtshofs der Gemeinschaften einen wirksamen Schutz der Grundrechte gegenüber der Hoheitsgewalt der Gemeinschaften generell gewährleisten, der dem vom GG als unabdingbar gebotenen Grundrechtsschutz im wesentlichen

---

[25] BVerGE 89, 155, 188, mwN. Bezogen auf die Kompetenzen der europäischen Organe seien deren Handlungsmöglichkeiten „nicht nur auf Ziele hin zu bestimmen, sondern in ihren Mitteln tatbestandlich zu erfassen, ihre Aufgaben und Befugnisse also gegenständlich zu umgrenzen." BVerfGE 89, 155, 209, mwN.

[26] Vgl. *Ipsen*, Europäisches Gemeinschaftsrecht, S. 59 ff.; *Streinz*, Rn 121, 209 ff.

[27] Im Maastricht-Urteil warnt das BVerfG die europäischen Institutionen einigermaßen unverhohlen davor, etwa die bis dahin „großzügige Handhabung" des Art. 253 EWGV weiterhin im Sinne einer „Vertragsabrundungskompetenz" zu deuten und mahnt eine strenge Scheidung zwischen erlaubter Auslegung der Befugnisnormen und einer vom Zustimmungsgesetz unter Umständen nicht mehr gedeckten Vertragserweiterung an – vgl. BVerfGE 89, 155, 188, 210.

gleichzuachten ist, zumal den Wesensgehalt der Grundrechte generell verbürgt".[28]

Weniger konziliant ist das BVerfG bei der *Übertragung von Kompetenzen (2.)*. Die Prüfungskompetenz der *Rechtmäßigkeit des Zustimmungsgesetzes* als nationales Recht nimmt das BVerfG weiterhin in vollem Maße in Anspruch. Geht es um die *Ausübung der Kompetenzen (3.)*, also um die Frage, ob diese Ausübung sich im Rahmen des Zustimmungsgesetzes hält, hat das BVerfG festgestellt: „Würden etwa europäische Einrichtungen oder Organe den Unions-Vertrag in einer Weise handhaben oder fortbilden, die von dem Vertrag, wie er dem deutschen Zustimmungsgesetz zugrunde liegt, nicht mehr gedeckt wäre, so wären die daraus hervorgehenden Rechtsakte im deutschen Hoheitsbereich nicht verbindlich."[29] Insbesondere, wenn europäische Organe den Vertrag entgegen diesem im deutschen Zustimmungsgesetz aufgenommenen Vertragsinhalt auslegen und handhaben, wäre dies innerhalb Deutschlands „rechtlich unverbindlich". „Die deutschen Staatsorgane müßten etwaigen auf eine derartige Handhabung [...] gestützten Rechtsakten die Gefolgschaft verweigern."[30]

IV. Zusammenfassung und Bewertung

Die Frage der Grenzen des (im Grundsatz unstrittigen) Vorrangs des Europarechts vor nationalem Recht stellt sich nur für die nationalen Rechtsordnungen. Für Deutschland gilt: Mit dem Zustimmungsgesetz zu den Römischen Verträgen vom 27.7.1957, mit dem das europäische Beihilfenregime verbindlich errichtet wurde, durften und konnten wirksam keine Kontrollkompetenzen übertragen werden, die mit Essentialia des GG im Widerspruch stehen oder die absolute Mindestgrenze des Art. 79 Abs. 3 GG verletzen. Eine Weiterentwicklung des Beihilfenaufsichtsrechts ist nur im Rahmen des ursprünglichen Zustimmungsgesetzes oder späterer Zustimmungsgesetze statthaft. Da wesentliche Wortlautänderungen am Text der Art. 92 ff. EWGV (Art. 87 ff. EG) selbst nicht vorgenommen wurden,[31]

---

[28] Solange II (BVerfGE 73, 339, 387), bestätigt insbes. in BVerfGE 102, 147, 164 ff., in dem das BVerfG Irritationen über das „Kooperationsverhältnis" ausgeräumt hat. Zu den Grenzen der justitiellen Zurückhaltung des BVerfG bei überbordender EG-Regulierung mit Einwirkung auf Grundrechtspositionen vgl. *Rohe*, RabelsZ 61 (1997), 1, 29.

[29] BVerfGE 89, 155, 188. Zur Kontrolle kompetenzwidriger Gemeinschaftsakte vgl. *Weber, A.*, S. 21 ff.

[30] BVerfGE 89, 155, 195. Das BVerfG bringt nicht eindeutig zum Ausdruck, wem eine entsprechende Verwerfungskompetenz zustehen soll. Ihm selbst oder womöglich jeder staatlichen Behörde, die ansonsten gezwungen wäre, verfassungswidriges Recht anzuwenden. Für die Überprüfungskompetenz jeder deutschen staatlichen „Stelle" *Zuleeg*, Verfassung der EG, S. 79.

[31] Eingefügt wurde allein lit. d in Abs. 3 des Art. 87 EG.

könnten sich veränderte Kompetenzen allenfalls aus geänderten sonstigen Bestimmungen, insbesondere aus veränderten *Vertragszielen* ergeben.[32] Rechtsakte der Kommission, die aber ohne Kompetenzgrundlage erlassen werden oder aus einer rechtswidrigen *vertragsändernden Auslegung* der Art. 87 ff. EG resultierten, wären tatsächlich für deutsche Behörden unbeachtlich. Auf diese vom BVerfG umrissenen Mindestschranken wird im folgenden besonderes Augenmerk zu richten sein.

B. Die grundgesetzlichen Vorgaben

Welche Grenzen setzen die grundgesetzlichen Vorgaben der europäischen Beihilfenaufsicht? Oder umgekehrt: Inwieweit verwirklicht vielleicht sogar das europäische Beihilfenaufsichtsrecht Vorgaben des GG? Um diese Fragen zu beantworten, ist näher auf die verschiedenen im GG niedergelegten Rechte, Prinzipien und Strukturprinzipien einzugehen, soweit sie möglicherweise Stellungnahmen zum Subsidienwesen enthalten oder Ableitungen hierzu erlauben.[33]

I. Untersuchungsgegenstand und Erkenntnisinteresse

Es geht hier um die Frage, an welche grundgesetzlichen Grenzen das europäische Beihilfenrecht potentiell stößt, wo also zumindest Kollisionsmöglichkeiten denkbar sind. Nach der These vom Anwendungsvorrang ist klar, daß via Kompetenzübertragung sogar europäische Sekundärrechtsakte Vorgaben selbst des GG „überlagern" können – aber eben nur in den Grenzen der Zustimmungsgesetze, die selbst wieder dem GG unterliegen. Je nach Konstellation bildet deutsches Verfassungsrecht danach einen mehr oder weniger weiten bzw. mehr oder minder bewehrten „Schutzwall" gegenüber dem Europarecht.[34] Das *gesamte Verfassungsrecht* und das darauf aufbauende einfachgesetzliche Recht bildet eine Schranke gegenüber europäischem Sekundärrecht, das unter Überschreitung der europäischen Kom-

---

[32] Das BVerfG hat hierzu allerdings ausgeführt, daß nach dem Prinzip der begrenzten Einzelermächtigung „zwar eine einzelne Bestimmung, die Aufgaben und Befugnisse zuweist, mit Blick auf die Vertragsziele ausgelegt werden" darf, das Vertragsziel selbst aber nicht genüge, „um Aufgaben und Befugnisse zu begründen oder zu erweitern." BVerfGE 89, 155, 209.

[33] Der wirtschaftsrechtlichen Fragestellung entsprechend geht es um Vorgaben vorwiegend in ökonomischer Hinsicht, also um die deutsche „Wirtschaftsverfassung". Da das Beihilfenrecht aber potentiell sämtliche Politikbereiche berührt, müssen dabei auch die mit den wirtschaftlichen Grundentscheidungen in Zusammenhang stehenden sozioökonomischen und außerökonomischen Wertungen, seien sie subjektiv- oder objektivrechtlicher Natur, Berücksichtigung finden.

[34] Vgl. oben Abschn. A. II. sowie *Papier*, BayGTzeitung 2002, 424, 427.

petenzen erlassen wird.[35] Bezogen auf den vom GG gewährten Grundrechtsschutz bilden *die Grundrechte* zwar nach wie vor eine existente Grenze, das BVerfG übt seine diesbezügliche Kontrollkompetenz im Rahmen seiner Solange II-Rechtsprechung indes nur noch im Rahmen einer „negativen Evidenzkontrolle" aus.[36] Gewisse *Essentialia* des GG bilden eine absolute Grenze, da Kompetenzen in diesen Bereich nicht übertragbar sind, entsprechende Kompetenzen also nie wirksam übertragen und somit auch nicht wirksam ausgeübt werden konnten bzw. können.[37] Soweit aus dem GG Aussagen zum Subsidienwesen ableitbar sind, kann es insoweit auch zu potentiellen Kollisionskonstellationen mit dem Beihilfenaufsichtsrecht kommen.[38] Unter diesem Aspekt sind folgende Fragestellungen an das GG denkbar:

– Inwieweit *gebietet* das GG Subsidien?
– Inwieweit *verbietet* das GG Subsidien? und
– Inwieweit beläßt das GG die Vergabe von Subsidien in der freien Verantwortung der nationalstaatlichen Organe?

Für das Erkenntnisinteresse relevant sind vorwiegend die erste und die dritte Fragestellung.[39] Konfliktpotential besteht dann, wenn eine Subsidienvergabe vom GG quasi *vorgeschrieben* würde, der EG-Vertrag bzw. die ausführenden europäischen Organe hingegen diese Maßnahme untersagten. Das gleiche gilt in abgeschwächtem Maße für einen der Legislative oder Exekutive vom GG eingeräumten *Entscheidungsspielraum* bezüglich der Subsidienvergabe; insbesondere wenn dieser Spielraum dem Gesetzgeber bewußt eingeräumt worden wäre und entsprechenden grundgesetzlichen Schutz genießen würde. Dann stellt sich das Problem, ob sich der einfache Gesetzgeber dieses Spielraums wirksam entäußern durfte bzw. darf. Soweit GG und europäische Ordnung parallele Wertungen enthalten, hätte das immerhin zur Folge, daß dem deutschen Staat eine Berufung auf „eigene" Rechte und Interessen abgeschnitten wäre. Zunächst ist zu prüfen,

---

[35] Vgl. oben Abschn. A. II.
[36] *Streinz*, Rn 247.
[37] Vgl. oben Abschn. A. II.
[38] Vgl. etwa *Nowak*, EuZW, 2001, 293.
[39] Ein bereits grundgesetzlich *untersagter* Einsatz von Subsidien kann grundsätzlich nicht zu einer Kollision führen – hier könnte eher das Beihilfenaufsichtsrecht zur Durchsetzung paralleler grundgesetzlicher Wertungen beitragen. Daß das Beihilfenrecht und das GG hier einander widersprechende Aussagen treffen, ist dann wohl nur theoretisch vorstellbar. Zur sog. eingeschränkten „Zweischrankentheorie" im allgemeinen Wettbewerbsrecht vgl. *Zuleeg*, EuR 1990, 123, 127.

ob das GG spezifische Aussagen im Hinblick auf das Subsidienwesen trifft.[40]

II. Spezifische Aussagen des GG zum Subsidienwesen?

Das GG nennt weder das Mittel „Subvention" noch das Mittel „Beihilfe" im europarechtlichen Sinne.[41] Demzufolge ist es auszuschließen, daß es *explizit* den Einsatz entsprechender *Mittel* anordnet oder verbietet. Im übrigen scheint das GG ganz selbstverständlich von den „klassischen" Instrumenten staatlicher Herrschaft auszugehen[42] – wozu freilich traditionell auch Subsidien gehören.[43] Aus verschiedenen Stellen ergibt sich auch, daß das GG finanzielle Förderung zumindest voraussetzt.[44] Wann der Einsatz insbes. finanzieller Hilfen geboten oder untersagt ist, beantwortet das GG aber nicht. Insgesamt will das GG den staatlichen Organen bei der Wahl der Mittel offenbar bewußt weitgehend freie Hand lassen. Den Schwerpunkt legt das GG eindeutig nicht auf die Bestimmung der Instrumente staatlichen Handelns, sondern auf die Festschreibung von Grundrechten und staatlichen Zielen[45] bzw. auf vom Staat wahrzunehmende Aufgaben. Die verfassungsrechtliche Pflicht, ein *Ziel* anzustreben oder die Freiheit, solche *Ziele* zu formulieren, besagt unmittelbar noch nichts über die Frei-

---

[40] Dies könnte in Form von Vorgaben zu einzelnen Instrumenten (Mitteln), zu bestimmten grundgesetzlichen Aufgaben (Zielen) oder im Hinblick auf besonders zu berücksichtigende Kontrollmechanismen (hinsichtlich der Wirkungen) der Fall sein. Vgl. zur Analyse staatlichen Handelns nach Ziel, Mittel und Wirkung oben Kap. 3, Abschn. A.

[41] Zwar spricht das GG in Art. 111 Abs. 1 lit. c von „Beihilfen" und in Art. 74 Abs. 1 Nr. 13 von „Ausbildungsbeihilfen", aber in anderem Zusammenhang. Generell schenkt das GG den Instrumenten staatlicher Herrschaft wenig Aufmerksamkeit. Einzelne Instrumente lassen sich zwar verstreut im GG finden (etwa der „Angriffskrieg" in Art. 26 GG, „Notwendige Maßnahmen" bezüglich des Bundeszwangs nach Art. 37 GG, die „Rahmenplanung" in Art. 91a Abs. 3 GG, die „Bildungsplanung" gem. Art. 91b GG, „Finanzhilfen an Länder und Gemeinden" nach Art. 104a Abs. 4 GG). In Art. 15 nennt das GG ausdrücklich das Instrument der „Vergesellschaftung", das mit dem Subsidienwesen unmittelbar nicht in Zusammenhang steht, das aber als potentiell tief in die Eigentumsfreiheit eingreifendes und nicht eben marktkonformes Interventionsinstrument anzusehen ist.

[42] Es spricht von „Gesetzgebung" (vgl. nur Art. 1 Abs. 3, 6 Abs. 5, 20 Abs. 2 GG) mittels Gesetzen, Rechtsverordnungen (Art. 80, 82, 109 Abs. 4 S. 2, 115 k Abs. 1 usf. GG) sowie allgemeine Verwaltungsvorschriften (Art. 84 Abs. 2) oder allgemein von „Verwaltung" (Art. 84, 85, 86 GG).

[43] Vgl. oben Kap. 2, Abschn. A.

[44] Etwa in Art. 91b GG („Förderung von Einrichtungen und Vorhaben der wissenschaftlichen Forschung" und entsprechende „Aufteilung der Kosten"). Von „Förderung" ist etwa noch die Rede in Art. 74 Abs. 1 Nr. 13 GG.

[45] Hierunter sind nicht nur die „Staatszielbestimmungen" im technischen Sinne zu verstehen.

heit der *Mittel*auswahl. Allerdings sind beide, Ziel und Mittel, oftmals eng miteinander verknüpft. Grundgesetzlich verankerte Zielvorgaben bzw. die Freiheit zur Zielformulierung korrespondieren daher bis zu einem gewissen Grade zwangsläufig mit der Möglichkeit, sich bestimmter Mittel bedienen zu dürfen.[46]

Besondere Erfordernisse, was die *Kontrolle der Wirkung* staatlichen Handelns betrifft, stellt das GG auch im Hinblick auf Subsidien nicht auf. Vielmehr wird die Kontrolle den staatlichen Gewalten nach den allgemeinen Verfahren überlassen.[47] Eine besondere Legitimationshürde oder ein besonderes Kontrollverfahren sieht das GG dementsprechend auch auf dem Gebiet der Subventionen und Subsidien nicht vor.[48] Spezifische Aussagen

---

[46] *Papier* schließt etwa vom grundgesetzlichen Auftrag zur Konjunktursteuerung explizit auf die Befugnis zur Subventionsvergabe und Wirtschaftsplanung (*Papier*, in: *Benda/Maihofer/Vogel*, § 18, Rn 22). Das Sozialstaatsziel (vgl. hierzu unten V. 4.) oder etwa das Ziel, bestimmte Regionen oder Wirtschaftssubjekte im Rahmen einer allgemeinen aus dem Sozialstaatsprinzip abgeleiteten „Gleichgewichtsvorsorge" zu stärken (vgl. hierzu *Papier*, in: *Benda/Maihofer/Vogel*, § 18, Rn. 21) oder das Ziel, staatlicherseits gewisse Versorgungsleistungen anzubieten (vgl. zur Grundversorgung bzw. Daseinsvorsorge unten V. 4.), stehen regelmäßig in Zusammenhang mit Maßnahmen, die unter Beihilfeverdacht geraten können. Art. 109 Abs. 2 GG spricht darüber hinaus vom Ziel des „gesamtwirtschaftlichen Gleichgewichts", dem Bund und Länder bei ihrer Haushaltswirtschaft Rechnung zu tragen haben. Hieraus ergibt sich, daß das GG gesamtwirtschaftliche Steuerung nicht nur zuläßt, sondern grds. auch verlangt. Daß diese Steuerung im Regelfall mittels – im weitesten Sinne – „interventionistischer" oder „distributiver" Instrumentarien betrieben wird, liegt auf der Hand. Gemeinhin wird Art. 109 Abs. 2 GG im Kontext zum gleichzeitig (am 8.6.1967) erlassenen § 1 StabG gesehen (vgl. *Bleckmann*, Staatsrecht, Rn 1669; *Maunz*, in: M/D, Art. 109, Rn 39). In diesem sind insbes. die Ziele des „magischen Vierecks" (vgl. § 1 StabG, der von Maßnahmen spricht, die „zur Stabilität des Preisniveaus, zu einem hohen Beschäftigungsstand und außenwirtschaftlichem Gleichgewicht bei stetigem und angemessenem Wirtschaftswachstum beitragen") niedergelegt. In diesem Fall wollte der Verfassungsgesetzgeber offenbar bewußt antizyklische Steuerungsziele i.S. *Keynes*' als staatlichen Auftrag grundgesetzlich verankert wissen. Als Instrumente der insoweit „aufgegebenen und determinierten Wirtschaftslenkung" sieht *Papier* ausdrücklich auch den Einsatz von Subventionen (vgl. *Papier*, in: *Benda/Maihofer/Vogel*, § 18, Rn 22). Ähnlich *Maunz*, in: M/D, Art. 109, Rn 36, wonach kurzfristige Maßnahmen der sektoralen und regionalen Wirtschaftförderung „selbstverständlich" in jedem modernen Industriestaat betrieben werden; darüber hinaus zwangsläufig *auch* eine längerfristige Wachstums- und Strukturpolitik.

[47] Was bedeutet, daß eine allgemeine politische Kontrolle durch Wahlen bzw. im Parlament erfolgt. I.ü. greift die allgemeine gerichtliche Kontrolle, die sich freilich grds. nicht auf die Zweckmäßigkeit, sondern auf die Rechtmäßigkeit bezieht. Vgl. hierzu auch *Preußner*, S. 28 ff.

[48] Eine auf Wirtschaftlichkeit der Haushalts- und Wirtschaftsführung gerichtete Kontrolltätigkeit weist das GG zwar dem Bundesrechnungshof zu (Art. 114 Abs. 2 GG), eine verbindliche materielle Kontrolle gesetzgeberischer oder exekutiver Entscheidungen ist damit aber nicht verbunden. Im Rahmen der Verwaltungskontrolle prüft der Bundesrechnungshof zwar die Übereinstimmung von Verwaltungshandeln und materiellem Recht,

zum Mittel der Subsidiengewährung, den typischerweise damit verfolgten Zielen oder den hiervon ausgehenden Wirkungen trifft das GG nicht. Der Konzeption des Grundgesetzes entsprechend wird im folgenden daher besonders auf die allgemeinen, mittels Subsidien erreichbaren Ziele des GG abzustellen sein.

III. Subsidien vor dem Hintergrund einer grundgesetzlichen „Wirtschaftsverfassung"

Wäre im GG eine in sich geschlossene ökonomische Idee verankert, ließe dies auch Rückschlüsse auf dessen Haltung zum Subsidienwesen zu; vielleicht nicht in einem konkreten Handlungsauftrag oder -verbot im Einzelfall, aber doch als Tendenzentscheidung oder hinsichtlich einer besonderen Legitimationsbedürftigkeit staatlicher Intervention (etwa als ökonomisch begründetes Regel- Ausnahmeverhältnis). Einzelne wirtschaftspolitische Entscheidungen wären dann ggf. an diesem Konzept als Quasi-Verfassungsnorm und nicht unmittelbar an einzelnen Vorgaben des GG zu messen.

1. Der „Streit um die Wirtschaftsverfassung"

Der schon seit Jahrzehnten schwelende „Streit um die Wirtschaftsverfassung"[49] ist kaum noch wirklich dazu angetan, die Gemüter zu erhitzen.[50] Allerdings flammt die Diskussion an markanten Entscheidungspunkten regelmäßig erneut auf.[51] Auch heute und gerade im Hinblick auf Europa ist

---

wozu insbes. die Zweckmäßigkeit gehört. Der Bundesrechnungshof hat auch die Möglichkeit, aus seiner Sicht verfassungsrechtswidrige Maßnahmen zu beanstanden, die rechtliche Gültigkeit der Bestimmungen bzw. Handlungen wird davon freilich nicht berührt. Politischer und das heißt hier v.a. wirtschaftspolitischer Wertungen hat sich der Rechnungshof zu enthalten. Vgl. *Maunz*, in: M/D, Art. 114 Rn 3, 46, 48, 51. Hierzu auch *Preußner*, S. 43 ff.; *Mayer*, S. 27 ff.

[49] Vgl. *Huber*, „Der Streit um das Wirtschaftsverfassungsrecht", DÖV 1956, 97 ff., 135 ff., 172 ff., 200 ff. Der Begriff der „Wirtschaftsverfassung" soll hier weder als Synonym für Wirtschaftssystem oder -ordnung im volkswirtschaftlichen Sinne verstanden werden noch im juristischen Sinne als Summe aller – auch einfachgesetzlicher – Normen, die für die Wirtschaft bedeutsam sind. Vielmehr sollen damit, wie oben angedeutet, in einem engeren bzw. formalen Sinn diejenigen *im GG* niedergelegten Bestimmungen einschließlich des ungeschriebenen Verfassungsrechts gemeint sein, welche die verfassungsrechtlich-normativen Grundlagen für das Wirtschaftsrecht im allgemeinen bilden. Vgl. zu den unterschiedlichen Möglichkeiten der Begriffsbestimmung etwa *Stober*, Wirtschaftsverwaltungsrecht, § 2 III 1; sowie *Stern*, Staatsrecht, S. 879 ff., mwN.; ebenso *Rittner*, S. 25 ff., 29 ff.

[50] Er ist wie die gesamte Systemdebatte der Nachkriegszeit in seinem Kern mittlerweile selbst weitgehend historischer Natur. Vgl. *Rittner*, S. 30.

[51] Etwa beim Abschluß des Staatsvertrages zwischen Bundesrepublik und DDR – vgl. *Schmidt-Preuß*, DVBl. 1993, 236 ff.

die Frage, inwieweit das GG eine Entscheidung für oder gegen eine bestimmte Wirtschaftsordnung enthält, nach wie vor relevant.[52] Von einer solchen Entscheidung ließen sich weitreichende Folgerungen auch für das Verhältnis des GG zum europäischen Beihilfenrecht ableiten. Folgende Hauptrichtungen sind von Anbeginn an auszumachen und bestimmen die Debatte im wesentlichen bis heute:[53]

Eine (vor allem von Nipperdey vertretene) Ansicht sieht im GG die *Garantie einer sozialen Marktwirtschaft (1.)*[54] institutionell verankert.[55] Dafür werden insbesondere die freiheitsverbürgenden Grundrechte ins Feld geführt, die eine Grundentscheidung des GG für ein *marktwirtschaftliches* System beinhalten sollen. Nach E. R. *Huber* hingegen läßt sich das GG nicht auf eine bestimmte Wirtschaftskonzeption reduzieren.[56] Das GG konstituiere vielmehr eine *gemischte Wirtschaftsverfassung (2.)*, indem es die „wirtschaftsverfassungsrechtlichen Freiheitsverbürgungen [...] ins Gleichgewicht mit einer Anzahl verfassungsrechtlicher Sozialbindungen"[57] setze und dieses Gleichgewicht institutionell garantiere.[58]

Andere wollen im GG gerade *keine* Festlegung für ein inhaltlich bestimmtes Wirtschaftssystem niedergelegt sehen, sondern sprechen von der *Neutralität (3.)* des GG als einer bewußten Nicht-Entscheidung.[59] Es handelt sich also um ein beredtes Schweigen. Der Gesetzgeber müsse sich dem beugen und *eine verbindliche Richtungsentscheidung* sei ihm letztlich *verboten (3. a)*.[60] Eine weitere Richtung will „Neutralität" offenbar in dem Sinne verstanden wissen, daß das GG die *Möglichkeit der Entscheidung*

---

[52] Vgl. *Götz*, JZ 1989, 1021 ff.

[53] Vgl. zum aktuellen Stand etwa: *Stern*, Staatsrecht, S. 880 ff.; *Schmidt-Bleibtreu*, Einl., Rn 60 ff.; *Rittner*, S. 30 ff.; *Folz*, S. 65 ff.; *Papier*, in: *Benda/Maihofer/Vogel*, § 18, Rn 1 ff.; *Manssen*, in: M/K/S, Art. 12, Rn 29.

[54] Die unterschiedliche Schreibweise von „Sozialer Marktwirtschaft" und einer „sozialen Marktwirtschaft" ist nicht willkürlich: Das eine Mal geht es quasi um den „Eigennamen" für das wirtschaftliche Konzept, wie es von *Ludwig Erhard* und *Müller-Armack* entworfen wurde (vgl. hierzu oben unter Kap. 2, Abschn. A. IV. 4.). Das andere Mal geht es um eine gemischte, sowohl mit sozialen wie auch marktwirtschaftlichen Elementen angereicherten Wirtschaftspolitik, welche die sog. „Soziale Marktwirtschaft" umfaßt, aber nicht nur auf diese fixiert sein muß. Inwieweit beide kongruent sind, soll hier nicht entschieden werden. Auch „die" Soziale Marktwirtschaft ist freilich kein in sich geschlossenes Wirtschaftssystem, sondern als weitgehend offener und dynamischer Prozeß zu verstehen. Vgl. oben Kap. 2, Abschn. A. IV.

[55] Vgl. *Nipperdey*, S. 1 und passim.

[56] *Huber*, DÖV 1956, 97 ff., 135 ff., 172 ff., 200 ff.

[57] Ebd., S. 97, 98.

[58] Ebd., S. 101.

[59] *Krüger*, DVBl. 1951, 361 ff.

[60] Ebd., S. 363. Es sei „von Verfassungs wegen ein Blankett geschaffen" worden, das „eben deswegen ein Blankett bleiben soll." Jeder „wirtschaftstheoretische Monismus oder Purismus erweist sich dann dem Sinne nach als verfassungswidrig".

für ein System (3. b) bis hin zum „Sozialismus" zur gesetzgeberischen Disposition stelle.[61] Das GG bringe eben deswegen keine Wirtschaftskonzeption zum Ausdruck, weil es die Richtungsentscheidung dem durchaus auch zur Polarisierung befugten Gesetzgeber gerade überlassen wolle.[62]

Einigermaßen salomonisch hat das BVerfG die verschiedenen Argumente des Streits um die Wirtschaftsverfassung im „Investitionshilfeurteil"[63] auf einen Nenner gebracht. Danach sei das GG weder neutral in dem Sinne, daß der Gesetzgeber sich nicht auf eine wirtschaftspolitische Richtung festlegen dürfe, noch fordere es ein bestimmtes System, wie etwa das der Sozialen Marktwirtschaft. Dieses reale System sei lediglich eines von vielen prinzipiell möglichen. Im „Mitbestimmungsurteil"[64] hat das BVerfG insbesondere die Grenzen, die das GG dem Gesetzgeber setze, konkretisiert: Es sind dies die *allgemeinen* Grenzen des GG. Dem Gesetzgeber wird innerhalb der grundgesetzlichen Ordnungsbestimmungen ein weiter Freiraum zu wirtschaftspolitischer Entscheidung gelassen. Als „Wirtschaftsverfassung" lassen sich dementsprechend also allenfalls *die einzel-*

---

[61] *Abendroth*, Das Grundgesetz, S. 62 ff.

[62] Ebd.

[63] „Das GG garantiert weder die wirtschaftspolitische Neutralität der Regierungs- und Gesetzgebungsgewalt noch eine nur mit marktkonformen Mitteln zu steuernde 'soziale Marktwirtschaft'. Die 'politische Neutralität' des GG besteht lediglich darin, daß sich der Verfassungsgeber nicht ausdrücklich für ein bestimmtes Wirtschaftssystem entschieden hat. Dies ermöglicht dem Gesetzgeber, die ihm jeweils sachgemäß erscheinende Wirtschaftspolitik zu verfolgen, sofern er dabei das GG beachtet. Die gegenwärtige Wirtschafts- und Sozialordnung ist zwar eine nach dem GG mögliche Ordnung, keineswegs aber die allein mögliche. Sie beruht auf einer vom Willen des Gesetzgebers getragenen wirtschafts- und sozialpolitischen Entscheidung, die durch eine andere Entscheidung ersetzt oder durchbrochen werden kann. Daher ist es verfassungsrechtlich ohne Bedeutung, ob das Investitionshilfegesetz im Einklang mit der bisherigen Wirtschafts- und Sozialordnung steht und ob das zur Wirtschaftslenkung verwandte Mittel „marktkonform" ist." (BVerfGE 4, 7, 17).

[64] „Das GG, das sich in seinem ersten Abschnitt im wesentlichen auf die klassischen Grundrechte beschränkt hat, enthält keine unmittelbare Festlegung und Gewährleistung einer bestimmten Wirtschaftsordnung. Anders als die Weimarer Reichsverfassung (Art. 151 ff.) normiert es auch nicht konkrete verfassungsrechtliche Grundsätze der Gestaltung des Wirtschaftslebens. Es überläßt dessen Ordnung vielmehr dem Gesetzgeber, der hierüber innerhalb der ihm durch das GG gezogenen Grenzen frei zu entscheiden hat, ohne dazu einer weiteren als seiner allgemeinen demokratischen Legitimation zu bedürfen. Da diese gesetzgeberische Gestaltungsaufgabe ebenso wie die Gewährleistung von Grundrechten zu den konstituierenden Elementen der demokratischen Verfassung gehört, kann sie nicht im Wege einer Grundrechtsinterpretation weiter eingeschränkt werden, als die Einzelgrundrechte es gebieten." (...). „Ihm kommt also eine weitgehende Gestaltungsfreiheit zu. Das darin zu Tage tretende Element relativer Offenheit der Verfassungsordnung ist notwendig, um einerseits dem geschichtlichen Wandel Rechnung zu tragen, der im besonderen Maße das wirtschaftliche Leben kennzeichnet, andererseits die normierende Kraft der Verfassung nicht aufs Spiel zu setzen." (BVerfGE 50, 290, 336 ff.).

nen Grundentscheidungen des GG in ihrer wirtschaftlichen Dimension bezeichnen.[65]

2. *Stellungnahme*

Es lassen sich im Streit um die Wirtschaftsverfassung insgesamt zwei grundsätzlich unterschiedliche Meinungen ausmachen: Die eine will *positive Aussagen* des GG zur Wirtschaftsverfassung erkennen. Die andere meint, das GG treffe vielmehr eine *negative Aussage*, indem es die Frage der wirtschaftlichen Ausrichtung offen lasse – einmal mit, einmal ohne Bindungswirkung für den Gesetzgeber.

Festzustehen scheint zunächst, daß das GG keine *positive* Entscheidung *für* ein bestimmtes Wirtschaftskonzept enthält, das gilt insbesondere für ein marktwirtschaftliches: Der Gleichklang von Prinzipien der Wettbewerbswirtschaft und denen des GG ist zwar ohne Zweifel markant.[66] Man kann daher mit *Herzog* sagen, es könne „keinen vernünftigen Zweifel daran geben, daß eine Verfassung, die wie das GG die Grundrechte des Eigentums, der Berufsfreiheit, der Freizügigkeit und der allgemeinen wirtschaftlichen Handlungsfreiheit verankert, damit zugleich die wesentlichen Prinzipien einer marktwirtschaftlich orientierten Wirtschaftsverfassung verankert".[67] Dies muß aber nicht bedeuten, das GG habe tatsächlich eine Systementscheidung inkorporiert. Nota bene: nicht „*eine* marktwirtschaftlich orientierte Wirtschaftsverfassung", sondern „*zugleich die Prinzipien*" einer solchen (Hervorhebung d.Verf.), sind, wie *Herzog* feststellt, im GG verankert.[68]

---

[65] Die Idee, es gäbe einen „institutionellen Zusammenhang der Wirtschaftsverfassung" weist das BVerfG zurück (BverfGE 50, 290, 337 f.). Wie auch sonst im Verfassungsrecht muß insbesondere auf wirtschaftlichem Gebiet versucht werden, die u.U. gegensätzlichen Wertungen zum Ausgleich zu bringen. Damit hat das BVerfG zugleich deutlich gemacht, daß es eine „Wirtschaftsverfassung" als „Sonder-" oder „Teilverfassung" innerhalb des GG ablehnt. Vgl. zum hier bisweilen gebrauchten Begriff der „Teilverfassung" etwa *Stern*, Staatsrecht, S. 879 f., mwN.

[66] Menschenbild und Freiheitsgarantien des GG lassen sich in ihrer ökonomischen Dimension auch als Grundpfeiler marktwirtschaftlicher Handlungsfreiheit auffassen; darüber hinaus sind auch strukturelle Parallelen zu beobachten, wie das dezentrale Gewaltenteilungs- und Demokratieprinzip oder die Grundsätze der Rechtsstaatlichkeit und Verhältnismäßigkeit. Vgl. *Möschel*, Den Staat an die Kette, S. 12 ff.

[67] In: M/D, Art. 20 GG, Rn 60.

[68] Es fragt sich weiter, wie die in Art. 15 GG eröffneten und in Art. 74 Abs. 1 Nr. 15 GG vorausgesetzten Möglichkeiten der Vergesellschaftung von Eigentum, die Überführung von Grund und Boden sowie von Naturschätzen und Produktionsmitteln in Gemeineigentum oder andere Formen der Gemeinwirtschaft zu einem marktwirtschaftlichen Konzept passen sollen. Praktische Bedeutung haben diese Vorschriften soweit ersichtlich bisher zwar nicht erlangt und eine Vergesellschaftungswelle ist derzeit auch nicht zu erwarten. Daß diese Vorschriften bislang kaum praktische Wirkung entfalten konnten, än-

Die These, daß das GG ein gemischtes System[69] garantiere, hat durchaus einiges für sich: Tatsächlich wird nach dem GG dem Einzelnen ein hohes Maß an Entfaltungsfreiheit gesichert, ohne daß damit die korrigierende Hand des Staates negiert würde.[70] Für einen insoweit enger eingegrenzten Entscheidungsspielraum des Gesetzgebers könnte freilich auch die Neutralitätsthese nach wie vor Gültigkeit besitzen: Indem es den Staatsorganen freigestellt bliebe, zumindest die Akzente mehr auf Planung und Intervention oder mehr auf wirtschaftliche Freiheit und Markt zu setzen.[71]

Das GG regelt und begrenzt ohne Zweifel die Handlungsmöglichkeiten der staatlichen Organe. Zum einen sind es die exponierten Freiheitsrechte, die einer allzu extensiven Intervention einen Riegel vorschieben, zum anderen ist es etwa das Sozialstaatsprinzip, das dem Staat eine bloß passive Rolle als Zuschauer untersagt. Die Frage ist aber, ob die *positive Begrenzung* des Spektrums auch Aussagekraft für den *dazwischenliegenden*, nicht positiv beschriebenen Bereich besitzt. Und dies scheint gerade *nicht* der Fall zu sein, da hier – so auch das BVerfG – das GG neutral ist und also

---

dert aber nichts an deren normativer Existenz. Mancher sieht die Existenzberechtigung etwa des Art. 15 GG *gerade* in dessen Signalwirkung, daß das GG eben keine Entscheidung für ein marktwirtschaftliches System treffen wollte. Vgl. *Jarass/Pieroth*, Art. 15 GG, Rn 1, mwN.

[69] *Huber*, DÖV 1956, 97 ff., 135 ff., 172 ff., 200 ff.

[70] Man mag hierin auch durchaus etwas wie das Prinzip einer sozialen Marktwirtschaft erkennen. Man läuft aber Gefahr, in den klassischen Zirkelschluß zu geraten. Überspitzt ließe sich formulieren: Natürlich ordnet das GG die soziale Marktwirtschaft an, wenn man unter sozialer Marktwirtschaft die Verbürgung wesentlicher ökonomischer Freiheitsrechte mit sozialer Regulierungsmöglichkeit des Staates *im Sinne des GG* erblicken will (vgl. dazu *Folz*, S. 14, 76). Auch ist die soziale Marktwirtschaft als steuerungsbedürftiger „Apparat" in ihren konkreten materiellen Inhalten schwer zu fassen und scheint nicht weniger interpretatorische Möglichkeiten zu lassen als das GG selbst (vgl. *Müller-Armack*, S. 98, 101, 113).

[71] Zumindest die extremen Alternativen (Planwirtschaft oder Laisser-faire-Liberalismus) sind nicht mehr diskutabel. Wie ließen sich die Freiheitsgrundrechte in einer Planwirtschaft und wie das Sozialstaatsprinzip in einem System des bürgerlichen Liberalismus einordnen? Vgl. *Schmidt-Bleibtreu*, Einl., Rn 60 ff. Neutral ist das GG sicher in dem Sinne, daß es dem Gesetzgeber nicht in jeder wirtschaftspolitischen Frage die Feder führt. Auch eine historische Betrachtungsweise deutet auf ein – im übrigen: bewußtes – Offenlassen wirtschaftspolitischer Fragen hin. In der WRV waren ausdrückliche Bestimmungen über die Wirtschafts- und Sozialordnung enthalten (Art 151-165 WRV). Bei den Beratungen zum GG wollte dementsprechend namentlich die SPD sich (in Erwartung eines Wahlsieges bei der Wahl zum ersten Bundestag) umfangreiche wirtschaftspolitische Kompetenzen sichern. Andere politische Kräfte, insbesondere die CDU, suchten dies zu verhindern und wollten im Hinblick auf den provisorischen Charakter des GG eine umfassende Sozialordnung der Zukunft überlassen. Mit ihrem Ansatz, zunächst nur klassische Grundrechte, nicht jedoch wirtschaftsordnende Handlungspflichten festzuschreiben, konnten diese sich letztlich durchsetzen. Vgl. hierzu *Folz*, S. 66; *Papier*, in: *Benda/Maihofer/Vogel*, § 18, Rn 3; *Stober*, Wirtschaftsverwaltungsrecht, § 5 I 3 d.

dem Gesetzgeber, „sofern er das GG beachtet",[72] weitestgehende Freiheit einräumt.[73] Diese Begrenzung an den Außenrändern staatlicher Betätigungsfreiheit beinhaltet daher keine Aussage für den dazwischenliegenden, gestaltbaren Raum. Ein geschlossenes wirtschaftliches Credo in Form einer institutionalisierten und kohärenten Wirtschaftverfassung kennt das GG demnach nicht. Staatliche Maßnahmen müssen sich stets *direkt* am GG messen lassen und nicht an einem quasi dazwischengeschobenen, abgeschlossenen Wirtschaftskonzept.

Zu Kollisionen mit dem Europarecht und insbesondere zum Beihilfenaufsichtsrecht könnte es also dann kommen, wenn entweder die strikten „Außenränder" der „Wirtschaftsverfassung" (namentlich des Sozialstaatsgebots) tangiert würden oder wenn dem Gesetzgeber und den Exekutivorganen der bewußt offen gelassene Gestaltungs*spielraum* (eben auch jener der Subsidienvergabe) unzulässigerweise eingeengt würde.

IV. Ein im GG angelegtes Regel-Ausnahme-Prinzip?

Wenn schon keine Wirtschaftsverfassung im Sinne einer ausdrücklichen Verfassungsentscheidung pro oder contra staatliche Intervention existiert, so könnte sich eine Grundaussage zum Subsidienwesen aus allgemeinen Strukturprinzipien des GG herleiten lassen. Auch hier ginge es um ein Regel-Ausnahme-Verhältnis, wonach die Nichtintervention die Regel, die Intervention aber die Ausnahme zu sein habe.[74] Diskutiert wird dies insbesondere im Zusammenhang mit einem möglicherweise im GG verankerten Subsidiaritätsprinzip („in der Regel für die kleinere Einheit, also die Einzelnen") sowie im Rahmen des Verhältnismäßigkeitsgrundsatzes („so wenig staatliche Beeinflussung wie möglich, so viel wie nötig").

1. Ein Subsidiaritätsprinzip nach dem Grundgesetz?

Mangels einer die Staatsgewalt ausdrücklich bindenden Festschreibung läßt sich das Subsidiaritätsprinzip allenfalls aus einzelnen Aussagen des GG herleiten, in denen der Subsidiaritätsgedanke verankert sein könnte.[75]

---

[72] BVerfGE 50, 290, 338.

[73] Vgl. *Götz*, JZ 1989, 1021, 1023. Im Rahmen dieser allgemein gehaltenen Vorgaben scheinen Gesetzgeber und Exekutive hinsichtlich der weiteren Zielformulierung aber keinen speziellen Einschränkungen zu unterliegen. Vgl. *Bleckmann*, Staatsrecht, Rn 1687, wonach die weitere Konkretisierung unbestimmter Rechtsbegriffe der Verfassung vom Richter nur in äußersten Grenzen überprüfbar ist. Zur grds. Freiheit der Zielformulierung vgl. auch *Herzog*, in: M/D, Art. 20, VII, Rn 51.

[74] Vgl. *Götz*, JZ 1989, 1021, 1024.

[75] Das Subsidiaritätsprinzip findet im GG nur einmal im relativ jungen (eingefügt wurde der aktuelle Art. 23 GG am 21.12.1992) Art. 23 Abs. 1, S. 1 GG Erwähnung und bezieht sich dort ausdrücklich auf die Struktur der Europäischen Union. Die Bundesrepublik wirkt danach an der Verwirklichung einer insbesondere „dem Grundsatz der Subsi-

Hier fehlt es nicht an entsprechenden Hinweisen.[76] Einer im Hinblick auf Subsidiaritätsgedanken *besonderen* Rechtfertigung für Interventionsmaßnahmen bedarf es allerdings nicht. Das BVerfG jedenfalls sieht dem Gesetzgeber einen weiten Spielraum gelassen, die „verfassungsmäßige Ordnung" im Hinblick auf interventionistische, also das „Selbstorganisationsrecht" der einzelnen potentiell gefährdende staatliche Maßnahmen zu

---

diarität" verpflichteten EU mit. Die Diskussion, ob das GG ein Prinzip der Subsidiarität beinhalte, ist freilich viel älter (vgl. *Oppermann*, JuS 1996, 569, 569 f. Dieser sieht das Subsidiaritätsprinzip als im GG verankert an; ablehnend *Herzog*, Der Staat 1963, 399, 412 ff., ebenso *Bull*, Staatsaufgaben, S. 210). Schon auf dem Verfassungskonvent von Herrenchiemsee hat diese Frage eine Rolle gespielt – die beantragte Aufnahme des Subsidiaritätsprinzips ins GG wurde letztlich allerdings abgelehnt (*Oppermann*, Jus 1996, 569 572; *Herzog*, Der Staat 1963, 399, 412). Zum Subsidiaritätsprinzip unter staatstheoretischem Aspekt vgl. oben Kap. 2, Abschn. B. V.

[76] Genannt seien die Betonung des Individuums in Art. 1 Abs. 1 GG und des Persönlichkeitsrechts in Art. 2 Abs. 1 GG wie auch die anderen individuell aufgefaßten Freiheitsrechte oder der besondere Schutz der „zweitkleinsten Einheit" Ehe und Familie in Art. 6 GG. Des weiteren die Nennung der Kleineinheiten wie der privaten Vereinigungen gem. Art. 9 GG, der juristischen Personen gem. Art. 19 Abs. 3 GG sowie der in Art. 28 Art. 2 GG angesprochenen Gemeinden und Gemeindeverbände. Zu erwähnen ist auch der förderative Staatsaufbau nach dem Grundgesetz (vgl. *Herzog*, Der Staat 1963, 399, 411 f.; *Oppermann*, NJW 1996, 569, 571). Spätestens hier zeigen sich aber deutliche Unterschiede zum Subsidiaritätsprinzip im Sinne eines staatsphilosophischen oder sozialethischen Grundsatzes. Die föderative Gliederung besteht nicht, weil damit den Interessen *des* oder *der Einzelnen* besser gedient wäre. Sie hat eher historische Gründe bzw. entspringt direkt dem Willen zur Dezentralisierung. Auch dieser ist nicht zuletzt historisch bedingt. Dezentralisierung ist aber nicht ein notwendiges Strukturmerkmal des Subsidiaritätsprinzips. Auch bei Ehe und Familie wird man fragen können, ob diese zweitkleinste Einheit gerade zugunsten der *Individuen* unter besonderen Schutz gestellt wird oder ob ihr nicht in Wahrheit ein eigenständiger Wert zugebilligt wird, der eben *neben* dem des Individuums steht (vgl. *Badura*, in: M/D, Art. 6, Rn 2). Sicherlich wird man mit guten Gründen bezweifeln können, ob die katholische Soziallehre und die Ergebnisse der darauf aufbauenden staatstheoretischen Debatte eine Art „Musterschutz" auf jegliche Form des Gebrauchs des Subsidiaritätsprinzips geltend machen können (vgl. *Oppermann*, Subsidiarität, NJW 1996, 569, 570). Die Verfassungslehre kann ohne weiteres den Subsidiaritätsbegriff für ihre Zwecke umformen. Die Frage ist aber, was dann als Prinzip oder Verfassungsprinzip übrigbleibt (vgl. *Herzog*, Der Staat 1963, 399, 423, insbes. Fn 83; *Bull*, Staatsaufgaben, S. 210). Die Kernaussagen des Subsidiaritätsprinzips, die Rechtfertigungsbedürftigkeit gemeinschaftlichen Tätigwerdens und seine Funktion als Beweislastregel sind im GG – wenn überhaupt – nur andeutungsweise ausgeführt. Gleiches gilt für ein daraus resultierendes Regel-Ausnahme-Prinzip. Die Freiheit des Einzelnen ist in Art. 2 Abs. 1 GG von vornherein nur im Rahmen der „verfassungsmäßigen Ordnung" grundgesetzlich geschützt; zu dieser Ordnung gehört das Subsidiaritätsprinzip jedenfalls nicht ausdrücklich (vgl. *Di Fabio*, in: M/D, Art. 2 I, Rn 39 ff). Wäre das Subsidiaritätsprinzip Teil der verfassungsmäßigen Ordnung, befände man sich unversehens im Zirkelschluß. Rückschlüsse auf das Subsidiaritätsprinzip als Teil der verfassungsmäßigen Ordnung verbieten sich also.

bestimmen.[77] Dem Gesetzgeber kommt eine weitreichende Prärogative zu, insbesondere festzulegen, welche Einheit (die Einzelmenschen oder die staatliche Gemeinschaft in welcher Form auch immer) er für besser geeignet hält, gewisse Ziele zu erreichen.[78] Einer Kontrolle der Rechtsprechung unterliegt er nur im Rahmen der allgemeinen verfassungsrechtlichen Grundsätze – eine spezielle „Subsidiaritätskontrolle" kennt die Rechtsprechung nicht.[79] Im GG wäre das Subsidiaritätsprinzip, wenn man von einem solchen überhaupt sprechen kann, nicht wirklich justitiabel und damit weitgehend wirkungslos.[80] Einen verfassungsrechtlichen Grundsatz, wonach der Staat generell daran gehindert wäre, in das Marktgeschehen einzugreifen oder zumindest gehalten wäre, zu möglichst marktkonformen Mitteln zu greifen, gibt es daher auch im Hinblick auf Subsidiaritätsüberlegungen nach dem GG nicht.

2. Der grundgesetzliche Verhältnismäßigkeitsgrundsatz

Von größerer normativer Durchsetzungskraft und praktischer Bedeutung scheint in diesem Zusammenhang der im Vergleich zum Subsidiaritätsprinzip unangefochtene Verhältnismäßigkeitsgrundsatz zu sein.[81] Staatliches Tätigwerden unterliegt immer einem gewissen Rechtfertigungs-

---

[77] *Di Fabio*, in: M/D, Art. 2 I, Rn 39, mwN.; vgl. nur BVerfGE 6, 32, 38; 96, 375, 397 f.

[78] Vgl. *Isensee* (S. 313, 315), der das Subsidiaritätsprinzip als ermessensleitendes Prinzip beschreibt, wonach dessen primäre Interpretationskompetenz bei der Legislative und der Exekutive liege.

[79] In BVerfGE 38, 61, 79 ff., etwa ging es explizit um die Verfassungsmäßigkeit wirtschaftslenkender Steuergesetze (konkret um den sog. „Leberpfennig"). Entgegen der Annahme des vorlegenden Finanzgerichts, der Gesetzgeber sei an die verfassungsmäßige Ordnung gebunden, und diese erfordere „die Einhaltung der Wettbewerbsfreiheit, als deren Bestandteil das Subsidiaritätsprinzip anzusehen sei", hielt das BVerfG die fragliche Gesetz für verfassungskonform. Es führte im übrigen keine Überprüfung im Hinblick auf das Subsidiaritätsprinzip durch. In BVerfGE 58, 233, 253: „Es kann hier dahinstehen, ob das Subsidiaritätsprinzip überhaupt Verfassungsrang hat."; eine Prüfung speziell unter Subsidiaritätsgesichtspunkten wurde vom BVerfG auch in BVerfGE 79, 127, 143 ff., nicht vorgenommen, obwohl diesbezügliche Fragen im Rahmen des vorhergehenden Verfahrens (vgl. im Urteil A. II. 1.c) im Raum standen.

[80] Mit dem Subsidiaritätsprinzip scheint es sich wie mit dem Prinzip der Sozialen Marktwirtschaft zu verhalten: Beide Prinzipien finden ihre Entsprechung auch im Grundgesetz. Aus dem GG *heraus*lesen kann man sie als Verfassungsprinzipien aber nur, wenn man sie vorher *hinein*interpretiert hat.

[81] Nach der „nunmehr völlig festgefügten Judikatur" des BVerfG als direkt aus dem Rechtsstaatsprinzip hergeleitetem Grundsatz (*Herzog*, in: M/D, Art. 20, VII, Rn 51, 71 ff.). Dieser fungiert zwar nicht als Kompetenz*verteilungs*-, aber doch als Kompetenz*ausübungs*grundsatz. Jegliches staatliche Handeln muß verhältnismäßig sein. Vgl. *Jarass/Pieroth*, Art. 20, Rn 80 f. Vgl. zur Zwangsmitgliedschaft in Kammern BVerfG, NVwZ 2002, 335 ff.

zwang – allerdings auch hier in recht weiten Grenzen.[82] Regelmäßig betont das BVerfG den weiten Einschätzungs- und Gestaltungsspielraum des Gesetzgebers gerade in Fragen der Wirtschaft. Kann der Gesetzgeber überhaupt sachliche Gründe für seine wirtschaftspolitischen Entscheidungen anführen, unterliegt er jenseits des grundrechtsrelevanten Bereichs kaum weiterer gerichtlicher Kontrolle.[83]

Je nach Sachfrage und möglicher Grundrechtsrelevanz können die Einschätzungsprärogative des Gesetzgebers und die gerichtliche Kontrolle dabei allerdings unterschiedlich ausgestaltet sein.[84] Demgemäß hat die Rechtsprechung des BVerfG bei der Beurteilung insbesondere von Prognoseentscheidungen des Gesetzgebers differenzierte Maßstäbe zugrunde gelegt, die von einer Evidenzkontrolle[85] über eine Vertretbarkeitskontrolle[86] bis

---

[82] Vgl. ebd. S. 337: „Ein Mittel ist bereits dann im verfassungsrechtlichen Sinne geeignet, wenn mit seiner Hilfe der gewünschte Erfolg gefördert werden kann, wobei die Möglichkeit der Zweckerreichung genügt (vgl. BVerfGE 63, 88, 115; 67, 157, 175; 96, 10, 23). Auf dem Gebiet der Arbeitsmarkt-, Sozial- und Wirtschaftsordnung gebührt dem Gesetzgeber ein besonders weitgehender Einschätzungs- und Prognosevorrang. Es ist vornehmlich Sache des Gesetzgebers, auf der Grundlage seiner wirtschafts- und sozialpolitischen Vorstellungen und Ziele und unter Beachtung der Sachgesetzlichkeiten des betreffenden Sachgebiets zu entscheiden, welche Maßnahmen er im Interesse des Gemeinwohls ergreifen will." Vgl. auch BVerfGE 25, 1, 17, 19 f.; 37, 1, 20; 50, 290; 51, 193, 208; 77, 84, 106 f.; 87, 363, 383.

[83] „Freilich ist festzuhalten, daß das gesetzgeberische Ermessen nur aus Gründen des Grundrechtsschutzes eingeengt werden darf. Das Grundgesetz ist wirtschaftpolitisch in dem Sinn neutral, daß der Gesetzgeber jede ihm sachgemäß erscheinende Wirtschaftspolitik verfolgen darf, sofern er dabei das Grundgesetz, insbesondere die Grundrechte, beachtet (BVerfGE 4, 7, 17 f.). Ein auf Grund des Art. 12 Abs. 1 Satz 2 erlassenes Gesetz kann also nicht deshalb verfassungsrechtlich beanstandet werden, weil es etwa der sonstigen staatlichen Wirtschaftspolitik widerspricht oder weil es mit einer bestimmten dieser allgemeinen Wirtschaftspolitik etwa zugrunde liegenden volkswirtschaftlichen Lehrmeinung nicht in Einklang steht; noch weniger verständlich deshalb, weil die in dem Gesetz zutage tretende wirtschaftpolitische Auffassung vom Richter nicht gebilligt wird. Grenzen für den Gesetzgeber können sich nur dort ergeben, wo sie ihm auf Grund des – richtig ausgelegten – Grundrechts gezogen werden müssen." (BVerfGE 7, 377, 400).

[84] Das BVerfG führt hierzu etwa aus: „Im einzelnen hängt die Einschätzungsprärogative des Gesetzgebers von Faktoren verschiedener Art ab, im besonderen von der Eigenart des in Rede stehenden Sachbereichs, den Möglichkeiten, sich ein hinreichend sicheres Urteil zu bilden, und der Bedeutung der auf dem Spiele stehenden Rechtsgüter." (BVerfGE 50, 290, 332 f.).

[85] Etwa BVerfGE 36, 1, 17 (Grundlagenvertrag); 37, 1, 20 (Stabilisierungsfonds); 40, 196, 223 (Güterkraftverkehrsgesetz). Hierzu *Starck*, in: M/K/S, Art. 1, Rn 24.

[86] Etwa BVerfGE 25, 1, 12 f., 17 (Mühlengesetz); 30, 250, 263 (Absicherungsgesetz); 39, 210, 225 f. (Mühlenstrukturgesetz).

hin zu einer intensivierten inhaltlichen Kontrolle[87] reichen. Ein veritables Regel-Ausnahme-Verhältnis ist dem nicht zu entnehmen, wohl aber eine permanente generelle Rechtfertigungspflicht für staatliches Handeln überhaupt. Von eminenter Bedeutung bleibt das Verhältnismäßigkeitsprinzip freilich für das Gebot rationalen Handelns, wenn sich auch eine zwingende *ökonomische* Folgenanalyse aus dem GG direkt nicht ableiten läßt (zur Frage, ob der EG-Vertrag einen anderen, auch für das GG verbindlichen Akzent setzt vgl. unten Abschnitt C.).

V. Subsidien vor dem Hintergrund einzelner grundgesetzlicher Vorgaben

Da das GG weder spezifische Aussagen zum Subsidienwesen enthält, noch eine Fundamentalentscheidung für oder gegen staatliche Intervention trifft, bleibt nur, das Subsidienproblem „im Lichte" einzelner grundgesetzlicher Aussagen oder allgemein im GG enthaltender Strukturprinzipien zu analysieren. Die wesentlichen Eckpunkte wurden bereits im Hinblick auf den „Streit um die Wirtschaftsverfassung" genannt.

1. Freiheit, Sozialstaatlichkeit und staatlicher Gestaltungsanspruch – mögliche Konfliktlagen

Offenkundig enthält das GG einerseits (etwa mit den Freiheitsrechten) eher „Subsidien-verneinende" und andererseits (insbesondere mit dem Sozialstaatsprinzip) eher „Subsidien-bejahende" Aussagen.[88] Mangels einer wirt-

---

[87] Etwa BVerfGE 7, 377, 415 (Apotheken); 11, 30, 45 (Kassenärzte); 17, 269, 276 ff. (Arzneimittelgesetz); 39, 1, 46, 51 ff. (§ 218 StGB); 45, 187, 238 (Lebenslange Freiheitsstrafe).

[88] Materielle Ziele bzw. Handlungsaufträge als Verpflichtungsgrundlage für die Subsidien*gewährung* sind im GG spärlich gesät: Außer dem Sozialstaatsprinzip und in diesem Zusammenhang die Grundrechte in ihrer (umstrittenen) Funktion als Teilhaberechte ist die Staatszielbestimmung (und insofern am ehesten mit dem Sozialstaatsprinzip vergleichbar) des Umweltschutzes in Art. 20 a GG zu nennen. Dem Gesetzgeber kommt dabei allerdings ein weiter Konkretisierungsspielraum zu. Darüber hinaus fällt die Vorschrift auch nicht in den Schutzbereich des Art. 79 Abs. 3 GG (*Scholz*, in: M/D, Art 20 a, Rn 29). Hinsichtlich des Art. 109 Abs. 2 GG wurde bereits oben festgestellt, daß dem Gesetzgeber die konkrete Ausgestaltung und Gewichtung einzelner Ziele des „magischen Vierecks" überlassen bleibt. Zu nennen sind noch einzelne, vom GG vorausgesetzte Gemeinschaftsaufgaben von Bund und Ländern; etwa die in Art. 91 a, 91 b GG verankerten Aufgaben, die den Hochschulbau, die regionale Struktur- und die Agrarpolitik sowie die Bereiche Küstenschutz, Bildung und Forschung betreffen. Ob es sich insbes. bei Art. 91 a GG um Aufgabenzuweisungs- oder bloße Kompetenzzuweisungsvorschriften handelt, ist strittig (vgl. *Jarass/Pieroth*, Art 91 a, Rn 1, pro Kompetenzverteilung; a.A. *Maunz*, in: M/D, Art. 91 a, Rn 4, 20, 24, der insoweit von Länderaufgaben ausgeht, bzgl. derer den Bund eine Mitwirkungspflicht trifft). Die in Art. 74, 74 a und 75 GG genannten Tätigkeitsfelder dienen ausschließlich der Kompetenzverteilung von Bund und Ländern. Kon-

schaftsverfassungsrechtlichen Lösung der klassischen Antinomie[89] zwischen individueller Freiheit und staatlicher (Sozial-) Gestaltungstätigkeit sind die widerstreitenden Pole im Wege der praktischen Konkordanz auszugleichen.[90] Das Verhältnis etwa von Freiheit und Sozialstaatlichkeit kann je nach Situation unterschiedlich beurteilt werden: Bis zu einem gewissen Grade als *gleichlaufend* sind beide insoweit anzusprechen, als das GG die Freiheitsrechte (das Nämliche gilt für den Gleichheitssatz)[91] in ihrer sozialen Dimension nicht als bloße *Abwehrmöglichkeit* für den Einzelnen sieht, die eigene Freiheit gegenüber dem Staat zu verteidigen, sondern zugleich als *Auftrag an den Staat*, dem Einzelnen den realen Freiheitsgebrauch überhaupt zu ermöglichen.[92] Durch die ausdrückliche Betonung der Sozialstaatlichkeit in Art. 20 Abs. 1 GG hat der Verfassungsgeber jedenfalls deutlich gemacht, daß er die Freiheitsrechte alleine nicht für ausreichend hält, den sozialen Belangen der Gesellschaft gerecht zu werden. Der Staat wird zu weitergehender (*komplementärer*) Sozialtätigkeit angehalten. Als *konträr* und damit als *sich gegenseitig begrenzend* sind beide Bereiche ausdrücklich in einigen Gesetzesvorbehalten, etwa in Art. 2 Abs. 1 GG oder Art. 14 Abs. 2 GG ausgestaltet.[93] Umgekehrt darf die staatliche Wirtschafts- und Wohlfahrtspolitik die Freiheitsrechte aber auch nicht erdrücken.[94] Das BVerfG räumt dem Gesetzgeber insoweit aber einen relativ weiten Spielraum bei der Gewichtung von Freiheits- und Sozialaspekten ein.[95]

---

kreten materiellen Bindungen, bestimmte Aufgaben erfüllen zu müssen, unterliegt der Gesetzgeber diesbezüglich nicht.

[89] Vgl. *Möschel*, Rechtsordnung, S. 12.

[90] *Hesse*, Rn 317 f., 325; *Dürig*, in: M/D, Art. 3, Rn 120 ff.

[91] Dieser gebiete in seiner sozialstaatlichen Ausprägung nicht nur eine *formale Gleichbehandlung* im Sinne eines Willkürverbots (Art. 3 Abs. 1 GG), sondern sei auch als *Auftrag* zur Schaffung von *faktischer Chancengleichheit* zu verstehen (vgl. *Stein*, Staatsrecht, S. 171; *Jarass/Pieroth*, Art. 20, Rn 117 f.; *Katz*, Staatsrecht, Rn 229; mit kritischer Distanz zum Begriff der „Chancengleichheit" *Herzog*, in: M/D, Art. 20, VIII, Rn 37). Was unter „formaler" und „materialer" Gleichheit verstanden wird ist i.ü. je nach Autor höchst unterschiedlich, wobei *Herzog* (in: M/D, Art. 20, II, Rn 8) „formale" Gleichheit im Gegensatz zu hier als „absolute", also utopische Gleichheit aller Menschen und ihrer Möglichkeiten verstanden wissen will. Wie hier *Jarass*/Pieroth, Art. 20, Rn 117; *Stein*, Staatsrecht, S. 171.

[92] Vgl. nur etwa *Stein*, Staatsrecht, S. 171.

[93] Das Recht der freien Persönlichkeitsentfaltung wird durch die verfassungsmäßige Ordnung begrenzt, zu der nicht nur das Sozialstaatsprinzip selbst, sondern nach h.M. auch die das Sozialstaatsprinzip konkretisierenden Normen als formell und materiell mit der Verfassung übereinstimmendes Recht zu zählen sind. Vgl. *Di Fabio*, in: M/D, Art. 2, I, Rn 39.

[94] Vgl. etwa *Herzog*, in: M/D, Art. 20, VIII, Rn 47; *Katz*, Staatsrecht, Rn 229.

[95] Vgl. BVerfGE 29, 221, 235: „Im sozial- und gesellschaftspolitischen Bereich hat der Gesetzgeber einen weiten Raum zur freien Gestaltung. Wenn sich dort eine Zielsetzung nur unter Eingriff in die allgemeine Handlungsfreiheit erreichen läßt, hat der Ge-

Für Subsidien heißt das: Sie können *geboten* sein, um den Grund- und Freiheitsrechten Geltung zu verschaffen, sie können *notwendig erscheinen*, um etwa „distributives Marktversagen" auszugleichen, sie können legitimer Weise aber auch selbst Freiheitsrechte *beschränken* oder aber Freiheitsrechte verfassungswidrig *verletzen*. Entsprechend unterschiedlich ist jeweils auch die potentielle Kollisionswahrscheinlichkeit und Kollisionsebene mit dem Beihilfenaufsichtsrecht.

Es ist auffällig, daß seit Beginn des „Streits um die Wirtschaftsverfassung" vorwiegend dem Sozialstaatsprinzip als Antipode zu den Freiheitsrechten Beachtung geschenkt wurde. Planung, Lenkung, Intervention und nicht zuletzt Subvention erscheinen häufig alleine als Regulierungsmöglichkeit der Freiheitsrechte gerade zu Sozialzwecken.[96] Im Hinblick auf das Beihilfenrecht bedeutsamer noch als die eigentlich materiell-soziale Komponente erscheinen Festlegungen des GG, die keine konkrete Pflicht zur Intervention (bzw. Grundlagen hierfür) statuieren, die aber dem Gesetzgeber bewußt die Einschätzungsprärogative belassen, solche Interventionspflichten aufzustellen. Dabei könnte eben dieser *Entscheidungsspielraum* den Schutz des GG genießen. Es bestehen also im wesentlichen zwei Möglichkeiten, die eine Kollision von deutschem Verfassungsrecht und Beihilfenaufsichtsrecht denkbar erscheinen lassen:

Zum einen, wenn wegen des Beihilfenrechts dem Staat die Möglichkeit genommen würde, seine Pflicht *gegenüber dem Einzelnen* zu erfüllen.

---

setzgeber das Spannungsverhältnis zwischen dem Schutz der Freiheit des Einzelnen und den Anforderungen einer sozialstaatlichen Ordnung zu lösen. Das ist nicht generell möglich. Daher muß das BVerfG prüfen, ob der Gesetzgeber im konkreten Fall eine verfassungsgerechte Lösung gefunden hat." Vgl. auch BVerfGE 10, 354, 370; BVerfGE 18, 257, 267: „Die jetzige Rechtslage – Ausschluß von der Pflichtversicherung mit der Möglichkeit der freiwilligen Versicherung – wird auch der unaufhebbaren und grundsätzlichen Spannungslage zwischen dem Schutz der Freiheit des Einzelnen und den Anforderungen der sozialstaatlichen Ordnung gerecht. Dem Sozialstaatsprinzip würde es zwar eher entsprechen, daß diejenigen, die wegen ihrer wirtschaftlichen Schwäche zur eigenen Lebensvorsorge nicht fähig sind und die deshalb einer Sicherung gegen die Wechselfälle des Lebens bedürfen, in die Zwangsversicherung einbezogen werden. Eine solche Vorsorge des Staates würde jedoch die Freiheit der persönlichen Entfaltung des Einzelnen einschränken, indem sie ihn der Versicherungspflicht unterwirft und damit zugleich zur Beitragszahlung verpflichtet. Bei einer Entscheidung zwischen diesen beiden Geboten muß dem Gesetzgeber ein gewisser Spielraum eingeräumt werden. Seine Entscheidung zugunsten der Freiheit der persönlichen Entfaltung ist jedenfalls dann nicht zu beanstanden, wenn eine andere Lösung durch das Sozialstaatsprinzip nicht unbedingt geboten ist." Für einen „weiten" Gestaltungsspielraum des Gesetzgebers auch BVerfGE 70, 278, 288.
[96] Vgl. oben Abschn. III. 1. Im Vordergrund stand also eher eine „soziale" als eine „gesteuerte" Marktwirtschaft. Erst die Einführung des Art. 109 Abs. 2 GG 1967 rückte die *Wirtschafts*steuerung mehr ins Zentrum des Interesses.

Zum anderen, wenn die grundgesetzlich vorgesehene *staatliche Gestaltungsmöglichkeit selbst* betroffen wäre.[97]

2. Freiheitsrechte als Subsidien-Abwehrrechte

Die Grund- und Freiheitsrechte des GG[98] entfalten ihre durchschlagende Wirkung als subjektive öffentliche Abwehrrechte, die unmittelbar einklagbar sind.[99] Auch nach deutschem Recht besteht insofern die Möglichkeit, sich gegen Subsidien zu verteidigen.[100] Eine liberale Wirtschaftsordnung als Schutzgut kennt das GG, wie oben dargelegt, nicht. Dementsprechend kann der einzelne Wirtschaftsteilnehmer einen Eingriff in die Wirtschaftsordnung auch nicht als mittelbaren Eingriff in *seine* Rechte geltend machen.[101] Er kann sich aber verteidigen, wenn er selbst in einem seiner (ökonomischen) Freiheitsrechte unmittelbar betroffen ist. Die Eingriffsschwelle liegt hier aber nach Literatur und Rspr. einigermaßen hoch.[102]

Als mögliche Subsidien-Abwehrrechte kommen die Freiheitsrechte vor allem für den *nichtbegünstigten Konkurrenten* in Betracht.[103] Zwar kann

---

[97] Diese Möglichkeiten der Gestaltung können ökonomischer Natur sein (Währungs-, Handels-, Industrie- oder Strukturpolitik usw.) oder außerökonomischer (innere und äußere Sicherheit, Umwelt, Bildung, Gesundheit usw.).

[98] Insbesondere Art. 2 Abs. 1 GG für die wirtschaftliche Betätigungsfreiheit.

[99] Vgl. *Schmidt-Aßmann*, in: M/D, Art. 19 IV Rn 21.

[100] Wie oben erwähnt sind diese aber für das verfolgte Erkenntnisinteresse schon vom Ansatz her nur von eingeschränkter Relevanz. Beihilfenaufsichtsrecht und GG zielen insofern in die gleiche Richtung. Konfliktträchtiger und daher für diese Untersuchung von größerer Bedeutung erscheinen Vorgaben des GG, die eine Subsidienvergabe *rechtfertigen* oder sogar *erfordern* und damit in Widerspruch zu europarechtlichen Bestimmungen geraten können.

[101] Vgl. BVerfGE 4, 7, 17.

[102] Vgl. *Papier*, in: *Benda/Maihofer/Vogel*, § 18, Rn 78, wonach der Einzelne nur gegen willkürliche, unzumutbare oder unerträgliche staatliche Beeinträchtigungen im Wettbewerbsprozeß geschützt wird. Vgl. auch *Schneider*, DVBl. 1996, 1301, 1308. Vgl. auch BVerfGE 6, 32, 40 f.; 4, 7, 16. Zur Möglichkeit der Verletzung der „Wettbewerbsfreiheit" durch Subventionen (und i.E. ablehnend) *Lindner*, DÖV 2003, 185, 186; 191. Dieser sieht als relevant eher eine auf Art. 3 Abs. 1 GG bezogene Verletzung der „Erfolgschancengleichheit" an.

[103] Die Konkurrentenklage kann dabei sowohl gegenüber Mitbewerbern aus der Privatwirtschaft (sog. Begünstigungsabwehrklage) wie auch gegen die öffentliche Hand als Anbieter (sog. Fiskusabwehrklage) geführt werden. Vgl. *Huber*, in: *Stober*, Rechtsschutz, S. 53, 55, 59 ff.; *Lindner*, DÖV 2003, 185, 186. Auch hier stellt die Rspr. strenge Voraussetzungen für den Kläger auf: „wenn die Wettbewerbsfreiheit des Handels in unerträglichem Maße eingeschränkt wird" (vgl. VGH-BW für den Fall einer Fiskusabwehrklage, NJW 1995, 274, 275); für einen Fall der Begünstigtenabwehrklage: wenn „die Wettbewerbsfreiheit des Handels in einem für die Klägerin unerträglichen Maße eingeschränkt (wird)" (BVerwGE 30, 191, 198). Die öffentlichen Träger sind auch nicht verpflichtet, auf von ihnen betriebene Unternehmen im Sinne von mehr Wettbewerb einzu-

die Subsidienvergabe auch für den *Empfänger* grundrechtsrelevant sein[104] – ein entsprechender Eingriff wird aber regelmäßig nur auf mit der Vergünstigung verbundene Bestimmungen (Verpflichtungen, Auflagen, Bedingungen etc.), nicht jedoch auf die Vergünstigung selbst zurückzuführen sein. Eine Kollisionsmöglichkeit zwischen deutschem und Gemeinschaftsrecht dürfte insofern weithin ausgeschlossen sein.[105]

Jedenfalls nicht unter den klassischen Subventionsbegriff (wenngleich sie beihilfenrechtlich äußerst relevant sind)[106] fallen Leistungen, die der Staat den Bürgern als Ausgleich für eine Verpflichtung gewährt, eine im öffentlichen Interesse liegenden Leistung zu erbringen; etwa die Verpflichtung von Verkehrsunternehmen, Schwerbehinderte unentgeltlich zu befördern, und die damit korrespondierende Verpflichtung des Staates, dafür einen Ausgleich zu leisten (vgl. § 148 ff. SGB IX).[107] Theoretisch könnte der Staat den Bürger auch ohne Ausgleich zu einer bestimmten Handlung verpflichten. Die Verpflichtung einzelner zu „Sonderopfern" stößt freilich irgendwann an die Grenzen der Sozialpflichtigkeit und der *Verhältnismäßigkeit*. Der Staat muß also entweder auf die Verpflichtung des Bürgers verzichten oder entsprechenden Ausgleich leisten. Insoweit berührt diese Konstellation bereits die im folgenden zu behandelnden grundgesetzlichen Leistungsansprüche.

3. Grundgesetzlich verbürgte subjektive Leistungsansprüche

a) Der Gleichheitssatz gemäß Art. 3 Abs. 1 GG

Im Regelfall wird ein Unternehmen eher bestrebt sein, selbst in den Genuß eines Vorteils zu kommen, als die Begünstigung des Konkurrenten zu verhindern (was auch dem sog. Kompromißcharakter von Subventionen ent-

---

wirken, „sofern durch das Unternehmen die private Konkurrenz nicht unmöglich gemacht wird." (Hessischer VGH, NVwZ 1996, 816, 817). Zum Rechtsschutz gegen kommunale Wirtschaftstätigkeit vgl. etwa *Diefenbach*, WiVerw 2003, 115 ff.

[104] Vgl. *Störi*, S. 67 f. (*eine* „Bedrohungsform" der individuellen Freiheit).

[105] Das Gemeinschaftsrecht verbietet jedenfalls eine anhand des nationalen Rechts vorgenommene, ggf. strengere Beurteilung nicht. Allenfalls denkbar erscheint ein Kollisionsproblem für den Fall, daß mitgliedstaatliche Subsidien gemeinschaftsrechtlich veranlaßt sind (z.B. wenn sie entweder direkt von der Gemeinschaft finanziert werden und der Mitgliedstaat sie nur ausreicht, oder der Mitgliedstaat faktisch gezwungen ist, Gewährungsmöglichkeiten zu nutzen). Freilich ist bereits zweifelhaft, ob insbesondere ein faktischer Gewährungsdruck ausreicht, eine Subvention aus mitgliedstaatlichen Mitteln der Gemeinschaft zuzurechnen. Darüber hinaus bliebe es bei der allgemeinen Regel nach der Solange-Rechtsprechung, daß der Konkurrent Grundrechtsschutz bei den europäischen Gerichten suchen müßte.

[106] Vgl. unten 2. Teil, Kap. 3, Abschn. A. III. 3.

[107] Im GG findet sich dieser Gedanke im Enteignungsrecht gem. Art. 14 Abs. 3 GG oder im „Aufopferungsgedanken" (vgl. zu beidem *Schmitt-Kammler*, Jus 1995, 473 ff.).

spricht).[108] Da er sein Begehren regelmäßig nicht direkt auf die Gewährungsgrundlage (z.B. eine entsprechende Beihilferegelung) stützen kann, kommt ein Anspruch i.V.m. dem grundgesetzlich geschützten Gleichheitssatz in Betracht, wobei dann Kollisionen mit dem Beihilfenrecht denkbar sind.[109]

b) Grundrechte als Teilhaberechte

Die Bedeutung der Grundrechte als Teilhaberechte ist schon für sich genommen umstritten; auch wenn man sie nicht isoliert, sondern im Lichte des Sozialstaatsprinzips betrachtet.[110] Eine Kollision von europäischem Beihilfeaufsichtsrecht und grundgesetzlichen Wertungen ist i.ü. nur vorstellbar, wenn der Einzelne einen verfassungsrechtlich verbürgten, subjektiv-rechtlichen Anspruch auf staatliche Leistungen tatsächlich geltend machen könnte, diesem aber europäisches Recht entgegenstünde. Ob eine solche Kollision möglich ist, erscheint aus mehreren Gründen äußerst fraglich: Zum einen sind Grundrechtsverletzungen seitens europäischer Organe dem Gerichtshof überantwortet.[111] Zum anderen ist fraglich, ob ein mögliches Teilhabeelement gerade zum Kerngehalt eines Grundrechts gehört,[112]

---

[108] Vgl. oben Kap. 3, Abschn. B. IV. Zur Frage, ob Subventionen auch unter dem Aspekt des Gleichheitssatzes *abgewehrt* werden können, vgl. *Lindner*, DÖV 2003, 185, 189 ff.

[109] Die Frage ist dann allein, ob der Gleichheitssatz zu dem vom BVerfG der Überprüfung durch den EuGH anheimgestellten Grundrechtsschutz gehört (Solange II – BVerfGE 73, 339, 387). Obwohl der Gleichheitssatz ein eher formales Prinzip denn ein materielles Recht beinhaltet (zum Streit, ob Art. 3 Abs. 1 GG im übrigen ein subjektives öffentliches Recht beinhaltet, *Dürig*, in: M/D, Art. 3 Abs. 1, X, Rn 275 ff.), vermittelt er doch auch ein subjektives Recht auf Gleichbehandlung (vgl. *Jarass/Pieroth*, Art. 3, Rn 1). Eine Prüfung anhand des Gleichheitssatzes nach dem GG fände entsprechend Solange II grundsätzlich wohl nicht statt, sondern wäre den europäischen Gerichten zugewiesen.

[110] Vgl. *Herzog*, in: M/D, Art. 20, VIII, Rn 49 ff., mwN.; *Jarass/Pieroth*, Vor Art. 1, Rn 6 ff., 10.

[111] Vgl. die Solange II-Rechtsprechung (BVerfGE 73, 339, 374 ff.). Um Grundrechtsverletzungen handelte es sich zwar, wenn dem Einzelnen ein *durch das entsprechende Grundrecht* vermittelter Leistungsanspruch abgesprochen würde. Als *Teilhaberechte* kennt das Europarecht die Grundrechte nicht – ein entsprechender Grundrechtsschutz wäre vor europäischen Gerichten also nicht zu erlangen. Eine Prüfung anhand des GG wäre somit grds. denkbar. Das BVerfG könnte sich der Prüfung wohl zumindest dann nicht entziehen, wenn Eingriffe so weit gingen, daß der durch Art. 79 Abs. 3 i.V.m. 1 Abs. 1 Abs. 2, 20 Abs. 1 GG perpetuierte Kerngehalt der Grundrechte betroffen wäre. Solche Eingriffe wären dann möglicherweise auch wegen der absoluten Kompetenzübertragungsschranke gemäß Art. 79 Abs. 3 GG i.V.m. Art. 23 Abs. 1 Satz 3 GG in Deutschland unverbindlich. Entsprechende Konstellationen sind wohl nur theoretisch vorstellbar.

[112] Ob das Teilhabeelement, das allgemein nur in „extremen Fällen" bejaht wird (vgl. *Herzog*, in: M/D, Art. 20, VIII, Rn 49), zum Kerngehalt der Grundrechte zählt (zum perpetuierten Menschenwürdegehalt der Grundrechte vgl. *Maunz/Dürig*, in: M/D, Art. 79,

und schließlich ist es wohl kaum realistisch anzunehmen, die Kommission würde deutschen Staatsorganen untersagen, dem Einzelnen etwas zu gewähren, was er zur Wahrung seiner Grundrechte unabdingbar und dringend benötigt.[113]

4. Das Sozialstaatsprinzip als objektivrechtlicher Gestaltungsauftrag an den Staat

Eine Vielzahl beihilfenrechtlich relevanter Maßnahmen wird (zumindest *auch*) aus sozialen Gründen gewährt. Kommt es zum Verbot der Maßnahme, fragt sich, inwieweit hiervon nicht das grundgesetzliche Sozialstaatsgebot betroffen sein könnte. Als von der Ewigkeitsgarantie (Art. 79 Abs. 3 GG) umfaßtes Fundamentalprinzip stellt das Sozialstaatsprinzip alle Staatsgewalt unmittelbar bindendes, objektives Verfassungsrecht dar.[114] Es stellt sich hier also die Frage, wie die staatlichen Gewalten diesem besonderen Stellenwert des Sozialstaatsprinzips Rechnung zu tragen haben und inwieweit das Europarecht den sich aus dem Sozialstaatsprinzip ergebenden Gestaltungsauftrag beeinträchtigen darf.

Rn 42; zur Absicherung des Menschenwürdegehalts durch Art. 19 Abs. 2 GG vgl. *Dürig*, in: M/D, Art. 1 Rn 8), erscheint jedenfalls fraglich. Ihrer Kern*funktion* nach sind die Grundrechte *Abwehr*rechte und eben keine *Teilhabe*rechte. Zu einem „realen" Wesenskern könnte freilich dann ein subjektiver Leistungsanspruch gehören, wenn ohne ihn die Grundrechtsausübung völlig unmöglich wäre, der Mensch also „zum Objekt" erniedrigt würde (vgl. *Dürig*, in: M/D, Art. 1, Rn 43). Die Frage ist also, inwieweit sich *Extremfall* und *Kernbereich* decken. Bejaht man eine solche Überschneidung, wäre ein Vorrang des deutschen Verfassungsrechts denkbar. Aus deutscher Sicht könnte sich ein Vorrang deutschen Verfassungsrechts zudem daraus ergeben, daß der Teilhabeaspekt der Grundrechte kein europäisches Pendant besitzt. Soweit aber gewisse Bereiche durch die Gemeinschaften überhaupt keinen Grundrechtsschutz genießen, bliebe es wohl ohnehin bei der Prüfungspflicht des BVerfG anhand grundgesetzlicher Vorgaben. Vgl. *Wittkowski*, BayVBl. 1994, 359, 361. Der Grundrechtsschutz wäre insoweit nicht im wesentlichen „gleichzuachten" i.S. von Solange II (BVerfGE 73, 339, 378, 387).

[113] Eine tiefergreifende Beschäftigung mit diesen Problemen, die allein im deutschen Staatsrecht wurzeln, soll hier unterbleiben. Darüber hinaus werden derartige Fälle voraussichtlich keinerlei praktische Relevanz erlangen können. Nach Art. 87 Abs. 2 lit. a EG sind nichtdiskriminierende Beihilfen sozialer Art an einzelne Verbraucher, und um solche wird es sich in den oben angesprochenen Konstellationen regelmäßig handeln, mit dem gemeinsamen Markt vereinbar.

[114] *Herzog*, in: M/D, Art. 20, VIII, Rn 6; *Maunz/Dürig*, in: M/D, Art. 79 GG, Rn 49. Durch diese ausdrückliche Verankerung im GG als *konkret* faßbare Staatsleitlinie unterscheidet sich der Auftrag zur Sozialgestaltung von einem – weiter unten zu behandelnden – *allgemeinen* Auftrag an den Gesetzgeber, politisch gestaltend tätig zu werden. Das Sozialstaatsprinzip (Art. 20 Abs. 1, 28 Abs. 1 Satz 1 GG) ist für sich genommen keine geeignete Grundlage für die Ableitung *subjektiver* und einklagbarer Rechtsansprüche. Vgl. *Herzog*, in: M/D, Art. 20, VIII, Rn 28.

a) Die Konkretisierung des Gestaltungsauftrags

Problematisch ist zunächst die inhaltliche Unbestimmtheit des Sozialstaatsprinzips selbst, das sich einer trennscharfen Konkretisierung wohl dauerhaft widersetzen wird.[115] Daneben fehlt es, anders als bei dem ausdifferenzierten System der Freiheitsrechte, weitgehend an Konkretisierungen („Ausführungsnormen") im GG selbst.[116] Daß der Verfassungsgeber das Sozialstaatsprinzip weitgehend im Unbestimmten ließ, darf freilich nicht als unbewußtes Versäumnis begriffen werden. Ebenso wie bei der bewußten Entscheidung gegen soziale Grundrechte wollte man auch hier keine leeren politischen Programmsätze und in der Realität womöglich unerfüllbare Sozialkataloge konstituieren.[117] Vielmehr sollte es im Rahmen des Möglichen dem Gesetzgeber überlassen bleiben, soziale Ziele in freier Verantwortung zu formulieren.[118] Dies bedeutet andererseits aber nicht, daß es ihm freigestellt wäre, auf soziale Aspekte gänzlich zu verzichten.[119] Der Gesetzgeber kann sich weder von der institutionalisierten Verpflichtung zur Sozialstaatlichkeit noch von der Verpflichtung zur aktiven Sozialgestaltung freizeichnen. Umgekehrt ist aber nicht alles, was er an Sozialem ins Werk setzt, automatisch vom Sozialstaatsprinzip her geboten.[120] Was aber *ist*, insbesondere im Hinblick auf Europa, verfassungsrechtlich geboten?

b) Das Sozialstaatsprinzip als Integrationsschranke

Herzog hat den politischen und den verfassungsrechtlichen Begriff des Sozialstaatsprinzips unterschieden und folgendes Bild entworfen: Beide verhielten sich wie konzentrische Kreise zueinander, wobei der Abstand vom äußeren (*politischer* Sozialstaatsbegriff) zum inneren (*verfassungsrechtli-*

---

[115] *Herzog* weist auf „wohl auch künftig fast unüberwindbare Schwierigkeiten" bei der Konkretisierung des Sozialstaatsprinzips hin (*Herzog*, in: M/D, Art. 20, VIII, Rn 3 – vgl. auch Rn 18, 45). Die Rede ist gar von einer „Zauberkiste" oder dem wundersam unerschöpflichen „Ölkrüglein der Witwe". Von der Armenfürsorge bis zur Systemveränderung scheint man alles aus ihm herauslesen zu können (vgl. *Krüger*, Rechtsstaat, S. 26 f.).

[116] Vgl. *Herzog*, in: M/D, Art. 20, VIII, Rn 5, 21. Das Sozialpostulat schränkt gemäß Art. 14 Abs. 2 GG und Art. 15 GG das Eigentumsrecht ein, einen konkreten Handlungsauftrag beinhalten diese Normen jedoch nicht. Auch in Art. 74 GG tauchen als Gegenstand der konkurrierenden Gesetzgebung einzelne soziale Aspekte auf. Soweit sie nicht (wie Art. 119, 120, 120 a GG) die Kriegsfolgen betreffen, halten sie sich im Allgemeinen und stellen jedenfalls keine konkreten Handlungsaufträge dar.

[117] *Herzog*, in: M/D, Art. 20, VIII, Rn 24, 28; *Rittner*, S. 37.

[118] Vgl. zum „weiten" Gestaltungsspielraum des Gesetzgebers BVerfGE 70, 278, 288.

[119] So die h.M. Vgl. nur *Maunz/Dürig*, in: M/D, Art. 79, Rn 49; *Katz*, Staatsrecht, Rn 215, sowie Rn 232. Vgl. auch BVerfGE 1, 97, 100, 105.

[120] Vgl. *Krüger*, Rechtsstaat, S. 29, mwN.

cher Sozialstaatsbegriff) ein Vielfaches des Radius des letzteren ausmache.[121] Mit Blick auf Europa ist nun interessant, wie weit europäische Wertungen in dieses Zirkelsystem eindringen und damit die „Kreisflächen" von außen überlagern können. Sollte sich erst der *Minimal*nukleus des Sozialstaatsprinzips als widerstandsfähig erweisen, bliebe im Konfliktfall (mit dem Europarecht) vom Gestaltungsauftrag des GG kaum mehr etwas übrig.

Zieht man die Maastricht-Entscheidung des BVerfG heran, wonach der Legislative allgemein „Aufgaben und Befugnisse von substantiellem Gewicht" verbleiben müssen,[122] ist ein soweit an den Kern reichendes „Abdrechseln" des sozialen Gestaltungsspielraums schon nach dem entsprechenden argumentum a minore nicht möglich: Wenn der gesetzgebenden Gewalt schon *generell* ein bedeutender Gestaltungsfreiraum zu belassen ist, so muß das um so mehr für das Sozialstaatsprinzip als einem der Hauptverfassungsprinzipien[123] des GG gelten. Dem Gesetzgeber muß also eine deutlich über den Kernbereich des Sozialstaatsprinzips hinausreichende, grundsätzlich „europarechtsresistente" Einschätzungsprärogative verbleiben, was er auf sozialem Gebiet für geboten hält. Dies muß um so mehr gelten, als die staatliche Sozialpflichtigkeit im europäischen Primärrecht weit hinter der des GG zurückbleibt. Den zwei *Herzog*schen Kreisen ist also unter europarechtlichem Aspekt ein weiterer hinzuzufügen, den man sich weniger als einen national-staatsrechtlichen *Pflichten*kreis denn als einen verfassungsrechtlichen, gegen europäische Überlagerung bewehrten *Schutz*ring um den Kern des Sozialstaatsprinzips vorzustellen hat. Ohne den Radius dieses Schutzrings konkret definieren zu wollen, soll im folgenden eine Kategorisierung unterschiedlicher Stufen der Sozialpflichtigkeit versucht werden. Klar ist dabei, daß die „Schutzhülle" des GG um so dünner wird, je weiter sich die gesetzgeberische Gestaltung vom Kern des Sozialstaatsprinzips entfernt und zur bloßen, verfassungsrechtlich nicht mehr gebotenen Sozialpolitik wird.

c) Abgestufte Sozialpflichtigkeit im Bereich der „Daseinsvorsorge"

Der „Vorhof" um den Kern des Sozialstaatsprinzips erscheint als Graubereich, der eine trennscharfe Klassifizierung nicht zuläßt. Im europarechtlichen Sprachgebrauch ist hier allgemein von „Daseinsvorsorge" die Rede.[124] Es läßt sich allenfalls feststellen, daß mit zunehmender Entfernung

---

[121] *Herzog*, in: M/D, Art. 20, VIII, Rn 25.
[122] BVerfGE 89, 155, 186.
[123] Gem. Art. 20 Abs. 1, 79 Abs. 3 GG. Vgl. *Maunz/Dürig*, in: M/D, Art. 79, Rn 44 f.
[124] Der Begriff der „Daseinsvorsorge" als solcher ist wie jener der Minimal- oder Grundversorgung dem GG unbekannt. Gemeinhin wird hierunter jede Form staatlicher Sozialvorsorge verstanden (vgl. *Herzog*, in: M/D, Art. 20, VIII, Rn 12 ff.; in einem engeren Sinne BVerfGE 66, 248, 258; grundlegend insbes. *Forsthoff*, Die Verwaltung als Lei-

vom Kern-Mittelpunkt die Legitimationsbedürftigkeit gegenüber Europa zu- und die Widerstandsfähigkeit gegen Europa abnimmt. Gewisse Schattierungen der „Daseinsvorsorge" lassen sich dennoch differenziert darstellen.[125]

α) „Minimalversorgung" zur physischen Existenzsicherung

Mit dem Begriff „Minimalversorgung" könnte man den innersten Bezirk der Sozialstaatlichkeit bezeichnen. Er gibt dem Einzelnen (in Verbindung mit Art. 1 Abs. 1 GG bzw. den Grundrechten) einen einklagbaren Anspruch auf das wörtlich zu verstehende absolute *Existenzminimum*, ohne das der Mensch zum bloßen, vegetierenden Objekt herabgewürdigt würde.[126] Die Gefahr einer Kollision mit europäischen Vorgaben ist in diesem Bereich freilich gering.

β) „Grundversorgung" zur sozialen Existenzsicherung

Auch hier geht es nicht darum, was der Staat gestalten *kann*, sondern was er (allerdings nur noch *objektiv*rechtlich) gestalten *muß*. An einem gängigen Begriff für den nach dem GG zwingend zu gestaltenden Bereich jenseits einer Minimalversorgung fehlt es zwar,[127] es böte sich aber der Terminus „Grundversorgung" an. Der Begriff „Grundversorgung" ist gemeingebräuchlich, wird als Rechtsbegriff in Rechtsprechung und Literatur jedoch vorwiegend im Post- und Telekommunikationssektor und v.a. im Be-

---

stungsträger. Er gibt folgende Definition: „Alles, was von Seiten der Verwaltung geschieht, um die Allgemeinheit oder nach objektiven Merkmalen bestimmte Personenkreise in den Genuß nützlicher Leistungen zu versetzen, ist Daseinsvorsorge." Ders., Lehrbuch des Verwaltungsrechts, S. 370). Als *technischer Begriff* wird er insbes. von der EG-Kommission verwendet. Unter „Leistungen der Daseinsvorsorge" versteht die Kommission „marktbezogene oder nicht marktbezogene Tätigkeiten, die im Interesse der Allgemeinheit erbracht und daher von den Behörden mit spezifischen Gemeinwohlverpflichtungen verknüpft werden" (vgl. Mitteilung der Kommission v. 20.9.2000, KOM (2000) 580 endg., S. 42). Als europäisch geprägter Terminus kann der Begriff der Daseinsvorsorge zwar nicht ohne weiteres für das deutsche Staatsrecht adaptiert werden. Der Rückgriff auf den europarechtlichen Rechtsbegriff erscheint hier aber insbesondere deshalb angebracht, weil er gerade im Zusammenhang mit Europa in der allgemeinen Auseinandersetzung an Bedeutung gewinnt (vgl. nur *Schwarze*, EuZW 2001, 334 ff. – auch zum Begriff selbst; *Papier*, DVBl. 2003, 686; *Meyer*, EWS 2005, 193 f.).

[125] Die im folgenden gebrauchten Termini sollen weniger als Verfassungsbegriffe denn als Hilfsbegriffe zu einer inhaltlichen Unterscheidbarkeit verschiedener Stufen der Sozialpflichtigkeit dienen (vgl. zum Begriff der „Grundversorgung" als „Hilfsbegriff" *Starck*, in: M/K/S, Art. 5, Rn 117).

[126] Vgl. *Maunz/Dürig*, in: M/D, Art. 79, Rn 49; *Dürig*, in: M/D, Art. 1, Rn 8 ff, 43 ff., Art. 3 Abs. 1, Rn 69 ff.; *Katz*, Staatsrecht, Rn 221. Vgl. auch BVerfGE 1, 159, 161 f.

[127] Daß eine Pflicht zur Gestaltung bzw. eine Pflicht zur Konkretisierung besteht, ist insoweit nicht zweifelhaft. Vgl. nur *Katz*, Staatsrecht, Rn 232.

reich des öffentlich-rechtlichen Rundfunks verwendet.[128] Es liegt auf der Hand, daß der Empfang von Radio- oder Fernsehprogrammen im Normalfall nicht notwendig zur bloßen *physischen* menschenwürdigen Existenz ist.[129] Er ist aber womöglich notwendig zur *gesellschaftlichen* und *staatsbürgerlichen* Existenz und beinhaltet die Verpflichtung des Staates, seinen Bürgern einen gewissen, am „Üblichen" orientierten Mindeststandard (Strom, Verkehr, Kommunikation, Information) vorzuhalten. Man könnte diesen Bereich insofern auch als „soziales Existenzminimum" bezeichnen. Dem Gesetzgeber ist nicht freigestellt, ob er von seiner Gestaltungskompetenz Gebrauch machen will, er *muß* hiervon Gebrauch machen.[130]

---

[128] Vgl. *Preuss Neudorf*, S. 79, mwN.; *Haeger*, Rundfunkgrundversorgung, S. 1 ff. und passim; zu beihilfenrechtlichen Aspekten *Uphoff*: Fernsehmarkt und Grundversorgung; *Kruse*, EWS 1996, 113, 115. Aus der Rechtsprechung des BVerfG: BVerfGE 73, 118 (4. Rundfunkurteil); 74, 297 (5. Rundfunkurteil); 83, 238 (6. Rundfunkurteil). Die Rundfunkgrundversorgung ist jedenfalls ein „Mehr" im Vergleich zur Minimalversorgung im oben gebrauchten Sinn. Ob sich eine Pflicht zur Sicherstellung der Grundversorgung vorwiegend aus Art. 5 Abs. 1 Satz 2 GG allein, i.V.m. dem Sozialstaatsprinzips, aus dem Sozialstaatsprinzip allein oder ggf. in Verbindung mit dem grundrechtsgleichen Wahlrecht (Art. 38 GG) herleiten läßt, kann hier dahinstehen. Vorwiegend wird die Grundversorgung im Rundfunkbereich aus Art. 5 GG hergeleitet bzw. in dessen Rahmen diskutiert (vgl. *Herzog*, in: M/D, Art. 5 Rn 238; *Jarass/Pieroth*, Art. 5, Rn 44; *Starck*, in: M/K/S, Art. 5, Rn 115 ff.). Daß sich die Rundfunk-Grundversorgung nicht zuletzt auch aus dem Sozialstaatsprinzip herleitet, zeigen etwa *Herrmann* (S. 297 ff.) oder *Haeger* (S. 14 ff.). Das BVerfG erkennt in jedem Fall eine solche verfassungsrechtliche Verpflichtung an. Es spricht in diesem Zusammenhang etwa von „unerläßlich(er) Grundversorgung" (BVerfGE 73, 118, 157 – 4. Rundfunkurteil), die durch die öffentlich-rechtlichen Rundfunkanstalten „wirksam sichergestellt sein muß" (BVerfGE 74, 297).

[129] Vgl. hierzu *Haeger*, S. 48 ff. Eine weitere Differenzierung von Minimal- und Grundversorgung ist bereits wegen der Gefahr der begrifflichen Verwässerung angezeigt: § 811 Nr. 1 ZPO etwa, der auch dem Vollstreckungsschuldner eine bescheidene Lebensführung sichern will, ist unbestreitbar Ausdruck des Sozialstaatsprinzips (vgl. *Stöber*, in *Zöller*: § 811, Rn 1). Ob die Belassung eines (Farb-?) Fernsehgerätes direkt aus der Menschenwürde resultiert, ist freilich zweifelhaft (vgl. *Stöber* in: *Zöller*, § 811, Rn 15; *Hartmann*, in: *Baumbach/Lauterbach/Albers/Hartmann*, § 811, Rn 18 f.). Die Frage muß zynisch wirken angesichts der täglichen Schreckensbilder aus aller Welt, die mit diesen Geräten empfangen werden können und lachhaft für diejenigen, die, ohne Schaden an Leib oder Seele zu nehmen, auf das Fernsehen längst freiwillig verzichtet haben. Rundfunkgeräte mögen hierzulande zur gesellschaftlichen Grundausstattung gehören – *existenz*notwendig sind sie beileibe nicht.

[130] Die Folgen der Verpflichtung zur Grundversorgung umschreibt das BVerfG für den Rundfunksektor folgendermaßen: „Der Begriff der Grundversorgung bezeichnet dabei weder eine Mindestversorgung, auf die der öffentlich-rechtliche Rundfunk beschränkt ist oder ohne Folgen für die Anforderungen an den privaten Rundfunk beschränkt werden könnte, noch nimmt er eine Grenzziehung oder Aufgabenverteilung zwischen öffentlich-rechtlichen und privaten Veranstaltern (...) vor (...)." Ausschlaggebend sei, daß das Rundfunksystem „in seiner Gesamtheit dem verfassungsrechtlich Gebotenen im Rahmen des Möglichen entspricht" (BVerfGE 83, 238, 297 f.). Im hier verfolgten Erkenntniszu-

Kapitel 4: Subsidien im Rahmen der verfassungsmäßigen Vorgaben

Die speziell für den Rundfunksektor getroffenen Aussagen lassen sich sicher nicht ohne weiteres auf alle *sozial* relevanten Bereiche übertragen. Im groben lassen sich aber folgende im Rundfunkbereich entwickelten Kriterien verallgemeinern: Es muß ein grundgesetzliches *Gebot zur Gestaltung* bestehen, das über die Pflicht zur Gewährleistung einer existenzsichernden Mindestversorgung hinausgeht. Es geht also um Bereiche, in denen dem Gesetzgeber nicht nur ein gewisser Gestaltungsspielraum eingeräumt, sondern – etwa im Bereich der Energie- oder Wasserversorgung, des Nahverkehrs, der Abfallbeseitigung, Kranken- oder Altenpflege – ein *zwingender* (1.), wenn auch allgemein gehaltener *Gestaltungsauftrag* (2.) erteilt wird.[131] Des weiteren muß (im weiteren Sinne und vom Staat zu beurteilendes) *Marktversagen* (3.) vorliegen.[132] Die Folge ist eine weitreichende, allerdings dem Grundsatz der Verhältnismäßigkeit unterworfene Einschätzungsprärogative. Da sich der Gesetzgeber, indem er seiner in Art. 79 Abs. 3, 20 Abs. 1 GG verankerten Pflicht zur Sozialgestaltung nachkommt, regelmäßig auf dem Boden des verfassungsmäßig *unbedingt Gebotenen* bewegt, sind Kollisionen mit europäischen Wertungen (was die Ziele selbst oder die Mittel zur Zielerreichung anbelangt) denkbar, die u.U.

---

sammenhang bedeutsam erscheint in der Rundfunkrechtsprechung unter anderem ein Aspekt: Die *Prärogative des Gesetzgebers*. Direkt aus dem GG ist nicht ersichtlich, was unter Grundversorgung jenseits einer Mindestversorgung zu verstehen ist. Der Gesetzgeber ist hier zur Konkretisierung aufgerufen. Es versteht sich von selbst, daß, wenn das „Was" erst der Konkretisierung durch den Gesetzgeber bedarf, auch das „Wie" nicht direkt aus dem GG gefolgert werden kann. Im Bereich des Rundfunks hat das BVerfG das sog. „duale System" als *eine* der möglichen Optionen angesehen (BVerfGE 73, 118, 153 ff.). Der andere Aspekt ist die *Verhältnismäßigkeit*: Bereits bei der Zielformulierung darf der Gesetzgeber das tatsächlich Mögliche nicht aus dem Auge verlieren (BVerfGE 73, 118, 155 ff.). Dies gilt um so mehr bei der konkreten Ausgestaltung: Was können die privaten Anbieter leisten? Was kann der Staat selbst „im Rahmen seiner Möglichkeiten" erreichen?

[131] Zu nennen wären etwa die Bereiche, die nach dem BVerfG „unmittelbar oder mittelbar der persönlichen Lebensbewältigung des einzelnen Bürgers dienen" und die das BVerfG insofern als öffentliche Aufgaben „von größter Bedeutung" einstuft und deren der Bürger „zur Sicherung einer menschenwürdigen Existenz unumgänglich bedarf" (BVerfGE 38, 258, 270 f.; BVerfGE 66, 248, 258, wobei das BVerfG hier von „Daseinsvorsorge" spricht). Zu solchen Leistungen zählt das BVerfG i.ü. neben der Energieversorgung (BVerfGE 66, 248, 258), die Wasserversorgung, den Nahverkehr, die Abfallbeseitigung, Krankenhäuser und Altenheime, Kindergärten sowie andere Angebote infrastruktureller Natur (BVerfGE 38, 258, 270 f.).

[132] Mit einzubeziehen hat er dabei die Leistungsfähigkeit des privaten Sektors. Der Staat ist also gehalten, zu beurteilen, ob Marktversagen vorliegt. Diese Verknüpfung von entweder öffentlich-rechtlicher Versorgung oder weiteren Anforderungen an den privaten Bereich zur Sicherung der Zielerreichung nimmt das BVerfG ausdrücklich vor (vgl. BVerfGE 83, 238, 296 ff.).

nicht unbesehen nach dem Grundsatz des Anwendungsvorrangs entschieden werden können.[133]

γ) Der politisch gestaltbare Bereich der „Daseinsvorsorge"

Der hier zu beschreibende Bereich unterliegt, soweit er über die soeben beschriebenen hinausreicht noch einem staatlichen Handlungs- bzw. Gestaltungsauftrag, ist aber doch (im *Herzog*schen Sinne) schon eher dem sozial*politischen* Bereich zuzuordnen.[134] D.h. die bereitzustellenden Güter mögen jeweils die gleichen sein (Strom, Wasser, Verkehr etc.), neben dem Notwendigen wird aber als qualitatives Minus auch das „Nützliche" erfaßt.[135] Die Kommission zieht zur Umschreibung des Begriffs im wesentlichen die gleichen Strukturmerkmale heran, wie sie soeben zum Begriff der Grundversorgung festgestellt wurden,[136] und zieht den gleichen Schluß: ein mitgliedstaatlicher Einschätzungsspielraum nach dem Grundsatz der *Verhältnismäßigkeit*.[137] Der Gesetzgeber hat aber hier, im teilweise bereits eher sozial*politischen* Bereich, durchaus die Möglichkeit, mehr an Sozialem ins Werk zu setzen, als er von Verfassungs wegen zwingend verpflichtet ist.[138] Für das Verhältnis zum Europarecht heißt das: Soweit nicht die

---

[133] Kompetenzen in diesem Bereich konnte der Gesetzgeber u.U. nämlich schon gar nicht wirksam übertragen. Anders ausgedrückt: Schränkt die EG diese dem Gesetzgeber aufgegebene Gestaltungspflicht ein, handelt sie nicht mehr im Rahmen der ihr übertragenen bzw. übertragbaren Einzelermächtigung.

[134] Im Gegensatz zum verfassungsrechtlichen Sozialstaatsgebot. Vgl. *Herzog*, in: M/D, Art. 20, VIII, Rn 25. Das BVerfG spricht hier vom „wachsenden Umfang" der Übernahme von Aufgaben der Daseinsvorsorge, was gerade auf eine gewisse Flexibilität in der Wahrnehmungspflicht hinweist. Ebenso *Papier*, DVBl. 2003, 686, nach dem sich im Begriff der Daseinsvorsorge auch immer ein Stück Zeitgeist widerspiegele.

[135] *Schwarze*, EuZW 2001, 334, 335.

[136] Ein (hier allerdings:) *nicht unbedingt zwingender* (1.) *Gestaltungsauftrag* an die Mitgliedstaaten (2.), *Marktversagen* (3.). Die Kommission führt hierzu aus: „Unter bestimmten Voraussetzungen, insbesondere wenn durch die Kräfte des Marktes keine zufriedenstellende Bereitstellung von Leistungen der Daseinsvorsorge erzielt wird, können die Behörden bestimmten Leistungserbringern Pflichten im allgemeinen Interesse auferlegen und ihnen, falls nötig, besondere oder ausschließliche Rechte übertragen und/oder einen Finanzierungsmechanismus entwickeln, der ihnen die Erbringung der Leistungen ermöglicht." Mitteilung der Kommission vom 20.9.2000, KOM (2000) 580 endg., S. 3.

[137] Die Kommission spricht insoweit von einer „Gestaltungsfreiheit der Mitgliedstaaten bei der Definition von Leistungen der Daseinsvorsorge, die einer Kontrolle auf offenkundige Fehler unterworfen ist." Mitteilung der Kommission vom 20.9.2000, KOM (2000) 580 endg., S. 3.

[138] Der Gestaltungsfreiraum des Staates findet seine grundgesetzlichen Grenzen erst im Kernbereich der allgemeinen Handlungsfreiheit (Art. 2 Abs. 1 GG) und den anderen eigenständigen oder daraus abgeleiteten, wirtschaftlich relevanten Freiheitsrechten. Bis dahin kann aber durch Maßnahmen in diesem Bereich die „verfassungsmäßige Ordnung"

Kernbereiche sozialer Gestaltung betroffen sind, konnten bzw. können durch das entsprechende Zustimmungsgesetz in diesem Bereich Kompetenzen auf die europäischen Institutionen übertragen werden. Diese wiederum können im Rahmen der entsprechenden Ermächtigung Vorgaben aufstellen, die Entscheidungen des deutschen Gesetzgebers im Falle der Kollision ohne weiteres vorgehen.[139]

5. Subsidien nach dem demokratisch vermittelten Gestaltungsspielraum und Gestaltungsauftrag des GG

Soziale Staatstätigkeit wird durch einen, jedenfalls was die Zielrichtung anbelangt, bestimmten Gestaltungsauftrag legitimiert. Vergleichbare, mit entsprechender Bindungswirkung ausgestattete „materielle", also einem bestimmten Politikbereich zuzuordnende (man könnte sagen: „sektorielle") Handlungsaufträge kennt das GG nicht.[140] Allerdings verleihen nicht nur bestimmte materielle Vorgaben staatlichem Handeln Legitimität, vielmehr ist es im allgemeinen (man könnte sagen: „horizontal") die demokratische Willensbildung, die staatliches Handeln im Rahmen des GG legitimiert. Auch soweit eine beihilfenaufsichtliche Maßnahme nicht mit konkreten materiellen Vorgaben des GG in Widerspruch gerät, besteht doch stets das Problem, daß die nationale Staatstätigkeit allein wegen ihrer im demokratischen Verfahren erworbenen Legitimation in Kollision mit dem jedenfalls weit weniger offensichtlich demokratisch legitimierten Europarecht geraten könnte.[141]

Wie frei also darf der nationale Gesetzgeber als Beauftragter des Volkssouveräns über den ihm gelassenen Raum verfügen und welche Gestaltungskompetenzen darf er sich bzw. dem Souverän entziehen und auf Eu-

---

weitgehend frei konkretisiert und die wirtschaftliche Handlungsfreiheit entsprechend eingeschränkt werden. Vgl. BVerfGE 29, 221, 235 ff.

[139] Als Beispiel mag das Gebot dienen, für einheitliche Lebensverhältnisse im Staatsgebiet zu sorgen (vgl. *Lerche*, in: M/D, Art. 83, Rn 10). Aus nationalstaatlicher Sicht kann als Maßstab etwa der durchschnittliche Lebensstandard der Regionen des Nationalstaats herangezogen werden. Die europäische Integration kann nun bei grundsätzlicher Beibehaltung des Sozialauftrags zu einer Erweiterung der Vergleichsperspektive bei der Anwendung des Gleichheitssatzes führen (EuGH, 17.9.1980, Rs 730/79, Slg. 1980, 2671 – „Philip Morris"). In seinem Maastricht-Urteil hat das BVerfG dies ausdrücklich festgestellt und gebilligt (BVerfGE 89, 155, 174).

[140] Am ehesten noch mit dem Sozialstaatsprinzip vergleichbar ist der Umweltschutzauftrag in Art. 20 a GG. Allerdings mit noch weiterem gesetzgeberischen Konkretisierungsspielraum und ohne daß der Umweltschutz in den Schutzbereich des Art. 79 Abs. 3 GG fallen würde (vgl. *Scholz*, in: M/D, Art 20 a, Rn 29).

[141] Dies gilt freilich nicht nur für die demokratisch legitimierten Akte der Bundesrepublik, sondern auch für die der Länder bzw. Kommunen. Zur „Europafestigkeit" des Art. 28 Abs. 2 S. 1 GG *Papier*, DVBl. 2003, 686, 691 ff.

ropa übertragen?¹⁴² Wie stark darf die exekutivische Beihilfenaufsicht umgekehrt die Möglichkeit souveräner nationaler Gestaltung beschränken? Im Bezug auf das Subsidienwesen scheint folgendes klar zu sein: Je weiterreichend und intensiver die Beihilfenkontrolle, die nicht nur den eigentlich wirtschaftlichen Politikbereich („sektoriell") sondern die ganze Palette staatlicher Politiken berührt, ausgestaltet ist, um so mehr wird die durch nationale Institutionen vermittelte allgemeine („horizontale") Gestaltungsmöglichkeit des Volkssouveräns tangiert.

a) Das Demokratieprinzip als Legitimationsgrundlage staatlicher Gestaltung

Das BVerfG hat im „Mitbestimmungsurteil" festgestellt, daß der Gesetzgeber innerhalb der ihm durch das GG gezogenen Grenzen frei zu entscheiden hat, ohne dazu einer weiteren als seiner allgemeinen demokratischen Legitimation zu bedürfen.¹⁴³ Diese „gesetzgeberische Gestaltungsaufgabe" rechnet das BVerfG zu den konstituierenden Elementen der demokratischen Ordnung.¹⁴⁴ Die dem Gesetzgeber zustehende „weitgehende Gestaltungs*freiheit*"¹⁴⁵ korrespondiert nach dem BVerfG mit einer entsprechenden „Gestaltungs*aufgabe*", also einer Verpflichtung zur Gestaltung („... frei zu gestalten *hat*"¹⁴⁶ – Hervorhebung d. Verf.). Gestaltungsfreiheit wie Gestaltungsaufgabe sind gleichermaßen Ausdruck des grundgesetzlichen Demokratieprinzips und damit tragende Pfeiler des demokratischen Staates.

b) Das Demokratieprinzip als Ausdruck der Volks- und Staatssouveränität und als Integrationsschranke

Das Demokratieprinzip ist jedenfalls in seinem Wesensgehalt im Rahmen des Art. 79 Abs. 3 GG i.V.m. Art. 20 Abs. 1, 2 GG absolut geschützt. Auch der Handlungsspielraum des Integrationsgesetzgebers unterliegt nach der „verfassungsgerichteten" Struktursicherung des Art. 23 Abs. 1 S. 3 GG¹⁴⁷ den unbedingten Grenzen des Art. 79 Abs. 3 GG.¹⁴⁸

---

¹⁴² Vgl. hierzu allgemein *Schmitt Glaeser*, S. 58 ff.
¹⁴³ BVerfGE 50, 290, 336 f.
¹⁴⁴ Ebd.
¹⁴⁵ Ebd.
¹⁴⁶ Ebd. Zu einer aus dem kommunalen Selbstverwaltungs*recht* fließenden Selbstverwaltungs*pflicht* insbes. vor dem Hintergrund des die Selbstverwaltung legitimierenden Demokratieprinzips vgl. *Tomerius*/Breitkreuz, DVBl. 2003, 426, 428 f.
¹⁴⁷ *Kaufmann*, S. 414 ff., 485. Zu Art. 23 Abs. 1 S. 1 GG als „unionsgerichtete" (*Kaufmann*, S. 485) „Struktursicherungs-" und „Integrationsnorm" im Hinblick auf das Demokratieprinzip *Tiedtke*, S. 82 ff.
¹⁴⁸ Vgl. *Maunz/Dürig*, in: M/D, Art. 79, Rn 29; *Kaufmann*, S. 414 ff.

Im Maastricht-Urteil[149] hat die Rechtsprechung zur Gestaltungsfreiheit und zum Gestaltungsauftrag des Gesetzgebers eine auf Europa bezogene Fortschreibung erfahren.[150] Unantastbarer Gehalt des Demokratieprinzips ist danach unter anderem, „daß die Wahrnehmung staatlicher Aufgaben und die Ausübung staatlicher Befugnisse sich auf das Staatsvolk zurückführen lassen und grundsätzlich ihm gegenüber verantwortet werden."[151] Das Demokratieprinzip deckt sich mit dem Gedanken der Volkssouveränität als Grundlage jeglicher staatlichen Gewalt (Art. 20 Abs. 2 GG).[152] Von Interesse für diese Untersuchung ist der Gesichtspunkt der Volkssouveränität vor allem im Hinblick auf zwei Aspekte:[153] Zum einen Souveränität hinsichtlich der europäischen Integration. Nach wie vor haben es die Mitgliedstaaten in der Hand, Inhalt, Ausmaß und Tempo der Integration, also die Aufgaben der Gemeinschaft zu bestimmen. Die europäischen Institutionen haben im Rahmen dieses Auftrags, also nach dem *Prinzip der begrenzten Einzelermächtigung* und aufgrund *bestimmter Kompetenzen und Befugnisse* zu handeln;[154] sie besitzen keinerlei Kompetenz-Kompetenz.[155] Zum anderen hinsichtlich eines Mindestmaßes an Souveränität, was die „eigenen Angelegenheiten" betrifft: Das BVerfG stellt hierzu fest, daß die

---

[149] Vgl. insbes. zum Kompetenzübertragungsproblem *Streinz*, EuZW 1993, 667 ff.; *Puttler*, ZRP 1998, 168 ff.; *Götz*, JZ 1993, 1081 ff.; *Schröder*, DVBl. 1994, 316 ff.; *Fromont*, JZ 1995, 800 ff.; *Kirchner/Haas*, JZ 1993, 760, 771; *Schachtschneider*, Recht und Politik 1994, S. 1 ff., 6.

[150] BVerfGE 89, 155. Bezeichnenderweise prüfte das BVerfG nicht vorwiegend, inwieweit infolge des Vertrages von Maastricht eine *materielle Kollision* von grundgesetzlichen und europäischen Zielen denkbar ist. Vielmehr stellt es darauf ab, inwieweit damit das *Demokratieprinzip als an sich ergebnisoffener, formeller Verfahrensgrundsatz* verletzt wird und inwieweit dies zu einer Einschränkung nationaler Gestaltungsfreiheit führt, die so vom GG möglicherweise nicht gewollt ist (vgl. BVerfGE 89, 155, 182 ff.). Geprüft hat das BVerfG dabei zwar konkret eine Verletzung des Wahlrechts gem. Art. 38 GG, das BVerfG bezog sich bei seiner Prüfung aber weitgehend auf das Demokratieprinzip (kritisch zu dieser Gleichsetzung von Wahlrecht und Demokratieprinzip aus französischer Sicht *Fromont*, JZ 1995, 800, 801). Im Zentrum der Urteilsgründe stand denn auch das Demokratieprinzip als staatskonstituierendes Element und damit als Integrationsschranke.

[151] BVerfGE 89, 155, 182.

[152] *Herzog*, in: M/D, Art. 20, II, Rn 33 ff.

[153] Im Maastricht-Urteil unterscheidet das BVerfG implizite drei Erscheinungsformen dieses Souveränitätsgedankens: Neben der *Souveränität im Hinblick auf die Integration* und die *innere Souveränität* auch die *äußere Souveränität*: Letztere bedeutet, daß die Mitgliedstaaten durch den Unionsvertrag einen Teil ihrer Befugnisse gemeinsam ausüben, aber nach wie vor souveräne Staaten („Herren der Verträge") bleiben, was insbesondere die Möglichkeit einschließt, die Zugehörigkeit zur Union durch einen gegenläufigen Akt wieder aufheben zu können (BVerfGE 89, 155, 188 ff.).

[154] BVerfGE 89, 155, 189.

[155] BVerfGE 89, 155, 181.

Staaten „hinreichend bedeutsamer eigener Aufgaben" bedürften. Zumindest gegenwärtig vermittelten noch die Staatsvölker „über die nationalen Parlamente demokratische Legitimation", insbesondere dem Bundestag müßten daher „Aufgaben und Befugnisse von substantiellem Gewicht verbleiben".[156]

Auch im Subsidienwesen gilt, daß sich alle staatlichen Maßnahmen letztlich auf den Souverän, das Volk zurückführen lassen müssen.[157] Der Souverän hat nun einerseits den nationalen Institutionen den Auftrag erteilt, aktiv gestaltend tätig zu werden, andererseits in den Zustimmungsgesetzen die europäischen Institutionen beauftragt, hierüber unter verschiedenen Aspekten zu wachen. Der Gestaltungsauftrag hat sich bildlich gesprochen „geteilt": Zum einen in den Auftrag der Gewährung von Subsidien (als sozusagen *positive* Gestaltung), soweit dies geboten erscheint, zum andern in den der Kontrolle hierüber (als sozusagen *negative* oder *negatorische* Gestaltung). „Unterm Strich" muß die Entscheidung darüber, ob eine einzelne Maßnahme durchgeführt wird oder nicht, jedenfalls mittelbar „vom Volk" getroffen werden.[158]

c) Die Volks- und Staatssouveränität als Schranke der Kompetenzübertragung

Im Hinblick auf das Demokratieprinzip und insbes. auf Art. 79 Abs. 3 GG sind wenigstens zwei Determinanten auszumachen, die als Integrationsschranken wirken: das Demokratieprinzip als verfahrensmäßige Legitimationsgrundlage *jeglicher* staatlichen Gewalt sowie das im Grundgesetz ausgeformte Demokratieprinzip als konstituierendes Element gerade der *deutschen* Staatlichkeit. Bezogen auf den Charakter als Legitimationsgrundlage *jeglicher* staatlichen Gewalt können prinzipiell beliebig viele Kompetenzen auf die EG übertragen werden, wenn nur der Grundsatz des demokratischen *Verfahrens* an sich eingehalten wird, wenn also die europäischen Institutionen und insbesondere das europäische Parlament hinreichend demokratische Legitimation vermitteln.[159] Das hier angesprochene

---

[156] BVerfGE 89, 155, 186. Kritisch hierzu etwa *Zuleeg*, Verfassung der EG, S. 83.

[157] Zur Akzeptanz der Subsidienvergabe durch entsprechende demokratische Willensbildung vgl. *Caspari*, Subventionspolitik, S. 50.

[158] Diese Konstellation ist in gewisser Weise mit dem Verhältnis von exekutiver und judikativer Gewalt vergleichbar. Wenn ein Verwaltungs- oder Verfassungsgericht eine Maßnahme der vollziehenden Gewalt aufhebt, setzt sich der negatorische, judikative Akt „im Namen des Volkes" gegenüber dem als unrichtig erkannten exekutiven Akt durch.

[159] Es ist insoweit ohne Bedeutung, durch welche Institutionen der Volkswille artikuliert wird. Die Hauptsache ist, *daß* er sich gestaltend artikulieren kann. Gemäß Art. 79 Abs. 3 GG muß in jedem Falle ein Mindestmaß an Legitimation durch demokratisches Verfahren überhaupt gewahrt bleiben, sei es auf nationaler oder auf europäischer Ebene.

Problem des „Demokratiedefizits"[160] erlangt für das (vom Bundestag im Rahmen der Römischen Verträge gebilligte) Beihilfenrecht zwar keine unmittelbare – indem andere Politikbereiche mit womöglich fraglicher demokratischer Legitimation in das Beihilfenrecht hineinspielen können –, aber u.U. mittelbare Bedeutung.

Eine echte Grenze setzt das Demokratieprinzip jedenfalls in Bezug auf seine *staatskonstituierende Funktion*: Danach können *nicht* beliebig viele Kompetenzen auf die EG übertragen werden, auch wenn etwa das Europaparlament anstelle des Bundestages in vollständig demokratischer Weise den Volkswillen vermitteln würde. Dies hätte nämlich nach dem BVerfG zur Folge, daß die Bundesrepublik als Staat demokratisch „entleert" werden würde und damit ihrer demokratischen Staatlichkeit verlustig ginge.[161] Eine solche Entleerung wäre zwar möglich, allerdings nicht im Rahmen des GG, insbesondere Art. 79 Abs. 3 GG, sondern nur durch einen Akt des pouvoir constituant, der die grundgesetzliche Ordnung ausdrücklich durch eine neue Ordnung ersetzen müßte. Diese Grenze ist absolut und durch keinen Integrationsschritt, sondern nur durch den Schritt in einen neuen Staat zu überwinden. „Staatskonstituierende" Kompetenzen sind weder an Europa übertragbar, noch von dort aus wirksam auszuüben.

d) Die „absolute" Integrationsschranke – „Aufgaben und Befugnisse von substantiellem Gewicht"

Faktisch sind heute kaum mehr Bereiche auszumachen, die noch zur Gänze in den Händen der Nationalstaaten liegen. Selbst die klassischen Ressorts wie innere und äußere Sicherheit warten als Politikbereiche der EU-Zusammenarbeit (PJZS, GASP) in der Antikamera der EG.[162] Daß sie in das supranationale Zentrum der Integration vorgelassen werden, ist wohl nur noch eine Frage der Zeit. Alles das hat das BVerfG bislang ausdrück-

---

Zum Legitimationsproblemen des Beihilfenrechts unter dem Aspekt demokratischer Legitimation *Danwitz*, JZ 2000, 429, 421 f.

[160] Vgl. zum Begriff und zur Berechtigung, von einem „Demokratiedefizit" im normativen Sinne zu sprechen, *Kluth*, S. 11 ff., 110.

[161] BVerfGE 89, 155, 182; *Streinz*, EuZW 1994, 329, 332.

[162] Bereits heute sind einige Segmente so gut wie vollständig an die EG übertragen worden, womit der EG in diesen Bereichen faktisch die ausschließliche Kompetenz zukommt (etwa in der Handelspolitik). In anderen Bereichen teilen sich Mitgliedstaaten und EG die Kompetenz. Schon im Maastricht-Urteil aus dem Jahre 1993 legt das BVerfG die Einschätzung zugrunde, daß 80 % aller Normen im Bereich des Wirtschaftsrechts durch das Gemeinschaftsrecht festgelegt werden; 50 % aller deutschen Gesetze seien durch das Gemeinschaftsrecht veranlaßt (BVerfGE 89, 155, 173). Indem sich dieser Trend fortgesetzt hat und fortsetzen wird, rücken die Gemeinschaftskompetenzen immer näher an den dem deutschen Staat zu belassenden Aufgabenbereich heran.

lich gebilligt.[163] Nach der Maastricht-Rechtsprechung des BVerfG muß gleichwohl ein gewisses Maß an Souveränität im Inneren gewahrt bleiben. Das BVerfG macht nicht im einzelnen deutlich, welche Aufgaben und Befugnisse es als „von substantiellem Gewicht" und damit als nicht auf zwischenstaatliche Institutionen übertragbar ansieht. Es konkretisiert auch nicht, was es unter „hinreichend bedeutsamen Aufgabenfeldern" versteht. Auch die Natur dieser „europafesten"[164] – man könnte sagen – „Reservat-" oder „Residualaufgaben" deutet es nicht an. Unklar ist insbesondere, ob damit – stellt man sich den staatlichen Aufgabenkreis als Scheibe vor – dem deutschen Staat eine Kernkompetenz in allen Segmenten verbleiben muß oder ob das Verbleiben einzelner Segmente (welcher?) genügt, um dem Demokratieprinzip ausreichend Rechnung zu tragen; ob also eine gewisse *Qualität* oder eine gewisse *Quantität* an Aufgaben oder eine Kombination aus beidem in deutscher Zuständigkeit verbleiben muß.[165]

Im Hinblick auf die Subsidienvergabe wäre unmittelbar keine der beiden „polit-geometrischen" Figuren (Kernbereiche oder Segmente) betroffen. Weder bildet die Subsidienvergabe ein eigenes Segment – wenn man die Politik wie herkömmlich in Sozial-, Wirtschafts-, Regional-, Umweltpolitik usw. unterteilt – noch dürfte sie zum Kernbereich dieser Politiken zu rechnen sein. Es gehört zur Natur der Subsidienvergabe, wie auch zur Subsidienaufsicht, daß beide keinem einzelnen Politikbereich zuzuordnen sind, sondern daß sie querschnittsmäßig sämtliche Politiken berühren können.[166] Subsidien können dabei freilich durchaus auch den Kernbereich jeglichen Politikbereichs tangieren (wie etwa bei sozialstaatlichem Handeln – vgl. oben 4.). Der dem Subsidienwesen eigene Ziel- und Wirkungspluralismus führt dazu, daß die Subsidienvergabe wie ein mehr oder weniger eng geknüpftes Netz das gesamte Politikspektrum gleichsam überspannt. Entsprechendes gilt für die Subsidienaufsicht.[167] Unterläge diese *keinerlei* Einschränkungen, müßte sie diesem Netzwerk bis in die letzte Faser nachspüren. Sie käme dabei fast zwangsläufig in allen Politikräumen zu stöbern und dürfte vor „geheimen Kammern" nicht haltmachen. Die vom BVerfG angesprochenen „Aufgaben und Befugnisse" sind aber gerade Bereiche, die einer Aufsicht grundsätzlich entzogen sein sollen, da sie an-

---

[163] BVerfGE 89, 155, 182 f.
[164] *Papier*, BayGTzeitung 2002, 424, 427; oder „integrationsfest", *Kaufmann*, S. 414.
[165] Kritisch hierzu *Kaufmann*, S. 118 ff., der weder bestimmte Aufgabenbereiche noch ein bestimmtes Aufgabenniveau als vom Demokratieprinzip des GG geschützt ansieht.
[166] Vgl. *Seidel*, Beihilfenrecht, S. 10; *Mestmäcker*, Die Wirtschaftsverfassung in der Europäischen Union, S. 8.
[167] Hier unterscheidet sich auch die Subsidien*aufsicht* wesentlich vom kartellrechtlichen und Unlauterkeit hindernden Wettbewerbsrecht als einigermaßen fest umrissenem, eigenständigem, auf bestimmte wirtschaftliche Vorgänge ausgerichtetem Aufgabenfeld.

sonsten keine wirklich „eigenen", ausschließlich der nationalen Gestaltung unterliegenden Aufgaben mehr wären.

Da nun einerseits deutsches Verfassungsrecht eine Kontrolle in den „Reservataufgabenfeldern" grundsätzlich nicht duldet und – um im obigen Bild zu bleiben – Löcher im Kontrollnetz aber dazu führen müßten, daß eine wirksame Kontrolle praktisch unmöglich wäre, läßt sich eine Lösung nur in der Weise finden, daß die Aufsicht in abgestufter Intensität durchgeführt werden muß. Hierfür wäre im einzelnen zu erörtern, welche Bereiche eine verfassungsrechtlich akzeptable, weniger intensive Kontrolle gebieten und in welchen das Verfassungsrecht der Subsidienaufsicht einen größeren Spielraum beläßt. Eine trennscharfe Abgrenzung der einzelnen Bereiche oder gar eine Katalogisierung der in deutscher Zuständigkeit zu belassenden Aufgabenfelder kann abstrakt wohl nicht erfolgen und würde hier ohnehin zu weit führen.[168] Interessant ist vorliegend aber, inwieweit Kontrolldichte und demokratische Legitimation in Zusammenhang stehen.

e) Das Verhältnis von Gestaltungskompetenz und Beihilfenkontrollintensität

Das normierte Beihilfenrecht genießt bereits durch das Zustimmungsgesetz vom 27.7.1957 demokratische Legitimation. Allerdings ist diese Legitimationsbasis weitgehend „statisch". Die Frage ist also, inwieweit sich diese Legitimationsbasis im Fortgang der Integration „dynamisch" erweitern oder verändern kann.

α) Abnehmende nationale und zunehmende europäische Legitimation

Ob europäisches Recht aus Sicht des GG demokratische Legitimation genießt, ist zum einen abhängig vom Abbau des allgemeinen „Demokratiedefizits" im Sinne einer Hebung des Demokratieniveaus („horizontal"), zum anderen von der Übertragung konkreter Einzelkompetenzen qua Zustimmungsgesetz („sektoriell").[169] Auch eine weitere Demokratisierung Europas würde am Bestand und der Legitimation des Beihilfenaufsichtsrechts nichts ändern und spielt daher für die vorliegende Fragestellung nur eine untergeordnete Rolle. Soweit aber Kompetenzen einzelner Politikbereiche („sektoriell"), die mittelbar mit dem Beihilfenrecht in Zusammenhang stehen, übertragen werden, stellt sich die Frage, ob und ggf. wie diese Kom-

---

[168] Vgl. aber zur Sozialpflichtigkeit staatlichen Handelns oben 4.
[169] Beides ist im Rahmen des Art. 79 Abs. 3 GG möglich bis zu einem unabänderlich feststehenden Kreis von Aufgaben, ohne den der deutsche Staat seine staatliche Souveränität einbüßen müßte. Soweit sich die Gemeinschaft auf solche „normativ-funktional" abgrenzbaren Maßnahmen beschränkt, besteht kein demokratisches Defizit. *Mestmäcker*, Die Wirtschaftsverfassung in der Europäischen Union, S. 21. Zur Stärkung der insoweit nur „stützenden" Funktion des Europäischen Parlaments vgl. *Tiedtke*, S. 97 ff.

petenzübertragungen auf das Beihilfenregime wirken. Eine zulässige Kompetenzübertragung ist ja selbst Ausdruck des „Volkswillens", in diesem Bereich der EG weiterreichende Gestaltungsmöglichkeiten einzuräumen. Dies müßte Rückwirkungen auch auf die Kontrollintensität in dem übertragenen Bereich haben. Wäre ein solcher Zusammenhang herzustellen, so hieße das, daß die Beihilfenaufsicht nicht mit ihrer Konstituierung in den Römischen Verträgen abgeschlossen wäre, sondern – zumindest was deren Intensität anbelangt – vom Stand der Integration und vom Grad der europäischen Durchdringung des jeweiligen Politikbereichs abhinge. Von Interesse ist dabei im besonderen, inwieweit eine *Kompensation* abnehmender nationaler durch zunehmende europäische Wertungskompetenz (im Sinne einer Einschätzungsprärogative) möglich erscheint, so daß im Gesamtergebnis die Entscheidung über Subsidienvergabe oder -nichtvergabe mittelbar auf dem Volkswillen basiert. Der vom GG gelassene Gestaltungsspielraum bzw. erteilte Gestaltungsauftrag wäre bis zu einer gewissen Grenze auf die EG übertragbar, *soweit* die Gestaltungsmöglichkeit des Souveräns *insgesamt* („unterm Strich") im wesentlichen *gleich bleibt*.

In der Rspr. des BVerfG ist explizit von „Kompensation" oder „Ausgleich" zwischen den Legitimationsebenen nicht die Rede. Der dahinter stehende Gedanke ist gleichwohl erkennbar. Der Kompensationsgedanke hat – wie oben dargelegt – beim Maastricht-Urteil v.a. im Bezug auf die allgemeine demokratische Legitimation staatlicher bzw. europäischer Gewalt eine Rolle gespielt. Bis zu einem gewissen Grade läßt sich der integrationsbedingte Abbau von direkter nationaler Gestaltungsmöglichkeit des Volkes durch den Aufbau europäischer Gestaltungsmöglichkeit ausgleichen.[170] Eine strukturell ähnliche Argumentation läßt sich im Solange II-Urteil hinsichtlich des *Grundrechtsschutzes* erkennen. Das BVerfG beschränkt seine Überprüfungskompetenz, solange die EG, respektive der EuGH, einen im wesentlichen gleichzuachtenden Schutz generell gewährleistet. Zwar hat sich das BVerfG pauschal für unzuständig erklärt, solange die EG „generell" die gleiche Funktion ausfüllt und hat zugunsten der Rechtssicherheit und Klarheit auf eine Überprüfung in jedem Einzelfall verzichtet. Dennoch steckt in dem temporalen „Solange" strukturell ein sektoral-konditionales „Soweit", in dem das nationale Weniger an Schutz mit einem europäischen Mehr an Schutz verknüpft wird. Diese Verknüpfung ergibt sich insbesondere aus einem Vergleich mit der Solange I-Rechtsprechung. Im Solange I-Urteil hat das BVerfG einen gleichzuachtenden Schutz noch nicht bzw. nicht im ausreichenden Maße als gewährleistet angesehen.[171] Rechtfertigung findet die Verknüpfung in dem „unterm Strich" im wesentlichen gleichzuachtenden Schutz. Auch der Verfas-

---

[170] Nach der Rechtsprechung des BVerfG ist die der europäischen Integration zu setzende Grenze momentan noch relativ weit zu ziehen. Die demokratische Legitimation des europäischen Parlaments selbst und sein Einfluß auf die Rechtsetzung sind bislang nur unvollständig ausgestaltet. Hinzu kommt das Fehlen einer – für das Funktionieren einer wahren Demokratie notwendigen – europäischen Öffentlichkeit. Diesbezüglich haben die Verträge von Amsterdam und Nizza zwar Verbesserungen, aber keinen substantiellen Fortschritt gebracht. Vgl. zum Entwurf des Verfassungskonvents *Oppermann*, DVBl., 1234, 1240.
[171] BVerfGE 37, 271, 277 ff.

sungsgesetzgeber sichert den „Gesamtsaldo" – nicht nur in Sachen Grundrechtsschutz – ab, indem er die Übertragung von Hoheitsrechten billigt, gleichzeitig aber den Integrationsgesetzgeber zur Mitwirkung am Aufbau im wesentlichen ähnlicher Strukturen auf europäischer Ebene verpflichtet (Art. 23 Abs. 1 S. 1, 2 GG).[172]

β) Kompetenz und Kontrollintensität

Die Möglichkeit der Einschätzung (legislative oder exekutive Prärogative), ob gewisse Maßnahmen durchgeführt werden sollen oder nicht, liegt originär bei den Mitgliedstaaten. Durch die Übertragung einzelner Kompetenzen auf die EG erfährt diese Einschätzungsprärogative eine durch den Akt des nationalen Gesetzgebers gerechtfertigte Einschränkung. Mit der zulässigen Übertragung von Kompetenzen in einzelnen Politikbereichen wird zugleich auch ein „Stück" Prärogative in diesem Bereich der EG überantwortet.[173] Die abnehmende nationale Wertungs- und Gestaltungsmöglichkeit wird damit durch eine gleichzeitig zunehmende europäische Wertungs- und Gestaltungsmöglichkeit „kompensiert". Insoweit „verliert" der nationale Souverän keine Gestaltungsmöglichkeit – es läuft lediglich die Legitimationskette auf einer anderen Bahn.[174] Generalisiert und auf das Beihilfeaufsichtsrecht bezogen läßt sich dieser Gedanke auch auf die Wertungsmöglichkeit bzw. Prärogative in den einzelnen jeweils einschlägigen Politikbereichen übertragen. Damit wird die Reichweite und Intensität der Beihilfenkontrolle – ohne Änderung ihrer spezifischen Rechtsgrundlagen – abhängig insbesondere von den davon berührten Politikbereichen und den hierfür jeweils übertragenen Kompetenzen.

Werden der EG in einem Politikbereich zulässigerweise weitreichende Kompetenzen übertragen, rechtfertigt dies – bei gleichbleibendem positivrechtlichen Rahmen der Beihilfenaufsicht – auch eine entsprechend intensivere Kontrolltätigkeit, da mit der Übertragung zwar ein Weniger an nationaler, dafür aber auch ein Mehr an europäischer Prärogative verbunden ist. Die Kontrollintensität kann also ins Verhältnis zum Integrationsgrad im jeweiligen Politikbereich gesetzt werden. Auf dem Feld der Sozialpolitik etwa wurden der EG nur verhältnismäßig wenige und nicht sehr weitreichende Zuständigkeiten übertragen (Art. 136 ff. EG). Die Kontrollintensität muß in diesem Bereich folglich gering bleiben. Anders etwa bei der Handelspolitik. Die Politik auf diesem Sektor liegt beinahe vollständig in

---

[172] Zu Inhalt und Reichweite dieses „Kongruenzgebotes" vgl. *Schmitt Glaeser*, S. 72 ff.

[173] „Kompetenz" bedeutet letztlich ja die rechtliche Möglichkeit, einen Sachverhalt beurteilen und gestalten zu dürfen.

[174] Idealiter wenigstens bleibt die Gestaltungsmöglichkeit des Souveräns gleich, weil auch die Kompetenzübertragung dem Volkswillen entspricht. In diesem Sinne auch *Kaufmann*, S. 427 f., der auch das „übertragene" Hoheitsrecht der Sphäre der souveränen nationalen Staatsgewalt zurechnet.

der Hand der EG.[175] Entsprechend weit und umfassend ausgestaltet ist damit auch die Kontrollmöglichkeit hinsichtlich der Subsidienvergabe.

Das „Kontrollnetz", von dem oben gesprochen wurde, ist also unterschiedlich fest und eng zu knüpfen. Die Kontrolle ist in Relation zur Kompetenzverteilung im jeweiligen Politikbereich zu setzen. Jedenfalls deutsches Verfassungsrecht widersetzt sich einer alle Politikbereiche gleichermaßen durchdringenden, das Maß an erfolgter Kompetenzübertragung und damit den Volkswillen vernachlässigenden Kontrolltätigkeit. Daß das Netz an manchen Stellen durchlässiger ist als an anderen, ist unter verfassungsrechtlichen Aspekten hinzunehmen. „Keine" Kontrolle heißt dann freilich: keine „gestaltende", also keine die mitgliedstaatliche Gestaltungskompetenz verdrängende oder ersetzende Kontrolle. Eine Mißbrauchskontrolle ist in jedem Falle zulässig. Umgehungs- oder Falschetikettierungsversuchen (etwa hinsichtlich einer als „Sozialsubventionen" verbrämten Protektionsmaßnahme) bietet das GG keinen Schutz.

VI. Zusammenfassung

Weder gebietet das GG Subsidien noch verbietet es sie generell. Ernsthafte Zweifel, daß das in Art. 87 Abs. 1 EG normierte Beihilfenrecht dem Grunde nach mit dem GG unvereinbar wäre, bestehen insoweit gewiß nicht. Problematisch können allerdings Weite und Intensität der Beihilfenkontrolle sein. Das GG setzt jedenfalls der Interpretation des Beihilfenverbots, der *praktizierten* Beihilfenaufsicht Grenzen, soweit dadurch gewisse, vom GG gebotene Einschätzungskompetenzen und entsprechende Handlungsspielräume über Gebühr beschränkt werden. Abstrakt lassen sich diese „Grenzen", die sich in Wahrheit eher als Notwendigkeit, das beihilfenrechtliche Kontrollnetz partiell weiter zu knüpfen darstellen, nicht beschreiben. Diese zu belassenden Freiräume schließen eine europäische Kontrolle zwar nicht gänzlich aus, sie können aber ein Herunterschrauben der Kontrollintensität bis hin zur bloßen Mißbrauchskontrolle erforderlich machen.

Zum einen werden vom GG bestimmte Politikbereiche einem europäischen Kontroll-Totalvorbehalt entzogen, indem es *konkrete* Handlungs- und Gestaltungsaufträge statuiert. Im wesentlichen sind das solche, die aus dem Sozialstaatsprinzip resultieren. Beihilferelevant sind dabei nicht nur Leistungen an sozial Bedürftige, sondern u.U. auch Kompensationen, die für die Erbringung sozialer Dienste geleistet werden. Soweit der Gesetzgeber nicht nur einen allgemeinen Auftrag, sondern die unabdingbare Pflicht hat, gewisse Bereiche etwa der sozialen „Daseinsvorsorge" zum Zwecke einer „Minimal"- bzw. „Grundversorgung" auszugestalten, sind Kollisio-

---

[175] Vgl. unten Abschn. C.

nen zum Europarecht denkbar, die nicht ohne weiteres im Sinne des Anwendungsvorrangs zu lösen sind. Der Bereich der Daseinsvorsorge, für welches das GG weniger einen verfassungsrechtlich unbedingt gebotenen Auftrag, sondern eine eher freiwillig-politische Gestaltungsmöglichkeit vorsieht, kann die Kontroll- und damit „negative" Gestaltungskompetenz auch auf europäische Institutionen übertragen und von ihnen wirksam ausgeübt werden.

Zum anderen setzt das GG dem Beihilfenaufsichtsrecht im Hinblick auf den *allgemeinen,* sich aus dem *Demokratieprinzip* ergebenden und dem „Souverän" unbedingt zu belassenden Handlungsspielraum Schranken. Der hieraus resultierende, grundsätzlich von den nationalen Organen auszufüllende Gestaltungsspielraum bzw. -auftrag kann nicht beliebig eingeengt werden. Bis zu einem gewissen Grade kann zwar die abnehmende nationale Gestaltungskompetenz durch eine zunehmende europäische kompensiert werden (sei es durch bewußte Kompetenzübertragung in einzelnen Bereichen, sei es durch Abbau des Demokratiedefizits allgemein), ab einem gewissen Grad der Kontrolle wird aber der nationale Souverän selbst in Frage gestellt. Ihm müssen gewisse Beurteilungs- und Gestaltungsmöglichkeiten – ggf. auch was Subsidien betrifft – verbleiben.

C. Die europäische Rechts- und Wirtschaftsordnung

I. Untersuchungsgegenstand und Erkenntnisinteresse

Die europäische Rechtsordnung ist für das Erkenntnisinteresse in zweierlei Hinsicht bedeutsam. Zum einen überlagert und durchdringt sie die Einzelstaatsrechtsordnungen, in vielfältiger Weise, womit das Gemeinschaftsrecht auch aus den Einzelrechtsordnungen widerstrahlt. Zum anderen erschließt sich das Recht der Beihilfenaufsicht, das dem Schutze des *Gemeinsamen Markts* zu dienen bestimmt ist,[176] nicht aus sich selbst, sondern nur im Zusammenhang mit den relevanten und im wahrsten Wortsinne „Grund"-legenden Bestimmungen der europäischen Rechts- bzw. Wirtschaftsordnung.[177]

---

[176] Vgl. hierzu näher unten 2. Teil. Kap. 1, Abschn. C.

[177] Hinsichtlich der deutschen „Wirtschaftsverfassung" wurde nicht auf die „Ordnung der Wirtschaft" im weiteren Sinne, sondern auf die im GG enthaltenen, hierzu aussagekräftigen *Verfassungs*normen abgestellt. Übertragen auf den europäischen Untersuchungsgegenstand hieße das, allein die Wirtschaftsverfassung in Gestalt des EGV zu beleuchten. Daß der EGV Verfassungscharakter besitzt und trotz der vermehrten Betonung außerökonomischer Politikfelder zuvorderst „Wirtschafts-Verfassung" geblieben ist, ist weithin anerkannt (vgl. zur Bezeichnung als „Verfassung" EuGH, Gutachten 1/91 v. 14.12.1991, Slg. 1991, I-6079 (6102); zur Bezeichnung als „Wirtschaftsverfassung" vgl.

Auch hier sollen die *normativen* Regeln, wie sie in EU- und EG-Vertrag Ausdruck gefunden haben, und nicht die real beobachtbaren Wirtschaftsverhältnisse in Europa im Zentrum stehen. Mit der Einbeziehung des nicht selten einzelfallbezogenen Sekundärrechts verschwimmen freilich die Grenzen von Rechtsordnung und praktizierter Wirtschaftspolitik. „Normativ" heißt zwar, daß es um die *rechtliche* Beschreibung des europäischen Rechts- und Wirtschaftssystems geht. Die Frage nach einer (verrechtlichten) wirtschafts*theoretischen* Richtungsentscheidung im EG-Vertrag schließt das freilich nicht aus.[178]

Die EG war und ist in erster Linie Wirtschaftsgemeinschaft[179] und deckt damit von vornherein ein anderes, inhaltlich stärker begrenztes „Ziel-" bzw. Politikspektrum ab als die „universellen" nationalen Rechts- und Verfassungsordnungen – freilich mit der Tendenz zur inhaltlichen Ausdehnung. Um so wichtiger ist dann aber der wirtschafts*politische* und wirtschafts*theoretische* „Geist des Vertrages". Inwieweit ist die europäische Wirtschaftsordnung – wie vielfach behauptet wird[180] – Ausdruck eines marktwirtschaftlichen Grundkonzepts und inwieweit hat sie staatswirtschaftliche Tendenzen inkorporiert bzw. wie ist das Mischungsverhältnis beider Elemente ausgestaltet? Wie ernst meinen es der EG-Vertrag und die handelnden Organe mit dem Grundsatz einer „*offenen Marktwirtschaft mit freiem Wettbewerb*"? Die Antwort läßt dann unmittelbar Rückschlüsse auf Handels- und Wettbewerbskonzept, Ratio und Reichweite des Beihilfenaufsichtsrechts zu. Unmittelbare Bedeutung erlangt sie nicht zuletzt für die

---

bereits *Badura*, VVDStRL Bd. 23 (1966), S. 34, 77; *Zuleeg*, Verfassung der EG, S. 73 f., 84 ff.; *Mestmäcker*, Die Wirtschaftsverfassung in der Europäischen Union, S. 8; zum Streit über den Verfassungscharakter *Schwarze*, Wege zu einer europäischen Verfassung, S. 16 ff.). Indes ist es nicht nur das im EGV verankerte Primärrecht, das mit den nationalen „Wirtschaftsverfassungen" kollidieren bzw. diese überlagern kann. Entsprechend den Lehren vom Effektivitätsgrundsatz und vom Anwendungsvorrang geht grds. auch jede sekundärrechtliche und damit nicht eigentlich „verfassungsrechtliche" Regelung den nationalen Konstitutionen vor. Um auf gleicher „Augenhöhe" mit dem GG zu bleiben, sind daher in die Untersuchung prinzipiell auch diese Rechtsakte einzubeziehen, wenn von europäischer Wirtschaftsverfassung (besser also: Wirtschafts*ordnung*) die Rede ist. Als ranghöchstes Recht ist dabei selbstverständlich zuvorderst auf den EGV zu rekurrieren.

[178] Vgl. hierzu etwa *Modlich*, S. 196 ff. Parallel zum „Streit um die deutsche Wirtschaftverfassung" (vgl. oben B. III.) fand der Streit um die europäische Wirtschaftsverfassung statt – mit den gleichen Argumenten und Schlußfolgerungen. Vgl. *Scherer*, S. 201 ff.

[179] Bis zum Vertrag von Maastricht vom 7.2.1992, der am 1.11.1993 in Kraft getreten ist, auch dem Namen nach. Bis dahin EWG – Europäische Wirtschaftsgemeinschaft.

[180] Gerade die Fähigkeit, gleichsam von „höherer Warte" aus, nicht-marktrationales Handeln zu vereiteln, scheint nach Meinung vieler Beobachter die EG vor den Mitgliedstaaten zu legitimieren, auf Markt und Wettbewerb gerichtete Ordnungsaufgaben zu übernehmen. Vgl. nur *Bleckmann*, DVBl. 1992, 335, 341; *Zuleeg*, Verfassung der EG, S. 84; *Petersmann*, EuZW 1993, 593, 594.

in Art. 87 Abs. 1 EG angesprochenen, vom Schutzobjekt „Gemeinsamer Markt" eingefaßten Merkmale „unverfälschter Wettbewerb" und „unbeeinträchtigter Handel".[181]

II. Die wirtschaftspolitische Grundentscheidung des EG-Vertrages

1. Der Grundsatz einer „offenen Marktwirtschaft mit freiem Wettbewerb"

An mehreren Stellen des Vertrages ist die Rede vom Grundsatz „einer offenen Marktwirtschaft mit freiem Wettbewerb"[182] bzw. von „offenen und wettbewerbsorientierten Märkten".[183] Dies wird auch regelmäßig als Beleg für die grundsätzlich marktwirtschaftliche Ordnung der Gemeinschaft herangezogen.[184] Im Gegensatz zu den mitgliedstaatlichen Verfassungsordnungen wird im EG-Vertrag das Bekenntnis zu Markt und Wettbewerb ausdrücklich normiert. An der verfassungsrechtlichen Existenz dieser auf Markt und Wettbewerb gerichteten Normativentscheidungen – mit entsprechenden Auswirkungen auf die nationalen Rechtsordnungen – ist damit nicht mehr zu deuteln.[185] Nimmt man die tragenden Pfeiler der Integration, die Grundfreiheiten,[186] die Ziele „Gemeinsamer Markt" und „Binnenmarkt"[187] hinzu, so scheint sich eine auf den Markt und marktwirtschaftliche Grundsätze ausgerichtete Gemeinschaftsordnung zu offenbaren. Anders als namentlich das GG hat der EG-Vertrag marktwirtschaftliche Grundsätze verfassungstatbestandlich erhöht. Nicht zuletzt das ausdrücklich im Zeichen von unbeeinträchtigtem, zwischenstaatlichem Handel und unverfälschtem Wettbewerb errichtete Beihilfenaufsichtsrecht bestätigt diesen ersten Befund.

2. Die Relativierung des marktwirtschaftlichen Prinzips im EG-Vertrag

Diesem marktwirtschaftlichen Gepräge stehen freilich nicht wenige staatswirtschaftliche Elemente gegenüber. In einigen Bereichen – man denke etwa an die gemeinsame Agrarpolitik – scheint das Bekenntnis zum marktwirtschaftlichen Prinzip gar zur Gänze von dirigistischen Konzepten

---

[181] Vgl. unten 2. Teil, Kap. 2, Abschn. D.
[182] Art. 4 Abs. 1, Abs. 2, Art. 98 S. 2 sowie Art. 157 EG.
[183] Art. 154 Abs. 2 EG.
[184] Vgl. nur *Badura*, Wirtschaftsverfassung, S. 45; *Zuleeg*, Verfassung der EG, S. 84; *Petersmann*, EuZW 1993, 593, 594.
[185] Vgl. *Badura*, ZGR 1997, 291, 294.
[186] Der freie Waren- und Dienstleistungsverkehr gem. Art. 23 ff. bzw. 49 ff. EG, die Arbeitnehmerfreizügigkeit gem. Art. 39 EG, die Niederlassungsfreiheit gem. Art. 43 EG sowie die Freiheit des Kapital- und Zahlungsverkehrs gem. Art. 56 ff. EG.
[187] Vgl. etwa Art. 2, 3 Abs. 1 lit. c, g, 4 Abs. 1, 14, 93, 95, 159, 163 Abs. 2 EG. Zur wirtschaftspolitischen Bedeutung des Begriffs des Gemeinsamen Marktes als „freiem Markt" vgl. *Scherer*, S. 90.

verdrängt zu werden.[188] Aber auch an anderen Stellen wird die Vorstellung von einer liberal-ökonomischen Ordnung zumindest relativiert.[189] Dies gilt zunächst für das Bekenntnis zu „einer offenen Marktwirtschaft mit freiem Wettbewerb" selbst. Die Festschreibung ist alles andere als präzise (Grundsatz „einer" offenen Marktwirtschaft) Es läßt sich auch nicht ohne weiteres erkennen, was unter einer „offenen Marktwirtschaft" zu verstehen ist.[190] Der Grundsatz ist darüber hinaus erst seit jüngerer Zeit und in den „Grundsätzen" des EG-Vertrages systematisch keineswegs an exponierter Stelle verankert.[191] Im übrigen ist er auch nicht in für alle Politikbereiche verbindlicher Weise – im deutschen Sprachgebrauch würde man sagen – „vor die Klammer" gezogen.[192]

Daß die Gemeinschaftsordnung den (Binnen- bzw. den Gemeinsamen) „Markt" ins Zentrum stellt, besagt unmittelbar noch nichts über die angestrebte Struktur dieses Marktes bzw. über die Verteilung der Gewichte von staatlicher Lenkung und marktlicher Selbstregulierung.[193] Im Gegenteil erscheint insbesondere der zentrale Begriff des „Gemeinsamen Marktes" mehrdeutig.[194] Markant ist die nach wie vor starke Betonung des staatlichen Elements im EG-Vertrag. Dieser ist seinem Gepräge nach weder individualistisch noch liberalistisch.[195] Im Blick hat der EG-Vertrag nicht explizit das wirtschaftende Individuum, sondern das Verhältnis der Mitgliedstaaten und der nationalen Volkswirtschaften zur Gemeinschaft.[196]

---

[188] Vgl. nur *Zuleeg*, Verfassung der EG, S. 86, sowie unten IV. 1. c).

[189] Vgl. *Streit*, Industriepolitik, S. 206.

[190] Vgl. *Modlich*, S. 196 f. Heißt „offen": offen für die Marktbürger, für Drittländer, offen im Sinne des Begriffs der offenen Gesellschaft, offen für die weitere Entwicklung oder die Interpretationsmöglichkeiten oder für Abweichungen vom Wettbewerbsprinzip? Zu letzterem *Zuleeg*, Verfassung der EG, S. 86; hierzu insgesamt auch *Bleckmann*, DVBl. 1992, 335, 34.

[191] Art. 4 Abs. 1, Abs. 2, Art. 98 S. 2 sowie Art. 157 EG.

[192] U.a. wurde dieser Grundsatz nicht unter den für die gesamte Gemeinschaftstätigkeit zu berücksichtigenden Grundentscheidungen der Art. 1 bis 3 EG positioniert. Art. 4 EG betrifft ausdrücklich nur die Grundsätze der Wirtschafts- und Währungspolitik.

[193] Vgl. unten III.

[194] Vgl. *Scherer*, S. 89. Als „zwiespältig" bezeichnet von *Kilian*, Rn 226.

[195] Eine weitergehende Festschreibung liberal-marktwirtschaftlicher Ziele wäre mit den traditionell dirigistisch ausgerichteten Vertragsstaaten Frankreich und Italien anfangs wohl kaum möglich gewesen. In Frankreich plädierte man eher für flexibel-planwirtschaftliche Elemente i.S. der frz. Planification (vgl. *Bleckmann*, DVBl. 1992, 335, 341; *Wegner*, S. 24; *Modlich*, S. 197; *Kilian*, Rn 196). Die überkommen Motive der Vertragspartner lassen sich hiernach im wesentlichen auf die Elemente Friede, Fortschritt (wirtschaftlicher, sozialer und regionaler) sowie Auf- und Ausbau der Gemeinschaft konzentrieren (vgl. BGBl. II, Nr. 23, 1957, 770).

[196] Der Vertrag wendet sich regelmäßig an die Mitgliedstaaten. Die Grundfreiheiten sind demgemäß mit Ausnahme der (Arbeitnehmer-) Freizügigkeit – vgl. Art. 18, 39 EG – auch an die Mitgliedstaaten gerichtete Verbote und keine Verbürgungen gegenüber den

Auch in der als Prägestempel des Vertrages bis heute im wesentlichen unveränderten Präambel spielt die wirtschaftliche Freiheit des Einzelnen keine ausdrückliche Rolle.[197] Diese eher staatsgerichtete Tendenz mag aus der völkerrechtlichen Herkunft und dem historischen Hintergrund der Gemeinschaft erklärlich sein. Sie kennzeichnet den Charakter der Wirtschaftsordnung aber nach wie vor.

3. Die Verschiebung der Gewichte im Fortgang der Integration

Der Vertragstext selbst hat im Laufe eines knappen halben Jahrhunderts eine starke Wandlung erfahren. Die Integration ist in einer zur Gründungszeit der EWG wohl kaum für möglich gehaltenen Art und Weise fortgeschritten. In der Entwicklung des EG-Vertrages ist vor allem eine Erweiterung der (zumindest teilweise) in die Hände der EG gelegten ökonomischen und außerökonomischen Politikbereiche bemerkenswert:[198] die stärkere Betonung und Ausdifferenzierung der Sozialpolitik (Art. 136 ff. EG) etwa im Bereich Bildung und Jugend (Art. 149 f. EG), Gesundheit (Art. 152 EG), Verbraucherschutz (Art. 153 EG), der Aufbau transeuropäischer Netze (Art. 154 ff. EG), die Industriepolitik, der wirtschaftliche und soziale Zusammenhalt (Art. 158 ff. EG), die Bereiche Forschung und technologische Entwicklung (Art. 163 ff. EG) sowie Kultur (Art. 151 EG) und Umwelt (Art. 174 ff. EG). Allesamt sind es Bereiche, die in den Römischen Verträgen noch nicht bzw. (insbes. was die Sozialpolitik betrifft) nicht in dieser Regelungsdichte verankert waren.[199] Klassische Ressorts wie innere und äußere Sicherheit sind mittlerweile immerhin Gegenstand der Zusammenarbeit auf EU-Ebene und andeutungsweise bereits im EG-Vertrag verankert.[200]

Marktbürgern). Die Dinge befinden sich hier im Fluß. Mittlerweile ist vom Einzelnen in Gestalt des EU-Bürgers auch als politischem Citoyen die Rede (vgl. *Bleckmann*, DVBl. 1992, 335, 336 f.). Daß der Einzelne als Integrationskatalysator wirkt, ergibt sich aber nicht direkt aus dem EGV, sondern ist in erster Linie der Rechtsprechung des Gerichtshofs insbes. zu den Gemeinschaftsgrundrechten zu verdanken (vgl. hierzu *Bleckmann*, DVBl. 1992, 335, 336). Die Europäische Verfassung hätte hier einen mehr das Individuum betonenden Akzent gesetzt, andererseits hätte das „Soziale" einen höheren Stellenwert erhalten (vgl. zu Teil II des Entwurfs des Verfassungskonvents, nach dem die Grundrechtscharta integriert werden sollte, *Oppermann*, DVBl., 1234, 1242; *Schwarze*, EuZW 2004, 135 ff.).

[197] In der Präambel ist die Rede von den „europäischen Völkern" und nicht vom Einzelmenschen.

[198] Vgl. hierzu *Bleckmann*, DVBl. 1992, 335, 338 ff.

[199] Vgl. BGBl. II, Nr. 23, 1957, S. 753 ff., 766 ff.

[200] Art. 11 ff., 29 ff. EUV. Vgl. zu GASP-Aktionen Art. 60 EG, zur justitiellen Zusammenarbeit in Strafsachen Art. 61 lit. e EG.

Diese Ausweitung der europäischen Regelungskompetenzen führt nicht nur zu einer stärkeren europäischen Durchwirkung der nationalen Ordnungen und zu vorprogrammierten Konflikten zwischen EG und Mitgliedstaaten, sie führt auch zu Wertungskollisionen *innerhalb* der europäischen Wirtschaftsordnung selbst und damit zu dem „klassischen" Dilemma von ökonomischer Rationalität und staatlichem Gestaltungsanspruch wie er oben für die europäischen Nationalstaaten beschrieben wurde.[201] Die gleichzeitige Betonung etwa von *ökonomischen* und *sozialen* Zielen, von *Liberalisierung* und europäischer *Sachpolitik* dienenden Aufgaben führt notwendigerweise zu Zielkonflikten, die im Sinne einer kohärenten Verfassungsinterpretation erst noch ausgeglichen werden müssen.[202] Die EG ist nicht mehr nur Wächter über den Markt, sie ist zunehmend auch dessen hoheitlicher Gestalter (und damit selbst dessen potentieller Bedroher und Verfälscher).

All dies deutet auf eine allmähliche „Staatwerdung" der Union hin – vielleicht nicht im staats- oder völkerrechtlichen Sinne, aber doch was die klassischen Staats*funktionen* anbelangt.[203] Die Gemeinschaft scheint jedenfalls hin zu einer gewissen Allzuständigkeit zu tendieren. Die Frage ist: Steht am Ende ein Weniger an Staat oder doch der europäische „Superstaat"? Daß in den Staaten der Gemeinschaft heute de facto der Einfluß des „Nationalstaats" zurückgedrängt wurde, ist unbestreitbares Verdienst der EG. Nimmt aber Europa diese Stelle gleich wieder in Beschlag, relativiert sich das Erreichte erheblich. Ist die Gemeinschaft in der Zwischenzeit also liberaler oder bloß „europäischer" geworden? Liberalisierungsfortschritte sind zwar in vielen Bereichen unverkennbar – andererseits wird aber zunehmend der Hang zu interventionistischem Gebaren (etwa in der Industriepolitik) moniert.[204] Mit den Kompetenzen scheint die Gemeinschaft zugleich die Probleme des überkommenen Nationalstaats zu übernehmen.

Eine pauschale Bezugnahme auf den wirtschaftsliberalen Geist der europäischen Wirtschaftsordnung erscheint insofern jedenfalls nicht unbedenklich.[205] Im folgenden wird die Wirtschaftsordnung mit Blick auf das Phänomen der Subsidien, wenn auch nur in groben Zügen, so doch differenzierter zu untersuchen sein.

---

[201] Vgl. oben Kap. 1.
[202] Vgl. *Rohe*, RabelsZ 61 (1997), 1, 31 f., *Gross*, S. 92, mwN.
[203] Vgl. *Zuleeg*, in: G/S, Art. 1, Rn 3.
[204] Vgl. Vgl. *Streit*, Industriepolitik, S. 206.
[205] In diesem Sinne aber etwa *Müller-Graff*, ZHR 152 (1988), 403, 406 ff.; *Bleckmann*, DVBl. 1992, 335, 341; vgl. auch *Modlich*, S. 197, mwN.; *Scherer*, S. 201 ff.

III. Die Zielvorgaben des EG-Vertrages und deren Umsetzung

1. Marktfreiheit, -gleichheit und -einheit

Die wirtschaftpolitische Ausrichtung der EG ergibt sich in erster Linie aus den ausdrücklich im EG-Vertrag verfaßten „Zielen".[206] Bereits hier sind – wie oben gezeigt wurde – Konflikte angelegt, die durchaus unterschiedliche Akzentuierungen zulassen. Verantwortlich für den „dirigistischen Einschlag" mag man v.a. die Sachpolitiken machen. Aber auch wenn man diese einmal außen vor läßt, fragt sich, wie „marktwirtschaftlich" die Gemeinschaft ist. Für Handel und Wettbewerb am gedeihlichsten ist nach marktwirtschaftlichem Credo eine Ordnung ohne Protektion und Diskriminierung („Marktgleichheit")[207] mit möglichst einheitlichen Rahmenbedingungen („Markteinheit") und mit möglichst wenig staatlicher Bevormundung („Marktfreiheit").

Die verschiedenen Elemente sind durchaus von unterschiedlicher Aussagekraft, was den wirtschaftsliberalen Impetus betrifft: Wie historische und aktuelle Beispiele belegen, scheint ein von Gleichheit der Marktteilnehmer geprägter Markt keineswegs auf einer liberalen Wirtschaftskonzeption beruhen zu müssen.[208] Konkret auf das Subventionswesen bezogen lassen sich die deutschen Länder anführen: Jedes Bundesland ist (läßt man die europäischen Beihilferegeln einmal beiseite) frei in seiner Subventionspolitik – das Vorhandensein eines gemeinsamen und diskriminierungsfreien Marktes innerhalb Deutschlands ist dennoch nicht zu bezweifeln. Markteinheit und Marktfreiheit müssen sich also keineswegs gegenseitig bedingen. Der Abbau von Schranken ist zwar notwendige Voraussetzung zur Ermöglichung eines freien Wirtschaftsaustausches und freier Konkurrenz, aber eben keine hinreichende für einen im eigentlichen Sinne „freien Markt". Auch ein völlig gleicher und vereinheitlichter Markt kann ein Höchstmaß an staatlicher Beeinflussung aufweisen. Wo setzt nun die Gemeinschaftsordnung ihre Schwerpunkte?

---

[206] Der EGV spricht von „Zielen", „Aufgaben" und „Tätigkeitsfeldern", ohne daß inhaltliche Unterschiede erkennbar oder anscheinend gewollt wären – vgl. *Zuleeg*, in: G/S, Art. 2, Rn 1. Alle diese Kategorien stellen für die Gemeinschaftsorgane jedenfalls „Ziele" im hier gebrauchten Sinne dar.

[207] Zum Begriff vgl. bereits *Scherer*, S. 104 ff.

[208] Auch im Merkantilismus wurden die Vorteile ausgedehnter privatwirtschaftlicher Betätigung erkannt. Im Frankreich des 18. Jahrhunderts hat Colbert dementsprechend für einen einheitlichen Wirtschaftsraum gesorgt, um den Handel zu fördern – die dahinterstehende Wirtschaftskonzeption war ihrem Wesen nach indes alles andere als auf den Bürger ausgerichtet und freiheitlich (vgl. *Feldmann*, Der merkantilistische Charakter der EG-Industriepolitik, S. 147 ff.). Der zur Gründung des Deutschen Zollvereins und des zweiten Kaiserreiches unentbehrliche Abbau von Marktschranken hat das aliberale Umschwenken der deutschen Wirtschaftspolitik in den 70er Jahren des 19. Jahrhunderts nicht verhindern können. Vgl. *Kiesewetter*, S. 140 f., sowie oben Kap. 2, Abschn. A.

2. Die europäische Handels- und Wettbewerbsordnung

a) Der „Gemeinsame Markt"

Vor allem anderen nennt der EG-Vertrag in Artikel 2 als Gemeinschaftsaufgabe die „Errichtung eines Gemeinsamen Marktes", durch den oder in dessen Rahmen eine Reihe weiterer Ziele gefördert werden soll. Der „Gemeinsame Markt"[209] steht im Zentrum des EG-Vertrages (nicht etwa die „offene Marktwirtschaft mit freiem Wettbewerb").[210] Der EG-Vertrag betont in besonderer Weise die Gemeinschaftlichkeit des Vorgehens (Art. 2, 3, 4 EG) und die Durchsetzung des Diskriminierungsverbots (Art. 12 EG, Grundfreiheiten). In Art. 3 EG weist der Vertrag (neben einzelnen Sachpolitiken) v.a. Ziele aus, die auf den *Abbau von Handelsschranken* gerichtet sind (Zollverbot, ein Binnenmarkt mit freiem Waren- Personen- und Dienstleitungsverkehr) sowie die Errichtung eines Systems, das „den Wettbewerb innerhalb des Binnenmarkts vor Verfälschungen schützt." Daneben ist die Gemeinschaft gehalten, einheitliche Marktbedingungen in Europa zu schaffen.[211]

b) Diskriminierungsverbot und Grundfreiheiten

Das „Aushängeschild" und das originäre Zentrum der europäischen Integration sind zweifelsohne die Grundfreiheiten. Zunächst bringen die Grundfreiheiten dem Einzelnen fraglos ein Mehr an Freiheit, weil ihm ermöglicht wird, auf einem größeren Markt ohne Diskriminierungen zu agieren. In weiten Teilen bringen sie aber „nur" Gleichbehandlung und nur bei *grenzüberschreitender* Tätigkeit. Das Prinzip der Ausländergleichbehandlung schließt die Inländerdiskriminierung nicht aus.[212] Im allgemeinen bringen die Grundfreiheiten zwar ein gewaltiges Mehr an wirtschaftlicher Bewegungs- und Gestaltungsfreiheit (einen sozusagen räumlichen und damit relativen Freiheitsgewinn), nicht aber ein Plus an Freiheit im Verhältnis Staat-Bürger (einen sozusagen absoluten Freiheitsgewinn). Strukturell sind die Grundfreiheiten trotz ihrer Bezeichnung in erster Linie *Gleichheits*sätze geblieben.[213] Das Mehr an gewonnener Freiheit ist tatsächlich

---

[209] Zur umstrittenen Abgrenzung von „Gemeinsamem Markt" und „Binnenmarkt" vgl. *Streinz*, Rn 909 ff.

[210] Zum „Gemeinsamen" bzw. „Binnenmarkt" als oberster Zielvorschrift vgl. *Kilian*, Rn 199; *Badura*, Wirtschaftsverfassung, S. 48. Die Errichtung des Gemeinsamen Marktes ist entgegen dem Wortlaut des Art. 2 EG nicht nur Mittel zur Erreichung anderer Ziele, sondern ist selbst das beherrschende Vertragsziel. So bereits *Scherer*, S. 101. Zum „magischen Vieleck" (für ihn ein „Achteck") *Kilian*, Rn 207.

[211] Vgl. nur Art. 2, 3, 14 EG.

[212] Vgl. *Streinz*, Rn 810 ff.

[213] *Götz*, JZ 1989, 1021, 1023. Zur Betonung der „Gemeinschaftsbildung" auch *Müller-Graff*, ZHR 152 (1988), 403, 434.

Reflex eines Mehr an verordneter Gleichheit. Auch in den meisten anderen Vertragszielen kommt durch die Akzentuierung der gemeinschaftsweiten Harmonisierung oder durch die Konkretisierung des Diskriminierungsverbots die Betonung des Gemeinschaftlichen vor dem Freiheitlichen zum Ausdruck.[214] Der absolute Freiheitsgewinn besteht in diesen Sektoren oftmals darin, daß durch das Verbot der Diskriminierung und durch die Harmonisierung quasi als Nebeneffekt den Mitgliedstaaten die Möglichkeit genommen wird, überhaupt regulierend tätig zu werden (es sei denn, die Gemeinschaft besetzt die vakant gewordenen Bereiche sogleich wieder mit eigener Sachpolitik).

c) Freiheitliche Wettbewerbsordnung oder Freihandelszone?

Die Begriffe „Handelsordnung" und „Wettbewerbsordnung" sind nicht deckungsgleich. Für eine funktionierende Handelsordnung ist in erster Linie die Schaffung gewisser Voraussetzungen für einen reibungslosen Güter- und Warenaustausch wichtig, was zunächst nicht mehr erfordert als eine gewisse Marktdurchlässigkeit und Konvergenz der Handelsbedingungen.[215] Gerade durch die Grundfreiheiten, Diskriminierungsverbot und Gemeinschaftsgrundrechte gewährt die europäische Handelsordnung den Marktbürgern annähernd umfassenden Schutz im zwischenstaatlichen Handel. Der Begriff der „Wettbewerbsordnung" ist demgegenüber weitaus umfassender, vielschichtiger und komplexer, wenn man so will: auch „materieller".[216] Von der Staatsform, der Festlegung der Eigentumszuordnung und dem allgemeinen rechtlichen Rahmen bestimmen unzählige Faktoren die Wettbewerbsordnung. V.a. bestimmt die „Wettbewerbsordnung" – wertneutral verstanden –, inwieweit die Veränderung wirtschaftlicher Faktoren der privaten oder der hoheitlichen Sphäre zugewiesen ist.[217]

Das Gemeinschaftsrecht postuliert ausdrücklich einen unverfälschten Binnenwettbewerb (Art. 3 lit. g, 81 ff. EG). Damit zeigt es jedenfalls die Tendenz, die private Sphäre vor „Übergriffen" der staatlichen schützen zu wollen. In wesentlichen Bereichen sind die gemeinschaftlichen Kompetenzen zur Akzentverschiebung zugunsten der privaten Sphäre aber beschränkt. Ihrem Zugriff entzogen sind insbesondere die Eigentumsverhält-

---

[214] So etwa in der Verkehrspolitik (vgl. Art. 72, 75 Abs. 1 EG), in der Steuerpolitik (vgl. Art. 90, 91, 93 EG), in der Rechtsangleichung (vgl. Art. 94 und 95 EG), in der gemeinsamen Handelspolitik (vgl. Art. 133 EG), auf dem Gebiet des Verbraucherschutzes (vgl. Art. 153 EG) und (eingeschränkt) auf dem Gebiet der Umwelt (vgl. Art. 174 Abs. 2 UAbs. 2 EG).

[215] Handel ist auch zwischen gänzlich unterschiedlichen wirtschaftlichen Systemen und innerhalb ganz und gar *un*marktwirtschaftlicher Systeme möglich.

[216] Zur Frage, ob dem EGKS eine fest umrissene Wettbewerbsvorstellung zugrunde lag, vgl. *Koppensteiner*, S. 113 f.

[217] Vgl. *Modlich*, S. 284.

nisse in der Gemeinschaft (Art. 295 EG).[218] Auch die Liberalisierung[219] qua Wettbewerbsrecht stößt an ihre Grenzen, indem die Aufgabenerfüllung von mitgliedstaatlichen Diensten „von allgemeinem wirtschaftlichem Interesse" (Art. 86 Abs. 2 EG) nicht verhindert werden darf. Damit erkennt die Gemeinschaftsrechtsordnung zugleich auch den öffentlichen Versorgungsbereich an.[220] Die allgemeine Wirtschaftspolitik, die praktisch ein bedeutendes Potential beinhaltet, Wettbewerbsfaktoren hoheitlich zu beeinflussen, liegt nach wie vor bei den Mitgliedstaaten (Art. 4, 98 ff. EG). Die Errichtung einer von Marktfreiheit geprägten Wettbewerbsordnung (also eines von staatlichen Einflüssen befreiten Marktes) wird in der Tendenz zwar angestrebt. Da wesentliche Gestaltungselemente in den Händen der Mitgliedstaaten liegen, bleibt die europäische Wettbewerbsordnung aber notwendigerweise „unvollkommen". Nach wie vor ist die Gemeinschaft ihren normativen Grundlagen zufolge eher eine Freihandelsordnung. Die Frage ist weiter, wie die Gemeinschaft von ihrer Integrationskompetenz in der Praxis Gebrauch macht.

3. Die Stoßrichtung der Integration in der Gemeinschaftspraxis

a) Kontrolle, Harmonisierung oder aktive Gestaltung

Die von der Gemeinschaft und ihren Organen verfolgten Ziele lassen sich danach unterscheiden, ob sie sich auf die Tätigkeit der Mitgliedstaaten richten (*kontrollierend* etwa bei der Durchsetzung der Grundfreiheiten bzw. *koordinierend* und *konditionierend* etwa auf dem Feld der Beschäftigungspolitik) oder ob sie selbst *aktiv gestaltend* tätig wird und insoweit eine autonom-eigenständige Sachpolitik betreibt (etwa in den Bereichen des gemeinsamen Zolltarifs, der Währungspolitik, bei der Verwaltung der diversen Fonds oder im Umweltsektor). „Dazwischen" befindet sich noch der Mischbereich der „Harmonisierung", der sowohl vereinheitlichende wie auch gestaltende Elemente birgt. Insgesamt lassen sich also drei Hauptstoßrichtungen europäischer Integrationspolitik ausmachen:

– Kontrolle („negative Integration"),
– Koordinierung und Harmonisierung sowie
– Durchsetzung eigener Sachpolitik („positive Integraton")[221].

---

[218] Vgl. *Badura*, Wirtschaftsverfassung, S. 46; *Modlich*, S. 197, mwN.

[219] Das Wort „Liberalisierung" taucht im EG übrigens nur im Zusammenhang mit der Dienstleistungsfreiheit und der Kapitalverkehrsfreiheit (Art. 51 Abs. 2, 52 Abs. 1, 2, 53 Abs. 1, 57 Abs. 2 EG) auf sowie hinsichtlich der gemeinsamen Handelspolitik (Art. 133 Abs. 1 EG – hiernach sollen Liberalisierungsmaßnahmen im Handelsverkehr vereinheitlicht werden). Nur in Art. 52 EG ist damit ein konkreter Handlungsauftrag verbunden.

[220] Ein Indiz für ein eben nicht rein auf Wettbewerb gerichtetes System sieht hierin *Modlich*, S. 224.

[221] Vgl. zur Unterscheidung positiver und negativer Integration bereits *Scherer*, S. 94.

Die Frage ist jeweils, ob damit vorwiegend marktöffnende oder ob eine lediglich die mitgliedstaatliche Politik ersetzende europäische Gestaltung betrieben wird und welcher Art diese Gestaltung dann ist. Für den einzelnen Wirtschaftsteilnehmer wie auch zur Charakterisierung der europäischen Wirtschaftsordnung ist wichtig zu wissen, was die Tätigkeit der EG im Einzelfall an Freiheitsgewinnen bringt. Sorgt die EG für Fortschritt in Richtung auf mehr (Staats-) Freiheit und weniger staatlicher Intervention? Handelt es sich letztendlich um ein Nullsummenspiel, indem die mitgliedstaatliche Lenkung nur durch eine europäische ersetzt wird? Dies brächte immerhin noch den Vorteil eines größeren Marktes und damit zumindest eine größere Freiheit der wirtschaftlichen Betätigungsmöglichkeit in geographischer Hinsicht. Die EG als „reiner" Binnenmarkt wäre dann jedenfalls die „zweitbeste Lösung". Oder sind teilweise sogar Rückschritte zu besorgen, indem die mitgliedstaatliche Regulierung und Intervention von der europäischen überlagert wird, das Netz staatlicher Dirigismen also statt weitmaschiger noch enger und die wirtschaftliche Lenkung dazu noch stärker zentralisiert würde?

b) Kontrolle („negative Integration")

Auf dem Operationsfeld der „negativen Integration" ist die Gemeinschaft insbes. bemüht, Protektionsversuchen und Diskriminierungsansätzen der Mitgliedstaaten entgegenzutreten. Die Durchsetzung der Grundfreiheiten oder die (zumindest partielle) Durchsetzung des Herkunftslandprinzips oder die Liberalisierung des öffentlichen Sektors sind hier im besonderen zu nennen.[222] Soweit die Gemeinschaftstätigkeit, wie hier, darauf ausgerichtet ist, als Sachwalter des einzelnen Wirtschaftsteilnehmers protektive Praktiken der Mitgliedstaaten zu unterbinden, zeitigt sie unbestreitbar hervorragende Ergebnisse.

c) Koordination und Harmonisierung

Positiv zu bewerten ist jedenfalls die koordinierende Tätigkeit, die verhindert, daß die Mitgliedstaaten *gegen*einander arbeiten. Auch ist ein Mindestmaß an Konvergenz für Handel und Wettbewerb unabdingbar. Mit dem Abbau innergemeinschaftlicher Barrieren und der Glättung vorgefundener Unterschiede, wonach den Mitgliedstaaten immer noch ein erheblicher Spielraum zur eigenen Gestaltung verbliebe, gibt sich die Gemeinschaft freilich nicht zufrieden. Die Harmonisierungsbemühungen der Gemeinschaft erstrecken sich nicht nur auf die Schaffung von „Kollisionsrecht", sondern von „Sachrecht". Mit Vorliebe stützt sich die Gemeinschaft zur

---

[222] Vgl. *Rohe*, RabelsZ 61 (1997), 1, 58 f.; *Kilian*, Rn 220 ff., 230; *Badura*, Wirtschaftsverfassung, S. 49; *Müller-Graff*, in: *Dauses*, EUWR, A I, Rn 125.

„Harmonisierung" auf die generalklauselartige „ergänzende" Rechtssetzungsbefugnis des Art. 308 EG. Harmonisierung in diesem Sinne ist aber eben nicht nur Verhinderung mitgliedstaatlicher Mißgestaltung, sondern ist zugleich selbst gestalterische Tätigkeit.[223]

Was das Verhältnis von Harmonisierung und eigenständiger Politik betrifft, läßt sich jedenfalls die Tendenz zur Ausweitung der Gestaltungstätigkeit der Gemeinschaft erkennen.[224] Schon vom Grundsatz her ist dies bedenklich, ist doch gerade das Prinzip der dezentralen Entscheidungsfindung dem marktwirtschaftlichen Gedanken inhärent. „Harmonisierung", verstanden als zentralistisch verordnete Gleichmacherei konterkariert diese dezentrale Ausrichtung. Sobald die Gemeinschaft einen Bereich harmonisiert hat, wird den Mitgliedstaaten zugleich die Möglichkeit zu eigener tentativer Gestaltung (trial and error) genommen. Damit untergräbt die Gemeinschaft jeglichen „Systemwettbewerb" und damit die Möglichkeit, auf prinzipiell gleicher („mindestharmonisierter") Basis, Probleme von verschiedenen Seiten her anzugehen.[225] Das letzte, was „Harmonisierung" eigentlich bedeuten dürfte, ist die nachgerade unheimlich zu nennende Gemeinschaftspraxis, von allgemein unsicherer Ermächtigungsgrundlage aus in an sich EG-fremde Politikbereiche vorzudringen und (etwa im Arznei-

---

[223] Als diffiziler Mischbereich zwischen Koordinierung und Gestaltung ist insbes. die Rechtsangleichung zu nennen (Art. 94 ff. EG) – vgl. hierzu *Rohe*, RabelsZ 61 (1997), 1, 58 ff. Hier ist umstritten, ob Rechtsangleichung Glättung vorgefundener Unterschiede oder eine von vornherein einheitliche (mitunter also „präventive") Rechtssetzung bedeutet (vgl. *Streinz*, Rn 920). Bislang wurde in diesem Sektor jedenfalls kein wirksames Mittel gefunden, den „erkennbaren Einschränkungen der Angleichungskompetenz" (*Mestmäcker*, Die Wirtschaftsverfassung in der Europäischen Union, S. 13) praktisch Wirksamkeit zu verschaffen. Das gleiche gilt etwa auch für die Bereiche, die eine gemeinschaftliche Ergänzung zu den mitgliedstaatlichen Politiken vorsehen; beispielsweise die Bereiche der bildungspolitischen Zusammenarbeit (Art. 149 EG), der Kulturpflege (Art. 151 EG), des Gesundheitsschutzes (Art. 152 EG) und v.a. im Verbraucherschutz. Die Politik der Gemeinschaft im Verbraucherschutz stützt sich im wesentlichen auf Art. 153 Abs. 1 EG, wonach die Gemeinschaft „einen Beitrag" zum Verbraucherschutz leistet. Diesen einigermaßen zurückhaltenden und unbestimmten Handlungsauftrag nimmt die Kommission in praxi freilich zum Anlaß, weitreichende Regelungen des Verbraucherschutzes ins Werk zu setzen. Die generelle Tendenz, jede im Vertrag angelegte Mitwirkungskompetenz zur Grundlage europäischer Eigengestaltung zu machen, ist gerade hier unverkennbar. Vgl. *Petersmann*, EuZW 1993, 593, 595; *Mestmäcker*, Die Wirtschaftsverfassung in der Europäischen Union, S. 11 ff.

[224] Von einiger Bedeutung ist hier nicht zuletzt das Kohärenz- und Effektivitätsgebot, das dann zur Durchsetzung eigener europäischer Sachpolitik bemüht wird. Vgl. unten 2. Teil, Kap.1, Abschn. C. II.

[225] Vgl. *Rohe*, RabelsZ 61 (1997), 1, 39 ff. Die Wahl zwischen „Systemwettbewerb bei offenen Grenzen" und „fortschreitender zentraler Harmonisierung" ist *die* grundlegende Entscheidung bei der Entwicklung des Gemeinschaftsrechts – so *Mestmäcker*, Die Wirtschaftsverfassung in der Europäischen Union, S. 10.

mittelrecht aus Katastrophen) gewachsene Sicherheitsstrukturen hinwegzufegen.[226]

d) Europäische Sachpolitik

Auf mittlerweile zahlreichen Gebieten ist der Gemeinschaft der Auftrag zu eigenständiger materieller Gestaltung der Marktbedingungen überantwortet worden.[227] Ob die Gemeinschaft im Zuge der sachrechtsgestaltenden Harmonisierung immer auf dem Boden des Vertrages steht, ist wie gesagt zweifelhaft. Die Frage ist aber auch, wie die Gemeinschaft ihre Gestaltungsmöglichkeiten nutzt, die ihr (etwa in der Außenwirtschafts- bzw. Handelspolitik) ausdrücklich übertragen worden sind.[228]

α) Protektion und Freihandel

Die ihrer Natur nach binnenbezogene EG ist äußerst rigide, wenn es um protektionistische Praktiken geht, die den innergemeinschaftlichen Wirtschaftsverkehr berühren.[229] Gilt dies auch für den Handel mit Drittstaaten? Die Idee der klassischen Nationalökonomie basiert eigentlich auf der Vorstellung *eines* (Welt-) Marktes.[230] Ob eine Wirtschaftsordnung den Freihandelsgedanken als *Idee* wirklich inkorporiert hat, erweist sich nicht zuletzt daran, ob sie sich auf diese Idee nicht nur dann beruft, wenn es um ihren Vorteil geht. Die Meßlatte für die tatsächliche Verwirklichung des Freihandelsgedankens in einer Volkswirtschaft ist daher nicht vorwiegend

---

[226] Vgl. zur „Contergan-Katastrophe", dem hievon geprägten AMG 1976 und dem nachdenklich stimmenden – nicht zuletzt europarechtlich bedingten – Weg zurück praktisch zum Schutzniveau des AMG 1961 *Scheu*, insbes. S. 755 ff., 1076 f. Zu den aus überzogener „Harmonisierung" resultierenden Akzeptanzproblemen der Gemeinschaft *Rohe*, RabelsZ 61 (1997), 1, 62. Für ggf. höhere nationale Standards, soweit diese nichtdiskriminierend sind, auch *Petersmann*, EuZW 1993, 593, 595.

[227] Vgl. oben II. 3.

[228] In der allgemeinen Wirtschaftspolitik etwa ist die Kompetenz zur Formulierung eigener Ziele prinzipiell noch den Mitgliedstaaten vorbehalten (Art. 98 S. 1 EG). Die Zielformulierung hat sich allerdings „im Rahmen" des gemäß Art. 99 Abs. 2 EG von der Kommission empfohlenen und vom Rat erstellten Entwurfs der wirtschaftspolitischen Grundzüge zu halten. Für den Bereich der Sozialpolitik vgl. etwa *Streinz*, Rn 1090.

[229] In Art. 3 Abs. 1 lit. g EG heißt es, daß der „Wettbewerb *innerhalb* des Binnenmarktes" (Hervorhebung d. Verf.) vor Verfälschungen zu schützen sei. Auch das Beihilfenaufsichtsrecht ist insoweit binnenbezogen, als hier von *„zwischenstaatlichem* Handel" (Hervorhebung d. Verf.) die Rede ist. Diese Binnenausrichtung ist freilich selbstverständlich, da das Regelungs*objekt* schon wegen der Regelungs*hoheit* nur die Wirtschaft im Herrschaftsbereich der Vertragsstaaten sein kann.

[230] Nicht zuletzt diese Freihandelsausrichtung führte zu einem Abbau von protektionistischen Barrieren zwischen den Wirtschaftsnationen – vgl. oben Kap. 2, Abschn. A. IV.

das Bekenntnis nach innen, sondern die Tat nach außen.[231] Es ist jedenfalls ein erheblicher Unterschied, ob man liberal nach innen oder im Innersten liberal ist.

Daß der Gemeinsame Markt schon wegen des Abbaus von Binnenzöllen eine gemeinsame Außengrenze mit gemeinsamem Zolltarif (Art. 26 EG) vorsieht, kann man an sich schwerlich als protektionistisch werten. Es wäre naiv anzunehmen, die EG könnte im Alleingang alle ihre Zollbarrieren niederreißen und sich inmitten einer von Protektionismen geprägten Weltwirtschaft zur Insel der freihändlerischen Glückseligkeit erklären. Der EG-Vertrag selbst gibt hier (insbes. in Art. 131 EG) keine klare Richtung vor.[232] Die Praxis der EG spricht freilich teilweise eine ganz andere Sprache. Das Bild von der „Festung Europa" kommt nicht von ungefähr.[233] Die Züge einer für bare Münze zu nehmenden Freihandelspolitik über ihre Grenzen hinaus trägt die europäische Politik jedenfalls nicht.

Namentlich sei die EG-Industriepolitik genannt, die bisweilen sogar als ausgesprochen „merkantilistisch" gebrandmarkt wird.[234] Die Industriepolitik betreffend schließt Art. 157 Abs. 3 EG zwar aus, daß die Ermächtigung zur Verfolgung gemeinschaftlicher Ziele zur Grundlage wettbewerbsverzerrender Maßnahmen gemacht wird, indes hat die Gemeinschaft einen Beurteilungsspielraum insbesondere für die Frage, was unter solchen Wettbewerbsverzerrungen zu verstehen ist. Industriepolitik ist nach liberal-marktwirtschaftlichem Ansatz an sich schon eine bedenkliche „Anmaßung von Wissen" (von Hayek).[235] Auf diesem Gebiet betreibt die Kommission dazu eine aktive Förderpolitik nach innen und eine Politik der Pro-

---

[231] Vgl. *Zuleeg*, Verfassung der EG, S. 87: „Der liberale Grundsatz der Gemeinschaft sollte sich eigentlich auch in den Beziehungen nach außen erweisen (...)".

[232] Sehr vorsichtig drückt er sich in Art. 131 EG aus: Danach „beabsichtigen" die Mitgliedstaaten, durch die Schaffung einer Zollunion „zur harmonischen Entwicklung des Welthandels, zur schrittweisen Beseitigung der Beschränkung im internationalen Handelsverkehr und zum Abbau von Zollschranken beizutragen." Es ist aber umstritten, ob Art. 131 EG wegen seines allgemeinen und programmatischen Charakters überhaupt eine echte Rechtspflicht enthält. Der EuGH jedenfalls meint, die Vorschrift sei nicht dahingehend zu verstehen, daß es der Gemeinschaft verwehrt sei, Maßnahmen zu treffen, die den Handel mit Drittstaaten beeinträchtigen (EuGH, 5.5.1981, Rs 112/80, Rn 44); vgl. auch *Streinz*, Rn 709 ff.

[233] Vgl. *Starbatty*, S. 166.

[234] Vgl. *Feldmann*, Der merkantilistische Charakter der EG-Industriepolitik, S. 148, wonach es seiner Ansicht nach trotz gewisser Unterschiede zur historischen Merkantilismuspolitik gerechtfertigt ist, „von einem merkantilistischen Charakter der EG-Industriepolitik zu sprechen." Vgl. auch *Rohe*, RabelsZ 61 (1997), 1, 25, 34; *Streit*, S. 200, der auf den intervenierenden Charakter der im Maastricht-Vertrag verankerten Vertragsregeln hinweist. Ebenso *Starbatty*, S. 155; *Modlich*, S. 231 ff.; *Engel, Ch.*, S. 35 ff.

[235] Vgl. *Starbatty*, S. 173; *Engel, Ch.*, S. 42 ff.

tektion nach außen.²³⁶ Die Absicht der Exportsteigerung (etwa durch in protektionistischer Absicht durchgeführte Antidumpingmaßnahmen gegen ausländische Anbieter)²³⁷ und Verhinderung von Importen durch (zum Teil für völkerrechtswidrig gehaltene)²³⁸ Selbstbeschränkungsabkommen ist unverkennbar.²³⁹ Zu nennen sind auch andere Tätigkeitsfelder der Gemeinschaft, die zwar im Inneren ansetzen, aber nach außen wirken sollen: Die europäische Subventionierung der Wirtschaft zur Beherrschung von Schlüsseltechnologien etwa,²⁴⁰ Forschungsförderung oder Fusionierung von Unternehmen zur Erreichung „betriebsoptimaler Größen" gehören dazu.²⁴¹

β) Distribution und Intervention im Inneren

Wie gestaltet sich die Gemeinschaftspolitik im Inneren? Vom marktwirtschaftlichen Standpunkt aus wäre es nur konsequent, wenn die Gemeinschaft ihre *Gestaltungs*kompetenz durch bewußte Nicht-Gestaltung (laisser faire) ausfüllen würde. Soweit die Gemeinschaft dazu berufen ist oder sich dazu berufen wähnt,²⁴² gestaltend und schöpferisch tätig zu werden, fragt sich aber, ob sie im Prinzip nicht das gleiche tut wie die Mitgliedstaaten, nämlich den Marktteilnehmern besserwisserisch vorzuschreiben, was ökonomisch sinnvoll ist.²⁴³

Exemplarisch sei hier das Tätigkeitsfeld der *Forschungsförderung* herangezogen: Im Bereich der Forschung und technologischen Entwicklung (Art. 163 ff. EG) heißen die Ziele des EG-Vertrages: „Stärken" der wirtschaftlichen und technologischen Grundlagen, „Fördern" der internationalen Wettbewerbsfähigkeit und „Unterstützen" von andernorts im Vertrag für erforderlich gehaltenen Forschungsmaßnahmen. Die Gemeinschaft verläßt sich offensichtlich bewußt nicht auf die Forschungstätigkeit der Marktteilnehmer. Die Aktivität der EG ist dabei erkennbar nicht auf einen *Abbau* der mitgliedstaatlichen Fördertätigkeit gerichtet, sondern auf den *Aufbau* einer eigenen. Im Vertrag wird zwar explizit die Grundlagenforschung als förderungswürdig betont, so daß man an einen typischen Fall des hoheitlichen Eingriffs aufgrund von Marktversagen denken könnte (Art. 163

---

²³⁶ Vgl. *Feldmann*, Der merkantilistische Charakter der EG-Industriepolitik, S. 142 ff.
²³⁷ Vgl. *Zuleeg*, Verfassung der EG, S. 87.
²³⁸ Vgl. *Petersmann*, EuZW 1993, 593, 595. Zur mutmaßlichen Völkerrechtswidrigkeit des „Bananenregimes" *Rohe*, RabelsZ 61 (1997), 1, 34.
²³⁹ *Feldmann*, Der merkantilistische Charakter der EG-Industriepolitik, S. 143.
²⁴⁰ Ebd., S. 139.
²⁴¹ Vgl. *Ullrich*, in: *Dauses*, EUWR, N, Rn 25.
²⁴² In praktischer Hinsicht ist festzustellen, daß die EG zu einer schleichenden Ausweitung der ihr übertragenen Kompetenzen zu Lasten der Mitgliedstaaten zu neigen scheint. Vgl. *Schütterle*, Kontrolle, S. 18, mit Bezug auf das Beihilfenrecht; so auch *Mestmäcker*, Die Wirtschaftsverfassung in der Europäischen Union, S. 6, der ausführt, die europäischen Fonds hätten den gemeinsamen Zweck, die nationale Beihilfenpolitik durch eine gemeinsame europäische zu ersetzen.
²⁴³ Vgl. *Mestmäcker*, Die Wirtschaftsverfassung in der Europäischen Union, S. 25.

Abs. 1 EG). Nur „offiziell", so scheint es, ist die Praxis der Förderpolitik auf den vorwettbewerblichen Bereich ausgerichtet.[244] Meist hat sie tatsächlich aber einen stark anwendungsbezogenen und damit einen direkt in die Wettbewerbsverhältnisse einwirkenden Charakter. Daran ändert auch der Versuch nichts, die Förderungsmaßnahmen als privatrechtliche Verträge zu verbrämen und damit den Eindruck zu erwecken, hier würde eine veritable Gegenleistung (regelmäßig ein Fortschritts- und Abschlußbericht) erbracht.[245]

Für die Charakterisierung eines Wirtschaftssystems spielt es freilich zunächst keine Rolle, welche hoheitliche Ebene, ob das Bundesland, der Nationalstaat oder die EG „fördernd" tätig wird.[246] Lediglich der Grad an Koordinierung und das Maß der Zentralisierung ändern sich. Die Tendenz zur Kompetenzausweitung der EG bedeutet auch eine Ausweitung der „staatlichen" zu Ungunsten der privaten Sphäre der Wirtschaft, wenn nicht gleichzeitig die mitgliedstaatlichen Aktivitäten wirksam zurückgeschraubt werden. Die materiell gestaltende europäische Politik bedeutet entweder in der Summe ein Mehr an staatlicher Betätigung oder doch zumindest ein Substitut für bisher mitgliedstaatliche Aktivitäten. Problematisch wird es also immer dann, wenn sich die Gemeinschaft nicht „zwischen" die Mitgliedstaaten und die Wirtschaftsteilnehmer stellt, sondern wenn sie selbst regulierend tätig wird. Hier besteht regelmäßig die Gefahr, daß die mitgliedstaatliche Regulierungspolitik lediglich durch eine europäische ersetzt wird oder gar zu jener hinzutritt.[247]

IV. Gestaltungs- und Kontrollinstrumente in EG-Vertrag und Praxis

Liest man Art. 87 Abs. 1 EG unbefangen, so könnte man daraus eine generell ablehnende Haltung der europäischen Wirtschaftsordnung jedenfalls gegenüber einem bestimmten interventionistischen Instrument ableiten: gegenüber „Beihilfen". In gleicher Weise scheinen marktwirtschaftlich formulierte Oberziele darauf hinzudeuten, daß die Gemeinschaft bemüht sein muß, zu möglichst wettbewerbskonformen Mitteln zu greifen. Wel-

---

[244] Vgl. *Ullrich*, in: *Dauses*, EUWR, N, Rn 13.

[245] *Ullrich* spricht in diesem Zusammenhang sogar von „fingierten Verträgen", die „aus schwer verständlicher Subventionsverleugnung" heraus abgeschlossen würden – vgl. *Ullrich*, in: *Dauses*, EUWR, N, Rn 16. Die bevorzugte finanzielle Förderung von kooperativ durchgeführten Forschungs- und Technologieprojekten führt dazu oftmals noch zu kartellrechtlichen Freistellungen, die im Hinblick auf den unverfälschten Wettbewerb und aktuelle oder potentielle Konkurrenten doppelt bedenklich sind. Vgl. *Ullrich*, in: *Dauses*, EUWR, N, Rn 25.

[246] Gegen eine solche Unterscheidung von „guten" Gemeinschaftsbeihilfen und „schlechten" Beihilfen der Mitgliedstaaten auch *Schütterle*, Kontrolle, S. 19.

[247] *Modlich*, S. 231, verweist auf die Abkehr von der negativen Integration hin zu einem positiven Instrumentarium.

cher Instrumente bedient sich die EG-Politik?[248] Neben den „klassischen" staatlichen Instrumenten wie Rechtsakten[249] spielen im EG-Vertrag ausdrücklich auch pekuniäre Fördermaßnahmen, die der Vertrag an zahlreichen Stellen voraussetzt oder explizite erwähnt, eine Rolle.[250]

1. Die Gestaltungsinstrumente der Gemeinschaft

a) Rechtsetzung – Deregulierung, Regulierung und Überregulierung

Die „Regelungswut der Eurokraten" ist ein hinlänglich bekanntes Phänomen. Es ist aber als grundlegender Unterschied der europäischen Ordnung zu denen der Mitgliedstaaten hervorzuheben, daß die EG im weitesten Sinne „verordnend" tätig werden *muß*, um Fortschritte in Richtung auf mehr Marktfreiheit zu erzielen. Nur die Mitgliedstaaten können den gleichen Effekt durch Nichtstun (laisser faire) oder schlicht freihändiges Abschaffen mittels Aktus contrarius erreichen. Der Abbau staatlicher Dirigismen ist auf europäischer Ebene nur durch Dirigierung zu bewerkstelligen. Freilich besteht auch hier die Gefahr, über das Ziel hinauszuschießen und die europäischen Regulierungsinstrumente nur an die Stelle der mitgliedstaatlichen zu setzen oder gar den bestehenden neue hinzuzufügen. Als negatives Paradebeispiel für ein hohes Maß an hoheitlicher Durchwirkung sind, wie stets, die Bereiche Landwirtschafts- und Fischereipolitik zu nennen. Für über 90 % aller landwirtschaftlichen Produkte bestehen gemeinsame Marktordnungen (GMO).[251]

b) Zölle

In der Außenwirtschafts- und Zollpolitik sieht der EG-Vertrag einen gemeinsamen Zolltarif vor (Art. 26 EG). Dies liegt wie bereits oben bemerkt in der Natur der Gemeinschaft als einem einheitlichen Wirtschaftsraum. Da sich allerdings die Gemeinschaft durch Zolleinnahmen und Agrarab-

---

[248] Nach dem Vertragstext und auch nach Einschätzung der Literatur ist unklar, ob etwa der Grundsatz „offene Marktwirtschaft mit freiem Wettbewerb" selbst Ziel ist oder nur *Mittel* zur Erreichung weiterer Ziele (Integration, Binnenmarkt etc.) – vgl. hierzu *Zuleeg*, in: G/S, Art. 2, Rn 13. Unter „Mittel" oder „Instrument" soll im folgenden die praktisch-technische Umsetzung der Ziele zu verstehen sein. Es kann sich dabei um Instrumente der klassischen Eingriffsverwaltung (Rechtsakte, Normen) oder um solche der Leistungsverwaltung (Fördermaßnahmen, Subventionen) handeln.

[249] Zu nennen sind v.a. die Institute gemäß Art. 249 EG: Verordnung, Richtlinie, Entscheidung, Empfehlung und Stellungnahme.

[250] Der EGV spricht etwa ausdrücklich von (erlaubten) Beihilfen (Art. 73, 132 EG) oder von Fonds und sonstigen „Finanzierungsinstrumenten" (Art. 159 Abs. 1 EG).

[251] Vgl. *Priebe*, in: *Dauses*, EUWR, G, Rn 3; *Steding*, ZRP 2004, 7, 9, spricht von „nahezu unerträglichem Dirigismus" gerade auch zulasten der Landwirte.

schöpfungen ca. 16 % ihres Haushalts selbst „erwirtschaftet",[252] darf angesichts leerer Staatskassen bezweifelt werden, ob sie an einer Senkung der Zölle tatsächlich (Staatsversagen!) interessiert ist.

c) Gemeinschaftsbeihilfen

Insgesamt verfügt die Gemeinschaft jährlich über mehr als 80 Milliarden Euro, die vorwiegend als „klassische" Subventionen ausgereicht werden. Den größten Batzen aus Gemeinschaftstöpfen erhält die Landwirtschaft: Die Beihilfen für die Landwirtschaft (ca. 40 Milliarden Euro) aus dem EAGFL/Abteilung Garantie machen ca. 49 % des Gemeinschaftshaushalts aus.[253] Die Landwirtschaftspolitik mag schon aus historischen Gründen ein Sonderfall sein[254] – ein gutes Zeugnis stellt sie der Gemeinschaft jedenfalls nicht aus, bedenkt man, daß ausgerechnet die Landwirtschaft derjenige Bereich ist, der am umfassendsten in Händen der EG liegt. Für die Landwirtschaftspolitik mögen tatsächlich eigene Gesetze gelten – einen echten Ausnahmefall stellt sie indes nicht dar: Auf dem Sektor der Sozialpolitik etwa ist das wichtigste Lenkungsmittel der Europäische Sozialfonds (ESF). Die Tätigkeit der Gemeinschaft umfaßt nach Art. 3 Abs. 1 lit. j EG „eine Sozialpolitik mit einem europäischen Sozialfonds". Es ist bezeichnend, daß das Mittel der Distribution noch *vor* das konkret anzusteuernde Ziel gestellt wird. Eine nähere Anweisung, was denn mit dem Geld anzufangen sei, trifft der Vertrag zunächst nicht. In Art. 3 Abs. 1 EG heißt es hierzu lediglich „nach Maßgabe des Vertrags". Die Fondspolitik wird zum Selbstzweck, einem distributiven Aktionismus damit Tür und Tor geöffnet.

Auch in anderen Politikbereichen geht der Vertrag ausdrücklich oder implizite von einer aktiven Förderpolitik mittels *finanzieller Transfers* aus. Die Sektoren Industrie- und Forschungspolitik wurden bereits oben angesprochen. Im Bereich des Umweltschutzes heißt es (Art. 175 Abs. 4 EG), daß zur „Finanzierung und Durchführung" der Umweltpolitik die Mitgliedstaaten Sorge tragen. Bei „unverhältnismäßig hohen Kosten" (Abs. 5) sollen aber entweder vorübergehende Ausnahmeregelungen oder finanzielle

---

[252] Vgl. zur Herkunft der „Eigenmittel" für die Landwirtschaftförderung *Mögele*, in: *Dauses*, EUWR, G, Rn 219.

[253] Hierzu *Priebe*, in: *Dauses*, EUWR, G, Rn 255; der zweitgrößte Posten (ca. 25 %) auf die Strukturfonds (EAGFL/Abteilung A, ESF, Europäischer Fonds für die regionale Entwicklung – EFRE – sowie Kohäsionsfonds). Der Rest verteilt sich auf verschiedene Politiken (vor allem auf Forschung und auswärtige Aktionen). Vgl. Kommission, 9. Beihilfenbericht, S. 154, 165. Als weiteres Finanzierungsinstrument dienen Kredite der europäischen Investitionsbank, insbesondere für Zwecke der Regionalförderung, Modernisierung, Schaffung von Arbeitsmöglichkeiten und Vorhaben von gemeinsamem Interesse sowie Investitionsprogramme (Art. 267 EG), allesamt also Bereiche mit distributivem Ansatz. Vgl. hierzu auch *Gross*, S. 105.

[254] Vgl. *Priebe*, in: *Dauses*, EUWR, G, Rn 2 ff.

Unterstützung aus dem Kohäsionsfonds (Art. 161 Abs. 2 EG) gewährt werden. Förderungen finanzieller Art sind etwa auch vorgesehen in der Kulturpolitik (Art. 151 Abs. 5 Spiegelstrich 1 EG), beim Aufbau transeuropäischer Netze (Art. 155 Abs. 1 Spiegelstrich 3 EG) oder auf dem Gebiet der wirtschaftlichen und sozialen Zusammenarbeit (Art. 159 Abs. 1 S. 3 EG). In Art. 2 und 4 EAV ist die Förderung der Kernforschung gar als positivierte *Pflicht* ausgestaltet.[255]

Interessant für diese Arbeit ist die in Art. 132 Abs. 1 EG vorgesehene Behandlung mitgliedstaatlicher Exportbeihilfen für die Ausfuhr nach Drittstaaten. Der EG-Vertrag sieht keineswegs einen Abbau derselben vor, sondern spricht lediglich davon, daß diese „schrittweise vereinheitlicht" werden sollen, und dies auch nur „soweit dies erforderlich ist, um eine Verfälschung des Wettbewerbs zwischen den Unternehmen der Gemeinschaft zu vermeiden." Der EG-Vertrag erkennt damit die Legitimität des Protektionsmittels Exportbeihilfen ausdrücklich an, soweit diese den Handel mit Drittstaaten betreffen.[256] Im innereuropäischen Verkehr hält die Kommission diese hingegen für besonders markt- und wettbewerbsschädlich.[257] Auch diesbezüglich wird eine Betonung des binnenliberalen vor einem globalen Freihandelskonzept deutlich. Schutzobjekt ist der *Binnen*wettbewerb, nicht eigentlich der *staatsfreie* Wettbewerb.

Insgesamt ist festzuhalten, daß die EG den kompletten Fundus staatlicher Daumenschrauben für die Wirtschaft kennt und dazu meist noch mit Quasi-Verfassungsrang ausgestattet hat. Dies läßt nicht vermuten, daß die EG bemüht sein wird, diese Mittel wirklich abzuschaffen; eher, daß diese nur in europäischer Hand versammelt werden sollen. Diese bittere Pille wäre auch unter marktwirtschaftlichem Aspekt dann jedenfalls zu schlucken, wenn sie gezielt und mit Aussicht auf heilende Wirkung verabreicht würde. „Sola dosis facit venenum", wußte schon Paracelsus. Für eine sinnvolle Therapie hilft freilich gelegentliche Nachschau beim Patienten, ob sich Erfolge einstellen oder womöglich Nebenwirkungen überwiegen. Hierzu im folgenden.

2. Die Instrumente zur Selbstkontrolle der Gemeinschaft

Es wäre zu erwarten, daß eine Wirtschaftsgemeinschaft, die sich dem Grundsatz offener und freier Märkte verschrieben hat, ihre Förder- und Interventionspolitik von vornherein restriktiv handhabt und diese Selbstbeschränkung auch institutionalisiert. Dies hieße zum einen, daß Markteingriffe nur in eng begrenzten Ausnahmefällen zulässig sein dürften (in

---

[255] Vgl. *Pechstein*, EuZW 2001, 307, 310 f.; *Bär-Bouyssière*, in: *Schwarze*, EU-Komm., Art. 87, Rn 8.
[256] Zum Verhältnis dieser Regelung zum Beihilfenrecht vgl. *Lefèvre*, S. 82 ff.
[257] Vgl. unten 2. Teil, Kap. 2, Abschn. E. II.

Form einer *präventiven* Kontrolle). Zum anderen müßten derartige Eingriffe effektiv überwacht und für den Fall, daß die gewünschten Ergebnisse sich nicht einstellen, einer Revision (in Form einer *repressiven* Kontrolle) unterzogen werden. Problematisch ist hierbei freilich immer, daß es sich um eine *Selbst*kontrolle handelt, die nicht nur auf den guten Willen der Beteiligten bauen sollte.

a) Institutionalisierte Interventionsbarrieren

Denkbar wären als Selbstbeschränkungs- oder Kontrollmechanismen institutionalisierte Hürden im *materiellen* Recht, wonach bestimmte Maßnahmen nur bei Vorliegen bestimmter Voraussetzungen durchgeführt werden dürften bzw. bei erwiesener Erfolglosigkeit wieder rückgängig gemacht werden müßten. Der Vertrag an sich ist aber schon wegen dessen Konkretisierungs- und Abwägungsbedürftigkeit wenig geeignet, ernstzunehmende Interventionsbarrieren zu setzen. Spezifisch den Wettbewerb vor der Gemeinschaft schützende Regeln finden sich nur sporadisch und in äußerst allgemeiner Form.[258]

Es fehlen auch spezielle im Vertrag niedergelegte Kontroll*verfahren*. Legte man an die europäische Beihilfengewährung die gleichen Maßstäbe wie an die der Mitgliedstaaten an, müßte dies bedeuten, daß die Gemeinschaft auch *intern* ihre Beihilfen vor deren Einführung einer präventiven und anschließend einer begleitenden Kontrolle unterzieht. Eine strikte analoge Anwendung der Art. 87 ff. EG findet aber nicht statt und ist auch nirgendwo institutionalisiert.[259] Man wird bezweifeln dürfen, ob eine gleichsam stillschweigende Kontrolle „en passant" geeignet sein kann, mit den Grundsätzen des Gemeinsamen Marktes unvereinbare Maßnahmen im

---

[258] Bezüglich sozialpolitischer Maßnahmen ist die Gemeinschaft gemäß Art. 136 Abs. 2 EG verpflichtet, der „Notwendigkeit, der Wettbewerbsfähigkeit der Wirtschaft der Gemeinschaft" *Rechnung zu tragen*. Die wettbewerbsschädigenden Auswirkungen allzu ausufernder Sozialdistribution sind also grundsätzlich zu beachten – mehr nicht. Für die Industriepolitik ist der Gemeinschaft untersagt, wettbewerbsverzerrende Maßnahmen auf Art. 157 EG zu stützen. Die Frage ist dann, wer dazu aufgerufen ist, über die Einhaltung dieses und anderer Verbote wettbewerbsschädigender Maßnahmen zu wachen. Vgl. *Starbatty*, S. 174, der hier seine Hoffnungen auf den Gerichtshof setzt, resigniert aber meint, „Das wird wohl ein Wunsch bleiben;" denn Ansatzpunkte im Normensystem wären noch zu finden. Vgl. auch *Petersmann*, EuZW 1993, 593, 596. Allenfalls politisch wirksam ist die Berichtspflicht der Kommission gem. Art 212 EG.

[259] Vgl. *Mederer*, Das Öffentliche Haushaltswesen in Österreich 1992, 13, 36 f.; *Müller-Graff*, ZHR 152 (1988), 403, 409 f., 414; kritisch *Modlich*, S. 229; *Petersmann*, EuZW 1993, 593, 595; *Schütterle*, Kontrolle, S. 19 f., der insoweit eher auf eine Selbstbeschränkung der europäischen Organe hinweist. Allgemein hierzu *Seidel*, EuR 1985, 22, 28 ff.; *Cichy*, S. 155 ff. Zum „integrierten Verwaltungs- und Kontrollsystem für Landwirtschaftsbeihilfen" *Mögele*, EWS 1993, 305 ff.; zur Strukturfonds-Verordnung (VO 1260/1999) *Puttler*, Strukturbeihilfen, S. 174 ff.

150 Kapitel 4: Subsidien im Rahmen der verfassungsmäßigen Vorgaben

Zweifelsfall zu verhindern. Die europäische Wirtschaftsordnung begnügt sich im Hinblick auf eine Selbstkontrolle ihrer Interventionstätigkeit – nicht anders als die der Mitgliedstaaten – mit den allgemeinen Verfahren, ohne sich einen weiteren *speziellen* Legitimationsnachweis für die Notwendigkeit und Wirksamkeit von Interventionen aufzuerlegen.

b) Die Kontrolle in den allgemeinen Verfahren

Soweit materiell- oder verfahrensrechtliche Sondervorschriften fehlen, verläuft die Selbstkontrolle einer staatlichen Ordnung in den Bahnen des allgemeinen Willensbildungsprozesses und im Rahmen der institutionellen Aufgabenverteilung von Legislative, Exekutive und Judikative.

α) Die europäische Legislative

Für die Verteilungsmodalitäten gelten die allgemeinen Normsetzungsverfahren mit im einzelnen unterschiedlich ausgestalteter Beschließungskompetenz und Beteiligung des Europäischen Parlaments.[260] Was das Budgetrecht, insbesondere das zur Verfügung stehende Fördervolumen – also das „Wieviel" der Förderung – anbelangt, treten Rat und Parlament als gemeinsame Haushaltsgesetzgeber auf.[261] Das Hauptlegislativorgan der Gemeinschaft ist nach wie vor der Rat.[262] Daß der Rat, der sich aus den Regierungen der EG-Mitgliedstaaten (und damit aus den Haupt-Subventions-Gebern) zusammensetzt und gerne auch als „Kartell der Protektionisten"[263]

---

[260] Bei den Strukturfonds (EAGFL/Abteilung A, ESF, EFRE) und beim Kohäsionsfonds (gemäß Art. 161 EG) entscheidet der Rat einstimmig und nach Zustimmung des Europäischen Parlaments über die Aufgaben, vorrangige Ziele und die Organisation sowie Koordinierung der Gemeinschaftsbeihilfen. Diesbezügliche Festsetzungen obliegen beim EAGFL/Abteilung G (und ebenso die Durchführungsbeschlüsse bezüglich des EAGFL/Abteilung A) dem Rat. Dieser entscheidet mit qualifizierter Mehrheit, das Europäische Parlament ist anzuhören.
[261] Vgl. *Streinz*, Rn 667. Von einem wirklichen Budgetrecht kann aber nicht gesprochen werden, da der Großteil der Ausgaben bereits durch die im Vertrag festgelegten Ziele eingeplant werden muß (vgl. *Streinz*, Rn 668). Während die nationalen Rechtsordnungen, jedenfalls die deutsche, darauf verweisen können, daß der Wille zu staatlicher Distribution und damit auch der Wille zur Selbstkontrolle jedenfalls im grundsätzlichen dem parlamentarisch vermittelten Willen des Souveräns entspricht, kann die Gemeinschaft dies für sich nicht unbedingt reklamieren. Vgl. hierzu auch *Petersmann*, EuZW 1993, 593, 595. Daß eine stärkere demokratische Ausrichtung der Gemeinschaft in Form einer verstärkten Mitwirkung des Europäischen Parlaments zu einer restriktiveren Förderpolitik führen würde, erscheint zweifelhaft. Vgl. *Mestmäcker*, Die Wirtschaftsverfassung in der Europäischen Union, S. 7.
[262] Dies gilt auch für Interventionsmaßnahmen. Vgl. etwa die Schiffbaurichtlinien (87/167/EWG v. 26.1.1987, 90/684/EWG v. 21.12.1990 sowie VO (EG) 1540/98 v. 29.6.1998).
[263] *Petersmann*, EuZW 1993, 593, 597.

tituliert wird, der EG-Beihilfen- und Interventionspolitik Einhalt gebietet, ist nicht unbedingt zu erwarten. Die im Rat versammelten Regierungen sind erfahrungsgemäß eher darauf aus, möglichst viel aus den Fördertöpfen zu erhalten – sie sind hier quasi selbst Subventions*empfänger*.

β) Die Doppelrolle der Kommission

Besonderes Augenmerk verdient insbesondere bei der gemeinschaftlichen Subventionsgewährung die Rolle der Kommission. Der Kommission kommt im EG-Vertrag generell ein Initiativmonopol zu.[264] Auch was den Verteilungsschlüssel betrifft („Was" bzw. „Wofür" der Subventionierung) hat sie das Initiativrecht und damit weitreichende Gestaltungsmöglichkeiten. In den Rahmenverordnungen des Rates wird der Kommission dazu regelmäßig die Kompetenz zur Setzung von Durchführungsverordnungen und die Kontrolle hinsichtlich deren Durchführung (die meist von den Mitgliedstaaten selbst besorgt wird) übertragen. Auch im Hinblick auf die Haushaltsführung („Wieviel" an Subventionierung) spielt die Kommission eine gewichtige Rolle: Sie liefert nicht nur den Vorentwurf für den Haushaltsplan (Art. 272 Abs. 2 und 3 EG), sondern ist auch für dessen Vollzug zuständig. (Art. 274 EG).[265]

Wie geht das nun damit zusammen, daß die Kommission im Beihilfenaufsichtsrecht zur *Verhinderung* von Beihilfen aufgerufen ist? Auch für die EG und in besonderem Maße für die Kommission dürfte gelten, was gemeinhin bei den Mitgliedstaaten als bedenklich eingestuft wird: der zweifelhafte Mehrfachauftritt als Regelaufsteller, Mitspieler und Schiedsrichter im gleichen Spiel.[266] Sie findet sich jedenfalls in einer Mehrfachfunktion wieder als Kontrollorgan gegenüber den Mitgliedstaaten und als Subventionsgewährungsinstanz. Damit befindet sie sich aber automatisch in einem institutionell bedingten Zwiespalt.[267]

γ) Die europäischen Gerichte

Die Gemeinschaft selbst unterliegt auch hinsichtlich ihrer Interventions- und Distributionstätigkeit nur eingeschränkter gerichtlicher Kontrolle. Dies

---

[264] Vgl. *Streinz*, Rn 336.
[265] Zur Verwaltung des EAGFL vgl. *Mögele*, in: *Dauses*, EUWR, G, Rn 221.
[266] Vgl. *Paulweber/Weinand*, EuZW 2001, 232, 233. Freilich ist hier die Blickrichtung zu modifizieren: Die Kommission ist nicht in dem Sinne Mitspieler wie die Mitgliedstaaten, daß sie in nennenswertem Umfang selbst auf dem Markt auftreten würde. Allerdings nimmt sie, anders als die Mitgliedstaaten noch die Rolle der Subventions-Oberobservanz wahr.
[267] Findet sich (im Sinne einer kohärenten Politik) kein legitimer gemeinsamer Nenner für beide Aufgaben, steht zu befürchten, daß dies zu Lasten der einen oder der anderen Aufgabe geht (anders *Matthies*, ZHR 152 (1988), 442, 447).

liegt in der Praxis schon daran, daß es meist bereits am „Kläger" und somit auch am „Richter" fehlt.[268] Problematisch erscheinen auch der Prüfungsmaßstab und die vom Gerichtshof selbst eingeschränkte Prüfungsdichte. Es müßte ja festgestellt werden, daß ein Tätigwerden (Intervention) oder Nichttätigwerden (Unterlassen der Abschaffung derselben) gegen den EG-Vertrag verstößt. Die selbst noch konkretisierungsbedürftigen und untereinander zu gewichtenden Vertragsziele taugen kaum als justitiable Prüfungsmaßstäbe, zumal der Gerichtshof die Beurteilung komplexer sozio-ökonomischer Zusammenhänge den „sachnäheren" Organen wie Rat und Kommission überläßt.[269]

δ) Der Europäische Rechnungshof

Eine geeignete Instanz, die für eine entsprechende Kontrolle noch in Frage käme, wäre der Europäische Rechnungshof.[270] Der Rechnungshof, der nach Art. 248 Abs. 2 EG Ordnungsmäßigkeit, Rechtmäßigkeit und Wirtschaftlichkeit der Haushaltsführung prüft, besitzt naturgemäß aber keine Entscheidungsbefugnis mit Bindungswirkung.[271] Gleichwohl sind die Berichte, insbesondere die Sonderberichte[272] des Rechnungshofs äußerst aufschlußreich. In einem Bericht über strukturpolitische Beschäftigungsmaßnahmen[273] der Gemeinschaft findet er kritische Worte zu so gut wie allem,

---

[268] Als mögliche „Kläger" (in einem Nichtigkeits- oder Untätigkeitsverfahren) kommen zwar grundsätzlich die Mitgliedstaaten in Betracht, die die Verletzung des Gemeinschaftsrechts auch ohne eigenes Rechtsschutzbedürfnis geltend machen können (vgl. *Leibrock*, EuR 1990, 20, 21; *Streinz*, Rn 599) und (bei individueller Betroffenheit und nur gegen Entscheidungen – vgl. zur Anfechtung von Verordnungen und zur „positiven Konkurrentenklage" auf Einschreiten der Gemeinschaft *Streinz*, Rn 591, 599) auch die Marktbürger. Zum Konkurrentenrechtsschutz *Rengeling*, Rechtsschutz von Konkurrenten, S. 416 ff.; *Birk*, EWS 2003, 159 ff. Das Interesse der Beteiligten ist im Distributionswesen generell aber eher auf ein „ich auch!" als auf ein „du nicht!" oder ein „so nicht!" gerichtet. Vgl. hierzu auch *Mayer*, S. 116 f.

[269] Vgl. *Mestmäcker*, Die Wirtschaftsverfassung in der Europäischen Union, S. 6; *Schwarze*, Europ. VwR, S. 246 ff, 280 ff.

[270] Dieser scheint die einzige europäische Institution zu sein, die – anders als Rat, Parlament und Kommission – abseits des politischen Betriebs, also unabhängig und – anders als der Gerichtshof – ohne justitielle Zurückhaltung auch im Exekutivbereich Fehlentwicklungen aufzuzeigen vermag.

[271] Insbes. zur Reichweite der Rechtmäßigkeitsprüfung vgl. *Lienbacher*, in: *Schwarze*, EU-Komm., Art. 248, Rn 15 ff.; *Kallmayer*, in: *Calliess/Ruffert*, Art. 248, Rn 2.

[272] Diese kann der Rechnungshof unabhängig von seinen Jahresberichten jederzeit zu besonderen Fragen vorlegen (Art. 248 Abs. 4 UAbs. 2 EG).

[273] Sonderbericht des Rechnungshofs Nr. 12/2001. Es ging insbes. um die Beschäftigungswirkung der EFRE-Zuschüsse sowie um Maßnahmen des ESF zur Bekämpfung der Langzeitarbeitslosigkeit. Die europäische Beschäftigungsstrategie kennt vier Arten von Subventionsinstrumenten: die Förderung produktiver Investitionen, die Unterstützung von Infrastrukturmaßnahmen, die Förderung sog. „endogenen Potentials" sowie Beihilfen

was im allgemeinen bei der mitgliedstaatlichen Subventionierung angeprangert wird.[274]

V. Zusammenfassung

Nicht zweifelhaft kann sein, daß marktwirtschaftliche Prinzipien im EG-Vertrag rechtlich verbindliche Formen gefunden haben. Auch für die mitgliedstaatlichen Ordnungen hat der Vertrag damit das ökonomische Moment mit Verfassungsrang festgeschrieben. Insoweit ist zu fragen, ob die Wertentscheidungen des GG in der Verfassungsinterpretation nicht um diese marktwirtschaftliche Komponente anzureichern sind. Dies gilt insbesondere im Hinblick auf eine ökonomische Folgenanalyse im Rahmen der herkömmlichen Verhältnismäßigkeitsprüfung, was dann das Verhältnismäßigkeitsprinzip zu einer veritablen „Wirtschaftsverfassungsnorm"[275] werden ließe.

Nicht zu bestreiten ist anderseits, daß das im EG-Vertrag verankerte marktwirtschaftliche Prinzip in vielfältiger Weise und erheblich relativiert, teilweise sogar umgekehrt wird. Dies soll nicht bedeuten, daß im Subsidienwesen geradezu der „Bock zum Gärtner" gemacht würde. Dennoch ist gegen eine allzu optimistische Vorstellung, die Gemeinschaftsordnung sei regelrecht die normative Verkörperung des marktwirtschaftlichen Prinzips, Vorsicht geboten. Institutionelle Konflikte der Gemeinschaft als Bewahrer und Gestalter des Marktes sind unübersehbar. Ein guter Gradmesser für die

---

zur Entwicklung der Humanressourcen. Für den ersten und letzten Punkt wurden im Zeitraum von 1994–1999 insgesamt 69 Mrd. Euro aufgewendet.

[274] Der Rechnungshof (aaO) stellt etwa fest, daß die Subventionen oftmals unkoordiniert aus verschiedenen Fonds und gestützt auf verschiedene Rechtsgrundlagen vergeben worden seien. Dadurch sei es zu Ungereimtheiten zwischen Beschäftigungsstrategie und einzelnen Maßnahmen gekommen, Synergieeffekte seien ungenutzt geblieben (S. 6 f., 56, 58). Es fehle an konkreten Beschäftigungszielen (diese seien „vage" oder „unpräzise"), wodurch die Analyse und Wirkungskontrolle der Maßnahmen erheblich erschwert werde (ebd., S. 7 f., 58). Hinzu kämen noch methodische und praktische Schwierigkeiten bei der Ziel-Wirkungs-Analyse (ebd., S. 8, 57). Die Förderung würde nicht an konkret einforderbare oder nachprüfbare Beschäftigungsauflagen geknüpft, wodurch Mitnahmeeffekte begünstigt würden (ebd., S. 8, 11). An einer systematischen und globalen Überwachung fehle es weitgehend (ebd., S. 9). Es komme insbes. zu Verdrängungs- und Substitutionseffekten. Als bedeutsam wurde dabei der „defensive" Aspekt der erreichten Investitionen eingeschätzt, wonach eher vorhandene Arbeitsplätze gesichert würden, anstatt – wie es Ziel des Programms sei – Langzeitarbeitslose wieder ins Arbeitsleben zu integrieren (ebd., S. 6, 9, 11). Der Rechnungshof spricht sich zwar nicht grds. gegen die Fördermaßnahmen aus, meint aber, diese müßten hinsichtlich der Ziele klar formuliert, kontrolliert und analysiert werden. In all diesen Bereichen stellte er erhebliche Defizite fest. Vgl. auch die Antwort der Kommission, in: Sonderbericht des Rechnungshofs, Nr. 12/2001, S. 1 ff.
[275] Für eine solche ausdrücklich *Rohe*, RabelsZ 61 (1997), 1, 33.

Intention der EG kann ihre eigene (Beihilfen-) Politik sein, der durchaus kein rundum positives Zeugnis ausgestellt werden kann.

Bereits die verfaßte europäische Wirtschaftsordnung läßt hinsichtlich ihrer ökonomischen Grundausrichtung recht unterschiedliche Interpretationen zu. Hierfür ist nicht nur Fischerei und Landwirtschaft verantwortlich zu machen. Der Gemeinsame Markt, der auch den funktionellen Kontext für das Beihilfenrecht bildet, changiert zwischen den Prinzipien der sachlich gestaltbaren Markteinheit, der zwischenstaatlichen Marktgleichheit und der Marktfreiheit, wobei in Vertrag und Praxis die Marktgleichheit am hellsten zu leuchten scheint, während die Markteinheit in der Praxis nicht selten den Schimmer typisch staatlichen Interventionsgebarens annimmt (was der Vertrag jedenfalls nicht von vornherein ausschließt). Insgesamt ist die europäische Freihandelsordnung sehr viel weiter entwickelt als die insoweit unvollkommene europäische Wettbewerbsordnung.

Den im EG-Vertrag sehr wohl niedergelegten Grundsatz der Marktfreiheit ernst genommen, müßte die europäische Wirtschaftsordnung – und damit auch das Beihilfenrecht – in erster Linie nicht der europäischen Sachpolitik (mit dem beihilfenrechtlichen Ziel europäischer statt nationaler Förderpolitik) und nur soweit als nötig der Koordinierung (mit dem beihilfenrechtlichen Ziel eines vereinheitlichten Großförderraums), sondern vorrangig der Kontrolle, verstanden als Beschränkung der staatlichen Sphäre zugunsten der bürgerlichen Sphäre, dienen.

2. Teil

Analyse des geltenden und praktizierten Beihilfenverbots

Kapitel 1

Für das Beihilfenverbot wesentliche Strukturen und Prinzipien

Im 1. Teil wurden für das Beihilfewesen grundlegende Fragen behandelt. Im folgenden soll es um das im Vertrag verfaßte und in der Praxis angewandte Beihilfenverbot selbst gehen. Konkrete Gründe und Grenzen des Beihilfenverbots ergeben sich naturgemäß direkt aus den Tatbestandsvoraussetzungen des Art. 87 Abs. 1 EG (zur entsprechenden Analyse siehe Kapitel 2). Daneben werden Inhalt und Weite des Beihilfenverbots noch von einer Reihe weiterer Faktoren bestimmt, die für die Konkretisierung des Beihilfenverbotstatbestandes und seiner einzelnen Merkmale von Bedeutung sind. Sie sollen daher „vor die Klammer" gezogen werden. Insbesondere soll untersucht werden: Wie ist das Beihilfenaufsichtsrecht konzipiert und welche Funktion kommt ihm im Rahmen der europäischen Rechts- und Wirtschaftsordnung zu? Welche strukturellen und normativen Prinzipien sind bei der Konkretisierung der Beihilfenvorschriften zu beachten? Welche Probleme ergeben sich bei der Bewertung mitgliedstaatlicher Maßnahmen und welche in beweisrechtlicher Hinsicht? Zu diesen Strukturen und Prinzipien sogleich unter Kapitel 1.

A. Die Konzeption des Beihilfenaufsichtsrechts

I. Untersuchungsgegenstand und Erkenntnisinteresse

Zunächst soll gewissermaßen die „Morphologie" des Beihilfenrechts untersucht werden. Wie ist also das Beihilfenaufsichtsrecht der Art. 87 ff. EG in den Kontext maßgeblicher Normen eingebettet („Außenstruktur") und wie ist es im Hinblick auf das Beihilfenverbot selbst konzipiert („Binnenstruktur")? Hierzu ist auf die Einordnung des materiellen Beihilfenverbots (gem. Art. 87 Abs. 1 EG) in die Struktur des Beihilfenaufsichtsrechts der Art. 87 bis 89 EVG insgesamt und im besonderen auf die Systematik des Art. 87 EG einzugehen.

II. Die Außenstruktur des Beihilfenaufsichtsrechts

1. Die sachliche Anwendbarkeit[1]

Eine einigermaßen scharfe Grenzziehung erlaubt die Umreißung des sachlichen Anwendungsbereichs des Beihilfenrechts. Gem. Art. 87 Abs. 1 EG unterwirft es sich zum einen ausschließlich das *mitgliedstaatliche* Beihilfewesen[2] und dieses zum anderen nur, soweit im Vertrag „*nicht etwas anderes bestimmt ist.*" Wesentliche Politikbereiche werden von der Beihilfenaufsicht, wenn nicht gänzlich ausgenommen, so doch erheblich modifiziert: Sonderbestimmungen bestehen innerhalb des Vertrages für den Bereich des Verkehrs (Art. 73, 76, 78 EG).[3] Im Landwirtschaftssektor müssen die Beihilfenvorschriften gem. Art. 36 EG erst gesondert für anwendbar erklärt werden.[4] Besondere Vorschriften existieren auch für den Bereich der Rüstungsindustrie (Art. 296 EG).[5] Bis vor kurzem bestanden noch spezielle Vorschriften in Art. 4 lit. c EGKS für den Montanbereich.[6] Die EG-Vorschriften zum Beihilfenaufsichtsrecht gelten generell auch für den Bereich des EAV.[7]

2. Das Verhältnis von Beihilfenaufsichtsrecht und „konkurrierenden" Vertragskomplexen

Auch wenn die Anwendbarkeit des Beihilfenrechts nicht ausdrücklich vom Vertrag ausgeschlossen oder eingeschränkt wird, können sich Einschränkungen durch Überschneidungen mit vorrangig anzuwendenden Rege-

---

[1] Die eher „technische" Frage des zeitlichen und räumlichen Anwendungsbereichs hingegen soll hier ausgespart bleiben. Vgl. hierzu etwa *Rawlinson*, in: *Lenz/Borchardt*, Vor Art. 87, Rn 3 f.; *Mederer*, in: G/T/E, Vor Art. 92, Rn 7 ff.

[2] Gemeinschaftsbeihilfen werden von den Art. 87 ff. EG grds. nicht erfaßt. Vgl. EuGH, 13.10.1982, Rs 213/81, Slg. 1982, 3583, Rn 22, 23, sowie *Mederer*, in: G/T/E, Vor Art. 92, Rn 5; *Wenig*, in: G/T/E-Kom., Vor Art. 92, Rn 4; sowie *Cichy*, S. 154 ff. So ausdrücklich auch z.B. Art. 51 Abs. 1 UAbs. 2 VO 1257/1999.

[3] Vgl. *Mederer*, in: G/T/E, Vor Art. 92, Rn 6; *Bär-Bouyssière*, in: *Schwarze*, EU-Komm., Art. 87, Rn 5; *Schernthanner*, S. 123 ff.

[4] Gem. Art. 51 der VO 1257/1999 etwa gelten für mitgliedstaatliche Maßnahmen zur Entwicklung des ländlichen Raums die Art. 87 ff. EG uneingeschränkt.

[5] Vgl. Art. 296 Abs. 1 lit. b EG für Herstellung und Handel von Rüstungsgütern. Gem. Art. 298 EG ist ein spezielles Verfahren für die Verfälschung der Wettbewerbsbedingungen aufgrund von Maßnahmen gem. Art. 296 EG vorgesehen.

[6] Der EGKS ist am 23. Juli 2002 ausgelaufen (Art. 97 EGKS). Soweit im EGKS keine speziellen und abschließenden Regeln aufgestellt wurden, waren die Art. 87 ff. EG auch auf den Bereich der EGKS anwendbar. Vgl. hierzu *Bär-Bouyssière*, in: *Schwarze*, EU-Komm., Art. 87, Rn 7; zur aktuellen Situation nach Auslaufen des EGKSV *Koenig/Kühling*, in: *Streinz*, EUV/EGV, Art. 87, Rn 15.

[7] In Art. 2 und 4 EAV ist die *Förderung* der Kernenergie geradewegs ein Hauptziel des Vertrages. Vgl. hierzu *Pechstein*, EuZW 2001, 307, 310 f.

lungskomplexen ergeben. Eine Beschränkung des Beihilfenaufsichtsrechts ist v.a. dann möglich, wenn zwischen Beihilfenvorschriften und anderen Vertragsmaterien ein gewisses Konkurrenzverhältnis im Hinblick auf den Schutz des Gemeinsamen Marktes besteht.[8]

a) Das Verhältnis zu Diskriminierungsverbot und Grundfreiheiten

Die größte praktische Relevanz kommt der Abgrenzung des Beihilfenaufsichtsrechts zur *Warenverkehrsfreiheit* zu (für die Dienstleistungs- und Kapitalverkehrsfreiheit gilt aber im wesentlichen das gleiche).[9] Art. 28 EG verbietet mengenmäßige Einfuhrbeschränkungen sowie „alle Maßnahmen gleicher Wirkung" zwischen den Mitgliedstaaten. Gem. Art. 87 Abs. 1 EG sind – mit offenbar ähnlicher Zielsetzung – Maßnahmen mit dem Gemeinsamen Markt unvereinbar, „soweit sie den Handel zwischen den Mitgliedstaaten beeinträchtigen." Einfuhrbeschränkungen und Beihilfen können bekanntermaßen dem gleichen protektionistischen Ziel dienen oder zumindest die gleichen protektiven Wirkungen entfalten. Beschreibt Art. 87 Abs. 1 EG also nur eine Facette der Maßnahmen „gleicher Wirkung" wie mengenmäßige Einfuhrbeschränkungen?

Blickt man auf die Wirkung, scheinen die Grundfreiheiten grundsätzlich auch die Beihilferegeln zu umfassen. Ein gewisses diskriminierendes Element steckt in fast jeder Beihilfe, werden doch staatliche Unterstützungsleistungen vom jeweiligen Mitgliedstaat naturgemäß nur in dessen Hoheitsgebiet gewährt und kommen zumindest faktisch regelmäßig den Unternehmen innerhalb dieses Gebietes zugute.[10] Ein Unternehmen, das Subventionen erhält und damit kostengünstiger produzieren kann, ist fraglos in einer besseren Position, seine Produkte zu verkaufen, als ein nichtsubventioniertes Unternehmen. Die Folge kann sein, daß u.U. weniger Waren von

---

[8] Daß die Kommission sich auch bei einer Prüfung gem. Art. 87, 88 EG nicht in Widerspruch zu besonderen, insbes. dem Wettbewerbsschutz dienenden Vorschriften setzen darf, betont der EuGH, 15.6.1993, Rs C-225/91, Slg. 1991, I-3203, Rn 41 f.; vgl. auch EuGH, 12.11.1992, Rs C-134/91, Slg. 1992, I-5966, Rn 20. In keinem eigentlichen Konkurrenzverhältnis stehen die Beihilferegeln zu Art. 132 EG (Ausfuhrbeihilfen von Mitgliedstaaten in Drittstaaten), wo es ausdrücklich um Vereinheitlichung der Beihilfengewährung geht. Art. 132 EG schließt die Beihilfenvorschriften i.ü. nicht aus – vgl. EuGH, 21.3.1990, Rs C-142/87, Slg. 1990, I-959, Rn 32; *Lefèvre*, S. 82 ff.

[9] Zum Niederlassungsrecht ordnet Art. 44 Abs. 2 lit. h EG an, daß die Bedingungen für die Niederlassung nicht durch Beihilfen des Mitgliedstaats verfälscht werden dürfen. Große praktische Relevanz kam dieser Vorschrift im Hinblick auf das Verhältnis Niederlassungsfreiheit–Beihilfenaufsichtsrecht bislang aber nicht zu. Vgl. hierzu *Bär-Bouyssière*, in: *Schwarze*, EU-Komm., Art. 87, Rn 18.

[10] Sind Beihilfen ausdrücklich ausschließlich auf Angehörige eines Mitgliedstaats begrenzt, liegt fraglos eine Diskriminierung vor – vgl. *Koenig/Kühling*, in: *Streinz*, EUV/EGV, Art. 87, Rn 18.

A. Die Konzeption des Beihilfenaufsichtsrechts

(nichtsubventionierten) ausländischen Produzenten importiert werden. Insofern können Subventionen von ihrer mittelbaren Wirkung her immer auch zu Importbeschränkungen führen.

Der Gerichtshof hat in der Rechtssache „Iannelli" demgegenüber dem Beihilfenrecht einen eigenständigen Regelungsbereich freigehalten. Er hat festgestellt, daß Art. 30 EWGV (Art. 28 EG) nicht so weit ausgelegt werden könne, daß alle Beihilfen (für die „spezifische" Vorschriften gelten) gleichzeitig auch unter Art. 30 EWGV (Art. 28 EG) fallen.[11] Neben der Spezialität begründet nach dem Gerichtshof auch das besondere in Art. 93 EGV (Art. 88 EG) vorgesehene Verfahren bzw. die im Gegensatz zu den Grundfreiheiten[12] nicht unmittelbare Anwendbarkeit der Beihilfenvorschriften (nach dem Gerichtshof: „weder absolut noch unbedingt")[13] deren Eigenständigkeit. Andernfalls würde dies „die Tragweite der Artikel 92 und 93 des Vertrages ändern und die Zuständigkeitsverteilung in Frage stellen, die den Verfassern des Vertrages bei der Einführung des in Art. 93 geregelten Verfahrens zur fortlaufenden Überprüfung vorschwebte."[14]

---

[11] EuGH, 22.3.1977, Rs 74/76, Slg. 1977, 557, Rn 9 f.: „So weit der Anwendungsbereich von Art. 30 auch sein mag, so erfaßt er doch solche Beeinträchtigungen nicht, für die sonstige spezifische Vertragsvorschriften gelten." Sowie: Wenn eine Beihilfe „lediglich infolge der Begünstigung bestimmter einheimischer Unternehmen oder Produkte geeignet ist", die Einfuhr „zumindest mittelbar zu beeinträchtigen, so genügt dieser Umstand für sich allein genommen gleichfalls nicht, um eine Beihilfe als solche einer Maßnahme mit gleicher Wirkung wie eine mengenmäßige Beschränkung i.S.v. Art. 30 gleichzustellen."

[12] Die Grundfreiheiten entfalten unmittelbare Wirkung, und ein Verstoß kann insoweit auch von nationalen Gerichten beurteilt werden, die Marktbürger können sich auf das Verbot unmittelbar berufen. Vgl. EuGH, 23.4.2002, Rs C-234/99, Slg. 2002, I-3657, Rn 60 ff. Nach h.M. kann eine dann gem. Art. 12 EG unmittelbar vom Vertrag untersagte Maßnahme nicht von der Kommission nach den Art. 87 ff. EG erlaubt werden. Das Diskriminierungsverbot geht dem Beihilfenverbot dann grds. vor. Vgl. *Mederer*, in: G/T/E, Vor Art. 92, Rn 10; *Bär-Bouyssière*, in: *Schwarze*, EU-Komm., Art. 87, Rn 13; *Rawlinson*, in: *Lenz/Borchardt*, Vor Art. 87, Rn 14. Aus diesem Grund sind den Mitgliedstaaten die im Hinblick auf eine mögliche Ausnahmegenehmigung flexibleren Beihilfenvorschriften verständlicherweise lieber als die insoweit strikten Vorschriften der Grundfreiheiten. Vgl. etwa EuGH, 24.11.1982, Rs 249/81, Slg. 1982, 4005, Rn 16 f.; so auch EuGH, 27.5.1981, Rs 142/80, Slg. 1981, 1413, Rn 12, bezogen auf diskriminierende Abgaben gem. Art. 95 EGV.

[13] EuGH, 22. 3. 1977, Rs 74/76, Slg. 1977, 557, Rn 11/12; 27.10.1993, Rs C-72/92, Slg. 1993, I-5509, Rn 19. Vgl. bereits EuGH, 19.6.1973, Rs 77/72, Slg. 1973, 611, Rn 4 ff.

[14] „The distinction (...) is therefore not functional, but rather 'constitutional'" meinen zu Recht *Biondi/Eeckhout*, S. 108.

In der Sache „Iannelli" hat der Gerichtshof entgegen seiner Ankündigung[15] aber im Grunde keine (abstrakte bzw. funktionelle) Abgrenzung der Regelungsbereiche des Art. 28 EG zu den Beihilfenvorschriften vorgenommen. Er ging vielmehr von der andern Seite, von der konkreten Maßnahme selbst aus. Diese könne „Modalitäten" enthalten, die mehr oder minder abtrennbar mit der Maßnahme insgesamt verbunden sind. Soweit diskriminierende Modalitäten (Voraussetzungen oder Bestandteile) zwar zu der Beihilferegelung „gehören", „zur Verwirklichung ihres Zwecks oder zu ihrem Funktionieren aber nicht unerläßlich sind", fallen sie ohne weiteres unter das unmittelbare Verbot gem. Art. 28 EG. Soweit sie hingegen „derart untrennbar mit dem Zweck der Beihilfe verknüpft" sind, daß „sie nicht mehr für sich allein beurteilt werden können" sollen sie unter die dann vorgehenden Beihilfenvorschriften fallen.[16]

In späteren Urteilen war der Gerichtshof (in mittlerweile ständiger Rechtsprechung) in sozusagen umgekehrter Richtung bestrebt, den Anwendungsbereich der Grundfreiheiten gegenüber dem Beihilfenrecht zu sichern. Art. 87 EG könne keinesfalls dazu dienen, die Bestimmungen über den freien Warenverkehr außer Kraft zu setzen. Der Gerichtshof bezieht sich zwar in dieser Rechtsprechung auf die Rechtssache „Iannelli", spricht sich nunmehr aber dafür aus, daß in ihrem Anwendungsbereich die Warenverkehrsfreiheit doch vorgehen soll.[17] Ansonsten läßt der Gerichtshof offen, wo genau die Trennlinie zwischen beiden Instituten verläuft und wie sich das Verhältnis von Beihilfenrecht und Warenverkehrsfreiheit im grundsätzlichen darstellt – mit allen daraus resultierenden Unsicherheiten.[18]

---

[15] AaO, Rn 9/10: „Deshalb ist es notwendig, die jeweiligen Anwendungsbereiche dieser Bestimmungen voneinander zu unterscheiden, sofern nicht ein Fall vorliegt, für den gleichzeitig zwei oder mehr Vorschriften des Gemeinschaftsrechts in Betracht kommen."

[16] AaO, Rn 14.

[17] Die Bestimmungen über den freien Warenverkehr und diejenigen über die Beihilfen verfolgen nach dem Gerichtshof zwar „ein gemeinsames Ziel, das darin besteht, den freien Warenverkehr zwischen den Mitgliedstaaten unter normalen Wettbewerbsbedingungen sicherzustellen." Der Umstand, daß eine Maßnahme möglicherweise als Beihilfe betrachtet werden kann, stelle aber „keinen hinreichenden Grund dafür dar, sie vom Verbot des Art. 28 EG auszunehmen." Vgl. EuGH, 5.6.1986, Rs 103/84, Slg. 1986, 1759, Rn 19; 20.3.1990, Rs C-21/88, Slg. 1990, I-889, Rn 20. Vgl. auch EuGH, 11.7.1991, Rs C-351/88, Slg. 1991, I-3641, Rn 7. Angedeutet bereits in EuGH, 24.11.1982, Rs 249/81, Slg. 1982, 4005, Rn 18. Vgl. hierzu *Quigley/Collins*, S. 105 ff.; *Hancher/Ottervanger/Slot*, Rn 2-87 ff.

[18] Vgl. *Biondi/Eeckhout*, S. 116 („conceptual uncertainity"). In den Kommentierungen zu den Art. 87 ff. EG schlägt sich diese Unklarheit teilweise so nieder, daß die Art. 87 ff. EG gleichzeitig als Spezialvorschriften zu Art. 28 EG und als von Art. 28 EG verdrängte Vorschriften gewertet werden. Mißverständlich insoweit *Mederer*, in: G/T/E, Vor Art. 92, Rn 10, Nr. 3.

Festgehalten werden kann folgendes: Ein eigenständiger Regelungsbereich verbleibt dem Beihilfenrecht jedenfalls für die Fälle, in denen die fragliche Maßnahme nicht zu Importbeschränkungen führen kann (wobei dann oft fraglich sein wird, ob Art. 87 Abs. 1 EG überhaupt erfüllt ist). Sind einzelne „Modalitäten" von der Maßnahme abtrennbar, können diese auf jeden Fall unmittelbar an anderen Vertragsvorschriften, insbesondere an der Warenverkehrsfreiheit gemessen werden. Ist beides nicht der Fall (die Maßnahme kann potentiell zu Importbeschränkungen führen, und dies geht nicht auf abtrennbare Modalitäten zurück), wäre die Warenverkehrsfreiheit vorrangig einschlägig. Ganz wohl scheint dabei weder dem Gerichtshof noch der Kommission zu sein, da in den allerseltensten Beihilfefällen eine Prüfung erfolgt, ob eine Beihilfe gleichzeitig zu (für die Waren- oder Dienstleistungsfreiheit) relevanten Importbeschränkungen führt.[19]

Eine Lösung scheint dann nur in der Weise möglich, daß eine Beihilfe tatsächlich als komplex zu fassendes aliud zu Maßnahmen „gleicher Wirkung" wie Einfuhrbeschränkungen anzusehen ist, für das dann aber eigene Vorschriften gelten. Dies würde freilich voraussetzen, daß man von der vorwiegend wirkungsbestimmten Definition des Beihilfebegriffs (die ja notwendigerweise Abgrenzungsschwierigkeiten zum gleichfalls wirkungsdefinierten Tatbestand der Warenverkehrsfreiheit hervorrufen muß) abläßt. Ein Weniger an Schutz ist damit übrigens nicht verbunden: Das Diskriminierungsverbot schränkt zwar nicht den Beihilfenverbotstatbestand in seinem Anwendungsbereich ein, wohl aber die Genehmigungsmöglichkeiten der Kommission. Eine diskriminierende Beihilfe ist dadurch zwar nicht unmittelbar vom Vertrag verboten, sie wäre aber (als Beihilfe) zunächst mit dem Gemeinsamen Markt unvereinbar und könnte (wegen des Diskriminierungsverbots) auch von der Kommission nicht erlaubt werden.[20] Daß auch diskriminierende Beihilfen grundsätzlich unter die Beurteilung nach Beihilfenrecht fallen und nicht bereits nach Art 12 EG und den Grundfreiheiten von Vertrags wegen verboten sind, belegt Art. 87 Abs. 2 lit. a EG, wonach Verbraucherbeihilfen erlaubt sind, wenn sie ohne Diskriminierung nach der Herkunft der Waren gewährt werden. Wären diese Maßnahmen nach Art. 28 EG ohnehin verboten, bedürfte es eines solchen Hinweises nicht. Bis ins letzte befriedigend ist diese Lösung über die Genehmigungsmöglichkeit nicht und somit gehört das Verhältnis von Beihilfenverbot und Grundfreiheiten nach wie vor zu den großen Unbekannten des Europarechts.[21]

---

[19] Vgl. unten Kap. 3, Abschn. D.
[20] Vgl. *Helios*, S. 234, mwN.
[21] So auch *Koenig/Kühling/Ritter*, Beihilfenrecht, S. 37 („keine klare Abgrenzung"). Sehr kryptisch etwa die Ausführungen des Gerichtshofs zum Verhältnis von Beihilfen-

b) Das Verhältnis zu den steuerlichen Vorschriften der Art. 90 und 91 EG

Überschneidungen der Steuervorschriften gem. Art. 90, 91 EG und der Beihilferegeln sind etwa dann möglich, wenn in- und ausländische Waren zwar gleich hoch besteuert werden, mit den Steuereinnahmen aber (andere) Belastungen für das Inverkehrbringen inländischer Waren (partiell) ausgeglichen werden.[22] Während Art. 90 EG grundsätzlich nur die (diskriminierende) Abgabenerhebung selbst betrifft, ist nach den Beihilfenvorschriften auf den Gesamtzusammenhang von Finanzierung und Verwendung der Abgaben abzustellen. Nach der Rechtsprechung des Gerichtshofs stehen die Art 90 ff. EG und die Art. 87 ff. EG generell unabhängig nebeneinander (auch verfahrensmäßig);[23] insbesondere wird bei gleichzeitiger Tatbestandsmäßigkeit der direkt anwendbare Art. 90 EG nicht verdrängt.[24]

3. Das Beihilfenaufsichtsrecht als Teil des europäischen Wettbewerbsrechts

a) Unternehmens- und mitgliedstaatenbezogenes Wettbewerbsrecht

Das europäische Wettbewerbsrecht basiert insgesamt auf dem in Art. 3 Abs. 1 lit. g EG niedergelegten Ziel, ein System zu errichten, „das den Wettbewerb innerhalb des Binnenmarktes vor Verfälschungen schützt". Die in Titel VI, Kapitel 1 EG verankerten Wettbewerbsregeln bilden zwar systematisch einen zusammenhängenden Normenkomplex, konkretisieren die allgemeinen Zielvorgaben aber mit zweierlei Blickrichtung: Zum einen wenden sie sich in den „Vorschriften für Unternehmen" (Abschnitt 1) direkt an die Wettbewerbsteilnehmer. Zum andern beziehen sie sich im Abschnitt 2 „Staatliche Beihilfen" auf die Tätigkeit der Mitgliedstaaten. Beide Abschnitte sind schon wegen der verschiedenen Adressaten rechtlich voneinander unabhängig, so daß es zu direkten Überschneidungen der Art. 81 ff. EG und der Art. 87 ff. EG in der Regel nicht kommen kann.[25]

---

recht und Niederlassungs- bzw. Kapitalverkehrsfreiheit in EuGH, 10.1.2006, Rs C-222/04 (noch nicht in der Slg. veröffentlicht), Rn 150 ff.

[22] Vgl. hierzu *Bär-Bouyssière*, in: *Schwarze*, EU-Komm., Art. 87, Rn 21 f.

[23] Vgl. *Lefèvre*, S. 90 f., 99; *Mederer*, in: G/T/E, Vor Art. 92, Rn 10, Nr. 7.

[24] EuGH, 21.5.1980, Rs 73/79, Slg. 1980, 1533, Rn 9; 23.4.2002, Rs C-234/99, Slg. 2002, I-3657, Rn 60 ff. Die Vereinbarkeit einer Maßnahme mit Art. 90 EG besagt umgekehrt noch nichts über ihrer Zulässigkeit gem. Art. 87 Abs. 1 EG (EuGH, 25.6.1970, Rs 47/69, Slg. 1970, 487, Rn 11/14). Zum Verhältnis „zollgleicher" Abgaben (Art. 5 EG), diskriminierender Steuervorschriften (Art. 90 EG) und Beihilfen vgl. EuGH, 27.10.1993, Rs C-72/92, Slg. 1993, I-5509; 16.12.1992, Rs C-17/91, Slg. 1992, I-6523; 11.6.1992, Rs C-149/91; 11.3.1992, Rs C-78/90, Slg. 1992, I-1847.

[25] Insbes. die verfahrensmäßige Unabhängigkeit betont EuGH, 15.6.1993, Rs C-225/91, Slg. 1991, I-3203, Rn 44. Vgl. auch *Bär-Bouyssière*, in: *Schwarze*, EU-Komm., Art. 87, Rn 20 zu den Berührungspunkten im Einzelfall.

Überhaupt führen beide Komplexe weitgehend ein Eigenleben. Mit seiner jeweils unterschiedlichen Blickrichtung regelt das europäische Wettbewerbsrecht nicht nur zwei unterschiedliche Aspekte der europäischen Wettbewerbsordnung, sondern bezieht sich auch auf zwei strukturell unterschiedliche Regelungs*ebenen*. Die an die Unternehmen gerichteten Vorschriften *regeln* (im Hinblick auf Kartelle und den Mißbrauch marktbeherrschender Stellungen) *direkt* und *positiv* die Beziehungen der einzelnen *Marktteilnehmer* zueinander. Sie stellen insofern *selbst* hoheitliche – wenn auch vielleicht ordnungspolitisch erwünschte – „Regulierungs"-Maßnahmen dar. Das Beihilfenrecht hingegen betrifft das Verhältnis Gemeinschaft-Mitgliedstaaten und regelt gerade die *Zulässigkeit* hoheitlicher Regulierung und Intervention.

b) Die Anwendbarkeit des Beihilfenaufsichtsrechts auf „öffentliche Unternehmen" gem. Art. 86 Abs. 2 EG

Art. 86 EG ordnet die Anwendbarkeit des gesamten Wettbewerbsrechts inklusive Beihilfenrecht auch für öffentliche Unternehmen und damit deren Gleichbehandlung mit privaten Unternehmen an. Art. 86 Abs. 2 S. 1 EG trifft jedoch insbesondere im Hinblick auf gem. Art. 295 EG zulässigen öffentlichen Unternehmen eine Sonderregelung für Unternehmen, die „mit Dienstleistungen von allgemeinem wirtschaftlichem Interesse betraut sind".[26] Die Wettbewerbsregeln finden dann Anwendung nur, „soweit die Anwendung dieser Vorschriften nicht die Erfüllung der ihnen übertragenen besonderen Aufgabe rechtlich oder tatsächlich verhindert."[27]

Für die Qualifizierung als Anwendungsvorschrift scheint zwar immerhin der Wortlaut des Vertrages („gelten") zu sprechen,[28] und schon aus Gründen der Rechtssicherheit müssen Vorschriften entweder gelten oder nicht gelten. Andererseits heißt es auch, die Wettbewerbsvorschriften gälten nur „*soweit* die Anwendung dieser Vorschriften" (Hervorhebung

---

[26] Vgl. zum Verhältnis von Art. 295, 86 Abs. 2 und 87 Abs. 1 EG das Urteil in Sachen „WestLB", EuG, 6.3.2003, Rs T-228/99, Slg. 2003, II-0435, Rn 190 ff., mwN.

[27] Mittlerweile genügt nach der Rspr. die sachliche oder rechtliche Gefährdung – vgl. *Ehricke*, EuZW 1998, 741, 745; *Bartosch*, EuZW 2000, 333, 335. Diese Einschränkung selbst wieder einschränkend bestimmt Art. 86 Abs. 2 S. 2 EG, daß auch bei Unanwendbarkeit der Wettbewerbsvorschriften die Entwicklung des Handelsverkehrs nicht in einem Ausmaß beeinträchtigt werden darf, „das dem Interesse der Gemeinschaft zuwiderläuft." Vgl. hierzu *von Burchard*, in *Schwarze*, EU-Komm., Art. 86, Rn 51 ff. Strittig sind Reichweite und Relevanz des Art. 86 Abs. 2 EG gerade im Hinblick auf das Spannungsverhältnis zwischen mitgliedstaatlicher Aufgabenerfüllung und Wahrung europäischer Wettbewerbsvorgaben. Vgl. *Koenig/Kühling*, in: *Streinz*, EUV/EGV, Art. 86, Rn 36; *Hochbaum* in: G/T/E, Art. 90, Rn 49.

[28] Frz. „sont soumises aux règles"; ital.: „sono sottoposte alle norme"; engl.: „shall be subject to the rules". Vgl. auch *Hochbaum* in: G/T/E, Art. 90, Rn 6.

d.Verf.) die Aufgabenerfüllung nicht verhindert. Aus letzterem läßt sich also durchaus eine „flexiblere" Verknüpfung von mitgliedstaatlicher Aufgabenerfüllung und Anwendung der Wettbewerbsvorschriften ablesen.[29] Dementsprechend wird die Vorschrift mittlerweile weniger als (vorgelagerte) Anwendungsvorschrift, sondern eher als (nachgelagerter) Rechtfertigungsgrund oder als (mitzulesendes) Prinzip des Wettbewerbsrechts interpretiert. Auch die Rechtsprechung des Gerichtshofs weist über eine bloße Anwendungsvorschrift hinaus[30] (vgl. hierzu ausführlicher unten Kap. 2, Abschn. A. III. 3. b).

III. Die Binnenstruktur des Beihilfenaufsichtsrechts

1. Das im Beihilfenaufsichtsrecht normierte Regel-Ausnahme-Prinzip

Von der Struktur her beschreibt Art. 87 EG ein Regel-Ausnahme-Verhältnis. Bestimmte Subsidien sind grundsätzlich unerwünscht (Art. 87 Abs. 1 EG) und „sind" nur unter bestimmten Bedingungen mit dem Gemeinsamen Markt vereinbar (Art. 87 Abs. 2 EG) bzw. „können" als vereinbar angesehen werden (Art. 87 Abs.3 EG). Absatz 1 bestimmt die Regel, die Tatbestände des Absatzes 2 stellen rechtstechnisch Legal-, die des Absatzes 3 Ermessensausnahmen dar. Mit diesem Regel-Ausnahme-Verhältnis ist im Prinzip eine ihrem Gepräge nach liberal-marktwirtschaftliche Forderung in rechtliche Form gegossen worden. Die Binnenkonzeption des Art. 87 EG ist damit allerdings nur formal und daher unzureichend beschrieben. Maßgeblich ist nicht nur, *daß* ein solches Regel-Ausnahme-Verhältnis normiert wurde, sondern vor allem *wie* die Regel und *wie* die Ausnahmen konzeptionell ausgestaltet sind, was also jeweils die *Voraussetzungen* für die Regel und für die Ausnahmen sind. Ist Bezugspunkt eher ein ökonomisches Konzept (Ausnahmen nur bei Marktversagen) oder wird – wie dies bei den Ausnahmen zu den Grundfreiheiten (vgl. Art. 30 EG) der Fall ist – auf hoheitliche Interessen (mitgliedstaatlicher oder europäischer Natur) abgestellt?

---

[29] Hierfür spricht auch Art. 86 Abs. 2 S. 2 EG, wonach trotz Nichtgeltung der Wettbewerbsvorschriften die Entwicklung des Handelsverkehrs nicht über Gebühr beeinträchtigt werden darf. Wenn aber die Wettbewerbsvorschriften in einem solchen Fall schon gar nicht mehr „gelten" würden – wie sollte dann noch eine Kontrolle stattfinden, ob der Handelsverkehr über die Maßen behindert wird?

[30] Der Gerichtshof hat Art. 90 Abs. 2 EGV früh als „Vorbehalt" bezeichnet (vgl. EuGH, 22.3.1977, Rs 78/76, Slg. 1977, 595) und scheint vor dem Hintergrund des Art. 16 EG mittlerweile zu einem allgemeinen Service-Public-Vorbehalt zu tendieren (vgl. EuGH, 24.7.2003, Rs C-280/00, Slg. 2003, I-7747) sowie *von Burchard*, in: *Schwarze*, EU-Komm., Art. 86, Rn 55.

a) Art. 87 Abs. 1 EG – die Regel

Art. 87 Abs. 1 EG bestimmt, welche Subsidien unerwünscht sind und normiert das Verbotensein gewisser Maßnahmen als Regelfolge. Da normativer Inhalt und Reichweite dieses Verbots Untersuchungsschwerpunkt dieser Arbeit sind, soll der weiteren Untersuchung hier nicht vorgegriffen werden. An dieser Stelle daher nur soviel: Explizit spielen weder einzelne europäische noch mitgliedstaatliche *Sach*interessen eine Rolle – jedenfalls werden solche nicht ausdrücklich erwähnt. Maßstab ist das Ziel des Gemeinsamen Marktes. Eine entsprechend bedeutsame Rolle spielt die gemeinschaftliche Kompetenz zur Konkretisierung des Beihilfenverbots und dessen Reichweite. Sowohl aus „marktwirtschaftlicher" als auch aus mitgliedstaatlicher Sicht hängt demnach alles davon ab, *wie* die materiellen Inhalte des Beihilfenverbots interpretiert werden (hierzu ausführlich unter Kapitel 2).

b) Art. 87 Abs. 2 EG – die Legalausnahmen

Durch die Legalausnahmen gem. Art. 87 Abs. 2 EG erfährt das Beihilfenverbot eine unmittelbare vertragliche Einschränkung. Es läßt sich darüber streiten, ob Art. 87 Abs. 2 EG tatsächlich echte „Ausnahmen" enthält, oder ob nicht das Verbot selbst in seiner Reichweite eingeschränkt wird.[31] Dies ist insoweit durchaus von praktischer Bedeutung, als veritable „Ausnahmen" eng auszulegen sind.[32] Im übrigen legt Art. 87 Abs. 2 EG fest: Sozialsubventionen an einzelne Verbraucher sind gem. Art. 87 Abs. 2 lit. a EG – soweit sie nicht diskriminierend wirken – *generell* erlaubt. Einer weiteren, irgendwie gearteten Rechtfertigung derartiger Distributionsmaßnahmen bedarf es *nicht*. Auch auf Naturkatastrophen (gewiß Fälle von Marktversagen) und sonstige außergewöhnliche Ereignisse können die Mitgliedstaaten nach eigenem freien Ermessen reagieren. Das gleiche gilt

---

[31] Handelt es sich um eine „echte Ausnahme" oder um eine integrale Begrenzung der Reichweite des Beihilfenverbots? In Art. 87 Abs. 2 EG heißt es auch nach Maßgabe anderer Vertragssprachen (im französischen Text: „sont compatibles"; im Italienischen: „sono compatibili"; im Spanischen: „serán compatibles"; auf englisch heißt es nicht ganz eindeutig in diese Richtung weisend: „shall be compatible"), daß gewisse Maßnahmen mit dem Gemeinsamen Markt „vereinbar *sind*". Dies kann eigentlich gar nicht anders verstanden werden, als daß entsprechende Maßnahmen a priori nicht unter das Beihilfenverbot fallen, da sie nicht gegen die Prinzipien des Gemeinsamen Marktes verstoßen. Gegen diese Einschätzung *Mederer*, in: G/T/E, Art. 92, Rn 50 (mwN. für beide Meinungen), der darauf hinweist, daß wenn diese Maßnahmen mit dem Gemeinsamen Markt ohnehin vereinbar wären, es eines Abs. 2 gar nicht bedurft hätte. Es ist allerdings durchaus denkbar, daß Art. 87 Abs. 2 EG eben dieser Klarstellung dienen soll und die Einschränkung nur redaktionell in einen eigenen Absatz gefaßt wurde. Wie hier: *Bleckmann*, in: WiVerw 1989, 75, 85 f. Vgl. auch *Modlich*, S. 106, mwN.; *Schernthanner*, S. 129 ff.
[32] Vgl. etwa EuGH, 28.1.2003, Rs C-334/99, Slg. 2003, I-1139, Rn 117.

– unter dem Vorbehalt der Verhältnismäßigkeit („erforderlich") – auch für den Ausgleich teilungsbedingter Nachteile.[33] Auf einem sachlich schmalen Streifen wird hier mitgliedstaatlicher Umverteilungspolitik Raum gelassen. Vom marktwirtschaftlichen Standpunkt aus unbefriedigend mögen insoweit die geringen Anforderungen an die Rechtfertigung mitgliedstaatlichen Handelns sein.

c) Art. 87 Abs. 3 EG – die Ermessensausnahmen

Die Regelungen nach Art. 87 Abs. 3 EG stellen (im Gegensatz zu Art. 87 Abs. 2 EG) zweifellos „echte" Ausnahmen dar, da hiernach Maßnahmen genehmigt werden können, die grundsätzlich mit dem Gemeinsamen Markt unvereinbar sind.[34]

Art. 87 Abs. 3 lit. a EG läßt die Korrektur von „strukturellen" bzw. „distributiven" Marktmängeln zu. Maßstab für die Beurteilung einer außergewöhnlich niedrigen Lebenshaltung oder für eine erhebliche Unterbeschäftigung ist nach der Rechtsprechung des Gerichtshofs der europäische, nicht etwa der nationale Vergleich.[35]

Art. 87 Abs. 3 lit. b EG gestattet Beihilfen zur Förderung „wichtiger Vorhaben von gemeinsamem europäischem Interesse". Solche Gemeinschaftsvorhaben werden, auch wenn sie im mitgliedstaatlichen Interesse liegen, nur durch ein hinzutretendes gemeinschaftliches Interesse gerechtfertigt. Die Möglichkeit der Förderung besteht auch „zur Behebung einer beträchtlichen Störung im Wirtschaftsleben eines Mitgliedstaats". Da die Störung beträchtlich sein muß und sich damit u.U. auch gemeinschaftsweit auswirkt, fallen hier mitgliedstaatliches und gemeinschaftliches Interesse an der Behebung weitgehend zusammen.

Was die Strukturpolitik anbelangt, räumt der Vertrag in *Art. 87 Abs. 3 lit. c EG* hoheitlicher Förderpolitik die Möglichkeit zur Entfaltung ein, soweit die Kommission nach Maßgabe eines nicht gegenläufigen gemeinsamen Interesses ihr Placet erteilt.

In *Art. 87 Abs. 3 lit. d. EG* antizipiert der Vertrag, daß auf dem Gebiet der Kultur der Markt nicht unbedingt die gewünschten Effekte hervorbringt. Die Kulturpolitik ist naturgemäß eine mitgliedstaatliche Angelegenheit. Allerdings ist gem. Art. 151 ff. EG auch die Kultur zu einem gemeinsamen europäischen Anliegen gemacht worden.

---

[33] Vgl. etwa *Kruse*, EuZW 1998, 229 ff.; *Schütterle*, EuZW 1994, 715 ff.

[34] In Art. 87 Abs. 3 EG sind offenkundig Maßnahmen angesprochen, die durchaus *nicht* mit dem Ziel des Gemeinsamen Marktes in Einklang stehen, sondern *als* mit diesem *vereinbar angesehen* werden können (im französischen Text „Peuvent être considérée comme compatibles", im Italienischen „Possono considerarsi compatibili", im Englischen „may be considered to be compatible").

[35] EuGH, 17.9.1980, Rs 730/79, Slg. 1980, 2671, Rn 25.

Weitere Ausnahmen sind gem. *Art. 87 Abs. 3 lit. e EG* auf Vorschlag der Kommission vom Rat frei formulierbar. Die Ratsentscheidung läßt Gemeinschaftsinteresse und die sozusagen „gesamthänderisch gebundenen" Einzelinteressen der mitgliedstaatlichen Regierungen in eins verschmelzen. Wie diese Ausnahmen gestaltet werden, liegt voraussetzungslos im Ermessen der im Rat versammelten Mitgliedstaaten.[36]

Insgesamt ist festzuhalten, daß die Regelungen des Beihilfenaufsichtsrechts liberal-ökonomische Forderungen nur bedingt umsetzen. Berücksichtigung finden vorwiegend hoheitliche Belange (Lebenshaltung, Beschäftigung, wichtige Vorhaben, Kultur). Ein Nachweis, daß im Einzelfall besondere ökonomische, ein staatliches Einschreiten rechtfertigende Umstände vorliegen, muß nur partiell geführt werden.[37] Der meist nicht sehr präzise gehaltene Vertrag läßt zudem viel Platz für unterschiedliche Interpretationen. Bemerkenswert ist dabei, daß es in erster Linie um *europäische* Belange, insbesondere um das „gemeinsame europäische Interesse" geht. Mitgliedstaatliche Interessen werden – anders als bei den Ausnahmen zu den Grundfreiheiten (insbes. Art. 30 EG) – nur insoweit berücksichtigt, als diese zumindest *auch* in europäischem Interesse liegen.[38]

2. Die Struktur des „Beihilfenverbots"

Als materielles Beihilfenverbot wird im Rahmen dieser Arbeit der erste Absatz des Art. 87 EG verstanden,[39] denn hier wird die Regel aufgestellt, daß bestimmte Subsidien mit dem Gemeinsamen Markt „unvereinbar" sind. Im folgenden geht es um die Einordnung dieses materiellen „Beihilfenverbots" in die materiellen und formellen Beihilfenvorschriften.

---

[36] Die Entscheidung des Rates (auf Vorschlag der Kommission und mit qualifizierter Mehrheit zu treffen) ist ein Rechtsakt sui generis von bislang bescheidener Relevanz. Erlassen wurden hiernach die „Schiffbau-Richtlinien" (so die 87/167/EWG v. 26.1.1987, 90/684/EWG v. 21.12.1990 sowie VO 1540/98 v. 29.6.1998). Gebunden ist der Rat natürlich an den Rahmen des Vertrages. Vgl. hierzu *Mederer*, in: G/T/E, Art. 92, Rn 211 f.

[37] Vgl. insoweit die berechtigte Kritik von *Nicolaides/Bilal*, Journal of World Trade 1999, S. 97 ff., 122 f., daß eine Prüfung, ob Marktversagen vorliegt und ob dieses duch die fragliche Maßnahme korrigiert wird, kaum stattfindet.

[38] Die gelegentlich in der Literatur zu findende Ansicht (vgl. etwa *Bär-Bouyssière*, in: Schwarze, EU-Komm., Art. 87, Rn 2), in Art. 87 Abs. 3 EG müßten mitgliedstaatliche und gemeinschaftliche Interessen abgewogen werden, findet im Vertrag jedenfalls keine Grundlage.

[39] Was nicht zwingend ist: Als materielles Beihilfenverbot in einem weiteren Sinne läßt sich auch der gesamte Art. 87 EG bezeichnen. Eine Beihilfe ist erst dann als mit dem Gemeinsamen Markt unvereinbar anzusehen, wenn feststeht, daß auch keine Ausnahmen nach Absatz 2 und 3 vorliegen. In einem formellen Sinne schließlich kann man als Beihilfenverbot die konkrete Kommissionsentscheidung verstehen, mit der eine bestimmte Maßnahme tatsächlich untersagt wird.

a) Der materielle Verbotscharakter

Nach ganz herrschender Meinung entfaltet das materielle „Beihilfenverbot" keine unmittelbare Wirkung, sondern muß erst gem. Art. 88 EG von der Kommission nach einem bestimmten Verfahren konkretisiert werden.[40] Die Vertragsväter hätten, wie die Grundfreiheiten oder der EGKS zeigen, durchaus einen anderen Weg einschlagen können.[41] Sie haben es aber offensichtlich bewußt nicht getan, sondern vielmehr der Kommission ein Monopol eingeräumt, gleichsam als „Sprachrohr" des Vertrages dessen Wertungen zu mitteln. Im Grunde ist es daher ungenau oder jedenfalls mißverständlich, im Hinblick auf das materielle Beihilfenrecht von „Verbot" zu sprechen. Die vertragliche Unvereinbarkeitsfolge hat eher deklaratorischen, das von der Kommission auszusprechende Verbot hat hingegen unmittelbar konstitutiv-untersagenden Charakter. Der Unterschied liegt in der jeweiligen *Außenwirkung*. Es ist also nicht nur eine Frage der Begrifflichkeit, wenn man die in Art. 87 Abs. 1 EG festgelegte Rechtsfolge der „Unvereinbarkeit" nicht mit „Verbot" gleichsetzt.[42] Die Frage ist dann, ob die Unvereinbarkeitsfolge des Art. 87 Abs. 1 EG nicht nur keine unmittelbare Verbotswirkung besitzt (was eindeutig ist), sondern ob ihr überhaupt irgendeine unmittelbar nach außen (also auf die Mitgliedstaaten) bezogene normative Wirkung zukommt.

Bei Altbeihilfen[43] trifft den Mitgliedstaat keine – auch keine *mittelbare* materielle – Pflicht zum Unterlassen. Verpflichtet ist zunächst nur die Kommission und zwar zu fortlaufender Kontrolle solcher Maßnahmen (Art. 88 Abs. 1 EG). Altbeihilfen dürfen praktisch solange gewährt werden, bis die Kommission nicht gem. Art. 88 Abs. 1, Abs. 2 EG Gegenteiliges anordnet.[44] Eine Verpflichtung, derlei Maßnahmen von sich aus abzuschaffen, läßt sich dem Vertrag gerade nicht entnehmen. Es scheint nicht

---

[40] Vgl. EuGH, 22. 3. 1977, Rs 74/76, Slg. 1977, 557, Rn 11/12; 27.10.1993, Rs C-72/92, Slg. 1993, I-5509, Rn 19. BGH, Urt. v. 4.4.2003, Az V ZR 314/02, in: EuZW 2003, 444 ff. Aus der Literatur: *Mederer*, in: G/T/E, Art. 92, Rn 2 f.; *Bär-Bouyssière*, in: *Schwarze*, EU-Komm., Art. 87, Rn 2; *Lefèvre*, S. 110; zur wohl nicht mehr vertretenen Gegenmeinung vgl. *Lefèvre*, S. 109.

[41] Beiden kommt bzw. kam unmittelbare Wirkung zu. In Art. 4 lit. c EGKS wurden Beihilfen und Subventionen ausdrücklich „verboten".

[42] Fraglich ist also, ob Unvereinbarkeit und Verbot inhaltlich identisch sind. So *Schwarze*, Europ. VwR., S. 367; *Modlich*, S. 7 ff.; *Rawlinson*, in: *Lenz/Borchardt*, Art. 87, Rn 1; in diese Richtung auch *von Wallenberg*, in: *Grabitz/Hilf*, Art. 87, Rn 3.

[43] Also nach Art. 88 Abs. 1 S. 1 EG bei In-Kraft-Treten des Vertrages bestehende Beihilfen. Zur Abgrenzung von Alt-/Neubeihilfen vgl. etwa EuGH, 9.8.1994, Rs C-44/93, Slg. 1994, I-3829, sowie *Bartosch*, EuZW 2004, 43, 44. Vgl. auch Art. 1 lit. b und c VVO.

[44] Vgl. EuGH, 30.6.1992, Rs C-312/90, Slg. 1992, I-4117, Rn 17; 30.6.1992, Rs C-47/91, Slg. 1992, I-4145, Rn 25; 9.10.2001, Rs C-400/99, Slg. 2001, I-7303, Rn 56.

nur dogmatisch etwas gekünstelt, hier ein (materielles) Verbot anzunehmen, das „unter der aufschiebenden Bedingung einer entsprechenden Entscheidung der Kommission steht."[45] Vom Ergebnis her handelt es sich damit nicht um ein bedingtes *Verbot*, sondern um eine *vorbehaltlich einer anderen Entscheidung bestehende Erlaubnis*. Daß es sich nicht lediglich um ein durch eine entsprechende Entscheidung zu aktivierendes Verbot handelt, ergibt sich im übrigen bereits daraus, daß die Kommission neben dem Ausspruch eines bloßen „veto!" auch die Möglichkeit der Umgestaltung hat (Beibehaltung unter Auflagen oder Bedingungen), um auf die Unvereinbarkeit mit dem Gemeinsamen Markt zu reagieren.[46]

Bei Neubeihilfen trifft den Mitgliedstaat ebenfalls keine *materielle* Pflicht zur Nichteinführung, sondern gem. Art. 88 Abs. 3 S. 1 EG nur eine Pflicht zur Notifizierung und gem. Art. 88 Abs. 3 S. 3 EG ein Verbot der Einführung bis zu einer abschließenden Entscheidung der Kommission. Hierbei handelt es sich zwar um ein echtes *Verbot unter Erlaubnisvorbehalt*.[47] Hintergrund für dieses Verbot ist aber nicht unmittelbar die materielle Wertung des Art. 87 Abs. 1 EG, sondern vielmehr die noch ausstehende Entscheidung der Kommission. Wollte man hier eine materielle Pflicht zur Nichteinführung erkennen, dürfte es schon gar nicht zu einer Notifizierung, also zum „Versuch" der Einführung kommen. Die Notifizierung ist kein Flehen um Gnade, sondern schlichtes Gebrauchmachen von einem Recht auf ein ergebnisoffenes Verfahren. Der Wunsch der Mitgliedstaaten, Beihilfen beizubehalten oder einzuführen ist – mag anderes auch politisch oder wirtschaftlich klüger sein – bei Einhaltung des Verfahrens vollkom-

---

[45] *Deckert/Schroeder*, EuR 1998, 291, 314. Für ein Verbot (mit Erlaubnisvorbehalt): *Metaxas*, S. 83 ff.; *Koenig/Kühling*, in: *Streinz*, EUV/EGV, Art. 87, Rn 4; *Seidel*, Grundfragen, S. 72 f.; ders., Beihilfenrecht, S. 12; *Cremer*, in: *Calliess/Ruffert*, EUV/EGV, Art. 87, Rn 1, 5; *Bär-Bouyssière*, in: *Schwarze*, EU-Komm., Art. 87, Rn 2; *Geiger*, EUV/EGV, Art. 87, Rn 2; *Lefèvre*, S. 105, mwN. Gegen die Qualifizierung als Verbot: *Götz*, in: *Dauses*, EUWR., H. III, Rn 10. für die „unmittelbare Anwendbarkeit in Verbindung mit der konkretisierenden" Kommissionsentscheidung *Krassnigg*, ÖJZ 1996, 447, 461.

[46] Auch in Art. 88 Abs. 2 EG heißt es zunächst nicht, daß die Kommission die Beihilfe *verbietet*, sondern ausdrücklich, daß die Kommission die Unvereinbarkeit bzw. die mißbräuchliche Gewährung *feststellt* und dann – in einem zweiten Schritt – *entscheidet*, was mit der fraglichen Maßnahme weiter zu geschehen hat; ob sie, so wie sie ist, zu untersagen und aufzuheben ist, ob sie unter Auflagen und Bedingungen umgestaltet und gestattet werden kann etc. Wenn die Kommission den Mitgliedstaat anweist, die fragliche Maßnahme umzugestalten, weil sie dann mit dem Gemeinsamen Markt vereinbar ist, handelt es sich nicht um ein Verbot, sondern um eine Erlaubnis unter Bedingungen und unter dem Vorbehalt der Erfüllung entsprechender Auflagen.

[47] Mittlerweile wohl h.M. – vgl. *Mederer*, in: G/T/E, Art. 92, Rn 2; *Bär-Bouyssière*, in: *Schwarze*, EU-Komm., Art. 87, Rn 2. *Seidel*, Beihilfenrecht, S. 12; *Koenig*, EuZW 1995, 595, 599.

men legitim und nicht einmal mit einem „haut goût" der Vertragsuntreue behaftet.[48] Entsprechend handelt es sich tatsächlich nicht um ein *materielles,* sondern nur um ein verfahrensrechtliches *Durchführungs*verbot.

Es ist insoweit festzustellen, daß Art. 87 Abs. 1 EG selbst *keinerlei* direkte Außenwirkung entfaltet. Die materiellen Beihilfenvorschriften wenden sich ausschließlich an die zur Überprüfung aufgerufene Kommission; an die Mitgliedstaaten nur insoweit, als sie hieran ihre Notifizierungspflicht prüfen müssen.

Zur Terminologie: Es ist zumindest mißverständlich, von materiellem „Beihilfenverbot" zu sprechen. Wenn hier dennoch an diesem Begriff festgehalten wird, so deswegen, weil sich der Begriff des „Beihilfenverbots" insbesondere für Art. 87 Abs. 1 EG eingebürgert hat.[49] Dabei muß man sich aber darüber im klaren sein, daß ein „Verbot" ohne tatsächliche Verbotswirkung in Wahrheit kein solches ist.

b) Die Konkretisierungsstufen des Beihilfenverbots

Im Beihilfenaufsichtsrecht sind materielle (Art. 87 EG) und formelle Vorschriften Art. 88, 89 EG) versammelt. Nicht nur Zuständigkeit[50] und Verfahren, auch die *Aufgabeneröffnung*[51] ergibt sich aus dem formellen Beihilfenrecht. Gem. Art. 88 Abs. 1 S. 1 EG „überprüft" die Kommission fortlaufend Altbeihilferegelungen der Mitgliedstaaten. Eine entsprechende allgemeine Prüfkompetenz ist ihr in Art. 88 Abs. 3 EG für Neubeihilfen eingeräumt.

In Art. 88 EG sind der Kommission zur Aufgabenerfüllung diverse Befugnisse eingeräumt, wobei wichtig hier v.a. die zum Erlaß verfahrensab-

---

[48] Nicht einmal eine normativ mißbilligende Aussage in Verbindung mit der Pflicht zu europafreundlichem Verhalten (Art. 10 Abs. 2 EG) oder gar eine (materielle) Verpflichtung der Mitgliedstaaten, Maßnahmen von sich aus zu unterlassen und bestehende Maßnahmen von sich aus abzuschaffen, deutet der Vertrag an. In diese Richtung aber *Obernolte*, EW 16 (1961), 64, 66; *Rawlinson*, in: *Lenz/Borchardt*, 1. Aufl., Vor Art. 87, Rn 17, unter Bezugnahme auf wohl nicht unbedingt in diese Richtung weisende EuGH-Urteile. In EuGH, 13.3.2001, Rs C-379/98, Slg. 2001, I-2099, Rn 65, stellt der Gerichtshof demgegenüber klar, daß Art. 87 EG abschließend und Art. 10 EG (ex Art. 5 EGV) insoweit unanwendbar ist.

[49] *Mederer*, in: G/T/E, Art. 92, Überschrift Rn 2 f.; *Cremer*, in: *Calliess/Ruffert*, EUV/EGV, Art. 87, Rn 5; *Bär-Bouyssière*, in: *Schwarze*, EU-Komm., Art. 87, Rn 2; *Rawlinson*, in: *Lenz/Borchardt*, Art. 87, Rn 1; *Geiger*, EUV/EGV, Art. 87, Rn 2; *von Wallenberg*, in: *Grabitz/Hilf*, Art. 87, Rn 2; *Schernthanner*, S. 96; *Lefèvre*, S. 107.

[50] Die Organzuständigkeit liegt praktisch umfassend bei der Kommission (Art. 88 EG, Initiativrecht gem. Art. 87 Abs. 3 lit. e EG und Art. 89 EG). Der Rat ist alleinzuständig nur für Art. 88 Abs. 2 UAbs. 3 S. 1 EG. Zu den Grenzen dieser Ermächtigung vgl. EuGH, 29.6.2004, Rs C-110/02, Slg. 2004, I-6333.

[51] Rechtstechnisch sind nach deutscher Terminologie Zuständigkeit, Kompetenz- bzw. Aufgabeneröffnung sowie die konkreten Handlungsbefugnisse zu unterscheiden. Das Europarecht kennt eine solch strikte terminologische Trennung nicht.

schließender Entscheidungen ist; sei es (bei Neubeihilfen) als Positiv- oder als Negativbescheid oder als Erlaubnis unter Auflagen und Bedingungen;[52] sei es (bei Altbeihilfen) als Gebot, die Maßnahme aufzuheben oder umzugestalten.[53] Nur die unbedingte Negativentscheidung bzw. das Aufhebungsgebot „verbietet" schlußendlich die Maßnahme. Welchen Zweck erfüllt nun das materielle Beihilfenrecht, das weder Maßnahmen unmittelbar verbietet, noch Aufgaben eröffnet oder Befugnisse verleiht?

Es dient zunächst als *Prüfprogramm* für die Kommission, wobei die verschiedenen Prüfungsebenen vorgeben sind und strikt aufeinander aufbauen: Zumindest *gedanklich* ist erst Art. 87 Abs. 1 EG, dann Art. 87 Abs. 2 EG und schließlich Art. 87 Abs. 3 EG durchzuprüfen.[54] Auf jeder Ebene hat die Kommission zu überdenken, ob die Maßnahme gutgeheißen und von der weiteren Prüfung ausgeschieden werden kann. Ist die Maßnahme nach keiner der Vorschriften des Art. 87 EG genehmigungsfähig, kann (bzw. unter Verhältnismäßigkeitsgesichtspunkten: *muß*) die Kommission, anstatt die Genehmigung endgültig zu versagen, erwägen, ob sie einen Positivbescheid an entsprechende Auflagen oder Bedingungen knüpfen bzw. eine Umgestaltung verlangen kann, wenn damit die Unvereinbarkeit mit dem Gemeinsamen Markt beseitigt wird.

Schritt für Schritt müssen die genehmigungsfähigen von den nicht genehmigungsfähigen Maßnahmen geschieden werden, wobei die Nichtgenehmigungsfähigkeit zunächst nur die nächste Prüfungsebene eröffnet. Insoweit gibt das materielle Beihilfenrecht die *Weite* der Aufgabe bzw. den *Rahmen* für die Ausübung der Befugnisse vor. Den einzelnen Zwischenschritten kommt damit, ohne daß freilich jeweils ein gesonderter Bescheid erginge, auch eine gewisse, allerdings nur mittelbare „Außenwirkung" zu, indem sie bestimmen, ob die Kontrollaufgabe weiter eröffnet ist. Insofern ist jede Prüfungsebene zugleich „Befugnisnorm" für die Beurteilung auf dieser Ebene und „Aufgabeneröffnungsnorm" für den nächsten Prüfungsschritt. Insbesondere kann die Kommission keineswegs von ihrem Ermessen hinsichtlich der Ausnahmen gem. Art. 87 Abs. 3 EG Gebrauch machen, solange nicht feststeht, daß die fragliche Maßnahme gem. Art. 87

---

[52] Vgl. Art. 88 Abs. 2 EG sowie zur Befugnis der Umgestaltung mittels Auflagen und Bedingungen Art. 7 Abs. 4 VVO (VO des Rates 659/1999). Vgl. auch *Schernthanner*, S. 95; *Bleckmann*, NVwZ 2004, 11 ff.

[53] Wichtig ist hier, daß die Kommission das Verfahren grds. mit einer (einem Verwaltungsakt gleichenden) Entscheidung (Art. 88 Abs. 2 UAbs.1 bzw. Abs. 3 S. 3 EG) als Negativentscheidung (Beihilfeuntersagung bzw. deren Rückforderung), Positiventscheidung oder Positiventscheidung unter Auflagen oder Bedingungen (Art. 88 Abs. 2 UAbs.1 EG) abschließt.

[54] Ein Ermessen, ob sie die Ausnahmeregelungen prüfen will oder nicht, kommt der Kommission hierbei nicht zu. Vgl. *Mederer*, in: G/T/E, Art. 92, Rn 3; *Wenig*, in: G/T/E-Kom., Art. 92, Rn 2.

Abs. 1 und 2 EG mit dem Gemeinsamen Markt unvereinbar ist.[55] Erst am Ende der Prüfung kann das „Verbot" oder das Verlangen nach Modifizierung stehen.[56] Von Stufe zu Stufe *verjüngt* sich die Prüfung. Gleichzeitig wächst die „Gefahr" für die Mitgliedstaaten, daß ihre Maßnahmen so, wie sie (geplant) sind, nicht durchgeführt oder beibehalten werden dürfen.

Dem hier vorwiegend interessierenden ersten Absatz des Art. 87 EG als erster dieser materiellen Ebenen kommt entsprechend große Bedeutung zu. Das Beihilfenverbot gem. Art. 87 Abs. 1 EG fungiert hier gleichsam als „Aufgabeneröffnungsnorm" (nicht im Sinne einer Kompetenzeröffnungsnorm, aber indem die Prüfungs*weite* hier festgelegt wird) für das gesamte weitere Beihilfenaufsichtsrecht. Dies gilt im besonderen für die der Kommission eröffnete Möglichkeit, vom recht weiten Beurteilungsermessen des Art. 87 Abs. 3 EG Gebrauch zu machen. Man könnte hinsichtlich des Art. 87 Abs. 1 EG bildlich vom „Tor" des Beihilfenaufsichtsrechts sprechen. Von der Öffnungsweite dieses Tores hängt letztlich der Umfang der gesamten weiteren Prüfung ab.

c) Die Berücksichtigung mitgliedstaatlicher Interessen im Gefüge des Beihilfenrechts

Bereits oben wurde festgestellt, daß schon aus strikten national-verfassungsrechtlichen Gründen die alle Politikbereiche, wenn nicht sogar potentiell jedes Staatshandeln betreffende Beihilfenkontrolle beschränkt sein *muß*.[57] Gleiches ergibt sich – unter anderem Vorzeichen freilich – auch aus Sicht des Europarechts.[58] *Daß* die relevanten mitgliedstaatlichen Interessen berücksichtigt werden müssen, ist keine Frage, allenfalls: *wo* und *wie*? Hier geht es zunächst um die Frage des „Wo".[59]

Die Beihilfenrechts-Außengrenzen lassen nur wenige Politikbereiche vom Beihilfenregime unberührt.[60] Im übrigen werden Beihilfen an europäischen Belangen gemessen und die Berücksichtigung mitgliedstaatlicher Interessen unterläge weitestgehend dem freien Ermessen der Kommission

---

[55] Vgl. *Mederer*, in: G/T/E, Art. 92, Rn 3; *Wenig*, in: G/T/E-Kom., Art. 92, Rn 2; *Modlich*, S. 192.

[56] Sie kann auch keine Modifikationen verlangen, solange nicht geklärt ist, daß die Maßnahme, so wie sie (geplant) ist, nach keiner der Vorschriften des Art. 87 EG als genehmigungsfähig anzusehen ist.

[57] Vgl. oben 1. Teil, Kap. 4, Abschn. B.

[58] Vgl oben 1. Teil, Kap. 4, Abschn. A., sowie unten C. II. 2. e.

[59] Zum „Wie" vgl. unten Kap. 2.

[60] Z.B. den der Rüstung, teilweise den des Verkehrs, den schmalen Sektor bestimmter gem. Art. 86 Abs. 2 EG „unverzichtbarer" Maßnahmen zugunsten öffentlicher Unternehmen und im Rahmen des Art. 87 Abs. 2 EG Verbraucherbeihilfen sowie Hilfeleistungen bei ganz außergewöhnlichen Ereignissen wie Naturkatastrophen. Zu Art. 86 Abs. 2 EG unten Kap. 2, Abschn. A. 3.

gem. Art. 87 Abs. 3 EG. Mitgliedstaatliche Belange wären damit nicht im materiellen Beihilfenaufsichtsrecht selbst *normiert*, sondern weitgehend *dem Ermessen der Kommission* überantwortet.[61] Wollte man sie letztlich im Rahmen des Art. 87 Abs. 3 EG berücksichtigen, hieße das, sie würden zum Abwägungsobjekt zusammen mit den in Art. 87 Abs. 3 EG aufgeführten Interessen der Gemeinschaft.[62] Dies ist allenfalls bei „weichen" *politischen* Interessen akzeptabel, nicht hingegen bei „harten" *rechtlichen*, insbesondere *verfassungs*rechtlichen und damit die Souveränität der Mitgliedstaaten berührenden Interessen. Die in Art. 87 Abs. 3 EG angelegten, überwiegend politischen und zudem von der Kommission weitgehend frei formulierbaren Gemeinschaftsinteressen[63] einerseits und die Souveränitätsinteressen der Mitgliedstaaten andererseits sind nicht gegeneinander abwägbar. Sie sind in diesem Sinne nicht kommensurabel. Die Gemeinschaft und die Kommission sind nicht befugt, die ihnen von den Mitgliedstaaten gezogenen Grenzen frei (nach Ermessen) zu bestimmen. Die Gemeinschaftsorgane haben, soweit ihnen ein Ermessen eingeräumt ist, dieses *innerhalb* des ihnen zugedachten Aufgabenbereichs auszuüben und nicht umgekehrt, qua Ermessen ihren Aufgabenbereich selbst festzulegen.

Wenn aber notwendigerweise die Grenzen des Beihilfenaufsichtsrechts nicht dem freien Ermessen der Kommission überantwortet werden können, *müssen* sie im *materiellen* Recht selbst angelegt sein. Damit steht fest, daß die aus mitgliedstaatlicher Sicht unabdingbaren rechtlichen Interessen im Rahmen des Art. 87 Abs. 1 und Abs. 2 EG zu berücksichtigen sind. Da Art. 87 Abs. 2 EG tatbestandlich viel zu speziell (Verbrauchersubventionen, Naturkatastrophen, deutsche Teilung) ausgestaltet ist, müssen diese Interessen *im Rahmen des Art. 87 Abs. 1 EG* Berücksichtigung finden. Dem entspricht auch der Charakter des Art. 87 Abs. 1 EG als materielle „Öffnungsnorm" des Beihilfenaufsichtsrechts. Dieses Tor kann dabei nur so weit offen stehen, wie nicht mitgliedstaatliche Souveränitätsrechte in

---

[61] Dies gilt insbesondere für die Ermessensausnahmen gem. Art. 87 Abs. 3 EG, wonach die Kommission quasi ein doppeltes Ermessen sowohl hinsichtlich der Ausnahmetatbestände (Beurteilungsermessen) wie auch hinsichtlich der Modifikationen (Gestaltungsermessen) auszuüben befugt ist.

[62] Was im Rahmen des Art. 87 Abs. 3 EG auch gar nicht vorgesehen ist. Wie dargelegt, ist Art. 87 Abs. 3 EG nicht auf die Interessen der Mitgliedstaaten gerichtet, sondern auf die der Gemeinschaft. Mitgliedstaatliche Interessen werden nur berücksichtigt, wenn sie mit gesamteuropäischen parallel laufen. Im Konfliktfall gehen die Gemeinschaftsinteressen vor. Trotzdem für eine Abwägung mitgliedstaatlicher und gemeinschaftlicher Interessen in Abs. 3: *Bär-Bouyssière*, in: *Schwarze*, EU-Komm., Art. 87, Rn 2; so auch EuG, 28.1.1999, Rs T-14/96, EuZW 1999, 665 ff. *Pechstein/Damm*, EWS 1996, 333, 336.

[63] Etwa „wichtige Vorhaben von gemeinsamem Interesse" – vgl. unten Abschn. B. III. 3. d.

einer von den Signatarstaaten so nicht vorgesehenen Weise tangiert werden, und nur so weit dieses Tor geöffnet ist, kann die Kommission weiteren Gebrauch von ihren Beurteilungs- und Gestaltungsspielräumen machen. Die Öffnungsweite bemißt sich dabei (da mitgliedstaatliche Interessen explizit nicht erwähnt werden) v.a. danach, wie weit die *tatbestandlichen* Grenzen des Art. 87 Abs. 1 EG gezogen werden. Abgewogen werden kann dann allenfalls der Schutz des Gemeinsamen Marktes einerseits und der Schutz mitgliedstaatlicher Rechte andererseits.

IV. Zusammenfassung

Eine Betrachtung der „Außenstruktur" des Beihilfenrechts zeigt neben dem beschränkten sachlichen Anwendungsbereich mögliche Konkurrenzen mit anderen Vertragskomplexen. Problematisch ist insbesondere das Verhältnis von Diskriminierungsverbot bzw. Grundfreiheiten einerseits und Beihilfenrecht andererseits. Soweit sich beide Bereiche überschneiden und nicht einzelne „Modalitäten" von der Beihilfemaßnahme abtrennbar sind, muß das Beihilfenrecht als bewußt spezieller ausgestalteter Regelungskomplex Vorrang genießen. Jede andere Lösung müßte den Anwendungsbereich des Beihilfenrechts schon wegen der „Wirkungsähnlichkeit" von handelsbeeinträchtigenden Beihilfen und Maßnahmen „gleicher Wirkung" wie Einfuhrbeschränkungen über das vom Vertrag Gewollte hinaus einschränken.

Hinsichtlich der „Binnenstruktur" sind die Beihilfenvorschriften als Regel-Ausnahme-Verhältnis konzipiert – allerdings nicht als klassisches Verbot unter Erlaubnisvorbehalt, sondern als bloßes Prüfprogramm für die Kommission ohne entsprechende direkte Außenwirkung. Dem Regeltatbestand, dem „Verbot" gem. Art. 87 Abs. 1 EG kommt dabei besondere Bedeutung zu, weil hier die Reichweite der materiellen Prüfungskompetenz der Kommission umrissen wird. Gleichsam als „Tor" des Beihilfenrechts müssen *hier* und nicht etwa im Rahmen der Ausnahmebestimmungen (Art. 87 Abs. 2 und 3 EG) die (verfassungs-) rechtlichen Belange der Mitgliedstaaten Berücksichtigung finden. Was nicht durch dieses „Tor" paßt, unterliegt keiner weiteren Prüfung und damit auch nicht der Möglichkeit einer „Modellierung" durch die Kommission.

B. Die Funktion des Beihilfenaufsichtsrechts

I. Untersuchungsgegenstand und Erkenntnisinteresse

Die Funktion einer Norm ist, da diese nicht „selbstzwecklich" sein kann und darf, zugleich deren wichtigste Legitimationsbasis *und* der ihr inhärente Begrenzungstatbestand. Dies gilt in besonderem Maße im Europarecht: Soweit eine Norm ihren Zweck zu erfüllen hat, muß ihr unbedingte Durchsetzungskraft zukommen („effet utile")[64] – soweit deren (die Rechte anderer berührende) Anwendung hingegen über den vorgegebenen funktionellen Rahmen hinausschießt, fehlt diesem Handeln die legitimierende Grundlage („Prinzip der begrenzten Einzelermächtigung").[65] Für die weitere Untersuchung der Gründe und Grenzen des Beihilfenverbots ist also von höchstem Interesse, welcher Ratio das Beihilfenaufsichtsrecht gehorcht. Als funktionsbestimmend sind zum einen die tatbestandlichen, der Norm selbst „innewohnenden" Merkmale (Schutzobjekt, Umfang und Reichweite des Schutzbereichs etc.) zu beachten; zum anderen sicher auch der auf die Norm einwirkende rechtliche Rahmen, hier also v.a. die europäische Wirtschaftsordnung.

Es wird hierbei nicht verkannt, daß eine vorweggenommene, von den einzelnen Tatbestandsmerkmalen losgelöste Funktionsbeschreibung das Risiko der (mehr oder minder bewußten) Steuerung des Untersuchungsergebnisses birgt. Dennoch soll im folgenden eine insoweit *abstrakte teleologische Auslegung* des Beihilfenaufsichtsrechts versucht werden.

II. Die grundsätzlichen funktionellen Alternativen

Im Kapitel über die europäische Wirtschaftsordnung wurde auf den für die Beihilfenaufsicht relevanten Gesamtrahmen, die europäische Wirtschaftsordnung und deren funktionelle Ausrichtung abgestellt.[66] Hierbei wurden drei mögliche „Hauptstoßrichtungen" der europäischen Wirtschaftsordnung – mit freilich fließenden Grenzen – beschrieben:

– *Kontrolle* über mitgliedstaatliches Handeln,
– Harmonisierung bzw. Vereinheitlichung sowie die
– Durchsetzung einer *EG-eigenen Sachpolitik*.

Hier nun soll es um die „Stoßrichtung" des Beihilfenaufsichtsrechts selbst gehen. Ganz offensichtlich dient das Beihilfenaufsichtsrecht der *Kontrolle* über mitgliedstaatliches Handeln. Die Frage ist aber, ob es mit dieser Aufsichts- und damit gleichzeitig Beihilfen*verhinderungs*funktion sein Bewenden hat. Das Beihilfenaufsichtsrecht ermöglicht jedenfalls faktisch auch eine *Harmonisierung und Vereinheitlichung* des Fördergebarens der Mitgliedstaaten; und zwar nicht nur insofern, als einheitliche Beurteilungsmaßstäbe geschaffen werden. Insbesondere mittels der Ermessensausnahmen nach Art. 87 Abs. 3 EG können die Förderpraktiken der Mitgliedstaaten – was durchaus nicht nur negativ zu sein braucht –

---

[64] Vgl. unten Abschn. C. II. 2. a.
[65] In diesem Sinne auch *Mittmann*, S. 109. Vgl. auch unten Abschn. C. II. 2. b.
[66] Vgl. oben 1. Teil, Kap. 4, Abschn. C. III.

„gleichgerichtet" werden.[67] Harmonisierung kann weitergehend freilich auch so verstanden werden, daß die Gemeinschaft zur Durchsetzung eigener *sachpolitischer* Vorstellungen befugt sein soll. Mitgliedstaatliche und europäische Förderpolitik würden unter europäischer Federführung zu einer nicht nur einheitlichen, sondern auch zu einer von Europa gelenkten verschmelzen. Die Mitgliedstaaten würden somit zu „Erfüllungsgehilfen" (bzw. im Bereich unmittelbarer Finanztransfers: zu Financiers) *europäischer* Förderpolitik.[68] Im Bereich des Subsidien- und Subventionswesens stünde die „Staatwerdung" Europas letztlich in der Tradition der hergebrachten Praxis vormalig getrennt voneinander agierender Nationalstaaten – mit dem Ergebnis eines einheitlichen Großförderraums. Kurz – die Alternativen der Beihilfenaufsicht lauten:

– Abwehr oder
– Gleichrichtung des mitgliedstaatlichen oder
– zentrale Steuerung des europäischen Beihilfewesens.

Die Konfliktlage ist eindeutig: Die Mitgliedstaaten, von einem originären Gestaltungsanspruch ausgehend, sind grundsätzlich nur gewillt, sich eines begrenzten Teils ihrer Gestaltungshoheit zu entäußern. Die Kommission wird demgegenüber bestrebt sein, das (ihr vorschwebende) Gemeinschaftsinteresse als Maßstab anzulegen. In der Literatur wird entsprechend diskutiert, ob dem Beihilfenrecht die Funktion einer „negativen Integration"[69] zugrunde liegt, oder ob der Gemeinschaft eine (insbesondere strukturpolitische) *positive Gestaltungs*kompetenz zukommt.[70] Von vornherein auszu-

---

[67] Der Effekt wäre dann immerhin die weitgehende Neutralisierung negativer Wirkungen *einzel*staatlicher Maßnahmen, da diese – soweit sie von der Kommission untersagt werden – in keinem Mitgliedstaat zum Einsatz kommen dürften.

[68] Vgl. *Seidel*, Rechtsprobleme, S. 62, sowie ders., Grundfragen, S. 56, der zur Diskussion stellt, „ob der Zweck des Beihilfenaufsichtsrechts in der Sicherung des Gemeinsamen Marktes und eines unverfälschten Wettbewerbs in der Gemeinschaft besteht, oder ob die beihilfenrechtlichen Regelungen des EWG-Vertrages eine integrierte wirtschaftspolitische Gestaltungsbefugnis der Gemeinschaft darstellen."

[69] So *von Wallenberg*, in: *Grabitz/Hilf*, vor Art. 87, Rn 2.

[70] Im letzteren Fall, so *Seidel*, Grundfragen, S. 56, „wäre die Funktion der Beihilfenaufsicht darin zu sehen, daß den Organen der Gemeinschaft die Kompetenz überantwortet ist, die Beihilfengewährung der Mitgliedstaaten nach Maßgabe einer gemeinschaftsorientierten integrierten Wirtschaftsförderpolitik zu koordinieren und sie erforderlichenfalls entsprechend auszugestalten." Befürwortend *Wenig*, in: G/T/E-Kom., Vor Art. 92, Rn 3; *Mederer*, in: G/T/E, Vor Art 92, Rn 4. Vgl. auch *Mestmäcker*, Wirtschaftsverfassung, S. 6 f.

schließen ist lediglich, daß das Beihilfe*aufsichts*recht als Beihilfe*anweisungs*recht interpretiert werden könnte.[71]

III. Das Beihilfenverbot im Zielsystem der europäischen Wirtschaftsordnung

1. Beihilfenrecht und europäische Wirtschaftsordnung

Die der Vorschrift des Art. 87 Abs. 1 EG innewohnende Funktionsbestimmung ist offenkundig der *Aufbau* und die *Bewahrung des Gemeinsamen Marktes* als Oberziel der Gemeinschaft.[72] Art. 87 Abs. 1 EG präzisiert in zweierlei Hinsicht, warum bestimmte Maßnahmen mit diesem Ziel unvereinbar sind: Sie können zu Wettbewerbsverfälschungen und zwischenstaatlichen Handelsbeeinträchtigungen innerhalb des Gemeinsamen Marktes führen.[73] Damit läßt Art. 87 Abs. 1 EG zwei Aspekte des Gemeinsamen Marktes hervortreten: Die *Unverfälschtheit des Wettbewerbs* und die *Unbeeinträchtigtheit des zwischenstaatlichen Handels*.

Das Beihilfenrecht trägt – wie mutmaßlich jeder Normkomplex – seine Funktionsbestimmung nur teilweise „in sich". Zur Funktionsbestimmung ist auch auf die im Gesamtzusammenhang zu sehenden Zielstruktur des EG bzw. auf die darin verkörperten Wirtschaftsordnung abzustellen. Es ist insoweit von einer gewissen *Wechselwirkung* von Beihilfenaufsichtsrecht und übriger Wirtschaftsordnung auszugehen. Nach den im Beihilfenaufsichtsrecht selbst angelegten Funktionsindikatoren dient das Beihilfenaufsichtsrecht einerseits übergeordneten Zielen (Verwirklichung des *Gemeinsamen Marktes*), gleichzeitig werden durch Art. 87 Abs. 1 EG aber auch bestimmte Merkmale des Gemeinsamen Marktes determiniert (insbes. unverfälschter Wettbewerb und unbeeinträchtigter Handel). Damit ist das Beihilfenaufsichtsrecht einerseits durchaus eingefügt *in* den Zielbereich der europäischen Wirtschaftsordnung insgesamt und setzt andererseits doch eigene Akzente *für* diese Ordnung.

---

[71] Vgl. *Bleckmann*, Subventionsprobleme, S. 448. D.h. die Kommission kann die Mitgliedstaaten nicht etwa anweisen, bestimmte Beihilfe zu gewähren – jedenfalls nicht rechtsverbindlich. Allerdings kann sich die Kommission den Effekt, daß die Mitgliedstaaten regelmäßig an die Grenzen des Erlaubten gehen, auch für ihre sachpolitischen Vorstellungen zunutze machen, indem sie den „natürlichen Fördertrieb" der Mitgliedstaaten nach ihren Vorgaben kanalisiert und lenkt.

[72] Vgl. etwa *Seidel*, Grundfragen, S. 57; *Geiger*, EUV/EGV, Art. 87, Rn 3; *Wenig*, in: G/T/E-Kom., Vor Art. 92, Rn 1.

[73] Die Frage ist, ob die in Art. 87 Abs. 1 EG verwendeten Formulierungen „den Wettbewerb verfälschen oder zu verfälschen drohen" bzw. „soweit sie den Handel zwischen den Mitgliedstaaten beeinträchtigen" als konkretisierungsbedürftige Tatbestandsmerkmale oder als Funktionsindikatoren fungieren. Vgl. hierzu ausführlicher unten Kap. 2, Abschn. D.

Dies heißt zum einen, daß das Beihilfenaufsichtsrecht nicht hinter den im Vertrag festgelegten (insbesondere marktwirtschaftlichen) Grundsätzen zurückbleiben darf. Es ist zum anderen aber auch nicht anzunehmen, daß der Vertrag speziell im Beihilfenaufsichtsrecht wesentlich weitergehende oder andere Ziele anstrebt, als es dem allgemeinen Kontext entspräche.[74] Wie oben dargelegt, ist die europäische Wirtschaftsordnung keineswegs durchgängig liberal-marktwirtschaftlicher Prägung.[75] Das gemeinsame Ziel, der „Gemeinsame Markt", kann im Bereich der europäischen Förderpolitik grundsätzlich nicht anders interpretiert werden als im Bereich der europäischen Beihilfenaufsicht.[76] Tatsächlich sind die (nicht zuletzt selbst dirigistischen) europäischen Sachpolitiken genauso Bestandteil des Gemeinsamen Marktes wie etwa die Grundfreiheiten.

Die europäische Wirtschaftsordnung ist entsprechend der heteromorphen Zielstruktur des Vertrages jedenfalls durchaus von einer gewissen Bandbreite an Interpretationsmöglichkeiten gekennzeichnet. Im folgenden soll auf die verschiedenen im EG angelegten Zielrichtungen (insbes. „Marktgleichheit", -„einheit" und -„freiheit") und deren Bezug zum Beihilfenaufsichtsrecht eingegangen werden.

2. Die funktionellen Schwerpunkte des Beihilfenrechts

a) Binnenausrichtung oder Freihandelskonzept?

Die EG-Wirtschaftsordnung ist eher auf die Verhinderung *innergemeinschaftlicher* Protektionismen als auf *globalen Freihandel* ausgerichtet.[77] Schutzobjekt auch des Beihilfenaufsichtsrechts ist nach Art. 87 Abs. 1 EG der inhaltlich ambivalente „Gemeinsame Markt". Mit dem Gemeinsamen Markt unvereinbar sind nach den Beihilfenvorschriften darüber hinaus nur Maßnahmen, soweit sie zu zwischen*(-mitglied-)*staatlichen Handelsbeeinträchtigungen führen können. Nach der übergeordneten Ziel-Norm des Art. 3 Abs. 1 lit. g EG liegt auch nur der *innergemeinschaftliche* Wettbewerb im Schutzbereich des Vertrages. Auch im Beihilfenaufsichtsrecht spiegelt sich also die allgemeine *Binnenausrichtung* der europäischen Wirtschaftsordnung wider.[78]

---

[74] Gegen eine puristische freie Marktwirtschaft würden im übrigen auch die in Art. 87 Abs. 2 und 3 EG vorgesehenen Ausnahmemöglichkeiten selbst sprechen.
[75] Vgl. oben 1. Teil, Kap. 4, Abschn. C.
[76] Von Bedeutung ist hierfür insbesondere das Kohärenzgebot (Art. 3 EUV).
[77] Vgl. oben 1. Teil, Kap. 4, Abschn. C. III. 3.
[78] So auch die Entscheidung der Kommission 93/625/EWG. In der Aufsichtspraxis der Kommission tritt sie im übrigen insoweit noch verstärkt hervor, als Beihilfen, die mit protektionistischer Zielsetzung gegenüber Drittstaaten eingesetzt werden, keineswegs als besonders wettbewerbsschädlich gekennzeichnet werden. Im Gegenteil scheint dieser Umstand, weil angeblich dem gemeinsamem Interesse dienlich, eher zu ihrer Rechtferti-

b) Vereinheitlichung oder Systemwettbewerb?

Die Frage, ob die europäische Wirtschaftsordnung in ihrer Zielsetzung zur *Vereinheitlichung* des Gemeinsamen Marktes tendiert oder ob (innerhalb des vertraglichen Rahmens) ein *Wettbewerb der Wirtschaftskonzepte* zulässig oder gar erwünscht ist, läßt sich eindeutig wohl nicht beantworten – eine eigenständige allgemeine Wirtschaftspolitik der Mitgliedstaaten ist jedenfalls ausdrücklich erlaubt.[79] Für das Beihilfenaufsichtsrecht gilt: Einen „Systemwettbewerb" hinsichtlich der staatlichen Subventions*gewährung* (sozusagen als vom Mitgliedstaat potentiellen Investoren eingeräumter „Rabatt")[80] mit der Folge einer innergemeinschaftlichen Subventionsspirale sucht Art. 87 Abs. 1 EG erklärtermaßen zu verhindern. Ansonsten können in Art. 87 Abs. 1 EG keine Anhaltspunkte für eine generelle Mißbilligung innergemeinschaftlichen Systemwettbewerbs ausgemacht werden – im Gegenteil: Nur die Begünstigung *bestimmter* Unternehmen oder Produktionszweige ist mit dem Gemeinsamen Markt unvereinbar. Der sog. Selektivitätsgrundsatz schließt Maßnahmen der Rahmensetzung und der allgemeinen Wirtschaftsförderung nach allgemeiner Meinung von vorneherein vom Beihilfenverbot aus.[81]

c) Mehr Marktfreiheit oder „nur" Antidiskriminierung?

Richtet sich das Beihilfenaufsichtsrecht vorwiegend gegen innergemeinschaftliche Protektionismen (mit der Folge eines zumindest relativen Freiheitsgewinns für die Marktteilnehmer) oder bezweckt es darüber hinaus echte Liberalisierung in dem Sinne, daß der privaten Sphäre mehr Raum im Verhältnis zur staatlichen Sphäre eingeräumt wird (und insofern einen absoluten Freiheitsgewinn)?

α) Beihilfenaufsichtsrecht und Diskriminierungsverbot

Die europäische Wirtschaftsordnung legt insbesondere durch die Grundfreiheiten ihren Schwerpunkt auf die Abschaffung *diskriminierender* Barrieren im grenzüberschreitenden Wirtschaftsverkehr.[82] Als Instrument zur Verhinderung ausdrücklich *zwischenstaatlicher* Handelsbeeinträchtigun-

---

gung herangezogen zu werden. Vgl. etwa die Mitteilung der Kommission, ABl. 92/C 344/3, 5.

[79] Vgl. Art. 98, 99 EG. Die Kommission meint, es könne „nicht Sinn und Zweck des Wettbewerbsrechts sein, die objektive Verschiedenheit der Wettbewerbsvoraussetzungen einebnen und absolute Gleichheit herstellen zu wollen." (Entscheidung der Kommission 99/268/EG, Ziff. VI). Für die Schaffung „gleicher Wettbewerbsbedingungen" *Koenig/Kühling*, in: *Streinz*, EUV/EGV, Art. 87, Rn 2.

[80] *Koenig/Kühling*, EuZW 1999, 517, 521.

[81] Vgl. unten Kap. 2, Abschn. C.

[82] Vgl. oben 1. Teil, Kap. 4, Abschn. C. III.

gen würde sich das Beihilfenrecht als besondere Ausprägung des allgemeinen Diskriminierungsverbots darstellen.[83] Ginge es aber nur um Antidiskriminierung bedürfte es eines speziellen Beihilfenaufsichtsrechts nicht. Angesichts des den Grundfreiheiten verwandten Merkmals der Handelsbeeinträchtigung läßt sich des Wortlauts wegen („soweit") sogar daran zweifeln, ob es überhaupt der Funktionsbestimmung dient oder nicht lediglich als einschränkende Bestimmung zur Eröffnung europäischer Kompetenzen anzusehen ist.[84]

β) Antidiskriminierung oder materielles Wettbewerbskonzept?

Den Unterschied zu den Grundfreiheiten macht das in Art. 87 Abs. 1 EG zum Ausdruck gebrachte Ziel eines *unverfälschten Wettbewerbs* aus. In den Grundfreiheiten fehlt ein solcher wettbewerblicher Bezug. Das Merkmal des Wettbewerbsschutzes erlaubt die Verwirklichung über das bloße Diskriminierungsverbot hinausgehender und insoweit „materieller" Vorstellungen, wie der Wettbewerb in der Gemeinschaft ausgestaltet sein soll.[85] Für ein – im Verhältnis zu den Grundfreiheiten – im Beihilfenaufsichtsrecht niedergelegtes „Plus" spricht freilich auch schon die systematische Verankerung des Beihilfenaufsichtsrechts nicht im Kontext der Grundfreiheiten, sondern im Wettbewerbsrecht.

Nach Art. 87 Abs. 1 EG brauchen Wettbewerbsverfälschungen nicht zwischenstaatlicher Natur zu sein. Auch Art. 3 Abs. 1 lit. g EG ist kein Hinweis auf das Erfordernis einer sich *zwischen* den Staaten auswirkenden Wettbewerbsverfälschung zu entnehmen. Hier ist die Rede lediglich von Verfälschungen „innerhalb des Binnenmarktes".[86] Es ist also deutlich er-

---

[83] Nach Art. 87 Abs. 2 lit. a EG sind Sozialsubventionen an Verbraucher nur verboten, wenn sie diskriminierend wirken. Der Gerichtshof meint im übrigen, beide Politikbereiche (Grundfreiheiten und Beihilfenrecht) verfolgten ein gemeinsames Ziel – vgl. EuGH, 5.6.1986, Rs 103/84, Slg. 1986, 1759, Rn 19; 20.3.1990, Rs C-21/88, Slg. 1990, I-889, Rn 20 f. *Seidel*, Grundfragen, S. 58, meint: „Das Beihilfenverbot, wie es in Artikel 92 ff. EWG-Vertrag enthalten ist, steht erkennbar in engem Zusammenhang mit dem Verbot der Aufrechterhaltung und Wiedereinführung von Zöllen und mengenmäßigen Beschränkungen im innergemeinschaftlichen Waren- und Dienstleistungsverkehr." Die „gemeinschaftsbildende" Funktion des Beihilfenaufsichtsrechts betont auch *Müller-Graff*, ZHR 152 (1988), 403, 434.

[84] Vgl. unten Kap. 2, Abschn. D. V. 1.

[85] Nach *Zuleeg*, in: G/S, Art. 3, Rn 8 öffnet Art. 3 lit. g EG das „Tor zu ordoliberalen Vorstellungen", also jedenfalls zu einem bestimmten materiellen Wettbewerbskonzept.

[86] „Innerhalb des Binnenmarktes" bezieht sich eher auf den *Geltungsbereich* des Wettbewerbskonzepts (also „im" Binnenmarkt) bzw. auf die Frage, wo die Verfälschung auftritt und nicht auf dessen zwischenstaatlichen Bezug. Auch eine sich nur inner(-mitglieds-)staatlich auswirkende Verfälschung ist eine innerhalb des Binnenmarktes. Anders verhält es sich mit dem in Art. 87 Abs. 1 EG enthaltenen, einen grenzüberschreitenden Bezug verlangenden Merkmal der *zwischenstaatlichen* Handelsbeeinträchtigung.

kennbar, daß das in Art. 87 Abs. 1 EG anklingende Wettbewerbskonzept über eine zu den Grundfreiheiten nur komplementäre Funktion hinausgeht.

γ) Das Wettbewerbskonzept nach Beihilfenaufsichtsrecht und EG-Vertrag

Welches Wettbewerbskonzept sich in Art. 87 EG und in der gesamten europäischen Wirtschaftsordnung verwirklicht, hängt wesentlich davon ab, was man unter (unverfälschtem) Wettbewerb versteht. Ist gemeint der Wettbewerb als *Handlungs*prinzip? Oder der Wettbewerb als *Ordnungs*prinzip?[87] Im letzteren Falle: mit *welchen* materiellen Inhalten?[88] Insbesondere der „übergeordnete" Art. 3 Abs. 1 lit. g EG hilft hier nicht wesentlich weiter, da hierin nach allgemeiner Meinung nur die institutionelle Garantie einer Wettbewerbsordnung verankert ist, ohne daß eine Gewichtung von staatlicher und privater Sphäre vorgenommen würde.[89] Im übrigen Vertrag stehen eher liberal-marktwirtschaftliche und eher dirigistische Elemente nebeneinander. Der Vertrag selbst ist hier mehrdeutig. Als Wettbewerbsordnung, die umfassend die Zuweisung der Wirtschaftsfaktoren an die private bzw. die staatliche Sphäre vornimmt, sind die Regelungen des EG-Vertrages schon wegen der begrenzten Regelungsbefugnis (vgl. etwa Art. 86 Abs. 2, 295 EG) unvollkommen.

Als gewiß darf allenfalls gelten und zwar sowohl im Gesamtzusammenhang des Vertrages als auch im Wettbewerbsrecht allgemein[90] und speziell im Beihilfenaufsichtsrecht:[91] *Privater Wettbewerb und (National-)Staat werden grundsätzlich als Antagonisten verstanden.* Gerade indem sich das Beihilfenrecht auch gegen Altbeihilfen wendet, sanktioniert es auch nicht etwa einen Status quo. Die Intention des Vertrages kann danach nicht anders gewertet werden, als daß die staatliche Einflußsphäre in einem dynamischen Prozeß zugunsten der privaten zurückzudrängen ist.[92] Der Vertrag macht zwar nicht ohne weiteres deutlich, welches Maß und welche Form an staatlicher Einflußnahme im Bereich der Subsidien noch geduldet wird,

---

[87] Vgl. *Schernthanner*, S. 97, mwN; *Faber*, S. 124.

[88] Auch ein Wirtschaftssystem ohne Wettbewerb hätte im Extremfall ein „Wettbewerbskonzept", nämlich den Null-Wettbewerb. Zwischen dem Konzept gänzlich ohne Wettbewerb und dem Konzept mit totalem Wettbewerb liegt aber die ganze Bandbreite möglicher materieller Wettbewerbskonzepte, etwa die Soziale Marktwirtschaft.

[89] Vgl. *Hatje*, in: Schwarze, EU-Komm., Art. 3, Rn 14; *Streinz*, in: *Streinz*, EUV/EGV, Art. 3 Abs. 1 lit. g, Rn 22. Der Wettbewerb darf jedenfalls nicht ausgeschaltet werden – vgl. *Ukrow*, in: Calliess/Ruffert, EUV/EGV, Art. 3, Rn 11.

[90] Vgl. die „ordnungspolitischen" Regelungen der Art. 81 bis 85 EG.

[91] Eine Tendenz zumindest läßt sich auch aus Art. 87 Abs. 1 EG selbst ersehen. Dieser wendet sich ausdrücklich gegen *staatlicherseits* verursachte Verfälschungen des notwendigerweise privaten Wettbewerbs.

[92] Zu diesem dynamischen Prozeß und dem Beihilfenrecht vgl. *Kahl*, NVwZ 1082, 1085.

bevor der Wettbewerb als „verfälscht" gelten muß. Das Beihilfenaufsichtsrecht muß jedenfalls seiner Stoßrichtung nach und im Endeffekt zu einem *Weniger* an Staat und zu einem *Mehr* an privatem Wettbewerb führen. Tendenziell ist das Ziel nicht nur „gleiche Wettbewerbsbedingungen", sondern „mehr Staatsfreiheit".

d) Desintervention oder europäische Sachpolitik?

Das Gemeinschaftsrecht kennt eine Reihe sachpolitischer Ziele und Instrumente.[93] Fällt aber eine Maßnahme schon dann unter das Beihilfenverbot, weil sie sachpolitischen Vorstellungen der Gemeinschaft *wider*spricht (mit der Folge, daß sie dem gemeinschaftlichen Gestaltungswillen anheimfällt)? D.h. ist eine Maßnahme schon deswegen mit dem Gemeinsamen Markt unvereinbar, weil sie Politiken der Gemeinschaft nicht *ent*spricht? Jedenfalls stellt sich die Frage, ob der vom mitgliedstaatlichen Einfluß „freigeräumte" Bereich nach der Zielsetzung des Vertrages sogleich wieder von europäischen Eigeninteressen besetzt bzw. ob dieser Platz sogar *gerade deswegen* von mitgliedstaatlicher Einflußnahme gereinigt werden soll, damit wirtschaftspolitische *Sach*interessen der Gemeinschaft Raum greifen können.[94]

α) Vollzug und Gestaltung

Anders als etwa die Grundfreiheiten, die absolut gelten und daher nur noch den Vollzug durch die Kommission verlangen, unterliegen die Beihilfenvorschriften dem Beurteilungsmonopol der Kommission, die nicht nur zur Normkonkretisierung, sondern auch zur Festlegung von Ausnahmen und zur „Modellierung" der mitgliedstaatlichen Maßnahmen befugt ist. Es liegt auf der Hand, daß das Beihilfenrecht viel Gestaltungsspielraum jenseits der bloßen „Vollstreckung" der vertraglichen Vorgaben beläßt. Genügt dies, um der Gemeinschaft hier – mehr als etwa bei den Grundfreiheiten – *bewußt* einen *Gestaltungs*spielraum eingeräumt zu sehen?

---

[93] Vgl. oben 1. Teil, Kap. 4, Abschn. C. II.

[94] Dient etwa die Möglichkeit, Ausnahmen im Bereich der Förderung benachteiligter Gebiete zu gewähren (Art. 87 Abs. 3 lit. a EG), der Durchsetzung einer eigenen Regionalpolitik der Gemeinschaft? Oder die mögliche Gewährung einer entsprechenden Ausnahme, welche die mitgliedstaatliche Förderung gewisser Wirtschaftszweige erlaubt (Art. 87 Abs. 3 lit. c EG), dient sie der Durchsetzung einer eigenen europäischen Strukturpolitik? Dafür etwa *Wenig*, in: G/T/E-Kom., Vor Art. 92, Rn 3; *Mederer*, in: G/T/E, Vor Art 92, Rn 4. Dagegen etwa *Müller-Graff*, ZHR 152 (1988), 403, 411; *Pape*, S. 233. Vgl. auch *Bartosch*, NJW 2002, 3588, 3592; skeptisch auch *Koenig/Kühling*, EuZW 1999, 517, 519. Zu Zielkonflikten im Beihilfenrecht *Gross*, S. 90 ff.

β) Rechtsgestaltung und Sachpolitik

„Gestaltung" kann außer der *Rechts*gestaltung durch (notwendige und an sich unbedenkliche) *Konkretisierung* der vertraglichen Vorschriften auch mehr oder minder *politische* Gestaltung, also aktive *Sach*politik bedeuten.[95] Wo dies hinführt, zeigt die „Wettbewerbsaufsicht" in vergemeinschafteten Politikbereichen, bei denen die Beihilfenvorschriften nur noch als Vehikel für die gemeinschaftliche Sach- und Strukturpolitik zu fungieren scheinen und insbesondere auf Art. 87 Abs. 1 EG in keiner Weise mehr rekurriert wird.[96]

Allenfalls aber im Rahmen des Art. 87 Abs. 3 EG hat die Kommission, wenn auch nicht den Auftrag, so doch die *Möglichkeit* zu eigener Sachpolitik, etwa indem sie a priori nur Maßnahmen billigt, die mit ihrer eigenen sachpolitischen Einschätzung übereinstimmen.[97] Mit Art. 87 Abs. 3 lit. a EG etwa unterliegt die gesamte (europäische und nationale) Regionalförderpolitik europäischem Regime.[98] Hier besteht leicht die Gefahr, daß zum Maßstab der Beihilfenaufsicht nicht der „Gemeinsame Markt" (als Rechtsbegriff und damit mit entsprechenden Abwehrmöglichkeiten der Mitgliedstaaten), sondern ein vages, sach*politisch* orientiertes Gemeinschaftsinteresse wird; etwa mit der Folge, daß Beihilfen zugunsten der Tabakbranche schon wegen der schädlichen Wirkungen des Rauchens mit dem Gemeinsamen Markt unvereinbar sein sollen.[99]

---

[95] Vgl. *Kruse*, EWS 1996, 113, 115 (zur Kulturpolitik); *Rolfes*, S. 196; *Püttner/Spannowsky*, S. 5 (zur Regionalpolitik). Auswirkungen hätte dies auch auf die gerichtliche Kontrolldichte, da das eine „dem Recht" und damit den Gerichten zugewiesen wäre, das andere aber der gerichtlich nur begrenzt überprüfbaren exekutivischen Gestaltungsbefugnis. Vgl. unten Abschn. C. III. 2.

[96] Vgl. die Leitlinie 92/C 152/02, insbes. Ziff. 1.3., wonach Beihilfen im Fischereisektor nur „unter Einhaltung der Ziele der gemeinsamen (von der Kommission formulierten – d. Verf.) Politik" gerechtfertigt sind. Mit anderem Akzent EuGH, 15.10.1996, Rs C-311/94, Slg. 1996, I-5023, Rn 34, wonach die Kommission Leitlinien erlassen darf, in denen „*nicht nur* Kriterien wettbewerbspolitischer Natur, sondern *auch* solche der Fischereipolitik" berücksichtigt werden (Hervorhebung d. Verf.).

[97] Ausdrücklich läßt nur Art. 87 Abs. 3 lit. e EG der gemeinschaftlichen Formulierung entsprechender Interessen Raum. Vgl. die Regelungen zum Schiffsbau: Richtlinie des Rates 87/167/EWG v. 26.1.1987; 90/684/EWG v. 21.12.1990; VO 1540/98 v. 29.6.1998.

[98] Nach Art. 87 Abs. 3 lit. a EG sind Maßnahmen genehmigungsfähig, wenn mitgliedstaatliche Regionalbeihilfen auch nach europäischem Maßstab zu einer Angleichung der Lebensverhältnisse in der Gemeinschaft beitragen. Damit bestimmt praktisch die Gemeinschaft über die gesamte Regionalförderung, da sich Gebiete der eigenen europäischen Strukturfondsförderung und die Fördergebiete, für welche die Kommission eine nationale Förderung erlaubt, weitgehend entsprechen (vgl. *Erlbacher*, EuWZ 1998, 517, 522; *Schmidhuber*, S. 168; *Puttler*, Strukturbeihilfen, S. 183 f.).

[99] So die Kommission in der Rs 730/79, Slg. 1980, 2671. Befürwortend GA *Capotorti* in seinem SA v. 18.6.1980, Rs 730/79, Slg. 1980, 2671.

γ) Das „gemeinsame Interesse" als Genehmigungs- oder Versagungsmaßstab

Nach Art. 87 Abs. 3 EG kommt es für die Genehmigungsfähigkeit allein auf das Interesse der Gemeinschaft an. Dieses findet als „gemeinsames (europäisches) Interesse" in Art. 87 Abs. 3 lit b, c und d EG gleichsam als feststehender Begriff Verwendung. Was ist darunter zu verstehen?

Als maßgebliche Anhaltspunkte für die Bestimmung „gemeinsamer Interessen" sind gewiß insbes. die in Art. 2 und 3 EG bezeichneten Ziele und Politiken heranzuziehen. Darüber hinaus sollen aber auch *sekundärrechtliche* und sogar *politische Programme* der Gemeinschaft das gemeinsame Interesse bestimmen können.[100] Dadurch steht dieses Interesse im Prinzip sämtlichen sach*politischen* Vorstellungen offen. Inwieweit dient das Beihilfenaufsichtsrecht dann aber nicht nur der *Abwehr* von Maßnahmen, die mit den Zielen des Gemeinsamen Marktes unvereinbar sind, sondern auch der *Durchsetzung* dieses *gemeinsamen Interesses*? Versteht man die Funktion des Beihilfenaufsichtsrechts auch im Rahmen des Art. 87 Abs. 3 EG als primär negatorisch, können Maßnahmen erlaubt werden, die – obgleich mit dem Gemeinsamen Markt unvereinbar – nicht *gegen* besonders wichtige europäische Interessen verstoßen oder nicht in dem Maße dagegen verstoßen, daß eine Untersagung noch verhältnismäßig wäre. Versteht man die Funktion dagegen als eher positiv-gestaltende, nutzt die Gemeinschaft die – im Grunde auch hiernach dem Gemeinsamen Markt widersprechende – Maßnahme *für* ihre eigenen Zwecke. Die Maßnahme wird also (u.U. in umgestalteter Form) gebilligt, weil sie eigene Interessen der Gemeinschaft gerade *befördert*.[101] Die einzelnen Tatbestände des Art. 87 Abs. 3 EG verdeutlichen den Unterschied:

Nach *Art. 87 Abs. 3 lit. b EG* (gemeinschaftswichtige Vorhaben) sind Maßnahmen genehmigungsfähig, wenn sie der Förderung im gemeinsamen Interesse liegender Vorhaben *dienen*. Dies ist genau der oben angesprochene Fall, daß mitgliedstaatliche Beihilfen vor den „europäischen Karren" gespannt werden können, obwohl die Maßnahme eigentlich dem Gemeinsamen Markt entgegensteht. In *lit. c und d* (Struktur- und Kulturförderung)

---

[100] *Mederer*, in: G/T/E, Art. 92, Rn 98; *von Wallenberg*, in: *Grabitz/Hilf*, Art. 87, Rn 122.

[101] Fraglich ist insbesondere, inwieweit das nicht zuletzt von der Kommission mitbestimmte und von ihr im Rahmen des Art. 87 Abs. 3 EG zu konkretisierende gemeinsame Interesse die Ziele des Gemeinsamen Marktes zurückdrängen kann. Zum Vorrang (sachpolitisch bestimmter) Gemeinschaftsinteressen (z.B. „reducing the dependence on energy imports", „energy conservation") *Andriessen*, ECLR 1983, 286, 289 f., 291: „Here too, though the subsidies may give the relevant firm an advantage over its competitors, the general interest is a more important consideration." Vgl. hierzu auch *Mederer*, in: G/T/E, Art. 92, Rn 99.

dürfen Maßnahmen genehmigt werden, soweit sie dem gemeinsamen Interesse *nicht zuwiderlaufen*. Dies ist der umgekehrte Fall, daß nämlich eine Genehmigungsmöglichkeit nur soweit besteht, wie nicht besondere Gemeinschaftsinteressen tangiert werden. In der einen Konstellation (lit. c und d) *beschränkt* das gemeinsames Interesse die Genehmigungsfähigkeit (das gemeinsame Interesse fungiert quasi als *Kernschutzbereich* des Gemeinsamen Marktes und wirkt bei Betroffensein insoweit als Genehmigungs*versagungs*tatbestand). Im Fall lit. b hingegen ist das gemeinsame Interesse gerade der Grund für die Genehmigungsfähigkeit (als *Genehmigungs*tatbestand).[102] Dies zeigt deutlich, daß nur bei lit. b von einer echten positiven Gestaltungsmöglichkeit gesprochen werden kann.

3. Die Funktion des Beihilfenaufsichtsrechts und die Rolle der Kommission

Der bereits im materiellen Recht angelegte Zwiespalt zwischen (aktivpositiver) europäischer Sachpolitik einerseits und (negatorischer) europäischer Beihilfenkontrollpolitik andererseits verschärft sich noch bei der Anwendung, also beim *Vollzug* des Vertrages.[103] Problematisch ist dabei gerade die Position der Kommission als maßgebliche Institution sowohl für den Vollzug der europäischen *Sach*politiken, insbesondere der gemeinschaftlichen Beihilfen*gewährungs*politik, als auch für den Vollzug der Beihilfen*kontroll*politik. Es erscheint bereits im *Grundsatz* fraglich, wie beide hier angesprochenen Aufgaben mit diametral entgegengesetzten Blickrichtungen sinnvoller Weise in einer Hand zusammengeführt werden können.[104] Der Mitspieler ist jedenfalls von vornherein kein guter Unparteiischer. Gerade eine bewußt „kohärent" gestaltete Politik läßt im Ergebnis eine Tendenz befürchten, Kohärenz so zu verstehen, daß die Kontrolltätigkeit der aktiven Gestaltungsmöglichkeit untergeordnet wird. Hat man die Wahl, scheint schon „psychologisch" (Staatsversagen!) der positiv gestaltenden Tätigkeit mehr Reiz anzuhaften als der negativ kontrollierenden. Die Folge, so läßt sich vermuten, ist die Durchwirkung der Wettbewerbsaufsicht mit sachpolitischen Motiven, Kompetenzverschleierung bzw. -überschreitung zu Lasten der Mitgliedstaaten.

---

[102] Bemerkenswert ist, daß das gemeinsame Interesse durchaus *nicht* vollkommen im Zielbereich des Gemeinsamen Marktes zu liegen braucht, sondern beide durchaus in einem Spannungsverhältnis zueinander stehen können. Nach Art. 87 Abs. 3 EG sind Maßnahmen mit dem Gemeinsamen Markt unvereinbar und im Ergebnis doch im gemeinsamen Interesse liegend bzw. dieses befördernd. Es muß sich freilich jeweils um legitime und rechtmäßige Gemeinschaftsinteressen handeln – vgl. *von Wallenberg*, in: *Grabitz/Hilf*, Art. 87, Rn 113.

[103] Vgl. oben 1. Teil, Kap. 4, Abschn. C. II, III.

[104] Letztlich geht es auch hier um das Problem der institutionellen Trennung staatlicher Gewalt. Ob eine bloß funktionelle Trennung im Sinne eines permanenten Rollenwechsels genügt, darf bezweifelt werden.

Bedenkt man, daß der Vertrag – auch nach der Einschätzung des Gerichtshofs – der Kommission sowohl bei der aktiven sachpolitischen Gestaltung des Gemeinsamen Marktes wie auch etwa bei der Beihilfenaufsicht einen weiten Einschätzungs- und Handlungsspielraum bzw. ein weites Ermessen einräumt,[105] wird offenkundig, daß, wenn nicht auf der materiellen Ebene, so doch auf der Ebene des *Vollzugs* und der *Ermessensbetätigung,* leicht beide Bereiche ineinanderfließen. Man muß kein Seher sein, um vorherzusagen, daß derlei Verflechtungen von der Kommission zugunsten ihrer *Gestaltungs*möglichkeiten genutzt werden. Tatsächlich werden Beihilfenverbot genauso wie die daran anknüpfende Gestaltungsmöglichkeit extensiv ausgelegt. Eine große Zahl mitgliedstaatlicher Maßnahmen gerät so in die Hände der Kommission – die kräftig formend zugreifen kann. Dem privaten Wettbewerb ist freilich wenig gedient, wenn die Gemeinschaftstätigkeit lediglich zu einer von „höherer Stelle" aus veranlaßten und nicht zu einem Weniger an Verteilung führt.[106]

IV. Zusammenfassung

Die Funktion des Beihilfenaufsichtsrechts liegt primär in dessen negatorischem Wettbewerbsschutz, also in der *Abwehr* mitgliedstaatlicher Maßnahmen, die mit dem Gemeinsamen Markt nicht zu vereinbaren sind. Vorrangiges Schutzobjekt ist der Binnenwettbewerb, wobei ein Systemwettbewerb der Mitgliedstaaten durchaus nicht ausgeschlossen wird. Daneben ist das Beihilfenrecht gewiß auch in seiner komplementären Funktion zu den Grundfreiheiten zu sehen, geht aber über deren antidiskriminierende Zwecksetzung hinaus. Weder ist damit eine Vereinheitlichung der Förderpolitik noch eine Befugnis der Gemeinschaft (insbesondere der Kommission) verbunden, mit Hilfe des Beihilfenrechts eine eigene Sachpolitik zu betreiben. Insoweit ist das Beihilfenrecht „Wettbewerbs-Polizeirecht" und ein Polizeieinsatz lohnt nicht, wenn die Gefahr danach nicht kleiner oder womöglich sogar größer geworden ist. „Unterm Strich" muß also die Beihilfenaufsicht immer zu einem Weniger an hoheitlicher (mitgliedstaatlicher *und* europäischer) Einflußnahme insgesamt führen. Die Tendenz der Kommission, nach dem Motto zu verfahren, „was nicht meinem Interesse *dient, widerspricht* meinem Interesse", findet im Vertrag (außer vielleicht

---

[105] Vgl. oben 1. Teil, Kap. 4, Abschn. C. IV., sowie unten Abschn. C. III. 2.
[106] Zu Alternativen vgl. *Schütterle,* EuZW 1995, 391 f. Eine institutionelle Trennung (z.B. Errichtung einer eigenen Wettbewerbs-Behörde) oder klarere Abgrenzung der Aufgaben qua lege ferenda sind gewiß diskutable Möglichkeiten. Indes gilt es zunächst zu prüfen, ob nicht der Vertrag selbst bereits Lösungen parat hält und diese nur besser sichtbar gemacht werden müßten.

in Art. 87 Abs. 3 lit. b EG) jedenfalls keine Entsprechung.[107] Problematisch ist dabei von vornherein die institutionelle Doppelrolle der Kommission als Hüterin des Wettbewerbs und sachpolitische Akteurin. Dies legt eine striktere Anbindung an die rechtlichen Vorgaben nahe, wofür diese freilich hinreichend konkret sein müssen.

C. Die Konkretisierung des Beihilfenverbots

I. Untersuchungsgegenstand und Erkenntnisinteresse

Im Bereich des hier vorwiegend interessierenden Beihilfen*verbots* gem. Art. 87 Abs. 1 EG ist der Kommission kein ausdrücklicher Ermessens- oder Gestaltungsspielraum eingeräumt. Die Beihilfenvorschriften müssen aber auch hier zum Zwecke der Praxistauglichkeit rechtlich aus*geformt*, d.h. tatbestandlich *konkretisiert* werden; sei es in einer sich herausbildenden Verwaltungs- bzw. Gerichtspraxis, sei es durch Erlaß und Überprüfung von Verwaltungsvorschriften. Im Hinblick auf das Erkenntnisinteresse gilt es daher Kriterien zu finden, die eine strukturierte Subsumtion erlauben. Hierfür stellen sich insbesondere folgende Fragen: Welche Konkretisierungsgrundsätze gelten für das Beihilfenrecht? Wie gestaltet sich die Konkretisierung im institutionellen Verhältnis von Kommission und Gerichtshof (Stichwort: Einschätzungsprärogative und richterliche Kontrolldichte)? Inwieweit kann die Konkretisierung auf eine abstraktere Ebene (etwa durch den Erlaß von Verwaltungsvorschriften) gehoben werden?

II. Die für die Konkretisierung wesentlichen Prinzipien des Gemeinschaftsrechts

Die Gemeinschaft kennt dank der EuGH-Rechtsprechung wie jede rechtsstaatliche Ordnung gewisse Grundsätze, die ihr Handeln jenseits der Einzelfallbetrachtung leiten, es berechenbar und nachprüfbar machen und es im „Recht" selbst verankern.[108] Hier geht es v.a. um die wesentlichen Prinzipien für die Konkretisierung der beihilfenrechtlichen Tatbestände. Konkretisierung bedeutet für das hier formulierte Erkenntnisinteresse zunächst

---

[107] Vgl. demgegenüber nur den (allerdings mittlerweile überholten) KMU-Gemeinschaftsrahmen (ABl. C 213 v 23.7.1996), Nr. 4.1, wo es hieß: Die Zielsetzung der Beihilfe für KMU muß (gem. Art. 92 Abs. 3 lit. c EGV!) „von gemeinschaftlichem Interesse sein." Dies verlangt der Vertrag gerade nicht.
[108] Vgl. zu den wesentlichen Prinzipien des Europarechts im Überblick etwa *Krück*, in: G/T/E, Art. 164, Rn 22 ff.; *Geiger*, EUV/EGV, Art. 220, Rn 25 ff.

einmal *Auslegung*. Bedeutsam sind also die Auslegungs*methoden*[109] sowie die für Anwendung des materiellen Beihilfenrechts wesentlichen *Maximen*.

1. Die Auslegungsgrundsätze des Gemeinschaftsrechts

a) Grammatische Auslegung

Der Wert der Wortlautauslegung wird schon wegen des Vertragscharakters des EG-Vertrages und der unterschiedlichen, dabei aber allesamt authentischen Vertragssprachen geringer eingeschätzt als bei der Auslegung nationaler Rechtsvorschriften.[110] Immer lauert die Gefahr, einem bloßen „Übersetzungsfehler" aufzusitzen.[111] Dennoch ist der Wortlaut, da eine Norm prima facie aus Worten besteht, das natürlich erste Kriterium.[112] Der Gefahr, bloße Begriffsjurisprudenz zu betreiben, läßt sich durch vergleichende Heranziehung anderer Vertragssprachen begegnen.[113]

b) Historische Auslegung

Mit ähnlicher Vorsicht wie die Wortlautinterpretation ist im Europarecht der „Wille des historischen Gesetzgebers" zu genießen.[114] Wie bei völkerrechtlichen Verträgen üblich, ist die „Gesetzgebung" absichtsvoll kaum dokumentiert.[115] Zudem empfiehlt sich gerade im Europarecht eine „dynamische" und nicht historisch-punktuelle Auslegung.[116] Zumindest als gewissermaßen „retardierendes Moment" gegen eine mehr oder minder be-

---

[109] Ausführlich hierzu etwa *Anweiler*, Die Auslegungsmethoden des Gerichtshofs der Europäischen Gemeinschaften; *Grundmann*, Die Auslegung des Gemeinschaftsrechts durch den Europäischen Gerichtshof; *Mittmann*, Die Rechtsfortbildung durch den Gerichtshof der Europäischen Gemeinschaften und die Rechtsstellung der Mitgliedstaaten der Europäischen Union, S. 114 ff. In der Literatur wurden bereits sehr Europa-spezifische Antworten gegeben, wie insbesondere der Gerichtshof sich zu der Auslegungsproblematik stellt (vgl. etwa *Bleckmann*, Bindungswirkung, S. 165 f.; ders., NJW 1982, 1177 ff.). Für die vorliegende Arbeit darf es genügen, sich der Materie anhand der dem deutschen Rechtsverständnis vertrauten Kriterien (grammatische, historische, systematische und teleologische Auslegung) zu nähern.

[110] Vgl. etwa *Wegener*, in: *Calliess/Ruffert*, EUV/EGV, Art. 220, Rn 11; *Krück*, in: G/T/E, Rn 56.

[111] Vgl. *Grundmann*, S. 235.

[112] Vgl. *Geiger*, EUV/EGV, Art. 220, Rn 11; *Mittmann*, S. 214. Vorwiegend auf den Wortlaut abstellend etwa noch *Coing*, ZHR 1963, 271 ff., zu Art. 85 EWGV.

[113] Vgl. *Grundmann*, S. 236.

[114] Vgl. *Wegener*, in: *Calliess/Ruffert*, EUV/EGV, Art. 220, Rn 12; *Grundmann*, S. 292 ff.

[115] Die Materialien des EGV wurden und werden als geheimzuhaltende „Verschlußsachen" behandelt. Vgl. *Grundmann*, S. 292.

[116] Vgl. etwa *Bleckmann*, Bindungswirkung, S. 165.

liebige funktionelle Betrachtungsweise hat das historische Kriterium aber auch hier seine Berechtigung.[117]

c) Systematische Auslegung

Die Beurteilung einer Norm nach ihrem systematischen Zusammenhang hat trotz des Vertragscharakters (mit der Folge einer nicht immer bis ins letzte ausgeklügelten Systematik) auch im Europarecht wesentliche Bedeutung.[118] Für das Beihilfenrecht ist die Verankerung im Kapitel „Wettbewerbsregeln" allerdings nicht von allzu großer Aussagekraft.[119] Eine größere Rolle mag hier die bereits oben behandelte konzeptionelle Struktur der Art. 87 ff. EG, die norm*interne* Systematik und die – vielleicht eher der grammatischen Auslegung zuzuordnende – syntaktische Satzstruktur spielen.[120]

d) Teleologische Auslegung

Der teleologischen Interpretation wird gerade im Gemeinschaftsrecht sicher zu Recht die größte Bedeutung beigemessen.[121] Die funktionelle Grobstruktur des Beihilfenaufsichtsrechts wurde dementsprechend bereits oben in einem eigenen Abschnitt behandelt (vgl. oben Abschnitt B.). Bei der Untersuchung der einzelnen Tatbestandsmerkmale des Art. 87 Abs. 1 EG wird es daher nicht zuletzt darum gehen, diese im Schlaglicht der Ratio des Beihilfenaufsichtsrechts zu analysieren.

2. Allgemeine Rechtsgrundsätze des Gemeinschaftsrechts

a) das Effizienzprinzip und die „implied-powers-Doktrin"

Von der teleologischen Auslegungsmethode läßt sich nahtlos an das gleichfalls teleologische Wirksamkeitsprinzip des Europarechts anknüpfen: Das vom Gerichtshof entwickelte Effizienzprinzip (Prinzip der „praktischen Wirksamkeit" bzw. der sog. „effet utile") ist von eminenter Bedeutung für die bisherige Entwicklung der Gemeinschaft. Europäischen Nor-

---

[117] Nicht alles, was vor funktionellem Hintergrund interpretierbar ist, läßt sich mit der sich aus dem historischen Kontext ergebenden Vorstellung der „Väter des Vertrages" noch in Deckung bringen. Jedenfalls ist Vorsicht geboten, wenn eine Interpretation offenkundig weit über die erkennbare ursprüngliche Sinngebung hinausgeht.

[118] Vgl. *Wegener*, in: *Calliess/Ruffert*, EUV/EGV, Art. 220, Rn 13; *Grundmann*, S. 338 ff.

[119] Vgl. oben Abschn. A. II. 3.

[120] Vgl. etwa EuG, 6.10.1999, Rs T-110/97, Slg. 1999, II-2881, Leitsatz 3, zum „disjunktiven Charakter der Konjunktion ′oder` in Art. 92 Abs. 3 lit e EGV."

[121] Vgl. *Geiger*, EUV/EGV, Art. 220, Rn 11; *Grundmann*, S. 394; *Wegener*, in: *Calliess/Ruffert*, EUV/EGV, Art. 220, Rn 14.

mativakten muß danach größtmögliche Durchsetzungskraft zukommen.[122] Es ist insofern selbstverständlich, daß auch von den beihilfenrechtlichen Vorschriften diese effektive Wirkung ausgehen muß. Allerdings: Einer dynamisch-evolutorischen Funktion der Gemeinschaftsvorschriften im Sinne eines permanenten „Vorwärtsmarschierens", erst zum Zwecke der *Wahrnehmbarkeit*, dann zur *Durchsetzung* und schließlich zur *Verabsolutierung* der Gemeinschaftsbelange sind Grenzen gesetzt.[123] Dies gilt auch im Hinblick auf die „implied-powers-Doktrin", einer europäischen Lehre von der Kompetenzeröffnung kraft Sachzusammenhangs.[124] Zu überprüfen wird jedenfalls sein, ob sachpolitische Kompetenzen Einfluß auf Umfang und Intensität der Beihilfenaufsicht haben können.[125]

b) das Prinzip der begrenzten Einzelermächtigung

Nach dem Prinzip der begrenzten Einzelermächtigung wird die Gemeinschaft „nur innerhalb der Grenzen der ihr in diesem Vertrag zugewiesenen Befugnisse und gesetzten Ziele tätig."[126] Damit wird die Gemeinschaft gerade im Hinblick auf die mitgliedstaatlichen Souveränitätsrechte zu strikter Einhaltung der ihr im einzelnen übertragenen (Verbands-)Kompetenzen verpflichtet. Die im EG enthaltenen kompetenzeröffnenden Normen („Befugnisse" und „Ziele")[127] sind im EG freilich meist so weit und unbestimmt gehalten, daß eine konkrete Handlungs*beschränkung* daraus nur selten abzuleiten ist.[128] Darüber hinaus gilt im Europarecht der im deutschen Recht unangefochtene Grundsatz, daß von Aufgaben nicht auf Befugnisse geschlossen werden darf, nach der (insoweit in klarem Gegensatz

---

[122] Eine wichtige Konsequenz ist insbes. die direkte Anwendbarkeit von nicht in nationales Recht umgesetzten Richtlinien – vgl. hierzu *Streinz*, Rn 443 ff.

[123] Es kann also nicht um eine Anwendung bzw. Vertragsauslegung im Sinne einer „größtmöglichen Ausschöpfung der Gemeinschaftsbefugnisse" gehen (vgl. BVerfGE 89, 155, 210); vgl. etwa auch *Mittmann*, S. 109.

[124] Vgl. etwa *Streinz*, Rn 400.

[125] Daß das Beihilfenrecht keine Kompetenzeröffnung zur Durchsetzung europäischer Sachpolitik enthält, wurde bereits oben unter Abschn. B. festgestellt. Zur Frage, ob umgekehrt die Eröffnung europäischer Sachkompetenzen Wirkungen auf das Beihilfenrecht im Sinne weiterreichender Einschätzungsprärogative hat, unten Kap. 2, Abschn. A. III.

[126] Seit dem Vertrag von Maastricht in Art. 5 Abs. 1 EG (ex-Art. 3 b Abs. 1 EGV) ist es ausdrücklich normiert. Es klingt – eher die Organkompetenz betreffend – außerdem noch in Art. 7 Abs. 1 EG an, wo es heißt, „jedes Organ handelt nach Maßgabe der ihm in diesem Vertrag zugewiesenen Befugnisse".

[127] Wenn man nach herrschender Lehre „Ziele" im deutschen Sinne als „Aufgaben" – die Gemeinschaftsterminologie ist insoweit wenig konsistent – versteht. Vgl. *von Bogdandy/Bast*, in: *Grabitz/Hilf*, Art. 5, Rn 1, 3, sowie *von Bogdandy/Nettesheim, ebd.*, Vorauflage (Stand Sept. 1994), Art. 3 b, Rn 4.

[128] Vgl. *Lienbacher*, in: *Schwarze*, EU-Komm., Art. 5, Rn 8.

zur Position des BVerfG stehenden)¹²⁹ Rechtsprechung des EuGH wohl nicht. „Effet utile" und die „implied-powers-Lehre" stellen nicht nur gewichtige Gegenspieler zum Prinzip der begrenzten Einzelermächtigung dar, ihnen wird im Zweifel auch der Vorrang eingeräumt.¹³⁰

Art. 87 und 88 EG eröffnen der Kommission Kontroll- und Abwehrbefugnisse. Da die Beihilfenaufsicht naturgemäß alle möglichen Politikbereiche berührt, besteht aber die Gefahr, daß die Kommission jenseits des *negatorischen* Schutzauftrags und der wettbewerbs*aufsichtlichen* Kontrollbefugnisse operiert. Eine Tendenz zur Kompetenzerweiterung (insbes. zur Durchsetzung eigener Sachpolitiken) ist auch in anderen Bereichen zu beobachten.¹³¹ Die Kommission verfolgt im Beihilfenaufsichtsrecht ganz offen Ziele, die mit *Kontrolle* im eigentlichen Sinn nichts zu tun haben (im Bereich des Umweltschutzes, der Förderung von KMU, FuE, der Landwirtschaft, usw.).¹³² Eine Instrumentalisierung der Beihilfenaufsicht zur

---

¹²⁹ Aus Sicht des deutschen Verfassungsrechts ergeben sich Probleme in zweierlei Hinsicht: Entweder besteht die Gefahr, daß die (eine solche extensive Auslegung erlaubende) Norm zu *unbestimmt* ist oder daß die extensive Auslegung selbst den ihr im deutschen Zustimmungsgesetz *gesteckten Rahmen* überdehnt (vgl. BVerfGE 89, 155, 187, 209 f.).

¹³⁰ Vgl. *Lienbacher*, in: *Schwarze*, EU-Komm., Art. 5, Rn 9 f., sowie EuGH, Rs 281, 283–285, 287/85, Rn 28: „Weist eine Bestimmung des EWGV (...) der Kommission eine bestimmte Aufgabe zu, so ist davon auszugehen, daß sie ihr dadurch notwendigerweise auch die zur Erfüllung dieser Aufgabe unerläßlichen Befugnisse verleiht; andernfalls werde (...) der Bestimmung jede praktische Wirkung genommen." Dieser Ansatz hat berechtigterweise Kritik erfahren (vgl. *Rohe*, RabelsZ 61 (1997), 1, 38; *Zuleeg*, in: G/S, Art. 2, Rn 5, Art. 5, Rn 3; *von Bogdandy/Nettesheim*, in: Grabitz/Hilf (Stand Sept. 1994) Art. 3 b, Rn 6, mwN. Allerdings haben die Vertragspartner trotz Kenntnis dieser Rechtsprechung keine Änderung des Textes vorgenommen (vgl. *Lienbacher*, in: *Schwarze*, EU-Komm., Art. 5, Rn 9).

¹³¹ Im Streit um die Tabakwerberichtlinie hat die Gemeinschaft deutlich gemacht, daß in ihren Augen auch die Befugnis zur Verhinderung von Handelsschranken durch Harmonisierung herhalten kann, um sachpolitische (gesundheitspolitische) Ziele zu verfolgen (Richtlinie 98/43, ABl. L 213 v. 30.7.1998, S. 9). Hier hat der EuGH – freilich recht spät – die Bremse gezogen (EuGH, 5.10.2000, Rs C-376/98, Slg. 2001, I-8419, Rn 76 ff.) und dann (EuGH, 10.12.2002, Rs C-491/01, Slg. 2002, I-11453 zu Richtlinie 2001/37, ABl. L 194 v. 18.7.2001, S. 26) wieder gelockert. Vgl. hierzu nur etwa *Stein*, EuZW 2000, 337 ff.; *Wägenbaur*, EuZW 2000, 549 ff.; ders., EuZW 2003, 107 ff.

¹³² Erkennbar ist dies daran, daß die Kommission nicht die wettbewerbsschädliche Wirkung der jeweiligen Maßnahmen zum Maßstab macht, sondern ihre sachpolitischen Zweckmäßigkeitserwägungen: Augenscheinlich wird dies etwa beim Gemeinschaftsrahmen für staatliche Umweltschutzbeihilfen (ABl. C 72 vom 10.3.1994, S. 3), wonach zunächst auf das Umweltkapitel im EG-Vertrag abgestellt und entsprechende „politische Aktionsmittel" empfohlen werden. Hier seien „positive finanzielle Anreize – wie Zuschüsse" am Platze. Bei KMU (ABl. C 213 v. 23.7.1996, S. 4 ff.) hält die Kommission staatliche Beihilfen wegen Marktmängeln, die einer (ihrer Meinung nach) sozial wünschenswerten Entwicklung beggnen, generell für gerechtfertigt. In ihren FuE-Gemein-

Erreichung anderer Ziele des Vertrages bzw. eigener politischer Ziele der Kommission wäre bei konsequenter Anwendung des Prinzips der begrenzten Einzelermächtigung EG-rechtswidrig. Als Abgrenzungskriterium für die Beihilfenaufsicht zeitigt das Prinzip nach gegenwärtigem Stand kaum wirklich zügelnde Wirkung und kann die Verquickung verschiedener Vertragsziele offenbar nicht verhindern. Nach dem insoweit unmißverständlichen Diktum des Bundesverfassungsgerichts im Maastricht-Urteil kann aber allzu ausuferndes Verrücken von Kompetenzschranken jedenfalls im Extremfall sogar zur Unbeachtlichkeit der konkreten Maßnahme führen.[133]

c) der Grundsatz gegenseitiger Rücksichtnahme

Daß Gemeinschaft und Mitgliedstaaten zur Kooperation und zu „freundlichem" gegenseitigen Verhalten verpflichtet sind, erschließt sich bereits aus der Natur der Verträge. Eine Verpflichtung zu kooperativem Verhalten ergibt sich für die Mitgliedstaaten ausdrücklich aus Art. 10 EG.[134] Kooperation ist freilich keine Einbahnstraße – alle Beteiligten sind zu gegenseitiger Loyalität aufgerufen.[135] Insbesondere muß die Gemeinschaft auch auf verfassungsrechtliche Belange der Mitgliedstaaten Rücksicht nehmen.[136] Art. 6 Abs. 3 EUV gebietet den Gemeinschaftsorganen die Achtung der nationalstaatlichen, also insbesondere der verfassungsrechtlichen Identität der EU-Mitgliedstaaten.[137]

d) das Subsidiaritätsprinzip nach dem EG-Vertrag

Das in Art. 5 Abs. 2 EG niedergelegte Subsidiaritätsprinzip besagt, daß die Gemeinschaft in Bereichen, für die sie keine ausschließliche Zuständigkeit besitzt, nur tätig wird, soweit Ziele auf nationaler Ebene nicht ausreichend und daher auf europäischer Ebene „besser" erreicht werden können. Damit ist das europarechtlich normierte Subsidiaritätsprinzip ungleich enger als jenes nach staatstheoretischem Verständnis.[138] Nach dem Verständnis des

---

schaftsrahmen (ABl. C 45 v. 17.2.1996, S. 5 ff.) spricht die Kommission ausdrücklich davon, mittels des Gemeinschaftsrahmens zum Ziel der Stärkung der Wettbewerbsfähigkeit durch FuE beitragen zu wollen.

[133] Vgl. BVerfGE 89, 155, 195, 210, und hierzu oben 1. Teil, Kap., Abschn. A. II.

[134] Was sich im Hinblick auf das Beihilfenrecht etwa in gewissen Mitwirkungspflichten hinsichtlich der Sachverhaltsaufklärung manifestiert (vgl. Art. 2 Abs. 1, Art. 5, Art. 22 VVO).

[135] Vgl. *Streinz*, Rn 162.

[136] Ebd.

[137] Gemeint sein dürfte hierbei nicht nur die *kulturelle* Identität der europäischen Völker, sondern (schon wegen der Verknüpfung „Identität" mit „Mitglied*staaten*") auch die *staatliche* und damit die verfassungsrechtliche Eigenheit und Eigenständigkeit.

[138] Im Grunde bleibt kaum mehr übrig als der Begriff selbst. Ob das Subsidiaritätsprinzip gem. Art. 2 EUV, der auf Art. 5 EG Bezug nimmt, weiter reicht, muß bezweifelt

EG-Vertrages fungiert es nicht als Kompetenz*zuweisungsprinzip*, sondern allenfalls als Kompetenz*ausübungsschranke*.[139] Während das vorrechtliche Subsidiaritätsprinzip dem Zweck dient, zu bestimmen, *wem* die Kompetenz zukommt, setzt das Subsidiaritätsprinzip in Art. 5 EG diese Kompetenzverteilung gerade voraus. Dazu ist die Justitiabilität zweifelhaft und jedenfalls begrenzt.[140]

Allgemein setzt die Aktivierung des Subsidiaritätsprinzips voraus, daß eine *Konkurrenzsituation* zwischen mitgliedstaatlichen und gemeinschaftlichen Kompetenzen vorliegt.[141] Eine solche Konkurrenzsituation besteht derzeit weder hinsichtlich einer nationalen und einer europäischen Beihilfen*aufsicht*[142] noch hinsichtlich der Bereiche nationaler *Sachpolitik* und europäischer Beihilfen*sicht* und auch nicht hinsichtlich Beihilfen*vergabe* und Beihilfen*aufsicht*.[143] Allenfalls bei konkurrierenden sachpolitischen Kompetenzen im Rahmen des Beihilfenrechts bliebe Raum für das Subsidiaritätsprinzip europäischer Lesart.

e) das Verhältnismäßigkeitsprinzip

Eine dogmatische Verfestigung wie in den nationalen Rechtsordnungen hat der von der Rechtsprechung entwickelte und in Art. 5 Abs. 3 EG kodifi-

---

werden. Vgl. zum Subsidiaritätsprinzip nach staatstheoretischem Verständnis oben 1. Teil, Kap. 2, Abschn. B. V.

[139] Vgl. *Rohe*, RabelsZ 61 (1997), 1, 30; *Lehr*, in: *Bergmann/Lenz*, Amsterdamer Vertrag, Kap. 9, Rn 6 f.; *von Bogdandy/Nettesheim*, in: Grabi*tz/Hilf* (Stand Sept. 1994), Art. 3 b, Rn 19; *Mittmann*, S. 112; *Lienbacher*, in: *Schwarze*, EU-Komm., Art. 5, Rn 12 f., mit Hinweis auf die Gegenmeinung. Es betrifft nur das Verhältnis von EG und Mitgliedstaaten; der Einzelne spielt nur insoweit eine Rolle, als ihm in den Vertragszielen mittelbar gewisse Rechte eingeräumt werden. Auf mehr konnten sich die Vertragsstaaten nicht verständigen – die Etikettierung als „Formelkompromiß" ist daher mehr als berechtigt. Zur Entstehungsgeschichte des europäischen Subsidiaritätsprinzips *Lienbacher*, in: *Schwarze*, EU-Komm., Art. 5, Rn 21.

[140] Grds. für die Justitiabilität etwa *Lehr,* in: *Bergmann/Lenz*, Amsterdamer Vertrag, Kap. 9, Rn 29; *von Bogdandy/Nettesheim*, in: Grabi*tz/Hilf* (Stand Sept. 1994), Art. 3 b, Rn 41; *Zuleeg*, in: G/S, Art. 5, Rn 35; *Lienbacher*, in: *Schwarze*, EU-Komm., Art. 5, Rn 25. Abgesehen davon wirkt das Subsidiaritätsprinzip aber durchaus präventiv, was seine mangelnde Justitiabilität partiell wieder ausgleicht – hierzu *Rohe*, RabelsZ 61 (1997), 1, 6 ff., 29, 82.

[141] Für ausschließlich der Gemeinschaft eingeräumte Kompetenzen hat das europäische Subsidiaritätsprinzip von vornherein keinerlei Bedeutung. Vgl. *Lienbacher*, in: *Schwarze*, EU-Komm., Art. 5, Rn 13 f.; *von Bogdandy/Nettesheim*, in: Grabi*tz/Hilf* (Stand Sept. 1994), Art. 3 b, Rn 28; *Zuleeg*, in: G/S, Art. 5, Rn 25.

[142] Eine möglicherweise konkurrierende Beihilfen*aufsicht* ist im Gegensatz zum anderweitigen Wettbewerbsrecht jedenfalls in Deutschland nicht institutionalisiert. Die Mitgliedstaaten könnten aber das Subsidiaritätsprinzip aktivieren, indem sie selbst eine Beihilfenaufsicht errichten würden.

[143] Beide Male liegt kein Konkurrenz-, sondern allenfalls ein Kollisionsverhältnis vor.

zierte europarechtliche Verhältnismäßigkeitsgrundsatz zwar noch nicht erfahren. In etwa haben sich aber die gleichen Strukturen herausgebildet, wie sie für den deutschen Verhältnismäßigkeitsgrundsatz gelten, also die Unterteilung in Geeignetheit, Erforderlichkeit und Proportionalität (Verhältnismäßigkeit im engeren Sinn).[144] Er gilt auch gegenüber den Mitgliedstaaten.[145] Anders als das Subsidiaritätsprinzip gilt er auch für Bereiche, in denen die Gemeinschaft ausschließlich zuständig ist.[146] Darüber hinaus ist er grundsätzlich voll justitiabel.[147] Da jegliches Gemeinschaftshandeln – jedenfalls soweit ihm eine gewisse Außenwirkung zukommt[148] – verhältnismäßig sein muß, ist der Verhältnismäßigkeitsgrundsatz nicht erst beim eigentlichen Verwaltungsvollzug, sondern bereits bei der vorgelagerten Subsumtion, insbes. also auch bei der Bestimmung der Reichweite des materiellen Beihilfenverbots zu beachten.[149] Insoweit ist der Grundsatz der Verhältnismäßigkeit von herausragender Bedeutung für das Beihilfenaufsichtsrecht.

---

[144] Vgl. etwa *Lienbacher*, in: *Schwarze*, EU-Komm., Art. 5, Rn 39; *von Bogdandy/Nettesheim*, in: Grab*itz/Hilf* (Stand Sept. 1994), Art. 3 b, Rn 50 ff.

[145] Vgl. *Lienbacher*, in: *Schwarze*, EU-Komm., Art. 5, 36. War vor dem Maastricht-Vertrag noch unklar, ob der schon früher von der Rechtsprechung entwickelte Grundsatz der Verhältnismäßigkeit nicht nur dem Einzelnen zu Gute kommt, legt Art. 5 Abs. 3 EG nunmehr fest, daß alle und somit auch solche die Mitgliedstaaten betreffenden Rechtsakte der Gemeinschaft verhältnismäßig sein müssen.

[146] Vgl. *Lienbacher*, in: *Schwarze*, EU-Komm., Art. 5, Rn 35.

[147] Einschränkend ist aber anzumerken, daß der Gerichtshof den Gemeinschaftsorganen einen grundsätzlich weiten Spielraum zugesteht (vgl. *Lienbacher*, in: *Schwarze*, EU-Komm., Art. 5, Rn 36) und dementsprechend seine Kontrolle gerade im Bereich des Beihilfenaufsichtsrechts zurückhaltend ausübt. Rechtsprechung, die den Verhältnismäßigkeitsgrundsatz und das materielle Beihilfenverbot betrifft, ist, soweit ersichtlich, noch nicht ergangen.

[148] Eine verwaltungsinterne (nicht justitiable) Ausprägung findet der Verhältnismäßigkeitsgrundsatz zudem im Gebot rationalen Verwaltungshandelns. Danach müssen die Verwaltungsressourcen und der Kontrollerfolg in einem vernünftigen Verhältnis zueinander stehen. Für die De-minimis-Regelung hat die Kommission dementsprechend neben der Verwaltungsvereinfachung auch die Notwendigkeit, den Personaleinsatz auf die Fälle von wirklicher Bedeutung auf Gemeinschaftsebene konzentrieren zu können, als Begründung angeführt (ABl. C 68 v. 6.3.1996, S. 9 ff. – jetzt VO 69/2001).

[149] Das Verhältnismäßigkeitsprinzip gilt nach dem Wortlaut des Art. 5 Abs. 3 EG für gemeinschaftliche „Maßnahmen". Auch die Feststellung, daß eine verbotene Beihilfe vorliegt, dürfte eine mit gewisser Außenwirkung versehene „Maßnahme" im Sinne des Art. 5 Abs. 3 EG sein – und zwar in doppelter Hinsicht: Erstens konkretisiert sie die Verbotswirkung, die sich nicht unmittelbar aus dem Vertrag ergibt. Zweitens eröffnet die Qualifizierung als mit dem gemeinsamen Markt unvereinbare Maßnahme die Beurteilung nach den Ermessensausnahmen. In der letztlich ergehenden Entscheidung ist die vorgelagerte materielle Entscheidung enthalten, weswegen es sinnlos wäre, nur auf erstere abzustellen.

Verhältnismäßiges Handeln bedeutet, daß Ziel (Schutz des Gemeinsamen Marktes), Mittel (Genehmigung, Untersagung bzw. Modifizierung mitgliedstaatlicher Maßnahmen) und Wirkung (auf den Wettbewerb selbst, aber auch auf mitgliedstaatliche Rechte und Interessen) in ein angemessenes Verhältnis zueinander gebracht werden. Die Bindung der Gemeinschaft an den Verhältnismäßigkeitsgrundsatz bedeutet also, daß die Beihilfenaufsicht nicht ohne Rücksicht auf die davon ausgehenden Wirkungen insbesondere auf mitgliedstaatliche Handlungsspielräume ausgeübt werden kann. Da das Europarecht nur autonome Grenzen kennt, erlaubt der Verhältnismäßigkeitsgrundsatz, die von den nationalen Rechtsordnungen gesetzten, aus mitgliedstaatlicher Sicht „harten" Grenzen zumindest als „weiche" im Europarecht zu berücksichtigen.[150] Insoweit *müssen* diese nationalstaatlichen Grenzen jedenfalls im Rahmen einer Verhältnismäßigkeitsprüfung Berücksichtigung finden. Vorwiegend der Verhältnismäßigkeitsgrundsatz verknüpft also die rechtlichen Gegebenheiten und Zwänge der Mitgliedstaaten (die an sich im „autonomen" Europarecht keine Rolle spielen) mit der europäischen Rechtsmaterie.

Je gewichtiger die mitgliedstaatlichen Interessen sind, um so sorgfältiger ist daher zu prüfen, ob die Maßnahme der Kommission zur Verbesserung des Handels- und Wettbewerbsschutzes verhältnismäßig ist. Dies bedeutet nicht, daß in (aus nationaler Sicht) sensiblen Bereichen auf eine wirksame Kontrolle verzichtet werden müßte. Die Kommission ist aber verpflichtet, ihre Kontrolle ggf. auf eine *Mißbrauchskontrolle* zu beschränken bzw. besonders zu rechtfertigen.[151] Zur praktischen Wirksamkeit des Verhältnismäßigkeitsprinzips müßte freilich in erster Linie der Gerichtshof sein Augenmerk auf diesen Grundsatz richten, was er im Beihilfenaufsichtsrecht, soweit ersichtlich, bislang nicht getan hat – jedenfalls nicht in diesem Zusammenhang.[152]

f) Transparenz, Kontinuität und Kohärenz

Die Gebote von Rechtssicherheit und -klarheit gehören zum allgemeinen rechtsstaatlichen Grundbestand der Gemeinschaft.[153] Angereichert werden diese Grundsätze durch die speziellen europarechtlichen Gebote der Transparenz, Kontinuität und Kohärenz.

---

[150] Zum Verhältnismäßigkeitsgrundsatz zur Vermeidung von Kompetenzkonflikten *Pfrang*, S. 282 f. Zum Verhältnismäßigkeitsgrundsatz im Beihilfenrecht vgl. *Bleckmann*, WiVerw 1989, 75, 87 ff., und i.ü. oben 1. Teil, Kap. 4, Abschn. A. II.

[151] Vgl. hierzu *Bartosch*, EuZW 2000, 333, 336.

[152] Wenn, dann in anderem Zusammenhang, vgl. etwa EuGH, 14.4.2005, Rs C-110/03, Slg. 2005, I-2810, Rn 61, die Gruppenfreistellungs-VO 994/98 betreffend.

[153] Vgl. etwa *Streinz*, Rn 412, 776; *Schwarze*, in: Schwarze, EU-Komm., Art 220, Rn 16.

Das *Transparenzgebot* gem. Art 1 Abs. 2 EUV[154] soll in besonderer Weise den Erfordernissen einer modernen Demokratie Rechnung tragen, den Aufbau einer europäischen Gesellschaft und somit den Abbau des „Demokratiedefizits" befördern sowie die Akzeptanz der Gemeinschaften verbessern. Ein besonderer Bedarf besteht hierfür im Beihilfenaufsichtsrecht, da der Vertrag für sich genommen nicht hinreichend deutlich macht, wie die Wettbewerbsaufsicht im Einzelfall „funktioniert".[155]

Eine besondere Ausprägung findet das Prinzip der Rechtssicherheit im Grundsatz der *Kontinuität* (Art. 3 Abs. 1 EUV). Danach müssen sich Maßnahmen der EG-Organe in die bisherige Entwicklung einpassen, Sprünge in der Rechtsanwendung sollen weitgehend vermieden werden.[156] Für die Beihilfenpraxis bedeutet dies, daß zwar eine kontinuierliche Weiterentwicklung des Beihilfenrechts möglich und wünschenswert ist. Die Entwicklung insgesamt muß aber von Beständigkeit und Verläßlichkeit geprägt sein. Problematisch erscheint es in diesem Zusammenhang, wenn sich die Kommission jenseits eines ihr zustehenden „Eingriffsermessens" neue Tätigkeitsfelder aus politischen Gesichtspunkten heraus „vornimmt".[157]

Schließlich der Grundsatz der *Kohärenz*: Er wird im europäischen Vertragswerk in unterschiedlicher Weise gebraucht.[158] Vorliegend ist Kohä-

---

[154] War dieses früher eher rudimentär in Art. 190 EGV (jetzt Art. 253 EG – Begründungspflicht von Rechtsakten) und Art. 191 EGV a.F. (jetzt Art. 254 EG – Bekanntmachungspflicht von Rechtsakten) verankert und hatte sich kaum von nationalstaatlichen Begründungspflichten unterschieden (vgl. § 39 VwVfG), wurde es erstmals 1992 in der Erklärung des europäischen Rats von Birmingham ausdrücklich angesprochen und ist seit dem Amsterdamer Vertrag in Art. 1 Abs. 2 EUV niedergelegt. Vgl. *Stumpf*, in: *Schwarze*, EU-Komm., Art. 1 EUV, Rn 25. Die Grundsätze des EUV gelten querschnittsmäßig für alle Gemeinschaften und ihre Organe, sie sind aber nicht einklagbar. Vgl. *Stumpf* aaO, Rn 48.

[155] Will die Gemeinschaft diese Ziele erreichen, kann Transparenz in diesem Zusammenhang nicht nur die Gewährung eines „Einsichtsrechts" in das gerade geltende Recht und die relevanten Entscheidungen bedeuten. Der europäischen Öffentlichkeit muß auch Einblick in die rechtlichen Strukturen, die Verantwortlichkeit der europäischen und nationalen Instanzen und die richterliche Entscheidungsfindung gewährt werden. Vgl. zur Kommissionspraxis etwa den Hinweis auf das Transparenzgebot in der Mitteilung der Kommission zu Unternehmen in der verarbeitenden Industrie (ABl. C 307 v. 13.11.1993, S. 3 ff., Ziff. IV); Mitteilung der Kommission zum Verkauf öffentlicher Grundstücke (ABl. C 209 v. 10.7.1997, S. 3). Positiv beurteilt wird etwa die VVO – vgl. Kreditwirtschaftlich wichtige Vorhaben 2000, S. 182.

[156] Vgl. *Stumpf*, in: *Schwarze*, EU-Komm., Art. 3 EUV, Rn 9.

[157] Vgl. etwa *Van Miert*, S. 105, wie die Kommission den Bankensektor für die Beihilfenaufsicht „entdeckte". Kritisch hierzu auch *Gruson*, EuZW 1997, 429.

[158] Er beinhaltet sowohl etwa den Zusammenhalt zwischen den Mitgliedstaaten bzw. zwischen den europäischen Völkern (Art. 1 Abs. 3 EUV), den wirtschaftlichen und sozia-

renz v.a. im Sinne von „Fehlen von Widersprüchen" oder „Einheitlichkeit" zu verstehen.[159] Anhand der oben geschilderten Konfliktlage von europäischer Wettbewerbaufsicht einerseits und europäischer Sachpolitik andererseits fragt sich aber, welche Politik sich an welcher zu orientieren und, um widersprüchliche Entscheidungen zu vermeiden, welche im Zweifelsfall zu weichen hat. Die Kommission hat mehrfach deutlich gemacht, daß sie ihre Beihilfenpraxis aus Kohärenzgesichtspunkten an ihrer eigenen Sachpolitik zu messen gedenkt.[160] Diese Gewichtung ist unter mehreren Aspekten bedenklich: Während die Kommission als politisches Organ in ihrer Sachpolitik weitgehend flexibel ist, ist sie bei ihrer Beihilfenaufsicht an die gerade auch zum Schutz der Mitgliedstaaten beschränkten rechtlichen Vorgaben des Vertrages gebunden. Kohärenz heißt zudem nicht, daß Kompetenzen in verschiedenen Politikbereichen willkürlich miteinander verquickt werden dürften. Insbesondere darf der Kohärenzgrundsatz nicht zu einer Kompetenz*erweiterung* führen. Man wird vielmehr umgekehrt zweifeln können, ob es Zeichen einer widerspruchsfreien Politik ist, unter Berufung auf Markt und Wettbewerb mitgliedstaatliche Interventionen zu unterbinden und selbst eine lupenreine Interventionspolitik zu betreiben.

III. Die Konkretisierung durch Kommission und Gerichtshof

1. Auslegungs- und Konkretisierungskompetenz

a) Konkretisierung im Rahmen des „institutionellen Gleichgewichts" zwischen Kommission und Gerichtshof

Wer, Kommission oder Gerichtshof, ist nun mit letzter Verbindlichkeit zur Konkretisierung des Beihilfenrechts aufgerufen? Art. 211 1. Spiegelstrich EG weist der Kommission die „Anwendung" des Vertrages zu. In Art 220 EG heißt es, dem EuGH obliege die „Wahrung des Rechts bei der Auslegung und Anwendung" des Vertrages. Hieraus läßt sich für die Zuweisung der Konkretisierungskompetenzen wenig ableiten. Daß der Verwaltung im Zuge der Anwendung einer Norm (die notwendig auch deren Auslegung umfaßt) ein gewisses *faktisches* Präjudiz bei der Konkretisierung zusteht, ergibt sich bereits aus der Natur der Sache selbst. Stets ist (im „Verwaltungsrecht" i.w.S., zu dem das Beihilfenrecht zählt) die Verwaltung als erste mit einer Rechtsmaterie befaßt. Problematisch ist, inwieweit aus dem

---

len Zusammenhalt (Art. 158 EG) wie auch das zusammenhängende Vorgehen der Union und ihrer Organe (Art. 3 EUV).

[159] Vgl. *Stumpf*, in: *Schwarze*, EU-Komm., Art. 3, Rn 7 f. Kohärent muß nicht nur das Handeln der verschiedenen Organe als Teil eines Ganzen sein, sondern praktisch auch die Tätigkeit *eines* Organs.

[160] Vgl. oben 2. b sowie B. III. 3. d.

Recht des ersten Zugriffs auch eine *rechtliche* Bindungswirkung im Hinblick auf die spätere richterliche Kontrolle erwächst.[161]

Eine solche Bindungswirkung kann jedenfalls nur eine beschränkte sein, da andernfalls die Kontrolle durch den EuGH leerliefe. Umgekehrt wird man aber auch die gerichtliche Kontrolldichte als beschränkt anzusehen haben, da sonst jedes exekutivische Beurteilungsermessen als Ausdruck der Gewalten- bzw. Aufgabenteilung verlustig ginge.[162] Eine ausdrückliche Beschränkung des richterlichen Kontrollbereichs (wie etwa im früheren Art. 33 Abs. 1 S. 2 EGKS) findet sich im EG-Vertrag nicht. Allenfalls kann man aus Art. 229 EG, wonach eine unbeschränkte Ermessensprüfung von Verordnungen nur in den dafür genannten Fällen erfolgen kann, den Hinweis entnehmen, daß auch der EG-Vertrag grundsätzlich von einer beschränkten Überprüfbarkeit exekutivischer Gestaltungsfreiräume ausgeht. Die Frage, wo die Trennungslinie zwischen der exekutivischen Beurteilungsfreiheit und der gerichtlichen Kontrolle verläuft, wird man nur anhand der dem Vertrag innewohnenden Aufgabenverteilung beantworten können. Nach dem Gerichtshof ist diese Verteilung im Sinne eines „institutionellen Gleichgewichts" ausgestaltet, wonach jedes Organ seine Zuständigkeit unter Berücksichtigung der Zuständigkeit der anderen Organe auszuüben hat.[163] Nach der Rechtsprechung des EuGH ergibt sich ein System abgestufter Kontrollintensität.[164] Bei administrativen Akten differenziert er zwischen rechtlich umfassend geregelten Bereichen mit geringerem Spielraum für den Rechtsanwender und solchen, die – wie das Beihilfenrecht – vermehrt Wertungen erfordern.[165]

---

[161] Vgl. zum Problem der Bindungswirkung allgemein *Bleckmann*, Bindungswirkung, S. 161 ff.

[162] Vgl. *Krück*, in: G/T/E, Art. 164, Rn 6.

[163] Vgl. *Krück*, in: G/T/E, Art. 164, Rn 3; *Wegener*, in: *Calliess/Ruffert*, EUV/EGV, Art. 220, Rn 31. Da diese institutionelle Aufgabenverteilung eine Frage des Rechts ist und zu dessen Wahrung der Gerichtshof berufen ist, hat letztverbindlich er zu bestimmen, wo dieser Gleichgewichtspunkt liegt. Die Trennungslinie wird also letztlich vom EuGH selbst festgelegt – vgl. *Krück*, in: G/T/E, Art. 164, Rn 5.

[164] Bei Gestaltungsakten politischer Natur übt der Gerichtshof seine Aufsicht sehr zurückhaltend aus. Insbesondere räumt er tendenziell der Legislative einen weiteren Spielraum ein als der Exekutive (vgl. *Wegener*, in: *Calliess/Ruffert*, EUV/EGV, Art. 220, Rn 19; *Krück*, in: G/T/E, Art. 164, Rn 58 ff.; zur Entscheidung des Rates gem. Art. 92 Abs. 2 UAbs. 3 EGV und der richterlichen Kontrolldichte EuGH, 29.2.1996, Rs C-122/94, Slg. 1996, I-881, Rn 17 ff.). Einen weiten Spielraum läßt er auch in Bereichen, die – wie das Beihilfenrecht – relativ unpräzise gefaßt sind. Siehe auch *Bleckmann*, Bindungswirkung, S. 178 f., sowie zu einzelnen Politiksektoren *Adam*, Kontrolldichte, insbes. S. 239.

[165] Dies nicht zuletzt deshalb, weil er den sachnäheren Gemeinschaftsorganen die größere Sachkompetenz zugesteht und einen entsprechenden Kenntnisvorsprung einräumt. Vgl. *Schwarze*, Europ. VwR, S. 283.

b) Konkretisierungskompetenz und Konkretisierungspflicht

Der Gerichtshof ist generell alles andere als bestrebt, in den Exekutivbereich „hineinzuregieren". Dies wirft aber umgekehrt die Frage auf, bis wohin der EuGH den Exekutivorganen das Feld überlassen darf. Die Wahrung des Rechts hat dabei sowohl eine subjektive Komponente zugunsten der Rechtsunterworfenen wie auch eine objektive zur *Entwicklung* des Rechts. In den Anfangszeiten der Gemeinschaft mag es seitens des Gerichtshofs durchaus opportun gewesen sein, insbesondere der Kommission einen gewissen Handlungsspielraum „freizuschaufeln". Gerade zugunsten der subjektiven Rechte der Marktbürger hat der Gerichtshof zweifelsohne beachtliches geleistet. Weniger Wert scheint der Gerichtshof auf den Schutz mitgliedstaatlicher Rechte zu legen, welcher ihm aber gleichfalls obliegt. Mittlerweile mehren sich daher die Stimmen, die nach einem eigenen Kompetenzgericht bzw. nach einer verfassungsrechtlichen Festlegung der Kompetenzgrenzen zwischen EG und Mitgliedstaaten rufen.[166] Unnötigerweise – so wird man sagen müssen –, da der Gerichtshof als etablierte und respektierte Instanz selbst die Möglichkeit hätte, diesem Aspekt entsprechende Geltung zu verschaffen. Da die Gemeinschaft ihrer Natur nach vor allem auch Rechtsgemeinschaft ist,[167] nimmt die integrative Funktion des Rechts einen hohen Stellenwert ein. Neben der „Wahrung" des Rechts obliegt dem Gerichtshof jenseits des konkreten Einzelfalls auch dessen Fortentwicklung. Die europäische Rechtspraxis betritt Neuland oftmals ohne auf irgendwelche Rechtstraditionen zurückgreifen zu können.[168] Zu dieser aktiven *Rechts*gestaltung ist institutionell der Gerichtshof aufgerufen. Dies gilt insbesondere für den hier zu behandelnden Bereich, in dem ein erhebliches Maß an „unfertigem" Recht und damit an Rechtsunsicherheit besteht. Seiner Integrationsaufgabe wird der Gerichtshof indes nur gerecht, wenn er im Rahmen der Kontrolle der Kommission entweder die Konkretisierung selbst vornimmt oder dieser die entsprechenden Parameter aufzeigt, wie diese die Konkretisierung vorzunehmen hat.

---

[166] Vgl. *Jennert*, NVwZ 2003, 936, 940; *Oppermann*, DVBl., 1165, 1171; *Herchenhan*, BayVBl. 2003, 649, 652 f. Daß der Gerichtshof über die „Einhaltung der Kompetenzgrenzen wacht" (*Zuleeg*, Verfassung der EG, S. 79) wird man eher als Sollens- denn als Seinsbeschreibung zu verstehen haben. Wenigstens müßte der Gerichtshof eine Funktion als „ehrlicher Makler" zwischen Gemeinschaft und Mitgliedstaaten wahrnehmen – vgl. *Rohe*, RabelsZ 61 (1997), 1, 83.

[167] Vgl. *Zuleeg*, NJW 1994, 545 ff.

[168] In diesem Sinne hat auch *Bleckmann* konstatiert, daß insbesondere der EuGH „verpflichtet" sei, die Integration zu fördern, indem er frühzeitig, unter Umständen durch eine „abstrahierende" und „globale" Auslegung oder durch obiter dicta die rechtlichen Grundlagen festlegt – *Bleckmann*, Bindungswirkung, S. 189.

2. Exekutivische Einschätzungsprärogative und richterliche Kontrolldichte

a) Das pauschal weite „Ermessen" der Kommission

Art. 87 Abs. 1 EG enthält eine Reihe weitgefaßter, nicht aus sich selbst heraus verständlicher Merkmale („Beihilfen", „Verfälschung" des „Wettbewerbs", „Beeinträchtigung" des „Handels" etc.). Nach deutscher Terminologie handelt es sich um mehr oder minder bestimmte *Rechtsbegriffe*[169]. Als solche sind sie *auszulegen*. Die Frage stellt sich: von wem? Der Gerichtshof betont, daß die Art. 87 und 88 EG der Kommission generell einen „weiten Beurteilungsspielraum bei der Entscheidung über die Vereinbarkeit einer staatlichen Beihilferegelung mit den Anforderungen des Gemeinsamen Marktes" einräumen.[170] Zur richterlichen Kontrolltätigkeit führt er aus: „Besitzt die Kommission, wie bei der Anwendung des Art. 87 EG, eine weitgehende Entscheidungsfreiheit, so darf der Gerichtshof bei der Kontrolle der Rechtmäßigkeit der Ausübung dieser Freiheit nicht die Beurteilung, zu der die zuständige Behörde gelangt ist, durch seine eigene ersetzen, sondern muß sich darauf beschränken, zu prüfen, ob die Beurteilung offensichtlich irrig oder mit einem Ermessensmißbrauch behaftet ist."[171] Auch wenn der Gerichtshof in jüngerer Zeit partiell mehr Bereitschaft zu einer umfassenderen Überprüfung zeigt, beschränkt er sich gerade in komplexeren Fällen nach wie vor eher auf eine bloße Mißbrauchskontrolle.[172] Darüber hinaus hat der Gerichtshof der Kommission zuge-

---

[169] Zum Merkmal der Beihilfe als „Rechtsbegriff" vgl. *Nowak*, EuZW 2001, 293, 295.

[170] Etwa EuGH, 15.6.1993, Rs C-225/91, Slg. 1991, I-3203, Rn 41. Für einen pauschal weiten Ermessensspielraum in Art. 92, 93 EGV bereits EuGH, 22.3.1977, Rs 74/76, Slg. 1977, 557, Rn 11/12. Für ein weites Ermessen „auf dem Gebiet staatlicher Beihilfen" nach wie vor ohne ausdrückliche Beschränkungen auf die Rechtsfolgeseite EuGH, 14.4.2005, Rs C-110/03, Slg. 2005, I-2810, Rn 67 f., mwN.

[171] EuGH, 5.10.2000, Rs C-288/96, Slg. 2000, I-8237, Rn 26, mwN. für die ständige Praxis. Vgl. mit ähnlicher Formulierung EuGH, 8.5.2003, Rs C-328/99 u. C-399/00, Slg. 2003, I-4035, Rn 39; 29.2.1996, Rs C-56/93, Slg. 1996, I-723, Rn 11, mwN. Vgl. auch *Dickersbach*, NVwZ 1996, 962, 963.

[172] Angestoßen wohl von der Rspr. des EuG (vgl. das Urt. v. 27.1.1998, Rs T-67/94, Slg. 1998, II-1, Rn 52, wonach der Beihilfenbegriff „ein objektiver Begriff ist"; daher sei es „im Rahmen der Qualifizierung einer Maßnahme als staatliche Beihilfe (...) grundsätzlich nicht gerechtfertigt, der Kommission ein weites Ermessen einzuräumen, wenn keine besonderen Umstände vorliegen, die insbesondere mit der komplexen Natur der betreffenden staatlichen Maßnahmen zusammenhängen.") scheint der EuGH mittlerweile einer umfassenderen Überprüfung nicht mehr gänzlich ablehnend gegenüberzustehen – vgl. EuGH, 16.5.2000, Rs C-83/98, Rn 25. Eine klare Festlegung des Gerichtshofs im Sinne einer nunmehr vollständigen Überpüfbarkeit exekutivischer Entscheidungen will hierin *Geiss*, S. 131, erkennen; zu Recht zurückhaltender *Gross*, S. 88; *Soltész/Bielesz*, ECLR 2004, 133, 149, mwN. Auch etwa das „Prinzip des marktwirtschaftlich handelnden Investors" dient der Bestimmung des Beihilfenbegriffs, und hier steht das weite Ermessen der

standen, bei der Bewertung diejenigen Kriterien heranzuziehen, die ihr am geeignetsten erscheinen. Hier komplementieren sich also in bedenklicher Weise maximaler exekutivischer Beurteilungsspielraum und minimale gerichtliche Kontrolle.

b) Tatbestandsermessen und gerichtliche Kontrolldichte

Generell und so auch im Beihilfenrecht unterscheidet der Gerichtshof nicht – wie etwa im deutschen Recht üblich -[173] zwischen Tatbestands- und Rechtsfolgeermessen.[174] Weder ist eine terminologische Differenzierung erkennbar noch eine audrückliche Abstufung der Kontrollintensität in der Praxis. Letzteres erscheint, auch ohne die deutsche Ermessensdoktrin zugrunde zu legen, problematisch. Von einem „ganzheitlichen" (Tatbestands- und Rechtsfolgeermessen vereinenden) Beurteilungsspielraum wird man nur in Art. 87 Abs. 3 EG ausgehen können, wo der Kommission jedenfalls hinsichtlich der Rechtsfolgeseite ein Ermessen („können als vereinbar angesehen werden") eingeräumt ist und Erwägungen zu den Rechtsbegriffen wie zum Rechtsfolgenausspruch durchaus ineinanderfließen mögen. In Art. 87 Abs. 1 und Abs. 2 EG hingegen geht es *ausschließlich* um die Konkretisierung von Tatbestandsmerkmalen, ohne daß der Kommission ein expliziter Freiraum bezüglich der Rechtsfolgebestimmung eingeräumt wäre („sind unvereinbar" bzw. „sind vereinbar").

Trotz dieses markanten Unterschieds differenziert der Gerichtshof nicht deutlich zwischen den einzelnen Absätzen des Art. 87 EG. Der Gerichtshof läßt jedenfalls nicht erkennen, ob der Kommission auch zur Bestimmung der Reichweite des Beihilfenverbots in Abs. 1 in gleicher Weise ein Er-

---

Kommission für den EuGH nach wie vor außer Frage – vgl. EuGH, 8.5.2003, Rs C-328/99, Slg. 2003, I-4035, Rn 39.

[173] Nach der in der deutschen Rechtslandschaft (jedenfalls noch) vorherrschenden Meinung werden hinsichtlich des exekutivischen Beurteilungsspielraums und der richterlichen Kontrolle grds. zwei Fälle des Ermessens mit jeweils unterschiedlicher Kontrolldichte unterschieden (vgl. *Bullinger*, JZ 1984, 1001, 1003 ff.). Diese Differenzierung kennen die meisten europäischen und auch die EG-Rechtsordnung nicht. Es soll also daher nicht eine deutsche Betrachtungsweise der europäischen übergestülpt werde. Andererseits ist kein Grund ersichtlich, warum eine Möglichkeit der Differenzierung nicht genutzt werden sollte, wenn eine solche besteht. Es fehlt der Differenzierung auch nicht der sachliche Grund: So macht es einen Unterschied, ob es um die Konkretisierung des „Rechts" geht oder um den Spielraum, den das Recht den Akteuren dann beläßt.

[174] Vgl. *Koenig/Sander*, Einführung, Rn 326; siehe auch *Bleckmann*, EuGRZ 1979, 485 ff., sowie *Wegener*, in: *Calliess/Ruffert*, EUV/EGV, Art. 220, Rn 19; *Rengeling* et al., Rechtsschutz, Rn 191. So auch SA des GA *Colomer* vom 17.5.2001 in der Rs C-310/99, Slg. 2002, I-2289, der die Auslegung eines Begriffes in einer Leitlinie als Ermessensfrage behandelt. Zum Tatbestandsermessen im Hinblick auf eine gem. Art. 92 Abs. 3 lit. d EWGV erlassene Richtlinie vgl. EuGH, 5.10.1994, Rs C-400/92, Slg. 1994, I-4701, Rn 20 f. Kritisch hierzu *Deckert/Schroeder*, EuR 1998 291, 299.

messen eingeräumt ist wie in Art. 87 Abs. 3 EG. Art. 87 Abs. 1 EG beschreibt nicht nur das Beihilfenverbot, sondern determiniert auch die Aufgaben*weite* der Beihilfenaufsicht im Hinblick auf die Kontrollkompetenzen, die ihrerseits wieder bestimmen, welche Einschränkungen die Mitgliedstaaten zu gewärtigen haben.[175] Überließe man es der Kommission, die Öffnungsweite der Beihilfenaufsicht zu konkretisieren, könnte die Kommission letztlich ihre Kompetenzen selbst bestimmen – weitgehend unbehelligt vom Gerichtshof. Das kann nicht sein: Die Mitgliedstaaten haben zwar auf gewisse Souveränitätsrechte verzichtet, dieser Verzicht ist aber weder unbedingt noch seitens der Kommission beliebig interpretierbar oder ausdehnbar. Eine voraussetzungslose Unterordnung unter die Vorstellungen der Kommission, die im Bereich der Beihilfen dazu nicht nur als Kontrolleur, sondern auch als Protagonist mit eigenen politischen Zielsetzungen auftritt, kann damit jedenfalls nicht verbunden sein.

Auch die Argumente, die in der deutschen Nachkriegsdebatte zu einer bewußten Dichotomie des Ermessens geführt haben,[176] behalten hier ihre Berechtigung. Zuvorderst das Mißtrauen gegenüber einer allzu mächtigen Verwaltung. Mögen auch die historischen Umstände nicht vergleichbar sein, ist doch die Rede von der überbordenden Brüsseler Eurokratie allgegenwärtig und gewiß nicht immer unberechtigt. Im übrigen bedarf *jede* Verwaltung der Kontrolle.

c) Materielle Konkretisierung und formelle Begründung

Die ausgesprochene Zurückhaltung des Gerichtshofs bei der Kontrolle der Auslegungspraxis der Kommission scheint dieser durch eine verstärkte Kontrolle der Einhaltung formeller Kriterien zu kompensieren zu suchen.[177] Insbesondere richtet der Gerichtshof sein Augenmerk darauf, *ob* die Kommission ihre Entscheidung gemäß Art. 253 EG (nachvollziehbar) begründet hat.[178] Der EuGH verzichtet aber daneben weitgehend auf eine Prüfung, ob die Kommission ihre Entscheidung auf eine materiell „*richti-*

---

[175] Hierzu oben Abschn. A. III. 2., sowie *Seidel*, Beihilfenrecht, S. 12 f.; *Gross*, S. 88.

[176] Vgl. *Bullinger*, JZ 1984, 1001, 1003.

[177] Vgl. etwa EuGH, 5.10.2000, Rs C-288/96, Slg. 2000, I-8237, Rn 82; 15.5.1997, Rs C-278/95 P, Slg. 1997, I-2507, Rn 17. Hierzu auch *Wegener*, in: *Calliess/Ruffert*, EUV/EGV, Art. 220, Rn 19; *Nowak*, EuZW 2001, 293, 300. Dies ist nach rechtsstaatlichen Gesichtspunkten insoweit nachvollziehbar, als eine ermessensgelenkte Entscheidung das Ergebnis weit weniger vorhersehbar erscheinen läßt als eine gebundene. Vgl. *Schwarze*, Europ. VwR, S. 285; *Jannasch*, S. 31.

[178] Es erstaunt daher nicht, daß der Gerichtshof am ehesten bereit zu sein scheint, eine Kommissionsentscheidung für nichtig zu erklären, wenn sie an einem (formellen) Begründungsmangel gemäß Art. 253 EG leidet. Vgl. hierzu im Bezug auf die Tatbestandsmerkmal Wettbewerbsverfälschung und Handelsbeeinträchtigung unten Kap. 2, Abschn. D. III. 1. a.

ge" Grundlage gestellt hat. Eine nachvollziehbare Begründung ist aus verschiedenen Gründen sicherlich unabdingbar.[179] Desungeachtet erscheint es aber fraglich, inwieweit die Überprüfung einer formalen Begründungspflicht geeignet ist, eine materielle Kontrolle zu kompensieren oder gar zu ersetzen.[180] Beide Bereiche, die materielle Konkretisierung und die formelle Begründung, sind jedenfalls voneinander zu scheiden. Ohne in materieller Hinsicht nachprüfbare (und ggf. auch nachzuprüfende) Auslegung und Subsumtion gerät die Konkretisierung leicht zur Rechtsschöpfung ohne entsprechende Kompetenz.

3. Konkretisierung durch Standardisierung des Beurteilungsermessens

a) „Standardisierung" des Beurteilungsermessens

Ein sich organisch vollziehender Konkretisierungsprozeß ergibt sich insbesondere im Zuge fortlaufender, irgendwann als „gefestigt" geltender Verwaltungs- und Gerichtspraxis – freilich um den Preis nicht von vornherein verfügbarer Rechtssicherheit und Rechtsklarheit. Begrüßenswert sind insoweit prinzipiell die Ansätze der Kommission, das Beihilfenaufsichtsrecht in mehr oder weniger abstrahierender Weise (insbesondere durch Verwaltungsvorschriften) transparenter zu machen und damit gleichzeitig für einen gleichmäßigen Vollzug des Beihilfenaufsichtsrechts Sorge zu tragen.[181] Man kann insoweit von einer „Standardisierung" des Beurteilungsermessens sprechen. Das Einschätzungsermessen wird dann nicht mehr für jeden Einzelfall ausgeübt, sondern wird für eine Vielzahl von Fällen antizipiert. Selbstverständlich dürfte dabei sein, daß die Vorwegnahme der rechtlichen Beurteilung nicht deren willkürliche Ersetzung oder Erweiterung bedeuten kann. Die Standardisierung muß sich also stets im Rahmen des Vertrages halten und alle Aspekte berücksichtigen, die ansonsten auch für eine Einzelbeurteilung zu berücksichtigen wären.

---

[179] Nicht anders als etwa in § 39 VwVfG bzw. den jeweiligen Landesgesetzen ist das formelle Begründungserfordernis in Art. 253 EG Ausdruck der Rechtsstaatlichkeit und der Verfahrensfairneß, es dient der Selbstkontrolle der Verwaltung und dem Rechtsfrieden. Es gewährt allen Beteiligten und Beobachtern die Möglichkeit, sich über die Erwägungen des entscheidenden Organs ein Bild zu machen, und dem unmittelbar Betroffenen, inwieweit die Einlegung eines Rechtsmittels Erfolg verspricht. Dem kontrollierenden Gericht wird die Beurteilungsbasis geschaffen, um prüfen zu können, welche Kriterien für die Ausgangsentscheidung eine Rolle gespielt haben. Vgl. *Nowak*, EuZW 2001, 293, 300 mit Hinweisen auf die Rspr.

[180] Aus der einzelfallbezogenen Anwendung und Begründung muß sich mit der Zeit ein in sich stimmiges und gefestigtes Gefüge entwickeln, mit dem in abstrakterer Form die Normen des EG-Vertrages Plastizität und Gehalt gewinnen. Genau dies läßt sich aber durch eine notwendigerweise einzelfallbezogene Überprüfung von *formellen* Anforderungen nicht erreichen.

[181] Vgl. *Mederer*, in: G/T/E, Art. 92, Rn 74.

b) Die Vorgehensweise der Kommission

Eine zwischen Einzelfallbetrachtung und abstrakter Regelung angesiedelte Form der Standardisierung stellt die vom Vertrag vorgesehene und in der Praxis übliche Beurteilung von Beihilferegelungen bzw. der Erlaß von sogenannten Erst-Entscheidungen dar.[182] Eine weitere Form der Ermessensvereinheitlichung und Schaffung von Transparenz ist der Erlaß von entsprechenden Verwaltungsvorschriften bzw. der Erlaß von mit unmittelbarer Geltung ausgestatteten Rechtsvorschriften. Seit Mitte der 80er Jahre greift die Kommission, bedingt durch einen sprunghaften Anstieg von Notifizierungen zu diesem Mittel.[183] Bereits der terminologische Wildwuchs ist allerdings verwirrend. Neben den im Vertrag vorgesehenen Instrumenten („Verordnungen", Richtlinien", „Empfehlungen" und „zweckdienliche Maßnahmen") ist die Rede von „Mitteilungen" „Rahmenregelungen", „Leitlinien" und „Leitfäden", „Gemeinschaftsrahmen", „Beihilfedisziplinen" „Beihilfencodices", „Standpunkten" oder von keine besondere Bezeichnung führenden „Schreiben der Kommission".[184] Problematischer als die begriffliche Vielfalt ist die Unsicherheit, ob sich hinter den unterschiedlichen Titulierungen auch Maßnahmen unterschiedlicher (und dann *welcher?*) Rechtsnatur und Bindungswirkung verbergen und die Frage der jeweiligen richterlichen Kontrolldichte.[185]

Nur bedingt orientiert sich die Kommission beim Entwurf standardisierter Modelle an Wortlaut und Systematik des Art. 87 EG, indem jeweils

---

[182] D.h. es wird eine Art „Gruppengenehmigung" (nicht „-freistellung" – hierzu nächste Fn) ausgesprochen. Fällt eine spätere Maßnahme unter das gebilligte Programm, erfolgt keine weitere Prüfung mehr.

[183] Vgl. *Jestaedt/Häsemeyer*, EuZW 1995, 787. Seit 1998 besteht die Möglichkeit der Erteilung von Gruppenfreistellungsverordnungen mit echter Normqualität (VO 994/98 v. 7.5.1998). Die Kommission hat zunächst von der ihr übertragenen Verordnungsermächtigung Gebrauch gemacht in den VO 68/2001 (Ausbildungsbeihilfen), VO 69/2001 (Deminimis-Beihilfen) und VO 70/2001(KMU-Beihilfen) – alle vom 12.1.2001.

[184] Vgl. etwa die Mitteilung über De-minimis-Beihilfen (ABl. C 68 v. 6.3.1996 – jetzt VO 69/2001); Rahmenregelung für Werbung für landwirtschaftliche Erzeugnisse (ABl. C 302 v. 12.11.1987); Leitlinien für Beschäftigungsbeihilfen (ABl. C 334 v. 12.12.1995); den Leitfaden für die Verfahren bei staatlichen Beihilfen (in: Kommission, Wettbewerbsrecht in den Europäischen Gemeinschaften, Bd. II A, S. 25); den Gemeinschaftsrahmen an KMU (ABl. C 213 v. 23.7.1996); Beihilfenkodex für die Kunstfaserindustrie (ABl. C 94 v. 30.3.1996); „Beihilfendiziplin" (EuGH, 24.3.1993, Rs C-313/90, Slg. 1993, I-1125; Rn 3 ff.; EuGH 23.5.2000, Rs C-106/98, Slg. 2000, I-3659, Rn 44); „Standpunkt" der Kommission (Bulletin EG 9-1984), daneben noch Bekanntmachungen, Übereinkommen, Entwürfe usw. Das Problem besteht übrigens genauso in anderen Vertragssprachen – vgl. *Jestaedt/Häsemeyer*, EuZW 1995, 787, 789.

[185] Mit allen sich daraus ergebenden Unsicherheiten für Begünstigte, Konkurrenten, Mitgliedstaaten, beitrittswillige Staaten usw. Vgl. *Jestaedt/Häsemeyer*, EuZW 1995, 787 ff.

Probleme einzelner Absätze und einzelner Tatbestandsmerkmale abgehandelt werden. Die Kommission zieht es vielmehr vor, bestimmte Beihilfeformen (sektorieller oder horizontaler Natur) hinsichtlich sämtlicher Tatbestandsmerkmale, Legal- und Ermessensausnahmen bis hin zu Mitteilungspflichten durchzuregeln.

c) Standardisierung durch Verwaltungsvorschriften
α) „Zweckdienliche Maßnahmen"

Gem. Art 88 Abs. 1 EG erläßt die Kommission „zweckdienliche Maßnahmen".[186] Sie ersucht die Mitgliedstaaten hierfür meist um ihre Zustimmung; durchgängig ist dieses Verfahren allerdings nicht.[187] Wenn die Maßnahme von den Mitgliedstaaten akzeptiert wird, könnte man von einer Art öffentlich-rechtlichem Übereinkommen[188] mit dann eigentlich beiderseitiger Bindungswirkung sprechen. Die Kommission scheint aber von einer Bindungswirkung allenfalls der Mitgliedstaaten auszugehen[189] und eine Bindungswirkung für sich selbst eher abzulehnen.[190] Die Kommission ist

---

[186] Häufiger mit der Bezeichnung „Gemeinschaftsrahmen". Vgl. den „Gemeinschaftsrahmen zu staatlichen Investitionsbeihilfen für landwirtschaftliche Erzeugnisse" (ABl. C 29 v. 2.2.1996) oder den Kfz-Gemeinschaftsrahmen (ABl. C 279 v. 15.9.1997); früher etwa die Rahmenregelung für nicht unter den EGKS fallende Stahlbereiche (ABl. C 320 v. 13.12.1988, Ziff. 4.2). Durchgängig ist dies aber keineswegs - vgl. den FuE-Gemeinschaftsrahmen (ABl. C 45 v 17.2.1996). Zur Pflicht, die Rechtsgrundlage anzugeben, vgl. i.ü. EuGH, 16.6.1993, Rs C-325/91, Slg. 1993, I-3283, Rn 23 ff.

[187] Etwa den KMU-Rahmen betreffend (ABl. 213 v. 23.7.1996) - vgl. *Schütterle*, EuZW 1995, 391, 393.

[188] Vgl. *Uerpmann*, EuZW 1998, 331, 332 ff.; *Schütterle*, EuZW 1995, 391, 394. Ob es sich um einen „Vertrag" oder um einen Fall des Verbots des venire contra factum proprium handelt, kann hier dahingestellt bleiben.

[189] Vgl. *Schütterle*, EuZW 1995, 581, 582 f. Eine andere Bindungswirkung der Mitgliedstaaten als die, unter die Maßnahme fallende Förderungen zu notifizieren bzw. nicht notifizierte Maßnahmen nicht durchzuführen, ist wohl nicht denkbar. Von einem „Rechtsmittelverzicht", entsprechende Fördervorhaben nicht überprüfen zu lassen, dürfte wohl nicht auszugehen sein, insbesondere wenn nicht klar ist, ob eine mitgliedstaatliche Maßnahme überhaupt unter die „Vereinbarung" fällt. Die Kommission wird also auch eine Prüfung anhand der vertraglichen Kriterien nicht ablehnen können - vgl. *Schütterle*, EuZW 1995, 391, 394. Ob eine Verpflichtung der (insbes. nicht mit der Vereinbarung einverstandenen) Mitgliedstaaten besteht, bereits genehmigte Maßnahmen entsprechend der Vereinbarung umzugestalten, erscheint äußerst fraglich. So aber i.E. *Jestaedt/Häsemeyer*, EuZW 1995, 787, 790 ff.

[190] So hat die Kommission etwa einen befristeten Gemeinschaftsrahmen, dem die Mitgliedstaaten zugestimmt hatten, eigenmächtig sowohl für die Zukunft wie auch rückwirkend verlängert (Entscheidung der Kommission 90/381/EWG). Der Gerichtshof, der mit der Frage der Rechtmäßigkeit dieses Vorgehens befaßt wurde, hat sich nur hinsichtlich der rückwirkenden Verlängerung geäußert und diese für rechtswidrig erklärt. Er hat aber festgestellt, daß die Pflicht zur Zusammenarbeit gem. Art. 88 Abs. 1 EG dazu führe, daß

dafür der Ansicht, die Maßnahme sei aus Gründen der Gleichbehandlung auch auf diejenigen Mitgliedstaaten anwendbar, die ihr *nicht* zugestimmt haben.[191] Insbesondere weil die „Vertragsparteien" *mehr* (an Wettbewerbsschutz) vereinbaren können,[192] als der Vertrag zwingend vorschreibt, erscheint dieses Vorgehen fragwürdig.[193] Gegenüber Mitgliedsstaaten, die der zweckdienlichen Maßnahme nicht zugestimmt haben, dürfte diese (wie bei autonom erlassenen Verwaltungsvorschriften) dann allenfalls als Genehmigungs-, nicht jedoch als Genehmigungs*versagungs*tatbestand wirken.[194] Für die nicht zustimmenden Mitgliedstaaten bleibt es bei den unmittelbaren vertraglichen Regelungen. Entsprechend zu differenzieren hätte auch der Gerichtshof.

β) Autonom erlassene Verwaltungsvorschriften

An der Zulässigkeit von autonom, also ohne Zustimmung der Mitgliedstaaten erlassenen Verwaltungsvorschriften kann auch ohne ausdrückliche Ermächtigung des Vertrages kein Zweifel bestehen. Problematisch sind aber

---

auch die Kommission nicht einseitig von den Inhalten der zweckdienlichen Maßnahmen abweichen könne, solange diese noch gelten – EuGH v. 29.6.1995, Rs C-135/93, Slg. 1995, I-1651, Rn 38 (hierzu *Schütterle*, EuZW 1995, 581 ff.; *Falkenkötter*, NJW 1996, 2689 ff.). Zur Bindungswirkung bereits EuGH, 24.3.1993, Rs C-313/90, Slg. 1993, I-1125; Rn 36; später etwa EuGH, 15.10.1996, Rs C-311/94, Slg. 1996, I-5023, Rn 36 ff.; 18.6.2002, Rs C-242/00, Slg. 2002, I-5603, Rn 35. Gegen eine Bindungswirkung *Dikkersbach*, NVwZ 1996, 962 963.

[191] Vgl. Entscheidung der Kommission 90/381/EWG.

[192] Freilich *können*, nicht aber *dürfen* die Beteiligten auch ein „Weniger" aushandeln.

[193] Bei dem Gemeinschaftsrahmen für die Kfz-Industrie (aaO), dem Deutschland ausdrücklich widersprochen hatte, eröffnete die Kommission das Hauptprüfverfahren und meinte einigermaßen kryptisch, es sei „zu bemerken, daß der Gemeinschaftsrahmen zwar nur den Charakter einer Empfehlung hat, daß der deutschen Behörde jedoch 14 Monate zur Verfügung standen, um ihre Rechtsvorschriften diesem Rahmen anzupassen." Eine „Empfehlung" mit bindender Umsetzungspflicht ist freilich ein Widerspruch in sich.

[194] Für den Fall, daß ein nicht zustimmender Mitgliedstaat eine unter die zweckdienliche Maßnahme fallende Beihilfe durchführen will, wird die Kommission ihre ablehnende Entscheidung direkt auf die vertraglichen Vorgaben zu stützen haben und die Vereinbarung nur zur Auslegung heranziehen dürfen – vgl. *Jestaedt/Häsemeyer*, EuZW 1995, 787, 792. Allenfalls – *Mederer*, in: G/T/E, Art. 92, Rn 75, spricht insoweit von einer „Doppelnatur" – käme also eine Anwendung als ermessenslenkende Verwaltungsvorschrift im Hinblick auf Art. 87 Abs. 3 EG in Frage. Zur Problematik „Genehmigungs- oder Versagungstatbestand" bei Beihilferegelungen EuGH, 5.10.1994, Rs C-47/91, Slg. 1994, I-4635, Rn 24 ff., bei GFVO *Soltész*, ZIP 2001, 278, 280 f., sowie im Hinblick auf Richtlinien EuGH, 18.5.1993, Rs C-356/90, Slg. 1993, I-2323, Rn 21 ff., 33. Nach dem EuG, 24.10.1997, Rs T-239/94, Slg. 1994, II-1839, bleibt es bei der allgemeinen Regelung (hier Art. 4 c EGKS) – darum können standardisierte Regelungen nur die Genehmigungsvoraussetzungen erleichtern (Genehmigungstatbestand, nicht Genehmigungsversagungstatbestand!).

Rechtsnatur, Bindungswirkung und richterliche Kontrolldichte.[195] Bereits durch die Veröffentlichung im Amtsblatt dokumentiert die Kommission eine gewisse Normqualität und Rechtsverbindlichkeit.[196] Auch der EuGH geht von einer Bindungswirkung der Kommission aus und bezieht zunehmend Leitlinien und andere Verwaltungsvorschriften in seine Prüfung ein. Er überwacht dabei, ob die Kommission sich an die selbst aufgestellten Regeln hält.[197] Auf jeden Fall schafft die Kommission durch die Verwaltungsvorschriften einen Vertrauenstatbestand und wird nach dem Gleichheitsgrundsatz alle Fälle, die von dem Regelwerk erfaßt werden, gleich zu behandeln haben. Was die richterliche Kontrolldichte betrifft, hält sich der Gerichtshof generell an Verwaltungsvorschriften nicht gebunden.[198] Es müßte insoweit aber unterschieden werden zwischen Verwaltungsvorschriften, die tatbestands*präzisierend* wirken und solchen, die das Rechtsfolge*ermessen* leiten sollen.[199]

d) Kritik

Schon wegen der begrifflichen Verwirrung, die im Bereich der Verwaltungsvorschriften herrscht, wird ein Gutteil der angestrebten Transparenz wieder neutralisiert.[200] Als problematisch ist insbesondere der Versuch der

---

[195] Die Bezeichnung der einzelnen Verwaltungsvorschriften ist dafür weitgehend irrelevant, gilt doch im Gemeinschaftsrecht der Grundsatz, daß die Bezeichnung keine verbindlichen Rückschlüsse auf deren Bindungswirkung zuläßt – vgl. *Jestaedt/Häsemeyer*, EuZW 1995, 787, 789. Zu Unklarheiten kommt es insbesondere deshalb, weil auch Maßnahmen ohne Mitwirkung der Mitgliedstaaten als zweckdienliche Maßnahmen bezeichnet werden. Es scheint sich aber die Bezeichnung „Leitlinien" für Regelwerke, die gewisse Sektoren behandeln und die vorwiegend die Gewährung von Ermessensausnahmen zum Inhalt haben, durchzusetzen – vgl. *Jestaedt/Häsemeyer*, EuZW 1995, 787, 788; *Jestaedt/Miehle*, EuZW 1995, 659, 660. Als Mitteilungen werden eher Verwaltungsvorschriften bezeichnet, die einzelne Formen von Beihilfen betreffen. Auch diese Unterscheidung ist aber nicht durchgängig.

[196] Jedenfalls dienen sie nicht bloß der Information der Öffentlichkeit, wie die seit 1971 erscheinenden Berichte über die Wettbewerbspolitik oder die regelmäßig erscheinenden EG-Bulletins. Vgl. *Mederer*, in: G/T/E, Art. 92, Rn 74.

[197] Vgl. EuGH, 14.9.1994, Rs C-278-280/92, Slg. 1994, I-4103, Rn 57; 15.5.1997, Rs C-278/95 P, Slg. 1997, I-2507, Rn 31; 5.10.2000, Rs C-288/96, Slg. 2000, I-8237, Rn 62; 13.6.2002, Rs C-382/99, Slg. 2002, I-5163, Rn 24; 26.9.2002, Rs C-351/98, Slg. 2002, I-8031, Rn 53. Auch das EuG meint, daß sich die Kommission selbst binde, sofern die Vorschriften „Regeln enthalten, die auf den Inhalt der Ermessensbindung hinweisen und die nicht gegen den EG-Vertrag verstoßen." Vgl. EuG, 5.11.1997, Rs T-149/95, Slg. 1997, II-2031, Rn 61.

[198] Vgl. EuGH, 7.3.2002, Rs C-310/99, Slg. 2002, I-2289, Rn 52.

[199] Zu der dem deutschen Verwaltungsrecht entlehnten Terminologie vgl. *Maurer*, S. 608 f., 620.

[200] Hilfreich ist daher der Vorschlag *Mederer*s (in: G/T/E, Art. 92, Rn 76), klare begriffliche Abgrenzungen einzuhalten. Danach könnte die Bezeichnung „Mitteilungen" für

Kommission zu werten, einzelne Wirtschaftssektoren durchreglementieren zu wollen. Auf den ersten Blick mag dieses Vorgehen vorteilhaft erscheinen, weil der Betroffene (etwa ein Unternehmen im Fischerei- oder Kfz-Sektor) sich scheinbar nicht einer Vielzahl von Vorschriften gegenübersieht, sondern auf *eine* abschließende Verwaltungsvorschrift zurückgreifen kann. Diese Klarheit ist aber trügerisch. So wie es zur Kumulierung von Beihilfen kommen kann, kommt es auch zur Kumulierung von Regelwerken (hinsichtlich horizontaler und sektorieller Beihilfen, Förderrichtung und -intensität etc.). Da die einzelnen Tatbestandsmerkmale oftmals nur im Lichte eines Industrie-, Gewerbe- oder Handelssektors gesehen werden, werden die vertraglichen Tatbestandsmerkmale eher sektorspezifisch pulverisiert als vertragsbezogen arrondiert.

Als bedenklich muß es auch erscheinen, wenn die Kommission ihre eigene Politik zum Prüfungsmaßstab erhebt. Nicht unproblematisch ist in diesem Zusammenhang insbesondere das Instrument der *zweckdienlichen Maßnahme*, das im Beihilfenaufsichtsrecht ausdrücklich vorgesehen ist, das jedoch von der Kommission in der Weise benutzt zu werden scheint, im Wege eines „Verwaltungsübereinkommens" gleichsam an den vertraglichen Vorgaben vorbei eigene Ziele zu erreichen.[201] Auch bei autonom erlassenen Verwaltungsvorschriften orientiert sich die Kommission erkennbar eher an ihrer eigenen (sachpolitischen) Einschätzung, denn an den (rechtlichen) Voraussetzungen des Vertrages. Ein zugegebenermaßen „heikler" Bereich sind die vergemeinschafteten Politiken, die natürlich eine besondere Berücksichtigung der Gemeinschaftsinteressen verlangen.[202] Der Gerichtshof hat hierzu zwar festgestellt, daß die Kommission „in Ausübung ihrer Befugnisse nach den Artikeln 92 und 93 EGV" die Erfordernisse der gemeinsamen Politik zu „berücksichtigen" habe, und er meint daher, die Kommission dürfe Leitlinien erlassen, in denen „nicht nur" Kriterien rein wettbewerbspolitischer Art, sondern „auch solche" der gemeinsamen Politik berücksichtigt werden – tatsächlich scheinen aber sowohl Kommission als auch Gerichtshof Regel und Ausnahme umzukehren.[203]

Verwaltungsvorschriften gebraucht werden, die die rechtliche Beurteilung von einzelnen Formen staatlicher Maßnahmen betreffen – mithin der Konkretisierung des Beihilfebegriffs und der einzelnen Beihilfekriterien dienen. Als Leitlinien könnten Regelwerke bezeichnet werden, die das Ermessen der Kommission in Artikel 87 Abs. 3 EG leiten sollen. Und Gemeinschaftsrahmen schließlich könnten solche zweckdienlichen Maßnahmen heißen, deren Bindungswirkung sich aus der Natur als Verwaltungsübereinkommen zwischen Kommission und Mitgliedstaaten herleitet.

[201] Vgl. *Schütterle*, EuZW 1995, 391, 394; vgl. auch *Schernthanner*, S. 163, die vom „aktiv gestalterische(n) Vorgehen der Kommission" spricht.

[202] Vgl. etwa EuGH, 15.10.1996, Rs C-311/94, Slg. 1996, I-5023, Rn 31.

[203] Obwohl die Kommission in einer solchen Verwaltungsvorschrift erklärt hatte, die Gewährung einzelstaatlicher Beihilfen sei „nur unter Einhaltung der Ziele dieser Politik"

Nicht nur, daß damit das Beihilfenrecht entgegen seiner eigentlich *negatorischen* Funktion zum *Gestaltungs*instrument der Kommission gemacht wird und völlig unberücksichtigt bleibt, daß die Beihilfenvorschriften auch eine die Mitgliedstaaten schützende Komponente in sich tragen, führt eine solche Kompetenzverquickung auch kaum zu mehr Transparenz.

IV. Zusammenfassung

Ein rechtmäßiger Vollzug der Beihilfenaufsicht erfordert zunächst die rechtliche Konkretisierung der materiellen Beihilfenvorschriften. Geeignete Maßstäbe, anhand derer eine solche Konkretisierung vorgenommen werden könnte, sind im Gemeinschaftsrecht durchaus vorhanden. Sie bedürften lediglich der konsequenten Beachtung in der Praxis. Als besonders problematisch ist in diesem Zusammenhang die Kontrollücke anzusprechen, die durch das der Kommission im Beihilfenrecht pauschal eingeräumte weite Ermessen und die (vom Gerichtshof sich selbst auferlegte) beschränkte gerichtliche Prüfungsdichte entsteht. Da es im hier zu behandelnden Art. 87 Abs. 1 EG vorwiegend um die Konkretisierung im Sinne einer *Auslegung* von gesetzlichen Tatbestandsmerkmalen und nicht um Konkretisierung im Sinne rechtsfolgegestaltender Ermessensausübung geht, müßte sich der EuGH mehr als bisher seiner Aufgabe als Wahrer und Entwickler des Rechts auch gegenüber der Kommission bewußt werden. Dies gilt im besonderen auch für den Bereich der von der Kommission erlassenen Verwaltungsvorschriften. Die von der Kommission diesbezüglich geübte (grundsätzlich zu begrüßende) Praxis, ihre Beurteilungsspielräume zu standardisieren, ist aktuell nicht nur im Ergebnis verwirrend, sondern offenbart bisweilen auch einen unbekümmerten Willen zu sachpolitischer Gestaltung, die weit über eine rechtliche Konkretisierung hinausgeht.

(gemeint war die Gemeinsame Fischereipolitik) gerechtfertigt, hat der Gerichtshof dies akzeptiert. EuGH, 5.10.2000, Rs C-288/96, Slg. 2000, I-8237, Rn 77, 78. Ohne weiteres vorausgesetzt wurde offenbar, daß die wettbewerbspolitischen Erfordernisse bereits in die Gemeinsame Fischereipolitik integriert seien. Dem Umstand, daß „Sachpolitik" und „Wettbewerbsschutz" Antipoden darstellen, die erkennbar gegeneinander abgewogen werden müssen, wurde nicht Rechnung getragen.

D. Bewertungs- und Beweisprobleme im Beihilfenrecht

Im folgenden Abschnitt sollen zwei Aspekte des Beihilfenrechts behandelt werden, die beide im materiellen Recht wurzeln, die aber ins Tatsächliche bzw. Prozessuale hinausweisen. Auf welche *tatsächlichen* Umstände hat die Kommission ihr Augenmerk für die Bewertung mitgliedstaatlicher Maßnahmen zu richten? Mit anderen Worten: Welchen „entscheidungserheblichen Sachverhalt" gilt es für die europäischen Institutionen ins Auge zu fassen? Zunächst soll die maßgebliche „Blickrichtung" (auf die Maßnahme an sich, auf deren Zweck oder deren Wirkung?) erörtert werden. Sodann: Welche Darlegungs-, Begründungs- und Beweispflichten gelten im Beihilfenaufsichtsrecht?

I. Die Bewertung mitgliedstaatlicher Maßnahmen

1. Untersuchungsgegenstand und Erkenntnisinteresse

Das Beihilfenrecht ist im Prinzip „Sicherheitsrecht" zur Abwehr von Gefahren für den Gemeinsamen Markt. Das Schutzobjekt, *was* also zu schützen ist, ergibt sich aus den materiellen Beihilferegeln. Im Zuge der Beobachtung und Beurteilung mitgliedstaatlicher Maßnahmen stellt sich aber weiter die praktische Frage, wo das „Gefährliche" im konkreten Verhalten der Mitgliedstaaten zu verorten ist. Eine Bewertung staatlichen und damit auch potentiell beihilfenrechtsrelevanten Handelns kann entsprechend dem weiter oben skizzierten Bewertungsmodell generell nach dem verwendeten *Mittel,* dessen *Zweck,* oder dessen *Wirkung* erfolgen. Seiner Natur als „Gefahrenabwehrrecht" scheint man primär auf die *Wirkung* der fraglichen Maßnahme abstellen zu müssen. Es wird aber zu untersuchen sein, ob das Subsidienwesen hierdurch in seinem Facettenreichtum hinlänglich erfaßt werden kann.

2. Der Grundsatz einer wirkungsbezogenen Betrachtungsweise

Art. 87 Abs. 1 EG selbst scheint – anders als etwa Art. 81 Abs. 1 EG[204] – die Wirkung in den Mittelpunkt zu stellen, nämlich die durch eine Begünstigung hervorgerufene Verursachung von Wettbewerbsverfälschungen und Handelsbeeinträchtigungen. Auch nach einem (weithin anerkannten)[205]

---

[204] Wonach Maßnahmen tatbestandlich sind, die negative Beeinflussungen des Wettbewerbs „*bezwecken* oder bewirken" (Hervorhebung d.Verf.).

[205] Vgl. die Antwort der Kommission auf die Anfrage des Abgeordneten Burgbacher vom 30.7.1963, ABl. 2236/63 v. 17.8.1963 („oder jede andere Maßnahme gleicher Wirkung"); *Koenig/Kühling,* in: Streinz, EUV/EGV, Art. 87, Rn 29; *Götz,* in: *Dauses,* EUWR., H. III, Rn 21, 24; *Mederer,* in: G/T/E, Art. 92, Rn 2; *Müller-Graff,* ZHR 152

D. Bewertungs- und Beweisprobleme

Diktum des Gerichtshofs unterscheidet Art. 87 Abs. 1 EG nicht nach den *Gründen* oder *Zielen* mitgliedstaatlicher Maßnahmen, sondern beschreibt sie nach deren *Wirkung*.[206] Der Gerichtshof schließt ausdrücklich aus, daß eine Maßnahme dem Beihilfenaufsichtsrecht entzogen sein könnte, nur weil sie etwa steuerlicher Art ist (was einer Qualifizierung nach dem gebrauchten *Mittel* entspräche) oder weil sie eine soziale *Ziel*setzung hat.[207] Damit schiebt der Gerichtshof auch jedem mitgliedstaatlichen Etikettenschwindel einen Riegel vor. Eine Maßnahme wird nicht dadurch sakrosankt, daß ein Mitgliedstaat sie besonders hochtönend tituliert oder vorgibt, die Maßnahme sei zur Wahrung seiner nationalen Interessen unabdingbar. Darüber hinaus hat der Gerichtshof festgestellt, für einen Begriff von „Maßnahmen gleicher Wirkung" wie Beihilfen sei kein Raum.[208] Dies entspricht nur der Logik, wenn es ohnehin nur auf die *Wirkung* der zu beurteilenden Maßnahme ankommen soll.

Diesem Prinzip der wirkungsbetonten Betrachtungsweise kann uneingeschränkt zugestimmt werden und allfällige Zustimmung findet der vom Gerichtshof formulierte Grundsatz auch in der Literatur.[209] Die wirkungsbezogene Betrachtung zielt dabei in zwei Richtungen: Zum einen gegen eine vorgeschützte Zielsetzung der Mitgliedstaaten, zum anderen gegen eine bloße Orientierung an nur subjektiven, politischen Zielen der Kommission. Gewiß berechtigt ist insoweit die Sorge, daß sich mit der Hereinnahme weiterer Wertungen die Grenzen des Beihilfenrechts beliebig verschieben lassen.[210] Dennoch ist zu fragen, ob sich mit dem Blick auf die Wirkung auch sämtliche Facetten des Beihilfewesens erschließen lassen; ob also die vom Gerichtshof ins Zentrum gerückte Wirkungsanalyse als *alleiniger* Beurteilungsmaßstab für die von der Kommission anzustellende Betrachtung ausreicht oder ob nicht eine unzulässige Verkürzung der Beihilfeproblematik die Folge ist.[211] Jedenfalls stellte sich folgendes, schon

---

(1988), 403, 416; *Koenig* et al., EuZW 1998, 5, 7; *Schröder*, ZHR 152 (1988), 391, 400 f. A.A. offenbar *Stewing*, EWS 1993, 237, 241.

[206] EuGH, 2.7.1974, Rs 173/73, Slg. 1974, 709, Rn 26/28; 24.2.1987, Rs 310/85, Slg. 1987, 901, Rn 8; 26.9.1996, Rs C-241/94, Slg. 1996, I-4551, Rn 20 f.; 12.12.2002, Rs C-5/01, Slg. 2002, I-11991, Rn 45.

[207] EuGH, 2.7.1974, Rs 173/73, Slg. 1974, 709, Rn 26/28; 12.12.2002, Rs C-5/01, Slg. 2002, I-11991, Rn 46.

[208] EuGH, 30.1.1985, Rs 290/83, Slg. 1985, 439, Rn 18. Hierzu auch *Müller-Graff*, ZHR 152 (1988), 403, 425; *Schernthanner*, S. 27.

[209] Vgl. die Nachweise Fn 205.

[210] So wird unter Hinweis auf die vom Gerichtshof formulierte Wirkungsanalyse in der Literatur etwa dahingehend argumentiert, die Kommission habe sich bei der Beihilfenkontrolle jeglicher „Wertung" zu enthalten. Vgl. *Frenz*, EuZW 1999, 616, 617; *Koenig/Kühling*, EuZW 2000, 197, 198; dies., NJW 2000, 1065, 1067.

[211] Auch die Kommission versteht den Gerichtshof so, daß *ausschließlich* auf die Wirkung einer Maßnahme abzustellen sei – vgl. im SA des GA *Colomer* vom 17.5.2001

mehrfach angesprochenes Problem: Da jedes Staatshandeln wirtschaftliche Auswirkungen zeitigen kann, wäre das Beihilfenaufsichtsrecht schier grenzenlos und jegliches Staatshandeln stünde praktisch unter beihilfenrechtlichem Generalvorbehalt.

3. Die Wirkung als alleiniger Maßstab?

Zunächst wird in Art. 87 Abs. 1 EG das verwendete *Mittel* („Beihilfen") näher umschrieben. Der Vertrag benennt zwar kein konkretes Instrument, sondern spricht von Beihilfen „gleich welcher Art". Auf die Form,[212] die Bezeichnung oder das gewählte Instrument soll es damit offenbar nicht ausschlaggebend ankommen. Bei aller in Betracht kommenden Formenvielfalt ist aber ein Mittel (Beihilfe) zunächst auch als solches zu analysieren. Zumindest ist zu fragen, ob *unterschiedslos* jedes erdenkliche staatliche Instrument beihilfenrelevant sein kann, egal welcher Art dieses Mittel im Einzelfall ist (also ob als Finanztransfer, als fiskalische Staatstätigkeit oder als Maßnahme der allgemeinen Gesetzgebung). Dem Beihilfenbegriff haftet zudem ein gewisses finales Element an (Hilfe wozu?). Hier stellt sich die Frage, ob es tatsächlich zur Gänze unerheblich ist, welche Ziele mit der Maßnahme verfolgt werden (also ob es sich um offensichtlich protektionistische, allgemein wirtschaftspolitische, soziale oder sicherheitspolitische Ziele handelt). Und nicht zuletzt die Spezialität des Beihilfenrechts gegenüber den Grundfreiheiten ergibt sich aus dem speziellen Instrument der Beihilfe.[213]

Gewiß berechtigt ist die Sorge, das Abstellen auf den (u.U. nur vorgeschobenen) Zweck einer Maßnahme öffne beliebigen Interpretationen Tür und Tor. Tatsächlich scheint der Wirkung einer Maßnahme weit größere Objektivität anzuhaften als den damit verfolgten, letztlich im Verborgenen bleibenden, „geheimen" Zielen. Die Wirkung ist demgegenüber regelmäßig ein beobachtbares Phänomen, das keine weiteren Wertungen erfordert. Freilich: Was die handelsbeeinträchtigende bzw. wettbewerbsverfälschende Wirkung anbelangt, sind Zweifel anzumelden. An diesem Punkt ist jedenfalls ein markanter Unterschied zum Sicherheitsrecht im allgemeinen festzustellen: Die sozioökonomische Wirkung einer bestimmten mitgliedstaatlichen Maßnahme und deren „Gefährlichkeit" für den Gemeinsamen Markt ist kaum wirklich sichtbar zu machen. Während im Sicherheitsrecht

---

in der Rs C-310/99, Slg. 2002, I-2289, Rn 10. Anders *Scherer/Schödermeier*, ZBB 1996, 165, 174. Für eine wertende Betrachtung bei Zielkonflikten auch *von Danwitz*, JZ 2000, 429, 430.

[212] In anderen Vertragssprachen wird eher auf die „forma" (lat.) abgestellt: frz.: „sous quelque forme que ce soit"; ital.: „sotto qualsiasi forma"; engl.: „in any form whatsoever".

[213] Vgl. oben Abschn. A. II. 2.

etwa die Gefahr eines Hauseinsturzes spätestens dann zum augenscheinlichen Faktum wird, wenn das Haus tatsächlich in Trümmern liegt, bereitet es bereits Schwierigkeiten, eine konkrete Wettbewerbsverfälschung als Folge zu beschreiben. Wann ist ein Wettbewerb „verfälscht"? Jedenfalls lassen sich *einzelne* Folgen kaum mit *einzelnen* Ursachen verknüpfen. Daß unter gewissen Bedingungen Häuser einstürzen und statistisch betrachtet manche Hunde häufiger beißen als andere, ist demgegenüber eine – aus wahrscheinlichkeitsprognostischer Sicht – beinahe beruhigende Gewißheit.

Wenn hier also von „Wirkung" die Rede ist, so kann damit – wie im Sicherheitsrecht – nur von einer *wahrscheinlichen* Wirkung gesprochen werden. Die Wirkung beihilfenrechtlich relevanter Maßnahmen kann aber nicht nur ex ante mit erheblichen Unsicherheiten prognostiziert werden, sie kann auch *ex post* nur vermutet werden. Es geht also generell nicht um die tatsächliche *beobachtbare* Wirkung, sondern um die mehr oder minder wahrscheinliche. Die einer Maßnahme „beigelegte" Wirkung ist aber nur scheinbar von größerer Objektivität als der damit verfolgte Zweck.[214] Noch etwas anders wird deutlich: Eine Beurteilung einzelner mitgliedstaatlicher Maßnahmen ohne „Wertungen" ist schlicht nicht möglich – hierfür ist das sozioökonomische Beziehungsgeflecht im Subsidienwesen viel zu komplex (erinnert sei an die Phänomene des „Wirkungs-" bzw. „Zielpluralismus").

Auch Statik- und Hundeexperten mögen sich über Ursachen und Wirkungen im einzelnen streiten – die Wirkung und Wünschbarkeit staatlicher Maßnahmen auf wirtschaftlichem Gebiet ist schon im grundsätzlichen umstritten. Zu verwickelt liegen die Dinge hier. Anhänger unterschiedlicher ökonomischer Schulen (man denke an den Streit über angebots- oder nachfrageorientierte Politik) können aus ein und derselben Maßnahme völlig konträre Wirkungen ableiten, umgekehrt mag ein und dieselbe Wirkung auf gänzlich unterschiedliche Ursachen zurückgeführt werden können. Daß auch hier, auf dem beobachteten ökonomischen Feld Gesetzmäßigkeiten existieren, soll freilich nicht in Abrede gestellt werden – im Gegenteil. Zur rechtlichen Qualifizierung muß aber ein gewisser Beurteilungsstandard gefunden werden, da einfache Wahrheiten oftmals nicht weiterhelfen. Bestes Beispiel ist die bereits oben aufgeworfene Frage, ob eine Volkswirtschaft oder ein einzelnes Unternehmen durch die Verteilung von Subventionen gestärkt oder geschwächt wird. Beides ist vermutlich richtig: Kurzfristig mag die Subventionierung „stärkend" wirken, auf lange Sicht aber schwächend und am Ende sogar jegliche private Initiative erstickend.

4. Der Zweck bei der Bewertung mitgliedstaatlicher Maßnahmen

Es erscheinen noch auf einer anderen, grundsätzlichen Ebene Zweifel an einer bloß wirkungsorientierten Betrachtungsweise angebracht: Ob man nämlich staatliches Handeln überhaupt analysieren kann, ohne auf den

---

[214] Man könnte allenfalls vermuten, daß die zu erwartende Wirkung der womöglich verfolgte Zweck ist bzw. das offensichtlich verfolgte Ziel die wahrscheinliche Wirkung.

Handlungs*zweck* einzugehen. Das Kardinalkriterium jeglichen Staatshandelns ist der ihm innewohnende Zweck. Ohne Zweck wird staatliches Handeln zur Willkür. Primärer *Legitimations*maßstab für staatliches Handeln ist regelmäßig der Zweck bzw. der dahinterstehende „sachliche Grund". Erst der Zweck, etwa die Erfüllung bestimmter Staatsaufgaben (Ziele) verleiht staatlichem Tätigwerden die erforderliche Legitimation. Diese (nationale) Legitimationsbasis kann auch aus europäischer Perspektive nicht schlichtweg ignoriert werden.

Gewiß kann nicht jeder „hohe" mitgliedstaatliche Zweck eine als schädlich erachtete Wirkung auf europäischer Ebene rechtfertigen. Läßt man den mitgliedstaatlichen Zweck der Maßnahmen aber gänzlich außer Ansatz, ist jegliche Rechtfertigungsmöglichkeit a limine für unbeachtlich erklärt. Die Folge wäre in der Tat ein beihilfenrechtlicher Totalvorbehalt hinsichtlich fast jeglichen mitgliedstaatlichen Handelns. Einen Totalvorbehalt kann es aber aus nationalverfassungsrechtlichen *und* europarechtlichen[215] Gründen nicht geben. Der Maßnahmezweck beantwortet nicht zuletzt die Kompetenzfrage. „Interessen", „Kompetenzen" das bedeutet im Prinzip ja nichts anderes als der einer Institution zuzugestehende Bereich der Zielformulierung und Zielverwirklichung. Dies außer Acht zu lassen, kann nicht im Sinne der Gemeinschaft sein und wäre im Europarecht selbst singulär. Auch im „Herzstück" des Vertrages, den Grundfreiheiten, besteht die Möglichkeit, bestimmte mitgliedstaatliche Maßnahmen – *auch* wenn sie prinzipiell geeignet sind, ein- oder ausfuhrhindernd zu wirken – mit besonderen mitgliedstaatlichen Interessen zu rechtfertigen.[216] Auf den Maßnahmezweck gehen i.ü. auch Kommission und Gerichtshof gelegentlich ein – wenn auch wohl eher unbewußt.[217]

---

[215] Vgl. insbes. oben 1. Teil, Kap. 4, Abschn. C. sowie im 2. Teil, Kap. 1, Abschn. C. II.

[216] Vgl. Art. 30 EG insbes. mit den Zielen: öffentliche Sittlichkeit, Ordnung und Sicherheit, Gesundheit und Kultur. Der Gerichtshof hat den im Vertrag verankerten Rechtfertigungsgründen noch weitere hinzugefügt – vgl. *Streinz*, Rn 870. Kritisch insoweit auch *Müller-Graff*, ZHR 152 (1988), 403, 425, der zur Abgrenzung allgemeiner und spezieller Maßnahmen meint, man könne nicht ohne Würdigung der „Zielsetzung" auskommen (ebd. S. 430).

[217] So schon EuGH, 23.2.1961, Rs 30/59, Slg. 1961, 3 (Beihilfen sind sämtliche Maßnahmen, die „speziell als Mittel zur Verfolgung bestimmter Ziele" angesehen werden). Der EuGH, 27.3.1980, Rs 61/79, Slg. 1980,1205, Rn 31, stellt bei einer Definition staatlicher Beihilfen fest, Art. 92 Abs. 1 EGV betreffe Maßnahmen, durch die die Mitgliedstaaten „ihre eigenen wirtschaftspolitischen Ziele verfolgen," etwa indem sie Vorteile einräumen, die der Verwirklichung ihrer „wirtschafts- und sozialpolitischen Ziele dienen" sollen. Vgl. auch EuGH, 17.3.1993, Rs C-72/91, Slg. 1993, I-887, Rn 21: Das Vorliegen einer Beihilfe wurde verneint, denn die Regelung „zielt in ihrem Zweck nicht auf die Schaffung eines Vorteils ab"; vgl. auch das Urt. v. 22.3.1977, Rs 74/76, Slg. 1977, 557, Rn 14: Hier wird differenziert zwischen Modalitäten einer Beihilfenregelung und

II. Die materielle Beweislast und benachbarte Phänomene

1. Untersuchungsgegenstand und Erkenntnisinteresse

Die Verteilung der (objektiven) Beweislast ist nach deutschem Rechtsverständnis eine Frage des *materiellen* Rechts.[218] Insofern gehört die Beweislastproblematik ganz selbstverständlich in den Untersuchungszusammenhang dieser Arbeit. Neben der erheblichen praktischen Bedeutung macht v.a. *ein* Aspekt die Beweislast und damit in Zusammenhang stehende Phänomene für die Untersuchung des Beihilfenaufsichtsrechts interessant: Die Beweislast bietet die Möglichkeit einer Sublimierung, die der blanke Rechtssatz an sich oftmals nicht erlaubt. Eine differenzierende Zuordnung der Beweis(-führungs-)last gestattet eine „weichere" Schattierung der Interessenlagen als die „harte" Abgrenzung einzelner Tatbestandsmerkmale.

Zunächst gilt es, den Untersuchungsgegenstand zu präzisieren. Unter „Beweislast" wird im deutschen Sprachgebrauch zweierlei verstanden. Zum einen beschreibt der Begriff die Frage, wem es im Prozeß obliegt, bestimmte Tatsachen darzulegen und zu beweisen (also die subjektive Beweis*führungs*last),[219] zum anderen die Frage, zu wessen Ungunsten es zu werten ist, wenn ein tatbestandsrelevanter Sachverhalt weder als erwiesen noch als widerlegt gelten kann (objektive Beweis- oder Feststellungslast in sog. „non liquet"-Situationen).[220]

Die objektive Beweislast, der als materieller Folgeregel eigentlich nur ein eng begrenzter Anwendungsbereich (im Falle eines non liquet) zukommt, läßt i.ü. Rückschlüsse auch auf die subjektive Beweis*führungs*last und damit zusammenhängende Obliegenheiten der Parteien zu: Die objektive Beweisbelastung einer Partei wird regelmäßig dazu führen, daß diese

---

Bestandteilen, die zur Verwirklichung *ihres Zwecks* unerläßlich sind. Vgl. EuGH, 13.6.2002, Rs C-382/99, Slg. 2002, I-5163, Rn 63 f. (mit der „gewährten Beihilfe sollte verhindert werden..." „Ein derartiger Zweck..."). Gleich zweimal stellt der EuGH auf den Zweck der Maßnahme im Urteil vom 26.9.2002, Rs C-351/98, Slg. 2002, I-8031, Rn 42, ab („Ziel" einer „Lastenregelung") sowie in Rn 58 – hier meint er sogar, es komme nicht drauf an, ob *tatsächlich* Unternehmen aus anderen Mitgliedstaaten auf dem Markt aufträten, da die Maßnahme „gerade darauf gerichtet sein könnte", diese Entwicklung zu bremsen. Vgl. auch EuGH, 8.11.2001, Rs C-143/99, Slg. 2001, I-8365, Rn 41 („mit der betreffenden Maßnahme verfolgte Ziel"), 42, 53 (Rechtfertigung durch den „allgemeinen Zweck"). Zur Kontrolle des „Entwicklungsziels" einer Beihilfe und damit zur Frage, ob mit dieser die Gemeinschaftsvorschriften umgangen werden, EuGH, 5.10.1994, Rs C-400/92, Slg. 1994, I-4701, Rn 20 f.; 13.2.2003, Rs C-409/00, Slg. 2003, I-1487, Rn 52. Vgl. auch die Beispiele bei *Plender*, S. 6 ff.

[218] So die h.M. Vgl. hierzu *Laumen*, NJW 2002, 3739, 3743.

[219] Es wird teilweise nochmals unterschieden nach der abstrakten (weitgehend mit der Beweislast identischen) und der konkreten Beweisführungslast. Letztere ist abhängig von der konkreten prozessualen Situation – vgl. *Laumen*, NJW 2002, 3739, 3742.

[220] Ebd.

Partei (durch verstärkte Aufklärungs-, Darlegungs- und Begründungsbemühungen) versuchen wird, den Eintritt des non liquet zu verhindern.[221] Auch anderweitig begründete Pflichten der Gerichte oder der Parteien zur Sachverhaltsaufklärung (etwa Amtsermittlungspflichten) oder Mitwirkung hieran bestimmen, wann ein non liquet vorliegt. Diese Effekte sind letztlich nicht weniger bedeutsam als die materielle Beweislastverteilung selbst.

Nicht nur im Europarecht ist das Verhältnis von materieller Beweislast und anderen, sozusagen „benachbarten" Phänomenen (Beweisführungslast, Aufklärungspflichten etc.) nicht abschließend geklärt – im Rahmen dieser Arbeit können daher nur einige Probleme angerissen werden. Im Grundsatz gilt: Die materielle Beweislast wird erst dann aktiviert, wenn feststeht, daß ein bestimmter Sachverhalt nicht feststeht. Die Frage ist aber, wann ein Sachverhalt als nicht feststehend gelten *darf.*

2. Begründungs- bzw. Beweislast und benachbarte Phänomene

a) Beweis- und Begründungslast

Die Beweislast greift nur, wenn ein entscheidungserheblicher Umstand als un*bewiesen* gelten muß. Bewiesen werden kann generell nur eine Tatsache.[222] Damit unterliegen Tatsachen von vornherein anderen Bewertungsmaßstäben als „normative Sachverhalte" (etwa Rechtsbegriffe).[223] Insoweit stellt sich die Frage, inwieweit die in Art. 87 Abs. 1 EG verwendeten Begriffe („Beihilfe", „Wettbewerbsverfälschung", „Handelsbeeinträchtigung" etc.) *Tatsachen* beschreiben oder *Rechtsbegriffe*.

Das Problem setzt sich fort bei der Verknüpfung der einzelnen rechtlichen Merkmale. Im Beihilfenrecht geht es oftmals nicht um den Beweis einzelner Tatsachen, sondern zunächst um die schlüssige Verknüpfung von Zusammenhängen tatsächlicher und v.a. rechtlicher Natur. Die Frage ist dann, wer bei Bestehen von Unsicherheiten dazu aufgerufen ist, die Zusammenhänge herzustellen und zu *begründen*. Mittlerweile gewinnt neben der traditionellen „Beweislast" das argumentativ gefaßte Phänomen der

---

[221] Ebd.; vgl. auch *Schmidt*, JuS 2003, 1007, 1009; *Laumen*, NJW 2002, 3739, 3742.

[222] Eine Tatsache oder eine Kausalität zwischen Tatsachen ist regelmäßig (soweit nicht die erkennende Stelle selbst über die entsprechende Sachkunde verfügt) von Experten mit entsprechender Fachkenntnis zu untersuchen und das Untersuchungsergebnis von der erkennende Stelle zu würdigen. Ein Rechtsbegriff hingegen unterliegt unmittelbar der Bewertung und Auslegung durch die erkennende Stelle selbst.

[223] Ins Extreme gewendet denke man an den berühmt gewordenen Versuch des Reichsgerichts, die „Eisenbahn" von der schnöden Tatsache qua definitione zum Rechtsbegriff zu erheben – RGZ, Bd 1, S. 247, 251). Für eine Differenzierung von Tatsachenwürdigung und rechtlicher Qualifizierung vgl. EuGH, 15.5.1997, Rs C-278/95 P, Slg. 1997, I-2507, Rn 44.

„*Begründungs*last" an Bedeutung.²²⁴ Daher soll – wo dies sachgerecht erscheint – gleichberechtigt, aber mit anderer Akzentuierung, neben der „Beweislast" (also bezogen auf *tatsächliche* Unsicherheiten) im folgenden auch der Begriff der „Begründungslast" (bezogen auf *rechtliche* Unsicherheiten) Verwendung finden.²²⁵ Von der Logik her muß dabei erst klar gestellt werden, auf welche rechtlichen Gesichtspunkte es ankommt und dann, ob diese im Tatsächlichen dargelegt sind.

b) Beweislast, Amtsermittlung und Prozeßmaxime

Solange der Pflicht zur Ermittlung von Amts wegen nicht Genüge getan wurde, ist für ein non liquet noch kein Platz.²²⁶ Mit anderen Worten: Die objektive Beweislast beginnt frühestens dort, wo die Amtsermittlungspflicht endet. Eine Pflicht zur Amtsermittlung besteht jedenfalls für die Kommission im Verwaltungsverfahren gem. Art. 88 EG – freilich nicht grenzenlos.²²⁷ Auch den Mitgliedstaaten obliegt hier eine umfassende Mitwirkung an der Sachverhaltsaufklärung.²²⁸ Nach ständiger Rechtsprechung des Gerichtshofs ist die Rechtmäßigkeit von Beihilfeentscheidungen allein aufgrund der Informationen zu beurteilen, über die die Kommission bei ihrer Entscheidung verfügte. Auf Tatsachen, die im Vorverfahren gem. Art. 88 EG nicht vorgetragen wurden, kann sich der Mitgliedstaat vor dem

---

²²⁴ Vgl. hierzu ausführlich *Krebs*, AcP 195 (1995), 171 ff.

²²⁵ Ein Sonderproblem besteht bei nationalen Rechtssachverhalten, die zwar rechtlicher, aber nicht europarechtlicher Natur sind. Eine durchaus verallgemeinerungsfähige Wertung hierzu enthält im deutschen Recht § 293 ZPO. Auch für europäische Institutionen ist nationales Recht „fremd".

²²⁶ Vgl. zum Verhältnis beider Aspekte auch *Baumhof*, S. 25.

²²⁷ Vgl. allgemein den Prüfungsauftrag gem. Art. 88 EG (nach Abs. 1 bei bestehenden und nach Abs. 3 für neue Beihilfen). Bestimmte Nachforschungspflichten statuiert die gem. Art. 89 EG erlassene VVO (VO 659/1999 – etwa Art. 4, 5, 10, 17 VVO). „Staatsanwaltliche" Kompetenzen und Mittel kommen der Kommission grds. nicht zu. Besonderheiten gelten im Rahmen der Transparenzrichtlinie (80/723 v. 25.6.1980).

²²⁸ So allgemein gem. Art. 10 EG (europafreundliches Verhalten). Spezielle Pflichten legen etwa Art. 2 Abs. 2 VVO (Auskunftserteilung), Art. 22 VVO (Duldungspflicht bei Nachschau) fest. Es handelt sich auch hier freilich weniger um Rechtspflichten, als vielmehr um verfahrensrechtliche Obliegenheiten – vgl. etwa Art. 5 Abs. 3 VVO, wonach die Notifizierung als zurückgezogen gilt, wenn der Mitgliedstaat dem Auskunftsersuchen der Kommission nicht nachkommt. In Art. 2 Abs. 2 der VVO heißt es zwar, daß die Mitgliedstaaten alle sachdienlichen Auskünfte übermitteln, die VVO regelt im folgenden aber letztlich nur, was passiert, wenn der Mitgliedstaat seiner Pflicht nicht nachkommt (vgl. Art. 5, 10). In Art. 10 wird die Kommission ermächtigt, eine Entscheidung zur Auskunftserteilung zu erlassen und somit die Obliegenheit zu einer echten Rechtspflicht umzuwandeln. Eine „echte" Pflicht zur Offenlegung aller bedeutsamen Tatsachen trifft die Mitgliedstaaten nach der Transparenzrichtlinie (80/723 v. 25.6.1980). Vgl. auch EuGH, 28.4.1993, Rs C-364/90, Slg. 1993, I-2097, Rn 20 ff. Zu den Ermittlungsbefugnissen der Kommission generell *Engel/Freier*, EWS 1992, 361 ff.

Gerichtshof grundsätzlich nicht mehr berufen.[229] Der Gerichtshof hat aber zu prüfen, ob der Sachverhalt von der Kommission hinreichend ermittelt wurde.[230] Obwohl strukturell mit dem deutschen Verwaltungsprozeß vergleichbar, unterliegt der Prozeß vor den europäischen Gerichten damit eher der Verhandlungsmaxime. Für den Gerichtshof ist eine Amtsermittlungspflicht nirgendwo ausdrücklich verankert und sie trifft ihn wohl nur, soweit das zur „Wahrung des Rechts" unbedingt geboten erscheint.[231] In der Praxis ermittelt der Gerichtshof dementsprechend kaum selbst und entscheidet i.ü. nach eigenem Ermessen, ob noch Aufklärungsbedarf besteht.[232] Die Bedeutung der materiellen Begründungslast relativiert sich auch erheblich durch die letztlich „subjektive" (vgl. etwa § 286 Abs. 1 S. 1 ZPO) Überzeugungsgeneigtheit der zur Beurteilung aufgerufenen Institution.[233] Je eher das Gericht bereit ist, dem Vorbringen einer Partei zu folgen, um so weniger wahrscheinlich wird es zu einer non liquet-Situation kommen. Soweit dem Gerichtshof die Darlegungen der Kommission plausibel und schlüssig erscheinen, obliegt es praktisch dem Mitgliedstaat, die Feststellungen der Kommission zu widerlegen.[234]

c) Begründungslast und vermutete Kausalzusammenhänge

Eines Beweises bedarf es auch dann nicht, wenn nach gewissen Regeln ein Sachverhalt eine tatbestandlich relevante Folge mit ausreichender Sicherheit erwarten läßt. Wo ein solcher Kausalzusammenhang feststeht, ist kein Raum für die Aktivierung der Begründungslast. Diese Vermutungsregeln

---

[229] Vgl. EuGH, 10.7.1986, Rs 234/84, Slg. 1986, 2263, Rn 16; 14.9.1994, Rs 278-280/92, Slg. 1994, I-4103, Rn 31; 3.10.2002, Rs C-394/01, Slg. 2002, I-8245, Rn 34; *Baumhof*, S. 193.

[230] EuGH, 8.5.2003, Rs 328/99 u. C-399/00, Slg. 2003, I-4035, Rn 39; 29.2.1996, Rs C-56/93, Slg. 1996, I-723, Rn 11. Vgl. zur Überprüfung, ob die Kommission sämtliche Aufklärungsmöglichkeiten ausgeschöpft hat, EuGH, 26.9.1996, Rs C-241/94, Slg. 1996, I-4551, Rn 37; 13.4.1994, Rs 324 und 342/90, Slg. 1994, I-1173, Rn 26 ff.

[231] Zu den Möglichkeiten der Amtsermittlung vgl. Art. 21 der Satzung EuGH sowie etwa Art. 45, 47, 49, 54, 60 VerfO EuGH. Selbst ermittelt hat der Gerichtshof etwa im Vorlageverfahren, EuGH, 13.3.2001, Rs C-379/98, Slg. 2001, I-2099, Rn 55. Zum Ermittlungsermessen des Gerichtshofs vgl. auch *Baumhof*, S. 26 f. *Rengeling* et al. (Rechtsschutz), scheinen sich in Rn 693 f. gegen und in Rn 701 offenbar doch wieder für eine gerichtliche Amtsermittlungspflicht auszusprechen.

[232] Vgl. den Beweisbeschluß in EuGH, 12.7.1990, Rs 169/84, Slg. 1990, I-3083, Rn 10, 22. Zur Ermittlung durch den EuGH vgl. auch SA des GA *Cosmas* v. 28.3.1996, Rs C-329/93, Rn 30 ff., sowie *Baumhof*, S. 27 f., und *Rengeling* et al., Rechtsschutz, Rn 701, Fn 29.

[233] Vgl. auch *Baumhof*, S. 31 ff., 44.

[234] Vgl. EuGH, 5.10.2000, Rs C-288/96, Slg. 2000, I-8237, Rn 35; 19.9.2000, Rs C-156/98, Slg. 2000, I-6857, Rn 29; 24.2.1987, Rs 310/85, Slg. 1987, 901, Rn 12; *Baumhof*, S. 193 f.

können entweder tatsächlicher Natur sein – es wird also aufgrund wahrscheinlicher Kausalverläufe (etwa aufgrund naturwissenschaftlicher oder – wie hier: ökonomischer Erfahrungssätze) von einer Tatsache auf das Eintreten einer anderen Tatsache geschlossen. Oder sie sind rechtlicher Natur – die Rechtsvermutung erlaubt den Schluß von einer Tatsache auf eine rechtliche Folge.[235]

Zur Verdeutlichung der beihilfenrechtlichen Relevanz folgendes Szenario: Nimmt man an, daß etwa „Exportsubventionen" im innergemeinschaftlichen Handel typischerweise Beihilfen darstellen, und nimmt man weiter an, daß solche Exportbeihilfen im Regelfall den Wettbewerb verfälschen und schließlich, daß eine Wettbewerbsverfälschung die Beeinträchtigung des zwischenstaatlichen Handels vermuten läßt, so erschöpft sich die Nachweispflicht für alle Tatbestandsmerkmale des Art. 87 Abs. 1 EG in der Darlegung, daß es sich um eine solche Exportsubvention handelt. Knüpft man dann das Vorliegen einer „Exportsubvention" an bestimmte Indizien (Umstände der Subventionsgewährung, Beteiligung des Unternehmens am Handel, Absatzmärkte, Handelsströme etc.), sind allein diese Umstände geeignet, derlei gedankliche „Kaskaden" in Gang zu setzen. Kurz: Die schlüssige allgemeine Darstellung entsprechender Kausalverläufe führt zu einer Beweiserleichterung im Einzelfall. Bewiesen werden muß nur mehr der initiale Sachverhalt.[236] Für diese Fokussierung der Betrachtung auf derartig initiale Umstände müssen vorher freilich die Typisierungen und Vermutungszusammenhänge hinreichend plausibel dargestellt worden sein).

3. Kriterien der Beweis- bzw. Begründungslastverteilung

Der Sinn der Beweislastverteilung liegt letztlich darin, auch bei Vorliegen des non liquet eine bestimmte Rechtsfolge zu Lasten einer Partei anzuordnen, da ansonsten der Rechtsstreit unentschieden bleiben müßte.[237] Diese Belastung einer Partei trotz ungeklärter Tatsachenbasis bedarf freilich der sachlichen Rechtfertigung. Bislang hat sich gerade im Europarecht ein fester Katalog von Kriterien für die Verteilung der Beweislast allerdings nicht etablieren können.[238]

---

[235] Die rechtlich stärkste Form der Vermutung ist die gesetzliche Fiktion, wonach eine bestimmte Folge als eingetreten gilt, auch wenn feststeht, daß die Folge nicht von dem fiktionsauslösenden Sachverhalt herrührt. Oder umgekehrt (wie wohl im Falle des Art. 87 Abs. 2 EG), wenn eine Maßnahme als mit dem Gemeinsamen Markt vereinbar gilt, egal ob sie de facto oder de jure wettbewerbsverfälschend oder handelsbeeinträchtigend wirkt.

[236] Auch der prima facie-Beweis etwa ist letztlich eine solche Beweiserleichterung, bei der nur auf ein initiales Ereignis abgestellt wird und sich aufgrund „allgemeiner Lebenserfahrung" der weitere Kausalverlauf ohne weiteres erschließt – mit Ausnahme freilich atypischer Fälle, deren Beweis dann der anderen Partei obliegt. Der EuGH geht wohl auch von einer Beweiserleichterung aus. Vgl. hierzu *Baumhof*, S. 40.

[237] Zur Sicherung der Entscheidbarkeit *Schmidt*, JuS 2003, 1007, 1008.

[238] Vgl. daher allgemein zur Beweislastproblematik *Musielak*, ZPO, Rn 472 ff.; *Schmidt*, JuS 2003, 1007, 1009.

a) In der Literatur diskutierte Kriterien

Zum juristischen Allgemeingut gehört etwa das „Günstigkeitsprinzip", wonach jede Partei hinsichtlich der ihr günstigen Tatsachen beweisbelastet ist. Insbesondere für die Kommission kann es jedenfalls im Verwaltungsverfahren keine ihr „günstigen", sondern allenfalls ihre Rechtsauffassung untermauernden Umstände geben.[239] Problematisch erscheint auch der eher formale Ansatz nach der jeweiligen, vom materiellen Recht eigentlich unabhängigen, prozessualen Angriffs- und Verteidigungssituation, da die Beweislastverteilung im materiellen Recht verankert und damit notwendigerweise unabhängig von der prozessualen Situation ist.[240] Öffentlich-rechtliche Ansätze, die etwa auf ein Unter-Überordnungsverhältnis mit der Vermutung rechtmäßigen Handelns für die übergeordnete Stelle abzielen, sind nicht nur vom rechtsstaatlichen Standpunkt aus, sondern auch wegen des komplexen Verhältnisses Mitgliedstaaten – Gemeinschaft kaum weniger problematisch.[241] Als primäres Kriterium etwas schwammig erscheint dasjenige, nach dem aus Billigkeitsgründen die Partei zu belasten ist, die schlicht die bessere tatsächliche Möglichkeit hat, den Beweis zu führen. Im Grund treffen die letztgenannten Kriterien wohl auch eher die prozessuale Beweis*führungs*last.

---

[239] Die Kommission ist zur Objektivität verpflichtet und keine mit subjektiven Rechten ausgestattete „Partei" im eigentlichen Sinne. Hierauf verweist auch *Baumhof*, S. 50.

[240] So soll etwa der prozessuale „Angreifer" die seinen Angriff begründenden Tatsachen zu beweisen haben („actori incumbit probatio" – vgl. unter europarechtlichen Gesichtspunkten hierzu *Baumhof*, S. 45 ff.). Angreifer ist im Beihilfenrecht zunächst zwar meist die Kommission (vgl. zu den Nachweispflichten der Kommission bei einem Vertragsverletzungsverfahren – nicht ordnungsgemäße Rückforderung von Beihilfen – EuGH, 12.12.2002, Rs C-209/00, Slg. 2002, I-11695, Rn 38 f.), bei einer Nichtigkeitsklage aber ist es der Mitgliedstaat, bei einer Konkurrentenklage vor dem EuG hingegen der Konkurrent. Die materielle Situation wäre aber immer die gleiche. Eine gewisse Berechtigung mag dieses Kriterium (unabhängig von der prozessualen Situation) bei der Veränderung des status quo durch die eine Partei im Hinblick auf die Darlegungslast besitzen (Alt- und Neubeihilfen). Bei Altbeihilfen ist die Kommission schon aus Gründen des Vertrauensschutzes in besonderer Weise gehalten, darzutun, warum sie einen Sachverhalt, den sie bislang geduldet hat, nun nicht mehr zu dulden gewillt ist bzw. welche Änderung des Sachverhalts zu ihrem Beurteilungswandel geführt hat. Bei der Anmeldung von Neubeihilfen hingegen unterliegen die Mitgliedstaaten als „Antragsteller" einer ausgeprägteren Darlegungslast.

[241] Unter rechtsstaatlichen Gesichtspunkten verwunderlich zu nennen ist der Ansatzpunkt, als Regelfall die Rechtmäßigkeit hoheitlichen Handelns zu unterstellen („in dubio pro auctoritate") und damit der „untergeordneten Partei" die Begründungslast aufzubürden. Vgl. hierzu auch *Baumhof*, S. 50. Die Tendenz des Gerichtshofs, im Regelfall von der Zweck- und Rechtmäßigkeit des Kommissionshandelns auszugehen, deutet freilich in diese Richtung.

Da die Begründungslastverteilung eine materielle Rechtsfolge impliziert, muß es um materielle bzw. normative Kriterien der Verteilung gehen. Zu nennen sind etwa die Verteilung nach Interessensphären oder das Prinzip, daß derjenige beweisbelastet ist, der eine Ausnahme von einer Regel geltend macht.[242] Wer im Bereich des gesetzlichen „Normalfalls" handelt, braucht sich keiner weiteren Rechtfertigung zu befleißigen. Wer von diesem Grundsatz, also von der Regel, Abweichendes geltend macht, muß im Falle der Unerweislichkeit seiner dagegen vorgebrachten Argumente damit leben, daß es bei der Regel bleibt. Was als normativer Normalfall zu gelten hat, ist freilich auch *normativ* zu bestimmen.[243]

b) Normative Kriterien der Beweislastverteilung im Beihilfenaufsichtsrecht

Vom „Regel-Ausnahme-Prinzip" war schon in anderem Zusammenhang, insbesondere als vorpositives (sei es als marktwirtschaftliches oder aus dem vorpositiven Subsidiaritätsprinzip[244] abgeleitetes) Prinzip der „Beweislastverteilung" die Rede. Tatsächlich stehen sich auch Art. 87 Abs. 1 einerseits und Abs. 2 und 3 EG andererseits als Regel und Ausnahme gegenüber.[245] Was aber das Beihilfenverbot gem. Art. 87 Abs. 1 EG betrifft, beschreibt dieses zunächst nicht mehr als die Regel selbst. Was nicht unter die Regel fällt, ist aber noch lange keine Ausnahme von derselben. Es geht im Rahmen des Art. 87 Abs. 1 EG zunächst um das Verbot bzw. um den *Umfang* des Verbots.

Einer Rechtfertigungspflicht unterliegt das hoheitliche Handeln der Kommission jedenfalls, soweit hiervon mitgliedstaatliche Rechte und Interessen betroffen sein können. Wer verbietet, muß die Gründe hierfür darlegen, zumal das mitgliedstaatliche Handeln nicht unter einem generellen Genehmigungsvorbehalt der Gemeinschaft steht – im Gegenteil: Ein hier einschlägiges Regel-Ausnahme-Verhältnis ergibt sich aus der Kompetenzverteilung zwischen EG und Mitgliedstaaten, wonach die Regelzuständig-

---

[242] Vgl. *Schmidt*, JuS 2003, 1007, 1010; zur Begründungslast *Krebs*, AcP 195 (1995), 175.

[243] Vgl. *Baumhof*, S. 69, 114.

[244] Die Mitgliedstaaten hätten nach dem so verstandenen Subsidiaritätsprinzip jedenfalls darzulegen, warum sie sich besser als die Einzelnen dafür in der Lage sehen, gewisse Ziele gerade mit hoheitlichen Mitteln zu erreichen. Die gleiche Nachweispflicht trifft in zweifacher Hinsicht die EG. Zum einen gegenüber den Mitgliedstaaten, denen gegenüber sie zum Nachweis ihrer Legitimation im Einzelfall verpflichtet ist, zum anderen gegenüber dem Marktbürger.

[245] Generell hieße das, daß die Voraussetzungen des Art. 87 Abs. 1 EG von der Kommission, die der Abs. 2 und 3 vom Mitgliedstaat zu beweisen sind – so i.E. *Baumhof*, S. 193 ff. (bzgl. Abs. 1 und 2, bzgl. Abs. 3 aber differenzierend). Zur Darlegungslast bzgl. der Ausnahmeregelungen etwa die Kommissionsansicht in EuGH, 26.9.2002, Rs C-351/98, Slg. 2002, I-8031, Rn 71.

keit bei den Mitgliedstaaten verbleibt und nur im Falle der *Einzelermächtigung* der EG Kompetenzen eröffnet werden.[246] Die Beweislast hinsichtlich der Tatbestandsmerkmale des Art. 87 Abs. 1 EG trifft, was durchaus der herrschenden Meinung entspricht, daher generell die Kommission.[247] Dies schließt freilich nicht aus, daß, wenn sich gewisse rechtliche oder tatsächliche typische Kausalzusammenhänge (Vermutungen) herausbilden oder wenn sich die vertraglichen Tatbestandsmerkmale in Untertatbestände aufgliedern lassen, die Belastung der Kommission relativiert und eine differenzierende Verteilung der Beweis- bzw. Begründungslast sowie der Beweisführungslast erforderlich wird. Gerade die Geltendmachung in nationalem Recht wurzelnder „Rechtfertigungsgründe" (wie etwa auch in Art. 30 EG) belastet die Mitgliedstaaten. Gleiches gilt für atypische Konstellationen. Im einzelnen muß dann wiederum nach Regel und Ausnahme sowie nach Interessensphären gewichtet werden.

III. Zusammenfassung

Das in mancherlei Hinsicht dem Sicherheitsrecht verwandte Beihilfenrecht wird wie jenes von einer wirkungsorientierten Betrachtungsweise dominiert. Eine Maßnahme ist mit dem Gemeinsamen Markt unvereinbar, weil sie wettbewerbsverfälschende und handelsbeeinträchtigende *Wirkungen* zeitigt. Weder das Mittel noch der Zweck der Maßnahme dürfen aber gänzlich außer Ansatz bleiben; zum einen, weil Beihilfen zunächst ein Herrschafts*mittel* darstellen und zum anderen, weil das hinter der Maßnahme stehende (tatsächliche) *Ziel* den jeweiligen Kompetenzbereich markiert, der im Falle von Zielkonflikten eine Wertung und je nach Kompetenzverteilung ein mehr oder weniger striktes Vorgehen der Gemeinschaft erfordert bzw. erlaubt.

Beweisbelastet, ermittlungs- und darlegungsverpflichtet ist für sämtliche Tatbestandsmerkmale des Art. 87 Abs. 1 EG zunächst grundsätzlich die Kommission. Dies ist freilich nur der erste Schritt. Soweit im Rahmen der Tatbestandsprüfung „Rechtfertigungsgründe", atypische Konstellationen oder dergleichen geltend gemacht werden können, relativiert sich dieses Ergebnis. Erneut muß dann nach Regel und Ausnahme oder nach Interessensphären gewichtet werden.[248] Diese Gewichtung kann nicht abstrakt vorweg beurteilt werden, sondern muß anhand der materiellen Wertungen der jeweiligen Tatbestandsmerkmalen erfolgen. Auch hierzu im folgenden.

---

[246] Vgl. in diesem Zusammenhang *Bartosch*, EuZW 2000, 333, 335.
[247] *Baumhof*, S. 193, 195 f., mwN.; *Bartosch*, EuZW 2000, 333, 334.
[248] Wohl für eine Beweislastumkehr zulasten der Mitgliedstaaten, wenn es um die Entkräftung einer Vermutung geht, EuGH, 19.9.2000, Rs C-156/98, Slg. 2000, I-6857, Rn 29.

Kapitel 2

Die einzelnen Tatbestandsmerkmale des Art. 87 Abs. 1 EG

Mit der Normierung des Art. 87 Abs. 1 EGV begründet der Vertrag das Beihilfenverbot und legt zugleich die ihm immanenten Grenzen fest – es sind dies die Grenzen der einzelnen Tatbestandsmerkmale. Diese sind im Wege der Konkretisierung sichtbar zu machen. Wo die tatbestandlichen Grenzen momentan liegen, erscheint aber unklar, wo sie in Zukunft liegen werden, eher ungewiß.[1] Die hieraus resultierende Unsicherheit, was unter „Beihilfen" zu verstehen ist, macht eine eingehende Untersuchung dieses zentralen Begriffs und der übrigen Tatbestandsmerkmale des Art. 87 Abs. 1 EG notwendig.

A. Der Begriff der „Beihilfe" („Beihilfen gleich welcher Art")

I. Untersuchungsgegenstand und Erkenntnisinteresse

Welche Maßnahmen fallen unter den Beihilfenbegriff? Der beinahe schon formelhaft vorgetragene, wiewohl gewiß nicht unzutreffende Satz, es sei

---

[1] Bisweilen ist sogar von „Metarecht" die Rede (vgl. *Koenig/Kühling*, in: *Streinz*, EUV/EGV, Art. 87, Rn 3). Bereits nach gegenwärtigem Stand wird ein breites Spektrum mitgliedstaatlicher Maßnahmen als beihilfeverdächtig eingestuft. Insbes.: konkursrechtliche Vorschriften (bzw. das Abweichen hiervon, das zum Verlust von Steuereinnahmen führen könnte – so das Vorbringen der Kommission; vgl. EuGH, 1.12.1998, Rs C-200/97, Slg. 1998, I-7907, Rn 36), internationalprivatrechtliche Vorschriften (vgl. das Vorbringen der Kommission im Falle „Sloman Neptun", EuGH, 17.3.1993, Rs C- Rs 72/91, Slg. 1993, I-887, Rn 17), arbeitsrechtliche Regelungen (Ausnahme von Vorschriften über befristete Arbeitsverträge – vgl. EuGH, 7.5.1998, Rs 52-54/97, Slg. 1998, I-2629, Rn 13) oder Altersversorgungssysteme (vgl. *Koenig* et al., EuZW 1998, 5). Die Kommission hat dabei in der Vergangenheit die Tendenz erkennen lassen, dieses Spektrum stetig zu erweitern. *Bär-Bouyssière*, in: *Schwarze*, EU-Komm., Art. 87, Rn 26, spricht von einer Vervielfachung der Typologie; *Modlich*, S. 292, weist auf die „immer weiter fortschreitende Ausweitung der (von der Kommission geltend gemachten) Aufsichtskompetenz" hin; *Schernthanner*, S. 215, meint, was heute „noch erlaubt (ist), mag morgen (...) bereits verboten sein." Vgl. auch *Bartosch*, NJW 2002, 3588, 3590, 3592; *Koenig/Kühling*, EuZW 1999, 517, 519 f.

eine „weite Auslegung des Beihilfenbegriffs" angezeigt,[2] führt in den hier besonders interessierenden Randbereichen nicht weiter. Er markiert aber die Schwierigkeit, den Beihilfenbegriff zu konkretisieren, ohne ihn von vornherein über Gebühr einzuengen.[3] Dabei ist bereits umstritten, welche Merkmale der Begriff der „Beihilfe" umfaßt, ob eine Konkretisierung überhaupt möglich oder sinnvoll ist – erst recht freilich, welche Merkmale dem Beihilfenbegriff dann eignen.

1. Zur Terminolgie – „Beihilfen" im engeren und im weiteren Sinne

Der Begriff der Beihilfe wird sowohl von den europäischen Institutionen wie auch in der Literatur uneinheitlich gebraucht. Zum einen werden darunter Maßnahmen verstanden, die gemäß Art. 87 Abs. 1 EG mit dem gemeinsamen Markt unvereinbar sind, die also sämtliche Tatbestandsmerkmale des Art. 87 Abs. 1 EG erfüllen (Beihilfenbegriff im weiteren Sinn).[4] Zum anderen wird er verwendet, um das für sich stehende Tatbestandsmerkmal „*Beihilfen* gleich welcher Art" (Beihilfenbegriff im engeren Sinn) zu bezeichnen.[5] Teilweise wird wegen dessen scheinbarer „Aussagelosigkeit" auf eine Festlegung bewußt verzichtet[6] oder der Begriff der Beihilfe schlicht auf das Begünstigungskriterium reduziert („...durch die *Begünstigung* bestimmter Unternehmen...").[7] Die Chance zu weiterer tatbestandlicher Differenzierung wird somit freilich vertan.

---

[2] Vgl. nur *Modlich*, S. 16, und *Schernthanner*, S. 20; *Lefèvre*, S. 112, jeweils mwN.; *Mederer*, in: G/T/E, Art. 92, Rn 2; *Bär-Bouyssière*, in: *Schwarze*, EU-Komm., Art. 87, Rn 27; *Rawlinson*, in: *Lenz/Borchardt*, Art. 87, Rn 2; *Koenig/Kühling*, EuZW 2000, 197; differenzierender als in der Vorauflage nunmehr *von Wallenberg*, in: *Grabitz/Hilf*, Art. 87, Rn 11; aus der englischsprachigen Literatur etwa *Evans*, S. 27; *Quigley*, EurLawRev 1988, 242, 243; aus der französischsprachigen Literatur etwa *Merola*, R.I.D.E.1993, 277, 288 ff.; für Italien etwa *Pinna*, S. 23 f.

[3] So *Obernolte*, EW 16 (1961), 388, 389, und ihm folgend: *Lefèvre*, S. 112; *Mederer*, in: G/T/E, Art. 92, Rn 5; jeweils mwN.

[4] So der Gerichtshof („...können Beihilfen darstellen, wenn alle Voraussetzungen des Art. 87 Abs. 1 EG erfüllt sind" – EuGH, 8.5.2003, Rs C-328/99 u. C-399/00, Slg. 2003, I-4035, Rn 36); EuGH, 29.6.1999, Rs C-256/97, Slg. 1999, I-3913, Rn 17 („die verschiedenen Merkmale der in Artikel 92 Absatz des Vertrages enthaltene Definition der staatlichen Beihilfen"); in der Verfahrensordnung gem. Art. 88 (VO 659/1999) Art 1 Abs. a: „Beihilfen" sind danach „alle Maßnahmen, die die Voraussetzungen des Artikels 92 Absatz 1 des Vertrages erfüllen" (vgl. hierzu *Mederer*, in: G/T/E, Art. 93, Rn 10); ebenso in den GFVO (vgl. VO 70/2001 Art. 2 lit. a); vgl. auch *Harings*, Rn 12.

[5] Hierfür *Hoischen*, S. 33; in diesem Sinne auch die Kommission etwa im XXVIII. Wettbewerbsbericht, Rn 193.

[6] Vgl. *Modlich*, S. 22, mwN.

[7] Für die Gleichsetzung der Begriffe „Beihilfe" und „Begünstigung" i.E. *Modlich*, S. 35 ff.; einen Mittelweg beschreitet *Schernthanner*, S. 19, 92, die bis auf die Tatbestandsmerkmale Wettbewerbsverfälschung und Handelsbeeinträchtigung alle übrigen in den Beihilfenbegriff hineinliest. Für diese Reduzierung spricht ein Strukturvergleich mit

Dem hier verfolgten Erkenntnisinteresse entspricht es, jenseits aller Begriffsjurisprudenz, ein möglichst differenziertes und vielschichtiges Bild des Beihilfenverbots zu zeichnen. Wenn auch ohne Zweifel die Begünstigungswirkung das primäre Kennzeichen von Beihilfen ist, so bleibt damit doch zunächst offen, was (Art, Form, Wirkung, Umstände usw.) eine Begünstigung zu einer tatbestandlichen „Beihilfe" macht. Allein der Beihilfenbegriff scheint also genug Spezifika zu enthalten, die eine nähere Betrachtung lohnenswert und den blanken Beihilfenbegriff keineswegs als leere Frucht erscheinen lassen. Im folgenden soll daher, wenn von „Beihilfen" die Rede ist, der Beihilfenbegriff im angesprochenen *engeren Sinn* gemeint sein. Eine Beihilfe, die zugleich die übrigen Tatbestandsmerkmale des Art. 87 Abs. 1 EG erfüllt, markiert das Beihilfenverbot und ist dementsprechend eine „verbotene Beihilfe".

2. Die Relevanz der Bestimmung des Beihilfenbegriffs

In der Literatur diskutiert wird nicht nur die Frage, *wie* der Begriff der Beihilfe definiert werden kann, sondern auch, *ob* dessen Ausfüllung überhaupt notwendig und sinnvoll ist.[8] Zunächst gilt es also zu prüfen, welche Relevanz der Konkretisierung des Beihilfenbegriffs zukommt.

a) Objektiv-verfassungsrechtliche Aspekte

Das Beihilfenrecht zählt zu den wesentlichen Instituten und zentralen Instrumenten der EG-Verfassung. Es müßte erstaunen, wenn ausgerechnet der Rechtsbegriff der „Beihilfe", von dessen Verständnis so weitreichende Folgen abhängen, im Unbestimmten gelassen werden sollte.[9] Das Bedürfnis nach Konkretisierung ist dabei keineswegs ein bloß erkenntnistheoretisches. Im Zentrum steht vielmehr ein verfassungsrechtliches Problem. Es wäre jedenfalls EG-verfassungsrechtlich bedenklich, wenn ein derartig zentraler Begriff eine gewollte *Unbestimmtheit* bzw. *Unbestimmbarkeit* „in sich" tragen würde und einer Konkretisierung damit bewußt entzogen wäre. Dagegen sprechen jedenfalls die im Europarecht in besonderer Weise bedeutsamen Verfassungsgebote der *Rechtssicherheit, Rechtsklarheit* und

---

dem Subventionsbegriff. Dieser beinhaltet gemeinhin die Elemente Begünstigung, Subventionsgeber, Subventionsnehmer und Subventionszweck (vgl. *Zacher,* VVDStRL 25 (1967), 309, 317). Hiergegen *Bleckmann,* WiVerw 1989, 75, 82.

[8] So *Obernolte,* EW 16 (1961), 388, 389: Die Verfasser des EGV hätten den Anwendungsbereich bewußt weit verstanden wissen wollen, und jede Bestimmung müsse zwangsläufig eine Eingrenzung des Beihilfenbegriffs nach sich ziehen, die im Vertrag gerade ausgeschlossen werden sollte.

[9] Kritisch insoweit auch *Bär-Bouyssière,* in: *Schwarze,* EU-Komm., Art. 87, Rn 43. Eine andere Frage ist es, ob man abschließend zu einer restriktiven oder extensiven Auslegung des Begriffes gelangt.

Transparenz.[10] Für die mit dem Beihilfenrecht befaßten europäischen Institutionen kann es schließlich nicht darum gehen, „irgendein" Beihilfenrecht anzuwenden, sondern das „richtige" – dies gebietet schon der Grundsatz der Gesetzmäßigkeit jeglichen Staatshandelns.[11]

b) Das Interesse der Mitgliedstaaten

Neben der objektiv-rechtsstaatlichen haben diese Prinzipien auch eine praktisch-subjektive Komponente für die Rechtsunterworfenen des EG-Vertrages: Die Mitgliedstaaten haben eine gewichtige Einschränkung ihrer *Souveränitätsrechte* zu gewärtigen, deren Reichweite sich in erster Linie aus der Reichweite des Beihilfenbegriffs ergibt.[12] Als „Tor des Beihilfenrechts", als welches das Beihilfen*verbot* – und hier im besonderen: der Beihilfen*begriff* – beschrieben wurde,[13] ist dessen Öffnungsweite für eine Kompetenzabgrenzung zwischen Mitgliedstaaten und EG bedeutsam. Für die Mitgliedstaaten der EG resultieren darüber hinaus konkrete Pflichten beim Vorliegen einer Beihilfe, insbesondere unterliegen sie der Notifizierungspflicht gemäß Art. 88 Abs. 3 EG, der nachzukommen sie nur imstande sind, wenn ihnen ersichtlich sein kann, welche Maßnahmen beihilfenrechtlich relevant sind;[14] das gleiche gilt für nationale Gerichte, die gezwungen sein können, Maßnahmen im Hinblick auf ihre Beihilfeneigenschaft zu überprüfen.[15] Die Mitgliedstaaten werden dazu bisweilen mit der Kommissionsansicht konfrontiert, sie hätten über Jahrzehnte eine mit dem Gemeinsamen Markt unvereinbare Beihilfe gewährt, was durchaus weniger an der Maßnahme selbst, sondern eher an einer gewandelten Kommissionsansicht liegen kann.[16]

---

[10] Vgl. oben Kap. 1, Abschn. C. II. 2. f. So auch *Franzius*, NJW 2003, 3029, 3030.

[11] Vgl. nur *Streinz*, Rn 776.

[12] Vgl. *Mederer*, in: G/T/E, Art. 92, Rn 4; *Bär-Bouyssière*, in: *Schwarze*, EU-Komm., Art. 87, Rn 26.

[13] Vgl. oben Kap. 1, Abschn. A. III. 2; vgl. auch *Mederer*, in: G/T/E, Art. 92, Rn 4 (das „Ausmaß der Kontroll- und Aufsichtstätigkeit" bestimmend); *Seidel*, EuR 1985, 22, 25.

[14] Manche Nichtnotifizierung mag nicht aus einer bewußten Mißachtung des Gemeinschaftsrechts, sondern aus den bestehenden Unklarheiten in diesem Bereich herrühren – vgl. *Heiermann*, EWS 1994, 145; *Nicolaides*, World Competition 2002, 249, 251.

[15] Vgl. EuGH, 30.3.2006, Rs C-451/03 (noch nicht in der Slg. veröffentlicht), Rn 70 f., mwN., aber nur auf den Beihilfenbegriff i.e.S. bezogen – vgl. ebd., Rn 71.

[16] Erst im Laufe der 90er Jahre etwa gelangte die Bankbranche in den Focus der Kommission – aber offenbar nicht etwa deshalb, weil die Banken bis dahin objektiv nicht beihilferelevant in Erscheinung getreten wären, sondern eher weil – wie der ehemalige Wettbewerbskommissar *Van Miert* andeutet – die Kommission auf diesem Gebiete bis dahin keine Erfahrungen gesammelt hatte. Die Kommission nahm sich erst nach Beschäftigung mit Vorgängen im Zusammenhang mit der italienischen EFIM-Holding vor, ge-

c) Das Interesse der Marktbürger

Ein vitales Interesse an der Bestimmung des Beihilfenbegriffs haben aber vor allem die Gemeinschaftsbürger und -unternehmen. Erhält ein Unternehmen eine notifizierungspflichtige, tatsächlich aber nicht angemeldete Beihilfe, kann es sich im Falle der Rückforderung auf den Grundsatz des Vertrauensschutzes regelmäßig nicht mehr berufen. Von einem „sorgfältigen Gewerbetreibenden" wird dabei verlangt, was nicht einmal den europäischen Institutionen oder der Wissenschaft bislang vollständig gelungen ist: nämlich festzustellen, welche Maßnahmen unter den Beihilfenbegriff fallen.[17] Zum Vertrauensschutz in Beihilfesachen weist der Gerichtshof recht lakonisch darauf hin, daß die Kommission ja bereits in einer Mitteilung „potentielle Empfänger" (also alle EU-Unternehmen) davon unterrichtet habe, daß unrechtmäßig gewährte Beihilfen zurückzuzahlen seien.[18] Bereits bei formeller Gemeinschaftsrechtswidrigkeit (Nichtnotifizierung gem. Art. 88 Abs. 3 EG) sind erhaltene Zuwendungen zurückzuerstatten. Dies entspricht auch der deutschen Verwaltungs- und Verfassungsrechtsprechung.[19] Insbesondere die geltende restriktive Interpretation des § 48

---

wisse Mißstände „in Zukunft nicht mehr hinnehmen" zu wollen (vgl. *Van Miert*, S. 105 f.).

[17] EuGH, 20.9.1990, Rs C-5/89, Slg. 1990, I-3083, Rn 14, oder EuGH, 14.1.1997, Rs C-169/95, Slg. 1997, I-135, Rn 51: „Einem sorgfältigen Gewerbetreibenden ist es regelmäßig möglich, sich zu vergewissern, ob dieses Verfahren beachtet wurde." (gemeint ist das Notifizierungsverfahren). Nur bei Vorliegen besonderer Umstände könne ausnahmsweise etwas anderes gelten (Urt. v. 20.9.1990, aaO, Rn 16). Die Rückforderung bloß formell rechtswidriger Beihilfe i.E. grds. bejahend *Steindorff*, ZHR 152 (1988), 474, 491. Auch wenn später die materielle Rechtmäßigkeit festgestellt wird, bleibt die Gewährung rechtswidrig – vgl. Jaeger, EuZW 2004, 78 ff. Von Wissenmüssen geht auch *Lefèvre*, S. 111, aus. *Ehlers* (DZWir 1998, 491, 493), der anmerkt, daß dem Rechtsunterworfenen generell die Kenntnis des Rechts zugemutet werde und notfalls dieses durch Nachfragen in Erfahrung gebracht werden könne, hat sicher Recht. Hierfür muß aber (auch für Behörden) das Recht *erkennbar* sein. Vgl. i.ü. zur Rückabwicklungsproblematik auch *Dikkersbach*, NVwZ 1996, 962, 966 ff.; *Hakenberg/Tremmel*, EWS 1997, 217, 222; *Ehricke*, WM, Sonderbeilage Nr. 3/2001, 8 ff.; zum Problem der Rückgewähr auch *Papier*, ZHR 152 (1988), 493 ff.

[18] EuGH, 7.3.2002, Rs C-310/99, Slg. 2002, I-2289, Rn 102.

[19] Vgl. das obiter dictum des BVerfG, 17.2.2000, Az 2 BvR 1210/98 („Alcan"), u.a. mit Anmerkungen von *Vögler* in EuZW 2000, 445 ff. (vorausgehend BVerwG, 23.4.1998, u.a. in NJW 1998, 3728). Hierzu insbes. *Ehlers*, DZWir 1998, 491 ff.; *Jannasch*, S. 35 f. § 48 VwVfG bzw. die entsprechenden Landesvorschriften werden im Hinblick auf Vertrauensschutzgesichtspunkte entsprechend restriktiv ausgelegt und dem auf Gemeinschaftsrecht beruhenden Rücknahmeinteresse regelmäßig eine größere Bedeutung beigemessen als dem Rücknahmeinteresse bei Verwaltungsakten, die allein unter Mißachtung nationalen Rechts erlassen wurden (zu ähnlichen Problemen im Rahmen der WTO vgl. *Jansen*, EuZW 2000, 577). Die Jahresfrist des § 48 Abs. 4 S. 1 VwVfG findet bei gemeinschaftswidrigen Verwaltungsakten keine Anwendung. Selbst wenn ein Notifi-

VwVfG (bzw. der entsprechenden Ländervorschriften) läßt sich guten Gewissens nur dann rechtfertigen, wenn der Beihilfenbegriff hinreichend transparent ist.[20] Als regelrecht riskant für Unternehmen sind in diesem Zusammenhang sämtliche Verträge mit der öffentlichen Hand anzusehen. Enthält die vertragliche Vereinbarung Beihilfenelemente, ist sie unter Umständen gemäß § 134 BGB unheilbar nichtig.[21] Relevant ist dies u.a. bei kommunalen Grundstücksverkäufen.[22] Die „Rückforderung" kann auch in Form einer rückwirkenden Kaufpreiserhöhung erfolgen.[23] Die Rechtswidrigkeit der Beihilfen kann sogar gegen den Rechtsnachfolger fortwirken. Den Käufer eines Unternehmens, das rechtswidrige Beihilfen erhalten hat, trifft das für ihn kaum kalkulierbare Rückgewährrisiko (obwohl der Rückforderungsanspruch wohl erst mit der konstitutiven Entscheidung der Kommission und somit *nach* Kauf entsteht). Die Verkehrsfähigkeit von Unternehmen befördert dies nicht gerade.[24] Die von der Kommission angenommene Durchgriffshaftung kann so weit gehen, daß der Käufer von einzelnen Vermögensgegenständen eines Unternehmens, das rechtswidrige Beihilfen erhalten hat, mit Rückforderungen in Höhe des Hundertfa-

---

zierungsverfahren durchgeführt worden ist, kann sich das begünstigte Unternehmen nicht auf Vertrauensschutzgesichtspunkte (zu europäischen Vertrauensschutzgesichtspunkten vgl. etwa EuGH, 21.9.1983, Rs 205-215/82, Rn 30; *Triantafyllou*, NVwZ 1992, 436 ff., der kritisch anmerkt, der Bürger selbst wäre letztlich zur Überwachung staatlicher Stellen aufgerufen, ebd., S. 439) berufen, wenn ihm bekannt oder infolge grober Fahrlässigkeit unbekannt geblieben ist, daß es sich um eine mit dem gemeinsamen Markt unvereinbare Beihilfe gehandelt hat (vgl. weiter *Hartmann*, WiB 1994, 90, 91, sowie *Heiermann*, EWS 1994, 145, 147 f.).

[20] Kritisch auch etwa *Triantafyllou*, NVwZ 1992, 436, 439, zur Rückforderung formell rechtswidriger Beihilfen. Mit gewichtigen verfassungsrechtlichen Bedenken *Scholz*, DÖV 1998, 261 ff.

[21] Vgl. BGH, Urt. v. 20.1.2004, Az. XI ZR 53/03, EuZW 2004, 252; *Heinrichs*, in: *Palandt*, § 134, Rn 3; *Schmidt-Räntsch*, NJW 2005, 106 ff.; *Pechstein*, EuZW 1998, 495 ff.; *Steindorff*, EuZW 1997, 7 ff.; ders., ZHR 152 (1988), 474, 488 ff.; *Jestaedt*, EuZW 1993, 49 ff.; generell hierzu und für schwebende Unwirksamkeit vor der Entscheidung der Kommission *Pütz*, Das Beihilfeverbot des Art. 88 Abs. 3 Satz 3 EG-Vertrag, S. 57 ff.; *ders.* NJW 2004, 2199 ff.; zur österreichischen Rechtslage *Krassnigg*, ÖJZ 1996, 447 ff. Teilweise wird die Nichtigkeitsfolge als geradezu positiver Nebeneffekt angesehen, um die Unternehmen zu mehr Vorsicht zu bewegen (vgl. Deutsche Bank, Monatsberichte, S. 29); zur Nichtigkeitsfolge wegen bloß formeller Rechtswidrigkeit gem. Art. 88 Abs. 3 S. 3 EG vgl. auch *Deckert/Schroeder*, EuR 1998, 291, 314; sowie EuGH, 21.10.2003, Rs C-261 u. 262/01 („van Calster"), Rn 63.

[22] Wobei hier Parteien beteiligt sein können, bei denen ein tiefgreifendes Verständnis der beihilfenrechtlichen Problematik nicht ohne weiteres vorausgesetzt werden kann. Vgl. hierzu *Schütterle*, EuZW 1993, 625, 627.

[23] Vgl. BGH, Urt. v. 4.4.2003, Az V ZR 314/02, EuZW 2003, 444 ff., mit Anmerkungen von *Pechstein*.

[24] Hierzu *Bauer*, FAZ v. 11.8.2001, S. 21: „Rechtswidrige Beihilfen machen Unternehmenskäufe riskant".

chen (!) des Wertes der erworbenen Gegenstände belastet wird.[25] Problematisch ist auch die Unsicherheit im Vergaberecht. Auch bei ordnungsgemäß durchgeführtem Vergabeverfahren besteht das Risiko der Unwirksamkeit des Zuschlags, wenn die Vergabe *beihilfenrechtliche* Elemente enthält. Gerade im Hinblick auf die Erfordernisse des Marktes ist die Gefahr unerkannter bzw. unerkennbarer Unwirksamkeit kaum hinnehmbar.[26]

Alles in allem ist festzuhalten, daß eine Bestimmung des Beihilfenbegriffs keineswegs nur von akademischem Interesse, sondern aus rechtsstaatlichen und praktischen Gründen dringend geboten ist.

3. Bestimmbarkeit und Bestimmungsmöglichkeiten des Beihilfenbegriffs

Die Konkretisierung des Beihilfenbegriffs müßte bei aller rechtsstaatlichen Gebotenheit ein frommer Wunsch bleiben, wenn er sich tatsächlich mangels hinreichender Faßbarkeit einer Bestimmung entziehen würde. Andernfalls bliebe des weiteren die Frage, wie eine solche Bestimmung zweckmäßigerweise vorzunehmen ist.

a) Ansätze in der Literatur

In der Literatur wird oftmals versucht, den Begriff der Beihilfe qua definitione griffiger zu machen.[27] Auf anderer Seite wird bereits die Zweckmäßigkeit einer Begriffsdefinition unter Hinweis auf den mitgliedstaatlichen Erfindungsreichtum bezweifelt: Eine Definition bewirke zwangsläufig eine Einengung des Beihilfenverbots und öffne Umgehungsversuchen Tür und Tor.[28] Dem ist allerdings entgegenzuhalten, daß eine Definition den Beihilfenbegriff keineswegs über Gebühr einengen muß – dies verhindert schon der Zusatz „gleich welcher Art". Umgehungsversuche werden darüber hinaus gewiß nicht durch den Verzicht auf Konkretisierung verhindert.[29] Man wird aber den Skeptikern hinsichtlich der Zweckmäßigkeit einer Begriffsdefinition insoweit Recht geben müssen, als angesichts der Formenfülle

---

[25] *Zühlke*, EWS 2003, 61, 62.

[26] Vgl. zu entsprechenden Unsicherheiten bei der Projektfinanzierung („public-private partnership") *Reuter*, ZIP 2002, 737, 741.

[27] Vgl. *Hoischen*, S. 38 f.; *Schernthanner*, S. 92; *Gas/Rücker*, DÖV 2004, 56, 58. Weitere Nachweise bei *Mederer*, in: G/T/E, Art. 92, Rn 5, Fn 15; sowie *Schernthanner*, S. 16 f., Fn 76, oder zur Ausfuhrförderung *Lefèvre*, S. 24 ff. Definitionsansätze aus verschiedenen Rechtskreisen bei *Pinna*, S. 24.

[28] *Obernolte*, EW 16 (1961), 388, 389; im gleichen Sinne *Ipsen*, Europäisches Gemeinschaftsrecht, S. 673, der meint, Sinn des Art. 92 EWGV sei gerade die Verhinderung von Umgehungsversuchen. Vgl. auch *Rengeling*, JZ 1984, 795, 798; *von Wallenberg*, in: Grabitz/Hilf, Art. 87, Rn 11. Vgl. auch die Nachweise bei *Modlich*, S. 22, Fn 63, sowie *Caspari*, Subventionspolitik, S. 55; *Schütterle*, EuZW 1997, 33.

[29] Vgl. *Modlich*, S. 23. Ohne Konkretisierung bedürfte es i.ü. gar keiner „Umgehung", sondern nur einer – nicht von vornherein unzulässigen – restriktiven Interpretation.

beihilfeverdächtiger Maßnahmen das definitorische Ergebnis leicht zum „dilatorischen Formelkompromiß von inhaltsloser Weite" geraten kann.[30]

b) Ansätze von Kommission und Gerichtshof

Kommission und Gerichtshof haben sich offenbar aus Sorge vor unbeabsichtigter und allzu weitgehender Begriffseingrenzung an keiner umfassenden Definition versucht.[31] Sie haben sich vielmehr dem Kern des Beihilfenbegriffs mit jeweils anderer Herangehensweise genähert.

Die Kommission hat sich bezüglich der möglichen Beihilfen-Formen schon frühzeitig bemüht, durch entsprechende Enumeration – allerdings aus heutiger Sicht durchweg unproblematischer Fälle[32] – ein möglichst breites Spektrum abzudecken.[33] Teilweise hatte die Kommission auch den Versuch unternommen, sich in abstrahierender Weise dem Beihilfenbegriff zu nähern.[34] Im Grunde sind aber auch diese Ansätze nicht viel mehr als eine Umschreibung der enumerativ aufgelisteten, eher unproblematischen Finanzzuweisung. Von mehr Präzision gekennzeichnet sind die Bemühungen der Kommission, mittels Verwaltungsvorschriften auch im Grenzbereich angesiedelte Fallgruppen zu umreißen.[35] Allerdings sind die Verwaltungsvorschriften regelmäßig auf einen bestimmten Sektor oder eine bestimmte Maßnahmeform und nicht auf einzelne Merkmale des Beihilfenbegriffs zugeschnittenen.[36]

---

[30] *Schernthanner*, S. 16. „Definition und Interpretation" als „Vorbedingungen der Subsumtion" sind gewiß das „elementarste Handwerkszeug des Juristen" (ebd., S. 17, zur Begründung der Definitionsnotwendigkeit) – indes sind die Definitionsansätze tatsächlich nicht immer dazu angetan, Licht in das Beihilfenaufsichtsrecht zu bringen (vgl. etwa *Hoischen*, S. 38 f.).

[31] Vgl. *Götz*, in: *Dauses*, EUWR., H. III, Rn 21. Der EuGH, 14.4.2005, Rs C-110/03, Slg. 2005, I-2810, Rn 58, hält die Kommission auch gar nicht für befugt, den Begriff der Beihilfe „zwingend und allgemein" zu definieren.

[32] Verlorene bzw. unter Marktzins gewährte Kredite (Entscheidung der Kommission 72/34/EWG), Prämien (Entscheidung der Kommission 72/248/EWG), Zinsermäßigungen (Entscheidung der Kommission 72/261/EWG).

[33] Vgl. die Antwort auf die Anfrage des Abgeordneten Burgbacher, ABl. 2236/63 v. 17.8.1963.

[34] Vgl. *Modlich*, S. 20.

[35] Zu nennen sind etwa: Verwaltungsvorschriften zu Transfers an öffentliche Unternehmen (Richtlinie 80/723/EWG v. 25.6.1980; Mitteilung der Kommission, ABl. C 307 v. 13.11.1993), zu staatlichen Kapitalzuführungen an staatliche Holdings (Bull. EG 9-1984), zu staatlichen Bürgschaften (Schreiben der Kommission SG (89) D/4328 v. 5.4.1989; Schreiben der Kommission SG (89) D/12772 v. 12.10.1989), zu Exportkreditversicherungen (Mitteilung der Kommission, ABl. C 281 v. 17.9.1997) oder Grundstücksverkäufen (Mitteilung der Kommission, ABl. C 209 v. 10.7.1997).

[36] Vgl. oben Kap. 1, Abschn. C. III.

Der Gerichtshof hat in einigen wenigen Fällen versucht, einzelne Aspekte des Beihilfenbegriffs in abstrakter Weise zu umgrenzen. Bereits in einem Urteil aus dem Jahre 1961 hat der Gerichtshof etwa ausgeführt, der Begriff der Beihilfe sei „weiter als der der Subvention, denn er umfaßt nicht nur positive Leistungen wie Subventionen selbst, sondern auch Maßnahmen, die in verschiedener Form die Belastungen vermindern, welche ein Unternehmen normalerweise zu tragen hat". Beihilfen stünden, ohne „Subventionen im strengen Sinn des Wortes" zu sein, diesen „nach Art und Wirkung" gleich.[37] Später hat er dem hinzugefügt, daß Beihilfen vorlägen, wenn ein Unternehmen „eine wirtschaftliche Vergünstigung erhält, die es unter normalen Marktbedingungen nicht erhalten hätte."[38] Weitgehend an den Subventionsbegriff angelehnt meint der Gerichtshof in einem Urteil aus dem Jahre 1980, die Beihilfenvorschriften beträfen „Entscheidungen, durch die die Mitgliedstaaten ihre eigenen wirtschafts- und sozialpolitischen Ziele verfolgen, indem sie Unternehmen oder anderen Rechtssubjekten einseitig aus eigenem Recht Mittel zur Verfügung stellen oder Vorteile einräumen, die der Verwirklichung der wirtschafts- und sozialpolitischen Ziele dienen sollen."[39] Damit hat der Gerichtshof zwar einige Merkmale des Beihilfenbegriffs beschrieben. Ein konsistenter Beihilfenbegriff oder gar ein praxistaugliches „Prüfungsschema" läßt sich daraus aber nicht ohne weiteres ableiten.

c) Eigene Vorgehensweise

Die Schwierigkeiten, die eine definitorische Annäherung mit sich bringt, können nicht bedeuten, den Beihilfebegriff als juristisches Chamäleon zu behandeln, das ohne eigene Konturen bleiben muß. Der Vielzahl an Definitionen soll aber aus den oben genannten Gründen keine weitere hinzugefügt werden. Vielmehr sollen die in den Ansätzen von Gerichtshof und Kommission enthaltenen Kriterien herauspräpariert, ergänzt und weiterentwickelt werden. Dabei sollen auch die in der Literatur erarbeiteten Lösungsvorschläge, bei denen sich einige Aspekte als Unterkategorien bzw. Typusmerkmale herauskristallisieren, herangezogen werden. Ziel ist es, zu einem möglichst umfassenden wie auch im Einzelfall noch aussagekräfti-

---

[37] EuGH, 23.2.1961, Rs 30/59, Slg. 1961, 3. St.Rspr. – vgl. EuGH 12.12.2002, Rs C-5/01, Slg. 2002, I-11991, Rn 32; 10.1.2006, Rs C-222/04 (noch nicht in der Slg. veröffentlicht), Rn 131.
[38] EuGH, 11.7.1996, Rs C-39/94, Slg. 1996, I-3547, Rn 60. St. Rspr. – vgl. EuGH, 29.6.1999, Rs C-256/97, Slg. 1999, I-3913, Rn 22.
[39] EuGH, 27.3.1980, Rs 61/79, Slg. 1980,1205, Rn 31.

gen Beihilfenbegriff beizutragen; sei es in abstrakter Form, durch „Untertatbestände" oder mittels geeigneter Fallgruppen.[40]

II. Die Merkmale des Beihilfenbegriffs

Filtert man die wesentlichen Aspekte aus der Kommissionspraxis und der Rechtsprechung des Gerichtshofs heraus, so scheinen folgende Punkte zu den Merkmalen des Beihilfenbegriffs zu zählen:

- Bezugspunkt für den Beihilfenbegriff ist der *Subventionsbegriff*.[41]
- Einzelne *Formen* staatlicher Maßnahmen fallen regelmäßig unter den Beihilfenbegriff bzw. lassen grundsätzlich das Vorliegen einer Beihilfe vermuten.[42]
- Das begünstigte Unternehmen muß einen *Vorteil wirtschaftlicher Art* erhalten[43] (wobei die Vorteilsgewährung weder als „Gegenleistung" noch – so teilweise die Literatur – „unfreiwillig" erbracht werden darf).[44]
- In den Genuß dieses Vorteils wäre der Begünstigte „normalerweise" bzw. unter „*normalen Marktbedingungen*" nicht gekommen.[45]

An diesen Punkten wird sich die Untersuchung im folgenden orientieren. Dabei soll versucht werden, die wesentlichen Einzelaspekte tatbestandlich zu verfeinern. Im übrigen sind nicht alle Merkmale von gleicher abgrenzenden Qualität. Fraglich ist jeweils, inwieweit diese Merkmale konstitutiv für das Vorliegen einer Beihilfe sind oder ob sie eher Typusmerkmale darstellen. Des weiteren ist – insbesondere mit Blick auf die Beweislast – zu unterscheiden, ob sie (positiv) auf das Vorliegen einer Beihilfe schließen lassen oder ob sie (negativ) das Vorliegen einer Beihilfe ausschließen.

---

[40] Vgl. hierzu auch *Müller-Graff*, ZHR 152 (1988), 403, 416. *Modlich*, S. 24. Gegen eine abstrakte Stoffabgrenzung auch *Störi*, S. 4.

[41] EuGH, 23.2.1961, Rs 30/59, Slg. 1961, 3.

[42] Vgl. die Antwort der Kommission auf die Anfrage des Abgeordneten *Burgbacher*, ABl. 2236/63 v. 17.8.1963.

[43] Vgl. EuGH, 15.7.2004, Rs C-345/02, Slg. 2004, I-7139, Rn 33; 7.6.1988, Rs 57/86, Slg. 1988, 2855, Rn 8; 17.3.1993, Rs 72 u. 72/91, Slg. 1993, I-887, Rn 21; XXVIII. Wettbewerbsbericht, Rn 195; vgl. auch *Modlich*, S. 20 f.; *Müller-Graff*, ZHR 152 (1988), 403, 417.

[44] Vgl. zum Merkmal der Einseitigkeit *Mederer*, in: G/T/E, Art 92, Rn 6; *von Wallenberg*, in: Grabitz/Hilf, Art. 87, Rn 15, 17 ff.; *Müller-Graff*, ZHR 152 (1988), 403, 418; *Modlich*, S. 53 ff.; *Schernthanner*, S. 30 ff.; sowie zum Merkmal der Freiwilligkeit *Pechstein/Damm*, EWS 1996, 333, 336.

[45] EuGH, 11.7.1996, Rs C-39/94, Slg. 1996, I-3547, Rn 60; 29.6.1999, Rs C-256/97, Slg. 1999, I-3913, Rn 19, 22; 12.12.2002, Rs C-5/01, Slg. 2002, I-11991, Rn 35.

1. Der Subventionsbegriff als Bezugspunkt

a) Die strukturelle Ähnlichkeit von Subventions- und Beihilfenbegriff

Es läge nahe, den Beihilfenbegriff über den in Ökonomie, Finanz- und Rechtswissenschaft gebräuchlichen Subventionsbegriff herzuleiten.[46] Der Gerichtshof hat demgegenüber früh festgestellt, Beihilfen umfaßten auch Subventionen, hätten die gleichen Wirkungen wie diese, der Beihilfenbegriff sei aber weiter zu verstehen.[47] Der Beihilfenbegriff fungiert hier quasi als Auffangtatbestand. Damit sind Subventionsbegriff und Beihilfenbegriff nicht identisch, aber strukturell ähnlich.

b) Unterschiede

Fraglich bleibt dennoch, ob nur aufgrund dieser offenkundigen Ähnlichkeit der Subventionsbegriff als Grundlage der Beschreibung des Beihilfenbegriffs herangezogen werden sollte. Als Subventionselemente werden gemeinhin Subventionsgeber, Subventionsnehmer, Begünstigung und Subventionszweck genannt.[48] Durch den Subventionszweck[49] unterscheidet sich die Subvention vom grundsätzlich verbotenen staatlichen Geschenk. Für den Beihilfenbegriff kann dieses Merkmal aber von vornherein nicht konstitutiv sein – auch ein zweckfreies „Geschenk" wäre beihilfenrechtlich relevant.[50] Der Zweck der Beihilfe spielt daher nicht für die Frage des (positiven) Vorliegens, sondern allenfalls für die (negative) Rechtfertigung der Maßnahme eine Rolle. Bezüglich der Merkmale Subventionsgeber und Subventionsnehmer trifft Art. 87 Abs. 1 EG ohnehin spezifischere Aussa-

---

[46] Zu solchen Ansätzen, den Subventions- über den Beihilfebegriff herzuleiten etwa bei *Schernthanner*, S. 6 ff. (die diese Herangehensweise aber selbst ablehnt, ebd., S. 14); *Modlich*, S. 27 ff.; *Hoischen*, S. 8 ff. Der Subventionsbegriff der WTO spielt nach dem EuGH für das Beihilfenrecht i.ü. keine Rolle – vgl. EuGH, 26.9.2002, Rs C-351/98, Slg. 2002, I-8031, Rn 44.

[47] Dem scheint zwar bereits Art. 4 lit. c EGKS entgegengestanden zu haben. Hier wurde das Verhältnis von Subventionen und Beihilfen eher alternativ beschrieben („von Staaten bewilligte Subventionen *oder* Beihilfen" – Hervorhebung d. Verf.). Art. 4 lit c EGKS ist bzw. war aber so zu interpretieren, daß nicht nur direkte Finanztransfers, sondern daß auch der Wirkung nach vergleichbare Maßnahmen tatbestandlich sein sollen. Vgl. *Hausner*, S. 73 f.; *Schernthanner*, S. 9 ff.

[48] Vgl. etwa *Zacher*, VVDStRL 25 (1967), 309, 317.

[49] Auch als „das Geheimnis" des Subventionsbegriffs bezeichnet, *Zacher*, VVDStRL 25 (1967), 309, 318.

[50] Im Gegenteil verstärkt die ohne besondere Auflagen oder Bedingungen gewährte Begünstigung nach zutreffender Kommissionsansicht die negativen Wirkungen, weil es an einer diese Auswirkungen u.U. rechtfertigenden „Gegenleistung" (Erfüllung eines öffentlichen Zwecks) fehlt.

gen als die allgemeinen Definitionsansätze zum Subventionsbegriff.[51] Darüber hinaus wird auch in Wirtschaftslehre und Finanzwissenschaft der Subventionsbegriff nicht klar und einheitlich definiert.[52] Als juristischer Tatbestand, etwa im Straf- oder Verwaltungsrecht, hat der Subventionsbegriff zudem eine andere Funktion zu erfüllen als im hier zu untersuchenden europäischen Beihilfenrecht.[53]

c) Der Subventionsbegriff als gedanklicher Kontrollmaßstab

Insgesamt erscheint es also wenig sinnvoll, sich dem Beihilfenbegriff normativ über den Subventionsbegriff zu nähern. Dennoch kann der Subventionsbegriff schon wegen der Typenähnlichkeit für das Beihilfenaufsichtrecht fruchtbar gemacht werden: Die „klassische" Subvention ist schon aus Evidenzgründen (in einem entsprechenden a maiore ad minus-Schluß) eine zu vermutende Beihilfe. Die Mehrzahl der von der Kommission bearbeiteten Fälle sind auch solche direkten und offenkundigen Transfers, die den Schluß von Subvention auf Beihilfe zulassen. In weniger eindeutigen Fällen sinnvoll zu nutzen ist der Subventionsbegriff dann immerhin als Kontrollmaßstab; insbesondere für die Frage, ob die staatliche Maßnahme mit einer „Subvention nach Art und Wirkung"[54] noch gleichgesetzt werden kann. Eine trennscharfe Scheidung in Beihilfen und Nichtbeihilfen läßt sich so sicher nicht erreichen, wohl aber eine gewisse gedankliche „Rückversicherung".

2. Gewährungsformen und deren Relevanz

Nach der Anfrage des Europaabgeordneten Burgbacher an die Kommission hat diese einzelne, für sie unter den Beihilfenbegriff fallende, staatliche Maßnahmen enumerativ aufgelistet.[55] Darunter sind zahlreiche Maßnah-

---

[51] So die Beihilfekriterien „staatlich oder aus staatlichen Mitteln" (hierzu unten Abschn. B.) – bzw. zum Kreis der Begünstigten „Unternehmen oder Produktionszweige" (hierzu unten Abschn. C.).

[52] Vgl. die Nachweise oben im 1. Teil, Kap. 1, Abschn. B. II. 1. Der Streit, ob indirekte Begünstigungen, zinsverbilligte Darlehen oder Bürgschaften unter den Subventionsbegriff fallen oder ob eine Begünstigung einer Belastungsverminderung gleichzusetzen ist („Verschonungssubventionen"), ist für das Beihilfenrecht weitgehend ohne Belang. Alle diese Fälle sind ohne weiteres unter den Beihilfenbegriff zu subsumieren, soweit die anderen Merkmale ebenfalls erfüllt sind. Vgl. *Modlich.* S. 31 ff.; *Müller-Graff*, ZHR 152 (1988), 403, 404; *Krassnigg*, ÖJZ 1996, 447 ff.

[53] Für eine Unterscheidung nach jeweiligem Normzweck auch *Müller-Graff*, ZHR 152 (1988), 403, 405; *Schernthanner*, S. 6.

[54] EuGH, 23.2.1961, Rs 30/59, Slg. 1961, 3.

[55] Beihilfen sind danach: „Zuschüsse, Befreiungen von Steuern und Abgaben; Befreiungen von parafiskalischen Abgaben, Zinszuschüsse, Übernahme von Bürgschaften zu besonders günstigen Bedingungen, unentgeltliche oder besonders preiswerte Überlassung

men, die evident – und insoweit ist eine Parallele zu der klassischen Subvention festzustellen – unter den Beihilfenbegriff fallen (im wesentlichen Maßnahmen, die Finanztransfers darstellen oder solchen offenkundig gleichzustellen sind). Bei anderen, gleichfalls beihilfeverdächtigen Maßnahmen ist hingegen nicht von vornherein eindeutig erkennbar, was das Beihilfenelement ausmacht. Zu unterscheiden sind also mehr oder weniger typische Fälle, wobei – je nachdem, wie weit man sich vom typischen Kernbereich entfernt – zusätzliche Wertungen erforderlich werden.

Der mitgliedstaatlichen Kreativität sind bei der Schöpfung neuer Fördermöglichkeiten offenbar keine Grenzen zu setzen und entsprechend offen muß der Katalog der Formen beihilfenrechtlich relevanter Maßnahmen bleiben.[56] Ausdrücklich spricht Artikel 87 Abs. 1 EG dementsprechend von Maßnahmen „gleich welcher Art". Dies bedeutet, daß die Bestimmung der Form der Maßnahme (also das Mittel selbst) nur insofern weiterhilft, als ein mitgliedstaatliches Tätigwerden dadurch *positiv* als Beihilfe charakterisiert werden kann. Demgegenüber kann auf Grund der Gewährungsform grundsätzlich keine Maßnahme von vornherein (*negativ*) vom Beihilfenbegriff ausgeschlossen werden.

a) Typische Fälle mit Vermutungswirkung

Hier sind Fälle zu nennen, die offenkundig Beihilfen darstellen. Fällt eine mitgliedstaatliche Maßnahme unter eine dieser Fallgruppen, ist regelmäßig eine Beihilfe (widerleglich) zu vermuten. Hierzu zählen insbesondere:

– verlorene Zuschüsse;
– unentgeltliches (ohne *jegliche* Gegenleistung erfolgtes) Zur-Verfügung-Stellen von Gütern, Dienstleistungen, Grundstücken etc.;
– Übernahme von Verlusten.

---

von Gebäuden oder Grundstücken, Lieferung von Gütern oder Dienstleistungen zu Vorzugsbedingungen, Übernahme von Verlusten oder jede andere Maßnahme gleicher Wirkung". Nach Anfrage des Abgeordneten Burgbacher vom 30.7.1963, ABl. 2236/63 v. 17.8.1963.

[56] *Rouam*, S. 13, spricht vom „caractère multiforme" der Beihilfen. Den Skeptikern hinsichtlich der Bestimmbarkeit des Beihilfenbegriffs oder Wünschbarkeit einer solchen Bestimmung ist zuzugeben, daß eine abschließende Aufzählung weder möglich noch sinnvoll erscheint (vgl. *Mederer*, in: G/T/E, Art. 92, Rn 7). In anderen Vertragssprachen wird insoweit klarer als in der deutschen Fassung auf die Beliebigkeit der Beihilfen-„Form" abgestellt: „sous quelque forme que ce soit", „sotto qualsiasi forma"; „in any form whatsoever".

b) Typische Fälle mit bedingter Vermutungswirkung

Hier liegen dem Grunde nach Beihilfen vor. Nicht von vornherein klar ist aber, worin das Vorteilselement besteht und wie es „herausgerechnet" werden kann. Solche sind etwa:

– Lieferung zu Vorzugsbedingungen;
– privilegierter Zugang zu öffentlichen Einrichtungen;
– günstige Darlehensbedingungen;
– ohne adäquate Gegenleistung gewährte Garantien und Bürgschaften.

„Vorzugsbedingungen" sind nur dann als solche zu qualifizieren, wenn feststeht, was die *üblichen* Bedingungen sind. Auch das Merkmal „privilegiert" macht einen Vergleich mit dem ansonsten Üblichen notwendig, ebenso verhält es sich bei „günstigen" Konditionen. Schwierig ist auch die Bewertung von Garantien und Bürgschaften, insbesondere, wenn diese nicht in Anspruch genommen werden. Hier ist nicht ohne weiteres feststellbar, welchen wirtschaftlichen Wert diese Garantien haben. Das Vorteilselement muß jedenfalls sichtbar gemacht werden. Auf eine exakte Bezifferung kommt es zwar nicht an, wohl aber auf einen tauglichen Vergleichsmaßstab, um herausfinden zu können, inwieweit sich die Maßnahme vom Marktüblichen unterscheidet.[57] Hierfür ist ggf. ein entsprechender Marktvergleich anzustellen. Ist eine Bevorzugung nachweislich gegeben, kann das Vorliegen einer Beihilfe i.e.S. grundsätzlich vermutet werden.

c) Atypische Fälle ohne Vermutungswirkung

Hier geht es um Fälle, bei denen schon unklar ist, ob sie *dem Grunde nach* unter den Beihilfenbegriff fallen. Zu nennen sind etwa:

– Festlegung von Mindest- oder Höchstpreisen;[58]
– Infrastrukturmaßnahmen;[59]
– Zugang zu Informationen und Forschungseinrichtungen;[60]
– Änderung der rechtlichen Rahmenbedingungen (insbes. im Zivil- oder Verwaltungsrecht);[61]

---

[57] Vgl. zur Herausrechnung des „Beihilfeelements" EuGH, 2.2.1988, Rs 213/85, Slg. 1988, 281; Rn 29.

[58] Vgl. EuGH, 24.1.1978, Rs 82/77, Slg. 1978, 25, Rn 23/25. Hierzu unten Abschn. B. III. 3.

[59] Vgl. Kommission etwa im XXVIII. Wettbewerbsbericht, Rn 198; *Modlich*, S. 173 ff. Hierzu unten Abschn. C. II. 2.

[60] Vgl. Zum verbilligten Zugang zu Forschungseinrichtungen *Rawlinson*, in: Lenz/Borchardt, Art. 87, Rn 15. Hierzu unten C. II. 1.

[61] Hierzu unten III. 2. d.

– Stärkung rechtlicher Positionen (Vergabe von Lizenzen, Ausnahmegenehmigungen, Vorkaufsrechten) usf.;[62]
– Nichtbelastung mit Abgaben, die für andere eingeführt werden.[63]

Eine Qualifizierung als Beihilfe ist hier ohne weitere Bewertung nicht möglich. Es handelt sich durchweg um Fälle im Randbereich, die eine sorgfältige normative Bewertung erforderlich machen. Nach gegenwärtigem Stand kann hier also allein anhand der Maßnahmenform nicht (positiv) auf das Vorliegen einer Beihilfe geschlossen werden – freilich auch nicht (negativ) auf ein Nichtvorliegen.[64] Insbesondere um derlei Fälle wird es im folgenden zu tun sein.

3. Das Merkmal der Vorteilsgewährung

a) Der „Vorteil" und dessen Rechtfertigung

Ob eine Maßnahme einen realen „Vorteil" beinhaltet, ist zunächst allein nach ihrer begünstigenden *Wirkung* zu beurteilen. Insoweit ist den Gemeinschaftsorganen hinsichtlich ihrer wirkungsbezogenen Betrachtungsweise ohne weiteres zuzustimmen.[65] „Begünstigend" *wirken* aber zunächst auch eine Schadensersatzleistung oder das Entgelt für eine vertraglich vereinbarte Leistung. Es stellt sich also die Frage, ob diese Begünstigung womöglich im weitesten Sinne „*gerechtfertigt*" ist; etwa, ob dieser Vorteil als Gegenleistung im Rahmen eines wechselseitigen Vertrages gewährt wurde oder ob er einer „allgemeinen Rechtspflicht" (z.B. zum Schadensausgleich) entspricht. Man kommt also nicht umhin, die Perspektive zu erweitern und auch nach dem Zweck bzw. dem „Warum" der Vorteilsgewährung zu fragen. Es ist folglich – nicht zuletzt im Hinblick auf die Beweislastverteilung – zu differenzieren, was dem Vorteilsbegriff positiv anhaftet, ihm also inhärent ist, und was ihn im Sinne eines Rechtfertigungsgrundes negativ ausschließt. Aber auch das Kriterium der „Begünstigung" bzw. des „Vorteils" selbst beinhaltet einige Facetten, die sich nicht ohne weiteres erschließen.

---

[62] Vgl. *Bär-Bouyssière*, in: *Schwarze*, EU-Komm., Art. 87, Rn. 27. Hierzu unten II. 3. d.

[63] Vgl. unten II. 3. b. zur „Ökosteuer".

[64] Eine „Hochstufung" solcher Fallgruppen in eine der oben aufgeführten Kategorien typischer Fälle scheint nur dann gerechtfertigt zu sein, wenn anhand hinreichend präzisierter und belegter Kriterien eine im Grundsätzlichen (ggf. durch Rspr.) gefestigte Qualifizierung als Beihilfe schlüssig dargelegt ist.

[65] Vgl. oben Kap. 1, Abschn. D. I.

b) Die Begünstigung – der Begriff des „Vorteils"

Problematisch ist zunächst die Relativität des „Vorteils".[66] Ob jemand eine Begünstigung erhält, muß regelmäßig in Relation zu einem Bezugsmaßstab beurteilt werden. Je nach Maßstab können die Ergebnisse durchaus unterschiedlich ausfallen. Der Vergleich kann etwa *in zeitlicher Hinsicht* („mehr als vorher") oder im Hinblick auf einen *Personenkreis* („mehr als andere") vorgenommen werden.[67] In unproblematischen Fällen liegt nach beiden Betrachtungsweisen ein Vorteil vor.[68] Da die Begünstigung in einer Vorzugsbehandlung im Hinblick auf potentiell tangierte Konkurrenten zu sehen ist und als begünstigungsfähig „bestimmte Unternehmen oder Produktionszweige" genannt werden, wird man als Vergleichsmaßstab grundsätzlich auf einen Personenkreis abzustellen haben.[69] Es ist dann festzuhalten: Ein Vorteil bedeutet stets *die begünstigende Ungleichbehandlung gegenüber anderen Marktteilnehmern*.

Wie komplex die Beurteilung dennoch werden kann, zeigt das Beispiel der deutschen „Ökosteuer":[70] Daß eine partielle Steuersenkung eine Beihilfe darstellen kann, ist unstrittig. Inwieweit kann aber auch eine (mit der „Ökosteuer" erfolgte) partielle Steuer*erhöhung* beihilfenrechtlich relevant werden? Kann also die Tatsache, von einer Belastung verschont zu werden, einen für die betreffenden Marktteilnehmer womöglich marktinadäquaten Vorteil darstellen? Nachvollziehbar ist die Argumentation, wonach es keinen

---

[66] *Müller-Graff*, ZHR 152 (1988), 403, 418.

[67] Einen zeitlichen Bezugsmaßstab ablehnend und für den Vergleich mit anderen Unternehmen, „die sich im Hinblick auf das mit der betreffenden Regelung verfolgte Ziel in einer vergleichbaren tatsächlichen und rechtlichen Situation befinden" EuGH, 3.3.2005, Rs C-172/03, Slg. 2005, I-1627, Rn 40; 8.11.2001, Rs C-143/99, Slg. 2001, I-8365, Rn 41. In EuGH, 2.7.1974, Rs 173/73, Slg. 1974, 709, Rn 36/40, hatte der Gerichtshof, den zeitlichen Aspekt betonend, bemerkt, es sei „notwendigerweise von der Wettbewerbslage auszugehen, die vor dem Erlaß der strittigen Maßnahme auf dem Gemeinsamen Markt bestand."

[68] Unerheblich ist daher regelmäßig, ob der Vorteil in einer Leistungsgewährung oder einer Belastungsverminderung besteht und nicht alle in den Genuß der Regelung kommen. So auch die ganz h.M. Vgl. nur *Mederer*, in: G/T/E, Art 92, Rn 5. Beide Male hat der Begünstigte „unterm Strich" regelmäßig ein Plus.

[69] Vgl. etwa Entscheidung der Kommission 99/268/EG: Bevorzugung von Grundstückspächtern gegenüber „den übrigen Bürgern" der Ex-DDR (vgl. hierzu unten unter d). Ob der Vorteil auch tatsächlich geeignet ist, die Wettbewerbsverhältnisse zu beeinflussen, ist eine andere, im Zusammenhang mit dem Merkmal der Wettbewerbsverfälschung zu untersuchende Frage (vgl. unten Abschn. D. IV. 2. a zum „relevanten Markt"). Das Ergebnis hängt dann weiter davon ab, welcher Verkehrskreis (etwa alle Unternehmen im entsprechenden Mitgliedstaat, alle in der gleichen Branche tätigen Unternehmen oder alle Unternehmen EG-weit?) herangezogen wird. Soweit ausschließlich Wirtschaftssubjekte des jeweiligen Mitgliedstaates in den Genuß des Vorteils gelangen können, weitet sich die Ungleichbehandlung zur (tatbestandlich nicht zwingend erforderlichen) Diskriminierung aus – vgl. EuGH, 26.9.2002, Rs C-351/98, Slg. 2002, I-8031, Rn 57.

[70] Vgl. §§ 1 ff., 25 MinöStG.

Unterschied machen kann, ob erst alle *be*lastet und später dann einige *ent*lastet werden oder ob die Belastung von Anfang an alle mit Ausnahme einiger trifft.[71] Zumindest bei einem engen sachlichen und zeitlichen Zusammenhang wird man beide Fälle tatsächlich gleich zu behandeln haben. Noch nicht geklärt ist damit aber, ob es sich um eine Belastungs*verminderung* (also einen Vorteil) oder um die *Belassung* eines *bestehenden* Zustands (kein Vorteil) handelt; ob das eine zur Begünstigung oder das andere zur Nicht-Veränderung geschlagen werden soll.

Wollte man einen Vorteil erkennen, wäre jede Verbrauchs- oder Herstellungssteuererhöhung, die notwendigerweise nicht alle gleich belasten kann, eine potentielle Begünstigung, da eine unterlassene Belastung. Dies führt zu der merkwürdigen Konsequenz, daß etwa die traditionelle Biersteuer als eine Alt- und Dauerbeihilfe für die Weinbauern (die einer vergleichbaren Steuerpflicht nicht unterliegen) anzusehen wäre.[72] Es kann nun freilich nicht ernstlich Sinn des Beihilfenrechts sein, daß alle mit Maximalsteuern belastet werden. Ziel des Beihilfenrechts ist ein Weniger, nicht ein Mehr an Staat. Die Steuererhöhung und damit Mittelbeschaffung von heute ist bekanntlich die Umverteilung von morgen. Eine Steuererhöhung ist jedenfalls nicht als Rückzug des Staates aus der privaten Sphäre zu bezeichnen. Aus dem Wettbewerbsgedanken ist eine solche Rechtspflicht zum Tun, also zur Gleichbehandlung, dementsprechend auch nicht ableitbar.

Etwas anderes muß freilich gelten, wenn die unterlassene Belastung mit Aspekten verknüpft wird, die mit den Eigenschaften des Kreises der zum Vergleich heranzuziehenden Wettbewerber nichts zu tun haben. Es geht also um den sachlichen Grund der Ungleichbehandlung. Hier liegt auch das eigentlich Problematische im Falle der deutschen „Ökosteuer": Die „Ökosteuer" ist nur zu einem Teil ökologisch begründet. Ausgewiesener Maßen dient sie aber zugleich zur Finanzierung von Sozialleistungen (Rentenversicherungsbeiträgen).[73] Hiervon partiell „befreit" zu werden, ist fraglos ein Vorteil im Vergleich zu anderen.

c) Wettbewerbskonforme „Begünstigungen"

Nicht als tatbestandliche Begünstigung kann eine „Gewährung" dessen darstellen, was dem Bürger nach EG-Wettbewerbsgrundsätzen ohnehin zusteht. Derlei „Vorteile" sind schon der Ratio des Vertrages wegen „a limine", also ohne daß es sich um einen Rechtfertigungsgrund handelte, vom tatbestandlichen Vorteilbegriff auszuscheiden. Gemeint ist etwa der Fall,

---

[71] So *Frenz*, EuZW 1999, 616.

[72] Vgl. hierzu SA des GA *Tizzano* v. 8.5.2001, Rs C-53/00, Slg. 2001, I-9067, Rn 36. Zur umgekehrten Frage, ob die Besteuerung von Bier mit EG-Recht vereinbar ist, vgl. BFH, in NVwZ 2003, 250, 251.

[73] Vgl. *Frenz*, EuZW 1999, 616. Hier ist eine beihilfenrechtlich relevante Ungleichbehandlung durchaus zu erkennen. Warum sollten energieintensive Unternehmen mehr als andere von Soziallasten verschont werden? Juristisch betrachtet würde bei der partiellen Verschonung von einer Abgabenerhöhung ein Tun (Gewährung eines Plus) einem Unterlassen (Nichtbelastung mit einem Minus) gleichgestellt. Einem allgemeinen Rechtsgrundsatz folgend ist eine solche Gleichstellung nur dann zulässig, wenn eine Rechtspflicht zum Tun besteht. Gibt es aber eine Rechtspflicht, die zur gleichmäßigen Steuer*be*lastung verpflichten könnte – wobei die Betonung auf „Belastung" und nicht auf „gleichmäßig" liegt?

daß dem Bürger ein Mehr an wirtschaftlicher Handlungsfreiheit eingeräumt wird.

Vor den Gerichtshof kam folgender Fall:[74] Der deutsche Gesetzgeber hatte durch eine Änderung des Flaggenrechtsgesetzes erreicht, daß ausländische Seeleute zu untertariflicher Heuer auf unter Bundesflagge fahrenden Schiffen beschäftigt werden konnten. Die Kommission hat diese Maßnahme als Beihilfe zugunsten der Reeder qualifiziert.[75] Dies erstaunt, denn seiner Funktion nach dient das Beihilfenrecht gerade dazu, der privaten Sphäre mehr Spielraum im Verhältnis zur staatlichen Sphäre einzuräumen.[76] Wie aber sollte eine Maßnahme der *Liberalisierung* (Stärkung der Privatautonomie) gegen die Grundsätze des Gemeinsamen Marktes verstoßen? Es käme einer Pervertierung der Funktion und Ratio des Beihilfenaufsichtsrechts gleich, wollte man derartige Deregulierungen und Stärkungen der privaten Sphäre als Vorteilsgewährung behandeln.

Der Grundsatz, wonach dem Bürger nicht „gewährt" werden kann, was ihm nach den insoweit liberal-ökonomischen Grundsätzen des EG-Vertrages ohnehin zusteht, läßt sich auf sämtliche, in der Gemeinschaft anerkannten, ökonomischen Freiheitsrechte übertragen, so etwa auf die Eigentumsfreiheit, die Wettbewerbsfreiheit, die Gewerbefreiheit, die Vereinigungs- oder die allgemeine Handlungsfreiheit.[77] Der Vorteilbegriff ist also teleologisch entsprechend zu reduzieren bzw. zu präzisieren.[78]

d) Der wirtschaftliche Charakter des Vorteils

Der Vorteil muß gerade die *wirtschaftliche* Position des Begünstigten stärken.[79] Teilweise wird der Akzent auf den *finanziellen* Aspekt des Vorteils gelegt.[80] In Geld meßbare Leistungen sind fraglos wirtschaftlich vorteilhaft. Die Herleitung des wirtschaftlichen Vorteils über den finanziellen

---

[74] EuGH, 17.3.1993, Rs 72/91, Slg. 1993, I-887. Durch den eingefügten § 21 Abs. 4 Flaggenrechtsgesetz wurde Art. 30 Abs. 2 EGBGB dahingehend modifiziert, daß deutsches Tarifvertragsrecht nicht ohne weiteres auf unter Bundesflagge fahrende Seeleute Anwendung findet.

[75] EuGH, 17.3.1993, Rs 72/91, Slg. 1993, I-887, Rn 17.

[76] Vgl. oben Kap. 1, Abschn. B.

[77] Vgl. die Art. 6, 12, 16, 17 der Grundrechtscharta. Dementsprechend könnte etwa die Ausnahme von einer baurechtlichen Vorschrift niemals eine Beihilfe darstellen. Das Recht, so zu bauen, wie man will, ist grundsätzlich Ausdruck der Eigentums- bzw. Baufreiheit.

[78] Entsprechend handelt es sich – was für die Begründungslast von Bedeutung ist – nicht um eine Ausnahme von der Regel, sondern um eine inhaltliche Begrenzung derselben.

[79] Von „wirtschaftlichem Vorteil" spricht der Gerichtshof etwa in EuGH, 7.6.1988, Rs 57/86, Slg. 1988, 2855, Rn 8.

[80] Vgl. EuGH, 2.2.1988, Rs 67/85, Slg. 1988, 219, Rn 28. Für eine ausdrücklich finanzielle Begünstigung *Schernthanner*, S. 74 ff.; *Koenig/Kühling*, in: *Streinz*, EUV/EGV, Art. 87, Rn 5. Mißverständlich insoweit *Bär-Bouyssière*, in: *Schwarze*, EU-Komm., Art. 87, Rn 27, der in der Überschrift von einem „finanziellen Vorteil" spricht. Eine mittelbare Begünstigung läßt etwa *Lefèvre*, S. 114, genügen.

A. Der Begriff der „Beihilfe" 241

Vorteil ist im Grunde aber ein unnötiger Umweg. Generell kann man davon ausgehen, daß ein „Vorteil", den ein *Wirtschafts*subjekt erhält, zumindest mittelbar auch dessen *wirtschaftliche* Position verbessert. Ein Finanztransfer ist hierfür nicht Voraussetzung.[81] Eine Abgrenzung ist eher *negativ* vorzunehmen, was ausnahmsweise *kein* wirtschaftlicher Vorteil ist, was also nicht die Wettbewerbsposition des Begünstigten stärkt.

Einen Vorteil wirtschaftlicher Art kann auch das Zur-Verfügung-Stellen von Informationen, soweit diese wirtschaftlich verwertbar sind, oder das Bereitstellen von Infrastrukturen sein.[82] Selbstredend kann auch ein rechtlicher Vorteil, der nicht ein „mehr Haben", sondern ein „mehr Dürfen" bewirkt, wirtschaftlich verwertbar sein (Lizenzen, Genehmigungen, Erlaubnisse etc.).[83] Ob und wie dieser Vorteil wirtschaftlich verwertet wird, hängt zwar im wesentlichen vom Begünstigten selbst ab. Dennoch kann schon das rechtliche „mehr Dürfen" die wirtschaftliche Position unmittelbar verbessern. Allenfalls die Wahrscheinlichkeit und Unmittelbarkeit der Eignung zur potentiell wettbewerblichen Besserstellung nehmen ab. Entsprechend ist zu differenzieren.

Interessant ist in diesem Zusammenhang die Problematik im Falle des deutschen Entschädigungs- und Leistungsausgleichsgesetzes (EALG).[84] Die Kommission sah hier (ver-

---

[81] So ausdrücklich EuGH, 27.6.2000, Rs C-404/97, Slg. 2000, I-4897, Rn 45.
[82] Zur Frage, ob diese Vorteile „marktadäquat" bzw. „selektiv" sind, vgl. unten III. und Abschn. C.
[83] Vgl. Non-Paper der Kommission zu Diensten von allgemeinem wirtschaftlichem Interesse und staatlichen Beihilfen vom 12.11.2002, S. 3 (ausschließliche Rechte als Vergünstigung).
[84] Das EALG (v. 27.9.1994, BGBl. I, 2624 – hierzu *Pechstein/Damm*, EWS 1996, 333 ff. Zur Entscheidung der Kommission 99/268/EG *Wendling*, EuZW 1999, 293 ff., *Wrede*, S. 16 ff.) sollte die Möglichkeit des verbilligten Flächenerwerbs im Rahmen der Privatisierung verstaatlichter Grundstücke in der ehemaligen DDR ermöglichen. Sog. „Neueinrichter", welche, ohne Alteigentümer gewesen zu sein, die Flächen zu einem bestimmten Zeitpunkt gepachtet hatten, konnten (zu DDR-Zeiten) enteignetes Land verbilligt erwerben. Die Möglichkeit des verbilligten Erwerbs ist dabei zweifelsohne ein Vorteil. Fraglich ist nun, ob dieser die Wettbewerbsposition der bisherigen Pächter zu verbessern geeignet war. Der Eigentümer hat grundsätzlich die wirtschaftlich bessere Position als der Pächter. Ihn treffen nicht das Pachtvertragsrisiko oder pachtvertragliche Beschränkungen, ihm steht Haftungskapital und damit der Zugang zu Fremdkapital offen. Im konkreten Fall schränkte die Pächter allerdings ein 20jähriges Veräußerungsverbot ein und es wurde eine Rückauflassungsvormerkung eingetragen (Antispekulationsklausel). Zudem war der Erwerb weitgehend gewinnneutral, weil die Darlehenszinsen – zumindest wenn der Erwerb fremdfinanziert war – und die Pachtzinsen sich annähernd deckten. Faktisch erhielten die Begünstigten für den gleichen Zins eine zunächst nur rechtlich verbesserte Position. Mit dieser rechtlich verbesserten Position ging aber nicht unbedingt eine Verbesserung der Kosten- und Produktionsstruktur einher. Die Kommission (Entscheidung der Kommission 99/268/EG) begnügte sich indes damit, auf die im allgemeinen sicher bessere Position des Eigentümers im Vergleich zum Pächter abzustellen. Es

einfacht) den begünstigten Erwerber von Grundeigentum nur deswegen in einer wirtschaftlich besseren Position als den Pächter, weil der Eigentümer *generell* in einer wirtschaftliche besseren Position steht als der nur schuldrechtlich Berechtigte. Dies obwohl – durch verschiedene Klauseln – im *speziellen* Fall dem Eigentümer keinerlei Verbesserungen der Kosten- und Produktionsstruktur zugute kamen. Die Kommissionsmeinung wäre hier zumindest verstärkt erklärungsbedürftig gewesen. Unklar bleibt etwa auch, warum eine Antispekulationsklausel von der Kommission als Indiz für das Merkmal der wirtschaftlichen Begünstigung behandelt wurde. Etwas kurz gesprungen ist die Kommission, wenn sie argumentiert, die Maßnahme stelle schon deshalb einen wirtschaftlichen Vorteil dar, weil es *Unternehmen* (meist Zusammenschlüsse mehrerer Pächter) gewesen seien, die an dem Flächenerwerbsprogramm teilgenommen hätten, und Unternehmen dies generell nicht tun würden, wenn die Maßnahme nicht von wirtschaftlichem Vorteil wäre.

Da jedenfalls die Begünstigung deswegen als bedenklich einzustufen ist, weil sie Handel und Wettbewerb beschränken bzw. verfälschen kann, ist ein wirtschaftlicher Vorteil grundsätzlich jeder, der geeignet ist, *die wirtschaftliche Position des Begünstigten in Handel und Wettbewerb zu verbessern.*

e) Die Spürbarkeit des Vorteils

Ein Vorteil, der nicht „spürbar", also nicht als solcher wahrnehmbar ist, kann auch kein Vorteil im tatbestandlichen Sinne sein.[85] Dies bedeutet freilich nicht, daß es eine generell zu beachtende Bagatellgrenze geben müßte.[86] Die Frage der Spürbarkeit ist im übrigen strikt von der Frage zu unterscheiden, ob die Kommission bei jedem Vorteil eingreifen muß (Eingriffsermessen) oder ob jeglicher Vorteil geeignet ist, wettbewerbsverfälschende oder handelsbeeinträchtigende Wirkungen zu zeitigen (vgl. hierzu und zur De-minimis-Verordnung[87] unten Abschnitt D. VI.).

---

wäre aber durchaus erwägenswert gewesen, ob die Maßnahme tatsächlich einen rechtlichen Vorteil beinhaltete, der ohne weiteres einen Schluß auf den wettbewerbsrelevanten (wirtschaftlichen) Vorteil erlaubt, oder ob hier nicht eine atypische, zu weiterer Begründung zwingende Konstellation vorlag. Vgl. hierzu unten zum Merkmal der Wettbewerbsverfälschung, Abschn. D. IV.

[85] *Müller-Graff*, ZHR 152 (1988), 403, 432; *Modlich*, S. 83 ff.

[86] So grds. auch die Rspr., insbes. wenn auf dem entsprechende Sektor lebhafter Wettbewerb herrscht. Vgl. EuGH, 19.9.2002, Rs C-113/00, Slg. 2002, I-7601, Rn 30; 26.9.2002, Rs C-351/98, Slg. 2002, I-8031, Rn 51, 63; EuG, 4.4.2001, Rs T-288/97, Slg. 2001, II-1169, Rn 46, jew. mwN. Bei abstrakt zu überprüfenden Beihilfeprogrammen verlangt der Gerichtshof regelmäßig einen „spürbaren Vorteil" – vgl. EuGH, 14.10.1987, Rs 248/84, Slg. 1987, 4013, Rn 18; 7.3.2002, Rs C-310/99, Slg. 2002, I-2289, Rn 89. Auch der geringste Vorteil kann i.ü. theoretisch äußerst „vorteilhaft" sein. Der „letzte" noch fehlende Euro kann darüber entscheiden, ob ein Projekt durchgeführt werden kann oder nicht.

[87] VO 69/2001.

4. Das Merkmal der „Freiwilligkeit"

a) „Freiwilligkeit" und „allgemeine Rechtspflicht"

Keine Beihilfe soll nach einer Literaturmeinung vorliegen, wenn der Staat eine Zuweisung vornimmt, die einer „allgemeinen" Rechtspflicht entspringt und die insoweit „unfreiwillig" ist.[88] Schädigt der Staat jemanden oder ist er zu Lasten eines anderen ungerechtfertigt bereichert, entspricht der angemessene Schadens- oder Bereicherungsausgleich gewiß einer „allgemeinen", auch für den Staat geltenden Rechtspflicht. Eine Beihilfe liegt hier nicht vor.[89] Insoweit hat das Merkmal der „Freiwilligkeit" durchaus seine Berechtigung. Wann aber handelt der Staat „(un-)freiwillig", bzw. wann unterliegt er einer auch ihn bindenden Rechtspflicht?

Hinsichtlich des Merkmals „allgemeine Rechtspflicht" ist schon begrifflich Vorsicht geboten. Auch wenn beides zusammenhängen mag, ist zu unterscheiden: Ist damit gemeint, daß der Staat eine allgemeine Rechtspflicht *setzt* oder daß er einer allgemeinen Rechtspflicht *unterliegt*? Hier geht es um letzteres. Eher ersteres ist angesprochen, wenn eine allgemeine Rechtspflicht etwa bei steuerlichen Regelungen dann nicht gegeben sein soll, „wenn der Staat einen gesetzlich festgelegten Anspruch so gestaltet, daß eine Gruppe entgegen der Natur oder dem inneren Aufbau eines Anspruchsystems spezifisch ausgenommen wird".[90]

b) „Freiwilliges" und „unfreiwilliges" Staatshandeln

Im fiskalischen Bereich und wenn es um die Nachfrage bestimmter Leistungen zur öffentlichen Aufgabenerfüllung geht, liegen die Dinge zunächst noch einigermaßen einfach. Hier verpflichtet sich der Staat selbst, indem er – wie jeder andere – einen Vertrag schließt. Das *Eingehen* einer solchen Selbstverpflichtung ist regelmäßig freiwillig und daher beihilfenrelevant.

Problematischer ist der hoheitliche Bereich – wann handelt der Staat hier „freiwillig" oder „unfreiwillig"? Auch hier unterwirft sich „der Staat" im Rahmen seines Gestaltungsspielraums Regeln, meist ohne hierzu „gezwungen" zu sein. Andererseits ist etwa „der deutsche Staat" (als Verfassungsgeber) an die gem. Art. 79 GG „verewigten" Grundsätze des GG ge-

---

[88] *Pechstein/Damm*, EWS 1996, 333, 336; *von Wallenberg*, in: *Grabitz/Hilf*, Art. 87, Rn 16; *Müller-Graff*, ZHR 152 (1988), 403, 423; EuGH, 27.9.1988, Rs 106-120/87, Slg. 1988, 5515, Rn 23 f.; a.A. *Modlich*, S. 56 ff.; ablehnend auch *Schernthanner*, S. 57.

[89] EuGH, 27.3.1980, Rs 61/79, Slg. 1980,1205, Rn 31 („Denkavit"); 27.9.1988 („Asteris"), Rs 106/87, Slg. 1988, 5515, Rn 23 ff.; auch in der Lit. h.M. – vgl. nur *Mederer*, in: G/T/E, Art 92, Rn 6; *Schernthanner*, S. 38 f.; *Rawlinson*, in: *Lenz/Borchardt*, Art. 87, Rn 3; *von Wallenberg*, in: *Grabitz/Hilf*, Art. 87, Rn 16; *Bär-Bouyssière*, in: *Schwarze*, EU-Komm., Art. 87, Rn 27.

[90] Vgl. hierzu unten Abschnitt C. III. Unklar ist dabei, ob sich „spezifisch" auf das begünstigte Unternehmen oder auf den Aufbau des Anspruchsystems bezieht. Hierzu auch *Frenz*, EuZW 1999, 616.

bunden, „der Staat" (als allgemeiner Gesetzgeber) ist an die Verfassung, „der Staat" (als Exekutive) ist an die Gesetze gebunden und „der Staat" (in Gestalt des einzelnen Amtswalters) unterliegt schließlich noch den durch Verwaltungsvorschriften bestimmten Vorgaben. Hier bestehen jedenfalls Bindungen, deren sich „der Staat" nicht immer entledigen kann. Allgemein könnte man sagen: Je mehr „Gestaltungsspielraum" bzw. „Ermessen" dem handelnden Staat zukommt, um so eher handelt er „freiwillig". Je mehr er aber aufgrund seiner Rechts- und Verfassungsordnung „gezwungen" ist, zu handeln, um so eher handelt er „unfreiwillig".

c) Europäische und nationale Rechtspflichten

Die Frage ist dann, welche Verpflichtungsgründe aus europäischer Perspektive anzuerkennen sind. An dieser Stelle kann keine Rolle spielen, ob in einer mitgliedstaatlichen Ordnung ein Rechtssatz „allgemein" gilt. Einer „allgemeinen Rechtspflicht" entspricht auch jede Maßnahme, die etwa auf das Sozialstaatsprinzip gestützt wird – meist aber ist der Staat zu dieser bestimmten Maßnahme nicht „gezwungen".[91] Um letzteres geht es aber und nur dann kann das staatliche Handeln auch aus europäischer Sicht als „unfreiwillig" akzeptiert werden. Bei der Anstaltslast zugunsten öffentlicher Banken, die wohl durchaus dem allgemeinen, im deutschen Recht geltenden Rechtsgedanken folgt, daß der Staat eine von ihm geschaffene Institution finanziell ausstattet, ist immerhin fraglich, ob der Staat diese („unfreiwillig") wirklich aufrechterhalten *muß*.[92]

Als anerkennenswerte Rechtspflichten sind jedenfalls allgemeineuropäische (also im Europarecht selbst positiv verankerte bzw. anerkannte „vorpositive") Rechtsgrundsätze selbst anzusehen, die jegliche – also nationale wie europäische – staatliche Gewalt binden.[93] Grundsätzlich unproblematisch dürfte das bei dem eingangs geschilderten Schadens- oder Bereicherungsausgleich als Gebot der Rechtsstaatlichkeit und der „über" dem Staat stehenden „kommutativen Gerechtigkeit"[94] zu bejahen sein. Im Falle des EALG (vgl. oben 3. d) handelte der deutsche Staat dementsprechend so-

---

[91] Man denke an die „Herzogschen Ringe" (oben 1. Teil, Kap. 4, Abschn. B. V. 4.). Insofern hilft der von der Kommission im Falle deutschen Entschädigungs- und Leistungsausgleichsgesetzes (EALG) angelegte Maßstab im hier interessierenden Zusammenhang nicht weiter (Entscheidung der Kommission 99/268/EG). Die Kommission hat als Vergleichsmaßstab, ob eine „allgemeine Rechtspflicht" besteht, „das übrige nationale Recht außerhalb des EALG", also das „allgemeine Recht" im Gegensatz zu dem speziellen, in Frage stehenden Gesetz herangezogen. Zur Frage der „Selektivität" bzw. dem „Ausnahmecharakter der Maßnahme" vgl. unten Abschn. C. II.

[92] Vgl. *Schneider/Busch*, EuZW 1995, 602, 603; *Kemmler*, DVBl. 2003, 100.

[93] Dies ist jedenfalls generell zu bejahen für allgemein anerkannte Rechtssätze, die „Recht" i.S.d. Art. 220 EG darstellen.

[94] Vgl. oben 1. Teil. Kap.2, Abschn. B. III.

lange „unfreiwillig", wie er Kompensation für erlittene Schäden gewährte.[95] Umgekehrt darf die jeweilige Rechtspflicht europäische Wertungen freilich nicht geradewegs konterkarieren. Eine auch aus europäischem Blickwinkel zu akzeptierende „allgemeine Rechtspflicht" muß dementsprechend eine Verpflichtung sein, die für den Mitgliedstaat verbindlich ist und sich zugleich innerhalb des europäischen Wertekanons befindet.

Obernolte etwa war 1961 noch ganz selbstverständlich der Meinung, daß eine zu Unrecht gewährte Beihilfe dann nicht zurückgefordert werden könnte, wenn entweder Entreicherung des Empfängers vorläge oder (bei schuldhaftem Verhalten staatlicher Stellen) wenn dem begünstigten Unternehmen ein zur Aufrechnung tauglicher Schadensersatzanspruch in gleicher Höhe zustünde.[96] Heute ist grundsätzlich anerkannt, daß weder der in § 48 Abs. 4 VwVfG konkretisierte (durchaus „allgemeine") Verwirkungsgedanke noch der (gleichfalls „allgemeine") Schadensersatzanspruch die Rückforderung von rechtswidrigen Beihilfen generell verhindern kann, weil den Beihilferegeln sonst ihre praktische Wirksamkeit genommen würde. Die Grenze ist dort zu ziehen, wo der *europarechtlich garantierte* Vertrauensschutzgrundsatz (der durchaus engere Grenzen haben kann als der nationale) beschnitten wird.[97]

Grundsätzlich aus europäischer Perspektive anzuerkennende Verpflichtungsgründe sind sicher auch bestimmte Pflichten, die sich aus den Verfassungsordnungen der Mitgliedstaaten ergeben – aber nicht wegen ihrer (ohnehin national begrenzten) „Allgemeingültigkeit", sondern wegen ihrer unbedingten Verbindlichkeit. Soweit die Mitgliedstaaten also zur Erfüllung

---

[95] Im Falle des EALG (vgl. oben 3. d) ging es um die Frage, inwieweit die Entschädigungsleistungen als Ausdruck einer allgemeinen Rechtspflicht zu gelten hatten oder als „freiwillige" Leistungen des Staats. Maßgeblich ist aber nicht, ob das „nationale Recht außerhalb" der konkret begünstigenden Regelung einen Kompensationsanspruch vorsieht (so die Kommission, Entscheidung der Kommission 99/268/EG), sondern ob die Regelung Ausdruck von im europäischen Kontext anerkannten Kompensations*pflicht* ist. Fraglich war letztlich, ob den erwerbsberechtigten Personengruppen die Möglichkeit zum günstigen Erwerb aus Gründen des Schadensausgleichs (rechtswidrige Enteignung, Substanzverschlechterung) oder als agrarpolitische Unterstützungsleistung ermöglicht werden sollte. Bejaht wurde der Kompensationsgedanke von der Kommission zu Recht jedenfalls bei Alteigentümern, die keinen Restitutionsanspruch hatten (Enteignungen zwischen 1945 bis 1949) oder bei solchen, denen zwar ein solcher Anspruch grundsätzlich zusteht (Enteignung nach 1949), die ihn aber aus rechtlichen oder tatsächlichen Gründen nicht durchsetzen konnten. Verneint wurde der Kompensationsgedanke bei „Neueinrichtern", also Personen, die quasi „zufällig" Pächter der fraglichen Flächen waren, ohne je Eigentum daran besessen zu haben. Die Kommission unterschied dementsprechend einen engen Schadensbegriff (rechtswidrige Enteignung, Substanzverschlechterung), den sie akzeptiert hat und einen weiten (entgangene Erwerbschancen während der kommunistischen Diktatur), den sie abgelehnt hat. Die zu DDR-Zeiten entgangenen Chancen, Grundeigentum zu erwerben, trafen nach Kommissionsansicht grundsätzlich alle Bürger der Ex-DDR, gleich in welchem Bereich sie tätig gewesen waren. Für diese Nachteile sehe das deutsche Recht allgemein keine Entschädigungspflicht vor.
[96] *Obernolte*, EW 16 (1961), 64, 68 f.
[97] Vgl. BVerfG, 17.2.2000, Az 2 BvR 1210/98 („Alcan"), etwa in DVBl. 2000, 900 f.

einer konkreten verfassungsmäßigen Pflicht tätig werden, handeln sie regelmäßig „unfreiwillig" (zu solchen den deutschen Staat bindenden Pflichten vgl. oben 1. Teil, Kap. 4, Abschn. B.). Problematisch sind verfassungsrechtliche Bindungen, die keinen konkreten Handlungsauftrag beinhalten, die aber für einen gewissen Bereich einen Gestaltungsauftrag erteilen und ein entsprechendes Tätigwerden unbedingt erfordern (ebd.). Im Falle der Anstaltslast und Gewährträgerhaftung entspricht zwar der Gedanke der flächendeckenden Grundversorgung einer bindenden verfassungsrechtlichen Pflicht; dies gilt aber nicht unbedingt für das konkret gewählte Mittel.[98]

Erneut wird das Problem relevant, daß die nationalen (Verfassungs-) Rechtsordnungen durchaus der europäischen Rechtsordnung Grenzen zu setzen vermögen, auch wenn die europäische Rechtsordnung generell „über" den nationalen steht. Welchen zwingenden Verpflichtungen der Staat nach seiner eigenen Ordnung unterliegt, welche Aufgaben er unbedingt zu erfüllen hat, wirft erneut die Frage der Kompetenzverteilung auf. Europäische Wertungen und mitgliedstaatliche Bindungen müssen im Falle der Kollision zum Ausgleich gebracht werden. Eine klare Trennungslinie ist hier oftmals nicht möglich – wohl aber eine Abstufung der Kontrollintensität nach Verhältnismäßigkeitsgesichtspunkten (hierzu unten III.).

5. Das Merkmal der „Einseitigkeit" bzw. des „Fehlens einer Gegenleistung"

Dem Begünstigten verbleibt in summa nur dann ein Vorteil, wenn die erhaltene Leistung nicht mit einer Gegenleistung verknüpft ist und der Vorteil nicht durch einen entsprechenden Nachteil wieder wettgemacht bzw. aufgebraucht wird. Dann fehlt es an der erforderlichen Einseitigkeit.[99]

---

[98] Im Falle der Anstaltslast und Gewährträgerhaftung ist eine allgemein-europäische Rechtspflicht nicht erkennbar. Die Anstaltslast im Bankbereich ist eine Spezialität der deutschen und, in ähnlicher Form, der österreichischen Rechtsordnung (vgl. *von Friesen*, EuZW 1999, 581; *Van Miert*, S. 140).

[99] In diesem Zusammenhang wird in der Literatur, zurückgehend auf den EuGH (vgl. EuGH, 22.3.1977, Rs 78/76, Slg. 1977, 595) teilweise das Kriterium der Unentgeltlichkeit verwendet (vgl. *Rawlinson*, in: *Lenz/Borchardt*, Art. 87, Rn. 3). Dies ist insofern mißverständlich, als es so aufgefaßt werden könnte, das begünstigende Unternehmen dürfte zur Erfüllung des Tatbestandes *überhaupt keine* Gegenleistung erbringen. Selbstverständlich sind auch die Fälle relevant, in denen der Begünstigte eine Gegenleistung erbringt, diese aber in keinem adäquaten Verhältnis zur Begünstigung steht (etwa bei der Anschaffung der öffentlichen Hand zu überhöhten Preisen oder Verkäufen unter dem Marktwert, zinsverbilligten Krediten usw.). So die ganz h.M. Vgl. *Mederer*, in: G/T/E, Art 92, Rn 6; *von Wallenberg*, in: *Grabitz/Hilf*, Art. 87, Rn 59 ff.; *Müller-Graff*, ZHR 152 (1988), 403, 418; *Modlich*, S. 53 ff.; *Schernthanner*, S. 30 ff.; *Rengeling*, Beihilfenrecht, S. 28.

Durch diese Gegenleistung wird die „Bevorzugung" gleichsam „neutralisiert" bzw. „gerechtfertigt".

a) Die Gegenleistung bei „privaten" und „öffentlichen" Gütern

Grundsätzlich unproblematisch sind die Konstellationen, bei denen die Gegenleistungen einen feststellbaren Marktwert haben, typischerweise also bei fiskalischem Staatshandeln, wenn der Staat im Gleichordnungsverhältnis „private" Güter nachfragt oder anbietet. Hier herrscht unzweifelhaft der „Ausgleichsansatz", d.h. bei adäquater Gegenleistung liegt schon tatbestandlich keine Beihilfe vor.[100] Schwieriger zu beantworten ist hingegen die Frage, ob der Staat auch ein bestimmtes, im öffentlichen Interesse liegendes Verhalten (bzw. bestimmte öffentliche oder meritorische Güter) im Austausch zu einer entsprechenden Leistung nachfragen kann.[101] Denkbar erscheint das jedenfalls, wenn öffentliche Güter tatsächlich wie jedes andere Gut handelbar sind.

Aus der jüngeren Rechtsprechung („Ferring", „Altmark Trans") läßt sich eine Tendenz ersehen, daß sich nach Ansicht des Gerichtshofs auch jenseits des fiskalischen Bereichs eine finanzielle Leistung des Staates und eine im öffentlichen Interesse liegende Gegenleistung „neutralisieren" können.[102] Das Problem dabei ist, daß auch eine „klassische" Subvention im Grunde nichts anderes ist als eine Leistung, die auf eine im öffentlichen Interesse liegende Gegenleistung gerichtet ist. Und eine „klassische" Subvention ist unproblematisch eine Beihilfe. So einfach lassen sich die Erreichung eines öffentlichen Zwecks und pekuniärer Ausgleich also nicht auf einer Ebene beurteilen. Im Gegenteil: So sicher im fiskalischen Bereich ein adäquates Verhältnis von Leistung und Gegenleistung darauf schließen läßt, daß keine Beihilfe vorliegt, so sicher kann man davon ausgehen, daß bei „klassischen" Subventionen trotz einer solchen Verknüpfung das Vorliegen einer Beihilfe zu vermuten ist. Im Graubereich zwischen beiden Extremen muß also weiter nach differenzierten Lösungen gesucht werden. Bei staatlichen Leistungen, die für Gegenleistungen in öffentlichem Interesse erbracht werden, kann also auch bei Vorliegen einer (adäquaten?) Gegenleistung nicht ohne weiteres auf das Nicht-Vorliegen einer Beihilfe geschlossen werden (vgl. hierzu näher unter III.).

---

[100] Vgl. zur Diskussion über „Ausgleichs-" bzw. „Beihilfenansatz", der (ausschließlich) im Hinblick auf Dienstleistungen von allgemeinem wirtschaftlichem Interesse geführt wird, unten III. 3. b).
[101] Vgl. *Modlich*, S. 54.
[102] EuGH, 22.11.2001, Rs C-53/00, Slg. 2001, I-9067, Rn 27; 24.7.2003, Rs C-280/00, Slg. 2003, I-7747, Rn 88 ff.

b) Die fehlende Gegenseitigkeit als negatives Tatbestandsmerkmal

Auch wenn das Bereitstellen eines „öffentlichen Gutes" als Gegenleistung das Merkmal des Fehlens einer Gegenleistung nicht ausschließt, läßt sich anhand eines Vergleichs mit dem Angebot „privater Güter" (fiskalisches Staatshandeln) folgendes feststellen: Auf fiskalischem Gebiet ist Leistung und Gegenleistung regelmäßig durch ein formal-rechtliches *Gegenseitigkeitsverhältnis* (Vertrag) mit beiderseits *klar definierten Leistungen* verbunden. Überträgt man diese Merkmale auf das nicht-fiskalische Gebiet, kann auch hier von einem echten Gegenseitigkeitsverhältnis *jedenfalls schon dann nicht* gesprochen werden, wenn die Begünstigung nicht verbindlich mit der Gegenleistung verknüpft ist und der „Preis" für diese Gegenleistung nicht objektiv bestimmbar ist.[103] Es läßt sich also negativ formulieren, daß das Kriterium der Gegenseitigkeit im Bereich öffentlicher Güter *jedenfalls dann nicht* erfüllt ist, wenn überhaupt keine mit der Begünstigung in Zusammenhang stehende *Gegen*leistung erkennbar ist, wenn diese nicht hinreichend bestimmt oder nicht hinreichend verbindlich festgelegt ist.[104] Ob auch die verbindlich mit einer Gegenleistung verknüpfte Vorteilsgewährung des *hoheitlich* handelnden Staates beihilfenrechtlich relevant ist, bedarf darüber hinaus aber weiterer Wertungen. Hierzu im folgenden.

6. Das Merkmal fehlender „Marktadäquanz"

a) „Marktadäquanz" als Ausdruck „normaler Marktbedingungen"

Sowohl Kommission wie auch Gerichtshof sehen als beihilferelevant nur einen Vorteil an, den ein Unternehmen „unter normalen Marktbedingungen" nicht bzw. nicht „im Rahmen seiner üblichen Geschäftstätigkeit" erhalten hat.[105] Im Umkehrschluß heißt das: Soweit ein Vorteil diesen nor-

---

[103] EuGH, 24.7.2003, Rs C-280/00, Slg. 2003, I-7747, Rn 88 ff.; 22.11.2001, Rs C-53/00, Slg. 2001, I-9067, Rn 27.

[104] In diesem Sinne auch das Non-Paper der Kommission zu Diensten von allgemeinem wirtschaftlichem Interesse und staatlichen Beihilfen vom 12.11.2002, Rn 23. Ein zumindest formales Gegenseitigkeitsverhältnis ist etwa zu bejahen bei synallagmatischen Verträgen, bei Leistungen, die an konkrete Auflagen oder Bedingungen geknüpft sind, oder die sich kraft Gesetzes ergeben, sowie dann, wenn den Begünstigten eine Vorleistungspflicht trifft. Skeptisch hierzu GA *Jacobs*, SA vom 30.4.2002, Rs C-126/01, Slg. 2003, I-13769, Rn 129. Grundsätzlich keine Gegenseitigkeitsverhältnisse dürften hingegen bei bloßen Selbstverpflichtungen anzunehmen sein. Auch hier ist aber im Einzelfall nach Grad der Verbindlichkeit, entsprechenden Sicherheiten bzw. Vor- oder Nachleistungspflichten zu differenzieren. Vgl. hierzu *Frenz*, EuZW 1999, 616, 617. Zu den Möglichkeiten der rechtliche Ausgestaltung von Subventionsrechtsverhältnissen, vgl. *Störi*, S. 38 ff.

[105] EuGH, 23.2.1961, Rs 30/59, Slg. 1961, 3; aus jüngerer Zeit Urteil v. 12.12.2002, Rs C-5/01, Slg. 2002, I-11991, Rn 35 (Belastungsminderung, die ein Unternehmen „nor-

malen Marktbedingungen entspricht, scheidet das Vorliegen einer Beihilfe aus. „Normal" heißt aus europäischer Sicht also, was normativ erwünscht oder zumindest akzeptabel ist. Relevant sind entweder Maßnahmen, die von der Norm abweichen oder die Norm verändern sollen. Wann ist aber ein Vorteil Ausdruck „normaler Marktbedingungen" (kurz also: „*marktadäquat*")? Die Frage, was „normal" ist, ist offenkundig eine des jeweiligen Standpunkts und damit eine Wertungsfrage.

Ohne weiteres einleuchtend ist etwa, daß die aufgrund eines Austauschvertrages erbrachte Gegenleistung an ein Unternehmen inklusive der üblichen Gewinnspanne in diesem Sinne als marktadäquater Vorteil anzusehen ist.[106] Problematisch ist daran allenfalls, daß der Staat auch verkehrswirtschaftliche Vorgänge normativ beeinflußt, also nicht zuletzt *er* es ist, der bestimmt, was im Wirtschaftsleben „normalerweise" zu gelten hat.[107] Deutlicher noch wird das Problem in Bereichen, wo private Gestaltungsmöglichkeiten von vornherein nicht bestehen, wo also der Staat allein in hoheitlicher Funktion die „Norm" bestimmt – etwa im Bereich der Steuererhebung: Der Gerichtshof sieht eine Verminderung einer Steuer- und Abgabenbelastung als beihilfenrechtlich relevant an, wenn das begünstigte Unternehmen diese Abgaben „normalerweise zu tragen hat".[108] Hier ist keineswegs klar, welche Belastungen „normal" sind und welche nicht.

b) Die Bestimmung der „Norm"

Zunächst könnte man zur Bestimmung dessen, was als „normal" zu gelten hat, auf das *allgemein Übliche* abstellen. Dies mag etwa bei der Bestimmung eines marktadäquaten Preises weiterführen – aber nicht unbedingt bei einer staatlichen Regelung, die „das Übliche" gerade bestimmen oder verändern soll. Auch was „schon immer" gemacht wurde, ist kein brauch-

---

malerweise" oder *„regelmäßig"* zu tragen hat); 11.7.1996, Rs C-39/94, Slg. 1996, I-3547, Rn 60 („wirtschaftliche Vergünstigung", die ein Unternehmen „unter normalen Marktbedingungen nicht erhalten hätte"); EuGH, 29.6.1999, Rs C-256/97, Slg. 1999, I-3913, Rn 19, 22; 27.9.1988 („Asteris"), Rs 106/87, Slg. 1988, 5515, Rn 22 (Eingriffe, die die „*normalen* Handelsbedingungen" verfälschen); hierzu auch die Kommission im „Vademekum Gemeinschaftsvorschriften über staatliche Beihilfen", abgerufen am 30.3.2000, unter http://europa.eu.int/comm/dg04/aid/other.htm, S. 2 (Vorteil, den das Unternehmen „im Rahmen seiner *üblichen Geschäftstätigkeit* nicht hätte") – Hervorhebungen jew. v. Verf.

[106] *Müller-Graff*, ZHR 152 (1988), 403, 418, spricht von „marktrelativer Günstigkeit"; *Roberti*, S. 107 ff., von „giustificazione economica".

[107] Auch im Bereich grundsätzlicher Privatautonomie normiert der Staat hoheitlich Regeln über die Möglichkeiten der Vertragsgestaltung, der Kündigung, der Rückgewähr etc., bis hin zur Festschreibung eines Kontrahierungszwangs.

[108] EuGH, 23.2.1961, Rs 30/59, Slg. 1961, 3.

barer Ansatz.[109] Zur Bestimmung der „Norm" ist also zu fragen, von welchem normativ erwünschten Zustand man konkret ausgehen soll. Es stellt sich also die „materiale" Frage des richtigen Sollensmaßstabs und wer jeweils befugt ist, diesen festzulegen.[110]

Unterschieden werden kann im groben zunächst einmal danach, wer jeweils „die Norm" zu setzen hat. Ob dies nach marktwirtschaftlichem Verständnis grds. *der Markt* ist (wie idealerweise im privatwirtschaftlichen Verkehr) oder *der Staat*, wie etwa bei der Steuererhebung oder im außerökonomischen Bereich (z.B. Sicherheit und Ordnung). Ist vom „Staat" die Rede, können einmal die Mitgliedstaaten oder die Gemeinschaft zur Setzung der Norm aufgerufen sein. In einer Vielzahl von Politikbereichen kommt mittlerweile der EG die Deutungshoheit darüber zu, was als Norm zu gelten hat. In Bereichen, in denen nach wie vor die Mitgliedstaaten die „Wertungshoheit" besitzen, ist ihnen daher ein entsprechender Gestaltungsspielraum auch bezüglich dessen, was als „normal" zu gelten hat, einzuräumen. Letztlich muß es hier darum gehen, die unterschiedlichen „Norm"-Setzungskompetenzen auszugleichen, um eine effektive (aber auch auf ihre eigentliche Funktion konzentrierte) europäische Wettbewerbskontrolle zu sichern und gleichzeitig legitime mitgliedstaatliche Interessen zu schützen.

Insgesamt kann festgehalten werden, daß das Tatbestandsmerkmal der „fehlenden „Marktadäquanz" offenbar am vielschichtigsten und normativ am heikelsten ist: Mit ihm können alle anderen Beihilfemerkmale modifiziert und relativiert werden. Dies muß aber kein Nachteil sein. Das Merkmal der fehlenden Marktadäquanz kann insofern zur *normativen Kontrolle* und *Feinsteuerung* der übrigen Merkmale herangezogen werden. Voraussetzung hierfür ist lediglich, daß entsprechende Standards für die Beurteilung gefunden werden. Hierzu sogleich.

III. Die normative Feinsteuerung des Vorteilsbegriffs anhand des Merkmals „fehlende Marktadäquanz"

Im folgenden ist zu untersuchen, wann ein Wirtschaftsteilnehmer vom Staat einen nicht marktgerechten Vorteil erhält, wann der Staat also nicht „marktadäquat" handelt. Der einfache Fall, daß der Staat über Wert einkauft oder unter Wert verkauft, bereitet keine (normativen) Probleme. Ansonsten ist aber zu unterscheiden: Unter normativem Aspekt ist es anders zu bewerten, ob der Staat Automobile produziert oder ob er öffentliche Güter wie innere Sicherheit oder Rechtsstaatlichkeit bereitstellt bzw. ob er das Gut Umweltschutz nachfragt oder ob er Briefpapier beschafft. Offen-

---

[109] So zu Recht GA *Jacobs*, SA vom 30.4.2002, Rs C-126/01, Slg. 2003, I-13769, Rn 75.
[110] Vgl. oben 1. Teil, Kap. 2, Abschn. B.

kundig macht es auch einen Unterschied, ob der Staat als Regelsetzer, Mitspieler oder Schiedsrichter auf dem Markt auftritt. Es ist also nach dem staatlichen Handlungsbereich zu differenzieren.

Tritt der Staat als „normaler" Marktteilnehmer auf, sei es auf Anbieter- oder Nachfragerseite, muß er sich den gleichen Regeln unterwerfen wie andere Marktteilnehmer auch – sonst sind zwangsläufig Verfälschungen des Marktprozesses zu befürchten. Als Regelsetzer hingegen steht der Staat naturgemäß „über" dem Marktprozeß. Gleiches gilt für seine Rolle als Schiedsrichter. Hier und in anderen, etwa in sicherheitsrechtlichen, sozialen oder kulturellen, also in außerökonomischen Bereichen, hat der Staat Aufgaben zu erfüllen, die zunächst nicht direkt marktbezogen sind, die aber gleichwohl Auswirkungen auf die Marktprozesse haben können; und gerade hier darf er sich nicht auf die Zuschauerbank zurückziehen. Konflikte sind insbesondere dann vorprogrammiert, wenn der Staat lediglich das Trikot wechselt und als Schiedsrichter für die eigene Mannschaft pfeift. Die latente Gefahr der Camouflage und Vermischung besteht freilich schon deswegen, weil es tatsächlich immer derselbe Akteur ist, der handelt. Zunächst soll daher versucht werden, nach den einzelnen Rollen idealtypisch zu differenzieren, zunächst im Hinblick auf primär fiskalisches und primär hoheitliches Handeln.

1. Marktadäquanz bei vorwiegend fiskalischem Staatshandeln

Handelt der Staat als Marktteilnehmer, ist er an den gleichen Maßstäben zu messen wie jeder andere. Der Maßstab, die „Markt-Norm" ist das ökonomisch rationale Handeln (Marktrationalität).[111]

a) Fiskalisches und hoheitliches Staatshandeln

Fiskalisches Staatshandeln bedeutet im Gegensatz zu hoheitlichem Staatshandeln, daß der Staat nicht im Über-/Unterordnungsverhältnis auftritt, sondern daß er am gewöhnlichen Privatrechtsverkehr teilnimmt.[112] So im öffentlichen Auftrags- und Beschaffungswesen, wo der Staat weitgehend darauf angewiesen ist, benötigte Güter auf dem Markt nachzufragen, um seine Aufgaben erfüllen zu können. Von der Büroklammer bis zur Fregatte beschafft der Staat alles auf dem Markt. „Normale" Marktauftritte sind insoweit grundsätzlich alle, die andere Wirtschaftssubjekte auch vornehmen

---

[111] Marktadäquanz bedeutet hier insbes. nicht „Wirtschaftlichkeit" im haushaltsrechtlichen Sinne von „Sparsamkeit". Vgl. zu letzterem etwa Art. 7 Abs. 1 S. 1 BayHO. Beides geht freilich in dieselbe Richtung. Vgl. den Verweis auf die nationalen Haushaltsvorschriften in der Mitteilung der Kommission zu Verkäufen öffentlicher Grundstücke (ABl. C 209 v. 10.7. 1997, S. 3). Für das Gewinnstreben öffentlicher Unternehmen als legitimierender öffentlicher Zweck *Cremer*, DÖV 2003, 921 ff.

[112] Vgl. *Creifelds* zum Stichwort „Fiskus".

(können), gleich ob als Käufer, Verkäufer, Investor oder Unternehmer, als Nachfrager oder Anbieter sowohl von Waren wie auch von Dienstleistungen. Der Staat handelt zwar auch hier meist, *um* seine Staatsfunktionen ausfüllen zu können, er handelt aber nicht *in* seiner Staatsfunktion.[113]

b) Der Staat als „normaler" Marktteilnehmer

Problematisch ist bereits, daß der Staat regelmäßig das mächtigste Wirtschaftssubjekt einer Volkswirtschaft ist und dazu ein Geschäftspartner von quasi unbeschränkter Solvenz.[114] Im Gegensatz zu anderen unterliegt der Staat unmittelbar bestimmten Bindungen (etwa den Grundrechten, dem Willkür- oder Diskriminierungsverbot etc.).[115] Als „normaler" Marktteilnehmer ist der Staat im Grunde eine Fiktion. Der Staat ist nicht „irgendein" Privatmann.[116] Entsprechend müssen, wie bereits Adam Smith postuliert hat, auch die normalen Marktbedingungen bei fiskalischer Tätigkeit *fingiert* werden.[117] Die Fiktion besteht insoweit in einer konstruierten Gleichbehandlung des Staates.

c) Aktive und passive Gleichbehandlung des Staates

Gleichbehandlung kann in diesem Zusammenhang zweierlei bedeuten: A*ktive* Gleichbehandlung – der Staat behandelt gleich; oder passive Gleichbehandlung – der Staat wird gleich behandelt. Passive Gleichbehandlung heißt hier vorwiegend, daß staatliches Handeln genauso *beurteilt* wird wie privates – also nach dem Gesichtspunkt der Wirtschaftlichkeit:[118] Hier ist es eigentlich mißverständlich, von „Gleichbehandlung" zu sprechen.[119] Der Staat wird in Wahrheit nicht gleich behandelt wie Private, sondern bewußt und mit gutem Grund ungleich: Daß die Individuen ökonomisch rational

---

[113] Die Rechtsform ist dafür belanglos. Nicht fiskalisch handelt der Staat demzufolge auch dann, wenn er sich zu hoheitlichem Zwecke privatrechtlicher Formen bloß bedient.

[114] Knapp 50 % Staatsquote in Deutschland! Wollte man bereits die Konkursunfähigkeit als besonderen Vorteil für Gläubiger des Staates sehen, wäre jede wirtschaftliche Tätigkeit des Staates a priori eine Beihilfe – vgl. *Scherer/Schödermeier*, ZBB 1996, 165, 177. Vgl. aber zur Änderung des Art. 25 BayAGGVG (Insolvenzfähigkeit der Bayer. Landesbank und der Sparkassen) nach der Einigung im Streit um die Anstaltslast und Gewährträgerhaftung *Rehmsmeier*, in: DVBl. 2003, 52.

[115] Vgl. etwa zur Grundrechtsbindung öffentlich-rechtlicher Kreditinstitute BGH, 11.3.2003, Az. XI ZR 403/01 (DVBl. 2003, 942 f.); 2.12.2003, Az. XI ZR 397/02.

[116] Vgl. *Dürig*, in: M/D, Art. 3 GG, Rn 501. Vgl. auch EuGH, 3.7.2003, Rs C-83/01, Slg. 2003, I-6993, Rn 32 ff.

[117] Vgl. oben 1. Teil. Kap. 2, Abschn. A. III. 2.

[118] Art. 86 Abs. 2 EG legt dieses Gleichbehandlungsgebot für das europäische Wettbewerbsrecht ausdrücklich fest. Vgl. zur Gleichbehandlungspflicht öffentlicher und privater Unternehmen EuGH, 8.5.2003, Rs C-328/99 u. C-399/00, Slg. 2003, I-4035, Rn 37.

[119] So aber etwa *Nowak*, EuZW 2001, 293, 295.

handeln, ist eine konstruktive Prämisse des Marktes, aber kein reales Faktum und v.a. keine (rechtlich) zwingende Norm. Einem nicht-staatlichen Unternehmer bleibt es – auf die Gefahr hin, vom Markt „bestraft" zu werden – unbenommen, ökonomisch irrational zu handeln. Er darf unbehelligt auch das teuerste Angebot wählen. Der Staat soll das gerade nicht dürfen. Für den Staat wird demzufolge als Vergleichsmaßstab ein ökonomisch rationaler Idealtypus (homo bzw. status oeconomicus) fingiert. Zum anderen heißt Gleichbehandlung hier, daß der Staat private Wirtschaftssubjekte (aktiv) gleich behandeln muß. Er darf also nicht diskriminierend handeln: Das im fiskalischen Bereich einzig zulässige Kriterium bleibt das wirtschaftlichste Gebot. Die Wirtschaftlichkeit ist insoweit auch das einzig einigermaßen „neutrale" Kriterium, an dem das Handeln des Staates gemessen werden kann.[120]

d) Möglichkeiten der Wirtschaftlichkeitsprüfung

Wie kann beurteilt werden, ob der Staat tatsächlich „wirtschaftlich rational" handelt? Man kann eine gutachterliche Prüfung vornehmen, denn die Frage der Wirtschaftlichkeit ist zuvorderst eine Tatsachenfrage. Daneben kann auf die Einhaltung eines formalisierten Verfahrens abgestellt werden. Beide Möglichkeiten finden – teilweise auch kombiniert[121] – in der Praxis Anwendung.

α) Wirtschaftlichkeitsnachweis durch Verfahren

Insbesondere bei Geschäften, die in großer Zahl vorgenommen werden, genügt nach Kommissionsansicht die Durchführung eines entsprechenden Verfahrens, an dessen Anfang ein eindeutig definiertes Produkt und an dessen Ende das nachprüfbar wirtschaftlichste Angebot stehen soll.[122] Die Wirtschaftlichkeitsprüfung mittels Verfahrenskontrolle findet dementsprechend etwa im Vergabewesen und bei Grundstücksgeschäften der öffentlichen Hand[123] Anwendung. Im öffentlichen Auftrags- und Beschaffungswe-

---

[120] Vgl. *Dürig*, in: M/D, Art. 3 GG, Rn 490.

[121] EuGH, 24.7.2003, Rs C-280/00, Slg. 2003, I-7747, Rn 88 ff.

[122] Klar ist, daß jede Form der Realitätsannäherung die Gefahr der Hereinnahme unkontrollierbarer sog. „vergabefremder Aspekte" in sich birgt. Nur wenn der Staat Unterstützungen gewährt, werden die begünstigten *privatwirtschaftlichen* Unternehmen den Voraussetzungen (etwa der VOB), die sonst nur für den Staat gelten, unterworfen – vgl. die bayerischen Allgemeinen Nebenbestimmungen für Zuwendungen zur Projektförderung (ANBest-P), Stand 1.4.1998, Ziff. 3.

[123] Hierzu die grundlegenden Aussagen der Kommission in den Fällen „Rastatt" (Mitteilung der Kommission 86/C 336/05), „Toyota" (Mitteilung der Kommission 90/C 326/06; Entscheidung der Kommission 92/11/EWG), „Potsdamer Platz" (Mitteilung der Kommission 91/C 128/05; Entscheidung der Kommission 92/465/EWG), „Sony" (Mitteilung der Kommission 92/C 48/03; Mitteilung der Kommission 93/C 216/05), „Fresenius"

sen ist es aber als problematisch anzusprechen, daß die Einhaltung insbesondere der europäischen Vergabevorschriften keineswegs bedeuten muß, daß die Maßnahme auch im Sinne des Beihilfenrechts unbedenklich ist. Einzusehen ist das eigentlich nicht, da beide Normenkomplexe auf das gleiche, nämlich das wirtschaftlichste Angebot zielen.[124] Es wäre etwa zu überlegen, ob vom Vergabeverfahren nicht eine Art „materieller Konzentrationswirkung" in dem Sinne ausgehen sollte, daß von einem vergaberechtlich nicht zu beanstandenden Verfahren auch die Vermutung für die beihilfenrechtliche Unbedenklichkeit abgeleitet werden kann.

β) Wirtschaftlichkeitsnachweis durch materiellen Vergleich – das „Prinzip des marktwirtschaftlich handelnden Investors"

Eine andere Möglichkeit ist eine an wertenden, also schon eher „materiellen" Vorgaben orientierte Prüfung, wobei die Kriterien eher ökonomischer, denn normativer Natur sind. Die Kommission hat hier für die Beurteilung staatlicher Investitionstätigkeit das „Prinzip des marktwirtschaftlich handelnden Investors" (bzw. den „market economy investor test")[125] entwickelt und auf immer breiter werdender Fallbasis angewandt.[126] Die Frage ist danach: Würde sich ein marktwirtschaftlich handelnder Investor ebenso verhalten, wie es der Staat im konkreten Fall tut? Anhand gewisser Prämissen wird quasi ein nicht nur auf den Endpreis blickender, ökonomisch-rationaler Investor konstruiert und als Vergleichsmaßstab für die reale staatliche Investitionsmaßnahme herangezogen. Dieses Modell erscheint

---

(Mitteilung der Kommission 93/C 11/03) sowie Mitteilung der Kommission zum Verkauf öffentlicher Grundstücke (ABl. C 209 v. 10.7.1997, S. 3). Zu dieser Problematik insgesamt *Schütterle*, EuZW 1993, 625 ff. Zu den beihilfenrechtlichen Schwierigkeiten der Unternehmensverkäufe der Treuhandanstalt als „weltgrößte Industrie-Holding" *Schütterle*, EuZW 1991, 662 ff.

[124] Vgl. hierzu *Koenig/Kühling*, in: *Streinz*, EUV/EGV, Art. 87, Rn 36; *Reuter*, ZIP 2002, 737, 745 f.; *Bartosch*, EuZW 2000, 333; *Lübbig*, EuZW 1999, 671, 672. Kritisch zur Konvergenz beider Bereiche *Antweiler*, NVwZ 2005, 168, 169, Fn 11.

[125] Oder „market investor test" (vgl. *Hancher*, ECLR, 1994, 134, 135). Terminologisch wohl dem „private reasonable investor's test" der amerikanischen Rspr. in Antidumpingverfahren angelehnt – vgl. *Soukup*, S. 86.

[126] Vgl. nur Standpunkt der Kommission (Bull. EG 9-1984); Entscheidung der Kommission 92/296/EWG; Mitteilung der Kommission über öffentliche Unternehmen in der verarbeitenden Industrie (ABl. C 307 v. 13.11.1993); vom Rat bestätigt in der Richtlinie 81/363/EWG (Schiffbau-Kodex); vom Gerichtshof in st. Rspr. anerkannt, vgl. EuGH, 10.7.1986, Rs 40/85, Slg. 1986, 2321, Rn 13 ff., und Rs 234/84, Slg. 1986, 2263, Rn 14 ff.; 8.5.2003, Rs C-328/99, u. C-399/00, Slg. 2003, I-4035, Rn 38 ff.; EuG, 6.3.2003, Rs T-228/99, Slg. 2003, II-435 („WestLB"), Rn 206 ff. Allgemein zu diesem Modell auch *Bartosch*, EuZW 2000, 333; *Bonkamp*, S. 43 ff. Die Literatur äußert sich insgesamt positiv – vgl. nur *Mederer*, in: G/T/E, Art. 92, Rn 9; differenzierend *von Friesen*, S. 107, 183 ff.; auch *Soukup*, S. 175 ff., und *von Rintelen*, insbes. S. 117 ff.

flexibler und damit praxisnäher als die Beurteilung anhand eines strikten Verfahrens. Allerdings hängt das Ergebnis – man denke an die mittelalterliche Suche nach dem „iustum pretium"[127] – im wesentlichen von den vorab formulierten Prämissen ab.[128]. Die „saubersten" Ergebnisse erhält man, je mehr der Modellinvestor puristisch auf den direkt finanziellen Aspekt abhebt. Die Ergebnisse werden aber um so „realistischer" und damit leider auch verschwommener, je mehr man die Bedingtheiten berücksichtigt, denen der Staat als zwangsläufig „anomaler" Wirtschaftsteilnehmer tatsächlich unterliegt,[129] und je mehr man den Anwendungsbereich des Modells erweitert.[130]

Daß beide Modelle (Verfahren und Modellinvestor) zu unterschiedlichen Ergebnissen führen können, zeigt das Beispiel öffentlicher Grundstücksverkäufe: Auch wenn ein Grundstück nach Durchführung eines korrekten Verfahrens an einen Bewerber (z.B. Kleinbetrieb) veräußert wird, hätte es für die Gemeinde ggf. wirtschaftlich weitaus sinnvoller sein können, die Liegenschaft einem anderen (z.B. Großbetrieb) praktisch zu „verschenken". Ob an die Grundstücksverkäufe von Gemeinden die prinzipiell gleichen Grundsätze anzulegen sind wie an Vergabeverfahren, erscheint allerdings fraglich, weil hier regelmäßig nicht die Unternehmen, sondern die Gemeinden miteinander in Wettbe-

---

[127] Vgl. *Stavenhagen*, S. 14.
[128] Der Vergleichsmaßstab ist zusehends spezieller geworden. So soll ein „vernünftiger" und nicht ein „gewöhnlicher" Privatanleger herangezogen werden – vgl. GA *Van Gerven* im SA v. 10.1.1991, Rs C-305/89, Slg. 1991, I-1603, Rn 8, und ihm folgend EuGH, 21.3.1991, Rs C-305/89, Slg. 1991, I-1603, Rn 20, und EuGH, 14.9.1994, Rs C-42/93, Slg. 1994, I-4175, Rn 14: Nicht mehr nur die kurzfristige Erwartung eines „return on investment" eines Kleinanlegers, sondern die langfristigen Erwartungen eines privaten Großanlegers bzw. „einer privaten Holding oder einer privaten Unternehmensgruppe, die eine globale oder sektorale Strukturpolitik verfolgt und sich von längerfristigen Rentabilitätsaussichten leiten läßt" und auch das Bemühen um Imagepflege – vgl. EuGH, 14.9.1994, Rs C-278-280/92, Slg. 1994, I-4103, Rn 25, ist der Maßstab. Kriterien sind auch Synergieeffekte für die ganze Unternehmensgruppe – vgl. *Bartosch*, NJW 2002, 3588, 3589. Richtigerweise muß die Kommission vom „historischen" Sachverhalt (zum Zeitpunkt des Erlasses der Maßnahme) ausgehen und kann nicht hinterher, in Kenntnis der tatsächlichen Entwicklung beurteilen, ob sich die Maßnahme ex post als sinnvoll erwiesen hat. Vgl. EuGH, 16.5.2002, Rs C-482/99, Slg. 2002, I-4397, Rn 70 ff. Zum „private creditor test" bei Nichtdurchsetzung von Forderungen der öffentlichen Hand vgl. *Soltész/Makowski*, EuZW 2003, 73, 74 ff.
[129] Daß staatliche Unternehmen teilweise nicht mit privaten zu vergleichen sind, hat auch der Gerichtshof sehr wohl erkannt (vgl. EuGH, 3.7.2003, Rs C-83/01, Slg. 2003, I-6993, Rn 32 ff.). Auch wenn der Staat im Einzelfall einen marktgerechten Preis zahlt, kann bereits der geschäftliche Kontakt (Solvenz!) für den privaten Geschäftspartner von besonderem Vorteil sein. Vgl. hierzu *von Friesen*, S. 183 ff., 188 f.; *Koenig*, EuZW 1995, 595, 600.
[130] Vgl. EuGH, 22.11.2001, Rs C-53/00, Slg. 2001, I-9067 und EuGH, 24.7.2003, Rs C-280/00, Slg. 2003, I-7747.

werb treten.[131] Insbesondere bei der Ansiedlung von Großbetrieben kann es für eine Gemeinde ggf. am rationalsten sein, ihre Grundstücke auch weit unter Wert zu verkaufen. Hier legt man an Gemeinden Maßstäbe an, die eigentlich für den Staat konzipiert sind.

e) Das „Ob" und das „Wie" fiskalischen Staatshandelns

Bei beiden Methoden bleiben i.ü. in der Praxis gewisse Aspekte außer Ansatz: Die Frage, *was* der Staat anschaffen soll, bleibt ebenso außen vor wie die, *ob* der Staat überhaupt investieren bzw. sich anderweitig wirtschaftlich engagieren soll. Die Kommission überläßt den Mitgliedstaaten einen vorgelagerten Entscheidungsspielraum, ob und wo sie sich als Investoren engagieren wollen, welche Produkte sie herstellen oder welche Güter sie anschaffen wollen.[132] Unter dem Blickwinkel der Ökonomie ist dabei keineswegs selbstverständlich, daß der Staat sich als Unternehmer betätigen darf. Im Beschaffungswesen spricht zwar schon die schlichte Notwendigkeit für eine staatliche Nachfragetätigkeit. Gleiches gilt nicht für die Rolle des Staates als Unternehmer, also Anbieter „privater Güter". Man mag durchaus daran zweifeln, ob der Berieb eines Automobilkonzerns durch den Staat ökonomisch rational ist. Wie schon Adam Smith festgestellt hat: „Keine zwei Naturen scheinen weniger miteinander vereinbar zu sein als die des Kaufmanns und des Herrschers."[133] Dennoch hat auch Smith dem Staat (als Eigentümer) wie jedem anderen zugestanden, Geschäfte zu machen[134] – unter den genannten Voraussetzungen. Diese Einschätzung verdient bei allen damit verbundenen Durchlässigkeiten Zustimmung und ist in der europäischen Rechtsordnung selbst verankert: Nach Art 295 EG sind Staatsbetriebe erlaubt. Art. 86 EG setzt die Zulässigkeit öffentlicher Unternehmen voraus. Auch im fiskalischen Bereich geht es nicht *nur* um die Frage ökonomischer Rationalität. „Wie" der Staat tätig werden darf, mittels Ausschreibung oder freihändig, ist gleichfalls eine rechtliche Frage. Auch hier steht die Ökonomie letztlich unter normativen Vorgaben, die

---

[131] Vgl. FAZ v. 27.7.2001, S. 15 „Die Stadt Leipzig rückt ihrem großen Ziel näher": Diese sei „aus diesem harten nationalen Wettbewerb als Sieger" hervorgegangen. Kritisch auch *Schütterle*, EuZW 1993, 625, 628.

[132] Etwa ob es „sinnvoller" ist, zwei Polizei-PKW oder einen LKW anzuschaffen. Der Vorteil kann aber bereits in dieser vorgelagerten Entscheidung versteckt sein, etwa besonders abgasarme PKW anzuschaffen, die bestimmte Anbieter von vorneherein ausschließen kann. Es scheint doch beispielsweise ein erstaunlicher Zufall zu sein, daß die Polizeien der deutschen Bundesländer grds. mit der Marke herumfahren, die in ihrem Hoheitsgebiet gebaut wird: In Bayern BMW und Audi, in Baden-Württemberg Mercedes, in Niedersachsen VW, obwohl überall Vergabevorschriften bestehen und wahrscheinlich sogar eingehalten werden. Zurückgeführt wird dieses Phänomen insbes. auf vergaberechtlich nicht prüfbare Vorgaben wie Leistungsdaten, Ausstattung sowie Wartungs- und Serviceumfang. Vgl. FAZ v. 9.4.2002, S. 24.

[133] *Smith*, S. 697.

[134] Vgl. *Smith*, S. 696.

grundsätzlich über das „Ob" und das „Wie" des staatlichen Tätigwerdens entscheiden.

2. Marktadäquanz bei vorwiegend hoheitlichem Staatshandeln

Typischerweise handelt der Staat nicht in seiner Eigenschaft als Marktteilnehmer, sondern hoheitlich. Dies entspricht seiner ureigenen Funktion und Aufgabe, die nicht vorwiegend darin besteht, Gewinne zu erwirtschaften.[135]

a) Marktadäquanz und hoheitlich handelnder Staat

„Marktadäquat" wurde oben im Sinne von „unter normalen Wirtschaftsbedingungen" verstanden. Was bedeutet marktadäquates Handeln aber im hoheitlichen Bereich? Handeln unter dem Primat der „Marktrationalität" als Maxime ausschließlich ökonomisch-rational handelnder Individuen kann es nicht heißen, da die Individuen auf dem Markt nach dem Prinzip des Eigennutzes verfahren (dürfen).[136] Bloßer Eigennutz ist aber im hoheitlichen Bereich keine erlaubte staatliche Kategorie. Von vornherein kann hier also marktadäquates Handeln nur meinen, „altruistisch" und marktrational in Bezug auf die privaten Wirtschaftsteilnehmer zu handeln; ihnen also *trotz* hoheitlicher oder gerade *durch* hoheitliche Tätigkeit entsprechende Freiräume für eigenes Wirtschaftshandeln zu belassen. Außerdem handelt der Staat hier nicht „unter" normalen Marktbedingungen, sondern quasi „darüber". Er selbst legt die Marktbedingungen fest bzw. beeinflußt sie – mehr oder minder bewußt. Wann setzt der Staat also „normale" Marktbedingungen?

b) Das „Ob" und das „Wie" – Marktversagen und der Grundsatz der Verhältnismäßigkeit

Aus ökonomischer Sicht ist der Staat allenfalls aufgerufen zu handeln („ob"), wenn *„Marktversagen"* vorliegt. Von der „etatistischen" Warte aus betrachtet, muß der Staat in erster Linie seine hoheitlichen Aufgaben erfüllen. Der gemeinsame Nenner ist die Notwendigkeit *rationalen* Handelns. Rationales Handeln heißt im modernen Rechtsstaat in diesem Zusammenhang nichts anderes, als nach dem Grundsatz der *Verhältnismäßigkeit* zu handeln.[137] Die Frage ist dann nur, von welcher Seite man sich nähert.

---

[135] Vgl. aber *Cremer*, DÖV 2003, 921 ff.

[136] Den „egoistischen" Staat des Absolutismus, der als Überpersönlichkeit „eigene" Ziele verfolgt, will man heute freilich gerade nicht. Vgl. oben 1. Teil. Kap. 2, Abschn. A. III.

[137] Die Frage, ob eine Maßnahme verhältnismäßig ist, muß also durch eine Analyse der entsprechenden Ziel-Mittel-Relation beantwortet werden. Vgl. oben 1. Teil, Kap. 3, Abschn. A. Nichts anderes gilt für die Prüfung einer Maßnahme im Hinblick auf Markt-

Hoheitliches Staatshandeln wird durch die Verfolgung hoheitlicher und damit naturgemäß eher *außerökonomischer* Ziele gerechtfertigt (innere, äußere Sicherheit, Bildung, Kultur etc. – einen entsprechenden Katalog enthält Art. 30 EG). Hiervon kann der Staat auch nicht abgehen. Unter Verhältnismäßigkeitsgesichtspunkten zu berücksichtigen sind bei der Mittelauswahl („wie") zur Erreichung dieser Ziele aber immer auch die hiervon ausgehenden Wirkungen, nach geltendem (insoweit europäisch bestimmtem) Recht insbesondere die *ökonomischen* Auswirkungen.[138] Nach dem ökonomischen Ansatz des „Marktversagens" gilt im Prinzip das gleiche – nur unter umgekehrtem Vorzeichen. Gerechtfertigt ist staatliches Handeln dann, wenn die Aktivität der Marktteilnehmer zum Erreichen der Ziele nicht ausreicht und ein Handeln gerade des Staates vernünftig erscheint. In beiden Fällen steht am Schluß das *Bewertungs*problem, einmal des „Ob" und schließlich des „Wie". Beide müssen nach Ziel, Mittel und Wirkung aufgelöst werden.

Tendenziell kann gesagt werden, daß es beihilfenrechtlich bedenklicher erscheint, wenn außerökonomische Ziele mit primär auf ökonomische Faktoren einwirkenden Maßnahmen erreicht werden sollen (idealtypisch bei der Lenkungssubvention), als wenn die Instrumente direkt im Außerökonomischen ansetzen (etwa bei der klassischen Eingriffsverwaltung) und wirtschaftliche Auswirkungen eher als „Reflex" der Maßnahme erscheinen. Bei der klassischen Subvention ist primäres Ziel die *ökonomische Besserstellung* eines Unternehmens zur Erreichung eines (möglicherweise) *außerökonomischen* Fern-Ziels. Anders ist es bei der Veränderung im weitesten Sinne klassisch „polizeilicher" Regeln: Sie sind primär auf die direkte Veränderung *außerökonomischer* Bedingungen gerichtet (etwa Veränderungen der Sicherheitsstandards beim Umgang mit gefährlichen Stoffen) und mögen auch ökonomische Auswirkungen haben – diese Wirkungen sind aber regelmäßig nur Sekundäreffekte bzw. Reflex der Maßnahme.

c) Kompetenzzuordnung und Einschätzungsprärogative

Im hoheitlichen Bereich ist es notwendigerweise nicht der Markt, sondern der Träger der hoheitlichen Gewalt, der „die Norm" setzt – es fragt sich nur: welcher? Je nach Kompetenzverteilung bestimmen entweder die Mitgliedstaaten oder die EG, was als „Norm" und damit als „normale Markt-

---

versagenskorrekturen („necessary and proportional to the task of correcting the failure") – so *Nicolaides/Bilal*, Journal of World Trade 1999, 97, 123; dies., State Aid Rules, S. 44.

[138] Im heutigen Europa ist das Handeln unter dem Primat der (europäisch determinierten) Markrationalität unmittelbar geltendes Recht für alle Mitgliedstaaten, da die europäische Rechtsordnung insoweit in die nationalen Ordnungen „hineinstrahlt" (vgl. oben 1. Teil, Kap. 4, Abschn. C.).

A. Der Begriff der „Beihilfe" 259

bedingung" zu gelten hat. Es stellt sich das in offenen Gesellschaften alltägliche Problem kollidierender Einschätzungen bezüglich dessen, was vernünftigerweise zu tun ist. Man wird letztlich eine abgestufte Zielgewichtung und demgemäß abgestufte Zuweisung der Einschätzungskompetenzen zu entwickeln haben, je nachdem, in welchem *Funktions-* und damit *Kompetenz*bereich das mitgliedstaatliche Handeln angesiedelt ist. In Fragen der äußeren Sicherheit ist ganz offensichtlich eine andere Meßlatte anzulegen als in der Industriepolitik.

Juristisch betrachtet handelt es sich abseits jeglicher Ideologie schlicht um eine Verfahrens- bzw. eine Kompetenzfrage. Die Beurteilungskompetenz ist daher graduell unterschiedlich zuzuweisen: Die Prärogative der Mitgliedstaaten nimmt tendenziell ab, je indirekter die Maßnahme auf das außerökonomische Ziel gerichtet ist und je mehr dieses Ziel durch ökonomische Primärziele (etwa Stärkung der wirtschaftlichen Position des entsprechenden Unternehmens) erreicht werden soll. Aus umgekehrter Perspektive: Der EG steht vermehrt dann die Prärogative zu, wenn und soweit außerökonomische Ziele mit der Veränderung initial ökonomischer Faktoren angepeilt werden sollen. Es liegt auf der Hand, daß eine Maßnahme, die auf die Änderung der wirtschaftlichen Bedingungen zielt, notwendig auch entsprechende Wirkungen erwarten läßt. Primäres Ziel und (zu erwartende) primäre Wirkung fallen quasi zusammen.

Die Gemeinschaft hat freilich längst nicht mehr nur ökonomisch orientierte Kompetenzen. Auch der außerökonomische Kompetenzbereich orientiert sich zunächst an den Aufgaben, also an den jeweils verfolgten Zielen. Je nach Funktionsbereich kommt dann entweder den Mitgliedstaaten oder der Gemeinschaft die Deutungshoheit darüber zu, (1.) *ob* ein staatliches Tätigwerden angezeigt ist und (2.) *wie* das anvisierte Ziel *verhältnismäßig* zu erreichen ist. Nur durch diese abgestufte Zuweisung der Prärogative ist auch sichergestellt, daß das Ergebnis „unterm Strich" demokratische Legitimation genießt und gleichzeitig eine dynamische Anpassung der Beihilfenaufsicht an den Fortgang der Integration ermöglicht wird.[139] In weitgehend vergemeinschafteten Bereichen ist der Gemeinschaft eine weiterreichende Prärogative zuzugestehen, ist doch hier *sie* zur „Norm"-Setzung aufgerufen.[140] Anderes muß in Bereichen gelten, die weitgehend noch in der Obhut der Mitgliedstaaten liegen.[141] Dies bedeutet freilich

---

[139] Vgl. oben 1. Teil, Kap., Abschn. C. V. 5.
[140] Hier wird dies i.ü. schon längst so gehandhabt, allerdings offenbar ohne daß sich die Kommission noch an die Beihilfenvorschriften gebunden sähe. Vgl. etwa die Leitlinie 92/C 152/02 und hier insbes. Ziff. 1.3., wonach Beihilfen im Fischereisektor *allein* anhand der Ziele der gemeinsamen Politik geprüft werden.
[141] So auch GA *Mischo* im SA v. 8.5.2001, Rs C-143/99, Slg. 2001, I-8365, Rn 76. Dies beginnt auch die Kommission einzusehen – vgl. die Mitteilung der Kommission über Leistungen der Daseinsvorsorge v. 20.9.2000, KOM (2000) 580 endg., S. 7 ff.

nicht, daß die Mitgliedstaaten in Bereichen verbliebener Kompetenz gänzlich nach eigenem Gutdünken und unbeobachtet von der Kommission schalten und walten dürften. „Heilige Bezirke", die dem Blick der Kommission von vorneherein entzogen wären, darf es nicht geben. Es vermindert sich aber die Prüfungsdichte bis hin zur bloßen Mißbrauchskontrolle.[142] Vor diesem Hintergrund soll im folgenden eine Differenzierung wesentlicher Funktionsbereiche skizziert werden.

d) Einzelne Funktionsbereiche hoheitlichen Staatshandelns

Für das hier verfolgte Erkenntnisinteresse soll das hoheitliche Handeln holzschnittartig nach Staatsfunktionen bzw. Handlungsbereichen eingeteilt werden, die mehr oder weniger wirtschaftsbezogen sind, die aber trotzdem alle beihilfenrechtlich relevant werden können.[143] Die eine Form des Staatshandelns ist „marktnäher", die andere „marktferner".[144] Des weiteren ist es um eine Einteilung zu tun, nach der auch die unterschiedlichen Kompetenzschwerpunkte von Mitgliedstaaten und EG zum Ausdruck gebracht werden können. Im groben lassen sich etwa die folgenden Bereiche danach unterscheiden, ob der Staat ordnend, planend, lenkend, ge- oder verbietend – jedenfalls nicht unmittelbar „gewährend" tätig wird. Eine Zwitterstellung nimmt die Steuererhebung ein, die zwar unbedingt gebietend ist, möglicherweise aber lenkend und partiell auch „gewährend", da verschonend, sein kann.[145]

α) Setzung der rechtlichen Rahmenbedingungen

Hier geht es der Form nach vorwiegend um zivil- und handelsrechtliche Vorschriften, die den Rechtsrahmen für das privatwirtschaftliche Handeln

---

[142] *Kruse* hat den Begriff der „a-limine-Befreiung" gebraucht, die es – er bezieht ihn auf den Sektor Kultur – nach dem EGV nicht geben dürfe (*Kruse*, EWS 1996, 113, 115). Die Einschätzungshoheit, welche Ziele *tatsächlich* verfolgt werden, muß – will man nicht einer permanenten „Falschetikettierung" aufsitzen – bei der Gemeinschaft liegen. Hierbei hat die Kommission unter Beachtung insbes. des Grundsatzes der begrenzten Einzelermächtigung, des Subsidiaritätsprinzips und des Verhältnismäßigkeitsgrundsatzes – und jeweils kontrolliert vom Gerichtshof – zu überprüfen, ob dem Mitgliedstaat oder der EG die Prärogative in den einzelnen Tätigkeitsbereichen zukommt.

[143] Bedauerlicherweise fehlt es weitgehend an auswertbarem Fallmaterial und die Untersuchung muß auf einigermaßen abstraktem Niveau fortgeführt werden, da die Kommission einer derartigen ziel- und kompetenzbezogenen Betrachtung nicht zustimmen würde. Nach hier vertretener Auffassung vernachlässigt die Kommission bei ihrer Betrachtungsweise damit aber einen zentralen Aspekt des Beihilfenwesens.

[144] Zum Kriterium der „Marktnähe" vgl. auch *Modlich*, S. 290.

[145] Naturgemäß können sich diese Bereiche überschneiden, schon wegen des von Ziel- und Wirkungspluralismus gekennzeichneten Beihilfewesens. Die Einteilung entspricht daher eher einer Gewichtung als einer scharfen Trennung der Staatsfunktionen.

bilden. Daß der Staat entsprechende Regeln aufzustellen hat („ob"), kann nicht zweifelhaft sein, schon weil hier offenkundig „Marktversagen" herrscht. Grundsätzlich kommt es nach wie vor den Mitgliedstaaten zu, diese rechtlichen Rahmenbedingungen und damit „rechtliche Normalität"[146] zu setzen – freilich mit abnehmender Tendenz. Die Kommission ist je nach Stand der Rechtsvereinheitlichung zu einer umfassenden oder einer Mißbrauchsaufsicht befugt. Die Beihilfenrelevanz ist in mehrfacher Hinsicht gering: Das Handlungs*mittel* (allgemeine Gesetzgebung) ist an sich marktfern, es liegt Marktversagen vor und die Einschätzungsprärogative liegt weitgehend noch bei den Mitgliedstaaten.

β) Wirtschaftliche Koordination und Gestaltung

Von der Festlegung des allgemeinen Rechtsrahmens unterscheidet sich der hier angesprochene Bereich durch die bewußt ökonomisch-*gestalterische Ziel*richtung. Der Staat tritt nicht als weitgehend passiver Garant des privatwirtschaftlichen Verkehrs auf, sondern formt die Wirtschaftsprozesse aktiv.[147] Im Gegensatz zu oben (Ordnung zur Selbststeuerung) ist hier die staatliche Steuerung gerade das Ziel. Das Betreiben allgemeiner Wirtschaftspolitik ist den Mitgliedstaaten – allerdings unter Beachtung der (explizit marktwirtschaftlichen und gemeinschaftlich orientierten – Art. 99 Abs. 2 EG) Voraussetzungen des Art. 98 EG – ausdrücklich erlaubt. Insoweit kann nicht nur eine gemeinschaftliche Zielkontrolle erfolgen, es ist auch in besonderer Weise auf die Marktadäquanz der konkreten Instrumente abzustellen.[148]

γ) Gestaltung der außerökonomischen Bedingungen

Gemeint sind hier Maßnahmen und Einrichtungen, die nicht so sehr auf die Veränderung der *ökonomischen*, sondern eher auf die Gestaltung etwa der sozialen, sicherheitsrechtlichen, kulturellen, also *außerökonomischen* Bedingungen gerichtet sind. Sowohl Mittel (Ge- oder Verbote) wie auch das außerökonomische Ziel sprechen hier regelmäßig für eine nur beschränkte beihilfenrechtliche Relevanz. Auch ist in diesem Aufgabenbereich nach wie vor noch ein ganz beträchtlicher Teil in der Zuständigkeit der Mitgliedstaaten verblieben (vgl. auch Art. 30 EG).[149] Soweit also die Mitglied-

---

[146] GA *Mischo* im SA v. 8.5.2001, Rs C-143/99, Slg. 2001, I-8365, Rn 43.

[147] Gedacht sei etwa an die antizyklische Konjunktursteuerung, Wirtschaftsförderung oder die Wirtschaftplanung.

[148] Vgl. für die weitere Prüfung das Merkmal der Selektivität unten Abschn. C. II.

[149] Vgl. auch die Mitteilung der Kommission über Leistungen der Daseinsvorsorge, v. 20.9.2000, KOM (2000) 580 endg., insbes. Rn 22; SA des GA *Tizzano* v. 8.5.2001, Rs C-53/0,0 Slg. 2001, I-9067, Rn 51.

staaten die entsprechende Zielformulierungskompetenz besitzen, sind sie es, welche die Norm setzen.

Soweit aber etwa EG-vereinheitlichte Standards gelten, unterfällt eine hier angesiedelte Maßnahme verstärkt der Beurteilungshoheit der EG (etwa im Umweltrecht). Als Beispiel sei das „Verursacherprinzip" in Art. 174 Abs. 2 EG genannt. Überträgt der Staat die direkt auf ökonomische Faktoren zielende Kostentragungspflicht hinsichtlich negativer externer Kosten (für die Beseitigung von Umweltverschmutzungen), die eigentlich der Verursacher zu tragen hätte, auf Dritte, ist der sich für den Verursacher ergebende Vorteil also nicht „normal" bzw. nicht „marktadäquat".[150]

δ) Steuer- und Abgabenerhebung

Bereits oben wurde festgestellt, daß es keinen Unterschied machen kann, ob die Begünstigung in einer Leistungsgewährung oder einer Belastungsverminderung besteht. Hier wie da geht es um Distribution. Andererseits ist die Steuererhebung im Gegensatz zu Mittelausreichungen generell erlaubt und zweifelsohne notwendig. Das Problem besteht darin, daß partielle Steuerentlastungen genauso wie partielle Steuererhöhungen (Lenkungssteuern) nicht nur eine Frage der finanziellen Ausstattung sind, sondern regelmäßig sowohl zur Erreichung ökonomischer wie außerökonomischer Ziele eingesetzt werden. Soweit es um die partielle Entlastung von Steuern und Abgaben geht, gilt daher nichts anders als oben: Inwieweit es sich um eine nicht marktadäquate Belastungsverminderung handelt, ist danach zu beurteilen, ob für den allgemeinen steuerlichen Rahmen (also für die Belastungen, die ein Unternehmen *normalerweise* zu tragen hat)[151] die EG oder die Mitgliedstaaten zuständig sind. Abzustellen ist dabei insbes. auf das mit der Abgabensenkung verfolgte Lenkungsziel. Generell räumt auch der Gerichtshof den Mitgliedstaaten eine gewisse Prärogative im Steuerwesen ein.[152]

---

[150] Vgl. zu einem vergleichbaren Fall SA des GA *Jacobs* vom 30.4.2002, Rs C-126/01, Slg. 2003, I-13769, Rn 66 ff. Für den Fall von über die in der Gemeinschaft geltenden Standards hinausgehenden Umweltschutzanforderungen scheint die Kommission der Ansicht zu sein, daß auch überobligationsmäßige Anstrengungen im Umweltsektor grds. beihilferelevant sind, sofern sie auf staatliche Unterstützung zurückgehen. Vgl. Gemeinschaftsrahmen für staatliche Umweltschutzbeihilfen (ABl. C 72 v. 10.3.1994), Buchstaben B und C. Kritisch hierzu *Sépibus*, insbes. S. 368 ff.

[151] EuGH, 2.7.1974, Rs 173/73, Slg. 1974, 709, Rn 33/35; 8.11.2001, Rs C-143/99, Slg. 2001, I-8365, Rn 42 ff.; 26.9.2002, Rs C-351/98, Slg. 2002, I-8031, Rn 42; GA *Mischo* im SA v. 8.5.2001, Rs C-143/99, Slg. 2001, I-8365, Rn 38 ff.

[152] Vgl. *Schön*, S. 115 ff.

3. Marktadäquanz im fiskalisch-hoheitlichen „Mischbereich" – insbes. im Sektor der „Daseinsvorsorge"

a) „Gemischt" fiskalisch-hoheitliches Handeln

Nicht immer läßt sich staatliches Handeln klar dem fiskalischen oder dem hoheitlichen Handlungsbereich zuordnen. Es ist vielmehr oft so, daß die Mitgliedstaaten im fiskalischen Bereich tätig werden und gleichzeitig öffentliche Ziele verfolgen (z.b. sog. vergabefremde Zwecke im öffentlichen Beschaffungswesen). Oder der Staat (untechnisch verstanden:) „beleiht" private Unternehmer mit der Erfüllung öffentlicher Aufgaben. Im Grunde läuft beides auf das gleiche hinaus: Fiskalisches und hoheitliches Staatshandeln „vermischen" sich. Es werden gleichzeitig öffentliche und private Güter angeboten bzw. nachgefragt und der Staat handelt weder rein „staatlich" noch rein „kaufmännisch". Problematisch ist dabei, daß der Staat hoheitliche Ziele mit marktnahen Mitteln verfolgt.

Typischerweise liegt diese Konstellation bei *öffentlichen Unternehmen* oder *im Bereich der Daseinsvorsorge* vor, wo sowohl private Güter (z.B. Bankdienstleistungen) und öffentliche Güter (flächendeckende Grundversorgung mit Bankdienstleistungen) angeboten werden.[153] Lange Zeit ging der Blick der Kommission über den sensiblen Bereich gemeinwohlorientierter Leistungserbringung hinweg. Zum Gegenstand einer umfangreichen Kontoverse gerieten dann in den 90er Jahren etwa die in Deutschland traditionell bestehenden Garantiepflichten in Form der Anstalts- und Gewährträgerhaftung zugunsten des öffentlichen Bankensektors, immer um die Frage kreisend, ob öffentlicher Auftrag einerseits und wirtschaftlicher Vorteil andererseits als adäquates Leistungs-Gegenleistungs-Verhältnis bzw. als marktadäquates Verhalten eines „privaten Investors" verstanden werden kann.[154] Sie könnte sich erneut – freilich in ganz anderer Dimension – z.B. bei der Anstaltslast für die öffentlichen, aber in Wettbewerb zu Privaten stehenden bzw. geratenden Kranken- oder Rentenversicherungen ent-

---

[153] Vgl. §§ 1 und 5 BaySparkO (öffentlicher Auftrag bzw. Kontrahierungspflichten). Nicht gemeint sind öffentliche Unternehmen, die praktisch nur private Güter anbieten (wie etwa in staatlicher Hand befindliche Automobilkonzerne); diese sind regelmäßig dem fiskalischen Staatshandeln zuzuordnen und daher grds. nur nach Wirtschaftlichkeitsgesichtspunkten zu beurteilen.

[154] Vgl. zur „Entdeckung" des Bankensektors durch die Kommission *Van Miert*, S. 105 f. Zur hieraus folgenden Kontroverse: *Kinzl*, S. 111 ff.; *Immenga/Rudo*, S. 48 ff.; *Koenig/Kühling*, EuZW 1999, 517 ff.; *von Friesen*, EuZW 1999, 581 ff.; *Schneider/Busch*, EuZW 1995, 602 ff.; *Koenig*, EuZW 1995, 595 ff.; ders., EWS 1998, 149 ff.; *Koenig/Sander*, EuZW 1997, 363 ff.; *Niemeyer/Hirsbrunner*, EuZW 2000, 364 ff.; *Scherer/Schödermeier*, ZBB 1996, 165 ff.; *Gruson*, EuZW 1997, 429; ders., EuZW 1997, 357 ff.; *von Livonius*, Öffentlich-rechtliche Kreditinstitute und EU-Beihilferegime. Zum Stand nach „Ferring" *Quardt*, EuZW 2002, 424 ff.; *Sommerfeld*, S. 220 ff.

spinnen.[155] Auch hier ginge es um die Frage, ob und wann die staatlich gewährten Vorteile im Hinblick auf die hoheitliche Aufgabenerfüllung marktadäquat bzw. gerechtfertigt sind. Mittlerweile hat sich die Kontroverse auf den weiten Bereich öffentlicher Daseinsvorsorge und angesichts der zunehmenden Privatisierung von Staatsaufgaben bzw. sog. „Public Private Partnerships"[156] letztlich auf jegliches Staatshandeln mit Marktbezug zur Erreichung öffentlicher Zwecke ausgeweitet.

b) Der Ausgleich gemeinwirtschaftlicher Leistungen in der Diskussion

α) „Tatbestands-" und „Rechtfertigungslösung"

Weitgehend Einigkeit besteht darüber, daß für die Erfüllung bestimmter „gemeinwirtschaftlicher Leistungen"[157] in irgendeiner Form ein staatlicherseits gewährter Ausgleich möglich sein muß. Umstritten ist neben der Reichweite dieser Möglichkeit v.a auch deren dogmatische Einordnung. Diskutiert wird dabei (nicht zuletzt mit Blick auf die Notifizierungspflicht), ob die Lösung entsprechender Fälle „intern" im Rahmen des Beihilfentatbestandes, namentlich bei dem Merkmal des Fehlens einer Gegenleistung, oder „extern", insbes. über Art. 86 Abs. 2 EG zu suchen ist.

Stehen sich gemeinwohlorientierte Leistung und entsprechende staatliche Ausgleichszahlungen in einem adäquaten Verhältnis gegenüber, läßt dies – so die eine Ansicht – bereits das Tatbestandsmerkmal des „Vorteils" entfallen („Ausgleichsansatz" oder „Tatbestandslösung"). Weil dann schon keine Beihilfe im tatbestandlichen Sinne vorliege, bestehe auch keine Notifizierungspflicht.[158] Nach anderer Ansicht ist die Ausgleichsleistung zu-

---

[155] Vgl. *Kemmler*, DVBl. 2003, 100, 107.

[156] Vgl. *Gas/Rücker*, DÖV 2004, 56 ff.

[157] Zur Definition der „Dienstleistungen von allgemeinem wirtschaftlichem Interesse oder gemeinwirtschaftlichen Diensten" Non-Paper der Kommission zu Diensten von allgemeinem wirtschaftlichem Interesse und staatlichen Beihilfen vom 12.11.2002, Rn 9, 21: Diese bezeichnen „marktbezogene Tätigkeiten im Dienstleistungsbereich, mit denen Aufgaben von allgemeinem Interesse erfüllt werden und die daher mit bestimmten Verpflichtungen verknüpft sind.", wobei „eher bestimmten" Unternehmen solche Dienste übertragen werden. Vgl. auch Weißbuch der Kommission zu Dienstleitungen von allgemeinem Interesse, KOM (2004) 374, Anhang 1.

[158] Die Begriffe „Beihilfenansatz" und „Ausgleichsansatz" prägte wohl GA *Jacobs* im hierzu ausführlichen SA vom 30.4.2002, Rs C-126/01, Slg. 2003, I-13769, Rn 93 ff. Das EuG war für ersteres (EuG, 27.2.1997, Rs T-106/95, Slg. 1997, II-229 („FFSA"), Rn 172; 10.5.2000, Rs T-46/97 („SIC"), Rn 84), zunächst wohl auch der EuGH (15.3.1994, Rs C-387/92, Slg. 1994, I-877, Rn 21), zwischenzeitlich hielt er offenbar beide Wege für gangbar, indem er diesen Aspekt einmal als internen Rechtfertigungsgrund („einseitiger Vorteil") und dann separat im Hinblick auf Art. 86 Abs. 2 EG untersuchte – vgl. EuGH, 22.11.2001, Rs C-53/00, Slg. 2001, I-9067. Nunmehr wohl für den Ausgleichsansatz, vgl. hierzu *von Wallenberg*, in: *Grabitz/Hilf*, Art. 87, Rn 20. So teilweise auch frühzeitig die Kommission (vgl. die Leitlinie für Beihilfen im Seeverkehr – ABl. C 205 v. 5.7.1997,

A. Der Begriff der „Beihilfe" 265

nächst beihilfenrelevant (und ist dementsprechend zu notifizieren), kann aber über Art. 86 Abs. 2 EG ausnahmsweise gerechtfertigt sein („Beihilfenansatz" oder „Rechtfertigungslösung").[159] Art. 86 Abs. 2 EG bietet sich als Rechtfertigungsrund insofern an, als diese Vorschrift die Wettbewerbsregeln für „Unternehmen, die mit Dienstleistungen von allgemeinem wirtschaftlichem Interesse betraut sind" nur für anwendbar erklärt, „soweit die Anwendung dieser Vorschriften nicht die Erfüllung der ihnen übertragenen besonderen Aufgabe rechtlich oder tatsächlich verhindert." Dem Wortlaut enstprechend ließe sich Art. 86 Abs. 2 EG daneben auch so interpretieren, daß er keinen „nachgelagerten" Rechtfertigungsgrund, sondern eine „vorgelagerte" Anwendungsvorschrift darstellt und bei entsprechendem Ausgleich das Beihilfenrecht ggf. schon keine Anwendung findet (was dann auch von nationalen Gerichten überprüft werden könnte und eine Notifizierung entbehrlich machte).[160]

β) Die „Altmark Trans"-Rechtsprechung des EuGH

In der Rechtssache „Ferring" hat der Gerichtshof unter Rückgriff auf die (seinerzeit recht wenig beachtete) Sache „ADBHU"[161] und noch ohne nähere Differenzierung entschieden, daß ein Vorteil (Nichtbelastung bestimmter Unternehmen mit einer Abgabe) gerechtfertigt sei, *soweit* dieser Vorteil „nicht die zusätzlichen Kosten übersteigt, die ihnen (den Unternehmen) durch die nationale Regelung auferlegten gemeinwirtschaftlichen Pflichten entstehen."[162] Im viel diskutierten Urteil „Altmark Trans"[163] hat

---

S. 5, Ziff. 9: Die Erstattung von Betriebsverlusten bei der Erfüllung bestimmter gemeinwirtschaftlicher Verpflichtungen soll keine Beihilfe darstellen).

[159] Hierfür GA *Léger*, SA vom 14.1.2003, Rs 210/00, Slg. 2003, I-7747, Rn 75 ff. Den „Beihilfenansatz" grds.befürwortend auch *Koenig*, EuZW 1995, 595, 602. Zu dieser Problematik auch die Anmerkungen von *Ruge*, EuZW 2002, 50 ff.; *Möschel*, WuW 1999, 832, 834 f.; *Lübbig/Martin-Ehlers*, Rn 84 ff. Vgl. auch *Reuter*, ZIP 2002, 737, 743; und ausführlich *Jennert*, Europäisches Beihilfenrecht und mitgliedstaatliche Daseinsvorsorge, S. 259 ff.

[160] Vgl. SA des GA *Tizzano* v. 8.5.2001, Rs C-53/00, Slg. 2001, I-9067, Rn 25 ff., 64 ff., zur Frage, ob bei Vorliegen der Voraussetzungen des (unmittelbar anwendbaren) Art. 86 Abs. 2 EG die Notifizierungspflicht entfällt. Vgl. auch *von Rintelen*, S. 193 ff., mwN. Zur Frage, ob Art. 86 Abs. 2 EG darüber hinaus einen verallgemeinerungsfähigen Grundgedanken des Wettbewerbsrechts enthält, unten d.

[161] Entscheidung v. 7.2.1985, Rs C-240/83, Slg. 1985, 531, Rn 16 ff. Hier ging es um einen (in einer EG-Richtlinie erlaubten) „Zuschuß" für die Altölbeseitigung, die der EuGH als „Gegenleistung" für die erbrachte Dienstleistung ansah.

[162] EuGH, 22.11.2001, Rs C-53/00, Slg. 2001, I-9067, Rn 27. Vgl. zu „Ferring" etwa die Anmerkungen von *Ruge*, EuZW 2002, 50 ff. Vgl. i.ü. auch die Entscheidung, EuGH, 25.3.1998, Rs C-174/97 P, Slg. 1998, I-1303.

[163] Vgl. nur *von Wallenberg*, in: *Grabitz/Hilf*, Art. 87, Rn 19 ff.; *Bartosch*, EuZW 2004, 295 ff.; *Kühling/Wachinger*, NVwZ 2003, 1202, 1205; *Franzius*, NJW 2003, 3029,

sich der Gerichtshof eher im Sinne der „Tatbestandslösung" entschieden[164] und einschränkend vier Kriterien insbesondere dazu aufgestellt, wann die Erfüllung gemeinwirtschaftlicher Pflichten als hinreichend bestimmt und als angemessen abgegolten erachtet werden kann.[165] Der Gerichtshof verlangt – nicht anders als bei der staatlichen Nachfrage privater Güter[166] – neben der Bestimmbarkeit der zu erbringenden Leistungen entweder eine Art Ausschreibung oder die „gutachterlich" überprüfte Angemessenheit von Aufgabenerfüllung und deren pekuniärer Kompensation. Insbesondere nach der Rechtssache „Enirisorse" kann die Rechtsprechung insoweit als gefestigt gelten.[167]

γ) Die Fortentwicklung der Rechtsprechung durch die Kommission

Die Kommission hat zur Anwendung des Art. 86 Abs. 2 EG auf den Bereich staatliche Beihilfen jüngst zwei Regelwerke (eine Entscheidung und einen Gemeinschaftsrahmen)[168] erlassen. Hierin hat sie sich – wie bereits in einigen vorangegangenen Einzelentscheidungen[169] – gegen eine Aus-

---

3031; *Streinz*, JuS 2004, 150 ff.; *Jennert*, NVwZ 2004, 425 ff.; *Lehr*, DÖV 2005, 542 ff.; *Dony*, Les compensations d'obligations de service public, S. 128 ff. Zu den Auswirkungen auf den deutschen ÖPNV *Wachinger*, WiVerw 2004, 27 ff.; *Elste/Wiedemann*, WiVerw 2004, 9 ff.; *Theobald/Sascha*, KommunalPraxis spezial Nr. 3/2004, 10 ff.; *Britz*, ZHR 169 (2005), 370 ff.

[164] Vgl. *von Wallenberg*, in: *Grabitz/Hilf*, Art. 87, Rn 20.

[165] EuGH, 24.7.2003, Rs C-280/00, Slg. 2003, I-7747, Rn 88 ff. Nach dem vom EuGH aufgestellten Katalog muß das begünstigte Unternehmen (1.) tatsächlich mit der Erfüllung klar definierter gemeinwirtschaftlicher Pflichten betraut sein. Die Parameter, anhand derer der Ausgleich berechnet wird, sind (2.) vorher objektiv und transparent aufzustellen. Der Ausgleich darf (3.) die erbrachte Leistung nicht überkompensieren. Schließlich (4.) muß das Unternehmen in einem Vergabeverfahren ausgewählt werden oder die Höhe des Ausgleichs muß dem entsprechen, was ein „durchschnittliches, gut geführtes Unternehmen" aufwenden würde.

[166] Vgl. oben 1. d.

[167] EuGH, 27.11.2003, Rs C-34/01, Slg. 2003, I-14243 („Enirisorse"). Vgl. *Bartosch*, EuZW 2004, 295, 300; *Montag/von Bonin*, NJW 2005, 2898, 2904. Jüngst bestätigt wurde die Altmark-Rspr. in EuGH, 30.3.2006, Rs C-451/03 (noch nicht in der Slg. veröffentlicht), Rn 61 ff.

[168] Entscheidung der Kommission 2005/842/EG v. 28.11.2005, ABl. L 2005, 312, S. 67 ff., über die Anwendung von Artikel 86 Abs. 2 EG-Vertrag auf staatliche Beihilfen, die bestimmten mit der Erbringung von Dienstleistungen von allgemeinem wirtschaftlichem Interesse betrauten Unternehmen als Ausgleich gewährt werden, sowie der Gemeinschaftsrahmen für staatliche Beihilfen, die als Ausgleich für die Erbringung öffentlicher Dienstleistungen gewährt werden (Abl. C 2005, 297, S. 4 ff.).

[169] Für die Prüfung des Art. 86 Abs. 2 EG nach Verneinung der Altmark-Kriterien die Kommission in ihrer jüngsten Prüfungspraxis, etwa im gebührenfinanzierten Rundfunksektor (vgl. *Bartosch*, EuZW 2004, 295 297; *Dony*, Les compensations d'obligations de service public, S. 143 ff.).

schließlichkeit der „Altmark"-Kriterien im Sinne einer *reinen* „Tatbestandslösung" und für eine *zusätzlich* durchzuführende Rechtfertigungsprüfung entschieden.[170] Es lassen sich danach vier Fallgruppen unterscheiden:

- Auf Maßnahmen, die die vier „Altmark"-Kriterien erfüllen, sind Art. 87 und 88 EG nicht anwendbar.[171] Hierbei handelt es sich also nicht um staatliche Beihilfen i.w.S., und dementsprechend sind sie auch nicht zu notifizieren (Anerkennung der „Tatbestandslösung").
- Maßnahmen, die die Kriterien des Art. 87 Abs. 1 EG erfüllen, nicht aber die „Altmark"-Kriterien (insbesondere nicht das vierte: Ausschreibungsverfahren oder Effizienztest),[172] sind folglich staatliche Beihilfen i.w.S. Sie können aber im Hinblick auf Art. 86 Abs. 2 EG gleichwohl unter bestimmten Voraussetzungen als „mit dem EG-Vertrag" vereinbar angesehen werden (zusätzliche „Rechtfertigungslösung").[173] Erfüllen sie die Kriterien der Entscheidung, sind sie „mit dem Gemeinsamen Markt vereinbar", und es besteht keine Notifizierungspflicht.[174]
- Maßnahmen, die den Tatbestand des Art. 87 Abs. 1 erfüllen, aber weder den „Altmark"-Kriterien noch den Kriterien der Entscheidung entsprechen, sind vorab zu notifizieren. Sie können aber nach Prüfung durch die Kommission, wenn sie den Kriterien des Gemeinschaftsrahmens entsprechen, „als mit dem Gemeinsamen Markt vereinbar gelten".[175]
- Und schließlich Maßnahmen, die keine der Kriterienkataloge erfüllen und daher mit dem Gemeinsamen Markt nicht vereinbar sind.

Auch wenn die Kommssion damit für bedeutend mehr Rechtssicherheit gesorgt hat,[176] stellen die Regularien keine normative Gesamtlösung für den Problemkreis der öffentlichen Aufgabenerfüllung dar. Insbesondere bleiben zahlreiche mit „Altmark" aufgeworfene Fragen offen. So bleibt es dabei, daß gemeinwohlorientierte Leistungen, deren Marktadäquanz nicht durch die „Altmark"-Methoden Ausschreibung oder gutachterliche Prüfung nachgewiesen wurde, (zunächst) als verbotene Beihilfen zu betrachten sind.

---

[170] Gerade dies wird Kritiker auf den Plan rufen. Kritisch bereits *Bauer*, EuZW 2006, 7, 10 f., der den Verzicht auf den Effizienztest bemängelt, weil hierdurch der Anreiz, entsprechende Dienstleutungen effizient zu erbringen, entfalle. Als negativ zu werten ist die neuerlich zum Vorschein kommende Vorliebe der Kommission, Regeln vorzugsweise sektorspezifisch zu formulieren (unter den Regelungsbereich der Entscheidung fallen nach Art. 2 namentlich Krankenhäuser, Unternehmen des sozialen Wohnungsbaus und gewisse Verkehrsunternehmen).

[171] Entscheidung der Kommission 2005/842/EG, 5. Erwägungsgrund. Zu den „Altmark"-Kriterien vgl. oben b, α.

[172] Vgl. hierzu *Bauer*, EuZW 2006, 7, 8 ff.

[173] Entscheidung der Kommission 2005/842/EG, 7. Erwägungsgrund.

[174] Ebd. Art. 3.

[175] Gemeinschaftsrahmen 2005/C 297/04, Rn 8.

[176] So auch *Bauer*, EuZW 2006, 7, 11.

c) Der marktadäquate „Kauf" gemeinwohlorientierter Leistungen

Begrüßt – und aus dem nämlichen Grunde kritisiert – wird die „Altmark Trans"-Rechtsprechung, weil der Gerichtshof einer allzu weiten Beihilfenaufsicht Einhalt geboten habe.[177] Neben dem praktisch immens wichtigen Aspekt, daß bereits keine Beihilfe (i.w.S.) vorliegen soll, wenn die Kriterien des Gerichtshofs erfüllt sind („Tatbestandslösung"), und damit entsprechende Maßnahmen auch nicht notifiziert zu werden brauchen, ist v.a. folgendes festzuhalten: Der Staat kann ein im öffentlichen Interesse liegendes Verhalten zu einem angemessenen Preis „abkaufen". Einen Vorteil hat die neue Konzeption zweifelsohne: Das Beihilfenrecht wird insoweit versachlicht, als es die Beihilfengewährung anhand eines „neutralen" Kriteriums, nämlich des „angemessenen Preises" überprüfbar macht. Damit wird allerdings erneut die „Gretchenfrage" des Subventionswesens (öffentlicher Zweck gegen pekuniären Ausgleich) aufgeworfen.

α) Marktadäquanz durch Ausschreibung

Versteht man die „Altmark"-Rechtsprechung so, daß per Ausschreibungsverfahren auch „gemeinwirtschaftliche Leistungen" vom Staat nachgefragt werden können, ohne daß dies die Kommission auf den Plan rufen müßte, haftet ihr im Grunde nichts Revolutionäres an.[178] Wenn eine öffentliche Aufgabe sich so weit konkretisieren läßt (was Voraussetzung für eine Ausschreibung ist), daß sie praktisch wie ein privates Gut gehandelt werden kann, ist eigentlich kaum ein Unterschied zur Fallgruppe des fiskalischen Staatshandelns auszumachen. Es ist dann gleichgültig, ob der Staat ein rein privates Gut (ein Bürogebäude), ein privates Gut mit öffentlicher Zwecksetzung (ein Gebäude, das als Krankenhaus dienen soll) oder ein gemischt privat-öffentliches Gut (Betrieb eines Krankenhauses) nachfragt.

Unschädlich ist dabei also, daß der Staat mit dem nachgefragten Gut einen öffentlichen Zweck erfüllen möchte, denn das tut er jedenfalls mittelbar regelmäßig auch mit Gütern, die er über sein gewöhnliches Beschaffungswesen erwirbt, ohne daß dies als problematisch angesehen würde (etwa Kauf von Polizeiautos). Durch die „en bloc"-Vergabe öffentlicher Aufgaben wird die Aufgabe jedenfalls für eine bestimmte Zeit gleichsam privatisiert, was gemeinhin nicht als wettbewerbsproblematisch angesehen

---

[177] Positiv etwa *Bartosch*, NJW 2002, 3588, 3590, 3592; *Elste/Wiedemann*, WiVerw 2004, 9 ff.; *Franzius*, NJW 2003, 3029, 3031. Kritisch etwa *von Wallenberg*, in: *Grabitz/Hilf*, Art. 87, Rn 23 ff.; *Dony*, Les compensations d'obligations de service public, S. 131 ff.

[178] Vgl. bereits EuGH, 25.3.1998, Rs C-174/97 P, Slg. 1998, I-1303. Befürwortend bei derart eindeutigen und definierten Fällen GA *Jacobs*, SA vom 30.4.2002, Rs C-126/01, Slg. 2003, I-13769, Rn 119 ff. In anderen Fällen will er eine Lösung über Art. 87 Abs. 2 und 3 EG erreichen.

wird. Daß neben dem Staat womöglich keine weiteren Nachfrager auftreten, schadet genausoviel oder -wenig wie im fiskalischen Bereich.[179] Hier wird dies ohne weiteres toleriert, obwohl auch hier der Staat kein „normaler" Nachfrager ist (vgl. oben 1. b).

Mittels Ausschreibung läßt sich also problemlos jegliches Gut, gleich ob öffentlich oder privat, nachfragen (theoretisch z.B. auch streng öffentlich-hoheitliche Güter wie die Landesverteidigung): Der Preis ermittelt sich über ein neutrales, „kommutativ gerechtes" Verfahren. Das Ausschreibungsverfahren wird daher für die Mitgliedstaaten auch als „Königsweg" zur Kompensation von gemeinwirtschaftlichen Pflichten bezeichnet;[180] sicherlich insoweit zu Recht, als sich nach einem diskriminierungsfreien Wettbewerbsverfahren das wirtschaftlichste Angebot durchsetzen wird, was wiederum eine adäquates Leistungs-Gegenleistungs-Verhältnis garantiert und eine Überkompensation verhindert.

β) Marktadäquanz durch „Effizienztest"

Der Gerichtshof hält für die Ermittlung einer adäquaten Leistung neben der Ausschreibungsmethode auch die Methode einer gutachterlicher Prüfung (sog. „Effizienztest") für anwendbar. Auch hier ist die Parallele zum Bereich fiskalischen Staatshandelns und dem hier gebräuchlichen „Prinzip des marktwirtschaftlich handelnden Kapitalgebers" unübersehbar. Allerdings: Ist es tatsächlich *möglich*, für das Erfüllen öffentlicher Zwecke einen „angemessenen Preis" zu finden? Dies setzte voraus, daß die entsprechenden öffentlichen Zwecke „kommerzialisierbar" sind, also *wirtschaftlich* bewertet werden können. Bereits bei der Beurteilung *privatwirtschaftlichen* Staatshandelns anhand des „market economy investor tests" bereitet das Finden eines passenden Vergleichsmaßstabs erhebliche Schwierigkeiten, weil der Staat nun einmal schwer mit anderen Wirtschaftssubjekten zu vergleichen ist (vgl. oben 1. b). Ungleich schwieriger ist dies im Bereich öffentlicher Aufgabenerfüllung, wo staatliches Handeln etwa anhand eines „durchschnittlichen, gut geführten" Unternehmens beurteilt werden soll, das es in der Realität schon deswegen nicht gibt, weil kein echter Markt für „gemeinwirtschaftliche Aufgabenerfüllung" und folglich auch kein

---

[179] Sobald i.ü. etwa Bundesländer oder Kommunen das entsprechende Gut nachfragen, gibt es sogar eine Nachfragerkonkurrenz. Freilich zeigt sich gerade auch im Vergabewesen die bisweilen problematische Verknüpfung von ökonomischen (Wirtschaftlichkeitsaspekt) und außerökonomischen („vergabefremden") Aspekten (vgl. hierzu *Benedict*, S. 35 ff.; *Bartosch*, EuZW 2001, 229 ff.).
[180] *Koenig/Kühling*, DVBl. 2003, 289; unter wettbewerblichem Aspekt grds. positiv auch *Jennert*, NVwZ 2004, 425, 427 f. Hierzu auch *Bultmann*, insbes. S. 30 ff.

nachfragendes Unternehmen existiert.[181] Wie schwierig dieses Unterfangen ist, und wie sehr das Ergebnis vom Standpunkt abhängt, hat etwa die Diskussion über Anstaltslast und Gewährträgerhaftung gezeigt, obwohl hier sogar ein privater Vergleichssektor bestanden hat.[182] Die Schwierigkeit liegt – anders als beim Ausschreibungsverfahren – darin, daß man hier nicht ohne inhaltliche Maßstäbe auskommt und, wie stets bei solchen „materialen" (Verteilungs-)Schlüsseln, das Ergebnis wesentlich von den Prämissen bestimmt wird.[183]

γ) Die Grenzen der „Kommerzialsierbarkeit"
öffentlicher Aufgabenerfüllung

Insgesamt muß bezweifelt werden, daß jegliches Handeln zu einem öffentlichen Zweck in diesem Sinne kommerzialisiert werden kann und soll.[184] (Welchen „Gegenwert" hat die Erfüllung öffentlicher Zwecke wie die Senkung der Arbeitslosigkeit, Bildung, Kultur, soziale Sicherheit usw. – oder konkret: die Schaffung eines Arbeitsplatzes oder die Ausbildung eines Studenten?) Aber selbst wenn derlei Rechenkunststücke (durch Benchmarking-Analysen o.ä.)[185] gelingen könnten: Wollte man hinter dem Kompensationsgedanken ein verallgemeinerungsfähiges Prinzip sehen, würde hiermit letztlich die Ausnahme zur Regel. Da nämlich die Erfüllung öffentlicher Zwecke, wie jedes andere Gut vom Staat „käuflich" erworben werden könnte – adäquates Preis-Leistungs-Verhältnis vorausgesetzt –, geriete die Subventionierung auch sub specie des Beihilfenrechts zu einem ganz „gewöhnlichen" Vorgang – Beihilfen wären erlaubt, soweit sie (nach den entsprechenden ökonomischen Kriterien) einen angemessenen Preis für eine

---

[181] Daß öffentliche Unternehmen nicht nur „rein kommerziellen Erwägungen" folgen und insoweit mit privaten nicht ohne weiteres vergleichbar sind, sieht auch der Gerichtshof – vgl. EuGH, 3.7.2003, Rs C-83/01, Slg. 2003, I-6993 („Chronopost"), Rn 32 ff. Wenigstens, so wird man zur Gewährleistung eines Mindestmaßes an Vergleichbarkeit zu fordern haben, muß das fragliche Gut prinzipiell auch von Privaten nachgefragt werden können bzw dürfen. Wie etwa die unentgeltliche Beförderung von Schwerbehinderten gem. § 148 ff. SGB IX, für die den Unternehmen ein bestimmter Ausgleich geleistet wird (*Elste/Wiedemann*, WiVerw 2004, 9, 16). Hier ist es gleich, ob Schwerbehinderte oder eine sonstige Personengruppe für ein bestimmtes pauschales Entgelt transportiert wird. Auch sind hier Leistung und Gegenleistung hinreichend konkretisierbar. Normativ ausgeschlossen wären streng hoheitliche Güter wie die innere oder äußere Sicherheit.
[182] Vgl. die Nachweise oben zu 3. a.
[183] Vgl. oben 1. Teil, Kap. 2, Abschn. B. III. 2. sowie Kap. 3, Abschn. B. II. 4.
[184] Kritisch auch *Ruge*, EuZW 2002, 50, 51; *Schneider/Busch*, EuZW 1995, 602, 604, 608; *Koenig*, EuZW 1995, 595, 600; *Bartosch*, EuZW 1999, 176, 178; *Scherer/Schödermeier*, ZBB 1996, 165, 175.
[185] Vgl. *Koenig/Kühling*, DVBl. 2003, 289, 293; *Elste/Wiedemann*, WiVerw 2004, 9, 20.

im öffentlichen Interesse liegende Gegenleistung darstellen.[186] Entspricht dies dann noch dem Sinn des Beihilfenrechts, das zu einem Weniger an Staat führen soll? Interpretiert man den Gerichtshof in dieser Weise und denkt man den eingeschlagenen Weg zuende, wird die Beihilfenaufsicht zum bloßen Kontrollinstrument eines Preis-Leistungs-Mechanismus: Geld gegen Erfüllung öffentlicher Aufgaben. Ist dann Subventionierung (und generell jede Subvention verfolgt auch einen öffentlichen Zweck) überhaupt noch grundsätzlich „verboten" oder kann nicht jeder Subventionsvorgang „nachgebessert" werden, indem nachträglich der „korrekte" Preis bestimmt wird und lediglich die Überkompensation rückabgewickelt wird?

Beide Methoden, Ausschreibung und gutachterliche Prüfung, stoßen i.ü. schnell an die Grenzen der Bestimmtheit bzw. Bestimmbarkeit öffentlicher Aufgabenerfüllung. Beide sind nur bei „überschaubaren" gemeinwohlorientierten Leistungen anwendbar. Während das Ausschreibungsverfahren durch eine „Privatisierung auf Zeit" immerhin im Funktionsrahmen des europäischen Wettbewerbsrechts liegt, erlaubt das gutachterliche Verfahren tendenziell die Rechtfertigung jeder Form von gemeinwohlorientierter Subventionierung – ohne weitere normative Korrekturmöglichkeit. Im Prinzip verlagert der Gerichtshof die Verantwortung für die Inhaltsbestimmung des Beihilfenbegriffs damit auf Analysten und deren ökonomische Kriterien. Gleichzeitig begibt er sich der Möglichkeit, das Regel-Ausnahme-Verhältnis selbst normativ zu bestimmen.

Außerdem stellt sich die Frage, was mit der großen Zahl unterschiedlichster Modelle und Systeme zur Erbringung „gemeinwirtschaftlicher Leistungen" (ein höchst dehnbarer Begriff, der bei weiter Auslegung fast den gesamten Kanon staatlicher Aufgabenerfüllung umfaßt) passieren soll, bei denen weder die eine noch die andere Methode verfängt. Gelten die Grundsätze des Gerichtshofs außer für öffentliche Unternehmen, die zugleich privatwirtschaftlich und im öffentlichen Interesse tätig werden (wie etwa öffentliche Sparkassen), auch für staatliche Stellen, die quasi „nebenbei" auch privatwirtschaftlich tätig werden (etwa staatliche Universitäten, die private Forschungsaufträge ausführen)? Müssen auch diese sich bald dem „Effizienztest" stellen? Maßnahmen, die den Kriterien des Gerichtshofs nicht entsprechen, wären, da der Gerichtshof eine Kompensation „nur" bei Vorliegen der „Altmark"-Kriterien duldet, generell untersagt.

Als problematisch anzusehen wäre es jedenfalls, wenn ausschließlich die Methoden des Gerichtshofs den Mitgliedstaaten die Möglichkeit böten, unbehelligt gemeinwirtschaftliche Aufgaben zu erfüllen; wenn sich also faktisch eine Ausschreibungs*pflicht* oder alternativ eine (vorab zu erfüllende) Analyse*pflicht* ergäbe. Die Folge wäre, daß etwa soziale Sicherungssysteme, die in Konkurrenz zu privaten stehen, ausgeschrieben wer-

---

[186] Hierzu *Bartosch*, EuZW 1999, 176, 177.

den müßten; womöglich auch mit Privaten konkurrierende Bildungseinrichtungen usf. (vgl. unten d, γ). Oder daß die Mitgliedstaaten auch in diesen Bereichen unter dauernder Effizienzkuratel stünden.

Ein solcher Generalvorbehalt würde jedenfalls auch voraussetzen, daß der Gemeinschaft die unbedingte Kompetenz zur Beurteilung solcher Systementscheidungen überhaupt zukommt, was für einen weiten Bereich klassischer Staatsaufgaben aber mehr als zweifelhaft ist.[187] Insoweit ist auch die nunmehr von der Kommission bekundete Absicht, Maßnahmen, die den „Altmark"-Kriterien nicht entsprechen, unter bestimmtem Voraussetzungen anhand von Art. 86 Abs. 2 EG prüfen zu wollen,[188] mit Vorsicht zu genießen. Hier gilt, zumal die Kommission nachdrücklich auf ihre weite Befugnis, gem. Art. 86 Abs. 3 EG „Inhalt und Umfang der Ausnahmeregelung nach Art. 86 Abs. 2 EG zu bestimmen", hingewiesen hat,[189] im wesentlichen das gleiche, wie oben zu den Ermessensausnahmen des Art. 87 Abs. 3 EG gesagt wurde. Die Reichweite der Beihilfenaufsicht kann nicht zum Gegenstand des Kommissionsermessen gemacht werden, jedenfalls dann nicht, wenn es um „harte", womöglich verfassungsmäßig festgeschriebene Interessen der Mitgliedstaaten geht (vgl. oben Kap 1. Abschn. A. III. 2. c).

d) Das Beihilfenrecht als normatives Regel-Ausnahme-Verhältnis

α) „Ökonomischer" und „normativer" Ansatz

Es stellt sich also weiterhin die Frage, nach welcher Regel das im Mischbereich angesiedelte Staatshandeln zu bewerten ist. Grundsätzlich bestehen zwei Möglichkeiten: Entweder man behandelt es als fiskalisches und modifiziert ggf. die Wirtschaftlichkeitsprüfung derart, daß der „Anteil" für die hoheitliche Aufgabenerfüllung „herausgerechnet" werden kann (so die „Altmark"-Lösung). Oder man behandelt es wie hoheitliches Staatshandeln und betont im Rahmen der Verhältnismäßigkeitsprüfung in besonderer Weise das Erfordernis ökonomischer Rationalität.

Auch der im Streit um „Tatbestands-" oder „Rechtfertigungsansatz" von beiden Parteien herangezogene Art. 86 Abs. 2 EG läßt sich auf unterschiedliche Art und Weise lesen: Hiernach finden die Wettbewerbsregeln generell auch auf öffentliche Unternehmen Anwendung, allerdings nur, „soweit die Anwendung" der Wettbewerbsvorschriften „nicht die Erfüllung der ihnen übertragenen besonderen Aufgaben rechtlich oder tatsäch-

---

[187] Vgl. oben 2 d.

[188] Gemeinschaftsrahmen für staatliche Beihilfen, die als Ausgleich für die Erbringung öffentlicher Dienstleistungen gewährt werden (Abl. C 2005, 297, S. 4 ff.); vgl. oben b, γ.

[189] Entscheidung der Kommission 2005/842/EG, 6. Erwägungsgrund.

lich verhindert." Das „Soweit" in Art. 86 Abs. 2 EG kann entweder als ökonomisch zu bestimmendes Leistungs-Gegenleistungs-Verhältnis („bis zu diesem Betrag erlaubt") oder als normativ zu bewertender Regel-Ausnahme-Tatbestand („grundsätzlich verboten, außer wenn") verstanden werden. Also wirtschaftliche Abgeltung oder rechtliches Regel-Ausnahme-Verhältnis? Oder noch zugespitzter: *ökonomische Analyse* oder *normative Abwägung*?

β) Der Rechtsgedanke des Art. 86 Abs. 2 EG

Es liegt – insoweit mit den Verfechtern der „Rechtfertigungslösung" – in der Tat nahe, eine Lösung über Art. 86 Abs. 2 EG zu suchen, weil beides, öffentlicher Auftrag und Wettbewerbsrecht, hier in ein direktes Verhältnis zueinander gesetzt wird. Andererseits ist Art. 86 Abs. 2 EG kein ausdrücklicher Rechtfertigungstatbestand wie Art. 87 Abs. 2 und 3 EG. Zunächst stellt Art. 86 Abs. 2 EG eine *Anwendungsvorschrift* dar, wonach das Wettbewerbsrecht grundsätzlich auch für „öffentliche Unternehmen" *gilt* und diese daher gleich zu behandeln sind wie private. Als Anwendungsvorschrift ist sie hinsichtlich der Ausnahmen tatbestandlich sehr eng gefaßt:[190] Die Aufgabenerfüllung muß „verhindert" werden; sie ist auch nur auf „öffentliche Unternehmen" bezogen, die „Dienstleistungen von allgemeinem wirtschaftlichem Interesse" erfüllen. Nicht jedes Unternehmen, das einen öffentlichen Zweck erfüllt, wird also zum „öffentlichen Unternehmen" im Sinne des Vertrages und nicht immer wird die Aufgabenerfüllung geradezu „verhindert". Unmittelbar aus der Vorschrift läßt sich eine allgemeine Konfliktlösung und ein umfassender Rechtfertigungsgrund dogmatisch korrekt also nur schwer ableiten.

Nach hier vertretener Auffassung enthält Art. 86 Abs. 2 EG neben seinem Charakter als Anwendungsvorschrift bzw. Gleichbehandlungsgebot für öffentliche Unternehmen aber – gerade weil Wettbewerbsprinzip und staatliche Aufgabenerfüllung ins Verhältnis zueinander gesetzt werden – einen verallgemeinerungsfähigen *Grundgedanken des Wettbewerbsrechts* zum verhältnismäßigen Ausgleich von öffentlicher Aufgabenerfüllung und europäischem Wettbewerbsschutz. Art. 86 Abs. 2 EG ist damit *Ausprä-*

---

[190] *von Danwitz* meint, es erscheine so, als müsse sich „das mitgliedstaatliche Kamel der Daseinsvorsorge durch das Nadelöhr von Art. 86 Abs. 2 EG zwängen," um das Placet der Kommission erlangen zu können. *von Danwitz*, JZ 2000, 429, 430. Art. 86 Abs. 2 EG stellt insofern strenge Voraussetzungen (die Aufgabenerfüllung muß *verhindert* werden) auf, zieht aber auch weitreichende rechtliche Schlüsse (das Wettbewerbsrecht findet dann schon *keine Anwendung*). Zur Frage, ob Art. 86 Abs. 2 EG eine echte Schwarz-Weiß-Lösung erfordert oben Kap. 1, Abschn. A. II. 3. Für eine Güterabwägung nach Verhältnismäßigkeitsgesichtspunkten *von Rintelen*, S. 197 ff. Zur Frage, wann eine „Verhinderung" vorliegt, vgl. *Bartosch*, EuZW 2000, 333, 335, sowie *Reuter*, ZIP 2002, 737, 743 f.

gung und Konkretisierung des Verhältnismäßigkeitsgrundsatzes gleichermaßen. Der Verhältnismäßigkeitsgrundsatz ist freilich – unabhängig von Art. 86 Abs. 2 EG – bereits dem Art. 87 Abs. 1 EG (als „Tor des Beihilfenrechts") schon deswegen inhärent, weil hier die Weite und Intensität der gemeinschaftlichen Beihilfenkontrolle einerseits und die nationalen Souveränitätsrechte andererseits in ein angemessenes Verhältnis zueinander gebracht werden müssen (vgl. oben III. 2.).

Dies mag man als Plädoyer für eine sozusagen „normative Tatbestandslösung" begreifen, wonach die Frage, was eine „Beihilfe" ist, wertend innerhalb des Art. 87 Abs. 1 EG geklärt werden muß. Allerdings stellt sich die Frage, ob die Diskussion über Tatbestands- oder Rechtfertigungslösung für das materielle Beihilfenrecht tatsächlich so relevant ist, wie die Diskussion hierzu glauben macht. Ein Gutteil des Streits wird letztlich im Hinblick auf die Notifizierungspflicht geführt, die aber nicht primär im materiellen Recht wurzelt. Daß die Mitgliedstaaten (und ihre Gerichte) Schwierigkeiten haben, abzuschätzen, welche Maßnahmen als „Beihilfe" zu notifizieren sind, ist wahr. Allerdings bestehen diese Schwierigkeiten nicht nur im Bereich „gemeinwirtschaftlicher Dienste" und deren Kompensationsmöglichkeit, sondern bei allen im Graubereich des Beihilfenrechts angesiedelten Problemlagen. Abhilfe würde hier eher eine Modifizierung des formellen Beihilfenrechts bringen, wonach die Mitgliedstaaten „beihilfenverdächtige" Maßnahmen, die gewisse, womöglich weiter gefaßte Kriterien als die des Art. 87 Abs. 1 EG erfüllen, anzumelden hätten.

γ) Die Vorgewichtung nach Art. 86 Abs. 2 EG

Folgende Aspekte lassen sich dem Art. 86 Abs. 2 EG entnehmen: Mitgliedstaatliches Tätigwerden, das sich im rein nicht-wirtschaftlichen Bereich abspielt, unterliegt grundsätzlich nicht den Wettbewerbsvorschriften (Art. 86 Abs. 2 EG erklärt nur eine *„wirtschaftliche"* Tätigkeit als von den Wettbewerbsvorschriften erfaßt).[191] Hierfür gelten nach hier vertretener Auffassung die Grundsätze für „hoheitliches Staatshandeln" (oben 2.). Für rein wirtschaftliche Tätigkeit des Staates, ohne daß Sonderaufgaben erfüllt werden, gelten gem. Art. 86 Abs. 2 EG die Wettbewerbsregeln ohne Einschränkung (Art. 86 Abs. 2 EG schränkt die Anwendbarkeit der Wettbewerbsvorschriften nur für *allgemeine* wirtschaftliche Tätigkeit und nur bei Erfüllung besonderer Aufgaben ein). Hierfür gelten nach hier vertretener Auffassung die Grundsätze für „fiskalische Staatstätigkeit" (oben 1.).

Auch für den „Mischbereich", sobald sich also bei staatlichem Handeln überhaupt ein direkter wirtschaftlicher oder im weitesten Sinne „unternehmerischer" Bezug erkennen läßt, stellt Art. 86 Abs. 2 EG den Grund-

---

[191] Soweit *rein* karitative, fürsorgerechtliche, soziale oder kulturelle Zwecke verfolgt werden, gilt Art. 86 EG nicht (h.M. – vgl. nur *Hochbaum* in: G/T/E, Art. 90, Rn 56; *Grill*, in: *Lenz/Borchardt*, Art. 86, Rn 23; differenzierend *Koenig/Kühling*, in: *Streinz*, EUV/EGV, Art. 86, Rn 46). Das kann freilich nicht bedeuten, daß für derartige Tätigkeiten die Ausnahmevorschrift von den Wettbewerbsregeln nicht anwendbar ist, sondern daß im Gegenteil die Wettbewerbsvorschriften nicht anwendbar sind.

satz der Anwendbarkeit der Wettbewerbsvorschriften als *Regelfall* auf. Daß hierin eine Vorgewichtung liegt, läßt sich daran ersehen, daß auch eine umgekehrte Formulierung denkbar gewesen wäre; etwa daß für öffentliche Unternehmen die Vorschriften des Vertrages „nicht gelten, soweit ...". Wirtschaftliche Tätigkeit und hoheitliche Aufgabenerfüllung werden unter Wettbewerbsgesichtspunkten in Art. 86 Abs. 2 EG also im Sinne eines normativen Regel-Ausnahme-Verhältnisses in Beziehung zueinander gesetzt, und insoweit kann die Vorschrift auch als „Beweis-" bzw. „Begründungslastregel" verstanden werden.[192] Mit diesen Vorgaben läßt sich auch der zwischen den Extremen (*rein* fiskalisch oder *rein* hoheitlich) liegende Bereich nuanciert bearbeiten.

e) Das Verhältnis von Wirtschaftlichkeit und öffentlicher Aufgabenerfüllung

α) Die grundsätzliche Anwendbarkeit der Beihilferegeln im „gemischten" Bereich

Im „gemischten" Bereich (wie z.B. bei öffentlichen Unternehmen mit auch hoheitlicher Aufgabe) ist die für die grundsätzliche Anwendbarkeit der Wettbewerbsvorschriften erforderliche Marktnähe regelmäßig gegeben. Öffentliche Unternehmen (mit öffentlichen Aufgaben „beliehene" Private sowieso) sind demnach zunächst einmal so zu beurteilen wie „rein" private Unternehmen. Vorteile für öffentliche Unternehmen sind primär am Kriterium der Wirtschaftlichkeit im Sinne ökonomischer Rationalität zu messen. Ist im Vergleich zu sonstigen Marktteilnehmern also eine Begünstigung für die öffentlichen bzw. „beliehenen" Unternehmen erkennbar, ist diese zunächst beihilfenrelevant. Die Maßnahme kann aber ausnahmsweise (Begründungslast beim Mitgliedstaat) gerechtfertigt sein. Entscheidend für die Rechtfertigungsfähigkeit ist dann aber primär das hoheitliche Moment im Sinne normativen Vorrangs, nicht das ökonomische im Sinne eines „angemessenen Preises". Wie im hoheitlichen Bereich kommt es daher maßgeblich darauf an, „ob" ein staatliches Eingreifen angezeigt ist, „wie" die Aufgabe dann verhältnismäßig zu erfüllen ist und wem (Mitgliedstaat oder EG) diesbezüglich die Einschätzung obliegt.

β) Das „Ob" des Tätigwerdens

Zunächst muß das „Ob" des staatlichen Tätigwerdens (Marktversagen?) gerechtfertigt sein, wobei die Beurteilungskompetenz der Kommission abnimmt, je mehr die Maßnahme im mitgliedstaatlich-hoheitlichen Kompetenzbereich angesiedelt ist (vgl. oben 2.). Im speziellen Bereich der Da-

---

[192] Zur Beweislastverteilung in Art. 86 Abs. 2 EG *Paulweber/Weinand*, EuZW 2001, 232, 236, sowie *Gas/Rücker*, DÖV 2004, 56, 61.

seinsvorsorge bzw. im Bereich der Dienste von allgemeinem (wirtschaftlichem) Interesse erkennt auch die Kommission an, daß staatliches Tätigwerden grundsätzlich nicht nur erlaubt, sondern geboten ist, und weist den Mitgliedstaaten mittlerweile einen Spielraum bei der Bereitstellung und Sicherung gemeinwohlorientierter Leistungen zu.[193] Umgekehrt will sich die Kommission hier zu Recht auf eine Mißbrauchskontrolle beschränken. Der Grund hierfür liegt außer in Art. 16 EG in den hier nach wie vor bestehenden mitgliedstaatlichen Kompetenzen, was dann wiederum eine Berücksichtigung der jeweils verfolgten Ziele notwendig macht. Es sei darauf hingewiesen, daß der Gerichtshof in „Altmark Trans" bei Vorliegen von „gemeinwirtschaftlichen Diensten" das Tätigwerden-Dürfen („ob") vorausgesetzt hat. Generalanwalt *Léger* hat hier insoweit zu Recht darauf aufmerksam gemacht, daß der Gerichtshof mit der Bejahung einer Kompensationsmöglichkeit gerade im Bereich der Daseinsvorsorge entgegen seiner ansonsten strikt wirkungsbezogenen Betrachtungsweise den *Zweck* der Maßnahme berücksichtigen würde.[194] Genau dies ist aber erforderlich, um mitgliedstaatlichen Gestaltungsrechten ausreichend Rechnung tragen zu können und Schwarz-Weiß-Lösungen zu verhindern.[195]

Daß es sehr wohl auf den Zweck der Maßname ankommen muß, zeigen drei Extrembeispiele: (1.) Auch eine „klassische" Wirtschaftssubvention kann durchaus einen adäquaten Ausgleich für den verfolgten öffentlichen Zweck (z.B. Exportsteigerung) darstellen. Den Mitgliedstaaten ist es aber untersagt, solche Ziele zu verfolgen. (2.) Auch etwa der Lebensmitteleinzelhandel erfüllt gewissermaßen eine „Versorgungsaufgabe" – es wäre aber absurd, wollte der Staat sich dieser Aufgabe bemächtigen, auch wenn er sie dann in einem Vergabeverfahren „ausschreiben" würde. Marktversagen liegt hier offensichtlich nicht vor, der Staat hat hier – außer in klassisch-hoheitlicher Kontrollfunktion – nichts zu suchen. (3.) Nicht in jedem Fall kann andererseits die Beurteilungsbefugnis durch die Gemeinschaft vorausgesetzt werden: Im Prinzip könnte natürlich auch das Bildungswesen oder die Landesverteidigung privatisiert werden. Aus guten Gründen werden diese klassisch-hoheitlichen, nicht der EG überantworteten Aufgaben von den (für die Beurtei-

---

[193] Vgl. Grünbuch zu Dienstleistungen von Allgemeinem Interesse vom 21.5.2003, KOM (2003) 270 endgültig, Rn 22 ff., 31, sowie nunmehr Weißbuch der Kommission zu Dienstleitungen von allgemeinem Interesse, KOM (2004) 374, Ziff. 4.2, 4.3. Grds. positiv hierzu *Ruge*, ZRP 2003, 353 ff.

[194] SA des GA *Léger*, 14.1.2003, Rs 210/00, Slg. 2003, I-7747, Rn 80 ff.; ebenso *von Wallenberg*, in: *Grabitz/Hilf*, Art. 87, Rn 23.

[195] Keinerlei Anlaß zur Prüfung der Altmark-Kriterien sah der Gerichtshof in der Sache GEMO, 20.11.2003, Rs C-126/01, Slg. 2003, I-13769, Rn 34, wo er dem Vorbringen der französischen Regierung, die fragliche Maßnahme verfolge ein gesundheitspolitisches Ziel, die stereotype Antwort gab, der Vertrag unterscheide nicht nach Gründen oder Zielen staatlicher Interventionsmaßnahmen, sondern definiere sie nach ihren Wirkungen. Und dies, obwohl GA *Jacobs* im SA vom 30.4.2002, Rs C-126/01, Slg. 2003, I-13769, Rn 87 ff., in aller Ausführlichkeit auf die Problematik gemeinwohlorientierter Leistungserbringung eingegangen war. *Bartosch*, EuZW 2004, 295, 296, hält die Antwort angesichts des SA zu Recht für „fast erschreckend".

lung des „Ob" und „Wie" nach wie vor zuständigen) Mitgliedstaaten in öffentlicher Obhut belassen, ohne daß dies beihilfenrechtlich bedenklich wäre.

γ) Das „Wie" des staatlichen Tätigwerdens

Um eine bestimmte öffentliche Aufgabe zu erfüllen, kann der Staat auf unterschiedliche Art und Weise tätig werden. D.h. er hat grundsätzlich die Wahl zwischen unterschiedlichen „Modellen" bzw. Mitteln:

– Entweder der Staat wird rein hoheitlich, d.h. mit marktfernen Mitteln tätig, sei es durch Ge- oder Verbote oder durch Lizenzierung nur unter bestimmten Bedingungen (dann gelten die Grundsätze für „hoheitliches Staatshandeln")[196] oder aber
– der Staat wählt eine „gemischte" Vorgehensweise. D.h. er wird (mittelbar oder unmittelbar) selbst als öffentlicher „Unternehmer" tätig (im Bankbereich z.B. durch öffentliche Sparkassen, im Bildungssektor durch Universitäten,[197] die ja, indem diese durchaus mit privaten Forschungseinrichtungen konkurrieren können, nicht a priori vom Unternehmensbegriff ausgeschlossen sind) oder
– der Staat läßt die gesamte Aufgabe mehr oder minder „en bloc" von Privaten erfüllen (etwa – wie bei „Altmark Trans" verlangt – Vergabe des ÖPNV für eine bestimmte Region) oder
– der Staat entgilt die Erfüllung spezieller im öffentlichen Interesse liegender Leistungen (etwa indem er jedem Unternehmer für die unentgeltliche Beförderung von Schwerbehinderten – § 148 ff. SGB IX – einen direkten Ausgleich leistet).

Mischformen sind in jeglicher Schattierung denkbar. Regelmäßig muß aber dann, wenn die öffentliche Aufgabe nicht rein hoheitlich erfüllt werden kann oder soll,[198] die Erfüllung durch öffentliche Mittel entgolten oder durch Garantien, Alleinverwertungsrechte etc. kompensiert werden. Sei es, indem der Staat (wenn er die Aufgabe selbst übernimmt) seinen Unternehmen eine entsprechende finanzielle Ausstattung garantiert. Sei es (wenn er die Aufgabe im „Wettbewerb um den Markt" vergibt), indem er zwar das wirtschaftlichste Gebot wählt, auch hier aber der Kostenanteil für die öffentliche Aufgabenerfüllung als „Komplementärfinanzierung" in diesem Gebot enthalten ist.[199] Sei es, indem er die Erfüllung bestimmter Aufgaben (etwa die unentgeltliche Beförderung von Schwerbehinderten) für

---

[196] Wie im amerikanischen „community reinvestment act" – vgl. oben 1. Teil, Kap. 3, Abschn. A. IV.

[197] Vgl. hierzu unten C. II. 1. c.

[198] Vgl. oben 1. Teil, Kap. 2, Abschn. B. V. 2., sowie Abschn. A. IV. Auch staatlicher Dekretismus stößt an seine Grenzen. Rein hoheitlich zu handeln, also ohne „Ausgleich" in irgendeiner Form (Lizenz nur für den, der etwa Schwerbehinderte unentgeltlich befördert, oder durch Gebot – „befördere unentgeltlich!"), ist grundsätzlich denkbar, womöglich aber (i.S.d. GG) unverhältnismäßig. Oder es findet sich kein Anbieter für die Leistung, weil die Aufgabenerfüllung durch Umlage mittels Preiserhöhung unrentabel wird.

[199] Vgl. *Streinz*, JuS 2004, 150 ff.

die Wettbewerber „im Markt"[200] kompensiert. Die Frage ist dann, ob das gewählte Modell insgesamt verhältnismäßig ist. Und diese Frage scheint, da „Vergleichsberechnungen" kaum möglich sein dürften, letztlich nur anhand einer wertenden Betrachtung beantwortet werden zu können.

Die „en bloc"-Übertragung (nach Ausschreibung, also nach Wettbewerb „um" den Markt) birgt regelmäßig einen durchaus wettbewerblich problematischen Aspekt, denn es werden – anders als beim Wettbewerb „im" Markt – geradezu Monopolisten geschaffen, die ausschließliche Konzessionen und damit – jedenfalls für bestimmte Zeit – das „Alleinverwertungsrecht" einer bestimmten öffentlichen Aufgabe übertragen erhalten. Nicht unbedingt muß also (im nicht rein fiskalischen) Bereich ein Ausschreibungsverfahren auch die ökonomisch beste Lösung bringen.

f) Gewichtung nach eher fiskalischer oder eher hoheitlicher Ausrichtung des Staatshandelns

Eine Vermutung dafür, daß die Verhältnismäßigkeit einer staatlichen Maßnahme *nur* nach Ausschreibung oder Effizientest angenommen werden kann, besteht nicht. Allerdings, je konkreter eine Aufgabe bestimmt und damit auf dem Markt nachgefragt werden kann, um so mehr ähnelt sie einem privaten Gut. Auf solche Konstellationen die Grundsätze der Wirtschaftlichkeit wie für fiskalisches Staatshandelns (Ausschreibung, gutachterliche Prüfung) anzuwenden, erscheint insoweit durchaus sachgerecht. Im Hinblick auf die Verhältnismäßigkeit verengt sich das „Wie" zum ökonomisch zu beurteilenden „Für wieviel". Dies ist insbesondere dann möglich, wenn etwa eine Aufgabe im Paket durch ein Wettbewerbsverfahren „um" den Markt (Ausschreibung) auf Private übertragen werden kann. In vielen Bereichen öffentlicher Aufgabenerfüllung ist ein „Vergabeverfahren" aber wohl weder möglich (die Aufgabe ist zu unbestimmt) noch (soweit die Beurteilungskompetenz bei den Mitgliedstaaten liegt) erwünscht. Hier muß es bei einer Verhältnismäßigkeitsprüfung ggf. eher wie bei hoheitlichem Staatshandeln (unter Berücksichtigung und entsprechender Gewichtung möglicher ökonomischer Wirkungen) bleiben.

Die „Altmark Trans"-Rechtsprechung betrifft tatsächlich nur die eng umgrenzte Fallgruppe von (1.) bestimmten „gemeinwirtschaftlichen Diensten" (bei denen die generelle Einschätzungsprärogative der Mitgliedstaaten – das „Ob" – mittlerweile wohl unzweifelhaft ist) in Fallgestaltungen (2.), in denen die Erfüllung dieser Dienste – etwa durch ein erfolgtes Ausschreibungverfahren – „kommerzialisiert", also nach ökonomischen Parametern bewertbar wurde. Hierfür sind die Ergebnisse des Gerichtshofs, als *Möglichkeit* eines Verhältnismäßigkeitsnachweises verstanden, durchaus zu begrüßen. Es läßt sich daher formulieren: Jedenfalls dann, wenn beide Voraussetzungen („gemeinwirtschaftli-

---

[200] Beim Wettbewerb „um" den Markt wird also eine Aufgabe zeitweise in toto einem Anbieter übertragen (z.B. Strom- oder Wasserversorgung für ein bestimmtes Gebiet), beim Wettbewerb „im" Markt konkurrieren verschiedene Wasseranbieter fortlaufend miteinander (vgl. *Jung*, Bayerischer Bürgermeister 2004, 52, 53).

cher Dienst" und adäquate Abgeltung) erfüllt sind, handelt es sich nicht um eine Beihilfe. Auf sämtliche Staatstätigkeit im gemischt fiskalisch-hoheitlichen Bereich lassen sich die vom Gerichtshof aufgestellten Erfordernisse aber nicht übertragen.

IV. Zusammenfassung

Kein Zweifel kann eigentlich an der unbedingten Notwendigkeit einer tatbestandlichen Konkretisierung des Beihilfenbegriffs i.e.S. und der übrigen Merkmale des Beihilfenverbots gem. Art. 87 Abs. 1 EG bestehen. Eine an klaren rechtlichen Maßstäben orientierte Konkretisierung des Beihilfenverbots bietet für alle potentiell Betroffenen mutmaßlich auch den besten Schutz vor einer über das vom Vertrag vorgegebene Ziel hinausschießenden Beihilfenaufsicht.

Zu den einzelnen Merkmalen des Beihilfenbegriffs: Der *Subventionsbegriff* hat zwar keinerlei direkte normative Aussagekraft für den Beihilfebegriff, kann hierfür aber durchaus als „gedankliches Korrektiv" fruchtbar gemacht werden. Die Gewährungs*form* ist für das Vorliegen einer Beihilfe i.e.S. grundsätzlich unerheblich, beinhaltet aber ggf. eine gewisse Vermutungswirkung (positiv) *für* das Vorliegen einer Beihilfe. Gleichfalls positiv (Begründungslast bei der Kommission) bestimmen folgende Merkmale den Beihilfenbegriff: Es muß sich um eine *wirtschaftliche*, als solche *„wahrnehmbare"* nicht a priori *wettbewerbskonforme Begünstigung* handeln. Negativ (Begründungslast beim Mitgliedstaat) schließen die Merkmale der *„Unfreiwilligkeit"* (etwa verfassungsrechtliche Bindungen) und das Vorliegen einer adäquaten *Gegenleistung* das Vorliegen einer Beihilfe grundsätzlich aus. Insbesondere in komplexeren Konstellationen bedarf es aber ggf. weiterer Wertungen bzw. „normativer Feinsteuerung".

Das Vorliegen einer Beihilfe ist insgesamt dann zu verneinen, wenn die Maßnahme „marktadäquat" ist, wobei die Beurteilung der „Marktadäquanz" im fiskalischen und im hoheitlichen Bereich jeweils anders zu fassen ist. Verkürzt könnte man sagen: Weder kann das öffentliche Beschaffungswesen über einen hoheitlichen noch die hoheitliche Aufgabenerfüllung über einen ökonomischen Leisten geschlagen werden. In ein Schema gebracht läßt sich die Beihilfenqualität fiskalischen wie auch hoheitlichen und „gemischten" Staatshandelns nach zwei Fragen beantworten: Darf der Mitgliedstaat tätig werden („ob") und darf er *so* tätig werden („wie"). Beide Aspekte werden vom Grundsatz der Verhältnismäßigkeit gleichsam „überwölbt". Was „verhältnismäßig" ist, ist im hoheitlichen und im fiskalischen Bereich mit jeweils anderer Herangehensweise zu beantworten.

Auch im fiskalischen Bereich ist das „Ob" und das „Wie" des Tätigwerden-Dürfens zwar zunächst normativ bestimmt. Hier dominiert aber schon wegen der unmittelbaren Marktnähe und der Bestimmbarkeit der Leistung die Beurteilung nach ökonomischen Gesichtspunkten, also nach dem „angemessenen Preis". Je mehr man sich dem hoheitlichen Bereich nähert und je mehr normative Faktoren ins Spiel kommen, um so mehr verschiebt sich der Prüfungsschwerpunkt zugunsten einer Verhältnismäßigkeitsprüfung mit normativer Gewichtung von Ziel, Mittel und Wirkung. Die Frage ökonomischer Rationalität wandelt sich vom zentralen normativen Kriterium zum mit-zubeachtenden Faktor. Hierfür ist dann weiter zu beantworten, wer für die Gewichtung „zuständig" ist (Mitgliedstaaten oder EG) und welche (dann eben nicht mehr rein „kommerziell" zu analysierenden) Alternativen bzw. Modelle in Frage kommen.

B. Mittelherkunft und staatliche Zurechenbarkeit – „staatliche oder aus staatlichen Mitteln" gewährte Beihilfen

Merkmal einer Subvention ist das Vorhandensein eines staatlichen „Subventionsträgers" oder „-gebers".[201] So auch Art. 87 Abs. 1 EG: Die Beihilfe muß entweder eine „staatliche" oder eine „aus staatlichen Mitteln" gewährte Beihilfe sein. Was aber steckt hinter dieser über die bloße Bestimmung des Beihilfengebers hinausgehenden Differenzierung?

I. Untersuchungsgegenstand und Erkenntnisinteresse

Auf den ersten Blick scheint der Vertrag zwei Tatbestände zu beschreiben: Erstens „staatliche" und zweitens „aus staatlichen Mitteln gewährte" Beihilfen. Beide Male wird aber zum einen als *Beihilfenträger* der „Staat" gekennzeichnet und zum anderen der Beihilfenträger *in Beziehung zur Beihilfe* gesetzt. Beide Merkmale sind eher wie *ein* Tatbestandsmerkmal zur Zurechenbarkeit im weitesten Sinne, aber mit *zweierlei* Akzentuierung anzusehen. Dessen abgrenzende Wirkung läßt sich insoweit besser in den Alternativen „staatlich" versus „nicht-staatlich" (also bezogen auf die *Zuordnung des Beihilfenträgers* zum staatlichen oder zum nicht-staatlichen Bereich) sowie „dem Staat zurechenbar" versus „dem Staat nicht (mehr) zurechenbar" (also im Sinne eines *Kausalitäts-* bzw. *Zurechenbarkeits*verhältnisses zwischen Träger und Maßnahme) darstellen, wobei Probleme vorwiegend letztere Alternative bereitet.

Bei der Frage der „Zurechenbarkeit" i.e.S. ist eines der Hauptprobleme, ob irgendein mit der Begünstigung korrespondierender *finanzieller* Nachteil bei „öffentlichen Kassen" Voraussetzung für das Vorliegen einer verbotenen Beihilfe ist.[202] Das Problem der staatlichen Zurechenbarkeit wird

---

[201] Vgl. etwa *Zacher*, VVDStRL 25 (1967), 309, 317.
[202] Für eine echte Tatbestandsqualität *Soltész*, EuZW 1998, 747 ff.; *Mederer*, in: G/T/E, Art. 92, Rn 16; ablehnend *Slotboom*, State Aid in Community Law: A Broad or Narrow Definition, ELR 1995, 289 ff.; GA *Darmon*, SA v. 17.3.1992, Slg. 1993, 887,

zugespitzt daher auch unter dem Stichwort „Belastung des Staatshaushalts" als ungeschriebenem Tatbestandsmerkmal diskutiert.[203] Wenn sich tatsächlich das Erfordernis einer solchen Haushaltsbelastung aus dem Vertrag ableiten ließe, wäre dies augenscheinlich von größter Bedeutung für die Reichweite des Beihilfenverbots und damit für das Beihilfenrecht insgesamt: Die Notwendigkeit einer Belastung öffentlicher Kassen würde einen weiten Maßnahmenbereich vom Tatbestand der verbotenen Beihilfe ausnehmen. Freilich stellt sich dann das Problem, welcher Art die Haushaltsbelastung sein muß. Die denkbare Spanne reicht von den (praktisch immer anfallenden) Verwaltungskosten bis hin zur Stoffgleichheit von Vorteil (beim Begünstig*ten*) und Nachteil (beim Begünstig*enden*). Ohne irgendein monetäres Element könnte aber – weit vom Subventionsbegriff abgerückt – buchstäblich jede, für irgend jemanden vorteilhafte staatliche Maßnahme zum potentiellen Prüfobjekt der Kommission werden.

II. „staatlich" und „nicht-staatlich" im Sinne des Art. 87 Abs. 1 EG

Zunächst ist unter „staatlich" insbesondere nicht der Mitglied- bzw. Zentralstaat im Gegensatz etwa zum Teilstaat, Bundesland oder weiteren staatlichen Untergliederungen gemeint.[204] I.ü. geht es beim Merkmal der „Staatlichkeit" darum, *hoheitliche* von privaten Vorteilsgebern abzugrenzen.[205] Diese Abgrenzung ist sinnvoller Weise dann eher negativ gegen den nicht-staatlichen Bereich hin vorzunehmen.[206] Echte Abgrenzungsschwie-

---

Rn 12 ff., 40 ff.; vermittelnd *Bär-Bouyssière*, in: *Schwarze*, EU-Komm., Art. 87, Rn 32; ebenso *Rawlinson*, in: *Lenz/Borchardt*, Art. 87, Rn 6.

[203] Vgl. *Soltész* aaO.

[204] *Müller-Graff*, ZHR 152 (1988), 403, 415; *Mederer*, in: G/T/E, Art. 92, Rn 13; *Bär-Bouyssière*, in: *Schwarze*, EU-Komm., Art. 87, Rn 31; *Götz*, in: *Dauses*, EUWR., H. III, Rn 22; *Rawlinson*, in: *Lenz/Borchardt*, Art. 87, Rn 5; *Lefèvre*, S. 116. Obwohl man als „staatlich" u.U. nur Maßnahmen der Vertragsparteien, also der vertragsschließenden Völkerrechtssubjekte werten könnte, macht es nach Funktion und Ratio des Wettbewerbsrechts offensichtlich nicht den geringsten Unterschied, ob eine Maßnahme vom Bund oder von den Ländern ins Werk gesetzt wird. Gleichwohl hat man versucht, die scheinbar im Vertrag klaffende Lücke zu nutzen. So die Bundesrepublik Deutschland – vgl. EuGH, 14.10.1987, Rs 248/84, Slg. 1987, 4013 („Borken-Bocholt"), Rn 15; allerdings ohne Erfolg (EuGH, aaO, Rn 17). Bedenken könnte man ernstlich allenfalls bei Gemeinden hegen oder bei anderen öffentlich-rechtlichen Untergliederungen, denen offensichtlich keinerlei staatliche Qualität im völkerrechtlichen Sinne zukommt. Im grundsätzlichen problematisiert wurde dies etwa noch von *Obernolte*, EW 16 (1961), 388, 392.

[205] Vgl. *Koenig* et al., EuZW 1998, 5, 8. Subsidien und Vergünstigungen, die Private sich untereinander gewähren, unterfallen nicht dem Beihilfenverbot. Das Merkmal „öffentlich-rechtlich" griffe wohl zu weit (man denke an öffentlich-rechtliche Kirchen).

[206] Vgl. *Müller-Graff*, ZHR 152 (1988), 403, 412. Will man gleichwohl eine positive Beschreibung geben, so ist als „staatlicher" Beihilfengeber eine Institution gemeint, die „auf welcher Ebene auch immer" „Teil der öffentlichen Verwaltung" ist – vgl. *Rawlin-*

rigkeiten ergeben sich, wenn Stellen tätig werden, die zwar staatlich beherrscht oder zumindest beeinflußt, die aber im eigentlichen Sinne nicht als Teil der Staatsverwaltung anzusehen sind; so etwa bei Staatsbetrieben,[207] bei öffentlichen Unternehmen und staatlichen Banken[208] oder bei öffentlichen (Ausgleichs-)Kassen oder anderen parafiskalischen Einrichtungen[209]. Der Gerichtshof hat in allen solchen Fällen das Staatlichkeitskriterium bejaht, wenn die Unterstützung auf ein Tätigwerden des Staates oder seiner Untergliederungen zurückzuführen, d.h. wenn die *veranlassende Institution* (die nicht unbedingt die auszahlende zu sein braucht) staatlich oder staatlich beherrscht ist.[210] In letzterem Fall muß der Staat nach neuerer Rechtsprechung seinen Einfluß auch tatsächlich ausgeübt haben. Daß es sich um ein „öffentliches Unternehmen" handelt, genügt nach Auffassung des Gerichtshofs nicht mehr.[211]

III. Das Merkmal der staatlichen Zurechenbarkeit

1. Zurechenbarkeits- oder Finanzierungskriterium

Problematischer als die Abgrenzung „staatlich" – „nicht-staatlich" ist die Frage, welche sich aus der staatlichen Maßnahme ergebenden Vorteile dem staatlichen Beihilfenträger „zurechenbar" sind – im Sinne eines entweder bloß *kausalen* oder eines *pekuniären* Konnexes.

a) Zurechenbarkeit durch kausale Veranlassung

Zum einen kann das Tatbestandsmerkmal als bloßes Kausalitätskriterium im Sinne einer notwendigen, aber auch hinreichenden Bedingung verstanden werden: Die Begünstigung muß lediglich staatlich *veranlaßt* sein.[212]

---

son, in: *Lenz/Borchardt,* Art. 87, Rn 5. Oder: Es muß sich bei der handelnden Stelle um eine Stelle im allgemeinen Staatsaufbau handeln.

[207] EuGH, 2.2.1988, Rs 67/85 („Van der Kooy"), Slg. 1988, 219, Rn 35; 21.3.1991, Rs C-303/88 („ENI-Lanerossi"), Slg. 1991, I-1433, Rn 3.

[208] EuG, 14.12.2000, Rs T-613/97, Slg. 2000, II-4055, Rn 68 ff. EuGH, 7.6.1988, Rs 57/86, Slg. 1988, 2855, Rn 13.

[209] EuGH, 25.6.1970, Rs 47/69, Slg. 1970, 487, 10 ff.; 22.3.1977, Rs 74/76, Slg. 1977, 557 („Ianelli"), Rn 15. Zu staatlichen Selbsthilfefonds vgl. bereits *Weides,* AWD 1963, 295 ff., oder EuGH, 27.11.2003, Rs C-34/01, Slg. 2003, I-14243 („Enirisorse"), Rn 47.

[210] EuGH, 2.7.1974, Rs 173/73, Slg. 1974, 709, Rn 33/35; EuGH, 16.5.2002, Rs C-482/99, Slg. 2002, I-4397, Rn 37 f., 50 ff.

[211] Vielmehr muß die „Staatlichkeit" aus einem „Komplex von Indizien" abgeleitet werden. Solche Indizien sind insbes. Eingliederung in die öffentliche Verwaltung, Art der Tätigkeit und deren Ausübung auf dem Markt, Rechtsstatus, Intensität der staatlichen Aufsicht etc. Vgl. EuGH, 16.5.2002, Rs C-482/99, Slg. 2002, I-4397, Rn 50 ff. Hierzu *Bartosch,* NJW 2002, 3588, 3591.

[212] So etwa in EuGH, 2.2.1988, Rs 67/85, Slg. 1988, 219, Rn 35 (eine dem „Staat zuzurechnende Verhaltensweise").

Ob darüber hinaus die Vorteilsgewährung einen *finanziellen* Aspekt haben muß, oder ob jede anderer Maßnahme, die zu einer Begünstigung wirtschaftlicher Art führt, ausreicht, kann hiernach dahinstehen. Hierfür spricht immerhin, daß der Vertragstext neben „staatlichen *Mitteln*" (also Maßnahmen mit finanziellem Bezug) auch Maßnahmen anspricht, die schlicht „staatlich" (also womöglich ohne finanziellen Bezug) zu sein brauchen. Will man nicht aus dem Beihilfenbegriff selbst eine irgend geartete finanzielle Komponente herauslesen, könnte in der Tat *jede* Form der Staatstätigkeit, die zu einem Vorteil im oben (Abschnitt A. II. 3.) beschriebenen Sinne führt, prinzipiell unter das Beihilfenverbot fallen.[213]

b) Zurechenbarkeit durch Finanzierung

Zum anderen ließe sich auf ein Finanzierungskriterium abstellen, wonach neben der kausalen Veranlassung in irgendeiner Form Gelder fließen müssen; entweder direkt aus staatlichen Kassen („staatliche Beihilfen") oder aus Geldtöpfen, die, ohne dem Staat „gehören" zu müssen, diesem jedenfalls indirekt zuzurechnen sind („aus staatlichen Mitteln" – also aus jeglicher Art von „öffentlichen" Kassen, Fonds etc.). Durch das Erfordernis der direkten oder indirekten „staatlichen" Finanzierung wäre das Beihilfenverbot aber merklich eingeschränkt. Jedenfalls müßte – und der Hilfsbegriff „Belastung des Staatshaushalts" ist dann eigentlich zu eng – zumindest irgendein monetäres Element auszumachen sein, wenn nicht direkt beim Begünstig*ten*, so doch beim Begünstig*enden*. Hierfür könnte sprechen, daß der Vertragstext nicht etwa zwischen „mit Mitteln" und „in anderer Weise" (also auf das Handlungs*mittel* bezogen), sondern zwischen speziell staatlichen und dem Staat jedenfalls noch zuzurechnenden Mitteln (also auf die *Herkunft* bezogen) abstellt. Letztere Interpretation wäre insbesondere dann vorzugswürdig, wenn man dem Beihilfenbegriff schon wegen seiner Verwandtschaft zum Subventionsbegriff eine gewisse finanzielle Komponente zuweist.

2. Die Tatbestandsvoraussetzungen nach Kommission und Gerichtshof

Die Kommission hat den Finanzierungsaspekt teilweise eher betont, teilweise eher negiert.[214] In einem jüngeren Verfahren vor dem EuG etwa hat

---

[213] Auch etwa Beleihungen, Maßnahmen auf dem Gebiet des Arbeitsrechts (Vorschriften für die Vergütung, die Möglichkeit von Befristungen oder von Kündigungen), Genehmigungen aller Art (Baugenehmigungen, Lizenzen) usw. wären prinzipiell beihilfenverdächtig. Vgl. hierzu auch *Soltész*, EuZW 1998, 747, 748.

[214] So hat sie von der „finanziellen" Natur des Vorteils beim Beihilfenempfänger gesprochen, womit dann freilich regelmäßig ein finanzieller Nachteil bei demjenigen, der die Beihilfe gewährt, korrespondieren müßte. Eher beiläufig formuliert die Kommission etwa in ihren Berichten über staatliche Beihilfen, daß bei jeder Beihilfe ein Einnahme-

die Kommission das Vorliegen einer verbotenen Beihilfe verneint, da eine „Übertragung staatlicher Mittel" ihrer Ansicht nach hier nicht gegeben war.[215] Mittlerweile scheint die Kommission mit dem EuGH davon auszugehen, daß eine Belastung des Staatshaushalts feststellbar sein muß:[216]

Im Falle „Van Tiggele" ging es um die Festsetzung von Mindestpreisen für destillierte Getränke durch eine staatliche Stelle. Der EuGH war der Ansicht, die daraus resultierende Begünstigung des Einzelhandels ginge „allein zu Lasten der Verbraucher" und nicht zu Lasten staatlicher Kassen. Er verneinte dementsprechend das Vorliegen einer Beihilfe im Sinne des Art. 92 EGV mit dem Hinweis, die Vorteile stammten „weder unmittelbar noch mittelbar aus staatlichen Mitteln".[217] Im Fall „Norddeutsches Vieh- und Fleischkontor" stellte der Gerichtshof fest, der Begriff „aus staatlichen Mitteln" sei weiter als jener der „staatlichen Beihilfen".[218] In der Sache „Buy Irish!" schloß der Gerichtshof jedenfalls nicht aus, daß auch die Übernahme der Kosten für eine Werbekampagne eine Beihilfe darstellen könnte, obwohl in einem solchen Fall die Aufwendung staatlicher Mittel und die hieraus möglicherweise erwachsenden Vorteilen der Unternehmen

---

verzicht staatlicher Stellen vorliegen müsse. „Beihilfen stellen für die öffentliche Hand Ausgaben bzw. Einnahmeverluste und für die Begünstigten einen Vorteil dar." Im folgenden war ausdrücklich von „Finanzvorteil" die Rede. Die Kommission teilt des weiteren Beihilfen ein in solche, die über den Staatshaushalt gewährt werden und solche, die steuerliche Vorteile betreffen. Vgl. 1. Bericht über staatliche Beihilfen, Technischer Anhang, S. 4, und gleichlautend die nachfolgenden Berichte. Die Argumentation von *Slotboom*, ELR 1995, 289, 291, der hier einen Sinneswandel der Kommission ausmachen zu können glaubt, verfängt i.ü. nicht. *Slotboom* weist darauf hin, daß es im ersten Bericht in der englischen Fassung geheißen habe: „All aid represents a cost or a loss of revenue to the public authorities *or* a benefit to recipients", im zweiten Bericht habe es dann geheißen: „All aid represents a cost or a loss of revenue to the public authorities *and* a benefit to recipients". In der deutschen Fassung hieß es jedenfalls bereits in der ersten Fassung „und". Bei „Subventionen" steht die Kommission auf dem Standpunkt, daß diese eine Belastung der Staatskasse voraussetzten – vgl. das Antisubventionsverfahren mit Beschluß der Kommission vom 18.4.1985, 85/238, Ziff. 7.3 (mit Hinweis auf den Antisubventionskodex: die „Belastung der Staatskasse" stelle „eine notwendige Voraussetzung für das Vorliegen einer Subvention" dar, und weiter: „Die Gleichstellung von Praktiken, die keine Belastung der Staatskasse darstellen, mit einer Subvention, würde zu weit gehen).

[215] Vgl. EuG, 27.1.1998, Rs T-67/94, Slg. 1998, II-1, Rn 111.
[216] Vgl. etwa das Non-Paper der Kommission zu Diensten von allgemeinem wirtschaftlichem Interesse und staatlichen Beihilfen vom 12.11.2002, Rn 38 ff.
[217] EuGH, 24.1.1978, Rs 82/77, Slg. 1978, 25, Rn 23/25.
[218] EuGH, 13.10.1982, Rs 213/81, Slg. 1982, 3583, Rn 22, 23; in diese Richtung bereits EuGH, 22.3.1977, Rs 78/76, Slg. 1977, 595, sowie EuGH, 2.7.1974, Rs 173/73, Slg. 1974, 709, Rn 33/35.

B. Mittelherkunft und staatliche Zurechenbarkeit

in keinerlei direktem Zusammenhang stehen.[219] In der Sache „Borken-Bocholt" hat der Gerichtshof wieder unterschiedslos auf Beihilfen „aus öffentlichen Mitteln" abgestellt.[220] Dies ließ erkennen, daß auf jeden Fall Gelder bewegt werden müssen, entweder mit Herkunft – im weiteren Sinne – „aus staatlichen Mitteln" oder sozusagen „direkt" aus der Staatskasse. „Staatliche Beihilfen" stellen dann eher eine Teilmenge der Beihilfen „aus staatlichen Mitteln" dar.

Die Entscheidung in einem Streit zwischen der Kommission und Frankreich („Caisse nationale de crédit agricole") wird teilweise als Abkehr von der Rechtsprechung im Falle „Van Tiggele" gewertet.[221] Eine staatlich kontrollierte Kasse hatte im privaten Wirtschaftsverkehr erworbene Mittel als Solidaritätsleistung an Landwirte weitergereicht. Der Gerichtshof bejahte eine verbotene Beihilfe. Er merkte dazu an, bereits aus dem Wortlaut des Art. 92 Abs. 1 EGV ergebe sich, daß „staatliche Beihilfen nicht nur solche sind, die aus staatlichen Mitteln finanziert werden."[222] In Van Tiggele hatte er demgegenüber noch ausgeführt, Beihilfen müßten unmittelbar oder mittelbar „aus staatlichen Mitteln" kommen. Bei näherer Betrachtung entpuppt sich der Widerspruch aber als scheinbarer: Auch in der Sache „Caisse nationale de crédit agricole" hat der Gerichtshof eindeutig festgestellt, daß Beihilfen von einer öffentlichen Einrichtung „beschlossen und finanziert" werden müssen, um tatbestandlich zu sein. Der Gerichtshof hielt also durchaus am Finanzierungskriterium fest. Der vermeintliche Widerspruch des Gerichtshofs ist eher in seiner etwas mißverständlichen Formulierung im Urteil „Van Tiggele" zu suchen, wonach nicht eindeutig zu Tage tritt, daß er mit Beihilfen „unmittelbar aus staatlichen Mitteln" nicht eine besondere Form von Beihilfen „aus staatlichen Mitteln" meint, sondern eben „staatliche Beihilfen".[223]

---

[219] EuGH, 24.11.1982, Rs 249/81, Slg. 1982, 4005, Rn 18. Hierzu auch *Müller-Graff*, ZHR 152 (1988), 403, 424 f.

[220] Die Vorschrift des Art. 92 Abs. 1 EGV beziehe sich auf „staatliche oder aus staatlichen Mitteln gewährte Beihilfen gleich welcher Art" und „damit auf alle Beihilfen aus öffentlichen Mitteln". EuGH, 14.10.1987, Rs 248/84, Slg. 1987, 4013 („Borken-Bocholt"), Rn 17.

[221] *Soltész* sieht hier einen „offenen Widerspruch zu Van Tiggele" – vgl. *Soltész*, EuZW 1998, 747, 749.

[222] EuGH, 30.1.1985, Rs 290/83, Slg. 1985, 439. So auch EuGH, 7.6.1988, Rs 57/86, Slg. 1988, 2855, Rn 12.

[223] Tatsächlich könnte man den Gerichtshof in „Van Tiggele" so verstehen, als habe er nur das Tatbestandsmerkmal „aus staatlichen Mitteln" anhand zweier Möglichkeiten näher erläutern wollen („unmittelbar oder mittelbar aus staatlichen Mitteln"). Gemeint hat der Gerichtshof hingegen offenbar durchaus die Merkmale „staatliche Beihilfen" (unmittelbar aus staatlichen Kassen) und solche „aus staatlichen Mitteln" (aus Kassen, die nur mittelbar zum Staat gehören). Insofern ist der Gerichtshof sich also durchaus treu geblieben. Ein weiterer interessanter Aspekt im angesprochenen Urteil Kommission gegen

In der Sache „Sloman Neptun" hält der Gerichtshof an der mißverständlichen Formulierung, die Beihilfe müsse „unmittelbar oder mittelbar aus staatlichen Mitteln" gewährt werden, fest. Er stellt aber klar, daß Vorteile, die „aus anderen als aus staatlichen Mitteln" gewährt würden, nicht unter die Beihilfenvorschriften fielen.[224] Weiter stellt er klar, daß die Unterscheidung dem Zweck dient, „in den Beihilfenbegriff nicht nur unmittelbar vom Staat gewährte Beihilfen, sondern auch jene Beihilfen mit einzubeziehen, die durch vom Staat benannte oder errichtete Einrichtungen gewährt werden." Es müsse „eine zusätzliche Belastung für den Staat oder für die genannten Einrichtungen" erkennbar sein.[225] Es wird also noch einmal ausdrücklich auf das Finanzierungskriterium verwiesen. Als hierfür nicht ausreichend wurde die Änderung rechtlicher Rahmenbedingungen angesehen, die zu einem Weniger an Sozialversicherungsabgaben und Steuern führt.[226]

Mit der Frage, ob die Befreiung kleiner Betriebe vom Kündigungsschutzgesetz (§ 23 Abs. 1 S. 2 KSchG in der damaligen Fassung) eine verbotene Beihilfe darstellt, hatte sich der Gerichtshof in der Rechtssache „Kirsammer-Hack" zu beschäftigen.[227] Die Kleinunternehmen wurden durch diese Regelung sowohl von Kosten für Abfindungen wie auch von Prozeßkosten entlastet. Daß die Maßnahmen dem Staat zuzurechnen sind, stand außer Frage. Eine Belastung öffentlicher Kassen ergibt sich daraus allenfalls mittelbar. Der Gerichtshof verneinte dementsprechend das Vorliegen einer Beihilfe und berief sich auf seine frühere Rechtsprechung: Die Vorteile der Unternehmen könnten nicht mit der Belastung staatlicher Haushalte in direkte Verbindung gebracht werden. So hat der Gerichtshof auch im ähnlich gelagerten Fall („Viscido") entschieden, bei dem es um eine Ausnahme vom Verbot befristeter Arbeitsverträge ging.[228] Daß nicht jede Maßnahme, die mittelbare Einnahmeverluste für den Staat mit sich bringt, eine staatliche Beihilfe darstellt, unterstrich der EuGH auch im Fall „Ecotrade".[229] Hier war, in Abweichung vom normalen Konkursrecht, zugunsten bestimmter Großunternehmen untersagt worden, Einzelzwangsvollstreckungsmaßnahmen durchzuführen sowie eine Aussetzung der Verzinsung angeordnet worden. Die Folge, daß dem Staat niedrigere Steuer-

---

Frankreich (EuGH, 30.1.1985, Rs 290/83, Slg. 1985, 439) ist der, daß der Gerichtshof keinen Unterschied macht, ob die Gelder direkt aus öffentlichen Geldtöpfen kommen oder eine quasi-staatliche Einrichtung (hier die caisse nationale de crédit agricole) die Mittel privatwirtschaftend erworben hatte.
[224] EuGH, 17.3.1993, Rs C- 72/91, Slg. 1993, I-887, Rn 19.
[225] Ebd., Rn 21. So auch EuGH, 12.12.2002, Rs C-5/01, Slg. 2002, I-11991, Rn 33.
[226] AaO, Rn 21.
[227] EuGH, 30.11.1993, Rs C-189/91, Slg. 1993, I-6185, Rn 16 f.
[228] EuGH, 7.5.1998, Rs 52-54/97, Slg. 1998, I-2629, Rn 13.
[229] EuGH, 1.12.1998, Rs C-200/97, Slg. 1998, I-7907, Rn 35 f.

einnahmen zuflössen, weil dadurch Gläubigergewinne gemindert werden könnten, hielt der Gerichtshof auch als *mittelbare* Belastung öffentlicher Haushalte nicht mehr für ausreichend. Anderes ergäbe sich, wenn die Regelung dazu führe, daß auf öffentliche Forderungen verzichtet werde.[230] Einen zumindest vorläufigen Schlußpunkt bildet das Urteil des Gerichtshofs zum deutschen Stromeinspeisungsgesetz („PreussenElektra"). In Fortsetzung seiner „Van Tiggele"-Rechtsprechung verneinte der Gerichtshof hier eine verbotene Beihilfe, da ein gesetzlich angeordneter Finanztransfer direkt von Netzbetreibern zu Stromerzeugern stattfinde und damit weder eine unmittelbare noch eine mittelbare Übertragung staatlicher Mittel vorliege.[231]

Faßt man die Rechtsprechung des Gerichtshofs zusammen, läßt sich deutlich feststellen, daß er das Zurechenbarkeitskriterium im Sinne bloßer Kausalität für zu weit hält, ohne aber eine Stoffgleichheit von Begünstigung und Belastung zu verlangen. Es muß zwar eine Belastung öffentlicher Kassen feststellbar sein und diese Belastung muß, auch wenn sie mittelbar von der Maßnahme herrührt, nicht „zu weit" von dieser entfernt auftreten.[232] Unerheblich soll aber sein, ob sich die Kassen aus hoheitlicher oder privatwirtschaftlicher Quelle speisen. Nicht genügen soll hingegen ein Vorteil des Begünstigten, der quasi nicht den „Umweg" über staatliche Haushalte oder Kassen genommen hat, sondern direkt von einem privaten Wirtschaftssubjekt an ein anderes transferiert wird. Nach wie vor geht der Gerichtshof davon aus, daß das Merkmal „aus staatlichen Mitteln" weiter sei als das einer „staatlichen Beihilfe" – es geht folglich *immer* um Beihilfen „aus Geldmitteln", also um Beihilfen, die in irgendeiner Form (durch Ausreichung oder Einnahmeverzicht) *finanziert* werden müssen.[233] Insgesamt hat der Gerichtshof mit seiner Rechtsprechung zur Belastung des Staatshaushalts einer allzu ausufernden Beihilfenkontrolle einen Riegel vorgeschoben, der, so könnte man sagen, mittlerweile fest ins Schloß gerastet ist.[234] Die Judikatur hierzu kann insofern durchaus als ein ansonsten

---

[230] AaO, Rn 36, 43.

[231] EuGH, 13.3.2001, Rs C-379/98, Slg. 2001, I-2099, Rn 59 ff.

[232] Der Steuerausfall, der durch einzelne Maßnahmen entsteht (durch die Änderung des Zwangsvollstreckungsrechts oder die schiere Möglichkeit, niedrigere Löhne zu bezahlen), erkennt der Gerichtshof nicht als „Finanzierung" der Beihilfe an. Dies sei – im Falle der Änderung von Regeln der Zwangsvollstreckung – „nämlich jeder gesetzlichen Regelung immanent, die den Rahmen für die Beziehungen zwischen einem zahlungsunfähigen Unternehmen und der Gesamtheit seiner Gläubiger festlegt" – EuGH, 1.12.1998, Rs C-200/97, Rn 36.

[233] So auch EuGH, 16.5.2000, Rs C-83/98, Slg. 2000, I-3271, Rn 50; EuGH, 10.1.2006, Rs C-222/04 (noch nicht in der Slg. veröffentlicht), Rn 129 („Finanzierung dieser Maßnahme durch den Staat oder aus staatlichen Mitteln").

[234] Vgl. EuGH 12.12.2002, Rs C-5/01, Slg. 2002, I-11991, Rn 33.

doch sehr seltenes „Bis hierhin und nicht weiter!" verstanden werden. Ohne Kritiker ist dieser echte Meilenstein auf dem Wege hin zu einem konsistenten Beihilfenrecht freilich bis heute nicht geblieben.

3. Kritische Ansätze zur Rechtsprechung des EuGH und eigene Stellungnahme

Bedenken hat die Haltung des Gerichtshofes gerade wegen der beschriebenen Betonung des Finanzierungskriteriums hervorgerufen. Slotboom etwa lehnt die Voraussetzung einer Belastung des Staatshaushalts aus verschiedenen Gründen rundweg ab.[235] Insbesondere fehlt es ihm zufolge an der ökonomischen Rechtfertigung für ein solches Merkmal. Unter ökonomischen Gesichtspunkten komme es nicht auf die Herkunft *der Mittel* an, sondern auf den Maßnahme*effekt*.[236] Dem ist entgegenzuhalten, daß die Beihilfenkontrolle sich durch das alleinige Abstellen auf die Wirkung der Maßnahme ins Uferlose auswächst.[237] Insoweit ist es vielleicht keine ökonomische, aber eine *juristische* Notwendigkeit, sachgerechte Schnitte zu setzen – und zwar sowohl aus Sicht der nationalen Rechtsordnungen wie auch aus der europäischen.[238] Daß ein Schnitt vom Gerichtshof gerade hier gemacht wird, mag auf den ersten Blick tatsächlich etwas zufällig erscheinen. Es mögen hierfür wohl auch Praktikabilitätsüberlegungen eine Rolle gespielt haben.[239] Die Vorgehensweise des Gerichtshofs findet ihre Rechtfertigung aber durchaus im Wortlaut des Vertrages. Darüber hinaus erscheint es auch im Hinblick auf die strukturelle Verwandtschaft von Beihilfen- und Subventionsbegriff angebracht, das finanzielle Moment, das den Subventionsbegriff ohne Zweifel prägt, auch bei der Beurteilung von Beihilfemaßnahmen nicht gänzlich außer Betracht zu lassen. Andernfalls wären der Beihilfenaufsicht kaum mehr wehrende Dämme zu bauen. Vom

---

[235] *Slotboom*, aaO, S. 289 ff., insbes. S. 301. Warum *Slotboom* allerdings das Tatbestandsmerkmal der Belastung des Staatshaushalts als zu unbestimmt empfindet („too vague to have an distinguishing character" – aaO, S. 296), ist gerade vor dem Hintergrund der Rechtssicherheit unverständlich. Es geht um die Bestimmtheit des Beihilfenverbots insgesamt, das letztlich nur über derartige Untertatbestände Gestalt gewinnt.

[236] AaO.

[237] Vgl. *Soltész*, EuZW 1998, 747, 750; dies bestreitet *Slotboom*, aaO, S. 297, i.ü. ausdrücklich, da das Merkmal der Spezifität („specificity") herangezogen werden könnte. Nach hier vertretener Ansicht haben aber die Tatbestandsmerkmale der Spezifität (oder: Selektivität – hierzu unten C.) und die Frage der Zurechenbarkeit jeweils andere Regelungsbereiche.

[238] *Slotboom*: „no economic justification" – ebd. (aaO).

[239] So GA *Jacobs* im SA „Viscido", der meint, daß wenn man alle derartigen Regelungen prüfen wollte, man „das gesamte Sozial- und Wirtschaftssystem eines Mitgliedstaats untersuchen" müßte – vgl. SA v. 19.12.1998, Slg., 1998, I-2629, Rn 16; in gleicher Weise *Soltész*, EuZW 1998, 747, 750.

B. Mittelherkunft und staatliche Zurechenbarkeit

Prinzip her sind die Ansätze des Gerichtshofs also zu begrüßen. Weiterer Kritik braucht man sich deshalb nicht zu enthalten.

Bedenkenswert sind insoweit insbesondere die Ausführungen des Generalanwalts *Darmon* in seinem Schlußantrag in der Rechtssache „Sloman Neptun".[240] Der Generalanwalt illustrierte seine Einwände anhand eines – wie er selbst bemerkte – „extremen Beispiels":[241] Angenommen, eine staatliche Vorschrift würde Privatleute zwingen, an dieses oder jenes Unternehmen oder an diesen oder jenen Industriesektor Beiträge zu leisten, wäre dies eine Beihilfe? Öffentliche Kassen sind hier fraglos nicht betroffen. Darmon meinte aber, dieser Fall könne nicht anders beurteilt werden, als der, daß der Staat erst selbst die Beiträge erhebt und diese dann an die Begünstigten weiterleitet. Es sei also nicht darauf abzustellen, wer die Maßnahme „auszahle". Im streitgegenständlichen Fall seien es – so Darmon – letztlich ausländische Seeleute gewesen, die die Beihilfe dadurch finanziert hätten, daß sie für weniger als die tarifliche Heuer arbeiteten. Dem Generalanwalt ist insoweit zuzustimmen, als es tatsächlich keinen Unterschied machen kann, ob der Staat die Geldmittel erst einzieht und dann weiterleitet, oder ob er die Mittel direkt zur Zahlung von einem an einen anderen anweist.[242]

Die Argumentationskette des Generalanwalts *Darmon* leidet indes, was die konkrete Konstellation anbelangt, an einem erheblichen Mangel.[243] Die Beiträge wurden nämlich im streitgegenständlichen Fall nicht „eingezogen". Die Frage ist daher, ob es tatsächlich die ausländischen Seeleute waren, welche die Beihilfe „gespeist" hatten, indem sie sich zu Niedriglöhnen anheuern ließen.[244] Mit gleichem Recht könnte man behaupten, die Reeder selbst hätten die Beihilfe „finanziert", indem sie Verträge mit (für sich) günstigen Konditionen abgeschlossen und hierdurch höhere Lohnkosten erspart hatten: Indem sie weniger zahlen müssen, „gewähren" sie sich selbst einen Vorteil. Hier führt sich die Argumentation offensichtlich selbst ad absurdum. Dies hat folgenden Grund: Der Unterschied zwischen dem „extremen Beispiel" des Generalanwalts und dem Fall mit den Seeleu-

---

[240] SA von GA *Darmon* v. 17.3.1992, Rs C-72/91, Slg. 1993, I-887, Rn 12 ff., 40 ff.

[241] AaO, Rn 40.

[242] AaO, Rn 12 ff., 40. Und auch der Gerichtshof hat bei staatlich kontrollierten Fonds in diesem Sinne entschieden und hat das Vorliegen staatlicher Beihilfen bejaht (etwa wenn Zuckerrübenerzeuger in einen Fonds einzahlen müssen, von dem dann die Zuckerproduzenten profitieren – vgl. EuGH, 24.4.1980, Rs 72/79, Slg. 1980, 1411, Rn 24 ff.). Im Grunde keinen anderen Fall hat Generalanwalt *Darmon* mit seinem letztlich gar nicht so „extremen Beispiel" skizziert.

[243] Ganz abgesehen davon, daß es sich bei der fraglichen „Beihilfe" um eine Maßnahme der Liberalisierung handelt, die wohl schwerlich gegen das europäische Wettbewerbssystem verstoßen kann – vgl. oben Abschn. A. II. 3. c.

[244] AaO, Rn 40.

ten ist der, daß im ersteren Fall der Staat zum Zwecke der Umverteilung *Zwangs*abgaben erhebt (die *causa* für den Transfer ist hoheitliche *Distribution* mit zwangsweisem Nehmen und anschließendem Verteilen), während im zweiten nur privatrechtliche Verträge *ermöglicht* werden, deren Abschluß aber grundsätzlich auf Privatautonomie basiert (die *causa* für den Transfer ist der zwanglose privatrechtliche Arbeitsvertrag) – der Staat nimmt hier nichts und gibt auch nichts.[245]

Der Generalanwalt hat zwar Recht damit, daß es immer die Privaten sind, die letztlich bezahlen. Und es mag gleichgültig sein, ob dieser Zahlungsakt im Valuta- oder im Zuweisungsverhältnis erfolgt. Die Frage ist aber immer, ob sie zum Bezahlen „gezwungen" werden. Soweit die Mittelverschiebung freiwillig ist, fehlt es an einem notwendigen Merkmal der Distribution.[246] Vor diesem Hintergrund wird man zu überlegen haben, ob nicht im Falle „Van Tiggele" oder beim deutschen Stromeinspeisungsgesetz anders hätte entschieden werden müssen. Mindestpreise enthalten genauso wie Abnahmeverpflichtungen zu garantierten Preisen das Zwangselement, das die Distribution ausmacht (*Nehmen,* um es einem anderen zu geben).[247] Daß im Fall „Van Tiggele" die Verbraucher direkt die Begünstigung der Händler finanziert haben oder im Falle des Stromeinspeisungsgesetzes die Stromnetzbetreiber (die freilich ihre Kosten wieder auf die Verbraucher umlegen) ohne Umwege den Öko-Strom-Produzenten die Begün-

---

[245] Die übersieht auch *Slotboom* (aaO, S. 296), der im Falle Sloman-Neptun meint, es wäre das gleiche gewesen, wenn die Seeleute in einen Fonds eingezahlt hätten, von dem die deutschen Reeder profitiert hätten. In den Fonds hätten die Seeleute aber wohl kaum freiwillig eingezahlt. Auf die Tatsache, daß es sich um „Zwangsbeiträge" handeln muß, mit denen die Fonds gespeist werden, wenn sie „staatliche Mittel" darstellen sollen, hat i.ü. auch der Gerichtshof (Urt. v. 2.7.1974), Rs 173/73, Slg. 1974, 709, Rn. 33/35, hingewiesen. Das Zwangselement der Rundfunkgebühren betonend auch *Uphoff,* S. 110 ff.

[246] Daß hier Freiwilligkeit vorliegt, hatte Generalanwalt *Darmon* übrigens durchaus erkannt, wollte diese als Argument aber nicht gelten lassen, da die Inanspruchnahme von begünstigenden Regelungen zwar stets freiwillig sei, in gewissen Situationen aber alle Unternehmen praktisch gezwungen wären, diese Möglichkeiten zu nutzen (aaO, Rn 44). Er vernachlässigt dabei aber, daß nicht nur die *Inanspruchnahme* der Begünstigung freiwillig erfolgt ist, sondern auch die *Finanzierung.* Andernfalls müßte auch die Regel, wonach privatrechtliche Verträge zu erfüllen sind, als potentielle Beihilfenvorschrift angesehen werden.

[247] Daran, daß – wie der Gerichtshof zu Recht festgestellt hat – auch im privatwirtschaftlichen Verkehr erworbene Gelder zu staatlichen werden, wenn sie erst einmal in eine öffentliche Kasse gelangt sind, ändert diese Argumentation i.ü. nichts. Im Staatssäckel verschmelzen privat erwirtschaftete und hoheitlich eingezogene Gelder ohne weiteres zu „öffentlichen Geldern". Zum Fall, daß dem Staat Mittel praktisch „geschenkt" werden (von Teilnehmern an Pferdewetten nicht beanspruchte Gewinne) vgl. EuG, 27.1.1998, Rs T-67/94, Slg. 1998, II-1, insbes. Rn 96 ff.; bestätigt durch EuGH, 16.5.2000, Rs C-83/98, Slg. 2000, I-3271. Hiernach genügt es i.ü., wenn die Mittel unter staatlicher Kontrolle stehen, auch wenn sie nicht dem Staatshaushalt zufließen.

stigung zukommen lassen und beide Male keine öffentliche Kasse dazwischengeschaltet war, ist unerheblich. Jeweils ist die Begünstigung durch die Statuierung einer unfreiwilligen Belastung ermöglicht worden.

IV. Zusammenfassung

Eine Beihilfe ist nur dann tatbestandlich i.S.d. Art. 87 Abs. 1 EG, wenn sie „staatlich" veranlaßt und wenn die Begünstigung dem Staat zurechenbar ist. Für die Zurechnung ist ein bloß kausaler Konnex in jedem Falle zu weit und eine Finanzierung aus staatlichen bzw. staatlich beeinflußten Kassen in bestimmten Fällen zu eng. Zwar müssen – wie der Gerichtshof richtungsweisend und richtigerweise festgestellt hat – in jedem Fall „Mittel" fließen. Das bedeutet, daß die Beihilfe „finanziert" werden muß. Allerdings ohne daß hierfür unbedingt eine „Konto-Belastung" staatlicher oder staatlich beeinflußter Kassen erforderlich wäre. Es genügt – und diesbezüglich weicht die hier vertretene Auffassung wesentlich von der Rechtsprechung des Gerichtshofs ab –, wenn die Mittel durch Direkttransfer – zivilistisch ausgedrückt – im „Zuwendungsverhältnis" fließen; wenn also zwangsweise „eingezogene" Mittel ohne den Umweg über staatliche Kassen zu nehmen, direkt dem Begünstigten zugute kommen. Rein auf privatrechtlicher (freiwilliger) causa beruhende Transfers sind indes keine Beihilfen.

C. Das Tatbestandsmerkmal der „Selektivität" – „die Begünstigung bestimmter Unternehmen und Produktionszweige"

Nach dem Vertrag sind nur solche Beihilfen mit dem Gemeinsamen Markt unvereinbar, die eine „Begünstigung bestimmter Unternehmen und Produktionszweige" bewirken. Damit präzisiert die Formulierung im Vertrag das, was gemeinhin als Kennzeichen einer Subvention, nämlich ein privater „Subventionsempfänger"[248] beschrieben wird.[249]

I. Untersuchungsgegenstand und Erkenntnisinteresse

Bereits oben wurde festgestellt, daß schon der Beihilfenbegriff an sich eine „Begünstigung" und damit notwendigerweise eine *bevorzugende* Un-

---

[248] Vgl. *Zacher*, VVDStRL 25 (1967), 309, 317.
[249] Die folgende Untersuchung muß sich notgedrungen an abstrakten Überlegungen und Literaturmeinungen orientieren, da die Praxis bislang kaum wirklich Erhellendes zur Konkretisierung beigetragen hat. Vgl. *Koenig/Kühling*, EuZW 2000, 197, 199.

gleichbehandlung beinhaltet.[250] Somit handelt es sich beim Merkmal der „Selektivität"[251] nicht um einen gänzlich eigenständigen Tatbestand, der „neben" die Tatbestandsvoraussetzungen einer „Beihilfe" i.e.S. tritt.[252] Vielmehr beschreibt es bestimmte Aspekte des Beihilfentatbestandes näher, denn es läßt eine ganze Reihe von weiteren Momenten anklingen, die sich am besten als Gegenspieler zu möglicherweise vom Vertrag nicht umfaßten Maßnahmen darstellen lassen. Diese in unterschiedliche Richtungen weisenden Aussagen scheinen weniger der positiven Bestimmung des Beihilfenverbots zu dienen, als vielmehr eine gewisse *Ausschlußfunktion* gegenüber nicht unter das Verbot fallenden Maßnahmen zu besitzen: „Unternehmen und Produktionszweige" stehen im Gegensatz zu nichtwirtschaftenden, insbesondere zu nicht-produzierenden Begünstigten (Begünstigung von in „spezifischer" Weise wirtschaftlich handelnden Subjekten). Das Erfordernis einer „bestimmten" Begünstigung scheint „allgemeine" Begünstigungen auszuschließen. Dies könnte man zum einen auf die Maßnahme selbst beziehen (der Art und Form nach „allgemeine" und „spezielle" Maßnahmen) sowie auf den Kreis der Begünstigten (Begünstigung aller oder vieler statt der Begünstigung einiger „selektierter").

II. Die einzelnen Aspekte des Selektivitätsmerkmals

1. Der Kreis der potentiellen Beihilfeempfänger

a) Begünstigter und Beihilfenempfänger

Im idealtypischen Fall „klassischer" Subventionierung fallen Empfänger und Begünstigter zusammen. Auch für das Beihilfewesen mag dies der Regelfall sein. Zwingende Voraussetzung ist dies aber schon dem Wortlaut des Vertrages nach und auch im Hinblick auf die Funktion der Beihilfen-

---

[250] Vgl. oben Abschn. A. II. 3.

[251] Das Erfordernis eines „bestimmten" Begünstigtenkreises hat dazu geführt, daß das Tatbestandsmerkmal nicht nur unter der Bezeichnungen *Selektivitäts-* (vgl. *Bär-Bouyssière*, in: *Schwarze*, EU-Komm., Art. 87, Rn 35; *Rawlinson*, in: *Lenz/Borchardt*, Art. 87, Rn 8 f.), *Spezialitäts-* (*Schernthanner*, S. 89); *Spezifitäts*merkmal (vgl. *Götz*, in: *Dauses*, EUWR., H. III, Rn 27; *Koenig/Kühling*, EuZW 2000, 197, 199), sondern auch – wohl dem englischen „specificity" (vgl. etwa *Plender*, S. 21) entlehnt – *Spezifizitäts-* (sic! – vgl. EuGH, 1.12.1998, Rs C-200/97, Rn 40; SA des GA *Jacobs* vom 30.4.2002, Rs C-126/01, Slg. 2003, I-13769, Rn 79 ff.; *Geiger*, EUV/EGV, Art. 87, Rn 12), *Bestimmtheitskriterium* (*Müller-Graff*, ZHR 152 (1988), 403, 428) oder – wenig glücklich – *Bestimmtheitsgrundsatz* (*Mederer*, in: G/T/E, Art. 92, Überschrift, Rn 26 ff.) firmiert. Alle Bezeichnungen gehen in die gleiche Richtung – allerdings mit im einzelnen unterschiedlicher Akzentuierung. Am gebräuchlichsten dürfte wohl der Begriff der „Selektivität" sein, der daher auch hier Verwendung finden soll.

[252] Vgl. oben Abschn. A. I. 1.

kontrolle nicht.²⁵³ Nach dem oben zum Wirkungspluralismus Gesagten²⁵⁴ kann es zwar *einen Empfänger* einer Leistung geben, aber *eine ganze Reihe von (mittelbar) Begünstigten*.²⁵⁵ Es muß sich dann zumindest noch ein gewisser Zurechnungszusammenhang zwischen der primären und den weiteren (sekundären, tertiären usw.) Begünstigungen herstellen lassen. Nicht jeglicher Vorteil – und mag er noch so weit entfernt sein – kann demnach als Begünstigung im tatbestandlichen Sinne aufgefaßt werden.²⁵⁶

b) „Unternehmen und Produktionszweige"

Seinem Wortlaut nach kennzeichnet der Vertrag zunächst nur Maßnahmen als beihilfenrelevant, die gewerbswirtschaftlich orientierten Wirtschaftssubjekten zugute kommen („Unternehmen und Produktionszweigen"). Private oder jedenfalls nicht gewerbsmäßig am Wirtschaftsverkehr teilnehmende Subjekte sollen damit offenbar nicht als potentielle Beihilfenehmer erfaßt werden und insoweit nicht „begünstigungsfähig" sein. Eine Abgrenzung läßt sich nun entweder positiv durch Definition der potentiell Begünstigten (also der „Unternehmen und Produktionszweige") vornehmen oder negativ durch eine Abgrenzung zu beihilfenrechtlich nicht in Frage kommenden Begünstigten.

Die Literatur wählt meist den ersten Weg.²⁵⁷ Allerdings scheint es, daß man sich mit einer positiven bzw. definitorischen Annäherung das Leben

---

²⁵³ Der Vertrag spricht von „Begünstigung" als erster Wirkung der Beihilfe und nicht vom Empfang einer Beihilfe oder gar vom Empfang einer Leistung. Die Väter des Vertrages haben wohl nicht ohne Bedacht eine weitere Formulierung gewählt. In anderen Vertragssprachen ist die Konstruktion eher partizipial: „Hilfen, *dadurch daß*" oder *„indem sie* begünstigen" – französisch: „...aides...en favorisant"; italienisch: „aiuti...favorendo"; englisch: „...aid...by favouring". Als Beihilfe hat auch eine Maßnahme zu gelten, die nicht in der Gewährung eines unmittelbaren Vorteils etwa im Sinne einer pekuniären Zuwendung besteht. So auch *Mederer*, in: G/T/E, Art. 92, Rn 22; a.A. wohl *Götz*, in: *Dauses*, EUWR., H. III, Rn 24, der von einer „Zuführung von Mitteln" spricht.

²⁵⁴ Vgl. oben 1. Teil, Kap. 3, Abschn. A. III.

²⁵⁵ Die Empfänger von Sozialsubventionen sind gleichzeitig Empfänger und Begünstigte der Subvention. Mittelbar von der Maßnahme begünstigt können (oder sollen) indes durchaus auch Unternehmen sein (wenn etwa Bezugsscheine verteilt werden, die nur Waren bestimmter Unternehmen betreffen – hierzu BGH, 24.9.2002, KZR 34/01, NVwZ 2003, 504 ff.). Vgl. hierzu auch *Mederer*, in: G/T/E, Art. 92, Rn 22.

²⁵⁶ Wie stets liegen die Dinge dann einfacher, wenn der Maßnahme „auf der Stirn geschrieben steht", daß mit ihr neben einem billigenswerten Fernziel (z.B. im sozialen Bereich) auch ein wettbewerbsbeeinflussendes ökonomisches Primärziel verfolgt wird. In Zweifelsfällen bedeutet das eine erhöhte Darlegungs- und Begründungspflicht. Für hohe Anforderungen in atypischen Fällen (hier: diskriminierende Zweitbegünstigung) auch *Mederer*, in: G/T/E, Art. 92, Rn 24.

²⁵⁷ *Mederer*, in: G/T/E, Art. 92, Rn 21; *Koenig/Kühling*, NJW 2000, 1065, 1068; eher enumerativ *Götz*, in: *Dauses*, EUWR., H. III, Rn 26; *Müller-Graff*, ZHR 152 (1988), 403, 426, Fn 138, mwN., 427. Mit Hinweis auf die (nicht zum Beihilfenrecht erfolgte) Defini-

unnötig schwer macht und immer Gefahr läuft, in den Randbereichen die Merkmale des „Unternehmens" und „Produktionszweige" über Gebühr einzuschränken.[258] Es erweist sich insoweit als sachgerechter, sich dem Kreis der potentiell Begünstigten von der anderen Seite zu nähern und ihn negativ bzw. „funktionell" abzugrenzen. Für beide Tatbestände (Unternehmen und Produktionszweige) ist kennzeichnend, daß sie als Anbieter auf dem Markt auftreten. Begünstigter kann damit sein, wer zumindest *auch* als Anbieter marktgängiger Produkte und damit *nicht nur* als Nachfrager auftritt.[259] Gemeint sind nicht nur „Verbraucher" im herkömmlichen Sinne,[260] sondern auch Endverbraucher als Nur-Nachfrager, wozu ebenfalls Institutionen zu rechnen sind, die keine marktgängigen Produkte anbieten.[261] Diese Herangehensweise bietet zudem den Vorteil, bei Grenzfällen

---

tion in EuGH, 13.7.1962, Rs 17, 19, 20/61, Slg. 1962, 655, 719; *Lefèvre*, S. 119; *Schernthanner*, S. 77. Vgl. auch die Definition in EuGH, 10.1.2006, Rs C-222/04 (noch nicht in der Slg. veröffentlicht), Rn 107.

[258] Entsprechend wird der Begriff der Unternehmenstätigkeit in Anlehnung an Art. 81 ff. EG etwa als eine „auf Dauer angelegte wirtschaftliche Tätigkeit, die auf die Erzielung von Einnahmen ausgerichtet ist und die sich nicht nur im Endverbrauch erschöpfen darf" (*Mederer*, in: G/T/E, Art. 92, Rn 21), definiert. Es ergeben sich aber bereits Abgrenzungsschwierigkeiten etwa im Hinblick darauf, ob auch eine Gewinnorientierung notwendig ist oder nicht. Das Problem setzt sich bei der Definition des Merkmals der „Produktionszweige" fort, das noch weitaus weniger griffig ist als das des „Unternehmens". Vgl. den Ansatz bei *Mederer*, in: G/T/E, Art. 92, Rn 25, sowie *Lefèvre*, S. 122. Vgl. auch die Definition der Kommission im Non-Paper zu Diensten von allgemeinem wirtschaftlichem Interesse und staatlichen Beihilfen vom 12.11.2002, Rn 25, 32: Ein Unternehmen im Sinne des Gemeinschaftsrechts ist „jedes Gebilde, das einer wirtschaftlichen Tätigkeit nachgeht." Dabei ist unter wirtschaftlicher Tätigkeit jede zu verstehen, „die darin besteht, Güter oder Dienstleitungen auf einem bestimmten Markt anzubieten und die zumindest im Grundsatz von einem Privaten mit der Absicht der Gewinnerzielung ausgeübt werden könnte." Ähnlich EuGH, 10.1.2006, Rs C-222/04 (noch nicht in der Slg. veröffentlicht), Rn 107 f., mwN.

[259] In dem angeführten Definitionsbeispiel (vorige Fn) klingt das auch an: Der Endverbraucher, also der Nur-Nachfrager soll als Begünstigter nicht in Betracht kommen. In die gleiche Richtung *Müller-Graff*, ZHR 152 (1988), 403, 427 (Tätigkeit, deren Zweck sich „nicht im Endverbrauch erschöpft"). Für einen weiten Ansatz auch *Schernthanner*, S. 79.

[260] Auch die Einzelperson kommt als Begünstigter in Betracht, wenn sie – außer ihrer Arbeitskraft – marktgängige Güter anbietet.

[261] Das Militär etwa ist zwar mit dem Gut „äußere Sicherheit" auch Anbieter – dieses Gut ist aber wegen „normativen Marktversagens" (unerwünschter Markt) nicht marktgängig. Gleiches gilt etwa für die Polizei hinsichtlich der inneren Sicherheit. Auf dem realen Markt treten daher beide ausschließlich als Endverbraucher auf. Es geht damit also um die Abgrenzung der Auch-Anbieter- von der Nur-Nachfragerseite. In diesem Sinne auch *Bär-Bouyssière*, in: *Schwarze*, EU-Komm., Art. 87, Rn, 34. Nicht weiterführend ist hingegen die Ansicht von *Koenig* und *Kühling*, Museen als begünstigungsfähige Unternehmen einzustufen, weil sie auf dem Markt für Exponate als Nachfrager auftreten (vgl.

keine definitorischen Verrenkungen machen zu müssen.[262] Festzuhalten bleibt: Jeder der auf dem Markt *zumindest auch als Anbieter marktgängiger Güter auftritt*, kann „Begünstigter" im Sinne des Vertrages sein.

c) wirtschaftliche und nichtwirtschaftliche Ausrichtung des Begünstigten

Einrichtungen etwa der Forschung und Wissenschaft, soziale und karitative Institutionen sowie solche auf dem Kultur- oder Sportsektor haben miteinander gemein, daß ihr Daseinszweck nicht unbedingt ein ökonomischer, primär auf Gewinnerwirtschaftung ausgerichteter zu sein braucht. Sie mögen im oben gebrauchten Zusammenhang „begünstigungsfähig" sein – sie sind aber, weil sie neben u.U. marktgängigen Gütern auch öffentliche Güter anbieten, gewiß nicht die vom Vertrag ins Auge gefaßten „Unternehmen und Produktionszweige". Schulen, Universitäten und andere (insbesondere, aber nicht notwendigerweise öffentlich betriebene) Einrichtungen treten normalerweise nicht als Anbieter marktfähiger Produkte auf. Ihr Angebot erstreckt sich regelmäßig auf „öffentliche Güter" wie „allgemeine Bildung", „Forschung" oder „Lehre".[263] Karitative, wissenschaftliche oder sonst „dem allgemeinen Wohl" dienende Einrichtungen (und damit „Nicht-Unternehmen" i.S.d. Vertrages) unterfallen dementsprechend gem. Art. 86 Abs. 2 EG grundsätzlich nicht den Wettbewerbsvorschriften.[264]

Vom Prinzip her ist freilich weder das Angebot von öffentlichen Gütern wie „Bildung" ausschließlich öffentlichen Anstalten vorbehalten (man denke etwa an Privatuniversitäten), noch ist das Angebot wirtschaftlich verwertbarer Ergebnisse auf den privaten Forschungsmarkt (gedacht sei

---

Koenig/Kühling, EuZW 2000, 197, 200). Darauf kommt es nicht an, sondern – weswegen das Ergebnis Zustimmung verdient – darauf, daß Museen zumindest auch als Anbieter auf dem „Kulturmarkt" auftreten.

[262] Etwa wenn es um öffentliche oder halböffentliche Einrichtungen geht. Museen oder Theater beispielsweise lassen sich nur mit Mühe unter den Unternehmensbegriff subsumieren (vgl. die Probleme bei *Koenig/Kühling*, EuZW 2000, 197, 199). Dennoch können sie auf dem Markt für (durchaus marktgängige) Kulturangebote auch als Anbieter auftreten. Das gleich gilt für Einrichtungen auf dem Bildungs-, Forschungs- oder Sportsektor. Eine andere Frage ist dann, wie das „Ideelle" gegenüber dem „Ökonomischen" beihilfenrechtlich zu bewerten ist.

[263] Die Grenzen zwischen marktgängigen und öffentlichen Gütern sind freilich fließend und liegen im Bereich der Forschung irgendwo zwischen nicht unmittelbar wirtschaftlich verwendbarer Grundlagenforschung und verwertbarer, konkret anwendungsbezogener Forschung. Eine Abgrenzung zwischen beidem freilich wird oftmals schwer sein. Vgl. hierzu den Gemeinschaftsrahmen für FuE (ABl. C 45 v. 17.2.1996, S. 5 ff.): Hier wird auf die „Marktnähe der Forschung" (Ziff. 2.2) abgestellt und in Anhang I differenziert zwischen Grundlagenforschung, industrieller Forschung und vorwettbewerblicher Entwicklung. Der Ansatz der Kommission ist durchaus begrüßenswert. Hierzu *Cremer*, EWS 1996, 379 ff. Zu diesem Komplex auch *Kilian*, WuW 1975, 435 ff.

[264] Vgl. oben Abschn. A. III. 3.

etwa an von der Privatwirtschaft finanzierte Forschung an öffentlichen Universitäten) beschränkt. Beides kann in unterschiedlichen Mischformen betrieben werden. Gerade weil in diesen Fällen eine rein ökonomische Orientierung fehlt, sind sie vom EG-Recht nur unvollkommen erfaßt. Dies nimmt nicht Wunder, handelt es sich doch bei den angesprochenen allesamt um Bereiche, deren Ausgestaltung weitgehend noch den Mitgliedstaaten obliegt. Im Wirtschaftsprozeß nicht nur als Anbieter *marktgängiger* Güter auftretende Institutionen sind als Begünstigte im Sinne des Beihilfenaufsichtsrechts jedenfalls untypisch. Dies bedeutet nicht, daß sie als Begünstigte generell nicht in Frage kämen.[265]

Daß hier durchaus *Gefahren für den Wettbe*werb lauern, zeigt folgendes Beispiel: Gängige und allgemein durchaus erwünschte Praxis sind mittlerweile etwa Kooperationsverhältnisse von Universitäten und Industrieunternehmen.[266] Hier besteht augenscheinlich die Gefahr, daß sich die privatwirtschaftenden Unternehmen der personellen und sachlichen Infrastruktur der für jeden Euro dankbaren öffentlichen Hochschulen bedienen, ohne sie angemessen zu entgelten. Hiergegen hat die Kommission bereits Vorkehrungen getroffen und verlangt einen marktadäquaten Preis für den „Erwerb" der Forschungsergebnisse.[267]

Daß hier aber auch eine erhebliche Gefahr lauert, anhand allgemeiner Maßstäbe *in mitgliedstaatliche Hoheitsbereiche vorzudringen*, zeigt das folgende Szenario: Was wäre, wenn die Kommission nicht das einzelne Forschungsprojekt als Beihilfe der staatlichen Hochschule und den Industriebetrieb als begünstigtes Unternehmen, sondern die Universität als primär und das kooperierende Unternehmen als sekundär Begünstigen ausmachen würde. Als Begünstigung wäre dann natürlich nicht das (ggf. zu niedrige) Forschungsentgelt anzusehen, sondern die staatliche Ausstattung des öffentlichen Unternehmens „Universität" selbst.[268] Die Hochschule: ein Forschungs-Unternehmen; deren Ausstattung: eine Alt- und Dauerbeihilfe; angesichts eines bestehenden Wettbewerbsmarktes und der Marktgängigkeit von Forschungsprodukten: es drohen Wettbewerbs- und Handelsverfälschungen. Eine verbotene Beihilfe wäre wohl ohne weiteres zu bejahen.

---

[265] So ausdrücklich EuGH, 22.5.2003, Rs C-355/00, Slg. 2003, I-5263, Rn 77. Zu einfach macht es sich insoweit *Götz*, in: *Dauses*, EUWR., H. III, Rn 26, wonach Einrichtungen, die keinen wirtschaftlichen Zweck verfolgen (wie soziale und kulturelle) keine begünstigungsfähigen Unternehmen sein sollen. Mit ähnlichem Ansatz *Lefèvre*, S. 119. Ebenso *Pinna*, S. 30, der einen weiten Bereich traditionell staatlicher Insitutionen („università, enti di ricerca, scuole di formazione o istituzioni legate alla sicurezza sociale") als nicht erfaßt ansieht.

[266] Die Privatwirtschaft nutzt den geballten Sachverstand der Hochschulen, die Hochschulen ihrerseits können staatlicherseits nicht mehr finanzierbare Projekte durchführen und dazu ihren Absolventen noch Kontakte zur Wirtschaft vermitteln. Naiv freilich, wer glaubt, die Privatwirtschaft würde sich aus Bildungsbeflissenheit eines uneigennützigen Mäzenatentums befleißigen. Auch hier verspricht sich die Wirtschaft, dem „do ut des-Prinzip" entsprechend, *verwertbare* Vorteile.

[267] Vgl. den Gemeinschaftsrahmen für FuE (ABl. C 45 v. 17.2.1996, S. 5 ff., insbesondere Ziff. 2.4).

[268] Auch im Bereich der öffentlich-rechtlichen Kreditinstitute ging es ja nicht um das einzelne Kreditgeschäft (Bank – Kunde), sondern die Mittelausstattung (Staat– Bank).

Damit stünde die Ausstattung der Universitäten also unter europäischer Kuratel und müßte sich an europäischen Vorstellungen messen lassen. Am Ende stünde die Europäisierung bzw. gar die „Zwangsprivatisierung"![269]

Wie andere „öffentliche Unternehmen" können also auch „öffentliche Anstalten" wie Universitäten, die letztlich ein bestehendes Marktversagen (hinsichtlich Forschung und Lehre) ausgleichen, auf einem auch privaten (hier: Forschungs-)Markt auftreten. Im Grunde besteht hier die gleiche Situation wie bei öffentlich-rechtlichen Banken, die sowohl das öffentliche Gut „flächendeckende Grundversorgung" wie auch das marktgängige Gut „Bankdienstleistungen" anbieten. In beiden Fällen – wie auch bei sozialen, kulturellen[270] oder sportlichen[271] „Unternehmen" – ist das Problem das Zusammentreffen hoheitlicher und privatwirtschaftlicher Ziele. Wie gesagt: Die Tatsache, daß es sich um Institutionen handelt, die traditionell öffentliche oder „gemeinnützige" Güter anbieten und daß diese einen wichtigen öffentlichen Auftrag ausführen, hindert die Unterwerfung unter das Beihilferegime jedenfalls nicht generell. Es ist aber eine sorgfältige Analyse von Ziel, Mittel und Wirkung der Maßnahme insbesondere im Hinblick auf Verhältnismäßigkeitsgesichtspunkte und auf mitgliedstaatliche Kompetenzen anzustellen. Die Kommission hat sich vor dem Hintergrund mitgliedstaatlicher Kompetenzen daher grundsätzlich einer bloßen Mißbrauchskontrolle zu befleißigen.

2. Allgemein und speziell begünstigende Wirkung

Der Vertrag verlangt eine selektiv begünstigende Wirkung („...durch die Begünstigung bestimmter..."). Die Notwendigkeit der Begünstigung „bestimmter" Unternehmen und Produktionszweige beinhaltet logischerweise

---

[269] Dieses Szenario ist kein theoretisches Konstrukt – dieses Szenario könnte nach der bisherigen Beihilfendogmatik jederzeit Realität werden, auch wenn die Kommission bislang noch vorsichtig formuliert: „Die staatliche Finanzierung von FuE-Tätigkeiten durch öffentliche, nicht gewinnorientierte Hochschul- oder Forschungseinrichtungen fällt im allgemeinen nicht in den Anwendungsbereich des Artikels 92 Absatz 1 EG Vertrag." – vgl. FuE-Gemeinschaftsrahmen (aaO), Ziff. 2.4.

[270] Daß Einrichtungen der Kulturpflege nicht vom Beihilfenaufsichtsrecht ausgenommen sind, ergibt sich mittelbar bereits aus Art. 87 Abs. 3 lit. d EG, wonach die Kommission Ermessensausnahmen gewähren kann. Manche Veranstaltungen kultureller Art sind von vornherein kommerziell ausgerichtet (von Pop- bis etwa Klassik-Konzerten). In anderen Bereichen mag das „Schöngeistige" überwiegen. Auch hier herrscht in Zeiten der „Event-Kultur" aber immer stärkerer Wettbewerb um die Gunst des Kulturkonsumenten. Zum Aspekt eines grenzüberschreitenden Wettbewerbs vgl. *Kruse*, EWS 1996, 113, 116.

[271] Der Freizeitsektor ist einer der expandierendsten Märkte (schon 1997 3 % des Welthandels – vgl. *Van Miert*, S. 166). Das gilt im Kleinen (z.B. kommunale Bäder im Gewande postmoderner Wasserpaläste) wie im Großen („Formel-1"-Rennsport; Fußball- oder Tennisveranstaltungen). Auch hier entwickeln sich ehemalige Idealvereine zu professionell geführten Unternehmen im „big business" (*Van Miert* ebd.).

die Möglichkeit, daß die Begünstigung Wirtschaftssubjekten zuteil wird, die nicht zu den „bestimmten" zählen. Als kaum praktikabel dürfte sich auch die *positive* Feststellung eines dann konkret zu bestimmenden (also jedenfalls bestimmbaren) Personenkreises darstellen, wenn sich dieser nicht zwangsläufig aus der Maßnahme selbst ergibt.[272] Die Kommission müßte letztendlich vergebliche Anstrengungen unternehmen, trotz der sich quasi ins Unendliche auffächernden Begünstigungswirkung den Kreis der Begünstigten einzugrenzen.

Eine weitere Möglichkeit bestünde darin, der Begünstigung „bestimmter" die Begünstigung „aller" gegenüberzustellen. Um vom Beihilfentatbestand ausgenommen zu sein, müßte ausnahmslos jeder eine Begünstigung erfahren. Fraglich ist aber bereits, wie eine solche gleichmäßig *jeden* begünstigende Maßnahme aussehen könnte – eine ungleichmäßige wäre ja bereits wieder eine bestimmte Wirtschaftsteilnehmer bevorzugende.[273] Die Literatur behilft sich hier damit, daß sie das Merkmal „bestimmt" nicht auf die Begünstig*ten* bezieht, sondern auf die Begünstig*ung*.[274] Es ist demnach auf *speziell* begünstigende im Gegensatz zu *allgemein* begünstigenden Maßnahmen abzustellen. Der Ratio und dem Regelungsbereich des Beihilfenaufsichtsrechts entspricht diese Interpretation durchaus: Das Beihilfenrecht ist grundsätzlich nicht dazu da, allgemeine wirtschaftspolitische Maßnahmen einer Kontrolle zu unterziehen.[275] Es ist dann weiter danach abzugrenzen, ob die fragliche Maßnahme *allgemein* oder aber *branchen-* bzw. *firmen*spezifisch wirkt,[276] und es ist insoweit gleichgültig, ob die Ge-

---

[272] So aber wohl *Mederer*, in: G/T/E, Art. 92, Rn 27.

[273] Problematisch ist auch, ob alle Unternehmen, alle Unternehmen eines Mitgliedstaats oder alle Unternehmen EG-weit von der Maßnahme profitieren müßten. Überdies paßt eine solche Begünstigung nicht zu dem oben zum Charakter des „Vorteils" Gesagten: Danach beinhaltet ein Vorteil notwendig eine begünstigende Ungleichbehandlung. Eine alle ausnahmslos gleichbehandelnde Maßnahme unterläge damit schon gar nicht dem Beihilfenbegriff i.e.S. Zum Problem der Inlandsausrichtung siehe bei *Mederer*, in: G/T/E, Art. 92, Rn 23. Problematisch ist das Diktum des Gerichtshofs, eine Maßnahme, die unterschiedslos allen Unternehmen im Inland zugute kommt, stelle keine staatliche Beihilfe dar. So EuGH, 8.11.2001, Rs C-143/99, Slg. 2001, I-8365, Rn 35. Dies hieße: „Subventionen für alle sind keine Beihilfen". Kritisch auch *Sutter*, EuZW 2002, 215, 217.

[274] Vgl. *Bär-Bouyssière*, in: *Schwarze*, EU-Komm., Art. 87, Rn 34; *Rawlinson*, in: *Lenz/Borchardt*, Art. 87, Rn 8; *Götz*, in: *Dauses*, EUWR., H. III, Rn 27; *Müller-Graff*, ZHR 152 (1988), 403, 429 f.; *Schernthanner*, S. 84; *Lefèvre*, S. 123.

[275] Zu den allgemeinen Maßnahmen zählen insbesondere die unter Art. 98 EG fallenden Infrastrukturmaßnahmen (vgl. hierzu *Modlich*, S. 281 ff.), Maßnahmen der Konjunkturpolitik und solche der (kaum mehr relevanten) nationalen Währungspolitik.

[276] *Bär-Bouyssière*, in: *Schwarze*, EU-Komm., Art. 87, Rn 35.

währung an die Unternehmensgröße,[277] die Region,[278] die Branche, den Standort[279] oder sonstige Merkmale der Tätigkeit[280] anknüpft. Auch hier ist aber eine entsprechende detaillierte Wirkungsanalyse gefragt. So macht es einen Unterschied, ob mittels (primärer) Begünstigung *eines* Unternehmens ein (sekundär) *gesamtwirtschaftlicher* Effekt erzielt werden soll, oder ob an einer ihrer Natur nach „*allgemeinen*" Stellschraube (Steuer-, Ausgaben- oder Konjunkturpolitik) gedreht werden soll und dies wiederum Rückwirkungen auf einen Kreis *bestimmter* Wirtschaftsteilnehmer hat. Diese Unterscheidung reicht aber bereits in den nächsten Gliederungspunkt, bei dem es darum geht, ob die Maßnahme selbst allgemeiner oder spezieller Art zu sein hat.

3. Das Erfordernis des „Ausnahmecharakters" der Maßnahme

Als ein Aspekt der Selektivität wird teilweise auch der „Ausnahmecharakter" der Maßnahme im Vergleich zur „rechtlichen Normalität" angesprochen.[281] Gemeint sein soll mit „Ausnahmecharakter" etwa, daß eine Maßnahme „nicht auf alle Unternehmen und Industriezweige anwendbar ist, die nach der Natur und dem inneren Aufbau eines Systems in ihren Genuß kommen könnten"[282] bzw. daß „eine Ausnahme von einer normalen Regelung vorliegt."[283] Soweit die Betonung auf „nicht alle Unternehmen und Industriezweige" gelegt wird, handelt es sich um dasselbe wie der soeben beschriebene Gesichtspunkt „allgemein und speziell begünstigend *wirkende* Maßnahmen". Allerdings, indem auf die „Natur oder (den) inneren Aufbau" oder das „Wesen" einer Regelung bzw. die „Struktur des allgemeinen Systems" abgestellt wird, von dem die Maßnahme abweicht, wird hier ein anderer Akzent gesetzt. Während ersteres sich auf die *Wirkung* bezieht (Wirkung für die „Allgemeinheit" oder für einen ausgewählten

---

[277] Vgl. EuGH, 26.9.2002, Rs C-351/98, Slg. 2002, I-8031, Rn 43; *Rawlinson*, in: *Lenz/Borchardt*, Art. 87, Rn 8.

[278] Vgl. *Bär-Bouyssière*, in: *Schwarze*, EU-Komm., Art. 87, Rn 35.

[279] Vgl. *Rawlinson*, in: *Lenz/Borchardt*, Art. 87, Rn 8 f.

[280] EuGH, 8.11.2001, Rs C-143/99, Slg. 2001, I-8365, Rn 37 ff. (Unterscheidungskriterium hier: Erbringen von Dienstleistungen oder Herstellen körperlicher Güter).

[281] SA GA *Darmon*, v. 17.3.1992, Rs C-72/91, Slg. 1993, S. I-887, Rn 53; *Mederer*, in: G/T/E, Art. 92, Rn 29.

[282] GA *Darmon* im SA v. 17.3.1992, Rs C-72/91 („Sloman-Neptun"), Rn 58; XXVIII. Wettbewerbsbericht, Rn 192.

[283] GA *Mischo* im SA v. 8.5.2001, Rs C-143/99, Slg. 2001, I-8365, Rn 41. Eine solche Ausnahme liegt nach dem Gerichtshof auch dann vor, wenn es zwar um eine „allgemeine Regelung" geht, die staatlichen Behörden die vorgesehenen (belastenden) Maßnahmen aber nicht ergreifen – vgl. EuGH, 12.10.2000, Rs C-480/98, Slg. 2000, I-8717, Rn 19. Oder wenn ausländische Konkurrenten, anders als einheimische, mangels festgelegter „Modalitäten" ihren Anspruch nicht geltend machen können – EuGH, 19.5.1999, Rs C-6/97, Slg. 1999, I-2981, Rn 30.

Kreis), betrifft der Ausnahme*charakter* der Maßnahme, die von einem „allgemeinen System" abweicht, das *Mittel* und dessen Form selbst.[284] Im Ergebnis mögen beide Betrachtungsweisen oftmals auf das gleiche hinauslaufen, weil eine Ausnahme von einer Regel diejenigen begünstigen oder belasten wird, die unter die Ausnahme fallen.

Im Grunde geht es darum, ob das Abweichen von einem Zustand „rechtlicher Normalität"[285] eine Beihilfe impliziert, wobei als Bezugspunkt ein „allgemeiner Rahmen" bzw. ein „allgemeines System", also ein Normenkomplex dient, in den die Maßnahme einerseits eingebettet ist und gleichzeitig von jenem abweicht. Insoweit ist dem Abweichen von einem „allgemeinen System" ein gewisser Indizcharakter nicht abzusprechen. Erstens ist aber schon fraglich, ob objektiv beurteilt werden kann, was als „allgemeiner Rahmen", was als „systemimmanente" und was als beihilfenrelevante Ausnahme gelten kann. Und zweitens wird als Bezugspunkt eine nationale und damit durchaus tendenziös steuerbare Regelung gewählt. Beides führt dazu, daß „rechtliche Normalität" und „Anomalität" eher an formalen und nicht – wie notwendig[286] – an materiellen Gesichtspunkten festgemacht wird.

Kommission und Rechtsprechung bedienen sich noch eines weiteren, gleichfalls sehr formalen Ansatzes, um allgemeine und spezielle Wirtschaftsförderung voneinander zu scheiden. Von der Kommission wird als „allgemein" etwa eine Maßnahme betrachtet, die nach völlig objektiven Kriterien, vollkommen automatisch und ohne jedes Ermessen für alle Unternehmen im Bereich der gewährenden Stelle gewährt wird.[287] Eine spezielle Maßnahme soll dann vorliegen, wenn dem Mitgliedstaat (konkret: der ausführenden Stelle) noch ein Ermessen bei der Auswahl verbleibt, darüber zu befinden, wer letztlich in den Genuß der Begünstigung kommen

---

[284] EuGH, 2.7.1974, Rs 173/73, Slg. 1974, 709, Rn 33; 8.11.2001, Rs C-143/99, Slg. 2001, I-8365, Rn 42 ff.; 26.9.2002, Rs C-351/98, Slg. 2002, I-8031, Rn 42. Keine Beihilfe soll vorliegen, wenn der Vorteil „systemimmanent" ist (EuGH, 22.11.2001, Rs C-53/00, Slg. 2001, I-9067, Rn 17; so schon EuGH, 17.3.1993, Rs C- 72/91, Slg. 1993, I-887, Rn 21). Kritisch zur Rechtsprechung *Jansen*, Vorgaben des europäischen Beihilferechts für das nationale Steuersystem, S. 62 ff. Zur Rechtfertigung durch die „innere Logik des Steuersystems" vgl. EuG, 6.3.2002, Rs T-127/99, Rn 163 ff.; durch „Wesen und Ziel" (!) vgl. EuGH, 13.2.2003, Rs C-409/00, Slg. 2003, I-1487, Rn 52.

[285] GA *Mischo* im SA v. 8.5.2001, Rs C-143/99, Slg. 2001, I-8365, Rn 43.

[286] Zur Frage, was materiell als „normal" bzw. als „Norm" zu gelten hat, vgl. oben Abschn. A. III.

[287] Vgl. *Bär-Bouyssière*, in: *Schwarze*, EU-Komm., Art. 87, Rn 37. Von ihm werden diese Kriterien nicht zu Unrecht als „problematisch" eingestuft. Vgl. auch Art. 7 GFVO über Beihilfen an KMU (VO 70/2001 v. 12.1.2001), GA *Mischo* im SA v. 8.5.2001, Rs C-143/99, Slg. 2001, I-8365, Rn 43, sowie EuG, 6.3.2002, Rs T-92/00, Slg. 2002, II-1385, Rn 23, 31 ff.

soll.²⁸⁸ Auch hier ist fraglich, inwieweit der Schluß von den Gewährungsmodalitäten der Maßnahme auf deren begünstigenden Charakter zulässig ist, denn es macht wirkungsmäßig keinen Unterschied, ob auf eine Beihilfe ein Anspruch besteht oder ob sie aufgrund Ermessens gewährt wird. Staatliche Förderungen sind (mit sehr wenigen Ausnahmen) jedenfalls auf legislativer und v.a. auf (höherer) exekutiver Ebene regelmäßig Entscheidungen mit weitgehenden Entscheidungsspielräumen.²⁸⁹ Zum anderen ist eine solche rein am formalen Kriterium des Bestehens oder Nicht-Bestehens von Ermessen orientierte Prüfung kaum geeignet, die komplexen Wirkungsstrukturen von Maßnahmen der Wirtschaftsförderung zu berücksichtigen. Letztlich wird es doch – wie der Vertrag auch nahelegt – auf die selektive *Wirkung* der Maßnahme und nicht auf den selektiven Maßnahme*charakter* ankommen.²⁹⁰ Eine Ausnahmevorschrift bzw. eine konkret-individuelle Maßnahme mag zwar generell mehr dazu geeignet sein, eine speziell begünstigende Wirkung zu haben, als eine abstrakt-generelle. Allerdings sind „allgemeine" Gesetze, die auf einen Einzelfall abstellen, genauso denkbar wie „spezielle" Verwaltungsakte, denen wegen ihrer Bezugsfallwirkung i.V.m. dem Gleichheitssatz letztlich allgemeine Geltung zukommt.²⁹¹

III. Zusammenfassung

Das Selektivitätsmerkmal präzisiert das Merkmal der Ungleichbehandlung bzw. der tatbestandlichen Begünstigung. Es bezieht sich (dem Wortlaut des Vertrages nach) zunächst nur auf den selektierten *Kreis der Begünstigten*, daraus abgeleitet aber auch auf den selektiven *Charakter der Begünstigungswirkung*. Auf das rein formale und im Vergleich zu nationalem Recht zu beurteilende Kriterium des selektiven *Charakters der Maßnahme* selbst („Ausnahmecharakter") kommt es nach hier vertretener Auffassung hingegen nicht maßgeblich an. Will man ein etwas „blumiges" Bild zur Veranschaulichung hernehmen, so stellt sich der Regelungsbereich der Selektivität etwa so dar: Die Volkswirtschaft des beihilfegewährenden Staates kann

---

²⁸⁸ EuGH, 29.6.1999, Rs C-256/97, Slg. 1999, I-3913, Rn 27; 26.9.1996, Rs 241/94, Slg. 1996, I-4551, Rn 23 f.

²⁸⁹ Auf Teilnahme an einem mit Begünstigungen verbunden Programm besteht, da immer nur begrenzte Mittel bereitgestellt werden, jedenfalls im deutschen Recht nie ein originärer Anspruch, sondern immer nur ein Anspruch auf fehlerfreies Ermessen – ggf. in Verbindung mit dem Gleichheitssatz. Besser wird dieser Aspekt der Entscheidungsfreiheit oder -gebundenheit ohnehin vom Merkmal der „Freiwilligkeit" (vgl. oben Abschn. A. II. 4.) erfaßt.

²⁹⁰ So richtigerweise EuGH, 17.6.1999, Rs C-75/97, Slg. 1999, I-3671, Rn 38 f.; auch *Cremer*, in: *Calliess/Ruffert*, EUV/EGV, Art. 87, Rn 9.

²⁹¹ So auch *Rawlinson*, in: *Lenz/Borchardt*, Art. 87, Rn 9, wonach eine „allgemeine Maßnahme" durchaus auch auf einzelne Unternehmen gemünzt sein kann. So auch *Cremer*, in: *Calliess/Ruffert*, EUV/EGV, Art. 87, Rn 9.

mit einem Baum verglichen werden. Der staatliche „Gärtner" kann an verschiedenen Punkten ansetzen, um diesem Baum zum Wachsen und Gedeihen zu verhelfen: Wirkt er auf den Boden ein, handelt es sich um grundsätzlich nicht zu beanstandende Maßnahmen (Grundlagenforschung, Grundversorgung etc.), behandelt er hingegen Äste („Branchen") oder Zweige (Unternehmen), ist dies grundsätzlich nicht erlaubt. Erlaubt sind also lediglich Maßnahmen, die der Kräftigung des Baumes insgesamt dienen (Konjunktur- und „allgemeine" Wirtschaftspolitik) und die nicht nur darauf gerichtet ist, den sich an Zweigen und Ästen entwickelnden Fruchtertrag zulasten des gesamten Organismus zu steigern (Maßnahmen spezieller Wirkung).

D. Die Tatbestandsmerkmale der „Wettbewerbsverfälschung" und „Handelsbeeinträchtigung"

Gemäß Art. 87 Abs. 1 EG sind Beihilfen mit dem Gemeinsamen Markt unvereinbar, „die [...] den Wettbewerb verfälschen oder zu verfälschen drohen" und „soweit sie den Handel zwischen Mitgliedstaaten beeinträchtigen". Beihilfen sind damit nicht schlechthin „verboten"[292], sondern nur, wenn sie bestimmte Wirkungen zeitigen oder zumindest erwarten lassen. Hierin, in der Beeinflussung der Wettbewerbs- und Handelsbedingungen ist der eigentliche Grund zu sehen, warum Beihilfen einer Kontrolle unterliegen und warum „Beihilfen" ggf. als „verbotene Beihilfen" zu qualifizieren sind.

I. Untersuchungsgegenstand und Erkenntnisinteresse

Die vom Gemeinsamen Markt mißbilligten Wirkungen von Beihilfen auf Handel und Wettbewerb umreißen maßgeblich die *Funktion* des Beihilfenaufsichtsrechts.[293] Hat es aber bei den Merkmalen „Wettbewerbsverfälschung" und „Handelsbeeinträchtigung" mit dieser Aufgabe als „Funktionsindikatoren" sein Bewenden? Tatsächlich ließe sich – insbesondere nach der Praxis von Kommission und Gerichtshof – bereits an deren Charakter als (konkretisierungsfähige bzw. -pflichtige) *Tatbestandsmerkmale* zweifeln. Über weite Strecken hat die Kommission ohne weiteres vom Vorliegen einer Beihilfe auf deren Unvereinbarkeit mit dem Gemeinsamen Markt geschlossen.[294] Insofern erscheint die Frage durchaus berechtigt, ob es sich bei den Merkmalen Wettbewerbsverfälschung und Handelsbeein-

---

[292] Zu Begriff und Inhalt des Beihilfen-„Verbots" vgl. oben Kap. 1, Abschn. A. III. 2.
[293] Zur Qualifizierung als „Funktionsdeterminanten" vgl. oben Kap. 1, Abschn. B. Hierzu auch *Modlich*, S. 71.
[294] Vgl. unten II.

trächtigung nicht um Platzhalter eines bestimmten *ökonomisch-theoretischen Konzepts* handelt, wonach Beihilfen per se wettbewerbsverfälschende und handelsbeeinträchtigende Wirkungen haben *müssen* („Beihilfen sind immer verboten, *weil* sie Handel und Wettbewerb beeinflussen").[295] Genauso, ins andere Extrem gewendet, ließe sich fragen, ob es sich bei den Merkmalen um beweisbare und im Zweifelsfall auch zu beweisende *Tatsachen* – wie etwa einen Sachschaden im Zivilrecht – handelt („Beihilfen sind nur dann verboten, *wenn* sie tatsächlich und nachweislich Handel und Wettbewerb verfälschen"). Relevant sind diese Fragen v.a. im Hinblick auf die konkreten Darlegungs- und Nachweispflichten hinsichtlich des Zusammenhangs von Beihilfe und deren Wirkungen.[296] Zunächst ist aber kein Grund ersichtlich, die Merkmale „Wettbewerbsverfälschung" und „Handelsbeeinträchtigung" anders zu behandeln als Bestandteile anderer Normen – zunächst einmal als konkretisierungsbedürftige *Tatbestandsmerkmale*. Als solche sollen sie im folgenden auch analysiert werden.

Eine an sich wünschenswerte getrennte Analyse beider Tatbestandsmerkmale anhand des verwertbaren Fallmaterials ist hierfür i.ü. kaum möglich, da sowohl in der Kommissionspraxis wie auch in der Rechtsprechung beide meist zusammen abgehandelt werden. Zur Bestandsaufnahme der bisherigen Praxis muß (zunächst jedenfalls) ebenso verfahren werden.

II. Die Entwicklung in Kommissions- und Rechtsprechungspraxis

In den Anfangsjahren der Beihilfenaufsicht konnten sich noch keinerlei griffigen Kriterien für die Beurteilung der wettbewerbsverfälschenden und handelsbeeinträchtigenden Wirkung von Beihilfen herauskristallisieren. Der Grund hierfür ist schlicht der, daß die Kommission über die Tatbestandsmerkmale der Handelsbeeinträchtigung und Wettbewerbsverfälschung praktisch hinwegging.[297] Sie schloß in den 60er Jahren und noch

---

[295] In diese Richtung argumentierte der Gerichtshof etwa im Schichtprämienurteil (EuGH, 23.2.1961, Rs 30/59, Slg. 1961, 3), worin er feststellte: „Subventionen oder Beihilfen (...) sind insoweit schon für sich allein ein Hindernis für die rationellste Verteilung der Erzeugung auf dem höchsten Leistungsstand". „Sie gestatteten Verkaufspreise festzulegen oder aufrechtzuerhalten, die nicht unmittelbar kostenbestimmt sind und damit wirtschaftliche Betätigungen ins Leben zu rufen, zu erhalten oder zu fördern, die nicht der rationellsten Verteilung der Produktion auf dem höchsten Leistungsstand entsprechen."

[296] In der Tat sind „Handel" und „Wettbewerb" einmal Begriffe für real beobachtbare ökonomische Phänomene, daneben aber auch Leitmotive polit-ökonomischer Grundüberzeugungen.

[297] Der Grund ist aber nicht etwa darin zu suchen, daß die Kommission den Beihilfenbegriff i.w.S. und nicht, wie hier, i.e.S. verstanden und die hier in Frage stehenden Tatbestandsmerkmale in den Beihilfenbegriff gleichsam hineingelesen hätte. Es fehlten insgesamt Ausführungen zu Handel und Wettbewerb.

bis weit in die 70er ohne weitere Zwischenschritte vom Vorliegen einer Beihilfe auf deren Unvereinbarkeit mit dem Gemeinsamen Markt.[298] Obwohl der Gerichtshof bereits in der Rechtssache „Institut textile de France"[299] festgestellt hatte, daß es notwendig sei, „alle rechtlichen oder tatsächlichen Begleitumstände einer Beihilfe in Betracht zu ziehen", finden sich in den Kommissionsentscheidungen aus dieser Zeit meist nur Wiederholungen des Wortlautes von Art. 92 EWGV, teilweise fehlen auch diese.[300] Rechtliche Überlegungen wie auch Tatsachenfeststellungen oder gar Marktanalysen sucht man meist vergebens.[301] Soweit Aussagen über Markt und Wettbewerb getroffen wurden, blieben sie an der Oberfläche.[302] Die Kommission ging hinsichtlich der Tatbestandsmerkmale Wettbewerbsverfälschung und Handelsberechtigung offenbar von einem bloß *funktions*beschreibenden Appendix (mit dem Gemeinsamen Markt unvereinbar, *weil* handelsbeeinträchtigend und wettbewerbsverfälschend wirkend) aus bzw. nahm einen Automatismus derart an, daß jede mitgliedsstaatliche Beihilfe

---

[298] Vgl. beispielsweise die Entscheidung der Kommission 73/293/EWG.

[299] EuGH, 25.6.1970, Rs 47/69, Slg. 1970, 487, Rn 7 f.

[300] Vgl. Entscheidung der Kommission 73/274/EWG, Ziff. I.; Entscheidung der Kommission 79/519/EWG, Ziff. 2; *Ciresa*, S. 50, spricht von einer „phrasenhaften Wiedergabe des Textes".

[301] Vgl. etwa die Entscheidung der Kommission 69/266/EWG (Beihilfen zur Entlastung „einheimischer" Unternehmen, während Unternehmen in „anderen" Mitgliedstaaten aus der fraglichen Regelung keinen Nutzen ziehen könnten); Entscheidung der Kommission 72/436/EWG (die Förderung der Unternehmen führe zu einer erhöhten Wettbewerbsfähigkeit, die wiederum Handelsbeeinträchtigungen bewirke); vgl. auch die Entscheidung der Kommission 73/293/EWG und 76/574/EWG.

[302] Die Kommission beschränkte sich regelmäßig auf Feststellungen, die bereits für das Vorliegen einer Beihilfe herangezogen wurden und unterstellte ohne weiteres deren wettbewerbsverfälschende und handelsbeeinträchtigende Wirkung. Keineswegs ergab sich die Handelsbeeinträchtigung dabei zwangsläufig aus den Umständen: So muß z.B. bei der Entscheidung der Kommission 72/436/EWG im Dunkeln bleiben, warum eine Beihilfe „zur Verminderung der Umweltbelastung ebenfalls diesen Kriterien" (denen der Wettbewerbsverfälschung und Handelsbeeinträchtigung) entsprach. Die Kommission ging davon aus, daß auch der Anteil von 25 % einer Beihilfe, der für Umweltschutzmaßnahmen gedacht war, die Produktion fördern und die Wettbewerbsfähigkeit erhöhen würde. Zumindest im Jahre 1972, als Umweltsiegel und Zertifikate eine allenfalls untergeordnete Rolle gespielt haben dürften, brachte die entgoltene umweltfreundliche Herstellung an sich wohl kaum direkte marktmäßige Vorteile. Jedenfalls wüßte man gern, worin die negativen Wirkungen auf den Gemeinsamen Markt bestanden haben sollen. Aus der Entscheidung selbst ist dies jedenfalls nicht ersichtlich; auch nicht, ob die betreffenden Unternehmen durch die Zuwendung womöglich eigene Aufwendungen zur Erfüllung von Umweltauflagen erspart haben könnten, was dann tatsächlich eine Stärkung der Wettbewerbsposition zur Folge gehabt hätte.

D. „Wettbewerbsverfälschung" und „Handelsbeeinträchtigung"

per se einen wettbewerbsverfälschenden und handelsbeeinträchtigenden Charakter habe.[303]

Allmählich geriet zwar die jeweilige Marktsituation ins Blickfeld von Kommission und Gerichtshof. Der EuGH gab sich aber zunächst noch mit Aussagen allgemeinster Art über die Marktsituation zufrieden.[304] Erst Anfang der 80er Jahre häuften sich Kommissionsentscheidungen mit bis dahin eher sporadisch auftauchenden Darstellungen der Marktsituation.[305] Von einer Marktanalyse konnte aber noch keine Rede sein und so blieb es meist bei reichlich pauschalen Feststellungen zur Handels- und Wettbewerbssituation.[306] Die Kommission betrachtete mit zunehmender Komplexität der Fälle zwar in vermehrtem Umfang die jeweilige Marktstruktur.[307]

---

[303] Vgl. Die Nachweise bei *Ciresa*, S. 72 ff. Dies scheint auch *Schernthanner*, S. 107, anzudeuten, wenn sie davon spricht, daß die Wettbewerbsverfälschung „nicht als Voraussetzung des Verbotes von Beihilfen gedeutet werden kann, sondern vielmehr als Folge der Beihilfe anzusehen ist."

[304] Etwa daß ein Unternehmen eines Mitgliedstaats mit Unternehmen anderer Mitgliedstaaten im Wettbewerb stehe, was „an den umfangreichen und wachsenden Ausfuhren (...) in die anderen Mitgliedstaaten des Gemeinsamen Marktes zu erkennen ist." EuGH, 2.7.1974, Rs 173/73, Slg. 1974, 709, Rn 44, 45.

[305] Es hieß dann z.B.: „ein erheblicher Teil der Produktion des Unternehmens wird in die anderen Mitgliedstaaten ausgeführt". Zur gängigen Übung wurden derartige Ausführungen allerdings nicht. Vgl. Entscheidungen der Kommission 84/428/EWG; 84/509/EWG.

[306] Etwa: „umfangreicher Handel und starker Wettbewerb" (Entscheidung der Kommission 83/320/EWG); „hohes Handelsvolumen und scharfer Wettbewerb" (Entscheidung der Kommission 84/498/EWG); „im allgemeinen reger Wettbewerb und erheblicher Warenaustausch zwischen den Mitgliedstaaten" (Entscheidung der Kommission 85/275/EWG); oder „lebhafter Handel und scharfer Wettbewerb". Zur Begründung einer angespannten Wettbewerbssituation wurde verstärkt auf das Kriterium der Überkapazitäten abgestellt. Zunächst v.a. in der Textilbranche – vgl. Entscheidung der Kommission 83/320/EWG (Überkapazitäten und „Empfindlichkeit" der Produktion); 84/498/EWG; 85/471/EWG; 84/417/EWG (zur Mineralölverarbeitungsindustrie); 84/497/EWG (im Flachglassektor); 88/468/EWG (im Agrarmaschinenbereich); vgl. auch EuGH, 8.3.1988, Rs 62 u. 72/87, Slg. 1988, 1573 („Glaverbel"), Rn 17 f. Daneben wurde zur Begründung auch auf Schwierigkeiten des begünstigten Unternehmens hingewiesen (vgl. etwa Entscheidung der Kommission 83/130/EWG). Daraus schloß die Kommission eine „besonders gravierende Wettbewerbsverfälschung", da die Beihilfe die Expansion von Mitbewerbern verhindern würde, denn „nach dem freien Spiel der Marktkräfte wäre normalerweise die Schließung des betreffenden Unternehmens erforderlich." Vgl. Entscheidung der Kommission 83/130/EWG. Seltsamerweise wurde umgekehrt zur Begründung der wettbewerbsverfälschenden und handelsbeeinträchtigenden Wirkung der Beihilfe gerade auch auf die sich aus den ständig wachsenden Ausfuhren ergebende besondere Leistungsfähigkeit des Unternehmens bzw. des Produktionszweigs abgestellt – vgl. Entscheidung der Kommission 83/468/EWG.

[307] Etwa die Beteiligung des Mitgliedstaats oder des fraglichen Unternehmens an Handel und Wettbewerb. Partiell wurde auch der „relevante Markt" ins Visier genommen und es wurde Bezug genommen auf entsprechende Statistiken (Entscheidung der Kom-

Ein gefestigtes Prüfungsprogramm läßt sich aus diesen nach wie vor stark einzelfallbezogenen Tatsachenfeststellungen aber nicht ersehen. Insbesondere die Veranschaulichung der kausalen Verknüpfung von mitgliedstaatlicher Maßnahme mit deren potentieller Wirkung auf Handel und Wettbewerb hielt die Kommission offenbar grundsätzlich für überflüssig.[308]

Einen echten Fortschritt diesbezüglich brachte die Rechtssache „Leeuwarder Papierfabrik".[309] Hier führte der EuGH aus: „In bestimmten Fällen kann sich zwar bereits aus den Umständen, unter denen die Beihilfe gewährt worden ist, ergeben, daß sie den Handel zwischen den Mitgliedsstaaten beeinträchtigt und den Wettbewerb verfälscht oder zu verfälschen droht. Stets hat jedoch die Kommission diese Umstände wenigstens in der Begründung ihrer Entscheidung zu nennen." Zu diesen Umständen zählt der Gerichtshof: die Situation des betreffenden Marktes, den Marktanteil des Unternehmens, die Handelsströme zwischen den Mitgliedsstaaten und die Ausfuhren des Unternehmens.[310] Der Gerichtshof fordert also *in der Regel* einen Einzelnachweis der tatsächlichen Wettbewerbsverfälschung und Handelsbeeinträchtigung und billigt nur *ausnahmsweise* („in bestimmten Fällen") die bloße Beschreibung der „Umstände". Die Beschreibung der Umstände stellt sich insoweit eher als *Minimal-* denn als *Standard*programm dar. Die Folgezeit hat indes deutlich werden lassen, daß die Prüfung der Umstände keineswegs nur „in bestimmten Fällen" den Ansprüchen des Gerichtshofes genügt. Zwar sah sich die Kommission vermehrt veranlaßt, auf diese Umstände einzugehen, hielt aber in zahlreichen Fällen

---

mission 85/380/EWG) bzw. auf Prozentsätze des Exportanteils der Unternehmensproduktion. Vgl. die Entscheidung der Kommission 83/320/EWG (zur Frage, wieviel % der neu zu schaffenden Kapazitäten voraussichtlich in den innergemeinschaftlichen Handel fließen würden). Oder es wurden zumindest Feststellungen getroffen wie die, daß „ein erheblicher Teil der Produktion (...) in andere Mitgliedstaaten ausgeführt" wird (Entscheidung der Kommission 83/130/EWG).

[308] Vgl. etwa die Entscheidung der Kommission 83/468/EWG; 83/507/EWG. Nach wie vor unbehelligt vom Gerichtshof ging die Kommission von einer Kausalkette aus, wonach eine Beihilfe die Stellung eines Unternehmens stärke und diese Stärkung angesichts des (zumeist schlichtweg unterstellten) Vorliegens von Wettbewerb oder Handel in der Gemeinschaft zu einer notwendigen Verfälschung oder Beeinträchtigung letzterer führen müsse. Vgl. *Ciresa*, S. 72 f. Ausdrücklich befürwortend GA *Capotorti* in seinem SA v. 18.6.1980, Rs 730/79, Slg. 1980, 2671.

[309] EuGH, 13.3.1985, Rs 296 und 318/82, Slg. 1985, 809, Rn 24. Seit dem ständige Rspr. – vgl. EuGH, 19.10.2000, Rs C-15/98, Slg. 2000, I-8855, Rn 66; 13.2.2003, Rs C-409/00, Slg. 2003, I-1487, Rn 74; EuG, 6.3.2003, Rs T-228/99, Slg. 2003, II-435 („WestLB"), Rn 292.

[310] Dies ergibt sich aus der Rüge hinsichtlich der von der Kommission unterlassenen Angaben: „Die streitige Entscheidung enthält nicht die geringste Aussage zur Situation des betroffenen Marktes, zum Marktanteil der LPV BV (das betreffende Unternehmen), zu den Handelsströmen und zu den Ausfuhren des Unternehmens." (Rn 24).

an ihrer hergebrachten, eher laxen Begründungspraxis fest.[311] Auch der Gerichtshof selbst verwässerte seine an sich klare Rechtsprechung wieder, indem er die von ihm selbst aufgestellten Kriterien unberücksichtigt ließ.[312]

III. Kritik

1. Die Verknüpfung von Beihilfen und deren Wirkung

a) Formelles Begründungserfordernis und materielle Konkretisierung

Bemerkenswert an der Rechtsprechung ist zunächst, daß der Gerichtshof offenbar in erster Linie auf das Vorhandensein einer Begründung in den Kommissionsentscheidungen Wert legt.[313] Die Aufhebung von Kommissionsentscheidungen wegen mangelnder Beschäftigung mit den Merkmalen Wettbewerbsverfälschung und Handelsbeeinträchtigung stützte er regelmäßig auf einen Verstoß gegen das *formelle* Begründungsgebot des Art. 253 EG (ex Art. 190 EGV).[314] Er beschäftigt sich in keiner Weise mit der Subsumtionspraxis der Kommission.[315] Die Begründung einer Entscheidung ist freilich etwas anderes als die dahinterstehende Konkretisierung und Auslegung.[316] Auch mit der Tauglichkeit der von der Kommissi-

---

[311] Und die Kommission befleißigt sich dementsprechend durchaus größerer Gewissenhaftigkeit bei der Darstellung der jeweiligen Marktsituation. Vgl. etwa Entscheidung der Kommission 87/303/EWG, insbes. Ziff. III, zur Darstellung des Bier-Marktes in der Gemeinschaft.

[312] So etwa in dem Fall „Tubemeuse II", bei dem der Gerichtshof das Vorbringen der belgischen Regierung, der von der Kommission zugrunde gelegte Marktanteil (nach „Leeuwarder") sei zu hoch, mit dem Hinweis abtat, dies könne dahingestellt bleiben, da dieser Aspekt „in keiner Weise die vorstehende Einschätzung der Auswirkungen der beanstandeten Beihilfen auf die Wettbewerbsstellung der in der Gemeinschaft ansässigen Unternehmen dieses Sektors in Frage stellt." (EuGH, 21.3.1990, Rs C-142/87, Slg. 1990, I-959, Rn 41). So auch EuGH, 13.7.1988, Rs 102/87, Slg. 1988, 4067, Rn 19: unbeachtlich sei, daß der Exportanteil von der Kommission nicht berücksichtigt wurde. Ohne näheres Eingehen auf die Marktanalyse der Kommission EuGH, 7.6.1988, Rs 57/86, Slg. 1988, 2855, Rn 16.

[313] Vgl. zum bloß formalen Begründungserfordernis auch *Hakenberg/Tremmel*, EWS 1997, 217, 219, mwN.; *Schernthanner*, S. 101.

[314] EuGH, 13.3.1985, Rs 296 und 318/82, Slg. 1985, 809; später EuGH, Rs 329/93, 62 u. 63/95, Slg. 1996, I-5151, Rn 53; 19.10.2000, Rs C-15/98, Slg. 2000, I-8855. Vgl. hierzu auch *Nowak*, EuZW 2001, 293, 300.

[315] Er hat dies i.ü. auch nicht im Fall „Leeuwarder Papierfabrik" getan, wo es ihm ausdrücklich nur auf die notwendigen Elemente der Kommissions*begründung* angekommen war. Vgl. auch EuGH, 8.3.1988, Rs 62 u. 72/87, Slg. 1988, 1573 („Glaverbel"), Rn 18.

[316] So ausdrücklich auch etwa EuGH, 19.9.2002, Rs C-113/00, Slg. 2002, I-7601, Rn 47. Das eine kennzeichnet den eigentlichen Subsumtionsprozeß, der der Entscheidung

on ins Feld geführten Kriterien (Überkapazitäten, Handelsströme, Stärke des Unternehmens etc.), mit der Stringenz der kausalen Verknüpfung – kurz: Mit der Anwendung und Fortentwicklung des *materiellen* Rechts befaßt sich der Gerichtshof im Grunde nicht. Von ihm geprüft wird allenfalls, ob überhaupt Tatsachenfeststellungen den rechtlichen Schlußfolgerungen zugrunde gelegt werden. Man kann sich des Eindrucks nicht erwehren, der Gerichtshof erfreue sich zuvorderst an der *Garnierung* des ihm Vorgesetzten, ohne aber nach dem *Rezept* zu fragen.

b) Die Kausalitäten von Beihilfe, wettbewerbsverfälschender und handelsbeeinträchtigender Wirkung

Nach wie vor unklar ist die Haltung von Kommission und Gerichtshof zu Art und Qualität der Verknüpfung einer Beihilfe mit den von ihr ausgehenden Wirkungen auf Handel und Wettbewerb; ob nach wie vor von einem gewissen Automatismus auszugehen ist bzw. in welchem Verhältnis die „Umstände" zur Unvereinbarkeit mit dem Gemeinsamen Markt stehen.[317] Es fehlt insoweit an einer schlüssigen gedanklichen Brücke.[318] Die „simple Alltagslogik"[319] von der per se wettbewerbsverfälschenden Wirkung von Beihilfen mag nun tatsächlich in der größten Zahl der Fälle zu sachgerechten Ergebnissen führen, da insbesondere in protektiver Absicht gewährte Subventionen gerade auf eine bessere Positionierung der einheimischen Unternehmen in Handel und Wettbewerb zielen.[320] Freilich hat es die Kommission keineswegs nur mit Fällen typischer Protektion zu tun. Der Schluß von Begünstigung auf Wettbewerbsverfälschung muß dann, ohne Kriterien, die ihn rechtfertigen, beliebig und das Ergebnis zufällig

---

zugrunde liegt, das andere dient deren Erklärung und Nachvollziehbarkeit dieses Prozesses. Vgl. oben Kap. 1, Abschn. C. III. 2.

[317] Gerade weil tatsächliche und rechtliche Ausführungen meistens äußerst knapp gehalten sind, ist die Verknüpfung oftmals nicht nachvollziehbar. Vgl. etwa Entscheidung der Kommission 72/436/EWG bzgl. des Beihilfenanteils für den Umweltschutz.

[318] Unklar bleibt auch, welcher Art dieser Automatismus sein sollte; ob die Kommission von einer im Einzelfall erwiesenen Tatsache ausgeht, ob es sich um eine ökonomische Zwangsläufigkeit handelt, ob der Schluß eine materielle Grundlage im Vertrag hat oder ob hier eine (widerlegliche?) Vermutung als praesumptio juris oder eine Erleichterung der Begründungslast als praesumptio facti anzunehmen ist. Für letzteres wohl GA *Lenz*, SA zu Rs 234/84, Slg. 1986, 2274 f.

[319] *Ciresa* S. 72, im Hinblick auf die Kommissionspraxis. Noch härter geht er mit GA *Lenz* ins Gericht, dem er in seiner Argumentation „beeindruckende Schlichtheit" und einen „simpel-logischen Gedankengang" attestiert.

[320] Diese Ansicht hat daher auch in der Literatur Befürworter gefunden: Vgl. *Hoischen*, S. 63; relativierend *Rengeling*, ZHR 1988, 455, 465; nicht ganz eindeutig Stellung bezieht *Ciresa*, der erst eine kritische (S. 74 f.) und dann eine eher zustimmende bis sogar bestärkende Haltung (S. 79) einnimmt. Kritisch etwa *Rolfes*, S. 99, mwN.; ebenso *Metaxas*, S. 64 ff.

bleiben. Kommission und Gerichtshof scheinen sich insoweit nicht recht entscheiden zu können, ob prinzipiell jedes als Beihilfe (i.e.S.) ausgemachte Staatshandeln dem Grundgedanken des Gemeinsamen Marktes zuwiderläuft oder ob und ggf. welche weiteren, speziellen Voraussetzungen erfüllt sein müssen. Anders läßt sich nicht erklären, warum zwar in gewissem Maße ein Nachweis der realen Wettbewerbssituation gefordert (und mittlerweile meist auch erbracht) wird, auf der anderen Seite aber im Unklaren gelassen wird, ob und wie diese „Umstände" mit den vertraglichen Tatbestandsmerkmalen zu verknüpfen sind.

2. Das Verhältnis der Tatbestandsmerkmale „Wettbewerbsverfälschung" und „Handelsbeeinträchtigung" zueinander

a) Die Möglichkeit und Notwendigkeit tatbestandlicher Differenzierung

Auffallend ist weiter, daß weder die Kommission noch der Gerichtshof die Möglichkeit einer tatbestandlichen Differenzierung zwischen „Wettbewerbsverfälschung" einerseits und „Handelsbeeinträchtigung" andererseits genutzt haben. Nach wie vor werden die Begriffe Wettbewerbsverfälschung und Handelsbeeinträchtigung, wenn nicht synonym, so doch quasi in einem Atemzug genannt.[321] Auch das Verhältnis der beiden Tatbestandsmerkmale zueinander bleibt nach Kommissionspraxis und Rechtsprechung undeutlich. Aus der Stärkung der Position eines Unternehmens am Markt wird nach wie vor sowohl auf die daraus resultierende Wettbewerbsverfälschung als auch auf eine Handelsbeeinträchtigung geschlossen.[322] Bisweilen wurden beide Tatbestände kausal derart verknüpft, daß von einer Wettbewerbsverfälschung auf eine dann wohl zu vermutende Handelsbeeinträchtigung geschlossen wird – manchmal aber auch umgekehrt von einer Handelsbeeinträchtigung auf die daraus resultierende wett-

---

[321] Vgl. EuGH, 10.7.1986, Rs 234/84, Slg. 1986, 2263, Rn 22; 7.6.1988, Rs 57/86, Slg. 1988, 2855, Rn 16; 8.3.1988, Rs 62 u. 72/87, Slg. 1988, 1573 („Glaverbel"), Rn 18; 21.3.1991, Rs C-303/88, Slg. 1991, I-1433 („ENI-Lanerossi"), Rn 27. Eher selten sind die Fälle, da beide zumindest getrennt abgehandelt werden – vgl. Entscheidung der Kommission 85/215/EWG; EuGH, 6.11.1990, Rs C-86/89, Slg. 1990, I-3891, Rn 14 (Wettbewerbsverfälschung), Rn 15 (Handelsbeeinträchtigung). Wie wenig Wert gerade der Gerichtshof auf eine Differenzierung legt, zeigt sich etwa daran, daß er beide Tatbestandsmerkmale begrifflich mischt und davon spricht, eine Beihilfe sei geeignet, den „Wettbewerb zu beeinträchtigen" – EuGH, 21.3.1991, Rs C-305/89, Slg. 1991, I-1603, Rn 27 f. Zwar mag klar sein, was der EuGH meint – zu mehr juristischer Trennschärfe führt diese Praxis aber nicht.

[322] Vgl. etwa Entscheidungen der Kommission 85/380/EWG; 86/60/EWG; 88/167/EWG; 90/215/EWG; sowie EuGH, 8.3.1988, Rs 62 u. 72/87, Slg. 1988, 1573 („Glaverbel"), Rn 18; 13.7.1988, Rs 102/87, Slg. 1988, 4067, Rn 19; 21.3.1991, Rs C-303/88, Slg. 1991, I-1433 („ENI-Lanerossi"), Rn 28, 29; 17.6.1999, Rs C-75/97, Slg. 1999, I-3671, Rn 51.

bewerbsverfälschende Wirkung einer Beihilfe.[323] Bedenklich an dieser Vorgehensweise erscheint nicht nur das sich aus dem unklaren Verhältnis beider Merkmale ergebende verschwommene Bild des Beihilfenverbots, sondern vor allem, daß damit die Chance vertan wird, die ohnehin nur gerüstartigen Vorgaben des Vertrages zum Beihilfenaufsichtsrechts wenigstens mittels der im Vertrag *vorhandenen* Anknüpfungspunkte faßbar zu machen.[324]

b) Die jeweils unterschiedliche Abgrenzungswirkung

Die Tatbestandsmerkmale Wettbewerbsverfälschung und Handelsbeeinträchtigung müssen nach dem Wortlaut des Vertrages kumulativ vorliegen. Der Vertragstext verbindet sie aber nicht, wie bei Art. 81 Abs. 1 EG,[325] mit einem schlichten „und". Vielmehr bringt er zum Ausdruck, daß es sich um Merkmale mit unterschiedlich abgrenzendem Charakter handelt. Nach Artikel 87 Abs. 1 EG sind Beihilfen verboten, „die" den Wettbewerb verfälschen (oder ihn zu verfälschen drohen) und „soweit" sie den Handel beeinträchtigen. Relevant sind damit alle Beihilfen, die wettbewerbsverfälschenden Charakter haben, aber nur *insoweit*, als sie zusätzlich zu Handelsbeeinträchtigungen führen. Damit kommt dem Merkmal der Wettbewerbsverfälschung eher ein die Beihilfenaufsicht *begründender*, dem Merkmal der Handelsbeeinträchtigung eher *begrenzender* Charakter zu.

c) Die jeweils unterschiedliche Funktion und europarechtliche „Wertigkeit"

Die hier aus der (freilich nur bedingt aussagekräftigen) Formulierung des Vertrages hergeleiteten Erkenntnisse korrespondieren weitgehend mit denen zur ermittelten Funktion des Beihilfenrechts. Funktionell zielt die Her-

---

[323] Vgl. *Ciresa*, S. 74 f. Nach wie vor mißverständlich ist etwa die Formulierung zu den Voraussetzungen für eine Beihilfe „Beeinträchtigung des Handels zwischen Mitgliedstaaten und der daraus resultierenden Verfälschung des Wettbewerbs" – vgl. EuGH, 10.1.2006, Rs C-222/04 (noch nicht in der Slg. veröffentlicht), Rn 129.

[324] Es ist dabei nicht anzunehmen, die Väter des Vertrages hätten einen Pleonasmus formulieren oder Wettbewerbsverfälschung und Handelsbeeinträchtigung als austauschbare Begriffe verwendet sehen wollen. Das erschließt sich auch einem Nicht-Ökonomen. Selbst als Laie in doppelter Hinsicht kann man etwa formulieren: Handel und Wettbewerb gleichen einander wie Stromspannung und Stromstärke. Jedenfalls bei letzteren kann es fatal sein, sie durcheinander zu bringen, nur weil es sich jeweils irgendwie um „Strom" handelt. Als ganz abwegig muß der Vergleich i.ü. nicht erscheinen: Der Wettbewerb erzeugt durchaus etwas wie eine Spannung, während der Handel, wie die Stromstärke, ein Quantum transportierten „Materials" anzeigt.

[325] Hier heißt es, daß Maßnahmen „...unvereinbar...sind..., welche den Handel zu beeinträchtigen geeignet sind und eine...Verfälschung des Wettbewerbs...bezwecken oder bewirken"

stellung eines unverfälschten Wettbewerbs und die eines unbeeinträchtigten Handels auf zwei unterschiedliche Schutzbereiche des Oberziels „Gemeinsamer Markt". Oberste Priorität in der Gemeinschaftsrechtsordnung genießt der Schutz des innergemeinschaftlichen *Handels* („Marktgleichheit"). Die originäre Kompetenz der Gemeinschaft ist daher grundsätzlich auch erst dann eröffnet, wenn es um einen die Binnengrenzen überschreitenden Handel geht.[326] Demgegenüber geht die im Vertrag allgemein angelegte und im Beihilfenrecht konkretisierte *Wettbewerbs*konzeption einerseits zwar über die bloße Gleichbehandlung der Marktbürger hinaus, diese Wettbewerbsordnung ist andererseits aber nach wie vor unvollkommen ausgestaltet und befindet sich noch im Entwicklungsprozeß.[327] Den beiden Merkmalen kommt insoweit eine durchaus unterschiedliche europarechtliche „Wertigkeit" zu.

Die dargelegten Unterschiede legen eine entsprechend differenzierte Handhabung beider Tatbestandsmerkmale nahe, wobei die oben aufgeworfenen Fragen (Schutzbereich, Prüfungsdichte etc.) bei beiden Tatbestandsmerkmalen dann zu durchaus unterschiedlichen Antworten führen können. Aus den unterschiedlichen Schutzbereichen ergeben sich unterschiedliche Schutzintensitäten und nicht zuletzt auch unterschiedliche Kompetenzen.

IV. Das Tatbestandsmerkmal der „Wettbewerbsverfälschung"

1. Relevanz, Schutz- und Regelungsbereich

Mit dem Gemeinsamen Markt unvereinbar sind Beihilfen, „die den Wettbewerb verfälschen oder zu verfälschen drohen." Was ist eine „Wettbewerbsverfälschung", wann liegt sie vor bzw. wann kann sie als erwiesen gelten?[328]

a) Der „unverfälschte Wettbewerb" als Schutzobjekt und Prüfungsmaßstab

Hier geht es um zweierlei: Was ist geschützt und – unmittelbar damit im Zusammenhang stehend – wann ist es verletzt? Ob eine Maßnahme den

---

[326] Vgl. *Schröder*, ZHR 152 (1988), 391, 402; *Müller-Graff*, ZHR 152 (1988), 403, 433, 437. Ausdruck findet dieser Schutzgedanke in den Kardinalnormen der Grundfreiheiten und dem allgemeinen Diskriminierungsverbot, aber auch im Verbot von Handelsbeeinträchtigungen. Daß es entscheidend auf die Handelsbeeinträchtigung ankommt, die auch im Beihilfenrecht eine Maßnahmen als mit dem gemeinsamen Markt unvereinbar erscheinen läßt, ist Ausprägung der Erkenntnis, daß Einfuhrbeschränkungen, Zölle, andere nichttarifäre Handelshemmnisse einerseits und Beihilfen andererseits nur verschiedene Seiten einer Medaille sind. Vgl. etwa *Jüttemeier/Lammers*, S. 21 f.; *Klingbeil*, S. 7.

[327] Vgl. oben 1. Teil, Kap. 4, Abschn. C. III., sowie *Kahl*, NVwZ 1082, 1085.

[328] Ein Definitionsansatz der „Wettbewerbsverzerrung" bzw. „Wettbewerbsverfälschung" etwa bei *Bösmeier*, S. 12 f.

Wettbewerb verfälscht, hängt zunächst davon ab, was man unter dem Schutzobjekt und Maßstab „Wettbewerb" versteht. Ist Prüfungsmaßstab eine abstrakte Wettbewerbsordnung oder ein reales Konkurrenzverhältnis zwischen Unternehmen?

Will man Wettbewerb als abstrakte Ordnung verstehen, kommt es für deren Verletzung darauf an, wie hoch man die Meßlatte legt. Je „reiner" (also „staatsfreier") man sich das Schutzgut Wettbewerb denkt, um so weniger wichtig wird die Frage der (ggf. nachzuweisenden) negativen Beeinflussung desselben. Als Idealvorstellung ist etwa eine Wettbewerbsordnung vollständiger Konkurrenz durch praktisch jegliche staatliche Tätigkeit mit ökonomischen Auswirkungen verletzt. Eines weiteren Nachweises bedürfte es für die wettbewerbsverfälschende Wirkung einer Beihilfe („die ja bekanntlich" oder „weil sie" den Wettbewerb verfälscht) nicht. Die Wettbewerbsordnung der Gemeinschaft ist nun nicht auf einen „reinen" Wettbewerbsmarkt vollkommener Konkurrenz ausgerichtet. Die europäische Wettbewerbsordnung ist zwar ihrer Konzeption nach tendenziell auf einen „staatsfreieren" Wettbewerb ausgerichtet – insoweit gibt die Wettbewerbsordnung die Richtung vor und bestimmt die *Funktion* des Beihilfenaufsichtsrechts. Als Tatbestandsmerkmal wäre aber die europäische Wettbewerbsordnung schon wegen ihrer Unvollkommenheit und Vieldeutigkeit kein geeigneter Prüfungsmaßstab für die verfälschende Wirkung von Beihilfen. Als derartige Generalklausel verstanden landete man schließlich doch wieder bei der automatisch verfälschenden Wirkung von Beihilfen. Als *Tatbestandsmerkmal* muß daher die Beeinflussung realer Wettbewerbsverhältnisse im Vordergrund stehen. Dies hat auch der Gerichtshof deutlich gemacht, indem er sich ausdrücklich für den Tatbestandscharakter des Merkmals der „Wettbewerbsverfälschung" und gegen eine per se wettbewerbsverfälschende Wirkung von Beihilfen ausgesprochen hat.[329]

Auch wenn es also um reale Wettbewerbsverhältnisse geht, bleibt die Frage, welcher „Wettbewerb" gemeint ist. Sowenig es „den" Markt gibt, auf dem alle Wettbewerber, Anbieter wie Nachfrager zusammenkommen,

---

[329] Vgl. oben II. Ausdrücklich spricht der EuGH auch von Beihilfen, die drohen, den „Wettbewerb zwischen Unternehmen in verschiedenen Mitgliedstaaten zu verfälschen." – vgl. EuGH, 17.9.1980, Rs 730/79, Slg. 1980, 2671, Rn 12. Hierfür spricht i.ü. auch der vom EuGH gezogene Vergleich mit dem EGKS, nach dem Beihilfen ohne jede Einschränkung verboten seien, die Unvereinbarkeit im Bereich des Art. 87 Abs. 1 EG aber davon abhänge, daß diese (tatsächlich) den Wettbewerb verfälschen oder zu verfälschen drohen (vgl. EuGH, 25.1.2001, Rs C-111/99 P, Slg. 2001, I-727, Rn 41; EuGH, 12.12.2002, Rs C-5/01, Slg. 2002, I-11991, Rn 75). Vgl. auch EuGH, 30.9.1992, Rs C-295/92, Slg. 1992, I-5003, Rn 12, worin der EuGH die Klagebefugnis eines Konkurrenten verneint hatte, weil das begünstigte Unternehmen mit der Klägerin nicht im Wettbewerb gestanden habe.

sowenig gibt es „den" Wettbewerb. Auch dies scheint der Gerichtshof erkannt zu haben, daß eben nicht ohne weiteres davon ausgegangen werden kann, es bestehe, egal wie und wo, a priori immer Wettbewerb. Er hat jedenfalls zumindest die Darlegung der „Umstände" verlangt, aus denen sich das *tatsächliche* Bestehen von Wettbewerb, zum anderen die Beteiligung des betreffenden Unternehmens hieran ergeben. Diese Auffassung verdient in der Grundaussage durchaus Zustimmung. Das Bestehen von *realem* Wettbewerb ist notwendige Voraussetzung für das Vorliegen einer tatsächlichen Wettbewerbsverfälschung.[330] Es muß jedenfalls ein *durch die Maßnahme* beeinflußbarer, also im Hinblick auf die Maßnahme „relevanter" Wettbewerb herrschen (eine Beihilfe für die schwedische Elektronikbranche beeinflußt den Wettbewerb zweier Bäcker in Südspanien nämlich gewiß nicht). Die Frage ist dann weiter, ob diese Bedingung auch hinreicht, ob tatsächlich, sobald feststeht, daß entsprechender Wettbewerb besteht, eine Beihilfe diesen notwendigerweise verfälschen muß.[331]

b) Prüfungsgegenstand und Prüfungsumfang

Eine „Wettbewerbsverfälschung" setzt einmal „Wettbewerb" und dann eine „Verfälschung" desselben voraus. Unter Wettbewerb ist – wie dargelegt – eine reale Konkurrenzsituation zwischen wirtschaftlichen Subjekten zu verstehen. Ohne daß damit eine besonders mißbilligende Wertung verbunden wäre, bedeutet „Verfälschen" jedes auf eine Beihilfe zurückzuführende staatliche *Einwirken* auf die realen Wettbewerbsverhältnisse; dies gilt insbesondere auch für Beihilfe zur „Wettbewerbsförderung".[332]

α) Der kausale Konnex von Maßnahme und Wirkung

Was bedeutet aber „Einwirken"? Jedenfalls muß sich ein *kausaler Zusammenhang* zwischen der fraglichen Maßnahme und deren Wirkung auf die Wettbewerbssituation herstellen lassen.[333] Ansonsten bestünde ja keine reale „Gefahr" für den realen Wettbewerb. Es genügt auch nicht jede Einwirkung auf irgendein Wettbewerbsverhältnis, sondern nur ein Einwirken auf einen im Hinblick auf die Maßnahme *relevanten* Wettbewerb (nicht je-

---

[330] So auch *Mederer*, in: G/T/E, Art. 92, Rn 33.

[331] So etwa *Schernthanner*, S. 100. Kritisch merkt *Ciresa* an, die Kommissionspraxis offenbare ein „nur gering ausgeprägtes ökonomisches Verständnis für das Phänomen des real ablaufenden 'Wettbewerbs'" (*Ciresa*, S. 72).

[332] Es ließe sich sonst etwa das negative „Verfälschen" einem positiven „Fördern" oder dem Herstellen „gesunder Wettbewerbsbedingungen" gegenüberstellen (vgl. auch *Modlich*, S. 79 f.; zu „wettbewerbsneutralen" bzw. „wettbewerbsfördernden" Subventionen im Montanbereich vgl. *Koppensteiner*, S. 114 ff., 120 ff.).

[333] Vgl. *Mederer*, in: G/T/E, Art. 92, Rn 33; *von Wallenberg*, in: *Grabitz/Hilf*, Art. 87, Rn 55.

de Beihilfe wirkt sich auf jedes Wettbewerbsverhältnis aus). Die entscheidende Frage ist dann, welche Anforderungen man an den Kausalitätsnachweis stellt.

β) „Wettbewerbsgefahr" und „Gefährdungswahrscheinlichkeit"

Keinesfalls sachgerecht dürfte es sein, von der Kommission einen minutiösen Tatsachennachweis darüber zu verlangen, welche Wettbewerbsparameter durch die Maßnahme exakt wie verändert werden.[334] Bei realistischer Betrachtung würde eine solche Forderung der Kommission eine wahre Sisyphosarbeit aufbürden, der sie nicht gewachsen sein *kann*. Bei Neubeihilfen wäre ein solcher in die Zukunft gerichteter Nachweis ohnehin denknotwendig ausgeschlossen. Es muß daher genügen festzustellen, daß die fragliche Maßnahme – wie auch im Sicherheitsrecht – mit einem gewissen *Wahrscheinlichkeitsgrad* die Wettbewerbsverhältnisse beeinflußt. Die Frage bleibt dann, welchen Grad an Wahrscheinlichkeit die Kommission darstellen und nachweisen muß.

Dem Wortlaut nach scheint es so, als unterscheide der Vertrag zum einen die *tatsächliche* „Wettbewerbsverfälschung" und zum anderen die *„drohende"*. Dies könnte auf unterschiedliche Gefährdungswahrscheinlichkeiten und dementsprechend unterschiedliche Nachweispflichten hindeuten. Jeweils geht es aber um die „Gefahr" für den Wettbewerb. Insbesondere die „drohende Wettbewerbsverfälschung" wurde dementsprechend Gegenstand einiger Definitionen, die ihre Verwandtschaft mit dem Sicherheitsrecht nicht verleugnen können.[335] Gemeinsam ist diesen Ansätzen, daß

---

[334] Auch der Gerichtshof hat im Fall „Leeuwarder" (aaO) zwar grds. eine Darstellung der konkreten Marktsituation verlangt. Nicht gefordert hat der Gerichtshof aber, daß die Kommission die konkreten Folgen der Maßnahme für den Wettbewerb im einzelnen benennt. Vgl. auch EuG, 13.6.2000, Rs T-204/97, Slg. 2000, II-2267, Rn 85 („keine ganz genaue, mit Zahlen belegte Analyse"). Bei Beihilferegelungen, die abstrakt im voraus geprüft werden, wäre dies ohnehin nicht möglich – vgl. EuGH, 19.9.2002, Rs C-113/00, Slg. 2002, I-7601, Rn 54; 26.9.2002, Rs C-351/98, Slg. 2002, I-8031, Rn 67. Entsprechend genügt dem Gerichtshof die Eignung zur Verfälschung (EuGH, 15.12.2005, Rs C-148/04, noch nicht in der Slg. veröffentlicht, Rn 54). Gegen eine Nachweispflicht bei nicht notifizierten Maßnahmen wegen Benachteiligung ordnungsgemäß notifizierender Mitgliedstaaten EuGH, 29.4.2004, Rs C-372/97, Slg. 2004, I-3679, Rn 44 f. mwN.

[335] Danach muß die Wettbewerbsverfälschung etwa „konkret, gegenwärtig und nicht außerhalb aller Wahrscheinlichkeit" (*von Wallenberg*, in: *Grabitz/Hilf*, Art. 87, Rn 55) sein, oder es wird „eine ernsthafte Bedrohung" des Wettbewerbs (*Lefèvre*, S. 125) gefordert. Dies soll vorliegen, „wenn auf Grund konkreter Fakten der Eintritt einer Wettbewerbsverfälschung als unmittelbar bevorstehend oder unausweichlich anzusehen ist." (ebd.). Ein weiterer Ansatz verlangt, eine „in naher Zukunft mit hinreichender Wahrscheinlichkeit gewisse objektiv zu bestimmende Gefährdungsintensität", wobei diese ernsthaft sein muß und nicht nur mit „abstrakter, denkmöglicher Eignung zur Verfälschung" bestehen darf – *Müller-Graff*, ZHR 152 (1988), 403, 431.

die *Gefährdung des Wettbewerbs* hinreichend konkret sein muß.[336] Die Bestimmung einer „Gefahr" für den Wettbewerb verlangt freilich ungleich komplexere Überlegungen als gemeinhin die für die Prognose eines sicherheitsrechtlich relevanten Schadenseintritts. Zu bedenken ist weiter, daß auch die „tatsächliche" Wettbewerbsverfälschung von der Kommission nicht mit hundertprozentiger Sicherheit festgestellt werden kann – auch hier handelt es sich also nur um eine Wahrscheinlichkeitseinschätzung. Die Prognose einer zukünftigen Wettbewerbsverfälschung ist insoweit von kaum weniger Unsicherheiten geprägt als die ex-post-Beurteilung einer bestehenden Beihilfe. Hieraus ergibt sich, daß es sich bei „tatsächlichen" oder „drohenden" Wettbewerbsverfälschungen weniger um echte Alternativen handeln dürfte, sondern um die *generelle Herabsetzung des Wahrscheinlichkeitsmaßstabs*: Für die Tatbestandsmäßigkeit im Sinne des Art. 87 Abs. 1 EG genügt eine „drohende" Wettbewerbsverfälschung.[337]

Zur Darlegungspflicht ist anzumerken: Fälle, bei denen der Konnex evident ist, sind nicht zu problematisieren. Es ist also kein Beweis bis ins Letzte zu führen Die Herabsetzung des Wahrscheinlichkeitsmaßstabs kann aber nicht bedeuten, daß sich die Kommission generell mit Erwägungen allgemeinster Art, die eben gar nichts aussagen, begnügen dürfte.[338] Die zahllosen Interdependenzen und Unkalkulierbarkeiten des realen Wettbewerbs würden die Prognose dann zur bloßen Kaffeesatz-Leserei werden lassen, auf die man füglich verzichten könnte. Ungewißheit und Begründungsdichte der Kausalität stehen insoweit in einem direkten Proportionalitätsverhältnis.

2. Die Beurteilungskriterien einer Wettbewerbsverfälschung

Wie stets bei Wahrscheinlichkeits- bzw. Prognoseentscheidungen, so muß auch hier der zur Beurteilung aufgerufenen Institution ein Beurteilungsermessen zukommen. Was allerdings nachprüfbar sein muß, ist die Frage, ob

---

[336] Wobei teilweise eher der Wahrscheinlichkeitsgrad, teilweise eher die zeitliche Komponente betont wird (vgl. auch SA des GA *Slynn* v. 1.3.1988 in der Rs 57/86, Slg. 1988, 2855: „drohen" stehe für „mögliche als auch für gegenwärtige" Auswirkungen). Der Zeitaspekt dürfte schon der Funktion des Beihilfenaufsichtsrechts wegen hinter dem Aspekt der Gefährdungswahrscheinlichkeit zurückzutreten haben. Ob das „Drohen" tatsächlich ein starkes zeitliches Element enthält, erscheint ohnehin fraglich, da es sich, abgesehen von „latent gefährlichen" Altbeihilfen, grds. nur auf neue Beihilfe beziehen könnte. Die Frage, zu welchem Zeitpunkt der Wettbewerb verfälscht wird, ist wohl ohnehin kaum zu beantworten und eigentlich auch nicht sonderlich relevant.
[337] Vgl. auch *Cremer*, EWS 1996, 379, 383 f.
[338] So aber i.E. *Bär-Bouyssière*, in: *Schwarze*, EU-Komm., Art. 87, Rn 38: die Kommission müsse die Wettbewerbsverfälschung zumindest knapp feststellen; ähnlich *Rawlinson*, in: *Lenz/Borchardt*, Art. 87, Rn 11: eine Beschreibung der Wettbewerbsverhältnisse dürfe „nicht ganz fehlen".

die Kommission die entsprechenden normativen Kriterien als Maßstäbe berücksichtigt hat und schließlich, ob sie diese durch entsprechenden Tatsachennachweis schlüssig belegt hat. Die bislang herausgearbeiteten Kriterien (relevanter Wettbewerb und hinreichende Wahrscheinlichkeit eines kausalen Konnexes zwischen Beihilfe und Wettbewerb) fungieren also gleichsam als „Untertatbestände" des Merkmals der Wettbewerbsverfälschung.

a) Das Bestehen von relevantem Wettbewerb

Im Laufe der Zeit haben sich aus Kommissionspraxis und Rechtsprechung gewisse Anhaltspunkte („Umstände") ergeben, die auf eine potentiell gefährdete Wettbewerbssituation hinweisen sollen. Zu nennen sind insbesondere Überkapazitäten, Preisschwäche, Nachfrageabfall, Steigerung des Exports, Anzahl der Anbieter etc.[339] Es hieße aber Äpfel mit Birnen vergleichen, wenn im Zuge des Vergleichs die fragliche Beihilfemaßnahme nicht in einen direkten Zusammenhang mit der realen Marktsituation gebracht werden kann (Überkapazitäten in der Textilindustrie werden für gewöhnlich mit dem Wettbewerb im Werftensektor nicht in unmittelbarem Zusammenhang stehen). Damit anhand der oben genannten Kriterien insbesondere *in Zweifelsfällen* beurteilt werden kann, ob eine Maßnahme möglicherweise auf diese Wettbewerbssituation einwirken kann, muß also zunächst der *relevante* Wettbewerbsmarkt bestimmt werden.[340] Hierzu ist eine Bestimmung des relevanten Marktes in sachlicher, zeitlicher und räumlicher Hinsicht vorzunehmen.[341]

---

[339] Vgl. oben II.

[340] Die Kommission hat bereits einige Erfahrungen mit der Bestimmung des relevanten Marktes, die Rspr. hat sich jedenfalls ansatzweise damit beschäftigt (ablehnend noch EuGH, 17.9.1980, Rs 730/79, Slg. 1980, 2671, Rn 9 ff.; mittlerweile aber partiell angewandt – vgl. EuGH, 5.10.2000, Rs C-288/96, Slg. 2000, I-8237, Rn 44; EuG, 28.2.2002, Rs T-155/98, Slg. 2002, II-1179, Rn 56 ff.), wenn auch eher im Rahmen des Art. 87 Abs. 3 EG. Ein sehr frühes Beispiel ist die Entscheidung der Kommission 64/651/EWG, Ziff. I. Hier ging es um die Bestimmung des relevanten Marktes für Ackerschlepper (differenziert wurde zwischen solchen mit hoher und solchen mit geringer Motorleistung). Zu einem festen Bestandteil der Prüfung wie in Art. 81 EG ist die Definierung des relevanten Marktes allerdings nicht geworden. Obwohl die Anwendungsbereiche der Art. 81 f. und 87 ff. EG verschieden sind, kann hier auf die Erfahrungen des unternehmensbezogenen Wettbewerbsrechts zurückgegriffen werden. Hier wie da geht es um den Nachweis einer Konkurrenzsituation. Es ist im übrigen nicht ohne weiteres einleuchtend, warum die Anforderungen an die Festlegung des relevanten Marktes, wenn es hierauf ankommt, im Rahmen des Art. 87 Abs. 1 EG weniger hoch sein sollen als bei Art. 81 EG. So aber *Rawlinson*, in: *Lenz/Borchardt*, Art. 87, Rn 11 („nicht so ausführlich").

[341] Für eine verstärkte Analyse des relevanten Marktes *Koenig/Kühling*, EuZW 1999, 517, 518, 522. So auch *Mederer*, in: G/T/E, Art. 92, Rn 32; a.A. *Götz*, in: *Dauses*,

a) Der sachlich relevante Markt (Produktmarkt)

Eine allzu weitherzige Festlegung des wettbewerblich relevanten Produktmarktes (z.b. „Getränkesektor") muß zu einer ähnlich verzerrten Darstellung führen wie eine zu enge Betrachtungsweise (z.B. „Chablis grand cru 1994").[342] Eine im Wettbewerbsrecht gebräuchliche Herangehensweise ist die sozusagen „deduktive" Untergliederung des Gesamtmarktes in einzelne Teilmärkte. Als Bestimmungsfaktor für den relevanten Markt wird auf die Substituierbarkeit der jeweils produzierten Güter aus Sicht der Nachfrager abgestellt.[343] Eine andere, eher „induktiv" zu nennende Methode, wählt bisweilen die Kommission. Je nach Produktpalette des begünstigten Unternehmens wird ein engeres oder ein weiteres Marktsegment betrachtet. Ist das Unternehmen im Bereich der Polyestergarnherstellung tätig, zielt die Kommission die entsprechenden Unternehmen als Vergleichsmaßstab heran.[344] Stellt das Unternehmen Teppiche und Bodenbeläge her, konzentriert die Kommission ihre Prüfung auf die gemeinschaftliche Kammgarn- und Teppichproduktion.[345] Damit scheint die Kommission meist ganz automa-

---

EUWR., H. III, Rn 43; *Bär-Bouyssière*, in: *Schwarze*, EU-Komm., Art. 87, Rn 38; *Cremer*, EWS 1996, 379, 383.

[342] Differenziert man zu sehr – um beim obigen Beispiel zu bleiben – etwa zwischen Qualitäts- und Tafelwein, Weinen bestimmter Anbaugebiete oder Rebsorten, wird man irgendwann den relevanten Markt so weit pulverisiert haben, daß letztlich jedes Unternehmen eine eigene praktisch wettbewerbsfreie Marktnische besetzt hält. Zur Substituierbarkeit von Wein und Bier vgl. BFH, 5.9.2002, Az. VII R 105/99, NVwZ 2003, 250, 251.

[343] Vgl. nur *Haberstumpf*, S. 40. So auch die Definition im Multisektorale-Regionalbeihilferahmen für große Investitionsvorhaben (ABl. C 107 v. 7.4.1998, S. 7 ff., Ziff. 7.6); aus der Literatur: *Koenig/Kühling/Ritter*, Beihilfenrecht, S. 84 f.; *Cremer*, EWS 1996, 379, 383; *Schernthanner*, S. 98; *Pinna*, S. 31 („concorrenza di sostituzione"). Diese Vorgehensweise ist freilich nur dann wirklich aussagekräftig, wenn die spezifischen Bedürfnisse durch Produkt und Substitutionsprodukt gleichermaßen befriedigt werden können. Fraglich etwa bereits bei der Unterscheidung von Zucker- und Süßstoffmarkt (vgl. aber *Mederer*, in: G/T/E, Art. 92, Rn 32). Zwar sind Zucker und Süßstoff Süßungsmittel, beide sind aber auf andere Verbraucherbedürfnisse (z.B. das von Diabetikern) zugeschnitten. Eine Schwarzwälder Kuckucksuhr substituiert zwar jegliche Wanduhr, gehört aber wohl eher dem Souvenir- oder Spezialitätensektor an. Da die Nachfrager ihr Geld nur einmal ausgeben *können* und ihr Geld nur für wenige Güter wirklich ausgeben *müssen*, stehen zumindest auf dem Endverbrauchermarkt – bis auf lebensnotwendige – praktisch alle Güter in einem gewissen Substitutionsverhältnis zueinander.

[344] Vgl zum Polyester-Polypropylen-Markt Entscheidung der Kommission 85/471/EWG.

[345] Bei Unternehmen, die auf mehreren Marktsegmenten auftreten, analysiert die Kommission jeden Markt für sich (z.B. den für Uhren, Elektronik und optische Produkte). Vgl. Entscheidung der Kommission 85/275/EWG; vgl. auch Entscheidung der Kommission 83/486/EWG zum Textil- und Oberbekleidungsmarkt. Die Methode versagt freilich, wenn noch kein entsprechender Markt existiert. Hierzu etwa Entscheidung der

tisch den „richtigen" relevanten Markt zu treffen.³⁴⁶ Bemerkenswert ist, daß sich die Kommission bei dieser Frage auch externer Sachverständiger bedient, um beurteilen zu können, ob von einem eigenständigen Teilmarkt gesprochen werden kann.³⁴⁷ Die europäischen Gerichte hatten sich bislang eher sporadisch und meist in anderem Zusammenhang (v.a. im Rahmen der Ermessensausnahmen gem. Art. 87 Abs. 3 EG) mit der Beurteilung des relevanten Marktes zu beschäftigen. Jüngere Urteile (insbesondere des EuG) stützen aber das Vorgehen der Kommission.³⁴⁸

Kommission 85/275/EWG, Ziff. 3, bei der es auch um den relevanten Markt für ein in der Gemeinschaft einmaliges Verfahren der dreidimensionalen Photographie ging. Die Frage war hier, ob ein solches neues Produkt geeignet ist, herkömmliche Phototechniken zu ersetzen.

³⁴⁶ Die Entscheidungspraxis der Kommission läßt i.ü. durchaus das ernsthafte Bemühen der Kommission erkennen, ein möglichst exaktes Bild des relevanten Marktes zu zeichnen. Vgl. Entscheidung der Kommission 92/329/EWG, Ziff. V (Sehlinsen mit und ohne Fassung, Glaslinsen, Kunststofflinsen, Markenlinsen und Billiglinsen); oder Entscheidung der Kommission 94/1071/EG, Ziff. III, IV (mit der Unterscheidung von PP-BCF-Garnproduktion und BCF-Markt). Veranlaßt wird die mittlerweile sehr ins Detail gehende Bestimmung des relevanten Marktes gerade in jüngerer Zeit durch das Vorbringen der Mitgliedstaaten, die Kommission habe ein zu breites Marktsegment zugrundegelegt.

³⁴⁷ Ein Indiz, daß man sich der Tatsachenebene nähert. So z.B. bei der Entscheidung der Kommission 95/438/EG, bei der zu beurteilen war, ob Kettenräder und Gußeisen-Ausrüstungsteile ein eigenes Marktsegment bilden oder ob die Produktion dem weiter gefaßten Markt „Stahlgußerzeugnisse" zuzuordnen ist. Veranlaßt wurde die erneute Prüfung durch die Nichtigerklärung in EuGH, 19.5.1993, Rs C-198/91, Slg. 1993, I-2487, Rn 31 ff.

³⁴⁸ Vgl. das Vorbringen der Antragsteller in EuGH, Beschluß v. 3.5.1985, Rs 67/85, Slg. 1988, 219, Rn 14 (Gas speziell für Gartenbaubetriebe als eigenständiger Markt?), sowie EuGH, 29.2.1996, Rs C-56/93, Slg. 1996, I-723, Rn 27 ff.; 5.10.2000, Rs C-288/96, Slg. 2000, I-8237, Rn 44, 74-76; 19.9.2002, Rs C-113/00, Slg. 2002, I-7601, Rn 31. Relativ ausführlich nimmt das EuG zur Frage des relevanten Produktmarkts in der Rechtssache T-380/94, Slg. 1996, II-2169 (12.12.1996, Rn 95 ff., 113 ff.), Stellung (Abgrenzbarkeit von „geringwertigen" und „hochwertigen" Geweben). Die Kommission hatte ihre Entscheidung auf ein Sachverständigengutachten gestützt, das anhand eines Bündels von Kriterien eine am vorliegenden Einzelfall orientierte Differenzierung der Produktmärkte vorgenommen hat (Stückzahl, Wertschöpfung, Flexibilität). Hinsichtlich der Beweislast hat das EuG i.ü. deutlich gemacht, daß sich das Merkmal des relevanten Marktes als Kriterium eignet, dessen letzte Präzisierung aber eine einem Beweis zugängliche Tatsache ist, für die die Kommission die Darlegungslast trägt. In diesem Sinne auch EuGH, 19.5.1993, Rs C-198/91, Slg. 1993, I-2487, Rn 31 ff. Im Verfahren vor dem EuGH, 8.3.1988, Rs 62 u. 72/87, Slg. 1988, 1573 („Glaverbel"), Rn 14, hatte dieser das Vorbringen, es handele sich um jeweils getrennte Märkte zurückgewiesen, weil die Kläger dies nicht hinreichend nachweisen konnten. Dies spräche für eine Beweisbelastung des Unternehmens. Nicht akzeptiert hat der Gerichtshof i.ü. die Zuweisung von Unternehmen, die Transporte nur für den eigenen Bedarf durchführen, zum Transportsektor – vgl. EuGH, 26.9.2002, Rs C-351/98, Slg. 2002, I-8031, Rn 48 f.

D. „Wettbewerbsverfälschung" und „Handelsbeeinträchtigung" 319

β) Der zeitlich relevante Markt (insbes. „potentieller Wettbewerb")

Das zeitliche Element im Merkmal der „drohenden" Wettbewerbsverfälschung" (*wann* genau mit der Wettbewerbsverfälschung zu rechnen ist) ist wohl nicht von allzu großer Bedeutung. Sehr wohl eine Rolle spielt aber das möglicherweise temporal weite Auseinanderfallen von Beurteilungszeitpunkt und zu beurteilender Wettbewerbssituation. Dies wirkt sich insbesondere auf die Anforderungen an die Wahrscheinlichkeitsprüfung aus (also *daß* mit einer Wettbewerbsverfälschung zu rechnen ist).[349] Maßnahmen, die jetzt ergriffen werden, sind oftmals nicht jetzt, sondern erst in Jahren auf dem Wettbewerbsmarkt zu spüren. Insbesondere ist das z.B. bei FuE-Beihilfen anzunehmen.[350] Auch in anderen Konstellationen ist die Kommission u.U. gehalten, einen erst in der Entwicklung befindlichen Markt zu beurteilen (wenn in einem bestimmten Sektor Wettbewerb noch nicht existiert, möglicherweise aber in Zukunft bestehen wird).[351] Dies verschärft regelmäßig die Schwierigkeiten, bestimmte Auswirkungen im unübersichtlichen und dynamischen Wettbewerbsprozeß auszumachen und verlangt daher nach höherer Begründungsdichte.[352]

γ) Der räumlich relevante Markt

Hier stellt sich das Problem, welcher reale Wettbewerbsmarkt in räumlicher Hinsicht vom Schutzbereich des Beihilfenverbots umfaßt wird.[353] Im Beihilfenrecht geht es ausschließlich um den innergemeinschaftlichen Wettbewerb.[354] Es dürfte aber wohl inner*staatlicher* Wettbewerb genügen, weil auch der innerstaatliche letztlich ein inner*gemeinschaftlicher* ist und anders als beim Tatbestandsmerkmal der Handelsbeeinträchtigung eine Zwischenstaatlichkeit nicht verlangt wird.[355] Der Wettbewerb mit Unter-

---

[349] Vgl. *Cremer*, S. 68 ff.
[350] Hierzu *Cremer*, EWS 1996, 379 ff. Hierzu auch *Kilian*, WuW 1975, 435 ff.
[351] Vgl. etwa Entscheidung der Kommission 85/275/EWG.
[352] Wohl nicht ausreichend sind eher lapidare und weder durch nähere Begründung noch entsprechende Tatsachenfeststellungen untermauerte Ausführungen der Kommission, wonach eine Beihilfe geeignet sei, „zu mit dem Gemeinsamen Markt unvereinbaren Wettbewerbsverzerrungen zu führen, da schon mehrere Unternehmen des Sektors beabsichtigen, sich auf dem expandierenden Markt (hier: umweltfreundliche Benzinzusätze) niederzulassen."
[353] Die Bestimmung des räumlichen Marktes ist daher keineswegs dem Tatbestandsmerkmal der Handelsbeeinträchtigung zuzurechnen – so aber *Schernthanner*, S. 100 f., Fn 36.
[354] Vgl. oben Kap. 1, Abschn. B. III. 3.
[355] So auch *Mederer*, in: G/T/E, Art. 92, Rn 32; *von Wallenberg*, in: *Grabitz/Hilf*, Art. 87, Rn 54; *Lefèvre*, S. 124; a.A. *Bleckmann*/Koch, in *Bleckmann*, EuR, Rn 2059. Differenzierend: *Bleckmann*, WiVerw 1989, 75, 76 ff. Von Kommission und Gerichtshof wurde diese Frage soweit ersichtlich noch nicht eindeutig beantwortet (vgl. aber etwa

nehmen aus *Drittstaaten* soll sowohl nach Kommission wie auch nach Gerichtshof grundsätzlich unbeachtlich bleiben, solange nicht Rückwirkungen auf die Gemeinschaft zu erwarten sind.[356]

b) Der Nachweis der Wettbewerbsverfälschung – Anforderungen an die Kausalverknüpfung

Die Begünstigung des oder der Wirtschaftsteilnehmer muß mit der Beeinflussung des Wettbewerbs in einen kausalen Zusammenhang zu bringen sein. Diesen Zusammenhang hat die Kommission in Form einer Prognoseentscheidung (für Neubeihilfen) bzw. einer Wahrscheinlichkeitseinschätzung (bei Altbeihilfen) herzustellen. Es ist somit weiter zu fragen, ob und ggf. welche Anforderungen an diese Prognose zu stellen sind.[357]

α) Typische und atypische Konstellationen

Bei einer „klassischen Subvention", die zumindest primär die Stärkung eines Unternehmens bezweckt, ist der Fall einigermaßen eindeutig: Die staatliche Zuwendung stellt einen wirtschaftlichen und damit wettbewerbsrelevanten Vorteil dar. Tritt das Unternehmen auf dem Markt auf und herrscht hier (wie im Regelfall) Wettbewerb, wird eine Stärkung des Unternehmens auf die Wettbewerbsverhältnisse durchschlagen. Die Wettbewerbsverfälschung ergibt sich hier tatsächlich fast „automatisch" und ein Einzelnachweis, daß sich durch die Beihilfe bestimmte Wettbewerbsparameter in einer bestimmten Weise verändern, erscheint entbehrlich. Im Regelfall werden Vorteile für im Wettbewerb stehende Unternehmen immer auch Auswirkungen auf diesen haben. Voraussetzung ist aber, *daß* es sich um einen Regelfall handelt. Es sind nämlich durchaus atypische Konstellationen vorstellbar, die eine solche „Vermutung" nicht zulassen, sei es etwa, daß auf einem Markt (noch) kein Wettbewerb herrscht oder sonstige Umstände vorliegen, die einen Schluß von Begünstigung auf Wettbewerbsver-

---

EuGH, 17.9.1980, Rs 730/79, Slg. 1980, 2671, Rn 12, wonach eine Maßnahme drohte, „Wettbewerb zwischen Unternehmen in verschiedenen Mitgliedstaaten zu verfälschen."). Die Kommission betont bisweilen das Vorliegen von *grenzüberschreitendem* Wettbewerb. Vgl. etwa Entscheidung der Kommission 98/353/EG, Ziff. V.

[356] Letzteres ist denkbar, wenn das fragliche Unternehmen (etwa hinsichtlich Produkt X) in seiner Wettbewerbstellung gegenüber Konkurrenten aus Drittstaaten gestärkt wird und es diesen Vorteil (durch günstigeres Anbieten der Produkte Y und Z) im innergemeinschaftlichen Wettbewerb für sich nutzen kann. I.ü. ist Protektion nach außen gemeinschaftsrechtlich nicht nur nicht untersagt, sie dient bisweilen sogar der von der Kommission akzeptierten Rechtfertigung auch mitgliedstaatlicher Beihilfen. Vgl. Mitteilung der Kommission, ABl. 92/C 344/3, 5.

[357] Der Einfachheit halber soll im folgenden der Begriff der Prognose verwendet werden – gemeint ist damit aber immer auch die Beurteilung einer bestehenden Beihilfe.

fälschung nicht ohne weiteres rechtfertigen.[358] Zur Illustration sei beispielhaft folgender, einem realen Fall nachgebildeter Sachverhalt skizziert:[359]

Eine staatliche Gasversorgungsgesellschaft räumt einem Kreis von Produzenten von Stickstoffdüngemitteln Sondertarife ein. Auf dem Düngemittelsektor herrscht hoher Wettbewerbsdruck. Mit dem verbilligten Gas können die Düngemittelhersteller das für die Stickstoffproduktion benötigte Ammoniak günstig selbst herstellen. Da der Ammoniakpreis zu etwa 70 % den Preis des Endproduktes bestimmt, konnten die Düngemittelhersteller also das Endprodukt billiger herstellen als ohne den Vorzugstarif. Ohne die verbilligte Abgabe von Erdgas hätten die Düngemittelhersteller allerdings die Alternative gehabt, das fertige Ammoniak auf dem Weltmarkt einzukaufen – und dies zum etwa gleichen Preis, wie die Kosten für die Produktion des Ammoniaks mit verbilligtem Gas betragen haben. Auf die Gestehungskosten von Düngemitteln und auf den Düngemittelmarkt hatte der verbilligte Verkauf des Erdgases also keinerlei Wirkung. Ohne weiteres eine verbotene Beihilfe für die Düngemittelhersteller? – Erstens liegt eine Beihilfe i.e.S. vor, da der verbilligte Bezug von Gas einen wirtschaftlichen Vorteil darstellt, der grds. auch geeignet ist, Wettbewerbsvorteile zu erzeugen. Die Begünstigung ist staatlich finanziert, und sie betrifft bestimmte Unternehmen. Zweitens besteht auf dem relevanten Düngemittelmarkt starker Wettbewerb. Eine wettbewerbsverfälschende Wirkung des Vorteils wäre also zu bejahen. Dennoch kann im Grunde nicht automatisch eine *verbotene* Beihilfe vermutet werden, da sich die Wettbewerbssituation durch die Beihilfe in keiner Weise geändert hat.[360]

Das Beispiel zeigt zum einen, daß von einer per se wettbewerbsverfälschenden, quasi „fingierten" Wirkung jedenfalls nicht gesprochen werden kann, zum anderen, daß es auch eine generelle Vermutung für die wettbewerbsverfälschende Wirkung einer Beihilfe nicht für jeden Fall geben kann. Andernfalls würden Fälle wie der soeben beschriebene unbesehen durch das Prüfungsraster fallen. An die Begründungs- und Nachweispflichten der Kommission werden in atypischen Konstellationen dementsprechend höhere Anforderungen zu stellen sein als im unproblematischen

---

[358] Vgl. die sparsamen Ausführungen der Kommission etwa in der Sache „CargoLifter", Schreiben der Kommission C (2002) 3737 endg., wo diese von einer Wettbewerbsverfälschung ausging, obwohl es sich – wie die Kommission selbst schreibt – um einen „noch nicht besetzten Markt" mit einem „völlig neuen Dienstleistungstypus" handelt. Die Maßnahme wurde letztlich aber gem. Art. 87 Abs. 3 EG genehmigt.

[359] Es handelt sich um die Mitteilung der Kommission C 50/83, ABl. 92/ C 344/03. Hierzu erging das Urteil des EuGH, 29.2.1996, Rs C-56/93, Slg. 1996, I-723. Der Fall wurde nur an einer Stelle modifiziert: Im realen Fall wurde das Vorliegen einer Beihilfe verneint, weil der Vorzugstarif ökonomisch gerechtfertigt war und dem Marktüblichen entsprach. Die einzige Modifizierung ist die, daß im Beispielfall eine echte Beihilfe vorliegen soll, die Leistung also mit keiner entsprechenden Gegenleistung korrespondiert. Da alle anderen Umstände beibehalten wurden, ist der Beispielfall durchaus realistisch und hätte sich auch so abspielen können.

[360] Auf die Wettbewerbsposition der begünstigten Unternehmen selbst hat die Beihilfe eigentlich keinen Einfluß, denn auch die nichtbegünstigten Konkurrenten haben ja die Möglichkeit, sich das im Verhältnis zur staatlich nicht geförderten Eigenproduktion billigere Ammoniak auf dem Weltmarkt zu beschaffen.

Normalfall. Dies muß sich insbesondere in strengeren Anforderungen an die Sachverhaltsermittlung und die Kausalitätsprüfung niederschlagen.

β) Angebots- und Nachfragesituation als Wettbewerbsindikator

Im Normalfall wird auf einem realen, abgrenzbaren Markt immer auch Wettbewerb bestehen. Ob ein solcher Normalfall besteht, läßt sich am besten aus der jeweiligen Angebots- und Nachfragesituation ablesen. Ein von der Praxis schon recht früh entwickeltes Kriterium für das Bestehen von Wettbewerb war daher die Feststellung von Überkapazitäten als Indikator für einen besonders umkämpften Markt. Daneben wird auch auf die Preisschwäche oder Nachfragestagnation[361] abgestellt. Alle diese Anhaltspunkte lassen auf einen Überhang des Angebots im Vergleich zur Nachfrage schließen und deuten damit auf einen fühlbaren bzw. besonders harten Wettbewerb hin.[362] Der Gerichtshof hat die Tauglichkeit dieser Kriterien mehrfach bestätigt.[363]

Die Frage bleibt aber, in welchem Bedingungszusammenhang diese Kriterien zur wettbewerbsverfälschenden Wirkung stehen. E contrario der Rechtsprechung könnte man schließen, daß *ohne entsprechend starken* Wettbewerb eine Beihilfe *keine* wettbewerbsverfälschende Wirkung erwarten lasse. Dies würde dem oben Festgestellten entgegenstehen, wonach der Schluß von einer Beihilfe auf deren wettbewerbsverfälschende Wirkung *im Regelfall* und ohne daß eine besondere Wettbewerbssituation bestehen müßte, zulässig sein soll. Um eine *conditio sine qua non* scheint es sich beim Vorliegen einer besonders angespannten Wettbewerbssituation auch aus Sicht des Gerichtshofs nicht zu handeln.[364] Andererseits kann auch nicht angenommen werden, daß die Indikatoren für eine angespannte Wettbewerbssituation gänzlich *ohne* Einfluß auf die Schlußfolgerung einer Wettbewerbsverfälschung bleiben sollen, denn dann würde die Bezugnahme hierauf tatsächlich bloßen „Dekorationszwecken" dienen.

Entweder sind Kommission und Gerichtshof so zu verstehen, daß der Wettbewerb (i.S. eines „Sicherheitszuschlags") *um so mehr* verfälscht wird, je umkämpfter der Markt ist; oder, daß der Wettbewerb *jedenfalls*

---

[361] Vgl. etwa EuGH, 24.2.1987, Rs 310/85, Slg. 1987, 901, Rn 10.

[362] Nicht zu den Indikatoren für das Vorliegen von Wettbewerb dürfte wohl das Merkmal „steigender" Ausfuhren zählen (des Mitgliedstaats oder des Unternehmens). Diese können alle möglichen Gründe haben und freilich auch für die besonders starke Position des Unternehmens sprechen. Auf eine besondere Wettbewerbssituation müssen sie aber wohl nicht hindeuten. Zu weiteren (nicht) relevanten Indikatoren vgl. auch EuGH, 2.2.1988, Rs 67/85, Slg. 1988, 219, Rn 56 ff.

[363] EuGH, 8.3.1988, Rs 62 u. 72/87, Slg. 1988, 1573 („Glaverbel"), Rn 17 f.

[364] Die wettbewerbsverfälschende Wirkung einer Beihilfe wurde auch in einem Fall bejaht, bei dem der Markt nicht von einem Angebotsüberhang gekennzeichnet war (EuGH, 13.7.1988, Rs 102/87, Slg. 1988, 4067, Rn 19).

dann verfälscht wird, wenn eine solche Situation vorliegt. Da es letztlich um die Anforderungen an eine Prognoseentscheidung geht, also nicht so sehr um den Grad *der Wettbewerbsverfälschung* (dieser eher bei Art. 87 Abs. 3 EG), sondern eher um den Grad *der Wahrscheinlichkeit* einer solchen, dient der Rekurs auf eine besonders angespannte Wettbewerbssituation vielmehr als Grundlage einer Vermutung im Sinne einer praesumptio facti, also einer Beweiserleichterung. Die Wahrscheinlichkeit ist dabei um so größer, je sensibler das Marktgefüge auf Veränderungen der Angebotsstruktur reagieren wird – und dies ist bei einem Wettbewerb mit hohem Konkurrenzdruck fraglos der Fall.

Im umgekehrten Fall, wenn das Angebot dauerhaft hinter der Nachfrage zurückbleibt, scheint tatsächlich Wettbewerb nicht zu bestehen, da eine Konkurrenz um die Nachfragermärkte offensichtlich nicht stattfindet. Der Kreis der (potentiellen) Anbieter ist offenbar nicht in der Lage oder nicht willens, die Nachfragerbedürfnisse zu befriedigen. Hier besteht also die typische Konstellation des *Marktversagens* und zugleich eine atypische Marktsituation (gedacht sei hier an die mangelhafte Bereitstellung bestimmter öffentlicher oder meritorischer Güter, etwa das Bereitstellen von Einrichtungen der Grundversorgung oder der Daseinsvorsorge). Die Kommission ist schon aus Gründen der Verhältnismäßigkeit dazu aufgerufen, sich sehr gründlich mit den zu erwartenden Wirkungen auseinanderzusetzen. Umgekehrt treffen den Mitgliedstaat im Falle der Geltendmachung besonderer nationaler Interessen an der Behebung des Marktversagens erhöhte Darlegungspflichten zur Marktadäquanz der Maßnahme (vgl. oben Abschnitt A. III.).

γ) Wettbewerbs-„neutrale" Maßnahmen

Auch auf einem Markt, auf dem offenkundig scharfer Wettbewerb herrscht, muß die fragliche Beihilfe nicht unbedingt zu einer Verbesserung der Marktposition des begünstigten Unternehmens führen, wenn die Maßnahme sozusagen „wettbewerbsneutral" wirkt. Hierher gehört auch der bereits oben angesprochene Fall des deutschen EALG, wonach ein rechtlicher Vorteil gewährt wurde, ohne daß hieraus unmittelbar ein gegenüber der Konkurrenz verwertbarer Wettbewerbsvorteil erwachsen wäre.[365] Auch der oben angeführte Fall mit den Düngemittelherstellern ist ein Beispiel für einen sich nicht direkt im Wettbewerb auswirkenden Vorteil.[366]

Es soll noch ein weiteres (konstruiertes wie zugespitztes und insoweit nur der Verdeutlichung dienendes) Szenario entworfen werden: Angenommen, ein Mitgliedstaat verfiele auf die Idee, alle Dächer von Betriebsgebäuden auf seinem Staatsgebiet sollten mittels Zuwendungen auf seine Kosten in einer bestimmten Farbe gestrichen werden (aus wel-

---

[365] Entscheidung der Kommission 99/268/EG v. 20.1.1999 (hierzu oben A. II. 3).
[366] Vgl. oben α.

chen Gründen auch immer – Zivilschutz, Arbeitsbeschaffung durch „Pyramidenbau" o.ä.). Die Maßnahme ist für die betroffenen Unternehmen offenkundig wirtschaftlich sinnlos.[367] Will man die beihilfenrechtliche Tatbestandsmäßigkeit der Maßnahme nicht bereits am Merkmal des „wirtschaftlichen Vorteils" scheitern lassen,[368] so wäre spätestens hier, bei der Frage der Verknüpfung von Beihilfe und Wettbewerb einzuhaken. Eine Wettbewerbsverfälschung dürfte wohl kaum anzunehmen sein, gleichgültig ob manche Branche angesichts großen Wettbewerbsdrucks hart zu kämpfen hätte. Ein direkter Bezug zwischen der Maßnahme und der Wettbewerbsituation läßt sich nicht ohne weiteres herstellen.[369]

Nur graduell verschieden vom Farben-Szenario sind die Fälle überobligationsmäßiger, über die EG-Standards hinausgehender Anforderungen an Unternehmen, für die diese vom Staat entsprechend entgolten werden.[370] Für den Fall, daß ein Mitgliedstaat Mittel einsetzt, um negative Externalitäten (etwa in Form von Stillegungs- oder Abwrackungsprämien) abzubauen, gilt ähnliches. Die Aufwendungen verpuffen – ökonomisch gesehen – weitgehend wirkungslos und Wettbewerbsverfälschungen sind daher kaum zu besorgen. Abgesehen von einem möglicherweise beihilfenrechtlich relevanten Umstrukturierungseffekt sind solche Beihilfen für den eigentlichen Wettbewerbsmarkt kaum von Bedeutung. Die Vergeudung öffentlicher Mittel an sich fällt aber nicht in den Schutzbereich des Beihilfenaufsichtsrechts. Für diese, in der Realität in reiner Form wohl nie vorkommenden Beispiele mehr oder weniger „wettbewerbsneutraler" Maßnahmen gilt nun nicht, daß bei ihnen eine wettbewerbsverfälschende Wirkung a priori auszuschließen wäre. Allerdings ist die Kommission aufgerufen, strengere Maßstäbe an ihre Prognoseentscheidung anzulegen und ggf. die Wirkungen verstärkt mit u.U. schützenswerten Interessen der Mitgliedstaaten im Sinne der Verhältnismäßigkeit abzuwägen.

---

[367] Soweit diese Maßnahme Farbenherstellern oder Malerbetrieben Vorteile bringen sollte, wird unterstellt, daß diese Vorteile zumindest nicht nur die Betriebe des gewährenden Mitgliedstaats genießen.

[368] Wofür einiges spricht, da nach dem Postulierten keine ersparten Aufwendungen vorliegen.

[369] Zu solchen Maßnahmen, die weder auf die Initiative des Unternehmens zurückgehen, noch dessen „position concurrentielle" verbessern, *Kepenne*, S. 123.

[370] Z.B. im Umweltschutz oder im Bereich des Arbeitsschutzes. Sind diese die im EG-Vergleich überobligationsmäßig und werden sie es voraussichtlich einige Zeit bleiben, so wirken diese zunächst neutral. Fraglos eine Ersparnis von Aufwendungen würde es darstellen, wenn die Unternehmen entsprechende Anstrengungen nur im Vorgriff auf entsprechende EG-Standards auf sich nehmen würden, die später alle zu tragen hätten. Irgendwann freilich dürften auch die staatlichen Unterstützungsleistungen „abgeschrieben" sein.

V. Das Tatbestandsmerkmal der „zwischenstaatlichen Handelsbeeinträchtigung"

Beihilfen sind nur mit dem Gemeinsamen Markt unvereinbar, „soweit sie den Handel zwischen Mitgliedstaaten beeinträchtigen." Die Bedeutung des Tatbestandsmerkmals der Handelsbeeinträchtigung wird von Literatur und Rechtsprechung in mehrerlei Hinsicht relativiert. Umstritten ist bereits, ob dem Tatbestandsmerkmal der zwischenstaatlichen Handelsbeeinträchtigung angesichts weitgehend offener Grenzen überhaupt (noch) eine eigenständige Relevanz neben den übrigen Merkmalen zukommt. Vorgetragen wird auch, die Bedeutung des Merkmals erschöpfe sich in seiner Funktion als „Zwischenstaatlichkeitsklausel", also allein als europäische Kompetenzen eröffnende Norm.[371] Und teilweise wird eine per se handelsbeeinträchtigende Wirkung von (wettbewerbsverfälschenden) Beihilfen angenommen, so daß das Merkmal der Handelsbeeinträchtigung automatisch mit Vorliegen der anderen Tatbestandsmerkmale miterfüllt wäre.[372] Zunächst ist also zu fragen, ob und welche Relevanz bzw. ggf. welcher eigenständige Regelungsbereich dem Tatbestandsmerkmal zukommt.

1. Relevanz, Schutz- und Regelungsbereich

a) Handelsschutz im Europa „offener Grenzen"

Die These, nach der die Tatbestandsvoraussetzung der zwischenstaatlichen Handelsbeeinträchtigung als „Relikt aus der Gründerzeit" allenfalls von untergeordneter Bedeutung sei,[373] muß jedenfalls Bedenken begegnen. Zwar scheint dem Abstellen auf den *grenz*überschreitenden Handel in einem „Europa ohne Grenzen" tatsächlich ein gewisser Anachronismus anzuhaften. Es gilt aber Realität und Zielvorstellung auseinanderzuhalten. Der Binnenmarkt ist noch längst nicht wirklich vollendet und angesichts der EU-Erweiterung und dem dann jedenfalls faktischen „Europa der unterschiedlichen Geschwindigkeiten" liegt eine endgültige Verschmelzung der Volkswirtschaften wohl noch in weiter Ferne.[374] Es ist auch zu erwarten, daß die Mitgliedstaaten, gezügelt durch das stetig enger geknüpfte Netz der Grundfreiheiten, Harmonisierung und Vereinheitlichung, versuchen werden, den ihnen verbliebenen Handlungsspielraum auf „subtilere"

---

[371] Vgl. etwa *Müller-Graff*, ZHR 152 (1988), 403, 433, 437.

[372] In diesem Sinne *Schernthanner*, S. 108 (Handelsbeeinträchtigung als „Reflex" der Wettbewerbsverfälschung). Vgl. auch *Bleckmann*, Subventionsprobleme, S. 444; in diese Richtung auch *Rawlinson*, in: *Lenz/Borchardt*, Art. 87, Rn 13.

[373] Vgl. *Müller-Graff*, ZHR 152 (1988), 403, 433; so auch *Modlich*, EWS 1996, 405, 407.

[374] Mit dem Argument der bereits „offenen Grenzen" ließe sich i.ü. genauso behaupten, die Grundfreiheiten hätten sich überholt.

Weise als durch offene Einfuhrrestriktionen zu nutzen. Was läge da näher, als auf das Mittel der Beihilfengewährung zu verfallen? So betrachtet, ist die Gefahr der zwischenstaatlichen Handelsbeeinträchtigung gerade mittels Beihilfen eher größer als kleiner geworden. Ein Anachronismus ist der „grenz"-überschreitende Handel daher gewiß nicht und auch nicht die entsprechende Handelsbeeinträchtigung. Im Gegenteil kommt dem Tatbestandsmerkmal der Handelsbeeinträchtigung gerade die Funktion zu, zwischenstaatliche Handelsbeeinträchtigung zu einem Anachronismus werden zu lassen.[375] Hiervon zu unterscheiden ist die Frage, ob mit fortschreitender Integration an den *Nachweis* der zwischenstaatlichen Handelsbeeinträchtigung nicht geringere Anforderungen zu stellen sind (vgl. unten 2.).

b) Die „Zwischenstaatlichkeitsklausel" als Kompetenzeröffnungsnorm

Auch die Ansicht, das Tatbestandsmerkmal der Handelsbeeinträchtigung sei als bloße Kompetenzeröffnungsnorm zu verstehen,[376] erscheint problematisch. Hiergegen spricht bereits der Wortlaut des Vertrages. Um eine bloße Kompetenznorm im Beihilfenrecht zu verankern, hätte eine durchaus weniger „materielle" Aussage (etwa in Art. 88 EG) genügt. Die Verknüpfung mit dem im EG-Recht gewiß nicht inhaltsleeren Begriff des „Handels" setzt aber einen anderen Akzent. Gegen eine bloße Zwischenstaatlichkeitsklausel spricht damit vor allem der Schutzzweck des Gemeinsamen Marktes, der an erster Stelle ein Markt ohne *Handels*hindernisse sein soll. Nicht zu bestreiten ist allerdings auch, daß durch die Betonung der Zwischenstaatlichkeit dem Merkmal der Handelsbeeinträchtigung automatisch eine die *mitgliedstaatlichen Kompetenzen* schützende Funktion zukommt: Nicht jede Wettbewerbsverfälschung, sondern nur eine den zwischenstaatlichen Handel berührende ist verboten. Aus Sicht der Mitgliedstaaten hat das Merkmal der Handelsbeeinträchtigung also eine durchaus eigenständige, da die europäischen Kontrollkompetenzen *begrenzende* Be-

---

[375] Vgl. etwa *Jüttemeier/Lammers*, S. 21 f. In diesem Sinne auch *Mederer*, in: G/T/E, Art. 92, Rn 36; *von Wallenberg*, in: *Grabitz/Hilf*, Art. 87, Rn 47; *Ehlermann*, EuZW 1994, S. 647.

[376] Zur Bedeutung als bloße Kollisionsnorm vgl. *Ciresa*, S. 67; als Kollisions- und Sachnorm *Mederer*, in: G/T/E, Art. 92, Rn 36. Einen weitergehenden materiellen Anwendungsbereich besitze das Merkmal der Handelsbeeinträchtigung allenfalls in begrenztem Umfang, meint *Bleckmann*, Subventionsprobleme, S. 444.Vgl. auch *Bleckmann*, RabelsZ 1984, S. 444 f.; *Schröder*, ZHR 152 (1988), 391, 402; *Müller-Graff*, ZHR 152 (1988), 403, 433, 437. Für eine eigenständige, aber abnehmende Bedeutung *Schmidhuber*, S. 160.

deutung.[377] Um so wichtiger ist eine entsprechende tatbestandliche Konkretisierung.

c) Der „unbeeinträchtigte Handel" als Schutzobjekt und Prüfungsmaßstab
Richtig ist sicher, daß der Abbau von Handelshemmnissen nicht der *eigentliche* Zweck des Beihilfenaufsichtsrechts ist. Primäres Schutzobjekt ist der Wettbewerb. Dennoch kommt Art. 87 EG nicht eine ausschließlich wettbewerbsschützende Funktion zu.[378] Das Beihilfenrecht wirkt auch komplementär zu den Grundfreiheiten und anderen Normenkomplexen, die innergemeinschaftliche Protektionismen und Barrieren abbauen bzw. abwehren sollen.[379]

Auch hier ist (parallel zur gleichgelagerten Frage beim Tatbestandsmerkmal der Wettbewerbsverfälschung) zu überlegen, inwieweit Prüfungsmaßstab der *reale* Handel ist oder aber ein normiertes innergemeinschaftliches Freihandels*konzept*. Die Frage ist hier einfacher zu beantworten, weil ein unbeeinträchtigter Handel lediglich formale Gleichbehandlung voraussetzt („Marktgleichheit" in dem Sinne, daß etwa ein Unternehmer aus dem Staate A seine Waren auf dem Markt in B genauso verkaufen kann wie ein in B heimischer Unternehmer),[380] während ein unverfälschter Wettbewerb voraussetzt, daß ein bestimmter Punkt noch akzeptabler staatlicher Einflußnahme auf die Wirtschaft definiert wird (materiale „Marktfreiheit"). Im Gegensatz zur Wettbewerbsverfälschung ist hier beim Handel auch ein durchaus ausgereiftes gemeinschaftliches Credo festzustellen. Die in der Gemeinschaft erwünschten Handelsbedingungen sind fast umfassend festgeschrieben und zu einem großen Teil auch bereits praktisch umgesetzt. Der gemeinschaftliche Schutz des Austauschs von Waren und Dienstleistungen ist annähernd absolut, so daß man hier durchaus von ei-

---

[377] Für eine jeweils eigenständige Bedeutung auch etwa *von Wallenberg*, in: *Grabitz/Hilf*, Art. 87, Rn 48; *Keßler*, DÖV 1977, 619, 620; *Mederer*, in: G/T/E, Art. 92, Rn 36.

[378] Für eine vorwiegend antiprotektionistische Funktion des Beihilfenaufsichtsrechts *Schernthanner*, S. 22.

[379] Während der Abbau von Zöllen und der Schutz der Grundfreiheiten vorwiegend auf „klassische" staatliche Lenkungsinstrument zielt, deckt das Beihilfenaufsichtsrecht den Bereich des im weitesten Sinne leistungsgewährenden Staates ab. Der Gerichtshof betont in jüngster Zeit sogar in besonderer Weise den Handelsschutz, indem er ihn voranstellt: Art. 87 EG solle verhindern, daß „der Handel zwischen den Mitgliedstaaten durch von staatlichen Stellen gewährte Vergünstigungen beeinträchtigt wird, die in verschiedener Form durch Bevorzugung bestimmter Unternehmen oder Produktionszweige den Wettbewerb verfälschen oder zu verfälschen drohen." Vgl. EuGH, 8.5.2003, Rs 328/99 u. C-399/00, Rn 35.

[380] Vgl. Entscheidung der Kommission 82/364/EWG, Ziff. IV.

nem konsistenten innergemeinschaftlichen Freihandelssystem in normativer und tatsächlicher Hinsicht sprechen kann.[381]

Indem der Schutzbereich des Gemeinsamen Marktes im Hinblick auf Handelsbeeinträchtigungen vollkommener ausgestaltet ist als im Hinblick auf Wettbewerbsverfälschungen, erscheint auch die Schutz*intensität* beim Merkmal der Handelsbeeinträchtigung größer als bei dem der Wettbewerbsverfälschung. Die Verletzungsschwelle ist niedriger. Das bedeutet freilich nicht, daß der Schutz des innergemeinschaftlichen Handels der Schutz einer „abstrakten" Ordnung wäre. Auch hier geht es um den Schutz des *realen* Handels in der Gemeinschaft.

d) Der Regelungsbereich im Hinblick auf andere Tatbestandsmerkmale

Der Regelungsbereich des Tatbestandsmerkmals der Handelsbeeinträchtigung wäre augenscheinlich gering, wenn sich die Beeinträchtigung des Handels bereits automatisch aus dem Vorliegen einer Beihilfe bzw. einer wettbewerbsverfälschenden Beihilfe ergeben würde.[382] In der Literatur wird teilweise die Meinung vertreten, daß bei Vorliegen einer Wettbewerbsverfälschung per se eine Handelsbeeinträchtigung anzunehmen oder eine solche wenigstens zu vermuten sei.[383] Gibt es also eine tatsächliche oder rechtlich zwingende, kausale Verbindung von Wettbewerbsverfälschung und Handelsbeeinträchtigung?

Die Entscheidungspraxis läßt nicht deutlich werden, in welchem Zusammenhang die einzelnen Merkmale „Beihilfe", „Wettbewerbsverfälschung" und „Handelsbeeinträchtigung" stehen (vgl. oben II.). Dem Wortlaut nach verlangt der Vertrag, daß die Handelsbeeinträchtigung von der Beihilfe herrührt. Dabei kennzeichnet er weder die Wettbewerbsverfälschung noch die Handelsbeeinträchtigung als notwendige Folge einer Beihilfe. Er setzt auch keineswegs voraus, daß die Handelsbeeinträchtigung eine Folge der Wettbewerbsverfälschung sein muß. Daß eine Verknüpfung von Wettbewerbsverfälschung und Handelsbeeinträchtigung keine Notwendigkeit zu sein braucht, ergibt sich auf rechtlicher Ebene bereits daraus, daß für die Tatbestandsmäßigkeit der Wettbewerbsverfälschung ein *inner*staatlicher Wettbewerb genügt, während für die Tatbestandsmäßigkeit

---

[381] Der den Mitgliedstaaten verbleibende Raum, etwa die Einfuhr von Waren (auch nur reflexhaft) zu verhindern, wird zusehends geringer. Vgl. *Streinz*, Rn 797 ff.

[382] Vgl. *Ciresa* 67 ff., 70 ff. Denkbar wäre ein solcher Automatismus als Rechts- oder tatsächliche Vermutung oder gar als Fiktion. Im Bereich des EGKS hat der Gerichtshof festgestellt, daß eine Beihilfe unter Art. 4 lit. c fallen kann, ohne Auswirkungen auf den Handel zwischen den Mitgliedstaaten oder den Wettbewerb zu haben (vgl. EuGH, 12.12.2002, Rs C-5/01, Slg. 2002, I-11991, Rn 75; 24.9.2002, Rs C-74/00, Slg. 2002, I-7869, Rn 102).

[383] Vgl. *Koenig* et al., EuZW 1998, 5, 8: weitere Nachweise bei *Modlich*, S. 99 f., der selbst einen solchen Automatismus aber ablehnt (S. 104).

der Handelsbeeinträchtigung ausdrücklich ein *zwischen*staatliches Moment vonnöten ist. Eine Rechtsvermutung ist jedenfalls nicht erkennbar. So stellt sich die Frage, ob eine Tatsachenvermutung vorliegt.

Daß Handel und Wettbewerb zwar verwandte aber doch ganz unterschiedliche Phänomene sind, wurde bereits oben (III.) angemerkt. Vereinfacht wird man sagen können, daß es ohne die Möglichkeit des Handeltreibens auch keinen Wettbewerb gibt und ohne gesunden Wettbewerb auch keinen ausgeprägten Handel. Es sind aber durchaus Konstellationen vorstellbar, bei denen es Handel ohne nennenswerten Wettbewerb[384] oder Wettbewerb ohne nennenswerten Handel (jedenfalls ohne zwischenstaatlichen) geben kann oder beide Phänomene zumindest zeitversetzt, auf unterschiedlichen Märkten oder in unterschiedlicher Intensität auftreten können.[385] Da nun Handel und Wettbewerb offenbar nicht in einem direkten Abhängigkeitsverhältnis zueinander stehen müssen, erscheint auch fraglich, ob ein solches Verhältnis zwischen den hier interessierenden *Störungen* derselben anzunehmen ist.[386] Relevanter Wettbewerbsmarkt und maßgeblicher Handelsmarkt können durchaus auseinanderfallen. Ein direktes

---

[384] Ein Hersteller von Nischenprodukten z.B. kann durchaus exportieren, ohne daß es Wettbewerb geben müßte; etwa wenn es sich für andere Hersteller nicht lohnt in diesen Markt einzusteigen. Gleiches gilt für Monopolisten. Ein neues Produkt wird u.U. erst eine ganze Weile ex- und importiert, bis sich die Noch-Nicht-Konkurrenz aufschwingen kann, auf diesen neu entdeckten Markt zu drängen.

[385] Wettbewerb ohne nennenswerten Handel ist denkbar, wenn für ein Produkt noch kein Markt besteht oder gewisse, nur schwer überwindbare Nachfrager-Präferenzen dem Handel entgegenstehen. Auf einem neuen Produktmarkt können zahlreiche Wettbewerber in den Startlöchern stehen und versuchen, sich die beste Ausgangsposition zu sichern, ohne daß schon ein Handel mit dem Produkt stattfindet. Eine Wertpapierbörse ist als quasi-idealer Markt naturgemäß von enormem Wettbewerb geprägt; allerlei Umstände können den Handel aber praktisch zum Erliegen bringen. Gedacht sei etwa auch an Märkte, die von bestimmten Verbraucherpräferenzen geprägt sind und zu einer gewissen Importresistenz führen. Den Italienern ist „ihre" Pasta so heilig wie den Franzosen „ihr" Wein. Die Nachfragerpräferenzen müssen aber nicht einmal so ökonomisch „irrational" sein wie in den genannten Beispielen. In der Zulieferbranche für manche Bereiche können Überlegungen des Qualitätsstandards oder der Logistik dazu führen, daß trotz erheblichem Wettbewerbdruck ausländische Anbieter nicht oder erst ab einem ganz erheblichen Preisvorteil zum Zuge kommen.

[386] In den in der vorigen Fußnote genannten Konstellationen muß daher die Verbesserung der Wettbewerbspositionen nicht automatisch zu einer Beeinflussung des Handels führen. Im oben (IV, 2. b) beschriebenen „Ammoniakfall" etwa beeinflußte die Beihilfe für die Stickstoffproduzenten nicht den Wettbewerb auf dem Stickstoffmarkt – wohl aber den Handel auf dem Ammoniakmarkt. Auch eine Beihilfe in einem bestimmten Zuliefersektor kann bewirken, daß bei bestimmten Nachfragerpräferenzen nicht der Handel von Zulieferteilen, sondern der der Endprodukte beeinflußt wird.

Abhängigkeitsverhältnis scheint insoweit auch im Tatsächlichen nicht zu bestehen.[387]

Es bleibt daher festzuhalten: Die einzige Kausalverknüpfung, die für das Vorliegen einer handelsbeeinträchtigenden Beihilfe zwingend ist, ist die zwischen der Stärkung der Wettbewerbsposition des Begünstigten (= Beihilfe i.e.S.) und einer Handelsbeeinträchtigung.[388]

e) Prüfungsgegenstand und Prüfungsumfang

Der Begriff der „Handelsbeeinträchtigung" setzt „Handel" und dessen „Beeinträchtigung" voraus. Unter „Handel" ist nach dem allgemeinen Sprachgebrauch zunächst der Austausch von Waren zu verstehen.[389] Nach ganz herrschender Meinung bezieht sich das Merkmal „Handel" – was allein dem Zweck des Beihilfenrechts entspricht – auch auf Dienstleitungen jeder Art.[390] Problematischer ist die Frage der „Beeinträchtigung".

In der Literatur wird diskutiert, ob dem Merkmal des „Beeinträchtigens" ein negatives Werturteil anhaftet und etwa einem (erlaubten) positiven „Fördern" gegenübergestellt werden kann.[391] Dagegen spricht nicht nur die Verwendung neutralerer Begriffe in anderen Vertragssprachen,[392] sondern auch Sinn und Zweck des Wettbewerbsrechts. Jede Form der direkten Beeinflussung des innergemeinschaftlichen Handels durch Mitgliedstaaten stellt – auch ohne Diskriminierung – eine „Beeinträchtigung" des privatwirtschaftlichen Handels dar.[393] „Beeinträchtigen" impliziert aber jedenfalls, daß die „Beihilfe" und die Wirkung auf das Schutzgut „innergemeinschaftlicher Handel" in einem gewissen Kausalzusammenhang stehen müs-

---

[387] Geschweige denn in einem zeitlichen Zusammenhang derart, daß immer erst ein Wettbewerb bestehen müsse und dann ein Handel – so aber *Modlich*, S. 88. Für einen Vermutungszusammenhang *Mederer*, in: G/T/E, Art. 92, Rn 38.

[388] Vgl. *Müller-Graff*, ZHR 152 (1988), 403, 434. Dies ergibt sich freilich bereits zweifelsfrei aus dem Tatbestand des Art. 87 Abs. 1 EG selbst, wonach die Handelsbeeinträchtigung von der fraglichen Beihilfe herrühren muß. Stärkung der Stellung im Wettbewerb und Wettbewerbsverfälschung sind aber nicht notwendigerweise „stoffgleich" – noch weniger sind es Wettbewerbsverfälschung und Handelsbeeinträchtigung.

[389] Vgl. etwa die Definition in: *Meyers*, Großes Taschenlexikon, zum Stichwort „Handel": „Beschaffung von Waren und deren Verkauf ohne nennenswerte Veränderung, i.w.S jeder Austausch von wirtsch. Gütern."

[390] Vgl. nur *Mederer*, in: G/T/E, Art. 92, Rn 37; *Modlich*, S. 89, mwN.; andere Vertragssprachen gebrauchen insoweit Begriffe, die neutraler das „Austausch"-Element anklingen lassen: französich „échanges"; italienisch „scambi".

[391] Hierzu (ablehnend) *Schernthanner*, S. 103; *Lefèvre*, S. 126 f.

[392] Französisch: „affecter", italienisch: „incidere", englisch: „affect"; hierauf weist auch *Modlich* (S. 93) hin.

[393] Eine Exportbeihilfe etwa ist ja gerade darauf ausgerichtet, den (allerdings einseitigen) Handel zu „fördern" und ist gerade deswegen untersagt. Zu Exportbeihilfen *Lefèvre*, S. 149 ff.

sen.³⁹⁴ Auch hier hat die Kommission daher zu prüfen, ob eine kausal von der Beihilfe herrührende Beeinträchtigung des innergemeinschaftlichen Handels tatsächlich vorliegt. Da eine Vermutung für das Vorliegen einer Handelsbeeinträchtigung oder ein sonstiger Automatismus alleine wegen des Vorliegens der anderen Tatbestandsmerkmale nicht anzunehmen ist, muß in irgendeiner Form *dargelegt* bzw. *nachgewiesen* werden, inwieweit ein kausaler Konnex zwischen Beihilfe und Handelsbeeinträchtigung besteht.³⁹⁵ An den Außenrändern des möglichen Spektrums liegen einmal ein bis ins letzte geführter Einzelnachweis und das andere Mal eine Wahrscheinlichkeitseinschätzung bzw. –prognose, ob die Maßnahme auf den gemeinschaftlichen Handel wirkt.

Daß kein bis ins Detail gehender Einzelnachweis erforderlich ist, befürworten Literatur wie Rechtsprechung – die „Eignung" zur Handelsbeeinträchtigung soll genügen,³⁹⁶ eine bloß abstrakte Möglichkeit allerdings soll nicht hinreichen.³⁹⁷ Obwohl der Handel (im Gegensatz zum Wettbewerb) ein tatsächlich *beobachtbares* Phänomen ist, sind Auswirkungen einzelner Maßnahmen hierauf wohl weder exakt quantifizier- noch mit Sicherheit prognostizierbar. Auch hier muß es folglich bei einer Wahrscheinlichkeits- bzw. Prognoseentscheidung bleiben.³⁹⁸

---

³⁹⁴ Es muß also zu einer Erleichterung der Ausfuhr bzw. Erschwerung der Einfuhr kommen – vgl. *Mederer*, in: G/T/E, Art. 92, Rn 38; zum Kausalzusammenhang ebd., Rn 40.

³⁹⁵ Der Gerichtshof spricht von der „*Möglichkeit*" für das begünstigte Unternehmen, seine Handelsposition zu verbessern, Entsch. v. 17.9.1980, Rs 730/79, Slg. 1980, 2671, Rn 11. Aus der Literatur: *Mederer*, in: G/T/E, Art. 92, Rn 38; *Rawlinson*, in: Lenz/Borchardt, Art. 87, Rn 13. Ablehnend, sowohl was den tatsächlichen Nachweis wie auch was eine entsprechende Prognose betrifft, *Schernthanner*, S. 107.

³⁹⁶ Vgl. EuGH, 7.6.1988, Rs 57/86, Slg. 1988, 2855, Rn 14 f. (eine entsprechende Rüge zurückweisend); EuGH, 17.9.1980, Rs 730/79, Slg. 1980, 2671, Rn 12; EuGH, 15.12.2005, Rs C-148/04, noch nicht in der Slg. veröffentlicht, Rn 54; *Mederer*, in: G/T/E, Art. 92, Rn 38; *Bleckmann*/Koch, in: Bleckmann, EuR, Rn 2060; *Lefèvre*, S. 128 f.; *Niemeyer/Hirsbrunner*, EuZW 2000, 364. A.A. noch *Obernolte*, AWD 1960, 203, 206.

³⁹⁷ So aber *Pechstein/Damm*, EWS 1996, 333, 337.

³⁹⁸ Das Merkmal der Handelsbeeinträchtigung ist damit offenkundig weiter zu verstehen als etwa Maßnahmen gleicher Wirkung wie Ein- oder Ausfuhrbeschränkungen (Art. 28, 29 EG). Beihilfen brauchen, um verboten zu sein, auch nicht tatsächlich diskriminierend zu wirken. EuGH, 26.9.2002, Rs C-351/98, Slg. 2002, I-8031, Rn 57.

2. Die Beurteilungskriterien der zwischenstaatlichen Handelsbeeinträchtigung

a) Das Bestehen von Handel – Nachweiskriterien der Praxis

Nach der Praxis von Kommission und Gerichtshof ist eine Reihe von „Umständen" maßgeblich dafür, ob eine Handelsbeeinträchtigung angenommen werden kann. Als Anhaltspunkte für die Beeinflussung der Handelsverhältnisse in der Gemeinschaft werden insbesondere genannt: nachweislicher Handel zwischen den Mitgliedstaaten, die Änderungen der Ein- und Ausfuhren sowie die Teilnahme des betreffenden Mitgliedstaats oder des betreffenden Unternehmens am Handel.[399] Welcher Aussagewert kommt der Feststellung solcher Umstände im Hinblick auf die Verknüpfung von Maßnahme und Wirkung auf die Handelsverhältnisse zu? Handelt es sich um eine notwendige Voraussetzung, Beweiserleichterung oder lediglich „Illustration"?

In der Praxis wie auch in der Literatur wird auf das *tatsächliche Bestehen* von Handel, teilweise auf einen wenigstens in absehbarer Zeit stattfindenden Handel[400] abgestellt. Was aber ist, wenn Handel gerade deswegen nicht stattfindet, weil ein Mitgliedstaat seine heimische Wirtschaft protegiert? Dann müßte Handel zum Zeitpunkt der Beurteilung nicht nachweislich bestehen oder früher bestanden haben, sondern jetzt oder später *möglich* sein. Es scheint die Tatbestandsmäßigkeit also nicht von vorneherein auszuschließen, wenn im Zeitpunkt der Prüfung (noch) kein Handel besteht. Als wenig hilfreich erweist sich insoweit auch das von der Kommission herangezogene Kriterium, daß Handel in *nennenswertem Umfang* feststellbar ist.[401] Die Feststellung, daß und wie sich die Handelsströme in der Gemeinschaft verändert *haben* ist notwendigerweise retrospektiv. Es erscheint daher gleichfalls fraglich, inwiefern sich eine in der Vergangenheit ausgemachte Verschiebung der innergemeinschaftlichen Ex- und Importzahlen zur Beurteilung aktueller oder zukünftiger Maßnahmen (außer als Erfahrungstatsache) fruchtbar machen lassen könnte.

Auch die Tatsache, daß *ein Mitgliedstaat am Handel teilnimmt*, ist im Hinblick auf die möglichen Konsequenzen einer konkreten Maßnahme ei-

---

[399] EuGH, 2.2.1988, Rs 67/85, Slg. 1988, 219, Rn 58 f.; 10.7.1986, Rs 234/84, Slg. 1986, 2263, Rn 22; 24.2.1987, Rs 310/85, Slg. 1987, 901, Rn 9; 14.2.1990, Rs 301/87, Slg. 1990, I-307, Rn 43; 14.9.1994, Rs C-42/93, Slg. 1994, I-4175, Rn 21; Entscheidung der Kommission 85/380/EWG.

[400] Vgl. Entscheidungen der Kommission 83/320/EWG; 84/498/EWG; 85/275/EWG; *Mederer*, in: G/T/E, Art. 92, Rn 37.

[401] Vgl. Entscheidung der Kommission 83/320/EWG; 84/498/EWG; 85/275/EWG; vgl. auch *Ciresa*, S. 73. Auf einem Markt mit geringem Handelsvolumen wird eine Stärkung eines Unternehmens womöglich sogar größere Auswirkungen auf den Handel haben als auf einem hochfrequentierten Handelsmarkt.

gentlich ohne besondere Aussagekraft. Beim Merkmal der Wettbewerbsverfälschung wurde vom begünstigten Unternehmen aus untersucht, ob dieses auf einem Markt mit Wettbewerbern auftritt, und daraus auf das Bestehen von relevantem Wettbewerb geschlossen.[402] Gleiches ist hier nicht gut möglich, da die *Teilnahme des begünstigten Unternehmens am Handel* nicht notwendige Voraussetzung für die Möglichkeit einer Handelsbeeinträchtigung ist: Für das Vorliegen einer Beeinträchtigung des Handels spielt es – wie der Gerichtshof sicherlich zutreffend festgestellt hat – keine Rolle, ob die Einfuhr erschwert oder die Ausfuhr erleichtert wird.[403] Die Verbesserung der Wettbewerbssituation eines (nicht am zwischenstaatlichen Handel teilnehmenden) Unternehmens muß offenkundig auch dann zu einer Beeinträchtigung des zwischenstaatlichen Handels führen, wenn damit die Absatzchancen der ausländischen (am Handel – möglicherweise – teilnehmenden) Konkurrenten verschlechtert werden.

b) Die „Binnenmarktvermutung" für die Möglichkeit stattfindenden Handels

Wenn es zur Tatbestandsmäßigkeit genügen kann, daß Handel *möglich* ist, stellt sich die Frage, zu welchem Zweck dann eine Analyse der aktuellen Handelssituation erforderlich sein soll, wie sie der Gerichtshof verlangt.[404] Daß, in welcher Intensität und mit welchen Teilnehmern Handel bestand oder aktuell besteht, sagt eigentlich nichts darüber aus, wie der Handel ohne die fragliche Maßnahme aussähe. Überhaupt stellt sich dann die Frage: Wann ist ein Handel nicht möglich? Welches Gut ist in der Gemeinschaft nicht handelbar? Es ist anzunehmen, daß so gut wie jedes Gut, das in der Gemeinschaft angeboten wird, wenngleich vielleicht in geringem Umfang, tatsächlich auch gehandelt wird oder ein Handel jedenfalls möglich erscheint.[405] Insoweit spricht eine gewisse Vermutung dafür, daß die Möglichkeit des Handeltreibens bei jedem Produkt besteht, das in der Gemeinschaft hergestellt oder in den Verkehr gebracht wird.[406] Dies ergibt sich

---

[402] Vgl. oben IV. 2. b.

[403] Vgl. EuGH, 13.7.1988, Rs 102/87, Slg. 1988, 4067, Rn 19; 21.3.1991, Rs C-303/88, Slg. 1991, I-1433, Rn, 27; 14.9.1994, Rs C-278-280/92, Slg. 1994, I-4103, Rn 40; 7.3.2002, Rs C-310/99, Slg. 2002, I-2289, Rn 84 f.

[404] EuGH, 13.3.1985, Rs 296 und 318/82, Slg. 1985, 809, Rn 24. Seitdem ständige Rspr. – vgl. EuGH, 19.10.2000, Rs C-15/98, Rn 66. Vgl. auch *Mederer*, in: G/T/E, Art. 92, Rn 40, der sich bei tatsächlichem Handel in der Gemeinschaft für eine widerlegbare Vermutung einer Handelsbeeinträchtigung ausspricht.

[405] Vgl. *Modlich*, EWS, 405, 406. Die Tatsache daß niederländisches Bier nach Deutschland und deutsches Bier nach Frankreich exportiert wird, erlaubt wohl keinerlei Rückschlüsse auf die innergemeinschaftlichen Auswirkungen einer Beihilfe zugunsten der griechischen Brauwirtschaft.

[406] Vgl. *Götz*, in: *Dauses*, EUWR., H. III, Rn 44.

zum einen aus einer *tatsächlichen Wahrscheinlichkeit*, zum andern aber vor allem aus der *normativen Erwünschtheit*. Hier wirkt sich die intensive Schutzfunktion des gemeinschaftlichen Freihandelskonzeptes aus – als Vermutung dafür, daß es hinsichtlich aller Waren und Dienstleistung einen innergemeinschaftlichen Austausch gibt oder ohne staatliche Barrieren doch gäbe. Was das *Bestehen* von Handel in der Gemeinschaft an sich betrifft, könnte man insoweit von einer „Binnenmarktvermutung" i.S. einer (widerleglichen) Rechtsvermutung sprechen.

c) Die Zwischenstaatlichkeit des Handels

Durch die oben so bezeichnete „Binnenmarktvermutung" entschärft sich das Problem, ob Handel *zwischen den Staaten* stattfinden muß, merklich. Es ist regelmäßig auch davon auszugehen, daß nicht nur Handel an sich, sondern auch Handel zwischen den Mitgliedstaaten stattfindet oder zumindest stattfinden könnte. Eine andere Frage ist, ob in bestimmten (atypischen) Konstellationen, wenn *tatsächlich* zwischenstaatlicher Austausch unwahrscheinlich ist, ohne weiteres von einer Handelsbeeinträchtigung ausgegangen werden kann.

d) Der Nachweis der Handelsbeeinträchtigung – typische und atypische Konstellationen

Wenn eine Beihilfe vorliegt und die Möglichkeit innergemeinschaftlichen Handels hinsichtlich sämtlicher Güter unterstellt werden kann, fragt sich, ob und ggf. welche weiteren Voraussetzungen hinzutreten müssen, um von einer tatbestandlichen Handelsbeeinträchtigung sprechen zu können. Die oben genannten, vom Gerichtshof ins Spiel gebrachten Kriterien sind – wie dargelegt – allesamt keine *notwendigen* Voraussetzungen für das Vorliegen einer Handelsbeeinträchtigung. Allenfalls läßt sich durch sie veranschaulichen, daß eine *typische* Konstellation vorliegt, die dann keiner weiteren Betrachtung mehr bedarf. Eine typische Konstellation ist also dann anzunehmen, wenn sich Beihilfe und Handelsbeeinträchtigung ohne weiteres miteinander verknüpfen lassen.

Ein typischer Fall ist etwa der, daß *unmittelbar* die Exportchancen erhöht werden, wenn das begünstigte Unternehmen oder der begünstigte Produktionszweig selbst am innergemeinschaftlichen Handel teilnimmt.[407] Oder daß Unternehmen Beihilfen für die Herstellung solcher Güter erhalten, die in der Gemeinschaft gehandelt werden. Ein durchaus typischer Fall wäre auch der, daß ein Mitgliedstaat bestimmte Güter importiert und gerade den auf diesem Segment tätigen Unternehmen eine Beihilfe gewährt.

---

[407] EuGH, 2.2.1988, Rs 67/85, Slg. 1988, 219, Rn 59 f.; 14.10.1987, Rs 248/84, Slg. 1987, 4013, Rn 18; 17.9.1980, Rs 730/79, Slg. 1980, 2671, Rn 11.

Oder der Fall, daß eine Maßnahme gerade grenznahen Unternehmen zugute kommt.[408] Bereits für den „Normalfall", der also keinerlei Atypik erkennen läßt, bedarf es aber wohl keines weiteren Nachweises als den, daß eben solche atypischen Umstände fehlen. Mehr Gewinn verspricht insoweit, nach *atypischen* Konstellationen zu suchen.

Eine solche dürfte etwa vorliegen, wenn die „Binnenmarktvermutung" entkräftet werden kann, wenn also ausnahmsweise ausgeschlossen werden kann, daß ein zwischenstaatlicher Handel stattfindet bzw. stattfinden kann. Hierfür erscheint dann eine weitere, wie oben beim Tatbestandsmerkmal der Wettbewerbsverfälschung beschriebene Marktanalyse unumgänglich. Es muß insoweit nachgewiesen werden, daß für ein *bestimmtes* Gut ein grenzüberschreitender Austausch nicht stattfindet und prinzipiell auch nicht stattfinden kann. Der „relevante" Handelsmarkt muß also lokal, regional oder national begrenzt oder ein zwischenstaatlicher Handel aus anderen Gründen nicht denkbar sein.[409] Vorstellbar wäre dies, wenn es um Güter geht, die wegen besonderer Umstände ausschließlich von bestimmten Unternehmen angeboten werden (regionale Spezialitäten, die durch andere Anbieter nicht substituiert werden können) oder nur von einem räumlich begrenzten Kreis von Verbrauchern nachgefragt werden oder eine nationale (etwa sprachliche) Besonderheit darstellen.[410]

Die Kommission hatte mit einem Fall zu tun, bei dem ein privater Schwimmbadbetreiber eine Beihilfe erhielt und verneinte eine Handelsbeeinträchtigung, weil das fragliche Bad zu weit von der zwischenstaatlichen Grenze zum nächsten Mitgliedstaat entfernt liege, als daß ein grenzüberschreitender Verkehr von Badegästen zu erwarten sei.[411] Der Autor weiß aber aus eigener Anschauung, daß sich manche überschuldete Gemeinde geradezu darum reißt, ihre defizitären öffentlichen Schwimmbäder an „Bäderunternehmer" zu „verschenken". Diese Unternehmer machen aus biederen Badeanstalten farbenfrohe Fun-Locations oder Wallfahrtsorte der Wellness-Kultur und betreiben sie unter Beteiligung der Gemeinden auf eigene Rechnung. Die Kommission vernachlässigte insoweit, daß es nicht nur einen Austausch von Bäder-Dienstleistungen (Handelsgut „Badespaß" für die Endverbraucher) geben kann, sondern womöglich auch einen zwischenstaatlichen Dienst-

---

[408] Vgl. zur Begünstigung grenznaher Tankstellen EuGH, 13.6.2002, Rs C-382/99, Slg. 2002, I-5163. Vgl. auch EuGH, 7.3.2002, Rs C-310/99, Slg. 2002, I-2289, Rn 85 („Standort in der Nähe einer Grenze zwischen zwei Mitgliedstaaten").

[409] Im Dienstleistungsverkehr etwa „Nachbarschaftsdienste" oder bei lokalen Beschäftigungsbeihilfen – so Ziff. 7 der Leitlinie für Beschäftigungsbeihilfen (ABl. 334 v. 12.12.1995, S. 4). Vgl. auch *Koenig/Kühling*, NJW 2000, 1065, 1070; *Rengeling*, ZHR 1988, 455, 465.

[410] Vgl. SA des GA *Léger*, 14.1.2003, Rs 210/00, Slg. 2003, I-7747, Rn 63. Anders aber die vom EuG veranlaßte Aufhebungsentscheidung der Kommission 99/133/EG zu Exportsubventionen französischer Bücher. Kritisch zu Sachverhalten mit lokalem Bezug auch *Niemeyer/Hirsbrunner*, EuZW 2000, 364 ff.

[411] „Freibad Dorsten", Beihilfe Nr. N 258/2000, Pressemitteilung der Kommission IP/00/1509 v. 21.12.2000. Hierzu *Papier*, DVBl. 2003, 686, 694.

leistungshandel zwischen den Bäder-Unternehmern (Handelsgut „Aufpeppen und Betrieb der Bäder" für Gemeinden).

Ein atypischer Fall könnte angenommen werden, wenn ein Unternehmen ausschließlich für den Export in Drittstaaten produziert. Dies gilt nicht ohne weiteres, wenn bei einem Unternehmen nur die Ausfuhren in einen Drittstaat gefördert werden. Unmittelbar zumindest liegt zwar keine Beeinträchtigung des zwischenstaatlichen Handels vor, womöglich aber eine mittelbare.[412] Daß eine Beihilfe verbesserte Exportchancen in Nicht-EU-Staaten bietet, wirkt zwar zunächst auch nicht mittelbar auf die innergemeinschaftlichen *Handels*verhältnisse ein.[413] Allerdings führt das staatlich geförderte Exportgeschäft unmittelbar zu einer Verbesserung der *Wettbewerbs*position (weil dem begünstigten Unternehmen Gewinne aus den Drittstaatengeschäften allgemein zu einem besseren Marktauftritt verhelfen).[414] Ob diese Beihilfe dann wieder zu einer verbesserten Handelsposition führt, richtet sich nach den allgemeinen Kriterien. Insoweit stellt sich diese Konstellation nicht anders da, als wenn ein Unternehmen hinsichtlich des Produktes X gefördert wird und deswegen sein Produkt Y besser in Nachbarstaaten exportieren kann. Im Prinzip handelt es sich um eine Art Quersubventionierung.[415]

VI. Das Merkmal der „Spürbarkeit" von Wettbewerbsverfälschungen und Handelsbeeinträchtigungen

Umstritten ist, ob Wettbewerbsverfälschung und Handelsbeeinträchtigung „spürbar" sein müssen.[416] Insoweit können beide Kriterien wieder zusammen untersucht werden. Kommission und Gerichtshof lehnen ein „Spürbarkeitskriterium" grundsätzlich ab, gleichwohl wird es aber gelegentlich herangezogen.[417] Die Befürworter eines Spürbarkeitskriteriums verweisen

---

[412] EuGH, 21.3.1990, Rs C-142/87, Slg. 1990, I-959, Rn 32 ff. Vgl. *von Wallenberg*, in: *Grabitz/Hilf*, Art. 87, Rn 48.

[413] Außer wenn vielleicht die (zu einem günstigeren Preis) exportierten Produkte wieder in die EU reimportiert und in der EG reexportiert werden – vgl. *Mederer*, in: G/T/E, Art. 92, Rn 37.

[414] Vgl. *Mederer*, in: G/T/E, Art. 92, Rn 37; angedeutet auch bei *Schernthanner*, S. 103, Fn 46, die zwar eine verbesserte Wettbewerbsposition annimmt, aber ohne weiteres auf eine Handelsbeeinträchtigung schließt.

[415] Vgl. zur Quersubventionierung i.ü. etwa *Lübbig*, WuW 1999, 249, 253 f.

[416] Befürwortend: *Rolfes*, S. 214 f.; *Schmidhuber*, Wettbewerbschutz, S. 160; *Streinz*, Rn 1021. Ablehnend: *Levèfre*, S. 125; *Rengeling*, Beihilfenrecht, S. 31; *Modlich*, S. 83; *Ipsen*, Europäisches Gemeinschaftsrecht, S. 675. Differenzierend: *Mederer*, in: G/T/E, Art. 92, Rn 35; *Keßler*, DÖV 1977, 619, 620 ff. (bezogen auf Handelsbeeinträchtigung). Zur Frage der Spürbarkeit des *Vorteils* an sich vgl. oben A. II. 3. e.

[417] Der EuGH meint einerseits, auf die Förderhöhe oder die Unternehmensgröße komme es grds. nicht an (st. Rspr. – vgl. EuGH 21.3.1990, Rs 142/87, Slg. 1990, I-959,

D. „Wettbewerbsverfälschung" und „Handelsbeeinträchtigung" 337

insbes. auf ein entsprechendes, in Art. 81 EG anerkanntes[418] Merkmal sowie auf Verhältnismäßigkeits- und Praktikabilitätsgesichtspunkte.[419] Die Kritiker meinen hingegen, auch geringfügige Wettbewerbsverfälschungen seien von Art. 87 Abs. 1 EG erfaßt. Für Mitgliedstaaten gälten insoweit strengere Maßstäbe als für Unternehmen (Art. 10 EG). Außerdem sei es kaum im Sinne des Vertrages, die Spürbarkeitsschwelle von den Mitgliedstaaten in schöner Regelmäßigkeit austesten zu lassen.[420] Den Kritikern ist sicher zuzugeben, daß kein sachlicher Grund ersichtlich ist, geringfügige Wettbewerbsverfälschungen und Handelsbeeinträchtigungen generell vom Beihilfenverbot auszunehmen. Auch können sich einzelne, an sich kaum merkliche Wirkungen auf den Markt in cumulo oder als Einzelfall mit Bezugsfallwirkung zu durchaus handfesten Verzerrungen auswachsen.[421]

I.ü. wird man differenzieren müssen: Geht es darum, ob die Kommission bei jeglicher Wirkung auf den Gemeinsamen Markt zum Einschreiten verpflichtet ist, ist dies eigentlich keine Frage des materiellen Beihilfenrechts, sondern eine Frage des *Eingriffsermessens* gem. Art. 88 EG. Diesem Bereich sind auch die De-minimis-Vorschriften zuzuordnen.[422] Daß sich ein Einschreiten „nicht lohnt", heißt ja nicht, daß keine verbotene Beihilfe im tatbestandlichen Sinne vorliegen müßte.[423] Geht es um die *In-*

Rn 43; 14.9.1994, Rs 278-280/92, Slg. 1994, I-4103, Rn 40 ff.; 19.9.2002, Rs C-113/00, Slg. 2002, I-7601, Rn 30; 3.3.2005, Rs C-172/03, Slg. 2005, I-1627, Rn 32), andererseits bezieht der Gerichtshof einen „spürbaren Vorteil" durchaus in seine Prüfung mit ein (EuGH, 25.6.1970, Rs 47/69, Slg. 1970, 487, Rn 16/17; 14.10.1987, Rs 248/84, Slg. 1987, 4013, Rn 18; 7.3.2002, Rs C-310/99, Slg. 2002, I-2289, Rn 89). Unklar auch EuGH, 26.9.2002, Rs C-351/98, Slg. 2002, I-8031, Rn 51. Vgl. auch die Absichtserklärung der Kommission im Non-Paper zu Diensten von allgemeinem wirtschaftlichem Interesse und staatlichen Beihilfen vom 12.11.2002, Rn 53.

[418] Vgl. *Keßler*, DÖV 1977, 619, 620; *Cremer*, in: *Calliess/Ruffert*, EUV/EGV, Art. 87, Rn 15. Ähnlich wie in Art. 81 EG ginge es auch hier um die Bekämpfung „wirksamer wettbewerbsverfälschender Maßnahmen" (*Streinz*, Rn 1021).

[419] Vgl. *Mederer*, in: G/T/E, Art. 92, Rn 35, der auf den Grundsatz „de minimis non curat praetor", sowie *Rawlinson*, in: *Lenz/Borchardt*, Art. 87, Rn 14, der auf das Verhältnis Aufwand-Nutzen hinweist, sowie *Klein/Haratsch*, EWS 1997, 410, 413.

[420] AaO.

[421] Vgl. EuGH, 26.9.2002, Rs C-351/98, Slg. 2002, I-8031, Rn 51, 63 f., wonach auch bescheidene Beihilfen verzerrend wirken können, wenn viele kleine Unternehmen davon profitieren können und der Sektor von kleinen Unternehmen geprägt ist; oder wenn „lebhafter Wettbewerb" herrscht – vgl. EuGH, 19.9.2002, Rs C-113/00, Slg. 2002, I-7601, Rn 30; 21.3.1991, Rs C-303/88, Slg. 1991, I-1433 („ENI-Lanerossi"), Rn 27; 14.10.1987, Rs 248/84, Slg. 1987, 4013, Rn 18; 11.11.1987, Rs 159/85, Rn 24; EuG, 4.4.2001, Rs T-288/97, Rn 46 ff. Vgl. hierzu auch *Modlich*, S. 86 f.

[422] Vgl. die De-minimis-Mitteilung (ABl. C 68 v. 6.3.1996, S. 9 ff.) bzw. nunmehr die De-minimis-VO 69/2001.

[423] Die De-minimis-Regelung hat die Kommission insbes. mit Verwaltungsvereinfachung und der Notwendigkeit, den Personaleinsatz auf die Fälle von wirklicher Bedeu-

tensität der Auswirkungen auf den Gemeinsamen Markt, würde eine Abstufung von „spürbaren" und „nicht spürbaren" Auswirkungen auf Handel und Wettbewerb voraussetzen, daß man sie „skalieren" oder „kalibrieren" könnte. Insofern erscheint es bereits fraglich, ob eine Rechnung mit so vielen Unbekannten eine trennscharfe Abgrenzung von spürbaren und nicht spürbaren Wirkungen erlaubt. Was die Gefahr für den Gemeinsamen Markt anbelangt, kommt es im Rahmen des Art. 87 Abs. 1 EG ohnehin nicht in erster Linie auf die *Intensität* der (möglichen) negativen Wirkungen an, sondern auf den *Wahrscheinlichkeits*grad. Gleichwohl wird man die Wahrscheinlichkeit einer Gefährdung und deren Größe nicht gänzlich auseinanderdividieren können. Insbesondere bei Beihilfenprogrammen, bei denen nicht jede Einzelmaßnahme, sondern das Programm an sich einer Prüfung unterzogen wird, enthält die Prüfung ein stark prognostisches Element hinsichtlich der zu erwartenden Wirkungen. Begrüßenswert ist insoweit, daß versucht wird, die hieraus resultierenden Unsicherheiten wenigstens partiell durch die Prüfung schädlicher Wirkungen auf Handel und Wettbewerb (insbesondere deren „Spürbarkeit") im Sinne eines „Um so mehr"- bzw. „Jedenfalls dann"-Schlusses" zu kompensieren.[424]

Selbstredend spielt der Gefährdungsgrad auch aus Gründen der Verhältnismäßigkeit eine Rolle. Und zwar nicht was das *Eingriffs*ermessen anbelangt, sondern zum einen im Sinne eines die vertraglichen Vorgaben nachvollziehenden „materiellen" Tatbestands- bzw. *Abwägungs*ermessens; zum anderen, was die Darlegungs- und Begründungspflichten anbelangt. Die Kommission hat regelmäßig abzuwägen, inwieweit ihr Tun ggf. in mitgliedstaatliche Kompetenzbereiche einwirkt. Insofern könnte das „Spürbarkeitskriterium" durchaus als Aufhänger für eine abschließende Gesamtwürdigung von konkretem Mittel (der in Frage stehenden Maßnahme), den Zielen (gemeinschaftsrechtlichen und nationalen), und der Wirkung (auf den Gemeinsamen Markt, auf die ggf. betroffenen Konkurrenten sowie auf die Souveränität der Mitgliedstaaten) fruchtbar gemacht werden.

VII. Zusammenfassung

Die Funktion des Beihilfenrechts besteht darin, unerwünschte Wirkungen auf den Gemeinsamen Markt zu verhindern. Primär geht es um mehr Wettbewerb, also um mehr „Marktfreiheit" als Freiheit von staatlicher Einfluß-

---

tung auf Gemeinschaftsebene konzentrieren zu können, begründet. Wie auch etwa im Sicherheitsrecht steht der Kommission ein entsprechendes Eingriffsermessen zu. Allerdings ist zu beachten, daß hier regelmäßig Drittbetroffenheit vorliegen wird, wodurch sich der Ermessensspielraum entsprechend reduzieren kann.

[424] Vgl. EuGH, 14.10.1987, Rs 248/84, Slg. 1987, 4013, Rn 18; 19.9.2002, Rs C-113/00, Slg. 2002, I-7601, Rn 30; 26.9.2002, Rs C-351/98, Slg. 2002, I-8031, Rn 51, 63; EuG, 4.4.2001, Rs T-288/97, Slg. 2001, II-1169, Rn 46 ff.

nahme. Daneben wirkt das Beihilfenverbot komplementär zu den Grundfreiheiten. Wettbewerbsverfälschung und Handelsbeeinträchtigung geben dabei aber nicht nur die Funktion an, sondern sind veritable und jeweils eigenständige Tatbestandsmerkmale. Festzuhalten ist auch, daß es einen rechtlichen Automatismus gleich welcher Art zwischen Beihilfe, Wettbewerbsverfälschung und Handelsbeeinträchtigung nicht gibt. Jeweils müssen die spezifischen Voraussetzungen erfüllt sein. In beiden Fällen geht es darum, daß ein kausaler Konnex zwischen Beihilfe und deren wettbewerbsverfälschender bzw. handelsbeeinträchtigender Wirkung plausibel hergestellt werden kann. Die in der Praxis entwickelten Kriterien sind hierfür allerdings nur bedingt aussagekräftig.

Hinsichtlich des Merkmals der Wettbewerbsverfälschung genügt für dessen Tatbestandlichkeit eine Wahrscheinlichkeitseinschätzung, daß durch die Maßnahme eine Einwirkung auf die realen Wettbewerbsverfälschung „droht". Die Prüfung durch die Kommission hat sich in erster Linie auf das Bestehen von auf die Maßnahme bezogenem „relevantem" Wettbewerb und damit auf die Möglichkeit der Beeinflussung des „relevanten" Marktes zu fokussieren. In typischen Konstellationen läßt eine Begünstigung für ein auf einem wettbewerbsrelevanten Markt agierendes Unternehmen eine Wettbewerbsverfälschung vermuten. Die Prüfung muß aber offen bleiben für atypische Fallgestaltungen, die eine derartige Vermutung gerade nicht zulassen.

Trotz der fortgeschrittenen Integration ist das Merkmal der zwischenstaatlichen Handelsbeeinträchtigung nach wie vor – auch zum Schutze mitgliedstaatlicher Kompetenzen – von Bedeutung. Es besteht aber eine Vermutung dafür, daß hinsichtlich sämtlicher in der Gemeinschaft angebotener Güter und Dienstleistungen Handel möglich ist oder ohne staatlich veranlaßten Eingriff doch möglich wäre („Binnenmarktvermutung"). Der Nachweis relevanten Handels ist insoweit entbehrlich und der Kausalitätsnachweis erheblich erleichtert. Allerdings ist auch hier auf atypische Konstellationen zu achten – insbesondere wenn durch die fragliche Maßnahme das Angebot von Gütern oder Dienstleistungen gefördert wird, die ausnahmsweise nicht zwischenstaatlich gehandelt werden.

Für beide Merkmale gilt, daß für eine (materielle) Spürbarkeitsschwelle, unterhalb derer eine Beihilfe mit dem Gemeinsamen Markt generell vereinbar ist, kein Grund ersichtlich ist. Größere Relevanz kommt der „Spürbarkeit" bei der (dem formellen Beihilfenrecht zuzuordnenden) Frage des Eingriffsermessens zu. Bei einer abschließenden Gesamtwürdigung ist aber bereits aus Gründen der Verhältnismäßigkeit auch im materiellen Beihilfenrecht in Ansatz zu bringen, ob es die angenommenen Auswirkungen auf Handel und Wettbewerb tatsächlich verlangen, die Maßnahme als unvereinbar mit dem Gemeinsamen Markt zu qualifizieren.

E. Begründungs- und Beweislast

Im folgenden soll in groben Zügen das in Art. 87 Abs. 1 EG angelegte System abgestufter Begründungs-, Beweis- und Darlegungspflichten zusammenfassend dargestellt werden. Der normative Rahmen ist eine effektive europäische Wettbewerbskontrolle einerseits und der Schutz legitimer Interessen und Kompetenzen der Mitgliedstaaten andererseits. Obgleich als System objektiver Beweislastverteilung konzipiert, wird es in der Praxis eher als „abstrakte" Beweis*führungslast*verteilung, also als dialektisches System von Beweis- und Gegenbeweisbelastung eine Rolle spielen.[425] Abschließend sollen in diesem Zusammenhang noch einige in der Praxis gebräuchliche Ansätze der Beweiserleichterung kritisch beleuchtet werden.

I. Die Verteilung der Beweis- und Begründungslast in Art. 87 Abs. 1 EG

1. Die Beweislastverteilung bei den einzelnen Tatbestandsmerkmalen

Grundsätzlich trägt die Kommission hinsichtlich des Vorliegens einer „verbotenen Beihilfe" gem. Art. 87 Abs. 1 EG die materielle Begründungs- und Beweislast und damit letztlich auch die Beweisführungs- und Darlegungslast. Dies ergibt sich bereits daraus, daß die Regelzuständigkeit bei den Mitgliedstaaten liegt und die Gemeinschaft die Eröffnung ihrer Kompetenzen darlegen muß (vgl. oben Kapitel 1, Abschnitt D. II.). Im Detail gilt es aber zu differenzieren. Tendenziell kann gesagt werden, daß für wettbewerbliche, also vorwiegend ökonomische Aspekte (welche die europäischen Prüfungskompetenzen erst begründen) die Kommission, für hoheitliche Aspekte (welche die europäische Prüfungskompetenz ggf. beschränken) die Mitgliedstaaten beweisbelastet sind.

2. Das Merkmal der „Beihilfe" i.e.S.

a) Der Vorteil

Die wettbewerbsrelevante Begünstigung ist das erste und grundlegende Merkmal einer Beihilfe. Es obliegt daher grundsätzlich der Kommission, zu begründen und ggf. zu beweisen, daß ein *Vorteil* (also eine wirtschaftliche, spürbare, nicht wettbewerbskonforme Begünstigung) vorliegt. Gewisse Maßnahme*formen* allerdings lassen in der Regel eine Beihilfe (i.e.S.) widerleglich vermuten.

---

[425] Für eine Entsprechung der Verteilung der objektiven Beweislast und der abstrakten, also von der jeweiligen prozessualen Situation unabhängigen Beweisführungslast vgl. *Laumen*, NJW 2002, 3739, 3742. Vgl. i.ü. oben Kap. 1, Abschn. D. II.

b) Die Rechtfertigungsgründe

Wenn nicht erwiesen ist, daß ein „Rechtfertigungsgrund" greift, muß es bei der Regel bleiben, daß der einem Wirtschaftssubjekt gewährte *Vorteil* auch dessen Wettbewerbsposition verbessert und deshalb als Beihilfe i.e.S. zu qualifizieren ist. Für das Vorliegen entsprechender Rechtfertigungsgründe (adäquate Gegenleistung, „Unfreiwilligkeit") trägt der Mitgliedstaat die Beweis- bzw. Begründungslast. Dies gilt grundsätzlich auch für das Merkmal der „Marktadäquanz."[426] Hier ist aber schon wegen der unterschiedlich verteilten Einschätzungsprärogative zu differenzieren, ob der Mitgliedstaat eher im fiskalischen, im hoheitlichen oder im gemischt hoheitlich-fiskalischen Bereich tätig wird.

c) Das Merkmal der „Marktadäquanz"

Schon wegen der Marktnähe von Maßnahmen *auf fiskalischem Gebiet* kommen der Gemeinschaft weitreichende Prüfungskompetenzen zu. Bei fiskalischem Staatshandeln ist das „Ob" des Tätigwerden-Dürfens keine einer besonderen Rechtfertigung bedürftige Frage, da sich die Mitgliedstaaten generell fiskalisch betätigen müssen und dürfen und zwar sowohl zur Beschaffung notwendiger Güter wie auch als Unternehmer. Nachzuweisen ist aber im Zweifel vom Mitgliedstaat, daß das „Wie" des Handelns tatsächlich marktadäquat ist (hat der Mitgliedstaat seiner Gleichbehandlungspflicht genügt, liegt eine angemessene, „marktadäquate" Gegenleistung vor?). Entsprechende Verfahren (Ausschreibung) sollten aber für eine Vermutung marktadäquaten Verhaltens hinreichen.

Hoheitliches Tätigwerden (etwa mit den Zielen Sicherheit, Soziales, Bildung, Kultur etc.), also nicht unmittelbar marktbezogenes Handeln, ist in vielen Bereichen noch Sache der Mitgliedstaaten. Bei hoheitlichem Staatshandeln muß zunächst einmal verstärkt von der Kommission begründet werden, inwieweit der Gemeinschaft ein Kontrollrecht hinsichtlich generell nicht marktbezogener Staatstätigkeit zukommt. Je umfassender eine Materie vergemeinschaftet ist, um so mehr obliegt die Prärogative der Gemeinschaft. Bei der Einschätzung kommt es dementsprechend auf den Umstand an, *ob* der Mitgliedstaat tätig werden darf (Marktversagen?) und ob dann das „Wie" des Tätigwerdens nach Ziel, Mittel und Wirkung verhältnismäßig ist. Hierfür obliegt der Beweis im Zweifel dem Mitgliedstaat.

Im hoheitlich-fiskalischen *Mischbereich*, (insbes. der Daseinsvorsorge bzw. der öffentlichen Unternehmen mit gemischt öffentlich-privater Ausrichtung), kommt der Gemeinschaft schon wegen der (partiellen) Marktausrichtung eine generelle Kontrollkompetenz zu. Der Nachweis, *daß* der Mitgliedstaat hier mit Marktausrichtung handelt (Rechtsgedanke des

---
[426] So bereits *Seidel*, Beihilfenrecht, S. 22.

Art. 86 Abs. 2 EG: „grundsätzliche Anwendbarkeit der Wettbewerbsregeln") obliegt der Kommission. Der Mitgliedstaat muß aber im Zweifelsfalle dartun, daß sowohl das „Ob" wie auch das „Wie" und ggf. das „Wieviel" verhältnismäßig bzw. marktadäquat ist (gleichfalls Rechtsgedanke des Art. 86 Abs. 2 EG).[427] Hier wird besonders deutlich, daß im Hinblick auf die Beweislastverteilung der wettbewerbliche Aspekt der Kommission und der hoheitliche Aspekt den Mitgliedstaaten zugeordnet ist.

3. Die Merkmale der „Zurechenbarkeit" und der „Selektivität"

Für die Merkmale der staatlichen *Zurechenbarkeit* und der *Selektivität*, die im Grunde den Vorteilsbegriff präzisieren, trägt grundsätzlich die Kommission die Begründungs- und Beweislast.[428] Die Anforderungen an den Zurechenbarkeitsnachweis erhöhen sich aber, je „weiter" entfernt die konkrete Maßnahme vom ursprünglich „Begünstigten" Wirkungen zeigen wird bzw. je weniger die Maßnahme auf wirtschaftliche Tätigkeiten „zielt".

4. Die Merkmale der Wettbewerbsverfälschung und Handelsbeeinträchtigung

Es sind die Merkmale der Tatbestandsmerkmale der Wettbewerbsverfälschung und Handelsbeeinträchtigung, die funktionsbestimmend und letztlich kompetenzeröffnend sind. Hinsichtlich beider ist daher grundsätzlich die Kommission beweisbelastet. Allerdings sind Beweiserleichterungen zu beachten. Beim Tatbestandsmerkmal der Wettbewerbsverfälschung hat die Kommission jedenfalls das Bestehen von relevantem Wettbewerb (also den relevanten Markt) darzulegen. Herrscht auf dem relevanten Markt nachweislich Wettbewerb, kann eine drohende Wettbewerbsverfälschung vermutet werden. Die Mitgliedstaaten können sich aber durch den Nachweis atypischer Konstellationen und Kausalzusammenhänge entlasten.

Beim Tatbestandsmerkmal der Handelsbeeinträchtigung kann das Bestehen von innergemeinschaftlichem Handel generell vermutet werden („Binnenmarktvermutung"). Die Mitgliedstaaten haben aber im Zweifelsfall darzutun, warum die fragliche Maßnahme ausnahmsweise nicht geeignet ist, Wirkungen auf den Handel zu zeitigen, also warum die Binnenmarktvermutung ausnahmsweise nicht greift oder ein atypischer Kausalverlauf anzunehmen ist.

---

[427] Kritisch zu einer Vermutung zu Lasten der Mitgliedstaaten bei Fehlen eines Ausschreibungsverfahrens *Bartosch*, EuZW 2000, 333, 334 f.
[428] Vgl. *Bartosch*, NJW 2002, 3588, 3591 (zum Merkmal der Zurechenbarkeit).

II. Beweiserleichterungen in standardisierten Modellen

Generell kann bei Vermutungen gesagt werden, daß lediglich der „initiale" Sachverhalt von der Kommission zu beweisen ist und sich die übrigen Merkmale daraus quasi „automatisch" ergeben. Wie oben (Kap. 1, Abschn. C. III. 3.) dargelegt, macht die Kommission zunehmend von „standardisierten" Beurteilungsmodellen (Verwaltungsvorschriften etc.) Gebrauch, die solche Vermutungen begründen sollen. Allerdings darf damit weder eine Ersetzung noch eine Erweiterung oder Verengung der vertraglichen Norminhalte einhergehen. Das Problem ist also regelmäßig, die tatsächliche Prüfung zu verkürzen, ohne die normativen Vorgaben unzulässig zu beschneiden oder zu verbiegen. Inwieweit letzteres beachtet wird, erscheint bisweilen fraglich.

1. Export- und Betriebsbeihilfen

Die Kommission hat als besondere Beihilfetypen insbes. sog. „Betriebsbeihilfen" und sog. „Exportbeihilfen" kreiert. Aus deren Vorliegen schließt die Kommission, daß diese mit dem Gemeinsamen Markt unvereinbar seien, ohne weiter auf die übrigen Tatbestandsmerkmale des Art. 87 Abs. 1 EG einzugehen. Die Formulierung solcher Typen mag unter der Bedingung sachgerecht sein, daß diese (1.) tatbestandlich hinreichend definiert sind und daß (2.) evident oder in abstrakter Weise dargelegt ist, warum mit Vorliegen allein eines bestimmten Beihilfentyps sämtliche vertraglichen Tatbestandsmerkmale miterfüllt sein sollen.[429]

Der Tatbestand der „Betriebsbeihilfe" war zwar schon Gegenstand einiger Definitionen.[430] Nicht hinreichend plausibel erscheint aber der Zusammenhang zu anderen Tatbestandsmerkmalen des Beihilfen*verbots*, zumal die für eine „Betriebsbeihilfe" als maßgeblich bezeichneten Kriterien

---

[429] Der Gerichtshof hat dementsprechend gebilligt, daß sich die Kommission darauf beschränkt festzustellen, eine derartige Beihilfe sei „mit dem Gemeinsamen Markt grundsätzlich unvereinbar, ohne daß es einer Prüfung der weiteren Tatbestandsmerkmale des Artikels 92 Absatz 1 EG-Vertrag bedürfte." (EuGH, 5.10.2000, Rs C-288/96, Slg. 2000, I-8237, Rn 60).

[430] So in Ziff. 1.3 der Leitlinie für die Prüfung der einzelstaatlichen Beihilfen im Fischerei- und Aquakultursektor (92/C 152/02) und Ziff. 1.2 der Nachfolge-Leitlinie (ABl. C 100 v. 27.3.1997, S. 12); Ziff. 4.15 der Leitlinien für staatliche Beihilfen mit regionaler Zielsetzung (ABl. C 74 v. 10.3.1998, S. 9). Für den Gerichtshof sind „Betriebsbeihilfen" solche, die „ein Unternehmen von Kosten befreien sollen, die es normalerweise im Rahmen seiner laufenden Geschäftsführung oder seiner üblichen Tätigkeit zu tragen gehabt hätte" – vgl. EuGH, 19.9.2000, Rs C-156/98, Slg. 2000, I-6857, Rn 30; EuG, 8.6.1995, Rs T-459/93, Slg. 1995, II-1675, Rn 48; Oder solche, „die ohne besondere Bedingung und nur entsprechend der verwendeten Mengen gewährt werden" – EuGH, 6.11.1990, Rs C-86/89, Slg. 1990, I-3891, Rn 18. Zur Abgrenzung „Betriebsbeihilfe"-„Investitionsbeihilfe" EuGH, 15.5.1997, Rs C-278/95 P, Slg. 1997, I-2507, Rn 34 ff.

(insbes. ein Vorteil und das Fehlen einer Gegenleistung) weitgehend bereits für das Vorliegen einer „gewöhnlichen" Beihilfe i.e.S. vorliegen müssen.[431] Begreift man „Betriebsbeihilfen" als typische Wirtschaftssubventionen, die zunächst keinen anderen Zweck verfolgen als die Stärkung der Wettbewerbsposition des begünstigten Unternehmens, ist gegen eine solche Vermutung zur Begründung einer Beihilfe *i.e.S.* nichts einzuwenden.[432] Will man die Vermutung aber in Richtung „verbotene Beihilfe" erweitern, muß sichergestellt sein, daß der definierte Beihilfentypus sämtliche Merkmale des Art. 87 Abs. 1 EG zumindest „typischerweise" abdeckt. Die Herstellung eines abstrakten Zusammenhangs von bestimmten Maßnahmen und entsprechenden Rechtsfolgen ruft jedenfalls die Gefahr hervor, daß atypische Konstellationen nicht hinreichend berücksichtigt werden. Insoweit können solche Beihilfetypen allenfalls eine *widerlegliche* Vermutung begründen.[433] Dem Mitgliedstaat muß die Möglichkeit bleiben, das Nichtvorliegen der vertraglichen Tatbestandsmerkmale begründen und beweisen zu können.[434]

Dies gilt grundsätzlich auch für den Fall der „Exportbeihilfen" soweit man hierin eine typische Ausfuhrsubvention für den innergemeinschaftlichen Handel erblicken möchte. Dabei dürfte sich die Vermutungswirkung wohl auch auf die (faktisch kaum mehr zu widerlegende) Handelsbeeinträchtigung erstrecken, da eine solche Beihilfe gerade auf den innergemeinschaftlichen Handel „zielt".[435]

Unverständlich ist aber teilweise die Rechtsprechung des Gerichtshofs, wenn er eine Betriebsbeihilfen-Vermutung zur Quasi-Fiktion erhöht: Die Kommission hatte in einer Leitlinie bei Vorliegen einer „Betriebsbeihilfe" ohne nähere Herleitung unterstellt, daß diese mit dem Gemeinsamen Markt

---

[431] Vgl. Definition des EuGH in der vorigen Fn sowie das Vorbringen der Kommission in EuGH, 13.3.1985, Rs 93/84, Slg. 1985, 829, Rn 3 („ohne echte Gegenleistung"). Unverständlich insoweit Entscheidung der Kommission 88/605/EWG, wonach eine Betriebsbeihilfe von der Kommission deswegen generell abgelehnt wird, weil sie „keine der Bedingungen für die Ausnahmen nach Art, 92 Abs. 3 lit. a und c (EGV – d. Verf.) erfüllt." Dies ist keine Voraussetzung für eine verbotene Beihilfe gem. Art. 92 Abs. 1 EGV (Art. 87 Abs. 1 EG).

[432] Ziff. 1.2 der Leitlinie (ABl. C 100 v. 27.3.1997, S. 12) für die Prüfung der einzelstaatlichen Beihilfen im Fischerei- und Aquakultursektor, wonach für Betriebsbeihilfen kennzeichnend ist, daß sie der Verbesserung der finanziellen Lage der Betriebe dienen und daß keine Verpflichtung hinsichtlich der Verwendung verlangt wird.

[433] Ausdrücklich für eine „Vermutung" EuGH, 5.10.2000, Rs C-288/96, Rn 77 f.

[434] So auch EuGH, 19.9.2000, Rs C-156/98, Rn 29, wonach die Möglichkeit der Entlastung, daß die Beihilfe den Wettbewerb nicht verfälsche, dem Mitgliedstaat offensteht.

[435] Vgl. die Ansicht der Kommission etwa in der Mitteilung der Kommission zu Exportkreditversicherungen (ABl. C 281 v. 17.9.1997, S. 7); Entscheidungen der Kommission 73/263/EWG; 82/364/EWG; 88/605/EWG; EuGH, 10.12.1969, Rs 6/69, Slg. 1969, 523, Rn 20.

unvereinbar sei, also Typus und Rechtsfolge unmittelbar miteinander verknüpft.[436] Der Gerichtshof meinte hierzu, „Betriebsbeihilfen" begründeten zum einen eine Vermutung dafür, daß sie „per se den Wettbewerb verfälschen". Weiter folge aus der von der Kommission aufgestellten Vermutung, daß diese Beihilfen „niemals als mit dem Gemeinsamen Markt vereinbar angesehen werden können" – und dann – „erst recht, daß sie den Wettbewerb im Sinne von Art. 92 Abs. 1 des Vertrages verfälschen."[437] Der Gerichtshof fingiert hier das Vorliegen eines Tatbestandsmerkmals, indem er von der vermuteten Rechtsfolge auf jenes zurückschließt – eine völlige Verkürzung und Verdrehung der Normzusammenhänge.

2. Fiktion verbotener Beihilfen durch Rückschluß von der Ausnahme auf die Regel?

Die Regelungen des Art. 87 Abs. 3 EG gehören eigentlich nicht in den primären Untersuchungszusammenhang dieser Arbeit, da sie lediglich die *Ausnahmen* von der hier vorwiegend interessierenden *Regel* gem. Art. 87 Abs. 1 EG darstellen. Allerdings zwingen Kommission und Gerichtshof dazu, sich damit auseinanderzusetzen, da ihnen das Kunststück gelingt, über die Ausnahmen die Reichweite der Regel als solcher zu bestimmen:

Der Rat hatte von seiner Befugnis, gem. Art. 92 Abs. 3 lit. e EGV „sonstige Arten von Beihilfen" als Ermessensausnahmetatbestände festzulegen, im Rahmen der „Schiffbau-Richtlinie" Gebrauch gemacht und bestimmt, daß gewisse Produktionshilfen „als mit dem Gemeinsamen Markt vereinbar angesehen werden" können.[438] Damit wurde im Grunde nur den (von Vertrags wegen) bestehenden Ausnahmetatbeständen ein weiterer hinzugefügt. Über die Vereinbarkeit einer Schiffbau-Fördermaßnahme kam es zum Streit, ob eine solche Produktionsbeihilfe vorliege. Der Gerichtshof führte aus, die Kommission habe ihre Prüfung allein an den Regelungen der Richtlinie auszurichten. Eine Prüfung, ob die Maßnahme nach Maßgabe der in Art. 92 Abs. 1 EGV aufgeführten Merkmale „als vereinbar angesehen werden könne" (!) sei „unlogisch, da es sich um eine Ausnahmeregelung handelt, die notwendig voraussetzt, daß die fraglichen Beihilfen zunächst mit dem Gemeinsamen Markt unvereinbar sind."[439] Also gerade weil die Maßnahme dem Grunde nach unter einen *Ausnahme*tatbestand fal-

---

[436] Auf die Feststellung unter Ziff. 1.3 der Leitlinie 92/C 152/02, daß Beihilfen nur „unter Einhaltung der Ziele der gemeinsamen (von der Kommission formulierten – d.Verf.) Politik" gerechtfertigt seien, folgt ohne weiteres, daß die in Ziff. 1.3 definierten „Betriebsbeihilfen" mit dem Gemeinsamen Markt unvereinbar seien.
[437] EuGH, 5.10.2000, Rs C-288/96, Slg. 2000, I-8237, Rn 77, 78.
[438] Art. 4 Abs. 1 der Richtlinie des Rates 87/167/EWG v. 26.1.1987.
[439] Vgl. EuGH, 18.5.1993, Rs C-356/90, Slg. 1993, I-2323, Rn 33. In die gleiche Richtung weisend EuGH, 10.2.2002, Rs C-36/00, Slg. 2002, I-3243, Rn 49.

le, sei sie *deswegen* mit dem Gemeinsamen Markt unvereinbar – ein logischer Salto rückwärts.

Tatsächlich mögen konkrete *Maßnahmen*, für die der Rat eine Ausnahmemöglichkeit vorgesehen hat, auch unter das Beihilfenverbot fallen (sonst würde der Rat für derlei Maßnahmen sinnvollerweise keine Ausnahme normieren). Ein *rechtlicher* Schluß von der Ausnahme*norm* auf die Grundsatz*norm* ist aber nicht zulässig – genausowenig wie bei den anderen Tatbeständen des Art. 87 Abs. 3 EG. Sonst wäre z.B. *jegliche* Maßnahme der Kulturförderung (Ausnahmetatbestand gem. Art. 87 Abs. 3 lit. d EG) automatisch und ohne Rücksicht auf die Tatbestandsmerkmale des Art. 87 Abs. 1 EG eine verbotene Beihilfe! Das Vorliegen einer verbotenen Beihilfe ist aber *Voraussetzung* für die Prüfung einer Ausnahme und nicht umgekehrt die *Folge* der Tatbestandsmäßigkeit einer Ausnahme. Die Ausnahmebestimmungen machen das Beihilfenverbot bildlich gesprochen „kleiner" und nicht „größer". Andernfalls käme dem Rat praktisch auch eine nirgendwo begründete Kompetenz zu Lasten der Vertragstaaten zu, qua „Ermessensausnahmen" festzulegen, was eine verbotene Beihilfe jenseits der in Art. 87 Abs. 1 EG festgelegten Merkmale ist. Kurz: Eine „überschießende" Funktion der Ausnahmetatbestände, welche die Fiktion einer verbotenen Beihilfe begründet, gibt es nicht.[440]

III. Zusammenfassung

Die Kompetenzeröffnung und ggf. die über eine Mißbrauchskontrolle hinausgehende Kontrollintensität ist immer von der Kommission zu begründen bzw. zu beweisen. Kompetenzeröffnend ist der (europäische) wettbewerbliche Bezug, kompetenzbeschränkend ggf. der (mitgliedstaatliche) hoheitliche. Die Kontrollnotwendigkeit und -intensität unterliegt einer schwächer ausgeprägten Rechtfertigungspflicht der Kommission, je „näher" die Maßnahme am Markt liegt. Sie unterliegt einer stärker ausgeprägteren Rechtfertigungspflicht, je mehr ein Eingriff in originär mitgliedstaatliche Bereiche zu erwarten ist. Umgekehrt muß sich der Mitgliedstaat um so mehr zu rechtfertigen suchen, je mehr Marktnähe die Maßnahme aufweist und um so weniger er in seinem angestammten (hoheitlichen) Terrain operiert. Nicht in jedem Fall ist generell ein Einzelnachweis erforderlich. Das Beihilfenaufsichtsrecht erlaubt eine Reihe von Vermutungszusammenhängen, welche die Beweisführung erleichtern. Bedenklich erscheinen aber tatsächliche und rechtliche Vermutungszusammenhänge ohne erforderliche Plausibilität, wie sie in der beihilfenrechtlichen Aufsichtspraxis geknüpft werden.

---

[440] Auch wenn eine Maßnahme etwa unter eine GFVO fällt, kann das nicht heißen, daß sie automatisch unter Art. 87 Abs. 1 EG fällt.

Schlußbetrachtung

I. „Die Vernunft" – Grund genug für eine europäische Beihilfenaufsicht

Wir brauchen eine europäische Beihilfenaufsicht. Wir brauchen sie aus den verschiedensten ökonomischen, „staatspolitischen", nicht zuletzt normativen Gründen. Eine institutionalisierte Aufsicht über das mitgliedstaatliche Subventionswesen ist unzweifelhaft notwendig zur Erhaltung des Wettbewerbsprinzips und der Funktionsfähigkeit des Marktes, zur Stärkung der privaten Initiative und der bürgerlich-freiheitlichen Sphäre, zum Schutz vor „Politik-" und „Staatsversagen", vor irrationaler Ressourcenverschleuderung, Diskriminierung und Protektionismus. Wir bedürfen einer Beihilfenaufsicht zur Schließung einer Legitimationslücke des in lauen Kompromißlösungen befangen Staates, der nicht umzusetzen vermag, was er als richtig erkannt hat. Nicht zuletzt benötigen wir die Beihilfenaufsicht in ihrer friedenssichernden Funktion, um staatlichem Egoismus zu begegnen und um dem Staat, der allzu gern seinem „natürlichen Subventionstrieb" freien Lauf läßt, Zügel anzulegen.

Das Beihilfenphänomen ist aber zu komplex, um aus der Evidenz der „klassischen" Subventionsproblematik gezogene Schlüsse unbesehen auf den weiten, sich in allen Schattierungen darstellenden Bereich des Beihilfewesens übertragen zu können. Also, wir brauchen eine Beihilfenaufsicht. Die Frage allein bleibt: Was für ein Beihilfenrecht brauchen wir?

II. Schlaglichter auf die Graubereiche des Beihilfenrechts –
dessen Bestimmungsgründe und Grenzen sowie deren Bewertung

1. Das Beihilfenrecht als Normativentscheidung – Recht und Politik

Zunächst einmal brauchen wir ein Beihilfen*recht*. Legitimer Weise läßt sich die Beihilfendiskussion natürlich auf ganz unterschiedlichen (weltanschaulichen, wissenschaftlichen, politischen usf.) Ebenen führen. Das Beihilfenrecht ist aber „Recht" im Wortsinne. Dies erfordert eine juristische Diskussion und v.a. einen Vollzug auf normativer Grundlage. Nur so kann das Beihilfenrecht seine Funktion als Rechtsnorm erfüllen – insbesondere die, den „mehrdimensionalen" Interessenkonflikt (Bürger – Bürger; Staat – Bürger; Mitgliedstaaten – Gemeinschaft usf.) abwägend zu lösen und mit Konsistenz, Verläßlichkeit und Verbindlichkeit auszustatten. „Rechtsverbindlich" muß das Beihilfenaufsichtsrecht also schon deswegen sein, um den Mitgliedstaaten die Möglichkeit zu entziehen, eine einmal getroffene (richtige!) Grundsatzentscheidung eines kurzfristigen politischen Erfolges wegen zu opfern. Genauso wichtig ist die Bindung an das Recht mit Blick auf die politisch zusehends mächtiger werdende Gemeinschaft, die eine bisweilen nicht unbedenkliche Eigenwilligkeit an den Tag legt.

Die Öffnung einer *Norm* für außerrechtliche Ansätze birgt neben der Gefahr der rechtlichen Unsicherheit auch die der Beliebigkeit. Dabei ist es gleich bedenklich, ob man das Beihilfenrecht im „liberalistischen" Sinne interpretiert, einer Richtung, die in einer ökonomisierten Zeit – man darf sagen: „en vogue" ist und die für ein strenges Beihilfenaufsicht eintritt. Oder ob man dies in umgekehrter Richtung tut und dem Ruf nach dem Staat, der sich gerade in wirtschaftlich schwierigen Zeiten hörbar lauter vernehmen läßt, willfährt. Kein Rechtssatz widersteht den Urkräften politischer oder gesellschaftlicher Dynamik – es handelte sich aber um Nicht-Recht, wenn man es im Winde jeglicher tagesaktuellen „Meinung" flattern lassen könnte.

2. Recht und Ökonomie – Ökonomie im Recht

Die Frage, ob das Beihilfenrecht, so wie es ist, das aus ökonomischer Sicht „richtige" Beihilfenrecht ist, konnte (und sollte) durch die vorliegende Arbeit nicht beantwortet werden. Dies erforderte eine Diskussion auf der – allerdings rechts*politischen* – Sollensebene (auch hierfür ist eine Ausleuchtung des status quo freilich von Vorteil). Auch wenn die „ökonomische Rationalität" ganz offensichtlich Motiv für die Statuierung einer Beihilfenaufsicht war und dieser Aspekt im Zuge der Integration erheblich an Bedeutung gewonnen hat, so darf man den Spieß dennoch nicht umdrehen und das Beihilfenrecht zur Generalklausel für ökonomisch (vermeintlich) „richtiges" Handeln machen – abhängig jeweils vom Geschmack des Betrachters oder Anwenders. Es gilt also zunächst einmal, Ökonomie und Recht zu trennen.

Dabei soll nicht der Eindruck entstehen, es solle ein fruchtloser Streit zwischen zwei benachbarten Fakultäten, gleichsam um den Apfelbaum auf gemeinsamer Grenze, angefacht werden. Die Abgrenzung von Recht und Ökonomie hat vielmehr auch eine ganz praktisch-rechtliche Funktion: Erst wenn es aus Sicht des Gerichtshofs gilt, Rechtsfragen zu beurteilen, übt er auch seine Kontrollkompetenzen in vollem Umfang aus. Der Gerichtshof behandelt die Kommission in weiten Bereichen nicht nur als sachnähere Behörde, sondern zugleich auch als sachverständige Stelle, komplexe sozioökonomische Zusammenhänge zu beurteilen. Es geht also um die Unterscheidung des strikt normgebundenen Bereichs justitieller Kontrolle zum einen, des hier notwendigerweise auch „polit-ökonomisch" gefärbten

Bereichs exekutivischer Prärogative zum anderen und schließlich um den normativ an sich „neutralen", gleichwohl natürlich von Wertungen bestimmten Bereich ökonomischer Analyse im Sinne gutachterlicher Tatsachendeutung.

Das Beihilfenrecht enthält naturgemäß eine Reihe von Schnittstellen zwischen juristisch-normativer, ökonomisch-politischer und ökonomisch-gutachterlicher Bewertung, indes bereitet es Schwierigkeiten, die Grenzen zwischen den Bereichen in der Praxis zu erkennen. Indem der Gerichtshof der Kommission nicht nur den Freiraum läßt, als sachverständige Stelle Tatsachendeutungen vorzunehmen, sondern auch, diese normativ zu bewerten, nimmt es nicht Wunder, daß die Tatbestandsmerkmale des Beihilfenverbots juristisch nach wie vor so wenig greifbar sind. Z.B. das Merkmal der „Wettbewerbsverfälschung": Nach strikt liberal-marktwirtschaftlichem Vorverständnis muß praktisch jedes staatliche Einwirken auf die Marktverhältnisse und im besonderen jegliche Begünstigung bestimmter Wirtschaftsteilnehmer zu einer Verfälschung des (ideal gedachten) Wettbewerbs führen. Diese Verfälschung ist damit notwendige Konsequenz jeder i.ü. gem. Art. 87 Abs. 1 EG tatbestandlichen staatlichen Maßnahme. Und als solche, als quasi automatisch eintretende *Folge* wurde das Merkmal von Kommission und Gerichtshof auch lange Zeit behandelt. Mittlerweile scheint insoweit Einigkeit zu herrschen, daß die Wettbwerbsverfälschung im Gegenteil *Voraussetzung* für das Vorliegen einer Beihilfe i.w.S. ist und dementsprechend ein echtes Tatbestandsmerkmal darstellt. Damit befindet man sich immerhin auf dem Boden hergebrachter Normanwendung. Nach wie vor ist aber keineswegs klar, welche konkreten Tatsachen oder „Umstände" für das Vorliegen einer Wettbewerbsverfälschung darzulegen und im Zweifel zu beweisen sind, inwieweit es sich um einen (nach deutscher Lesart) unbestimmten und damit umfänglicher gerichtlicher Kontrolle offenstehenden *Rechtsbegriff* handelt, oder inwieweit der Kommission diesbezüglich ein (gutachterliches oder exekutivisches) Bewertungs*ermessen* zukommen soll.

Der Grund für solche Unklarheiten ist nicht zuletzt in der in Beihilfedingen bisweilen allzu weitreichenden justitiellen Zurückhaltung des Gerichtshofs zu suchen. Dies ist bedauerlich, auch wenn oder gerade weil dieser (natürlich) kein ökonomischer Obergutachter ist. Mit der Einführung des „Effizienztests" beispielsweise hat sich der Gerichtshof, indem ausgerechnet im höchst sensiblen Bereich der Daseinsvorsorge anhand keineswegs klar definierter ökonomischer Parameter letzten Endes „berechnet" werden soll, ob eine Beihilfe vorliegt, ohne Not selbst der Möglichkeit zur normativen Letztbeurteilung beraubt. Eher selten sind demgegenüber die Fälle, in denen sich der Gerichtshof dazu durchringen konnte, juristisch klare Kriterien zur Konkretisierung des Beihilfentatbestandes aufzustellen. So etwa bei der Frage, welche Maßnahmen dem Staat noch als beihilfenrelevant „zurechenbar" sind: Die Kritiker des Gerichtshofs haben möglicherweise Recht damit, daß es rein ökonomisch betrachtet keinen Unterschied macht, ob eine Maßnahme aus „staatlichen Mitteln" gespeist wird oder nicht – es komme vielmehr auf den Maßnahmen*effekt* an. Der Gerichtshof hat aber richtigerweise einen (*normativ* notwendigen) Schnitt gemacht, um das vertragliche Tatbestandsmerkmal nicht zu überdehnen. Der „ökonomischen Rationalität" sind also im Beihilfenrecht selbst normative Grenzen gesetzt, aber nur selten hat der Gerichtshof diese Grenzen auch klar benannt.

Unter dem Aspekt der „ökonomischen Rationalität" wäre es natürlich am einfachsten, wenn man sagen könnte: Beihilfen sind *an sich* normativ unerwünscht. Das stimmt aber gerade nach den Vorgaben des EG-Vertrages *nicht*. Daß Beihilfen nicht per se verwerflich sind, ergibt sich zum einen aus der Gemeinschaftsordnung selbst, die Beihilfen nicht nur als legitimes Mittel (verfassungsrechtlich!) verankert hat, sondern auch aus der gemeinschaftlichen Praxis. Bestimmte mitgliedstaatliche Beihilfen sind ausdrücklich nicht nur vereinbar mit dem Gemeinsamen Markt (Art. 87 Abs. 2 EG), manche (Art. 87 Abs. 3 lit. b EG) können – womit sich der Kreis zu den Gemeinschaftsbeihilfen schließt – durchaus das gemeinsame europäische Interesse befördern. Auch hier setzt das europäische Recht einer rein ökonomisch ausgerichteten Sicht Grenzen.

Es kann andererseits keine Rede davon sein, das Ökonomische spiele im – ja ganz offensichtlich ökonomisch motivierten – Beihilfenrecht keine Rolle. Im Gegenteil: Für das Beihilfenrecht bedeutsame Oberziele der Gemeinschaft („Gemeinsamer Markt", „Schutz des Wettbewerbs im Binnenmarkt", „Grundsatz einer offenen Marktwirtschaft mit freiem Wettbewerb") sind Recht gewordene ökonomische Determinanten. Damit haben ökonomische Konzepte durch das Gemeinschaftsrecht (was in dieser Weise etwa vom deutschen Verfassungsrecht nicht gesagt werden kann) eine verfassungsrechtliche Verankerung erfahren. Konkret führt die Normierung ökonomischer Aspekte im Beihilfenrecht etwa zu der hier so genannten „Binnenmarktvermutung", wonach eine Einschätzung im Einzelfall, ob ein Gut in der Gemeinschaft tatsächlich gehandelt wird, normalerweise entbehrlich ist, weil jedes Gut in der Gemeinschaft prinzipiell handelbar sein *soll*. Oder die „Stoßrichtung" des Beihilfenrechts: Schon wegen der Festschreibung des Wettbewerbsgedankens als Leitbild für die Beihilfenaufsicht muß diese im Endeffekt zu *mehr Wettbewerb*, also zur *Stärkung der privaten Sphäre* führen.

Mit der gemeinschaftsrechtlichen Normierung sind ökonomische Ziele der Gemeinschaft auch für die nationalen Einzelrechtsordnungen als reales „normatives Faktum" stets mitzubeachten. Eine Verabsolutierung des

Ökonomischen oder gar eines bestimmten ökonomischen Konzepts, quasi als verbindliche Gebrauchsanleitung für den Einzelfall, läßt sich aus der Gemeinschaftsordnung aber nicht ableiten. So weit, wie die normative Wirkung der ökonomisch-theoretischen Vorgaben reicht, *müssen* sich die Mitgliedstaaten der von ihnen geschaffenen europäischen Ordnung beugen – aber eben auch nur so weit.

3. Der Verhältnismäßigkeitsgrundsatz

Der Schlüssel für die Beihilfenproblematik liegt im Grundsatz der Verhältnismäßigkeit. Der Verhältnismäßigkeitsgrundsatz ist Bestandteil sowohl der europäischen wie auch der nationalen Rechtsordnungen. Das Verhältnismäßigkeitsprinzip vereint Recht und Ökonomie unter dem Dach *rationalen* Handelns und es gestattet ein Ins-Verhältnis-Zueinander-Setzen von Zielen, Mitteln und Wirkungen staatlicher Tätigkeit. Es erlaubt damit eine normative Gewichtung unter Berücksichtigung des Ökonomischen wie auch der unterschiedlichen nationalen und europäischen Kompetenzen.

Der Verhältnismäßigkeitsgrundsatz, im Sinne einer „Wirtschaftsverfassungsnorm", bindet *die Mitgliedstaaten* generell bei ökonomisch relevantem (also annähernd jeglichem) staatlichen Handeln und in besonderer Weise bei der Beihilfen*vergabe*. Er bindet andererseits *die Gemeinschaft* bei der Beihilfen*aufsicht*. Das Beihilfenaufsichtsrecht ist „Wettbewerbs-Polizeirecht" und damit – *soweit* Aufgabe und Befugnis eröffnet sind – konkretisiertes Verhältnismäßigkeitsrecht. I.ü. heißt Verhältnismäßigkeit auch für die Gemeinschaft, ihre Ressourcen rational einzusetzen und sich auf die wesentlichen Fälle zu konzentrieren.

Eine Verhältnismäßigkeitsprüfung kann im Bereich des Beihilfenrechts nur gelingen, wenn nicht allein auf die wettbewerblichen Auswirkungen geblickt wird. Beihilfen als vielgestaltiges Herrschafts*mittel* sind eingewoben in eine komplexe Textur von *Zielen* („Zielpluralismus") und *Wirkungen* („Wirkungspluralismus"). Ob die Ziele, die mittels Beihilfen erreicht werden sollen, legitim sind oder nicht, ergibt sich nicht aus dem Beihilfenrecht. Da es – jedenfalls *typischerweise* – einen Unterschied macht, ob der Mitgliedstaat etwa zum Zwecke der inneren Sicherheit (also primär außerökonomisch) oder mit dem Ziel der Marktabschottung (also primär ökonomisch) tätig wird, muß das Ziel staatlichen Handelns Berücksichtigung finden. Nicht zuletzt markieren auch die verfolgten Ziele den jeweiligen Kompetenzbereich. Indem der Gerichtshof etwa in seiner „Altmark"-Entscheidung besondere Regeln für den Bereich „gemeinwirtschaftlicher Leistungen" (also Maßnahmen mit gemeinwirtschaftlichem *Zweck*) aufgeaufstellt hat, hat er dies unausgesprochen auch akzeptiert, ohne aber – wie der Fall GEMO gezeigt hat – seine strikt wirkungsbezogenen Herangehensweise generell zu überdenken.

Es macht desweiteren genauso einen Unterschied, ob der Staat Gelder in Form einer „klassischen Subvention" verteilt (also mit primär ökonomischen Mitteln handelt) oder ob er eine verwaltungsrechtliche zivilrechtliche Vorschrift ändert (also mit primär außerökonomisch-hoheitlichen Mitteln handelt). Somit muß auch das konkret gewählte Mittel berücksichtigt werden.

Da ein scharfer Schnitt zwischen „guten" und „schlechten" Beihilfen nicht ohne weiteres zu machen ist, bleibt nur, eine Gewichtung unter Berücksichtigung der jeweiligen Wirkungen auf den Markt *wie auch auf die nationalen Souveränitätsrechte* vorzunehmen. Im Unterschied zum klassischen Polizeirecht bemißt sich hier im Beihilfenrecht auch die Weite der Kompetenzeröffnung nach Maßgabe der Verhältnismäßigkeit. Hier spielen eben auch die jeweiligen Ziele (Aufgaben, insbesondere verfassungsmäßig festgeschriebenen Bedingtheiten) eine Rolle.

Einzelne Aspekt des Verhältnismäßigkeitsgrundsatzes im Beihilfenrechts sind etwa die folgenden: Nur wenn „Marktversagen" vorliegt, wenn also Ziele nicht genauso gut oder besser auch ohne Staat erreicht werden können, ist staatliches Handeln überhaupt erforderlich. Nur bei – hier so genannter – „Marktadäquanz", also nur wenn außerökonomische Ziele und die Beeinflussung der Marktprozesse noch in einem adäquaten Verhältnis zueinander stehen, ist mitgliedstaatliches Handeln legitim. Die Prüfung der Marktadäquanz bedeutet: Darf der Mitgliedstaat tätig werden („ob") und darf er *so* tätig werden („wie"). Im rein fiskalischen Bereich wird die Beurteilung der Verhältnismäßigkeit von der Frage der „Wirtschaftlichkeit" i.e.S. (Verhältnis von Leistung und Gegenleistung) dominiert. Im hoheitlichen Bereich dominiert die normative Gewichtung (Verhältnis von Ziel, Mittel und Wirkung). Und hier sollte man sich nicht von der vermeintlichen numerischen Präzision der „Benchmarking"-Analysen irremachen lassen. Soweit die „adäquate Gegenleistung" marktanalytisch „berechnet" werden kann, soll man das tun. Soweit „nicht berechenbare" hoheitliche Faktoren ins Spiel kommen, erscheint nur eine wertende Betrachtung mit Hilfe sachverständiger Einschätzung sachgerecht. Für die Bewertung, insbesondere für den „Mischbereich" zwischen hoheitlicher und fiskalischer Staatstätigkeit hilft Art. 86 Abs. 2 EG, der eine entsprechende Vor-Gewichtung beinhaltet. Art. 86 Abs. 2 EG ist insoweit Verkörperung des Verhältnismäßigkeitsgrundsatzes, als hier staatliche Gestaltungskompetenz und effektive Wettbewerbskontrolle – und damit auch beweislastrelevant – in ein bestimmtes Regel-Ausnahme-Verhältnis zueinander gesetzt werden.

4. Die Kompetenzfrage

Das Verhältnismäßigkeitsprinzip ist kein automatischer Mechanismus. Das Verhältnismäßigkeitsprinzip gibt zunächst nur einen „rationalen" methodischen Rahmen für eine dann notwendigerweise *wertende* Betrachtung vor. Im Beihilfenrecht geht es um die Gewichtung wesentlicher nationaler und europäischer Belange und um die Konkretisierung „großer" Rechtsprinzipien (Austauschgerechtigkeit – „iustitia distributiva", Abgrenzung der privaten von der hoheitlichen Sphäre usw.). Sobald sich die Wertungsfrage stellt, stellt sich auch die Kompetenzfrage – wer (Mitgliedstaat oder Gemeinschaft) also nach welchen vorgegebenen Akzentuierungen die Gewichtung vorzunehmen befugt ist. Es geht also um die Frage der Einschätzungsprärogative: Liegt Marktversagen vor? Welches Mittel ist marktadäquat? Wann sind staatliche Ziele höher zu bewerten als unberührte Marktprozesse? Usf.

Im Beihilfenrecht ist schon wegen der „Asymmetrie" von europäischer und nationalen Ordnungen eine scharfe Abgrenzung der Kompetenzen schlechterdings unmöglich. Die Beihilfengewährung ist ein „Querschnittsphänomen", das sich potentiell durch sämtliche Sachpolitiken zieht. Damit kann auch die Beihilfenaufsicht sämtliche Politikbereiche berühren – eben auch Politikbereiche die (jedenfalls in Kernbereichen) eigentlich in mitgliedstaatlicher Zuständigkeit liegen. Ein „Kompetenzkatalog" würde hier i.ü. keine Abhilfe bringen. Selbst wenn sämtliche Sachpolitiken noch gänzlich in der Hand der Mitgliedstaaten lägen, wäre ein entsprechend weit gefaßter Beihilfenbegriff (nach dem Motto: „Alles staatliche Handeln, das irgendwo begünstigend wirkt, ist Beihilfe") einen erklecklichen Teil der mitgliedstaatlichen Gestaltungsfreiräume der Beihilfenkuratel unterwerfen.

Mit absoluter Gewißheit läßt sich nur sagen, *daß* dem Beihilfenrecht national-verfassungsrechtliche Grenzen gesetzt sind und daß es dennoch *keinen Reservatbereich* geben kann, der (im Falle des Mißbrauchs) der Beihilfenkontrolle zur Gänze entzogen wäre. Es geht also nicht um eine trennscharfe Grenzziehung, sondern eher um eine abgestufte Intensität der Beihilfenkontrolle. Dementsprechend ist das beihilfenrechtliche Kontrollnetz partiell weiter oder enger zu knüpfen.

Das deutsche GG etwa gebietet und schützt gleichermaßen die Wahrnehmung von Gestaltungsaufgaben samt entsprechender Handlungsspielräume, was ein Absenken des Kontrollniveaus bis hin zur bloßen Mißbrauchskontrolle erforderlich macht. Der aus dem Sozialstaatsprinzip konkretisierte Bereich der sozialen „Daseinsvorsorge" in seinen „dunkleren" Schattierungen („Minimal"- bzw. „Grundversorgung") etwa gehört zum weitgehend europaresistenten Gestaltungsbereich. Von besonderer Bedeutung sind auch die sich aus dem *Demokratieprinzip* ergebenden Schranken, wonach dem nationalen „Souverän" ein unbedingt zu belassender Handlungsspielraum grundgesetzlich gewährt und geschützt wird. Allerdings ist hier auch aus Sicht des GG eine gewisse Dynamik der (an sich statisch errichteten) Beihilfenaufsicht durch „Kompensation" der abnehmenden nationalen durch zunehmende europäische, demokratische legitimierte Einschätzungsprärogative möglich – sei es (sektoriell) durch ausdrückliche Übertragung von Einzelkompetenzen sei es (horizontal) durch Abbau des Demokratiedefizits.

Der europäischen Ordnung mangelt es bislang noch an den Voraussetzungen für die Formulierung autonomer, mit entsprechender Legitimation ausgestatteter Lösungen von Grundsatzproblemen, die sich gerade auch im Beihilfenrecht zuspitzen. Gedacht sei etwa an nationalstaatliche Systeme zur Versorgung mit öffentlichen Gütern wie Bildung (öffentliche Universitäten), sozialer Sicherheit (öffentliche Renten- oder Krankenversicherungen) oder sonstigen Gütern der „Daseinsvorsorge".

Daneben unterliegt das Beihilfenrecht und dessen Vollzug auch verschiedenen gemeinschaftsrechtlichen Grenzen. Konkret sind das etwa das Prinzip der begrenzten Einzelermächtigung oder der Verhältnismäßigkeitsgrundsatz. Bedauerlicherweise läßt sich das Subsidiaritätsprinzip, das in europrechtlichem Kontext lediglich als Kompetenzausübungs-, nicht jedoch als Kompetenzzuweisungsprinzip fungiert, nicht direkt fruchtbar machen. Nicht zuletzt aber das europäische Prinzip der „funktionell" bestimmten Kompetenzen selbst bedeutet, daß die Kompetenzen im funktionell zugewiesenen Bereich nicht nur effektiv ausgeübt werden können müssen, sondern eben auch, daß sie auf ihren funktionellen Bereich *begrenzt* sind.

5. Die Funktion der Beihilfenaufsicht

Die Funktion des Beihilfenaufsichtsrechts liegt primär in dessen negatorischem Wettbewerbsschutz, also in der *Abwehr* wettbewerbsverzerrender Maßnahmen. „Unterm Strich" muß die Beihilfenaufsicht immer zu einem Weniger an hoheitlicher Einflußnahme auf die privaten Wettbewerbsverhältnisse insgesamt führen. Alles andere, insbesondere eine Zurückdrängung mitgliedstaatlicher Einflußnahme zu dem Zwecke, einer europäischen Einflußnahme Raum zu verschaffen, muß den Zweck des Beihilfenaufsichtsrechts konterkarieren.

Allerdings ist einzuräumen, daß wesentliche Fragen der den funktionellen Rahmen des Beihilfenrechts bildenden europäischen Wirtschaftsordnung nach wie vor offen sind. Steht am Ende doch nur eine europäische anstelle einer vormals nationalen Förderpolitik oder ein lediglich vereinheitlichter Großförderraum? Entscheidend wird insbesondere sein, inwieweit Europa einen „Systemwettbewerb" zulassen wird. Die marktwirtschaftliche Komponente der Gemeinschaft für bare Münze genommen müßte schon wegen des darin enthaltenen Strukturprinzips der dezentralen Entscheidungsfindung ein nichtdiskriminierender und die privaten Wettbewerbsverhältnisse schützender Wettbewerb *auch* zwischen den Mitgliedstaaten erwünscht sein.

Einen Königsweg gibt es im Geflecht ökonomischer Interdependenzen und hoheitlicher Kompetenzen wohl nicht. Die reale Entwicklung gibt indes nicht nur Anlaß zu Optimismus. Immer offenkundiger wird der institutionelle Konflikt der Gemeinschaft einerseits als Schutzmacht und andererseits zunehmend auch als Gestalter des Marktes. Besonders gilt dies für die institutionelle Doppelrolle der Kommission als (Gemeinschafts-) Beihilfenverwalter und Beihilfenkontrolleur. Nicht selten scheint dabei die eigene Sachpolitik als Maßstab auch für die Beihilfenaufsicht herangezogen zu werden. Mit dieser Tendenz läuft „Brüssel" freilich Gefahr, selbst zum Epizentrum eines enormen „Staatsversagens" zu werden.

III. Die Sicherung der beihilfenrechtlichen Grenzen

1. Konkretisierung des Beihilfenaufsichtsrechts

Eine konsistente Konkretisierung des Beihilfenverbotstatbestandes böte sowohl den Unternehmen als auch den Mitgliedstaaten (auch in der jeweiligen Konkurrenzsituation) den besten Schutz für die Einhaltung der Bestimmungsgründe und Grenzen des Beihilfenrechts. Der Gemeinschaft böte sich die Gelegenheit, sich auf das Wesentliche zu konzentrieren.

Das Beihilfenverbot als „Tor" des Beihilfenrechts, dessen Öffnungsweite und damit die Intensität der Beihilfenaufsicht werden zunächst durch die einzelnen Tatbestandsmerkmale konkretisiert. Diese selbst sind aber nach wie vor konkretisierungsbedürftig. Meist bleiben die einzelnen Tatbestandsmerkmale, besonders aber die entsprechenden „Untertatbestände" in der Praxis zu unpräzise und geraten damit zu weit. Dies gilt in erster Linie für den Beihilfebegriff selbst, der bislang allein wirkungsbezogen verstanden wird. Wesentliche Aspekte bleiben so unberücksichtigt. Teilweise bleiben übergeordnete Vorgaben außer Ansatz. Ein Vorteil etwa, der nur das verwirklicht, was der EG-Vertrag selbst vorgibt, kann niemals ein „Vorteil" im tatbestandlichen Sinne sein. Manche „Untertatbestände" („Unfreiwilligkeit", das Fehlen einer „Gegenleistung" oder der Vergleichsmaßstab „normaler Marktbedingungen") bedürfen noch der rechtlichen Ausdifferenzierung und Verdichtung. Klärungsbedürftig ist insbesondere das Verhältnis der Beihilferegeln zu Art. 86 Abs. 2 EG und in diesem Zusammenhang die Abgrenzung von Kompensation und Distribution insbesondere im Bereich der „öffentlichen Güter". Genauso müssen etwa das Merkmal der Wettbewerbsverfälschung und das der Handelsbeeinträchtigung als jeweils eigenständige, veritable Tatbestandsmerkmale erkannt und entsprechend mit normativem Gehalt angereichert werden.

Teilweise erscheint die Interpretation des Gerichtshofs hingegen als zu eng. Dies gilt insbesondere für das Merkmal der „Zurechenbarkeit". Der

Gerichtshof hat durch die Betonung des „Finanzierungskriteriums" zwar erreicht, daß sich das Merkmal der „Zurechenbarkeit" nicht ins Uferlose weitet. Er scheint dabei aber über das Ziel hinausgeschossen zu sein. Es ist jedenfalls kein Grund ersichtlich, pekuniäre Mittel, die aufgrund *zwingender* staatlicher „Anweisung" von einer Gruppe von Bürgern an eine andere transferiert werden, nicht als dem Staat zuzurechnende Distribution und damit als beihilfenrelevant anzusehen.

Ein noch weitgehend brachliegendes Feld ist das der Beweis- bzw. Begründungslast, obwohl sich in der Praxis gerade hier der Streit entscheiden kann. Bedarf besteht insoweit auch, sachgerechter nach mehr oder weniger „typischen" Fallgestaltungen zu unterscheiden. Bei Vorliegen eines typischen Normalfalls ist natürlich weniger Aufwand im Hinblick auf Begründung und Darlegung erforderlich als im atypischen Ausnahmefall. Alle Prüfungsschritte müssen aber auch für den atypischen Ausnahmefall offengehalten werden. Das gleiche gilt für die (an sich begrüßenswerte) Praxis, Verwaltungsvorschriften oder der Beweiserleichterungen dienende „Vermutungen" jeder Art zu etablieren.

2. Effektive Kontrolle der Beihilfenaufsicht

All dies läßt eine intensive Kontrolle nicht nur des mitgliedstaatlichen Beihilfewesens, sondern *auch der europäischen Beihilfenaufsicht* selbst angeraten erscheinen. Hierfür bedarf es keiner Rechtsänderung und keines „Kompetenzkatalogs". Eine richterliche Kontrolle, die entsprechende Gewichtungen und Differenzierungen vornimmt, dürfte effektiver und auch für die Fälle im Graubereich aussagekräftiger sein als ein Kompetenzkanon, der die Zweifelsfragen doch wieder unbeantwortet läßt. Auch eines „Kompetenzgerichts" bedarf es nicht. Der Gerichtshof ist die geeignete Instanz – freilich nur, wenn er dies denn sein will. Dafür müßte sich der EuGH mehr als bisher seiner Aufgabe als Wahrer des Rechts auch gegenüber der Kommission und im Interesse der Mitgliedstaaten bewußt werden. Gleiches gilt für seine Rolle als Entwickler des Rechts. Die „Konkretisierungslast" trifft in erster Linie ihn. Soweit es um normative Inhalte geht, muß der exekutivische Beurteilungsspielraum richterlich beschränkt und kontrolliert werden.

Daß die gescheiterte Europäische Verfassung das Beihilfenverbot nach Art. 87 Abs. 1 EG im wesentlichen so belassen hätte, wie es ist, wäre jedenfalls kein Schade und keine vertane Chance gewesen. Allerdings: Die aktuelle europäische „Verfassung" in Form der Verträge hat bislang nicht immer zügelnde Wirkung auf die Eigendynamik der europäischen Institutionen entfalten können. Ob eine veritable Europäische Verfassung mehr Bindungskraft entfaltet hätte oder entfalten würde, darf bezweifelt werden. Der Schlüssel liegt beim Gerichtshof. Nach dem, was die Gemeinschaft an

Großem, ja Revolutionärem ins Werk gesetzt hat, scheint die rechtliche und das heißt insbesondere die richterliche Austarierung der unterschiedlichen Interessen nur ein kleiner Schritt zu sein – freilich ein genauso wichtiger.

Literaturverzeichnis

Abendroth, Wolfgang: Das Grundgesetz. Pfullingen 1966.
Adam, Winfried Anselm: Die Kontrolldichte-Konzeption des EuGH und deutscher Gerichte. Baden-Baden 1993.
Albrecht, Dietrich/Thormählen, Thies: Subventionen – Politik und Problematik. Frankfurt/M. u.a. 1985 (zit.: Albrecht/Thormählen, Subventionen).
Andel, Norbert: Subventionen als Instrument des finanzwirtschaftlichen Interventionismus. Tübingen 1970.
Andriessen, Frans: The Role of Anti-Trust in the Face of Economic Recession: State Aids in the EEC. In: ECLR 1983, S. 286 ff.
Antweiler, Clemens: Subventionskontrolle und Auftragsvergabekontrolle durch Bewilligungsbehörden und Rechnungshöfe. In: NVwZ 2005, S. 168 ff.
Anweiler, Jochen: Die Auslegungsmethoden des Gerichtshofs der Europäischen Gemeinschaften. Frankfurt/M. u.a. 1997.
Aristoteles: Die Nikomachische Ethik. Hrsg. v. M. Fuhrmann, übersetzt von Olof Gigon. Zürich u. München 1991.
Badura, Peter: Das öffentliche Unternehmen im europäischen Binnenmarkt. In: ZGR 1997, S. 291 ff.
ders.: Die Verfassungsstruktur in den internationalen Gemeinschaften. In: VVDStRL Bd. 23 (1966), S. 34 ff.
ders.: Wandlungen der europäischen Wirtschaftsverfassung. In: Schwarze, Jürgen/Müller-Graff, Peter-Christian (Hrsg.): Europäische Verfassungsentwicklung. Beiheft Nr. 1/2000 zur EuR. Baden-Baden 2000, S. 45 ff. (zit.: Badura, Wirtschaftsverfassung).
Bär-Bouyssière, Bertold.: Neuere Entwicklungen im europäischen Beihilfenrecht. In: Schwarze, Jürgen (Hrsg.): Neuere Entwicklungen auf dem Gebiet des europäischen Wettbewerbsrechts. Baden-Baden 1999, S. 79 ff. (zit.: Bär-Bouyssière, Neuere Entwicklungen).
Bariatti, Stefania: Gli aiuti di Stato alle imprese nel diritto comunitario. Mailand 1998.
Barraclough, Geoffrey.: Das europäische Gleichgewicht und der neue Imperialismus. In: Propyläen Weltgeschichte, Bd. 8. Hrsg. v. Golo Mann, Berlin u. Frankfurt/M. 1991, S. 703 ff.
Bartling, Hartwig/Luzius, Franz: Grundzüge der Volkswirtschaftslehre. 15. Aufl., München 2004.
Bartosch, Andreas: Die Kommissionspraxis nach dem Urteil des EuGH in der Rechtssache Altmark – Worin liegt das Neue? In: EuZW 2004, S. 295 ff.
ders.: Neue Transparenzpflichten – eine kritische Analyse des Kommissionsentwurfs einer neuen Transparenzrichtlinie. In: EuZW 2000, S. 333 ff.
ders.: Öffentliche Rundfunkfinanzierung und EG-Beihilferecht – eine Zwischenbilanz. In: EuZW 1999, S. 176 ff.
ders.: Schranken-Schranken in der EG-Beihilfenkontrolle. In: NJW 2002, S. 3588 ff.
ders.: 5 Jahre Verfahrensordnung in Beihilfesachen, eine Zwischenbilanz. In: EuZW 2004, S. 43 ff.

ders.: Vergabefremde Kriterien und Art. 87 I EG: Sitzt das öffentliche Beschaffungswesen in Europa auf einem beihilferechtlichen Pulverfass? In: EuZW 2001, S. 229 ff.
Bauer, Stefan: Rechtssicherheit bei der Finanzierung gemeinwirtschaftlicher Leistungen? – Zum Verhältnis zwischen Art. 87 I EG und Art. 86 II EG nach der Altmark-Entscheidung des EuGH. In: EuZW 2006, S. 7 ff.
Baumann, Bernd: Offene Gesellschaft, Marktprozeß und Staatsaufgaben: Möglichkeiten und Grenzen ökonomischer Theorien zur Erklärung der Funktionsweise offener Sozialsysteme und zur Legitimation staatlichen Handelns in offenen Gesellschaften. Baden-Baden 1993.
Baumbach, Adolf/Lauterbach, Wolfgang/Albers, Jan/Hartmann, Peter: Zivilprozessordnung. 64. Aufl., München 2006 (zit.: Bearbeiter, in: Baumbach/Lauterbach/Albers/Hartmann).
Baumgartner, Alois: „Jede Staatstätigkeit ist ihrem Wesen nach subsidiär" Zur anthropologischen und theologischen Begründung der Subsidiarität. In: Subsidiarität: Idee und Wirklichkeit. Hrsg. v. Wolfgang Nörr und Thomas Oppermann, Tübingen 1997.
Baumhof, Angelika: Die Beweislast im Verfahren vor dem Europäischen Gerichtshof. Baden-Baden 1996.
Bechtel, Heinrich: Wirtschaftsgeschichte Deutschlands, Bd. I. Von der Vorzeit bis zum Ende des Mittelalters. 2. Aufl., München 1951.
Benda, Ernst/Maihofer, Werner/Vogel Hans-Jochen (Hrsg.): Handbuch des Verfassungsrechts der Bundesrepublik Deutschland. 2. Aufl., Berlin u.a. 1994 (zit.: Bearbeiter, in: Benda/Maihofer/Vogel).
Benedict, Christoph: Sekundärzwecke im Vergabeverfahren. Berlin u.a. 2000.
Benöhr, Hans-Peter: Die Entscheidung des BGB für das Verschuldensprinzip. In: Tijdschrift voor Rechtsgeschiedenis, 1978, S. 1 ff.
Bergmann, Jan/Lenz, Christofer: Der Amsterdamer Vertrag vom 2. Oktober 1997. Kommentar. Köln 1998 (zit.: Bearbeiter, in: Bergmann/Lenz, Amsterdamer Vertrag).
Berner, Georg/Köhler, Gerd Michael: Polizeiaufgabengesetz. 17. Aufl., München 2004.
Berrisch, Georg M./Kamann, Hans-Georg: Die neuesten Entwicklungen im Europäischen Außenhandelsrecht. In: EuZW 1999, S. 714 ff.
Berthold, Ursula: Theorie der Subventionen, Bern u. Stuttgart 1967.
Bilal, Sanoussi/Nicolaides, Phedon (Hrsg.): Understanding State Aid Policy in the European Community. Perspectives on Rules and Practice. Den Haag, London, Boston 1999.
Biondi, Andrea/Eeckhout, Piet: State Aid and Obstacles to Trade. In: The Law of State Aid in the European Union. Hrsg. v. Biondi, Andrea/Eeckhout, Piet/Flynn, James. Oxford 2003, S. 103 ff.
Birk, Axel: Die Konkurrentenklage im EG-Wettbewerbsrecht. In: EWS 2003, S. 159 ff.
Bittner, Thomas: Das westeuropäische Wirtschaftswachstum nach dem Zweiten Weltkrieg. Eine Analyse unter besonderer Berücksichtigung der Planification und der Sozialen Marktwirtschaft. Diss., Münster 1999.
Blaich, Fritz: Die Epoche des Merkantilismus. Wiesbaden 1973.
Blättner, Hans-Martin: Methoden und Wirkungen von Subventionen. Dargestellt am EG-Milchmarkt. Diss., Würzburg 1987.
Bleckmann, Albert: Das System des Beihilfeverbots im EWG-Vertrag. In: WiVerw 1989, S. 75 ff.
ders.: Der Beurteilungsspielraum im Europa- und im Völkerrecht. In: EuGRZ 1979, S. 485 ff.
ders.: Der Vertrag über die Europäische Union. In: DVBl. 1992, S. 335 ff.

ders.: Die Bindungswirkung der Praxis der Organe und der Mitgliedstaaten der EG bei der Auslegung und Lückenfüllung des Europäischen Gemeinschaftsrechts: Die Rolle des Art. 5 EWG-Vertrag. In: Bieber, Roland: Die Dynamik des Europäischen Gemeinschaftsrechts. Baden Baden 1987, S. 161 ff. (zit.: Bleckmann, Bindungswirkung).
ders.: Europarecht. 6. Aufl., Köln u.a. 1997 (zit.: Bleckmann, Europarecht).
ders.: Staatsrecht. 1. Bd: Staatsorganisationsrecht. Köln u.a. 1993 (zit.: Bleckmann, Staatsrecht).
ders.: Subventionsprobleme des GATT und der EG. In: RabelsZ 48 (1984), S. 419 ff. (zit.: Bleckmann, Subventionsprobleme).
ders.: Subventionsrecht. Stuttgart u.a. 1978 (zit.: Bleckmann, Subventionsrecht).
ders.: Zu den Auslegungsmethoden des Europäischen Gerichtshofs. In: NJW 1982, S. 1177 ff.
ders.: Zur Auflage im europäischen Beihilferecht. In: NVwZ 2004, S. 11 ff.
Blümle, Gerold: Überlegungen zu den Bestimmungsgründen der wirtschaftlichen Entwicklung bis zur industriellen Revolution in Europa. In: Festschrift zum 70. Geburtstag von Prof. Erich Hoppmann. Hrsg. v. Werner Möschel et al., Baden-Baden 1980, S. 13 ff.
Böhm, Franz: Freiheit und Ordnung in der Marktwirtschaft. Hrsg. v. Ernst-Joachim Mestmäcker, Baden-Baden 1980.
Bonkamp, Josef: Die Bedeutung des gemeinschaftsrechtlichen Beihilfeverbots für die Beteiligung der öffentlichen Hand an einer Kapitalgesellschaft. Berlin 2001.
Börner, Bodo/Neundörfer, Konrad (Hrsg.): Recht und Praxis der Beihilfen im Gemeinsamen Markt. Köln u.a. 1984.
Bösmeier, Josef: Staatlich verursachte Wettbewerbsverzerrungen durch die Subventionierung privater Unternehmen. Diss., Berlin 1989.
Boss, Alfred/Rosenschon Astrid: Subventionen in der Bundesrepublik Deutschland – Bestandsaufnahme und Bewertung, Kieler Arbeitspapier Nr. 793. Hrsg. v. Institut für Weltwirtschaft. Kiel 1997 (zit.: Boss/Rosenschon, Subventionenen 1997).
dies.: Finanzhilfen des Bundes. Hrsg. v. Institut für Weltwirtschaft. Kiel 2003 (zit.: Boss/Rosenschon, Finanzhilfen).
dies.: Subventionen in Deutschland: Eine Aktualisierung. Hrsg. v. Institut für Weltwirtschaft. Kiel 2000 (zit.: Boss/Rosenschon, Subventionen 2000).
Braeuer, Walter: Urahnen der Ökonomie. Von der Volkswirtschaftslehre des Altertums und des Mittelalters. München 1981.
Britz, Gabriele: Finanzielle Direkthilfen für Diensleistungen von allgemeinem wirtschaftlichen Interesse. In: ZHR 169 (2005), S. 370 ff.
Bull, Hans Peter: Die Staatsaufgaben nach dem Grundgesetz. Frankfurt/M. 1973.
Bullinger, Martin: Das Ermessen der öffentlichen Verwaltung. In: JZ 1984, S. 1001 ff.
ders.: Regulierung als modernes Instrument zur Ordnung liberalisierter Wirtschaftszweige. In: DVBl. 2003, S. 1355 ff.
Bultmann, Peter Friedrich: Beihilfenrecht und Vergaberecht. Beihilfen und öffentliche Aufträge als funktional äquivalente Instrumente der Wirtschaftslenkung – ein Leistungsvergleich. Tübingen 2004.
*Bundesverband Öffentlicher Banken Deutschlands (*Hrsg): Kreditwirtschaftlich wichtige Vorhaben der EU. Berlin u. Brüssel 2000 (zit.: Kreditwirtschaftlich wichtige Vorhaben 2000).
Calliess, Christian/Ruffert, Matthias (Hrsg.): Kommentar des Vertrages über die Europäische Union und des Vertrages zur Gründung der Europäischen Gemeinschaft. Neuwied 2002 (zit.: Bearbeiter. In: Calliess/Ruffert, EUV/EGV).

Caspari, Manfred: Subventions- und Antisubventionspolitik der Europäischen Gemeinschaft. In: Forschungsinstitut für Wirtschaftsverfassung und Wettbewerb e.V. Köln (Hrsg.): Strukturanpassung durch Wettbewerb oder Staatshilfen. Referate des XVIII. FIW-Symposions. Köln u.a. 1985, S. 49 ff. (zit.: Caspari, Subventionspolitik).

Castan Edgar/Damkowski, Wulf (Hrsg.): Subventionspraxis, Hamburg 1988.

Cichy, Patrick: Wettbewerbsverfälschungen durch Gemeinschaftsbeihilfen. Baden-Baden 2002.

Ciresa, Meinhard: Beihilfenkontrolle und Wettbewerbspolitik in der EG. Köln u.a. 1992.

Coing, Helmut: Zur Auslegung von Art. 85 EWG-Vertrag. In: ZHR 1963, S. 271 ff.

Creifelds, Carl/Weber, Klaus (Hrsg.): Rechtswörterbuch. 18. Aufl., München 2004 (zit.: Creifelds).

Cremer, Wolfram: Forschungssubventionen im Lichte des EGV. Baden-Baden 1995.

ders.: Gewinnstreben als öffentliche Unternehmen legitimierender Zweck: Die Antwort des Grundgesetzes. In: DÖV 2003, S. 921 ff.

ders.: Mitgliedstaatliche Forschungsförderung und Gemeinschaftsrecht: Der neue Gemeinschaftsrahmen für staatliche Forschungs- und Entwicklungsbeihilfen. In: EWS 1996, S. 379 ff.

Danwitz, Thomas von: Grundfragen der Europäischen Beihilfenaufsicht. In: JZ 2000, S. 429 ff.

Dauses, Manfred A. (Hrsg.): Handbuch des EU-Wirtschaftsrechts. Loseblattsammlung, München, Stand August 2005 (zit.: Bearbeiter, in: Dauses, EUWR).

De Martino, Francesco: Wirtschaftsgeschichte des alten Rom. Aus dem Italienischen von Brigitte Galsterer. München 1991.

Deckert, Martin R./Schroeder, Werner: Öffentliche Unternehmen und EG-Beihilferecht. Gemeinschaftsrechtliche und zivilrechtliche Implikationen. In: EuR 1998, S. 291 ff.

Deininger, Werner: Die Subventionen als Instrument der Wirtschaftspolitik. Ihre Stellung in den Wachstumszyklen und Wahlperioden der Bundesrepublik Deutschland 1951–1971. Diss., Augsburg 1975.

Deutsche Bundesbank: Die Entwicklung der Subventionen in Deutschland. Monatsbericht Dezember 2000.

Dickersbach, Alfred: Die Entwicklung des Subventionsrechts seit 1993. In: NVwZ 1996, S. 962 ff.

Diefenbach, Wilhelm: Zur Konkurrentenklage gegen unzulässige kommunale Wirtschaftstätigkeit. In: WiVerw 2003, S. 115 ff.

Dirlmeier, Ulf: Mittelalterliche Zoll- und Stapelrechte als Handelshemmnisse? In: Pohl, Hans (Hrsg): Die Auswirkungen von Zöllen und anderen Handelshemmnissen auf Wirtschaft und Gesellschaft vom Mittelalter bis zur Gegenwart. Referate der 11. Arbeitstagung der Gesellschaft für Sozial- und Wirtschaftsgeschichte. Stuttgart 1985, S. 19 ff.

Dony, Marianne: Les compensations d'obligations de service public. In: Dony, Marianne/Smits, Catherine (Hrsg.): Aides d'Etat. Brüssel 2005, S. 109 ff.

Downs, Anthony: Ökonomische Theorie der Demokratie. Hrsg. v. Rudolf Wildenmann, Tübingen 1968.

Düx, Heinz/Schroeder, Friedrich-Christian: Pro & Contra. Meinungen zur „Folterdiskussion". In: ZRP 2003, S. 180.

Ehlermann, Claus-Dieter: Zukünftige Entwicklungen des Europäischen Wettbewerbsrechts. In: EuZW 1994, S. 647 ff.

Ehlers, Dirk: Die Kontrolle von Subventionen. In: DVBl. 1993, S. 861 ff.

ders.: Die Vereinbarkeit der „Alcan"-Rechtsprechung des EuGH mit dem deutschen Verfassungsrecht. In: DZWir 1998, S. 491 ff.

Ehricke, Ulrich: Zur Konzeption von Art. 37 I und Art. 90 II EGV. In EuZW 1998, S. 741 ff.

ders.: Grundprobleme staatlicher Beihilfen an ein Unternehmen in der Krise im EG-Recht. In: WM, Sonderbeilage Nr. 3/2001, S. 3 ff.

Ehring, Hubert: Zur Abgrenzung des Beihilfeverbots vom Verbot der zollgleichen Abgaben und der inländischen Abgaben, welche die Einfuhr höher belasten als die inländische Erzeugung. In: EuR 1974, S. 108 ff.

Elste, Günter/Wiedemann, Torsten: Auswirkungen des EuGH-Urteils in der Rechtsache Altmark Trans auf die Konzessionierung und Finanzierung im ÖPNV. In: WiVerw 2004, S. 9 ff.

Engel, Christoph: Europarechtliche Grenzen für die Industriepolitik. In: Europäisierung des Rechts. Hrsg. v. Hans-Werner Rengeling, Köln u.a. 1996, S. 35 ff.

Engel, Hans-Ulrich/Freier, Gottlieb: Die Ermittlungsbefugnisse der EG-Kommission bei Wettbewerbsverstößen. In: EWS 1992, S. 361 ff.

Erlbacher, Friedrich: Die neuen Leitlinien der Kommission für die Vergabe staatlicher Regionalbeihilfen. In: EuWZ 1998, S. 517 ff.

Eucken, Walter: Grundsätze der Wirtschaftspolitik. 5. Aufl., Tübingen 1975.

Evans, Andrew: European Community Law of State Aid. Oxford 1997.

Faber, Angela: Europarechtliche Grenzen kommunaler Wirtschaftsförderung. Köln 1992.

Falkenkötter, Thomas: Der Streit um die sächsischen VW-Beihilfen. In: NJW 1996, S. 2689 ff.

Färber, Gisela: Subventionen vor dem EG-Binnenmarkt. Speyer 1993.

Feldmann, Horst: Der merkantilistische Charakter der EG-Industriepolitik. In: Europäische und Internationale Wirtschaftsordnung aus der Sicht der Bundesrepublik Deutschland. Hrsg. v. W. Graf Vitzthum, Baden-Baden 1994, S. 137 ff.

Fellmeth, Rainer: Staatsaufgaben im Spiegel politischer Ökonomie: zum Verhältnis von Wirtschaft u. Staatstätigkeiten in Werken von Adam Smith u. Adolph Wagner. Diss., München 1981.

Fikentscher, Wolfgang: Methoden des Rechts in vergleichender Darstellung. Bd. IV. Dogmatischer Teil. Tübingen 1977.

Finley, Moses, I.: Die antike Wirtschaft. Aus dem Englischen von Andreas Wittenburg. 2. Aufl., München 1980.

Folz, Hans-Ernst: Die Soziale Marktwirtschaft als Staatsziel? Bonn 1994.

Forschungsinstitut für Wirtschaftsverfassung und Wettbewerb e.V. Köln (Hrsg.): Marktwirtschaft und Wettbewerb im sich erweiternden europäischen Raum. Referate des XVII. FIW-Symposions. Köln u.a. 1995.

dass. (Hrsg.): Strukturanpassung durch Wettbewerb oder Staatshilfen. Referate des XVIII. FIW-Symposions. Köln u.a. 1985.

Forsthoff, Ernst: Die Verwaltung als Leistungsträger. Stuttgart 1938.

ders.: Lehrbuch des Verwaltungsrechts. 1. Bd.: Allgemeiner Teil. 10. Aufl., München 1973.

Franzius, Claudio: Auf dem Weg zu mehr Wettbewerb im ÖPNV – Zum „Altmark Trans" Urteil des EuGH. In: NJW 2003, S. 3029 ff.

Frenz, Walter: Energiesteuer und Beihilfenverbot. In: EuZW 1999, S. 616 ff.

ders.: Grundgesetzliche Rechtsschutzgarantie gegen europäische Rechtsakte? In: Der Staat 1995 (34), S. 586 ff.

Friauf, Karl Heinrich: Bemerkungen zur verfassungsrechtlichen Problematik des Subventionswesens. In: DVBl. 1966, S. 729 ff.

Friesen, Alexander von: Umgestaltung des öffentlichrechtlichen Bankensektors angesichts des Europäischen Beihilfenrechts. In: EuZW 1999, S. 581 ff.

ders.: Staatliche Haftungszusagen für öffentliche Kreditinstitute aus europarechtlicher Sicht. Stuttgart u.a. 1998.

Fromont, Michel: Europa und nationales Verfassungsrecht nach dem Maastricht-Urteil – Kritische Bemerkungen. In: JZ 1995, S. 800 ff.

Fuest, Winfried: Subventionen. Problematik und Begrenzungsmöglichkeiten. Köln 1985.

Gas, Tonio /Rücker, Martin: Die Finanzierung von Public Private Partnerships unter dem Blickwinkel des EG-Beihilferechts. In: DÖV 2004, S. 56 ff.

Geiger, Rudolf: Vertrag über die Europäische Union und Vertrag zur Gründung der Europäischen Gemeinschaft. Kommentar. 4. Aufl., München 2004.

Geiss, Marcus: Rechtsstaatliche Grundsätze im Beihilferecht der Europäischen Gemeinschaft. Eine Analyse von Funktion und Wirkungsweise ausgewählter allgemeiner Rechtsgrundsätze des Gemeinschaftsrechts. Baden-Baden 2001.

Geitner, Dirk/Pulte, Peter (Hrsg.): Soziale Marktwirtschaft. Berlin u. New York 1974.

Gerstenberger, Wolfgang et al.: Subventionen in Europa – Konsequenzen einer Laissez-Faire-Politik am Beispiel der deutschen Stahlindustrie. Hrsg. v. ifo-Institut für Wirtschaftsforschung e.V., München 1985.

Gierke, Otto von: Die soziale Aufgabe des Privatrechts. Nachdruck der Ausgabe von 1889, Frankfurt/M. 1943.

Götz, Volkmar: Das Maastricht-Urteil des Bundesverfassungsgerichts. In: JZ 1993, S. 1081 ff.

ders.: Verfassungsschranken interventionistischer Regulierung nach europäischem Gemeinschaftsrecht im Vergleich mit dem Grundgesetz. In: JZ 1989, S. 1019 ff.

Grabitz, Eberhard/Hilf, Meinhard (Hrsg.): Kommentar zur Europäischen Union. Das Recht der Europäischen Union. 4 Bde., Loseblattsammlung, München, Stand Oktober 2005 (zit.: Bearbeiter, in: Grabitz/Hilf).

Gramm, Christof: Privatisierung und notwendige Staatsaufgaben. Berlin 2001.

Gröbner, Bruno F.: Subventionen. Eine kritische Analyse. Göttingen 1983.

Groeben, Hans von der/Schwarze, Jürgen (Hrsg.): Kommentar zum Vertrag über die Europäische Union und zur Gründung der Europäischen Gemeinschaft. Bd. 1, 6. Aufl., Baden-Baden 2003 (zit.: Bearbeiter, in: G/S).

Groeben, Hans von der/Thiesing, Jochen/Ehlermann, Claus-Dieter (Hrsg.): Handbuch des Europäischen Rechts, Systematische Sammlung mit Erläuterungen. Bd. I A 50, Loseblattsammlung, Baden-Baden, Stand Dezember 2005 (zit.: Bearbeiter, in: G/T/E).

dies.: Kommentar zum EWG-Vertrag. Bd. 2, 4. Aufl., Baden-Baden 1991 (zit.: Bearbeiter, in: G/T/E-Kom.).

dies.: Kommentar zum EU-/EG-Vertrag. Bd. 2, 5. Aufl., Baden-Baden 1999, Bd. 4, 6. Aufl., Baden-Baden 2004 (zit.: Bearbeiter, in: G/T/E-Kom.).

Gross, Ivo: Das Europäische Beihilferecht im Wandel. Probleme, Reformen, Perspektiven. Baden-Baden 2004.

Grosser, Hans-Dietrich: Die Spannungslage zwischen Verfassungsrecht und Verfassungswirklichkeit bei Vergabe von staatlichen Wirtschaftssubventionen durch die öffentliche Hand. Berlin 1983.

Grundmann, Stephan M.: Die Auslegung des Gemeinschaftsrechts durch den Europäischen Gerichtshof. Zugleich eine rechtsvergleichende Studie zur Auslegung im Völkerrecht und im Gemeinschaftsrecht. Konstanz 1997.

Gruson, Michael: Noch einmal zum Fortbestehen von Anstaltslast und Gewährträgerhaftung für die Sicherung von Anleihen der Landesbanken. In: EuZW 1997, S. 429.

ders.: Zum Fortbestehen von Anstaltslast und Gewährträgerhaftung zur Sicherung der Anleihen von Landesbanken. In: EuZW 1997, S. 357 ff.

Gurland, A. R. L.: Wirtschaft und Gesellschaft im Übergang zum Zeitalter der Industrie. In: Propyläen Weltgeschichte, Bd. 8. Hrsg. v. Golo Mann, Berlin u. Frankfurt/M. 1991, S. 279 ff.

Haberstumpf, Helmut: Wettbewerbs- und Kartellrecht, Gewerblicher Rechtsschutz. 3. Aufl., München 2005.

Haeger, Welf: Rundfunkgrundversorgung. Diss., Bochum 1996.

Hakenberg, Waltraud/Tremmel, Ernst: Die Rechtsprechung des EuGH auf dem Gebiet der staatlichen Beihilfen im Jahre 1996. In EWS 1997, S. 217 ff.

Hakenberg, Waltraud/Erlbacher, Friedrich: Die Rechtsprechung des EuGH und EuGeI auf dem Gebiet der staatlichen Beihilfen in den Jahren 2001 und 2002. In: EWS 2003, S. 201 ff.

Hancher, Leigh: State Aids and Judicial Control in the European Community. In: ECLR 1994, S. 134 ff.

Hancher, Leigh/Ottervanger, Tom/Slot, Jan Piet: E.C. State Aids. London 1999.

Hans, Adrian: Verfassungsrechtliche Aspekte der geplanten Absenkung der „Pendlerpauschale". In: ZRP 2003, S. 385 ff.

Hardach, Karl: Die Wende von 1879. In: Pohl, Hans (Hrsg): Die Auswirkungen von Zöllen und anderen Handelshemmnissen auf Wirtschaft und Gesellschaft vom Mittelalter bis zur Gegenwart. Referate der 11. Arbeitstagung der Gesellschaft für Sozial- und Wirtschaftsgeschichte. Stuttgart 1985, S. 275 ff.

Harings, Lothar: Praxis des Europäischen Beihilfenrechts. Köln 2001.

Hartmann, Bernhard: Anmerkungen zu BVerwG, Urteil vom 17.2.1993 (Rücknahme eines gemeinschaftsrechtswidrigen Zuwendungsbescheids). In: WiB 1994, S. 90 f.

Harzem, Kerstin: Subventionen aus der Sicht der Neuen Politischen Ökonomie. Köln 1987.

Hausner, Andreas: Die Zulässigkeit von Subventionen nach Art. 4 c EGKS-Vertrag. Köln u.a. 1987.

Haussherr, Hans: Wirtschaftsgeschichte der Neuzeit. Vom Ende des 14. bis zur Höhe des 19. Jahrhunderts. Köln u. Wien 1981.

Haverkate, Görg: Rechtsfragen des Leistungsstaats. Tübingen 1983.

Hefermehl, Wolfgang/Köhler, Helmut/Bornkamm, Joachim: Wettbewerbsrecht. Gesetz gegen den unlauteren Wettbewerb, Preisangabenverordnung. 24. Aufl., München 2006 (zit.: Hefermehl/Köhler/Bornkamm).

Heiermann, Wolfgang: Rückzahlungsverpflichtung bei gemeinschaftsrechtswidrig gewährten Beihilfen. In: EWS 1994, S. 145 ff.

Helios, Marcus: Steuerliche Gemeinnützigkeit und EG-Beihilfenrecht. Hamburg 2005.

Henseler, Paul: Staatliche Verhaltenslenkung durch Subventionen im Spannungsfeld zur Unternehmerfreiheit des Begünstigten. In VerwArch Bd. 77 (1986), S. 258 ff.

Herchenhan, Bettina: Die Kompetenzabgrenzung zwischen der EG und ihren Mitgliedstaaten. In: BayVBl. 2003, S. 649 ff.

Herrmann, Günter: Fernsehen und Hörfunk in der Verfassung der Bundesrepublik Deutschland. Tübingen 1975.

Herzog, Roman: Subsidiaritätsprinzip und Staatsverfassung. In: Der Staat 1963, S. 399 ff.

ders.: Allgemeine Staatslehre. Frankfurt/M. 1971.

Hesse, Konrad: Grundzüge des Verfassungsrechts der Bundesrepublik Deutschland. Neudruck d. 20. Aufl., Heidelberg 1999.

Hiemenz, Ulrich/Weiss, Frank D.: Das internationale Subventionkarussel. Dabeisein oder Abspringen? Kiel 1984.

Higounet, Charles: Die deutsche Ostsiedlung im Mittelalter. München 1986.

Höffe, Otfried: Subsidiarität als staatsphilosophisches Prinzip. In: Subsidiarität: Idee und Wirklichkeit. Hrsg. v. Wolfgang Nörr und Thomas Oppermann, Tübingen 1997.
Hoischen, Stefan: Die Beihilferegelung in Art. 92 EWGV. Köln u.a. 1989.
Horn, Hans-Detlef: „Grundrechtsschutz in Deutschland" – Die Hoheitsgewalt der europäischen Gemeinschaften und die Grundrechte des Grundgesetzes nach dem Maastricht-Urteil des Bundesverfassungsgerichts. In: DVBl. 1995, S. 89 ff.
Huber, Ernst Rudolf: Der Streit um das Wirtschaftsverfassungsrecht. In: DÖV 1956, S. 97 ff., S. 135 ff., S. 172 ff., S. 200 ff.
Hummel, Marlies/Knörndel, Klaus-Dieter: Subsidiaritätsprinzip als Leitlinie für einen Subventionsabbau – Generelle Problematik und Fallstudien. Hrsg. v. ifo-Institut für Wirtschaftsförderung, München 1985.
Immenga, Ulrich/Rudo, Joachim: Die Beurteilung von Gewährträgerhaftung und Anstaltslast der Sparkassen und Landesbanken nach dem EU-Beihilferecht. Baden-Baden 1997.
Ipsen, Hans Peter: Europäisches Gemeinschaftsrecht. Tübingen 1972 (zit.: Ipsen, Europäisches Gemeinschaftsrecht).
ders.: Verwaltung durch Subventionen. In: VVDStRL Bd. 25 (1967), S. 257 ff.
Isensee, Josef/Kirchhof, Paul (Hrsg.): Handbuch des Staatsrechts der Bundesrepublik Deutschland. Bd. 3, 2. Aufl., Heidelberg 1988, und Bd. 4, 2. Aufl., Heidelberg 1999 (zit.: Bearbeiter, in: Isensee/Kirchhof, Handbuch).
Isensee, Josef: Subsidiarität und Verfassungsrecht. Eine Studie über das Regulativ von Staat und Gesellschaft. 2. Aufl., Berlin 2001.
Jaeger, Thomas: Nachträgliche Beihilfengenehmigung und der Rechtsschutz von Konkurrenten vor nationalen Gerichten. In: EuZW 2004, S. 78 ff.
Jannasch, Alexander: Wechselwirkung zwischen nationalem Verwaltungsrecht und europäischem Gemeinschaftsrecht – aus deutscher Perspektive. In: Verwaltung in der Europäischen Union. Diskussionsbeiträge auf dem 1. Speyerer Europa-Forum. Hrsg. v. S. Magiera u. K.-P. Sommermann. Berlin 2001, S. 27 ff.
Jansen, Bela: Vorgaben des europäischen Beihilferechts für das nationale Steuersystem. Baden-Baden 2003.
Jansen, Bernhard: Die Durchführung von Entscheidungen des Streitschlichtungsorgans der Welthandelsorganisation. Editorial. In: EuZW 2000, S. 577.
Jarass, Hans D./Pieroth, Bodo: Grundgesetz für die Bundesrepublik Deutschland. Kommentar. 8. Aufl., München 2006.
Jasper, Lothar Th.: Zur Problematik von Subventionen als Instrument der Wirtschaftspolitik, Bonn 1986.
Jennert, Carsten: Die zukünftige Kompetenzabgrenzung zwischen der Europäischen Union und den Mitgliedstaaten. In: NVwZ 2003, S. 936 ff.
ders.: Finanzierung und Wettbewerb in der Daseinsvorsorge nach Altmark Trans. In: NVwZ 2004, S. 425 ff.
ders.: Zum Verhältnis von europäischem Beihilfenrecht und mitgliedstaatlicher Daseinsvorsorge. Berlin 2005 (zit.: europäisches Beihilfenrecht und mitgliedstaatlicher Daseinsvorsorge).
Jestaedt, Matthias: Grundrechtsentfaltung im Gesetz. Studien zur Interdependenz von Grundrechtsdogmatik und Rechtsgewinnungstheorie. Tübingen 1999.
Jestaedt, Thomas/Häsemeyer, Ulrike: Die Bindungswirkung von Gemeinschaftsrahmen und Leitlinien im EG-Beihilferecht. In: EuZW 1995, S. 787 ff.
Jestaedt, Thomas/Miehle, Andreas: Rettungs- und Umstrukturierungsbeihilfen für Unternehmen in Schwierigkeiten. In: EuZW 1995, S. 659 ff.

Jestaedt, Thomas: Das Rückzahlungsrisiko bei „formell rechtswidrigen" Beihilfen. In: EuZW 1993, S. 49 ff.
Jung, Dieter: Wettbewerb und Liberalisierung im ÖPNV aus der Sicht der kommunalen Aufgabenträger. In: Bayerischer Bürgermeister 2004, S. 52 ff.
Jüttemeier, Karl Heinz/Lammers, Konrad: Subventionen in der Bundesrepublik Deutschland, Kiel 1979.
Kahl, Wolfgang: Das öffentliche Unternehmen im Gegenwind des europäischen Beihilferegimes. In: NVwZ 1996, S. 1082 ff.
Katz, Alfred: Staatsrecht. Grundkurs im öffentlichen Recht. 13. Aufl., Heidelberg 1996.
Kaufmann, Marcel: Europäische Integration und Demokratieprinzip. Baden-Baden 1997.
Kemmler, Iris: Keine Anstalt ohne Anstaltslast. In: DVBl. 2003, S. 100 ff.
Kepenne, Jean-Paul: Guide des aides d'état en droit communautaire. Réglement, jurisprudence et pratique de la Commission. Brüssel 1999.
Keßler, Werner: Zur Auslegung des Art. 92 Abs. 1 EWG-Vertrag. In: DÖV 1977, S. 619 ff.
Kiesewetter, Hubert: Preußens Strategien gegenüber Vorläufern des Deutschen Zollvereins 1815–1834. In: Pohl, Hans (Hrsg): Die Auswirkungen von Zöllen und anderen Handelshemmnissen auf Wirtschaft und Gesellschaft vom Mittelalter bis zur Gegenwart. Referate der 11. Arbeitstagung der Gesellschaft für Sozial- und Wirtschaftsgeschichte. Stuttgart 1985, S. 140 ff.
Kilian, Wolfgang: Europäisches Wirtschaftsrecht. EG-Wirtschaftsrecht und Bezüge zum deutschen Recht. München 1996.
Kilian, Wolfgang: Forschungssubventionen als Wettbewerbsinstrument. In: WuW 1975, S. 435 ff.
Kim, Yong-Sup: Der Gesetzesvorbehalt bei der Leistungsverwaltung in Deutschland und Korea. Am Beispiel der Wirtschaftssubventionen. Diss., Mannheim 1994.
Kimmel, Adolf: Die Verfassungen der EG-Mitgliedstaaten. Textausgabe mit Einführung. Hrsg. v. A. Kimmel, 4. Aufl., München 1996 (zit.: Kimmel).
Kinzl, Ulrich-Peter: Anstaltslast und Gewährträgerhaftung. Unbegrenzte staatliche Einstandspflichten für öffentliche Banken unter dem Beihilfe- und Durchführungsverbot des EG-Vertrages. Baden-Baden 2000.
Kirchhof, Ferdinand: Der notwendige Ausstieg aus der Staatsverschuldung. In: DVBl. 2002, S. 1569 ff.
Kirchner, Christian/Haas, Joachim: Rechtliche Grenzen für Kompetenzübertragungen auf die Europäische Gemeinschaft. In: JZ 1993, S. 760 ff.
Klein, Eckart/Haratsch, Andreas: Mitgliedstaatliche Regionalförderung insbesondere zugunsten kleinerer und mittlerer Unternehmen (KMU) aus der Sicht des EG-Rechts. In: EWS 1997, S. 410 ff.
Klingbeil, Marianne: Produktionssubventionen als Instrument des neuen Protektionismus – untersucht am Beispiel der Bundesrepublik Deutschland. Diss., Hannover 1987.
Kluth, Winfried: Die demokratische Legitimation der Europäischen Union. Eine Analyse der These vom Demokratiedefizit der Europäischen Union aus gemeineuropäischer Verfassungsperspektive. Berlin 1995.
Knauff, Matthias: Zum Grundrechtsschutz durch die EU. In: VR 2001, S. 105 f.
Koenig, Christian: Die Privilegien öffentlich-rechtlicher Einstandspflichten zugunsten der Landesbanken vor den Schranken der EG-Beihilfenaufsicht. In: EWS 1998, S. 149 ff.
ders.: Öffentlich-rechtliche Anstaltslast und Gewährträgerhaftung als Beihilfen gem. Art. 92 EGV. In: EuZW 1995, S. 595 ff.

Koenig, Christian/Kühling, Jürgen: Grundfragen des EG-Beihilfenrechts. In: NJW 2000, S. 1065 ff.
dies.: Infrastrukturförderung im Ausschreibungsverfahren. EG-beihilfenrechtlicher Königsweg der Kompensation von gemeinwirtschaftlichen Pflichten. In: DVBl. 2003, S. 289 ff.
dies.: Mitgliedstaatliche Kulturförderung und gemeinschaftliche Beihilfekontrolle durch die EG-Komission. In: EuZW 2000, S. 197 ff.
Koenig, Christian/Kühling, Jürgen/Ritter, Nicolai: EG-Beihilfenrecht. Heidelberg 2002 (zit.: Koenig/Kühling/Ritter, Beihilfenrecht).
dies.: Reform des EG-Beihilfenrechts aus der Perspektive des mitgliedstaatlichen Systemwettbewerbs. In: EuZW 1999, S. 517 ff.
Koenig, Christian/Roth, Wulf-Henning/Schön, Wolfgang (Hrsg): Aktuelle Fragen des EG-Beihilfenrechts. Heidelberg 2001.
Koenig, Christian/Sander, Claude: Einführung in das EG-Prozeßrecht. Tübingen 1997 (zit.: Koenig/Sander, Einführung).
dies.: Zur Beihilfenaufsicht über Anstaltslast und Gewährträgerhaftung nach Art. 93 EGV. In: EuZW 1997, S. 363 ff.
Koenig, Christian et al.: Erfüllen die Einstandspflichten des Bundes für die betrieblichen Altersversorgungssysteme der privatisierten Bahn- und Postunternehmen den Beihilfentatbestand des Art. 92 EGV? In: EuZW 1998, S. 5 ff.
Kommission der Europäischen Gemeinschaft (Hrsg.): 6. Bericht über staatliche Beihilfen in der Europäischen Union. Luxemburg 1998.
dies.: 9. Bericht über staatliche Beihilfen in der Europäischen Union. Brüssel 2001.
dies.: XXVII. Bericht über die Wettbewerbspolitik 1997. Brüssel u. Luxemburg 1998.
dies.: XXVIII. Bericht über die Wettbewerbspolitik 1998. Brüssel u. Luxemburg 1999.
dies.: Grünbuch zu Dienstleistungen von Allgemeinem Interesse vom 21.5.2003, KOM (2003) 270 endgültig.
dies.: Weißbuch zu Dienstleitungen von allgemeinem Interesse, KOM (2004) 374 endgültig.
dies.: Die Wettbewerbspolitik in Europa und der Bürger. Luxemburg 2000.
dies.: Wettbewerbsrecht in den Europäischen Gemeinschaften. Bd. II A. Wettbewerbsregeln für staatliche Beihilfen. Brüssel u. Luxemburg 1999.
Koppensteiner, Hans-Georg: Das Subventionsverbot im Vertrag über die Europäische Gemeinschaft für Kohle und Stahl. Baden-Baden 1965.
Koslowski, Peter: Subsidiarität als Prinzip der Koordination der Gesellschaft. In: Subsidiarität: Idee und Wirklichkeit. Hrsg. v. Wolfgang Nörr und Thomas Oppermann, Tübingen 1997.
Köttgen, Arnold: Subventionen als Mittel der Verwaltung. In: DVBl. 1953, S. 485 ff.
Kötzle, Alfred: Die Eignung von Subventionen für die Umweltpolitik. Berlin 1980.
Krassnigg, Michael: Staatliche Bürgschaften im EU-Beihilfeaufsichtsrecht und ihre Rückabwicklung im Fall unrechtmäßiger Gewährung. In: ÖJZ 1996, S. 447 ff.
Krebs, Peter: Die Begründungslast. In: AcP 195 (1995), S. 171 ff.
Krüger, Herbert: Die öffentlichen Massenmedien als notwendige Ergänzung der privaten Massenmedien. Frankfurt/M. u.a. 1965 (zit.: Krüger, Massenmedien).
ders.: Rechtsstaat – Sozialstaat – Staat. Hamburg 1975 (zit.: Krüger, Rechtsstaat).
ders.: Staatsverfassung und Wirtschaftsverfassung. In: DVBl. 1951, S. 361 ff.
Krüger, Paul/Mommsen, Theodor (Hrsg.): corpus iuris civilis. Neudruck der 17. Aufl., Hildesheim 1993.
Kruse, Eberhard: Das gemeinschaftsrechtliche Beihilfenverbot und die für „Kultur" und „kulturelles Erbe" bestehende Befreiungsmöglichkeit. In EWS 1996, S. 113 ff.

ders.: Ist die „Teilungsklausel" als Rechtsgrundlage für Beihilfen zum Ausgleich teilungsbedingter Nachteile obsolet? Gültigkeit und Tragweite des Art. 92 II lit. c EGV. In: EuZW 1998, S. 229 ff.

ders.: Privatisierungszwang für notleidende öffentliche Unternehmen? In: EWS 2005, S. 66 ff.

Kühling, Jürgen/Wachinger, Lorenz: Das Altmark Trans-Urteil des EuGH – Weichenstellung für oder Bremse gegen mehr Wettbewerb im deutschen ÖPNV? In: NVwZ 2003, S. 1202 ff.

Larenz, Karl/Canaris, Claus-Wilhelm: Lehrbuch des Schuldrechts. 2. Bd., Besonderer Teil, 2. Halbbd., 13. Aufl., München 1994.

Latz, Heinz-Ludwig: Subventionen in einer offenen Volkswirtschaft. Pfaffenweiler 1989.

Laumen, Hans-W.: Die „Beweiserleichterung bis zur Beweislastumkehr". Ein beweisrechtliches Phänomen. In: NJW 2002, S. 3739 ff.

Lefèvre, Dieter: Staatliche Ausfuhrförderung und das Verbot wettbewerbsverfälschender Beihilfen im EWG-Vertrag. Baden-Baden 1977.

Lehr, Marc: Europäisches Wettbewerbsrecht und kommunale Daseinsvorsorge. In: DÖV 2005, S. 542 ff.

Leibrock, Gero: Der Rechtsschutz im Beihilfeaufsichtsverfahren des EWG-Vertrages. In: EuR 1990, S. 20 ff.

Lenz, Carl Otto/Borchardt, Klaus-Dieter (Hrsg.): EU- und EG-Vertrag. Kommentar. 3. Aufl., Köln u.a. 2003 (zit.: Bearbeiter, in: Lenz/Borchardt, EGV).

Lindner, Josef Franz: Zur grundrechtsdogmatischen Struktur der Wettbewerbsfreiheit. In: DÖV 2003, S. 185 ff.

Lisken, Hans/Witzstrock, Heike: Einführung des polizeilichen Todesschusses. In: ZRP 2004, S. 31.

Livonius, Hilger von, – Freiherr von Eyb: Öffentlich-rechtliche Kreditinstitute und EU-Beihilferegime. Frankfurt/M. u.a. 2001.

Lübbig, Thomas: Anmerkung zu EuG, Urt. v. 28.1.1999, Rs. T-14/96. In: EuZW 1999, S. 671 f.

ders.: Neue Entwicklungen im Beihilfenrecht der Europäischen Gemeinschaften. In: WuW 1999, S. 249 ff.

Lübbig, Thomas/Martín-Ehlers, Andrés: Beihilfenrecht der EU. Das Recht der Wettbewerbsaufsicht über staatliche Beihilfen in der Europäischen Union. München 2003.

Ludwig-Erhard-Stiftung (Hrsg.): Mehr Soziale Marktwirtschaft – weniger Subventionswirtschaft. Symposion X. Stuttgart u.a. 1984.

Luhmann, Niklas: Legitimation durch Verfahren. Frankfurt/M. 1983.

Magiera, Siegfried/Sommermann Karl-Peter (Hrsg.): Verwaltung in der Europäischen Union. Diskussionsbeiträge auf dem 1. Speyerer Europa-Forum. Berlin 2001.

Mangoldt, Hermann von/Klein, Friedrich/Starck, Christian (Hrsg.): Das Bonner Grundgesetz. Kommentar. Bd. 1, 4. Aufl., München 1999 (zit.: Bearbeiter, in: M/K/S).

Mann, Golo (Hrsg.): Propyläen Weltgeschichte. 10 Bde. Berlin, Frankfurt/M. 1991.

Marshall, Alfred: Principles of Economics. An introductory volume. 8th edition, Nachdruck, London u. Basingstoke 1972.

Martin, Isabelle: Le contrôle des aides d' État dans l'Espace économique européen. In: R.I.D.E. 1993, S. 404 ff.

Matthies, Heinrich: Grundlagen des Subventionsrechts und Kompetenzen aus EG-rechtlicher Sicht. In: ZHR 152 (1988), S. 442 ff.

Maunz, Theodor/Dürig, Günter et al.: Grundgesetz. Kommentar. Loseblattsammlung, Stand August 2005 (zit.: Bearbeiter, in: M/D; Kommentierung zu Art. 1 GG, Bearbeiter G. Dürig, zitiert nach Stand Februar 2003).

Maurer, Hartmut: Allgemeines Verwaltungsrecht. München 2000.
Mayer, Peter: Die Erfolgskontrolle von Subventionen durch die Rechnungshöfe. Frankfurt/M. u.a. 2001.
Mederer, Wolfgang: Ist Österreichs Förderwesen EG-reif? Aktuelle Probleme des europäischen Beihilfenrechts. In: Das Öffentliche Haushaltswesen in Österreich 1992, S. 13 ff.
Merola, Massimo: Introduction à l'étude des règles communautaires en matière d'aides d'État aux entreprises. In: R.I.D.E. 1993, S. 277 ff.
Mestmäcker, Ernst-Joachim: Die Wirtschaftsverfassung in der europäischen Union. Hrsg. von den Mitgliedern des Zentrums für europäisches Wirtschaftsrecht, Bonn 1993.
ders.: Recht der offenen Gesellschaft. Baden-Baden 1993.
Metaxas, Antonis: Grundfragen des europäischen Beihilferechts. Baden-Baden u. Athen 2004.
Meyer, Dirk: Dienste von allgemeinem wirtschaftlichen Interesse im Spannungsfeld zwischen Selbstbestimmungsrecht der Mitgliedstaaten und EU-Beihilfekontrolle. In: EWS 2005, S. 193 ff.
Meyer, Henry Cord: Das Zeitalter des Imperialismus. In: Propyläen Weltgeschichte, Bd. 9. Hrsg. v. Golo Mann, Berlin u. Frankfurt/M. 1991, S. 25 ff.
Meyers Großes Taschenlexikon in 25 Bänden. 8. Aufl., Mannheim u.a. 2001.
Mittmann, Patrick: Die Rechtsfortbildung durch den Gerichtshof der Europäischen Gemeinschaften und die Rechtsstellung der Mitgliedstaaten der Europäischen Union. Frankfurt/M. u.a. 1999.
Modlich, Joachim Johannes: Der zwischenstaatliche Handel in Art. 92 I EGV. Zur heutigen Funktion eines ursprünglich begrenzenden Tatbestandsmerkmals. In: EWS 1996, S. 405 ff.
ders.: Nationale Infrastrukturmaßnahmen und Artikel 92 Abs. 1 EGV. Köln u.a. 1996.
Mögele, Rudolf: Das integrierte Verwaltungs- und Kontrollsystem für Beihilfen im Bereich der Landwirtschaft. In: EWS 1993, S. 305 ff.
Möschel, Wernhard: Den Staat an die Kette legen – Gegen die Aushöhlung des Wettbewerbs durch den Staat. Bad Homburg 1995 (zit.: Möschel, Den Staat an die Kette).
ders.: Europäisches Kartellrecht in liberalisierten Wirtschaftssektoren. In: WuW 1999, S. 832 ff.
ders.: Privatisierung, Deregulierung und Wettbewerbsordnung. In: JZ 1988, S. 885 ff.
ders.: Rechtsordnung zwischen Plan und Markt. Am Beispiel von Preiskontrollen nach § 22 GWB. Tübingen 1975 (zit.: Möschel, Rechtsordnung).
Montag, Frank/Bonin, Andreas von: Die Entwicklung des europäischen Gemeinschaftsrechts bis Ende 2004. In: NJW 2005, S. 2898 ff.
Müller-Armack, Alfred: Wirtschaftslenkung und Marktwirtschaft. Hrsg. v. der Gesellschaft zur Förderung der Sozialen Marktwirtschaft. Sonderdruck, München 1990.
Müller-Graff, Peter-Christian: Die Erscheinungsformen der Leistungssubventionstatbestände aus wirtschaftsrechtlicher Sicht. In: ZHR 152 (1988), S. 403 ff.
Musielak, Hans-Joachim: Grundkurs ZPO. 8. Aufl., München 2005.
Musgrave, Richard A./Musgrave, Peggy B./Kullmer, Lore: Die öffentlichen Finanzen in Theorie und Praxis. 1. Bd., 6. Aufl., Tübingen 1994.
Neu, Axel D.: Subventionen ohne Ende? Kiel 1995.
Nicolaides, Phedon: Control of State Aid in the European Union. Compliance, Sanctions and Rational Behaviour. In: World Competition 2002, Bd. 25/3, S. 249 ff.
Nicolaides, Phedon/Bilal, Sanoussi: An Appraisal of the State Aid Rules of the European Community. Do they Promote Efficiency? In: Journal of World Trade 1999, Bd. 33/2, S. 97 ff.

dies.: State Aid Rules: Do they Promote efficiency? In: Bilal, Sanoussi/Nicolaides, Phedon (Hrsg.): Understanding State Aid Policy in the European Community. Perspectives on Rules and Practice. Den Haag, London, Boston 1999.

Nieder-Eichholz, Markus: Die Subventionsordnung. Ein Beitrag zur finanzwirtschaftlichen Ordnungspolitik. Berlin 1995.

Niemeyer, Hans-Jörg/Hirsbrunner, Simon: Anstaltslast und Gewährträgerhaftung bei Sparkassen und die Zwischenstaatlichkeitsklausel in Art. 87 EG. In: EuZW 2000, S. 364 ff.

Nipperdey, Hans Carl: Die soziale Marktwirtschaft in der Verfassung der Bundesrepublik. Vortrag, gehalten vor der Juristischen Studiengesellschaft in Karlsruhe am 5. März 1954. Karlsruhe 1954.

Nöll von der Nahmer, Robert: Weltwirtschaft und Weltwirtschaftskrise. In: Propyläen Weltgeschichte, Bd. 9. Hrsg. v. Golo Mann, Berlin u. Frankfurt/M. 1991, S. 351 ff.

Nörr, Wolfgang/Oppermann, Thomas (Hrsg.): Subsidiarität: Idee und Wirklichkeit. Tübingen 1997.

Nowak, Carsten: Die Entwicklung des EG-Beihilfenkontrollrechts in den Jahren 1998, 1999 und 2000. In: EuZW 2001, S. 293 ff.

ders.: Die Entwicklung des EG-Beihilfenkontrollrechts in den Jahren 2001 und 2002. In: EuZW 2003, S. 389 ff.

Obernolte, Wolfgang: Ausfuhrbeihilfen im Gemeinsamen Markt. In: AWD 1960, S. 203 ff.

ders.: Das EWG-Beihilfenverbot in der Praxis. In: Europäische Wirtschaft 1961, S. 388 ff.

ders.: Subventionen im Gemeinsamen Markt. In: Europäische Wirtschaft 1961, S. 64 ff.

Ohlhoff, Stefan: Verbotene Beihilfen nach dem Subventionsabkommen der WTO im Lichte aktueller Rechtsprechung. In: EuZW 2000, S. 645 ff.

Oppermann, Thomas: Eine Verfassung für die Europäische Union. Der Entwurf des Europäischen Konvents. 1. Teil in: DVBl. 2003, S. 1165 ff.; 2. Teil in: DVBl. 2003, S. 1234 ff.

ders.: Subsidiarität als Bestandteil des Grundgesetzes. In: JuS 1996, S. 570 ff.

Palandt: Bürgerliches Recht. Kommentar. 65. Aufl., München 2006 (zit.: Bearbeiter, in: Palandt).

Pape, Hans-Chrsistoph: Staatliche Kapitalbeteiligungen an Unternehmen und das Beihilfeverbot gem. Art. 92 EG-V. Frankfurt/M. u.a. 1996.

Papier, Hans-Jürgen: Die rechtlichen Rahmenbedingungen für die Dienste der kommunalen Daseinsvorsorge aus nationalstaatlicher und europäischer Sicht. In: BayGTzeitung 2002, S. 424 ff.

ders.: Kommunale Daseinsvorsorge im Spannungsfeld zwischen nationalem Recht und Gemeinschaftsrecht. In: DVBl. 2003, S. 686 ff.

ders.: Rechtsformen der Subventionierung und deren Bedeutung für die Rückabwicklung. In: ZHR 152 (1988), S. 493 ff.

Paulweber, Michael/Weinand, Armin: Europäische Wettbewerbspolitik und liberalisierte Märkte. In: EuZW 2001, S. 232 ff.

Pechstein, Matthias: Elektrizitätsbinnenmarkt und Beihilfenkontrolle im Anwendungsbereich des Euratom-Vertrags. In: EuZW 2001, S. 307 ff.

ders.: Nichtigkeit beihilfengewährender Verträge nach Art. 93 III 3 EGV. In: EuZW 1998, S. 495 ff.

Pechstein, Matthias/Damm Andreas: EG-Beihilfeverbot und Flächenerwerbsprogramm des § 3 AusglLeistG. In: EWS 1996, S. 333 ff.

Petersmann, Ernst-Ulrich: Thesen zur Wirtschaftsverfassung der EG. In: EuZW 1993, S. 593 ff.

Pfrang, Elvira: Das Verhältnis zwischen Europäischem Gemeinschaftsrecht und deutschem Recht nach der Maastricht-Entscheidung des Bundesverfassungsgerichts. Frankfurt/M. u.a. 1997.

Pigou, Arthur Cecil: The Economics of Welfare. 4th Edition, London 1932.

Pinna, Gavino: La disciplina degli aiuti di Stato nell' ordinamento comunitario: una sintesi. In: Bariatti, Stefania: Gli aiuti di Stato alle imprese nel diritto comunitario. Mailand 1998, S. 21 ff.

Plender, Richard: Definition of Aid. In: The Law of State Aid in the European Union. Hrsg. v. Biondi, Andrea/Eeckhout, Piet/Flynn, James, Oxford 2003, S. 3 ff.

Pohl, Hans (Hrsg): Die Auswirkungen von Zöllen und anderen Handelshemmnissen auf Wirtschaft und Gesellschaft vom Mittelalter bis zur Gegenwart. Referate der 11. Arbeitstagung der Gesellschaft für Sozial- und Wirtschaftsgeschichte. Stuttgart 1985.

Preißer, Karl-Heinz: Die Stellung Bayerns bei der Steuerharmonisierung im Deutschen Zollverein 1834–1871. Diss., Regensburg 1990.

Preuss Neudorf, Friedrich Christian: Grundversorgung und Wettbewerb im dualen Rundfunksystem. Frankfurt/M. u.a. 1993.

Preußner, Karin: Kontrolle und Beherrschbarkeit von Wirtschaftssubventionen. Frankfurt/M. u.a. 1989.

Priddat, Birger P.: Theoriegeschichte der Wirtschaft. Oeconomia/economics. München 2002.

Priebe, Reinhard: Einigung des Rates über die Agrarreform. In: EuZW 1992, S. 506 ff.

ders.: Gelingt die große Reform der Europäischen Agrarpolitik? In: EuZW 1992, Editorial, S. 33.

Pusceddu, Nicola/Usai, Stefano: Gli aiuti di stato alle imperse: il caso italiano. In: Bariatti, Stefania: Gli aiuti di Stato alle imprese nel diritto comunitario. Mailand 1998. S. 173 ff.

Puttler, Adelheid: Das BVerfG und die Rechte des Deutschen Bundestages bei der Einführung des Euro. In: ZRP 1998, S. 168 ff.

dies.: Die Verwaltung europäischer Strukturbeihilfen. In: Magiera, Siegfried/Sommermann, Karl-Peter (Hrsg.): Verwaltung in der Europäischen Union. Vorträge und Diskussionsbeiträge. Berlin 2001 (zit.: Puttler, Strukturbeihilfen).

Püttner, Günter/Spannowsky, Willy: Das Verhältnis der europäischen Regionalpolitik zur deutschen Regionalpolitik. Selbstverlag der Gesellschaft für Regionale Strukturentwicklung, Bonn 1986.

Pütz, Markus: Das Beihilfeverbot des Art. 88 Abs. 3 Satz 3 EG-Vertrag. Verstöße und ihre zivilrechtlichen Folgen im deutschen Recht. Baden-Baden 2003.

ders.: EG-Beihilfenrecht und § 134 BGB. In: NJW 2004, S. 2199 ff.

Quardt, Gabriele: Zur Abschaffung von Anstaltslast und Gewährträgerhaftung. In: EuZW 2002, S. 424 ff.

Quigley, Conor/Collins, Anthony: EC State Aid. Law an Policy. Oxford, Portland u. Oregon 2003.

Quigley, Conor: The Notion of a State Aid in The EEC. In: ELR 1988, S. 242 ff.

Recktenwald, Horst Claus: Ordnungstheorie und ökonomische Wissenschaft. Drei Beiträge von Horst Claus Recktenwald. Erlangen 1985.

Rehmsmeier, Sandra: Aktuelle Informationen. Insolvenzfähigkeit der Bayerischen Landesbank und der Sparkassen. In: DVBl. 2003, S. 52.

Rengeling, Hans-Werner: Das Beihilferecht der Europäischen Gemeinschaften. In: Börner, Bodo/Neundörfer, Konrad (Hrsg.): Recht und Praxis der Beihilfen im Gemeinsamen Markt. Köln u.a. 1984, S. 23 ff. (zit.: Rengeling, Beihilferecht).
ders.: Der Rechtsschutz bei der Subventionierung von Konkurrenten im EWG-Recht. In: Gedächtnisschrift für Friedrich Klein. Hrsg. v. Dieter Wilke u. Harald Weber, München 1977, S. 416 ff. (zit.: Rengeling, Rechtsschutz von Konkurrenten).
ders.: Europäisches Gemeinschaftsrecht als Ordnungsrahmen für staatliche Subventionen. Ein Beitrag zum 55. Deutschen Juristentag. In: JZ 1984, S. 795 ff.
ders. (Hrsg.): Europäisierung des Rechts. Köln u.a. 1996.
ders.: Grundlagen des Subventionsrechts und Kompetenzen aus der Sicht von Bund und Ländern. In: ZHR 152 (1988), S. 455 ff.
Rengeling, Hans-Werner/Middeke, Andreas/Gellermann, Martin: Rechtsschutz in der Europäischen Union: Durchsetzung des Gemeinschaftsrechts vor europäischen und deutschen Gerichten. München 1994 (zit.: Rengeling et al., Rechtsschutz).
Reuter, Alexander: Die Projektfinanzierung öffentlich-rechtlicher Aufgaben aus dem Blickwinkel des Beihilferechts: Public-Private Partnerships nach EuGH-Ferring aus Bankensicht. In: ZIP 2002, S. 737 ff.
Reuter, Alexander/Busch, Ralph: Einführung eines EU-weiten Emissionshandels – Die Richtlinie 2003/87/EG. In: EuZW 2004, S. 39 ff.
Reuter, Ortulf: Die Manufaktur im Fränkischen Raum. Stuttgart 1961.
Rintelen, Gregor von: Dienstleistungen von allgemeinem wirtschaftlichem Interesse und europäisches Beihilfeverbot. München 2003.
Rittner, Fritz: Wirtschaftsrecht. Ein Lehrbuch. 2. Aufl., Heidelberg 1987.
Roberti Gian Michele: Gli aiuti di Stato nel diritto comunitario. Padua 1997.
Rohe, Mathias: Binnenmarkt oder Interessenverband? Zum Verhältnis von Binnenmarktziel und Subsidiaritätsprinzip nach dem Maastricht-Vertrag. In: RabelsZ 61 (1997), S. 1 ff.
ders.: Notwehr gegen Europa? Zur Bindungswirkung von Gemeinschaftsrecht. In: EuZW 1997, S. 491 ff.
Rolfes, Karl-Heinrich: Regionale Wirtschaftsförderung und EWG-Vertrag. Köln u.a. 1991.
Roppel, Ulrich: Ökonomische Theorie der Bürokratie. Beiträge zu einer Theorie des Angebotsverhaltens staatlicher Bürokratien in Demokratien. Freiburg/Breisgau 1979.
Rosenstock Manfred: Die Kontrolle und Harmonisierung nationaler Beihilfen durch die Kommission der Europäischen Gemeinschaften. Frankfurt/M. u.a. 1995.
Rouam, Claude: Le contrôle des aides d'État aux entreprises dans l'Union européenne. Paris 1998.
Rüfner, Wolfgang: Formen der öffentlichen Verwaltung im Bereich der Wirtschaft. Berlin 1967.
Ruge, Reinhard: EuGH: Abgabenvergünstigung für Arzneimittelgroßhändler. Anmerkung zu EuGH, Urt. v. 22.11.2001, Rs C-53/00. In: EuZW 2002, S. 48 ff.
ders.: Das Grünbuch der EG-Kommission zu den Leistungen der Daseinsvorsorge. In: ZRP 2003, S. 353 ff.
Samuelson, Paul A./Nordhaus, William D.: Volkswirtschaftslehre. Übersetzung der 15. Aufl., Wien u. Frankfurt/M. 1998.
Sannwald, Detlef: Rechtsgut und Subventionsbegriff. § 264 StGB. Berlin 1982.
Savigny, Friedrich Carl von: System des heutigen römischen Rechtes. Bd. I. Neuauflage der Ausgabe von 1840, Aalen 1973.
Schachtschneider, Karl Albrecht: Das Maastricht-Urteil. Die neue Verfassungslage der Europäischen Gemeinschaft. In: Recht und Politik 1994, S. 1 ff.

Schäfer, Hans-Bernd/Ott, Claus: Lehrbuch der ökonomischen Analyse des Zivilrechts. 4. Aufl., Berlin u.a. 2005.
Schäfer, Herrmann (Hrsg.): Wirtschaftsgeschichte der deutschsprachigen Länder. Vom frühen Mittelalter bis zur Gegenwart. Würzburg 1989 (zit.: Schäfer, Wirtschaftsgeschichte).
Schefold, Bertram: Einleitung zu Adolph Wagners „Grundlegung". In: Adolph Wagner. Allgemeine oder theoretische Volkswirthschaftslehre. Erster Theil: Grundlegung. Faksimile-Ausgabe, Düsseldorf 1991.
Scherer, Josef: Die Wirtschaftsverfassung der EWG. Baden Baden 1970.
Scherer, Peter/Schödermeier, Martin: Staatliche Beihilfen und Kreditgewerbe. In: ZBB 1996, S. 165 ff.
Schernthanner, Martina: Das materielle Beihilfeaufsichtsrecht nach dem EWG-Vertrag. Wien 1993.
Schetting, Gerd: Rechtspraxis der Subventionierung. Eine Untersuchung zur normativen Subventionspraxis in der Bundesrepublik Deutschland. Berlin 1973.
Scheu, Gerhard: In Dubio Pro Securitate. Contergan, Hepatitis-/AIDS-Blutprodukte, Spongioformer Humaner Wahn und kein Ende? Baden-Baden 2003.
Schlesinger, Michael: Subventionsvergabe im Wettbewerb. Diss., Basel 1994.
Schmidhuber, Peter M.: Wettbewerbsschutz und Regionalförderung: Regionalpolitik und Beihilfenkontrolle in der Europäischen Gemeinschaft. In: Wettbewerb als Chance und Herausforderung. Festschrift für Werner Benisch. Hrsg. v. C. A. Andreae et al., Köln u.a. 1989, S. 153 ff.
Schmidt, Eike: Die Beweislast in Zivilsachen – Funktionen und Verteilungsregeln. In: JuS 2003, S. 1007 ff.
Schmidt-Bleibtreu, Bruno: Kommentar zum Grundgesetz. Berlin 1995.
Schmidt-Preuß, Matthias: Soziale Marktwirtschaft und Grundgesetz vor dem Hintergrund des Staatsvertrages zur Währungs-, Wirtschafts- und Sozialunion. In: DVBl. 1993, S. 236 ff.
Schmidt-Räntsch, Jürgen: Zivilrechtliche Wirkungen von Verstößen gegen das EU-Beihilfenrecht. In: NJW 2005, S. 106 ff.
Schmitt Glaeser, Alexander: Grundgesetz und Europarecht als Elemente Europäischen Verfassungsrechts. Berlin 1996.
Schneider, Hannes/Busch, Torsten: Anstaltslast und Gewährträgerhaftung als Beihilfen im Sinne von Art. 92 EGV? In: EuZW 1995, S. 602 ff.
Schneider, Jens-Peter: Konkurrentenklagen als Instrumente der europäischen Beihilfeaufsicht. In: DVBl. 1996, S. 1301 ff.
Schohe, Gerrit/Hoenike, Mark: Die Rechtsprechung des EuGH und EuG zu staatlichen Beihilfen in den Jahren 1996 und 1997. In: EuZW 1997, S. 741 ff.
Scholz, Rupert: Zum Verhältnis von Europäischem Gemeinschaftsrecht und nationalem Verwaltungsverfahrensrecht – Zur Rechtsprechung des EuGH im Fall „Alcan". In: DÖV 1998, S. 261 ff.
Schön, Wolfgang: Steuerliche Beihilfen. In: Aktuelle Fragen des EG-Beihilfenrechts. Hrsg. v. Christian Koenig, Wulf-Henning Roth, Wolfgang Schön, Heidelberg 2001.
Schröder, Meinhard: Das Bundesverfassungsgericht als Hüter des Staates im Prozeß der europäischen Integration. Bemerkungen zum Maastricht-Urteil. In: DVBl. 1994, S. 316 ff.
ders.: Subventionen als staatliche Handlungsmittel. In: ZHR 152 (1988), S. 391 ff.
Schüller, Alfred Subsidiarität im Spannungsfeld zwischen Wettbewerb und Harmonisierung. In: Subsidiarität: Idee und Wirklichkeit. Hrsg. v. Wolfgang Nörr und Thomas Oppermann, Tübingen 1997, S. 69 ff.

Schumpeter, Josef A.: Kapitalismus, Sozialismus und Demokratie. Aus dem Englischen v. S. Preiswerk. 7. erw. Aufl., Tübingen u. Basel 1993.
Schütterle, Peter: Anmerkungen zu EuGH, Urteil v. 29.6.1995, Rs C-135/93. In: EuZW 1995, S. 581 ff.
ders.: Die Beihilfenkontrollpraxis der Europäischen Kommission im Spannungsfeld zwischen Recht und Politik. EuZW 1995, S. 391 ff.
ders.: Die Rechtsgrundlage für Beihilfen zur Überwindung der wirtschaftlichen Folgen der Teilung Deutschlands. In: EuZW 1994, S. 715 ff.
ders.: EG-Beihilfenkontrolle über die Treuhandanstalt: die Entscheidung der Kommission vom 18.9.1991. In: EuZW 1991, S. 662 ff.
ders.: EG-Beihilfenkontrolle und kommunale Grundstücksverkäufe. In EuZW 1993, S. 625 ff.
ders.: Kontrolle staatlicher Beihilfen nach Art. 92 ff. EGV. Wettbewerbsschutz oder EG-Sachpolitik? Ein praktischer Problemaufriß. In: Marktwirtschaft und Wettbewerb im sich erweiternden europäischen Raum. Referate des XVII. FIW-Symposions. Hrsg. vom Forschungsinstitut für Wirtschaftsverfassung und Wettbewerb e.V. Köln. Köln u.a. 1995, S. 9 ff. (zit. Schütterle, Kontrolle).
ders.: Wende in der Europäischen Beihilfekontrollpolitik? Anmerkungen zum Entwurf einer Durchführungsverordnung gem. Art. 94 EGV und zur Anwendbarkeit des Art. 92 II lit. c EGV. In: EuZW 1997, S. 33.
Schwarze, Jürgen (Hrsg.): EU-Kommentar. Baden-Baden 2000 (zit.: Bearbeiter, in: Schwarze, EU-Komm.).
ders. (Hrsg.): Integrationsrecht, Baden-Baden 1985.
ders.: Auf dem Wege zu einer europäischen Verfassung – Wechselwirkungen zwischen europäischem und nationalem Verfassungsrecht. In: Schwarze, Jürgen/Müller-Graff, Peter-Christian (Hrsg.): Europäische Verfassungsentwicklung. Beiheft Nr. 1/2000 zur EuR. Baden-Baden 2000. S. 7 ff. (zit.: Schwarze, Wege zu einer europäischen Verfassung).
ders.: Das wirtschaftsverfassungsrechtliche Konzept des Verfassungsentwufs des Europäischen Konvents – zugleich eine Untersuchung der Grundprobleme des europäischen Wirtschaftsrechts. In: EuZW 2004, S. 135 ff.
ders.: Daseinsvorsorge im Lichte des europäischen Wettbewerbsrechts. In: EuZW 2001, S. 334 ff.
ders.: Europäisches Verwaltungsrecht: Entstehung und Entwicklung im Rahmen der Europäischen Gemeinschaft. Bd. 1 u. Bd. 2, Baden-Baden 1988 (zit.: Schwarze, Europ VwR).
Schwarze, Jürgen/Müller-Graff, Peter-Christian (Hrsg.): Europäische Verfassungsentwicklung. Beiheft 1/2000 zur EuR. Baden-Baden 2000.
Schweizer, Michael/Hummer, Waldemar: Europarecht. 5. Aufl., Neuwied u.a. 1996.
Seidel, Martin: Aktuelle Rechtsprobleme der Subventiongewährung und der Beihilfenaufsicht in der Europäischen Wirtschaftsgemeinschaft. In: Schwarze, J. (Hrsg.): Integrationsrecht. Baden-Baden 1985 (zit.: Seidel, Rechtsprobleme).
ders.: Das Beihilfenrecht der Europäischen Gemeinschaft. Hrsg. v. G. Ress u. M. R. Will, Saarbrücken 1984 (zit.: Seidel, Beihilfenrecht).
ders.: Das Verwaltungsverfahren in Beihilfesachen. In: EuR 1985, S. 22 ff.
ders.: Grundfragen des Beihilfenaufsichtsrechts der Europäischen Gemeinschaften. In: Börner, Bodo/Neundörfer, Konrad (Hrsg.): Recht und Praxis der Beihilfen im Gemeinsamen Markt. Köln u.a. 1984 (zit.: Seidel, Grundfragen).
Sépibus, Joëlle de: Die Umweltschutzsubvention im Gemeinschaftsrecht. Eine umweltrechtliche Kritik der europäischen Beihilfekontrolle. Bern u.a. 2003.

Seybold, Gerhard: Württembergs Industrie- und Außenhandel vom Ende der Napoleonischen Kriege bis zum Deutschen Zollverein. Stuttgart 1974.
Slotboom, Marco: Sate Aid in Community Law: A Broad or Narrow Definition. In: ELR 1995, S. 289 ff.
Smith, Adam: Der Wohlstand der Nationen. Eine Untersuchung seiner Natur und seiner Ursachen. Aus dem Englischen von H. C. Recktenwald. München 1974.
Soltész, Ulrich: Der Rechtsschutz des Konkurrenten gegen gemeinschaftsrechtswidrige Beihilfen vor nationalen Gerichten. In: EuZW 2001, S. 202 ff.
ders.: Die Belastung des Staatshaushalts als Tatbestandsmerkmal einer Beihilfe i.S. des Art. 92 I EGV. In: EuZW 1998, S. 747 ff.
Soltész, Ulrich/Bielesz, Holger: Judicial Review of State Aid. Decisions – Recent Developments. In: ECLR 2004, S. 133 ff.
Soltész, Ulrich/Makowski, Gösta Christian: Die Nichtdurchsetzung von Forderungen der öffentlichen Hand als staatliche Beihilfe i.S. von Art. 87 I EG. In: EuZW 2003, S. 73 ff.
Soltwedel, Rüdiger et al.: Subventionssysteme und Wettbewerbsbedingungen in der EG. Kiel 1988.
Sommerfeld, Olaf: Wettbewerb kontra Daseinsvorsorge. Die Strukturmerkmale der kommunalen Sparkassen in Deutschland im Lichte des EG-Wettbewerbsrechts. Hamburg 2005.
Soukup, Karl: Öffentliche Unternehmen und die Beihilfeaufsicht der EU. Wien, 1995.
Starbatty, Joachim: Europäische Industriepolitik und die Folgen – Zur Immanenz industriepolitischer Dynamik. In: Europäische und Internationale Wirtschaftsordnung aus der Sicht der Bundesrepublik Deutschland. Hrsg. v. W. Graf Vizthum, Baden-Baden 1994, S. 153 ff.
Statistisches Bundesamt (Hrsg): Volkswirtschaftliche Gesamtrechnung 2003. Wichtige Zusammenhänge im Überblick. Wiesbaden 2004 (zit.: Statistisches Bundesamt, VGR 2003).
Statistisches Bundesamt (Hrsg.): Bruttoinlandsprodukt 2003 für Deutschland. Informationen zur Pressekonferenz am 15.1.2004 in Wiesbaden. Wiesbaden 2004.
Stavenhagen, Gerhard: Geschichte der Wirtschaftstheorie. 2. Aufl., Göttingen 1957.
Steding, Rolf: Das Agrarrecht: vom Sonderrecht zu einem Part des Unternehmensrechts. In: ZRP 2004, S. 7 ff.
Stein, Ekkehart: Staatsrecht. 15. Aufl., Tübingen 1995.
Stein, Torsten: Die Grundfreiheiten müssen „Freiheiten" bleiben – Nochmals zu Tabakwerbeverbot und Gemeinschaftskompetenz. In: EuZW 2000, S. 337 ff.
Steindorff, Ernst: Nichtigkeitsrisiko bei Staatsbürgschaften. In: EuZW 1997, S. 7 ff.
ders.: Rückabwicklung unzulässiger Beihilfen nach Gemeinschaftsrecht. In: ZHR 152 (1988), S. 474 ff.
Stern, Klaus: Das Staatsrecht der Bundesrepublik Deutschland. Bd. III/1. Allgemeine Lehren und Grundrechte. München 1988 (zit.: Stern, Staatsrecht).
ders.: Rechtsfragen der öffentlichen Subventionierung Privater. In: JZ 1960, S. 518 ff.
Stewing, Clemens: Staatliche Ausfuhrkreditversicherung im Europäischen Binnenmarkt – nicht marktgängige Risiken. In: EWS 1993, S. 237 ff.
Stober, Rolf (Hrsg.): Rechtsschutz im Wirtschaftsverwaltungs- und Umweltrecht. Stuttgart u.a. 1993 (zit.: Bearbeiter, in: Stober, Rechtsschutz).
ders.: Allgemeines Wirtschaftsverwaltungsrecht. 13. Aufl., Stuttgart u.a. 2002 (zit.: Stober, Wirtschaftsverwaltungsrecht)
Störi, Gilg: Verhaltenssteuerung durch Subventionen. Zur Bedeutung von Struktur und Funktion für die Zulässigkeit der Subvention. Zürich 1992.

Streinz, Rudolf (Hrsg.): EUV/EGV. Vertrag über die Europäische Union und Vertrag zur Gründung der Europäischen Gemeinschaft. Kommentar. München 2003 (zit.: Bearbeiter, in: Streinz, EUV/EGV).
ders.: Das Maastricht-Urteil des Bundesverfassungsgerichts. In: EuZW 1994, S. 329 ff.
ders.: Europarecht – Beihilfenrecht – Altmark Trans. In: JuS 2004, S. 150 ff.
ders.: Europarecht. 7. Aufl., Heidelberg 2005.
Streit, Manfred E.: Europäische Industriepolitik nach Maastricht. In: Festschrift zum 70. Geburtstag von Prof. Erich Hoppmann. Hrsg. v. W. Möschel et al., Baden-Baden 1980, S. 189 ff.
Sutter, Franz Philipp: EuGH: Beihilfencharakter der Vergütung von Energieabgaben. Anmerkungen zu EuGH, Urt. v. 8.11.2001, Rs. C-143/99. In: EuZW 2002, S. 213 ff.
Theobald, Christian/Sascha, Michaels: Rechtliche Rahmenbedingungen einer marktorientierten Direktvergabe von ÖPNV-Leistungen. In: KommunalPraxis spezial Nr. 3/2004, S. 10 ff.
Tiedtke, Andreas: Demokratie in der Europäischen Union. Eine Untersuchung der demokratischen Legitimation des europäischen Integrationsprozesses vom Vertrag von Amsterdam bis zum Entwurf einer Europäischen Verfassung. Berlin 2005.
Tilly, Richard H.: Vom Zollverein zum Industriestaat. Die wirtschaftlich-soziale Entwicklung Deutschlands 1834 bis 1914. München 1990.
Tomerius, Stephan/Breitkreuz, Tilman: Selbstverwaltungsrecht und „Selbstverwaltungspflicht". In: DVBl. 2003, S. 426 ff.
Trapp, Manfred: Politische Philosophie und politische Ökonomie bei Adam Smith. Diss., Regensburg 1986.
Treue, Wilhelm: Wirtschaftsgeschichte der Neuzeit. Das Zeitalter der technisch-industriellen Revolution 1700 bis 1966. Stuttgart 1966.
Triantafyllou, Dimitris: Zur „Europäisierung" des Vertrauensschutzes (insbesondere § 48 VwVfG) – am Beispiel der Rückforderung staatlicher Beihilfen. In: NVwZ 1992, S. 436 ff.
Uerpmann, Robert: Kooperatives Verwaltungshandeln im Gemeinschaftsrecht: die Gemeinschaftsrahmen für staatliche Beihilfen. In: EuZW 1998, S. 331 ff.
Uhrig, Stephanie: Die Schranken des Grundgesetzes für die europäische Integration. Berlin 2000.
Uphoff, Boris: Fernsehmarkt und Grundversorgung. Zu den tatsächlichen und rechtlichen Voraussetzungen der Sonderbehandlung öffentlich-rechtlicher Rundfunkanstalten und ihrer Vereinbarkeit mit dem Beihilferecht der Europäischen Gemeinschaft. Konstanz 1996.
Van Miert, Karel: Markt Macht Wettbewerb. Stuttgart 2000.
Vögler, Michael: BVerfG: Rücknahme einer gemeinschaftsrechtswidrigen Subvention. Anmerkung zu BVerfG, Beschl. v. 17.2.2000 – 2 BvR 1210/98 – Alcan. In: EuZW 2000, S. 445 ff.
Voillemot, Dominique: La réglementation CEE anti-dumping et anti-subventions. Paris 1993.
Wachinger, Lorenz: Der Marktzugang im straßengebundenen ÖPNV nach dem EuGH-Urteil in der Rechtssache „Altmark Trans". In: WiVerw 2004, S. 27 ff.
Wägenbaur, Bertrand: Binnenmarkt und Gesundheitsschutz – eine schwierige Kohabitation. In: EuZW 2000, S. 549 ff.
ders.: Tabak, Ende der Diskussion oder Diskussion ohne Ende? In: EuZW 2003, S. 107 ff.
Wagner, Adolph: Allgemeine oder theoretische Volkswirthschaftslehre. Erster Theil. Grundlegung. In: Lehrbuch der politischen Oekonomie. Leipzig u. Heidelberg 1876.

Walter, Rolf: Merkantilpolitische Handelshemmnisse (im territorialen Vergleich) am Beispiel eines territorial relativ zersplitterten Gebietes. In: Pohl, Hans (Hrsg): Die Auswirkungen von Zöllen und anderen Handelshemmnissen auf Wirtschaft und Gesellschaft vom Mittelalter bis zur Gegenwart. Referate der 11. Arbeitstagung der Gesellschaft für Sozial- und Wirtschaftsgeschichte. Stuttgart 1985, S. 84 ff.

Weber, Albrecht: Die Kontrolle kompetenzwidriger Gemeinschaftsakte. In: Europäisierung des Rechts. Hrsg. v. Hans-Werner Rengeling, Köln u.a. 1996, S. 21 ff.

Weber, Max.: Gesammelte Aufsätze zur Wissenschaftslehre. Hrsg. v. J. Winckelmann, 4. Aufl., Tübingen 1973 (zit.: Weber, Aufsätze).

ders.: Wirtschaft und Gesellschaft. In: Grundriss der Sozialökonomik. III. Abteilung, 2. Aufl., 1. Halbbd., Tübingen 1925 (zit.: Weber, WuG).

Wegner, M.: Strukturpolitik in ausgewählten westlichen Industrieländern. In: Forschungsinstitut für Wirtschaftsverfassung und Wettbewerb e.V. Köln (Hrsg.): Strukturanpassung durch Wettbewerb oder Staatshilfen. Referate des XVIII. FIW-Symposions. Köln u.a. 1985. S. 15 ff.

Weides, Peter: Europäisches Subventionsverbot und staatliche Selbsthilfefonds. In: AWD 1963, S. 295 ff.

Wendling, Karl: Die Beihilfenentscheidung der Kommission zum Flächenerwerbsprogramm nach dem EALG. In: EuZW 1999, S. 293 ff.

Westphal, J.: Krisenbranchen u. -regionen – Was kann und muß der Staat tun? In: Mehr Soziale Marktwirtschaft – weniger Subventionswirtschaft. Ludwig-Erhard-Stiftung (Hrsg.), Symposion X, Stuttgart u.a. 1984.

Wilk, Christoph: Beschäftigungsprojekte zwischen Subvention und Innovation. Frankfurt/M. u.a. 1997.

Winter, Jan. A.: Re(de)fining the Notion of State Aid in Article 87(1) of the EC Treaty. In: CMLR 2004, S. 475 ff.

Wittkowski, Ralf: Das Maastricht-Urteil des Bundesverfassungsgerichts vom 12.10.1993 als „Solange III"-Entscheidung? In: BayVBl. 1994, S. 359 ff.

Woll, Artur: Allgemeine Volkswirtschaftslehre. 12. Aufl., München 1996.

Wrede, Sabine: Das Flächenerwerbsprogramm in den neuen Bundesländern unter besonderer Berücksichtigung des EG-Beihilferechts. Hrsg. v. der BTU Cottbus, Cottbus 2001.

Wuermeling, Joachim: Europa neu verfassen – Zum Stand der Arbeiten des EU-Verfassungskonvents. In: BayVBl. 2003, S. 193 ff.

Zacher, Hans F.: Verwaltung durch Subventionen. In: VVDStRL Bd. 25 (1967), S. 309 ff.

Zippelius, Reinhold: Allgemeine Staatslehre. 12. Aufl., München 1994 (zit.: Zippelius, Staatslehre).

ders.: Recht und Gerechtigkeit in der offenen Gesellschaft. Berlin 1994 (zit.: Zippelius, Recht und Gerechtigkeit).

ders.: Rechtsphilosophie. 3. Aufl., München 1994 (zit.: Zippelius, Rechtsphilosophie).

Zöller, Richard: Zivilprozessordnung. Kommentar. 25. Aufl., Köln 2005 (zit.: Bearbeiter, in: Zöller).

Zühlke, Susanne: Durchgriffshaftung im Europäischen Beihilfenrecht. In: EWS 2003, S. 61 ff.

Zuleeg, Manfred: Der Rang des europäischen im Verhältnis zum nationalen Wettbewerbsrecht. In: EuR 1990, S. 123 ff.

ders.: Die Europäische Gemeinschaft als Rechtsgemeinschaft. In: NJW 1994, S. 545 ff.

ders.: Die Verfassung der Europäischen Gemeinschaft in der Rechtsprechung des Europäischen Gerichtshofs. In: Marktwirtschaft und Wettbewerb im sich erweiternden europäischen Raum. Referate des XVII. FIW-Symposions. Hrsg. vom Forschungsinstitut für Wirtschaftsverfassung und Wettbewerb e.V. Köln, Köln u.a. 1995, S. 73 ff. (zit.: Zuleeg, Verfassung der EG).

Sachregister

Absolutismus, 27 f., 30
Abwägungsermessen, materielles, 338
Agrarpolitik, *siehe* Landwirtschaftspolitik
Allokation, 50, 74 f., 78
Altenpflege, 118
Amtsermittlung(spflicht), 216 ff.
Angebotssituation, 322 f.
Anstalten, öffentliche, 8, 295 f., 335
Anstaltslast, 8, 244, 246, 263, 270
– *siehe auch* Gewährträgerhaftung
Antidiskriminierung, 179 f., 186
Antidumpingmaßnahmen, 144
Antike, 24 f., 58
Antispekulationsklausel, 242
Antizyklische Wirtschaftspolitik, 72
Anwendungsvorrang, 94, 119, 130
Arbeitslosigkeit, 34, 64, 270
Arbeitsmarkt, 18
Arbeitsrecht, 2
– *siehe auch* Kündigungsschutz
Aristoteles, 25, 51 ff.
Arzneimittelrecht, 142 f.
Auflagen und Bedingungen, 111, 169, 171
– *siehe auch* Bedingungen
Auftrags- und Beschaffungswesen, öffentliches, 251, 253
Ausfuhrerleichterung, 333
Ausgabenpolitik, *siehe* deficit spending
Ausgleichsansatz, *siehe* Tatbestandslösung
Auslegungsmethoden des Gemeinschaftsrechts
–, grammatische Auslegung, 188
–, historische Auslegung, 188
–, systematische Auslegung, 189
–, teleologische Auslegung, 175, 189
Außenpolitik, 33
Austauschgerechtigkeit, *siehe* iustitia commutativa
Automobilsektor, *siehe* Kfz-Sektor

Bahn, 33
Banken, 8, 33, 68 f., 244, 263, 277, 282, 297
Baurecht, 7
Bedingungen, *siehe* Auflagen und Bedingungen
Beggar my neighbour-Politik, 77
Begriffsjurisprudenz, 188, 225
Begründungspflicht, formelle, 203 f., 338
Begünstigung, wettbewerbskonforme, 239 f., 279, 340
Behebung einer beträchtlichen Störung im Wirtschaftsleben eines Mitgliedstaats, 166
Beihilfen
–, Altbeihilfen, 168, 170 f., 181
–, Neubeihilfen, 168 ff.
–, Rückforderung, 3, 227 f.
– *siehe auch* Gemeinschaftsbeihilfen
– *siehe auch* Subventionen *und* Subsidien
Beihilfenansatz, *siehe* Rechtfertigungslösung
Beihilfenbegriff, 22, 212, 223 ff., 271, 279 f., 283 f., 286, 291, 353
Beihilfenbegriff, im engeren Sinn, 224, 279
Beihilfenbegriff, im weiteren Sinn, 224
Beihilfencodices, 204
– *siehe auch* Verwaltungsvorschriften
Beihilfenrecht
–, Funktion, 174 ff, 184 ff., 302, 310, 312, 338, 354
–, Funktion, komplementäre zu den Grundfreiheiten, 181, 327, 339
–, sachliche Anwendbarkeit, 157
–, Tor des, 226, 274
Beihilfenverbot
–, Durchführungsverbot, 170
–, Verbot unter Erlaubnisvorbehalt, 174

Sachregister

Beihlifedisziplinen, 204
– *siehe auch* Verwaltungsvorschriften
Belastung des Staatshaushalts, 12, 281, 283 f., 287
Benchmarking-Analysen, 270, 352
Beschaffungswesen, *siehe* Auftrags- und Beschaffungswesen
Betriebsbeihilfen, 343 ff.
Beurteilungsspielraum, 201 f., 356, 356
– *siehe auch* Einschätzungsprärogative
Beweisführungslast, 215 f., 221, 340
Beweislast, materielle, 59, 104, 215 ff., 219 ff., 232, 237, 340 ff., 352
Biersteuer, 239
Bildung(spolitik), 4, 20, 134, 270 f., 277, 295, 295, 341
Binnenmarktvermutung, 333 ff., 339, 342, 350
Budgetrecht, 150
Bundesländer, 136, 145, 281
Bürgerrechte, 44
Bürokraten, 82 f.
Bürokratie, 35, 84

Darlegungspflichten, 315, 323, 340
Darlehen, 21, 236
Daseinsvorsorge, 3, 115 f., 119 f., 129 f., 263 f., 276, 323, 341, 354
Deficit spending, 34
De-minimis-Verordnung, 242, 337
Demokratie, 44, 66, 76, 120, ff., 130, 196, 353
Demokratiedefizit, 48, 124, 126, 130, 196
Demokratieprinzip, *siehe* Demokratie
Deregulierung, 10, 146, 240
Deutsche Teilung, 14, 166, 173
Deutscher Zollverein, 31
Dezentralisierung, 58, 141, 354
Dienstleistungen von allgemeinem wirtschaftlichem Interesse, 139, 163, 265 f., 274
Dienstleistungsfreiheit, 161
Diskriminierungsverbot, 137 f., 158 ff, 174, 179 f., 252
Distribution, 38, 50, 50 f., 77, 144 f., 165, 262, 290 f., 356
Drittes Reich, 34
Drittstaaten, 142, 148, 320, 335 f.

EAGFL, 147
EALG, 51, 241, 244, 323
EAV, 148, 157
effet utile, 175, 189 f., 245
Effizienzprinzip, *siehe* effet utile
EGKS, 157, 168, 198
Egoismusprinzip, 28
Eigennutz, 83, 257
–, der Bürokraten, 82 f.
–, der Interessengruppen, 82
–, der Politiker, 81
Eigentum, Grundrecht auf, 55, 101, 240
Eigentumsordnung, 138 f.
Einfuhrbeschränkung, 158, 161, 174, 326, 333
Eingriffsermessen, 196, 242, 337 ff.
Eingriffsverwaltung, 56, 62, 69, 258
Einschätzungsprärogative, 85, 105 f., 109, 115, 118, 127 ff., 187, 200, 258 ff., 261, 278, 341, 348, 353 ff.
Energieversorgung, 76, 118
Erhard, Ludwig, 34 f.
Ermessen, 165, 167, 171, 173, 186, 201 f., 209, 300
– *siehe auch* Rechtsfolgeermessen
– *siehe auch* Tatbestandsermessen
Erst-Entscheidungen, 204
Erster Weltkrieg, 33
ESF, 147
Essentialia des GG, 93, 95
Eucken, Walter, 34, 53
Europa der unterschiedlichen Geschwindigkeiten, 325
Europäische Kommission, *siehe* Kommission
Europäische Union als Rechtsgemeinschaft, 3, 199
Europäische Verfassung, 3, 356
Europäischer Rat, *siehe* Rat
Europäisches Parlament, 124, 150
Existenzminimum, 117
–, soziales, 117
Exportbeihilfen, 148, 219, 343 f.
Externalitäten, *siehe* externe Effekte
Externe Effekte, 73 ff., 324

Fehlallokation, 29
Fiktion, 344, ff.
– *siehe auch* Vermutungen

Sachregister

Finanzierungskriterium, 282 ff., 288, 355
Finanztransfer, 6 f., 17, 176, 212, 235, 235, 241, 287
– *siehe auch* Geldzahlung
Finanzwissenschaft
Fischereipolitik, -sektor, 146, 154, 208
Flächenerwerbsprogramm, *siehe* EALG
Folgesubventionen, 11
Fonds, 139, 147 f., 283
– *siehe auch* Gemeinschaftsbeihilfen
Förderpolitik, europäische, 144 f., 147 ff., 154, 176, 178, 183, 186, 354
Forschung und (technologische) Entwicklung, 134, 144 f., 148, 191, 295 ff., 302, 319
– *siehe auch* Grundlagenforschung
Freihandel(s), 31, 142 ff., 178
– konzept, 142 ff., 148, 178, 334
–ordnung, 139, 154
– zone, 138 f.
Freiheit, 38, 49, 54 ff., 58 f., 108 f., 137 f., 140
FuE, *siehe* Forschung und (technologische) Entwicklung
Fusionierung von Unternehmen, 144

Garantie(n), staatliche, 21, 68 f., 236, 263, 277
GASP, 124
Gegenleistung, 6, 145, 232, 235 ff., 246 ff., 263 f., 269 f., 273, 279, 341, 344, 352, 355
Geldzahlung(en), 6 f., 27 f., 265, 289
– *siehe auch* Finanztransfer
Gemeinden, 255, 335
Gemeinsamer Markt, 66, 130, 132 f., 137, 143, 149, 154, 158, 161, 164 ff., 169, 171 f., 174, 177 ff, 182 ff., 195, 200, 210, 212, 222, 226, 240, 267, 291, 302 f., 309, 311
Gemeinsames europäisches Interesse, 166 f., 184 f., 350
Gemeinschaftsbeihilfen, 20, 147 f., 350
– *siehe auch* Förderpolitik, europäische
Gemeinschaftsrahmen, 204
– *siehe auch* Verwaltungsvorschriften
Gemeinschaftsvorhaben, 166, 184
Generalkonsens, 35, 44 f., 46 f.

Gerechtigkeit, ausgleichende, *siehe* iustitia commutativa
Gerechtigkeit, austeilende, *siehe* iustitia distributiva
Gestaltungsanspruch, staatlicher, 5, 135, 176
Gestaltungsauftrag, 113 f., 119 f., 121 f., 127, 246, 353
Gestaltungsinstrumente, 146 ff., 209
Gewährträgerhaftung, 2 f., 246, 263, 270
– *siehe auch* Anstaltslast
Gewerbefreiheit, 31, 55, 240
Gewöhnungseffekt, 11, 36
Gleichbehandlung des Staates, 252 f.
Gleichheit, 49 ff., 77, 327
Grenznutzen, Gesetz vom abnehmenden, 73
Großbanken, 33
– *siehe auch* Banken
Grundfreiheiten, 137 ff, 158 ff., 164, 167 f., 174, 178 ff., 186, 212, 214, 325, 327, 339
Grundlagenforschung, 20, 75, 144, 302
– *siehe auch* Forschung
Grundrechte als Teilhaberechte, 112 f.
Grundrechte, Kerngehalt, 112
Grundsatz des Vertrauensschutzes, *siehe* Vertrauensschutzgrundsatz
Grundstücksverkäufe, kommunale, 228, 235, 253, 255
Grundversorgung, 69, 116 ff., 119, 129, 246, 263, 297, 302, 323, 353
Güter, meritorische, 76, 247
Güter, öffentliche, 75 f., 79, 247, 250, 263, 268, 295 ff., 354, 355
Güter, private, 263, 268, 278

Handelsbeeinträchtigung, 15, 174, 177 ff., 210, 212, 216, 222, 242, 302 ff., 342, 344, 355
Handelsbilanz, 27 f.
Handelsordnung, 137 ff., 154
Hardenberg, August von, 30
Harmonisierung, 138 ff., 175 f., 325
Hauptmann, Gerhart, 31
Haushalt, europäischer, 147, 150 f.
Haushaltsgrundsätzegesetz, 14 f.
Herkunftslandprinzip, 140
Hochschulen, *siehe* Universitäten

Implied powers-Doktrin, 189 f.
Industrielle Revolution, 31
Industriepolitik, 73, 134 f., 143 f., 259
Information (als Marktfaktor), 74 f.,
    78, 80, 236, 241
Infrastruktur, 18, 33, 75, 78, 83, 236,
    241, 296
–, informationelle, 78, 117, 236, 241
Inländerdiskriminierung, 137
institutionelles Gleichgewicht, 198
Integration,
–, negative *oder* negatorische, 139, 176
Integration, positive, 139
Integrationsgrenzen, 89 ff., 114,
    121 ff., 127 f.
Interessengruppen, -verbände, 13, 82
Internationales Privatrecht, internationalprivarechtlich, 2, 7
invisible hand, 29
Iustitia commutativa, 51 f., 244
Iustitia distributiva, 51 f.

Kameralistik, 27 f.
Kapitalismus, 23, 33 f.
Karitative Einrichtungen, Zahlungen, 20, 295 f.
Kartellaufsicht, -recht, 26, 56, 163
Kartelle, 33, 50
Kernforschung, 148
Keynes, John Maynard, 72
Kfz-Sektor, 2, 208, 256
Kirchenzehnt, 26
Kirchhof, Paul
Kleine und Mittlere Unternehmen, *siehe* KMU
KMU, 191
Kohärenz, Grundsatz der, 135, 185, 196 f.,
Kohäsionsfonds, 148
Kollisionsrecht, 140
Kolonisationspolitik, 26
Kommerzialisierbarkeit öffentlicher Aufgabenerfüllung, 270 ff.
Kommission, Rolle der, 151, 185, 187, 355
Kompetenzabgrenzung, 63, 65, 226, 352
Kompetenzgericht, 199, 356
Kompetenzkatalog, 353, 356
Kompetenz-Kompetenz, 121

Konjunkturpolitik, 299, 302
Konjunktursteuerung, 18
Konjunkturzyklen, 76
–, politische, 81
Konkretisierung, rechtliche, 3, 5, 44,
    60, 88, 114, 156, 165, 170, 182 f.,
    187 ff., 197, 209, 223 ff., 229, 274,
    279, 307, 327, 349, 353, 355 ff.
Konkretisierungskompetenz, 197 ff.
Konkretisierungspflicht, 199
Konkurrent, 3, 54, 110 f., 238, 338
Konkursrecht, 2, 286
Kontinuität, Grundsatz der, 196
Kontrolldichte, richterliche, 198 ff.
Kontrolle, präventive/repressive, 149
Kontrollintensität (der Beihilfenaufsicht), 126 ff., 190, 246, 274, 346, 353
Konvergenz der Handelsbedingungen, 138, 140
Konzentrationswirkung, materielle, 254
Koordinierung, 140 f., 145, 154
Krankenhäuser, 268
Krankenversicherung, 354
Kultur(politik), 134, 147, 166 f., 184,
    251, 258, 261, 270, 295, 297, 341
Kündigungsschutz, 286

Laissez/r faire, 28, 32, 69, 144, 146
Landwirtschaft, 62, 132, 146 f., 154, 157, 191
Lebenshaltung, niedrige, 166 f.
Legalausnahmen, 165
Legitimation
–, durch Verfahren, 42
–, durch Wahrheit, 42
–, demokratische, 123, 126 f.
Leitfäden, 204
– *siehe auch* Verwaltungsvorschriften
Leitlinien, 204, 208 f., 344
– *siehe auch* Verwaltungsvorschriften
Lenkungssubventionen, 258
Liberalisierung, 10, 135, 139 f., 179, 240
Lizenzen, 7, 79, 241, 277
Lokatoren, 26

Maastricht-Urteil, 115, 121, 125, 127, 192
Magisches Viereck, 76

Manchester-Liberalismus, 28
Manufakturen, 28, 30
Market economy inverstor test, *siehe* Prinzip des marktwirtschaftlich handelnden Investors
Markgrafschaft Ansbach-Bayreuth, 30
Markt, relevanter, 316 ff., 339, 342
Marktadäquanz, 248 ff., 257 f., 261 ff., 267 ff., 279, 296, 323, 341
Marktanalyse, 304 f.
Marktbedingungen, normale, 231 f., 248, 252, 257
Markteinheit, 136, 154
Marktfreiheit, 66, 136, 139, 146, 154, 179, 327, 338
Marktgleichheit, 136, 154, 178, 311, 327
Marktmängel, 61, 78, 80, 83, 166
– *siehe auch* Marktversagen
Marktordnungen, gemeinsame, 146
Marktrationalität, marktrational, 4, 40, 61, 74, 80, 83, 166
Marktversagen, 5, 16, 61, 69, 72 ff., 77 f., 80, 84 f., 109, 118, 144, 257 f., 261, 275 f., 297, 323, 341, 352 f.
– *siehe auch* Marktmängel
Marktwirtschaft, marktwirtschaftlich, 4, 11, 15 f., 34, 40, 46, 48, 72, 81, 84, 99 ff., 136, 141, 144, 148, 153 f., 164 ff., 178, 181, 221, 250, 254, 261, 354
–, gesteuerte, 34 f.
–, offene, mit freiem Wettbewerb, 131 ff., 350
–, Soziale, 35, 99 ff.
Marshall, Alfred, 73
Marx, Karl, 73, 79
Menschenwürde, 66
Merkantilismus, 24, 27 f., 31, 33, 143
Militärpolitik, 27 f.
Mindestpreise, 7, 284, 290
Minimalstaat, 58
Minimalversorgung, 116
Mitnahmeeffekt, 35
Mitteilungen der Kommsission, 204
– *siehe auch* Verwaltungsvorschriften
Mittel, *siehe* Ziel, Mittel, Wirkung
Mittelalter, 25 ff., 83, 255
Mixed economy, 18

Modellierung mitgliedstaatlicher Maßnahmen durch die Kommission, 174, 182
Monetarismus, 27 f.
Monopole, Monopolbildung, 27 f., 30, 50, 72, 75, 78, 278
Müllbeseitigung, 118
Müller-Armack, Alfred, 34 f., 78

Nachfragesituation, 322 f.
Nachfragestagnation, 322
Nachtwächterstaat, 23
Nahverkehr, 118
Nationalökonomie, klassische, 28, 31 f., 142
Naturkatastrophen, 14, 165, 173
Naturrecht, 39 f.
Negativentscheidung, 171
neoliberalistisch, 24
neomerkantilistisch, 24
Neue politische Ökonomie, 80, 82 ff.
Neutralität des GG, 99 **f.**, 102
New Deal, 33
Nichtbelastung mit Abgaben, 237, 265
Niedriglohnpolitik, 27
Niedrigpreispolitik, 27 f.
Non-liquet-Situationen, 215 f., 218 f.
Norddeutscher Bund, 31
Notifizierung, 169 f., 204, 226 f., 265 f., 267, 274
NS-Ideologie, 34
Nutzenmaximierung, 73, 82

OECD, 15
Offene Gesellschaft, 42 ff., 60, 258
Ökologie, ökologisch, 7, 239
Ökonomische Analyse des Rechts, 40 f.
ökonomische Rationalität, 5, 17, 36, 135, 256, 272, 275, 280 f.
Ökosteuer, 238 f.
Ökostrom, 2
– *siehe auch* Stromeinspeisungsgesetz
Ordnungspolitik, 163
Ordoliberalismus, 53
Ostsiedlung, deutsche, 26

Pächter, 242 f.
Pachtzinsen, 26
Pareto-Optimum, 74, 77

Personenverkehrsfreiheit, 137
Physiokraten, 28.
Pigou, Arthur Cecil, 74
PJZS, 124
Politikbereiche, vergemeinschaftete, 183, 208, 259, 341
Politiker, 81
Politikversagen, 13
Polizeirecht, 67, 352
– siehe auch Wettbewerbs-Polizeirecht
Positivismus, 38 ff.
Post, 33, 69, 116
Pouvoir constituant, 124
Praesumptio facti, juris, *siehe* Vermutungen
Praktische Konkordanz, 108
Prämien, 29, 324
Prärogative, *siehe* Einschätzungsprärogative
Preis-Leistungs-Kontrollmechanismus, 271
Preisschwäche, 316, 322
Prinzip der begrenzten Einzelermächtigung, 121, 175, 190 f., 222, 354
Prinzip der gegenseitigen Rücksichtnahme, 192
Prinzip der praktischen Wirksamkeit, *siehe* effet utile
Prinzip des marktwirtschaftlich handelnden Investors, 254, 269
Privatautonomie, 55, 240, 290
Privatuniversitäten, 295
Privilegien, 26, 30, 236
Produktionsmaximierung, 73
Produktmarkt, *siehe* Markt, relevanter
Prognoseentscheidung, 71, 166, 315, 320, 323 f., 331
Programme, politische der EG, 184
Protektionismus, 4, 15, 26 f., 31, 77, 142 ff., 158, 178 f., 212, 327, 347
Prozeßmaxime, 217 f.
Public Private Partnership, 264

Rahmenbedingungen, wirtschaftliche, 31, 136, 236
Rasenmähermethode, 14
Rat, 150 ff., 167, 345 f.
Rechtfertigungsgründe, 78, 80, 84, 164, 222 f., 237, 239, 265, 341
Rechtfertigungslösung, 265

Rechtsfolgeermessen 201, 207
Rechtsklarheit, Grundsatz der, 203, 225
Rechtssicherheit, Grundsatz der, 127, 163, 196, 203, 225, 267
Rechtsstaat, rechtsstaatlich, 187, 195, 220, 226, 229, 244
Reduktion der Marktmacht, 75
Regel-Ausnahme-Verhältnis, 17, 103, 107, 164, 174, 221 f., 271 f., 273, 352
Rentenversicherung, 8, 60, 239, 263
Reservataufgaben der Mitgliedstaaten, 125 f., 353
Residualaufgaufgaben der Mitgliedstaaten, *siehe* Reservataufgaben
Roosevelt, F. D., 33
Rückkopplung, Prinzip der, 47
Rüstungsindustrie, 33, 157

Sachpolitik, europäische, 4, 134 ff., 142, 154, 175 f.f., 182 ff., 190 f., 193, 197, 208 f.
– siehe auch Bildungs-, Sozial-, Umweltpolitik etc.
Sachrecht, 140 f.
Sachverständige, 45, 67, 318, 348 f., 352
Schreiben der Kommsission, 204
– siehe auch Verwaltungsvorschriften
Schulen, 295
Schwerindustrie, 33
Sekundärrechtsakte der EG, 87 f., 92, 94, 131, 184
Selbstbeschränkungsabkommen, 144
Selbstorganisation, Recht auf, 58, 104 f.
Selbstregulierung des Marktes, 11, 33, 133
Selektivitätsmerkmal, 179, 292 f., 299, 342
Sicherheit,
–, innere und äußere, 63 f., 341, 352
–, soziale, 64, 66, 354
Sicherheitsrecht, 56, 63, 314 f.
–, *siehe auch* Polizeirecht
Sicherheitsstandards, 7, 22, 69
Smith, Adam, 28. f., 252, 256
Solange II-Urteil, 95
Solange I-Urteil, 127
Sollensmaßstab, 39 f., 42, 77, 250

Sachregister

Souveränität der Mitgliedstaaten, 22, 121 ff., 125, 173 f., 190, 202, 226, 274, 338, 352
Soziale Marktwirtschaft, *siehe* Marktwirtschaft
Sozialisierung, 24, 101
– *siehe auch* Vergesellschaftung
Sozialismus, 23, 33, 54, 100
Sozialpolitik, 21, 53, 114 f., 119 f., 128, 134, 147, 231
Sozialstaatsprinzip, 58, 102, 107, 109, 113 ff., 129, 244, 353
Sozialversicherungsabgaben, 286
Spezialitätsmerkmal, *siehe* Selektivitätsmerkmal
Spezifitätsmerkmal, *siehe* Selektivitätsmerkmal
Spezifizitätsgrundsatz, *siehe* Selektivitätsmerkmal
Sphäre, private, 3 f., 38, 55 ff., 138 f., 145, 154, 179, 181, 240, 347, 350, 353
Sphäre, staatliche, hoheitliche, 4, 57, 138 f., 154 179, 181, 240 f.,
Spürbarkeit des Vorteils, 243
Spürbarkeit von Handelsbeeinträchtigungen und Werttbewerbsverfälschungen, 336 ff.
Staat als Unternehmer, 10, 18, 28.
staatlicher Gestaltungsanspruch, *siehe* Gestaltungsanspruch
Staatsform, 138
Staatshandeln, fiskalisches, 25, 212, 243, 246 ff., 251 ff., 256, 263 f., 269 f., 272, 274, 278 ff., 341, 352
Staatsquote, 10, 21
Staatsräson, 36
Staatsversagen, 5, 29, 61, 72, 80 ff., 83, 147, 185, 347, 354
Staatsverständnis, 27 f.
Staatswirtschaft, 18, 131, 132
Standardisierung des Beurteilungsermessens, 203 ff., 209, 343
Standpunkte der Kommission, 204,
– *siehe auch* Verwaltungsvorschriften
Steuern und Abgaben, 18, 28., 237 f., 249, 262
Steuererhöhung (partielle), 238 f., 262
Steuersenkung, 10, 238
Steuervergünstigung, 19 f.

Stromeinspeisungsgesetz, 287, 290
Strukturanpassung, 14
Strukturpolitik, 152, 166, 176
Subsidiaritätsprinzip, 38, 57 ff., 90, 103 ff., 192 f., 221, 354
Subsidien, Begriff, 7 f.
Subvention, Begriff, 7 f.
Subvention, „klassische", 7 f., 16 f., 22, 234, 247, 320, 347
– *siehe auch* Beihilfen und Subsidien
Subventionsabbau, 6, 11 f., 14, 47, 81
Subventionsbegrenzungsgesetz, 15
Subventionsberichte, 13, 19 ff.
Subventionsdilemma, 13 ff.
Subventionsmentalität, 12
Subventionsschraube (internationale), 12, 77
Subventionsvolumen, 13, 19 ff.
Subventionswettlauf, 12
Subventionszweck, 233
Systemwettbewerb, 141, 179, 186, 354

Tabakbranche, 183
Tatbestandsermessen, 201 f.
Tatbestandsermessen, materielles, *siehe* Abwägungsermessen
Tatbestandslösung, 247, 264
Teilstaat, 281
– *siehe auch* Bundesland
Teilungsbedingte Nachteile, *siehe* deutsche Teilung
Telegraph, 33
teleologische Auslegung, 175, 189, 240
– *siehe auch* Auslegungsmethoden
Telephon, 33
Thomas von Aquin, 51
Totalitarismus, totalitäre Systeme, 35 f., 54 f.
transeutropäische Netze, 134, 148
Transparenz, Grundsatz der, 195 f., 226
trial and error, 44, 67, 141
Trittbrettfahrereffekt, 12

Überkapazitäten, 307, 316, 322
Übernahme von Verlusten, 235
Überregulierung, 146
Umwelt, 147, 191, 250
– politik, 4, 125, 147
– schutzstandards, 7
– *siehe auch* Ökologie, ökologische

Ungleichbehandlung, 50 ff., 53, 238 f., 291 f., 301
Universitäten, 7, 60, 271, 277, 295 ff., 354
Unterbeschäftigung, 166
– *siehe auch* Arbeitslosigkeit
Unternehmen und Produktionszweige, 291 ff.
Unternehmen, öffentliche, 163, 256, 263, 282 f., 296, 341
Utilitarismus, utilitaristisch, 28., 77

Verbandskompetenz, 190
Verbraucherschutz, 134
Verbrauchersubventionen, 161, 165, 173
Verbrauchssteuern, 7
Verfahren, demokratisches, 120, 123
Verfassung, *siehe* Europäische Verfassung *und* Grundgesetz
Vergesellschaftung, 24
Verhältnismäßigkeitsgrundsatz, als Wirtschaftsverfassungsnorm, 153
Verhältnismäßigkeitsgrundsatz, -prinzip, 42, 68 ff., 79 f., 84, 90, 103, 105 ff., 111, 118 f., 153, 171, 184, 193 ff., 246, 257 f., 272 f., 275, 278 ff., 297, 323 f., 337 ff., 341, 351 ff.
Verhandlungsmaxime, 218
– *siehe auch* Prozeßmaxime
Verkehr, 18, 111, 117, 119, 157
– *siehe auch* Nahverkehr
Verkehrsgerechtigkeit, *siehe* iustitia commutativa
Vermutungen, 218 ff., 235 f., 254, 278, 320 f., 323, 329, 331, 333 ff., 340, 341 ff., 346, 356
Verordnungen, 45, 64, 151, 198, 204
Verschonungssubventionen, 26, 28.
Versorgungssicherheit, 76
Verstetigungseffekt, 11
Vertragssprachen, 330, 188
Vertrauensschutzgrundsatz, 227, 245
Vertrauenstatbestand, 207
Verwaltungskosten, 70, 281
Verwaltungsrecht
Verwaltungsvorschriften, 64, 187, 204 f., 205 ff., 230, 244, 343, 356

Volkswirtschaftliche Gesamtrechnung, 19 f.
Vorhaben von gemeinsamem (europäischem) Interesse, *siehe* Gemeinschaftsvorhaben
Vorkaufsrechte, 237
Vorrang des Europarechts, 89
– *siehe auch* Anwendungsvorrang
Vorteil
–, Begriff des Vorteils, 232, 237 ff.
–, rechtlicher, 7, 241, 323

Wahrscheinlichkeitseinschätzung, 213, 315, 319 f., 331, 339
Warenverkehrsfreiheit, 158, 160 f.
Wasserversorgung, 118
Weber, Max, 77, 82
Weinsteuer, 239
Weltanschauung, 4, 6, 16, 38, 43, 59, 347
Weltwirtschaftskrise, 33
Werbekampagnen, 284
Wertfreiheit, 6, 44, 61 f.
Wettbewerb, 137 ff., 154, 163, 181, 311 f.
–, als Handlungsprinzip, 41, 49, 181
–, als Ordnungsprinzip, 49, 181
–, potentieller, 319
–, realer, 309, 312 ff., 339
–, unlauterer, 72, 78
Wettbewerbsfreiheit, 55 f., 240
Wettbewerbsneutrale Maßnahmen, 323 f.
Wettbewerbsordnung, institutionelle Garantie einer, 181
Wettbewerbs-Polzeirecht, 186, 351
Wettbewerbsrecht, 162 ff., 180 f., 271 ff., 317, 330
Wettbewerbsschutz, 46, 180, 186, 195, 206, 354
Wettbewerbsverfälschung, 177, 180, 210, 213, 216, 302 ff., 326 ff., 335 ff., 349, 355
–, drohende, 314 f., 319, 342
Wirkung, *siehe* Ziel, Mittel, Wirkung
Wirkungsbezogene Betrachtungsweise, 210 f., 237, 276, 351
Wirkungspluralismus, 67 f., 71, 125, 293, 351
Wirkungspyramide, 68

Wirtschaftsförderung, allgemeine, 300
Wirtschaftsgemeinschaft, 31, 66, 131, 148
Wirtschaftslehre, 74, 234
Wirtschaftsordnung, europäische, 130 ff., 156, 175, 177 ff., 354
Wirtschaftstheorie, wirtschaftstheoretisch, 5, 23 ff., 29, 83
Wirtschaftsverfassung des GG, 98 ff., 103, 107 ff.,
Wirtschaftswachstum, 18
Wirtschaftswunder, 34
Wohlfahrtsverluste, 11
Wohlfahtsstaat, 23
WTO, 15

Xenophon, 24

Zahlungsbilanz, 27 f.
Zentralisierung, 58, 140, 145
Zielformulierung, 11, 64, 66 f., 97, 214, 261
Ziel-Interdependenzen, 64 f.
Zielkonflikte, 66, 135, 222
Zielpluralismus, 64 ff., 68, 71, 125, 213, 351
Ziel, Mittel, Wirkung, 68 ff., 258, 280, 297, 341, 353
Zielasymmetrie, 71
Zielbindung, 64
Zielpyramiden, 64 f. ff., 68
Zivilrecht, 18, 51, 56, 236, 260, 303, 352
Zölle, 26 f., 31, 143, 146 f.
Zolltarif, 139, 143, 146
Zurechenbarkeitskriterium, 282 ff.
Zusammenhalt, wirtschaftlicher und sozialer, 134
Zuschüsse, verlorene, 235
Zustimmungsgesetz, 90 ff., 120, 123, 126
Zweck, öffentlicher, 53, 247, 264, 268 ff., 276
Zweck, *siehe auch* Ziel, Mittel, Wirkung
Zweckdienliche Maßnahmen, 204, 205 f.
– *siehe auch* Verwaltungsvorschriften
Zweitbeste Lösung, 79, 140
Zweiter Weltkrieg, 33 f.
Zwischenstaatlichkeitsklausel, 325 f.

Jus Internationale et Europaeum

Herausgegeben von
Thilo Marauhn und Christian Walter

Die Einwirkung des internationalen und des europäischen Rechts auf die nationalen Rechtsordnungen nimmt beständig zu. Diese Entwicklung stellt eine gewaltige Herausforderung dar, weil es heute nicht mehr nur um die Umsetzung völker- und europarechtlicher Vorgaben geht, sondern darüber hinausgehende Anpassungsnotwendigkeiten in den nationalen Rechtsordnungen verarbeitet werden müssen. Abgesehen von den praktischen Schwierigkeiten, verlangt dieser Prozess nach einer theoretischen Verarbeitung, welche im Öffentlichen Recht, das nach wie vor ein ambivalentes Verhältnis zum Völker- und Europarecht hat, weitgehend noch am Anfang steht.

Die neue Schriftenreihe *Jus Internationale et Europaeum* verfolgt das Ziel, zur theoretischen und dogmatischen Durchdringung der Internationalisierung und Europäisierung des Öffentlichen Rechts beizutragen und Lösungsvorschläge für damit einhergehende praktische Probleme zu unterbreiten. Die Reihe steht offen für Habilitationsschriften, herausragende Dissertationen und vergleichbare Monographien, die sich mit Rechtsfragen an der Schnittstelle zwischen nationalem Öffentlichen Recht und internationalem Recht beschäftigen oder genuin völker- bzw. europarechtliche Themen behandeln. Besonderes Interesse liegt dabei auf Arbeiten, die eine Brücke zwischen Grundlagenfragen und praktischer Rechtsanwendung schlagen.

Die lieferbaren Bände:

1 *Ebner, Timm:* Streitbeilegung im Welthandelsrecht. 2005. XXI, 288 Seiten. Fadengeheftete Broschur.
2 *Wettner, Florian:* Die Amtshilfe im Europäischen Verwaltungsrecht. 2005. XX, 418 Seiten. Fadengeheftete Broschur.
3 *Vogt, Matthias:* Die Entscheidung als Handlungsform des Europäischen Gemeinschaftsrechts. 2005. XVIII, 399 Seiten. Fadengeheftete Broschur.
4 *Held, Simeon:* Die Haftung der EG für die Verletzung von WTO-Recht. 2006. XVIII, 343 Seiten. Fadengeheftete Broschur.
5 Der Europäische Haftbefehl vor dem Bundesverfassungsgericht. Hrsg. v. *Frank Schorkopf.* 2006. LIII, 538 Seiten. Fadengeheftete Broschur.
6 *Müller, Felix:* Schutzmaßnahmen gegen Warenimporte unter der Rechtsordnung der WTO. 2006. XVIII, 324 Seiten. Fadengeheftete Broschur.
7 *Schenk, Wolfgang:* Strukturen und Rechtsfragen der gemeinschaftlichen Leistungsverwaltung. 2006. XVI, 441 Seiten. Fadengeheftete Broschur.
8 *Srock, Gregor:* Rechtliche Rahmenbedingungen für die Weiterentwicklung von Europol. XVI, 278 Seiten. Fadengeheftete Broschur.
9 *Eekhoff, Meike:* Die Verbundaufsicht. 2006. XIX, 349 Seiten. Fadengeheftete Broschur.
10 *Bührle, Folko:* Gründe und Grenzen des „EG-Beihilfenverbots". 2006. XXV, 389 Seiten. Fadengeheftete Broschur.

Einen Gesamtkatalog erhalten Sie gerne vom Verlag Mohr Siebeck, Postfach 2040, D–72010 Tübingen.
Aktuelle Informationen im Internet unter www.mohr.de